Mit den „Frankfurter Dokumenten" erteilten die westalliierten Militärgouverneure den Ministerpräsidenten ihrer Besatzungszonen im Juli 1948 den Auftrag zur Ausarbeitung einer Verfassung für den Weststaat. Die Autorin stellt den Beitrag der Länder zur Entstehung der Bundesrepublik in das Zentrum ihrer Untersuchung und fragt nach den Motiven und Interessen hinter den Entscheidungen. Neben dem Aspekt der Verfassung behandelt sie das Problem des Besatzungsstatuts und der Ländergrenzenreform. Ihre Studie zeigt, welche bedeutende Leistung die Ministerpräsidenten 1948 vollbrachten: Trotz länderpolitischer Sonderinteressen, taktischer Rücksichtsnahmen und persönlicher Eitelkeiten sowie innen- und außenpolitischer Sachzwänge trafen die Länderchefs Entscheidungen, die ihre Tragfähigkeit bis auf den heutigen Tag bewiesen haben.

Bettina Blank ist Mitarbeiterin in der baden-württembergischen Landesverwaltung in Stuttgart.

Bettina Blank
Die westdeutschen Länder
und die Entstehung der Bundesrepublik

# Studien zur Zeitgeschichte

Herausgegeben vom Institut für Zeitgeschichte

Band 44

R. Oldenbourg Verlag München 1995

Bettina Blank

# Die westdeutschen Länder und die Entstehung der Bundesrepublik

Zur Auseinandersetzung
um die Frankfurter Dokumente
vom Juli 1948

R. Oldenbourg Verlag München 1995

Die Deutsche Bibliothek – CIP-Einheitsaufnahme

**Blank, Bettina:**
Die westdeutschen Länder und die Entstehung der
Bundesrepublik : zur Auseinandersetzung um die Frankfurter
Dokumente vom Juli 1948 / Bettina Blank. – München :
Oldenbourg, 1995
  (Studien zur Zeitgeschichte ; Bd. 44)
  Zugl.: Köln, Univ., Diss., 1990
  ISBN 3-486-56108-1
NE: GT

© 1995 R. Oldenbourg Verlag GmbH, München

Das Werk einschließlich aller Abbildungen ist urheberrechtlich geschützt. Jede Verwertung außerhalb der Grenzen des Urheberrechtsgesetzes ist ohne Zustimmung des Verlages unzulässig und strafbar. Das gilt insbesondere für Vervielfältigungen, Übersetzungen, Mikroverfilmungen und die Einspeicherung und Bearbeitung in elektronischen Systemen.

Umschlaggestaltung: Dieter Vollendorf, München
Satz und Druck: Appl, Wemding
Bindung: Thomas Buchbinderei, Augsburg

ISBN 3-486-56108-1

# Inhalt

Vorwort ........................................................................ 7

Einleitung .................................................................... 9

I. Die Verhandlungen über die „Frankfurter Dokumente": Vorgeschichte, Verlauf und Ergebnisse ............................................. 27

   1. Die Londoner Sechsmächtekonferenz ................................. 27

   2. Von den „Londoner Empfehlungen" zu den „Frankfurter Dokumenten" 33

   3. Die Konferenz auf dem Rittersturz (8.–10. Juli 1948) ................ 36

   4. Die Koblenzer Beschlüsse .............................................. 41

   5. Kurskorrektur: Die deutsch-alliierte Konferenz vom 20. Juli 1948 ...... 45

   6. Die Rüdesheimer Ministerpräsidentenkonferenz (21.–22. Juli 1948) .... 49

   7. Abschluß: Die Zusammenkunft am 26. Juli 1948 ...................... 55

II. Zwischen Regionalinteressen und gesamtdeutscher Verantwortung: Die „Frankfurter Dokumente" aus der Landesperspektive ............... 59

   Amerikanische Besatzungszone .......................................... 59

      1. Bremen ............................................................. 59

      2. Hessen ............................................................. 79

      3. Württemberg-Baden ............................................... 99

      4. Bayern ............................................................ 116

   Britische Besatzungszone ................................................ 147

      1. Schleswig-Holstein ................................................ 147

      2. Hamburg .......................................................... 170

      3. Niedersachsen ..................................................... 190

      4. Nordrhein-Westfalen .............................................. 209

   Französische Besatzungszone ............................................ 235

      1. Rheinland-Pfalz ................................................... 235

      2. Baden ............................................................. 257

      3. Württemberg-Hohenzollern ....................................... 281

*III. Der Beitrag der Länder zur Entstehung der Bundesrepublik Deutschland im Juli 1948* .................................................. 303

    1. Entscheidungsfaktoren ........................................... 303

    2. Motive und Argumente .......................................... 319

    3. Gesamtbewertung ............................................... 338

Abkürzungen ....................................................... 349

Quellen ............................................................ 351

Literatur ........................................................... 357

Personenregister ................................................... 373

# Vorwort

Die Beschäftigung mit der Entstehungsgeschichte der Bundesrepublik Deutschland hat unerwartet aktuellen Bezug gewonnen. Das Jahr des vierzigsten Geburtstages des westdeutschen Provisoriums wird als ein Epochenjahr in die Geschichtsschreibung eingehen, in dem die „friedliche Revolution" in der ehemaligen DDR das Ende des zweiten deutschen Staates einleitete. Haben sich damit politische Hoffnungen letztlich doch noch erfüllt, daß der Zustand der deutschen Spaltung nur ein vorübergehender sein möge, so bleibt nach der Überwindung der äußeren Teilung das Zusammenwachsen im Innern eine vordringliche Aufgabe der Zukunft.

Die vorliegende Arbeit wurde im Sommer 1990 von der Philosophischen Fakultät der Universität zu Köln als Dissertation angenommen. Die Veröffentlichung machte eine erhebliche Kürzung und Überarbeitung erforderlich.

Zu großem Dank verpflichtet bin ich in erster Linie meinem Doktorvater, Herrn Prof. Dr. Hans-Peter Schwarz, der meine Arbeit stets wohlwollend gefördert hat, sodann Herrn Prof. Dr. Rudolf Morsey für die kritische Durchsicht des Manuskriptes und hilfreiche Anregungen. Danken möchte ich auch Herrn Prof. Dr. Peter Burian, der das langwierige Unternehmen mit viel Interesse begleitet hat und dem dieses Buch manchen wertvollen Hinweis verdankt.

Ich denke an dieser Stelle zugleich an die Archivare der Hauptstaats-, Landeshaupt- und Landes(Staats)archive sowie der Parteiarchive von CDU und SPD. Namentlich genannt sei allen voran – und nicht der alphabetischen Reihenfolge wegen – Herr Prof. Dr. Hermann-Joseph Busley, Bayerisches Hauptstaatsarchiv in München, sodann Herr Bernward Helfer, Hessisches Hauptstaatsarchiv in Wiesbaden, der seinem Namen alle Ehre machte, und Herr Heiner Rose vom Staatsarchiv Hamburg. Eingeschlossen in den Dank ist nicht zuletzt auch das Archivpersonal, das ganze Berge von Akten hat heranschleppen müssen.

Mein Dank gilt außerdem dem Institut für Zeitgeschichte in München, das einen Teil meiner Forschungen finanziell unterstützt und die Veröffentlichung der Ergebnisse übernommen hat, sowie dem Land Nordrhein-Westfalen für die Gewährung eines zweijährigen Stipendiums.

Es ist mir darüber hinaus ein besonderes Bedürfnis, meinen Freunden, dem Ehepaar Gertrud und Dr. Johannes Helmrath, an dieser Stelle ein kleines Denkmal zu setzen für ihre selbstlose Geduld und Zuspruch über Jahre hinweg, die entscheidend dazu beigetragen haben, das Opus auch tatsächlich abzuschließen.

Meine Eltern haben bei der technischen Fertigstellung des Manuskriptes wertvolle Hilfe geleistet. Ihnen sei diese Arbeit in Liebe gewidmet.

Esslingen, im Dezember 1994                                                          Bettina Blank

# Einleitung

Die politische Entwicklung Westdeutschlands in den ersten Nachkriegsjahren, der Zeit des „Interregnums", wie dieser Abschnitt auch genannt worden ist, oder anders betrachtet, die Vorgeschichte der Bundesrepublik Deutschland, war gekennzeichnet durch den mühsamen Aufstieg von der bedingungslosen Kapitulation zu neuer Staatlichkeit, durch einen von den drei Besatzungsmächten in unterschiedlicher Intensität und auf verschiedene Weise geförderten allmählichen politischen Emanzipationsprozeß, der freilich mit der Gründung der Bundesrepublik noch keineswegs abgeschlossen war.

Der Preis für diesen politisch-staatlichen Neubeginn war die vorläufige Inkaufnahme der Teilung des Vier-Zonen-Deutschlands in zwei, zunächst beide nicht souveräne Staaten. Das Ziel der Aufrechterhaltung der deutschen Einheit, Gegenstand mehrerer großer Konferenzen der vier Siegermächte, war durch die fortschreitende Entfremdung zwischen den USA, Großbritannien und Frankreich auf der einen und Sowjetrußland auf der anderen Seite mit den Realitäten immer weniger in Einklang zu bringen. Im Zuge der Neuformierung des internationalen beziehungsweise europäischen Mächtesytems nach dem Ende des Zweiten Weltkrieges begann sich eine Bipolarität zwischen Ost und West herauszubilden[1], Rahmenbedingungen, die auch auf die innenpolitische Lage in Deutschland ihre Schatten warfen: Die Spaltung des Parteiensystems (durch die Zwangsvereinigung von KPD und SPD in der sowjetischen Besatzungszone schon im April 1946 und die Ausweisung führender Politiker wie Jakob Kaiser und Ernst Lemmer aus der Zone Ende 1947) sowie das Scheitern der Bemühungen um das Zustandekommen einer nationalen Repräsentation[2], das heißt Bildung einer gesamtdeutschen Interessenvertretung, sei es auf der Basis der Länder (hier war der Höhepunkt die Bremer Interzonenkonferenz vom Oktober 1946, der spektakulärste Versuch die Münchner Ministerpräsidentenkonferenz vom Juni 1947), sei es auf Parteienebene (wobei die Verweigerung der Zusammenarbeit mit Kommunisten durch den SPD-Vorsitzenden Kurt Schumacher eine entscheidende Rolle spielte), hatten gewissermaßen einen analogen innerdeutschen Ost-West-Konflikt entstehen lassen, der deutscher Gemeinsamkeit weitestgehend die Basis entzog und die Teilung des Landes damit praktisch bereits vorwegnahm.

Den Schlußpunkt unter die lange Serie erfolgloser Versuche der Westmächte, mit der Sowjetunion eine gemeinsame Lösung der Deutschlandfrage zu finden, setzte die von den USA ausgehende Initiative zu einer wirtschaftlichen und politischen Zusammenfassung der drei Westzonen im Sommer 1948. Der Anstoß zum Aufbau neuer staatlicher Verhältnisse mußte dabei zwangsläufig von den Besatzungsmächten ausgehen, die inhaltliche Ausgestaltung aber sollte den Deutschen selbst überlassen bleiben, in eigener Verantwortlichkeit, wenn auch unter Beachtung bestimmter Vorgaben.

---

[1] Zu den grundsätzlichen Entwicklungsmöglichkeiten des internationalen Systems nach 1945 vgl. Schwarz, Vom Reich zur Bundesrepublik, S. 11 f.; ders., Die außenpolitischen Grundlagen, S. 29 ff.
[2] Zur Idee der nationalen Repräsentation vgl. Foelz-Schroeter, Föderalistische Politik; Gimbel, Konferenzen der westdeutschen Ministerpräsidenten; Leusser, Ministerpräsidentenkonferenzen; Schwarz, Vom Reich zur Bundesrepublik, S. 631–638; Strauss, Die gesamtdeutsche Aufgabe.

Dieser neue Kurs, der sich in den Monaten zuvor immer deutlicher angekündigt hatte, fand seine Konkretisierung in den sogenannten „Frankfurter Dokumenten", die, benannt nach dem Ort ihrer Übergabe, am 1. Juli 1948 von den westalliierten Militärgouverneuren an die Ministerpräsidenten der westdeutschen Länder beziehungsweise Bürgermeister der beiden Stadtstaaten Bremen und Hamburg übergeben wurden. Ihr Wortlaut basierte weitgehend auf den Beschlüssen der vorausgegangenen Londoner Sechsmächtekonferenz, auf der sich die USA, Großbritannien, Frankreich und die Beneluxstaaten in zwei Tagungsphasen (vom 23. Februar bis 6. März und vom 20. April bis 2. Juni 1948) auf ein einheitliches Konzept für die wirtschaftliche und politische Zukunft der drei westlichen Besatzungszonen geeinigt hatten.

In Dokument Nr. I (Verfassungsfrage)[3] wurden die Regierungschefs autorisiert, eine Verfassunggebende Versammlung einzuberufen, die spätestens am 1. September 1948 zusammentreten sollte. Die Entscheidung über das Verfahren zur Wahl der Abgeordneten für diese Versammlung blieb den Ländern überlassen. Als Schlüssel für die Zusammensetzung des Gremiums wurde die Teilung der „Gesamtzahl der Bevölkerung nach der letzten Volkszählung durch 750000 oder eine ähnliche von den Ministerpräsidenten vorgeschlagene und von den Militärgouverneuren gebilligte Zahl" vorgegeben. Aufgabe der Verfassunggebenden Versammlung sollte es sein, „eine demokratische Verfassung aus[zu]arbeiten, die für die beteiligten Länder eine Regierungsform des föderalistischen Typs schafft, die am besten geeignet ist, die gegenwärtig zerrissene deutsche Einheit schließlich wieder herzustellen, und die Rechte der beteiligten Länder schützt, eine angemessene Zentralinstanz schafft und die Garantien der individuellen Rechte und Freiheiten enthält". Nach ihrer Freigabe durch die Militärgouverneure zur Ratifizierung sollte die Verfassung einem Referendum in den einzelnen Ländern unterworfen, die Verfassunggebende Versammlung selbst aufgelöst werden. Ausreichend für die Annahme der Verfassung war die einfache Mehrheit der Abstimmenden in jedem Lande. Sie trat bei einer Zustimmungsquote von zwei Dritteln der Länder für alle bindend in Kraft. Verfassungsänderungen erforderten ebenfalls eine Zweidrittelmehrheit unter den Ländern. In einem Zeitraum von 30 Tagen nach Inkrafttreten der Verfassung schließlich sollten „die darin vorgesehenen Einrichtungen geschaffen sein".

In Dokument Nr. II (Ländergrenzenreform)[4] wurden die Ministerpräsidenten „ersucht", eine Überprüfung der Ländergrenzen vorzunehmen, „um zu bestimmen, welche Änderungen sie etwa vorzuschlagen" wünschten. Eine Neugliederung sollte „den überlieferten Formen Rechnung tragen und möglichst die Schaffung von Ländern vermeiden, die im Vergleich mit den anderen Ländern zu groß oder zu klein" waren. Vorschläge mußten – vorbehaltlich ihrer Billigung durch die Militärgouverneure – bis spätestens zum Zeitpunkt „der Auswahl der Mitglieder der Verfassunggebenden Versammlung" der Bevölkerung der betroffenen Gebiete zur Ratifizierung vorgelegt werden[5]. Noch vor dem Abschluß der Tätigkeit der Verfassunggebenden Versammlung sollten die Ministerpräsidenten zudem „die notwendigen Schritte für die Wahl der

---

[3] Parl. Rat, Bd. 1, S. 30 ff.
[4] Ebenda, S. 32 f.
[5] Für die Ratifizierung war, wie erst später bekanntgegeben wurde, ein überaus kompliziertes Verfahren vorgesehen; vgl. dazu ebenda, S. 420.

Landtage derjenigen Länder unternehmen, deren Grenzen geändert worden sind, so daß diese Landtage sowie die Landtage der Länder, deren Grenzen nicht geändert worden" waren, in der Lage sein würden, Wahlverfahren und Bestimmungen für die Ratifizierung der Verfassung festzulegen. Bereits jetzt wurde jedoch von seiten der Militärgouverneure darauf hingewiesen, daß sie bestimmte Änderungen der Ländergrenzen „nicht billigen" könnten[6].

Das umfangreichste war Dokument Nr. III (Grundzüge eines Besatzungsstatutes)[7]. Das damit verbundene grundsätzliche Ziel war „eine sorgfältige Definition der Beziehungen" zwischen der künftigen deutschen Regierung und den alliierten Behörden. Diese Beziehungen sollten im Prinzip auf dem Grundsatz beruhen, daß den deutschen Regierungen die Kompetenz für Gesetzgebung, Verwaltung und Rechtsprechung eingeräumt wurde. Sich selbst wollten die Besatzungsmächte jedoch „solche Zuständigkeiten" weiterhin vorbehalten, die sie für erforderlich hielten, „um die Erfüllung des grundsätzlichen Zwecks der Besatzung sicherzustellen". Unter diesen Vorbehalt fielen a.) der Bereich der deutschen Außenpolitik, b.) ein „Mindestmaß" an Kontrollen über den deutschen Außenhandel sowie über „innenpolitische Richtlinien und Maßnahmen, die den Außenhandel nachteilig beeinflussen könnten", um zu gewährleisten, „daß die Verpflichtungen, welche die Besatzungsmächte in Bezug auf Deutschland eingegangen" waren, beachtet und „die für Deutschland verfügbar gemachten Mittel zweckmäßig verwendet" wurden, c.) weitere bereits festgelegte oder noch zu vereinbarende Kontrollen, wie solche hinsichtlich der Internationalen Ruhrbehörde, der Reparationen, des Standes der Industrie, über Dekartellisierung, Abrüstung und Entmilitarisierung sowie „gewisse Formen wissenschaftlicher Forschung", d.) der Schutz des Ansehens der Besatzungsstreitkräfte, die Gewährleistung ihrer Sicherheit und die Befriedigung ihrer Bedürfnisse „innerhalb bestimmter zwischen den Militärgouverneuren vereinbarten Grenzen", schließlich e.) die Sicherung der Beachtung der von ihnen genehmigten Verfassungen. Die Wiederaufnahme der vollen Machtbefugnisse behielten sich die Militärgouverneure allerdings vor für den Fall, daß „ein Notstand die Sicherheit" bedrohe, und um „nötigenfalls die Beachtung der Verfassungen und des Besatzungsstatutes" sicherzustellen.

Hinsichtlich der praktischen Handhabung der Kontrollrechte schließlich sollte gelten: a.) Jede Verfassungsänderung war genehmigungspflichtig. b.) Auf den oben genannten Gebieten hatten die deutschen Behörden den Beschlüssen oder Anweisungen der Militärgouverneure Folge zu leisten. c.) Alle Gesetze und Bestimmungen der künftigen deutschen Regierung sollten, sofern nicht anders bestimmt, insbesondere hinsichtlich des Außenhandels, binnen 21 Tagen in Kraft treten, sofern die Militärgouverneure keinen Einspruch erhoben.

Als ein besonderer Verantwortungsbereich der Besatzungsmächte wurde die „Beobachtung, Beratung und Unterstützung der föderativen Regierung und der Länderregierungen bezüglich der Demokratisierung des politischen Lebens, der sozialen Beziehungen und der Erziehung" hervorgehoben, gleichzeitig aber ausdrücklich betont, daß damit keine Beschränkung der zuvor zugestandenen Kompetenzen und Vollmachten verbunden sei. Abschließend wurden die Ministerpräsidenten aufgefordert, zu den vor-

---

[6] Ebenda, S. 24.
[7] Ebenda, S. 33–36 (nebst Beilage).

gelegten Grundsätzen Stellung zu nehmen. Die Inhalte dieses Besatzungsstatuts sollten dann von den Militärgouverneuren mit „von ihnen etwa genehmigten Abänderungen" der Verfassunggebenden Versammlung als „Richtlinien für deren Vorbereitung der Verfassung" übermittelt und eventuell auch deren Auffassung berücksichtigt werden. Die endgültige Fassung sollte dann gleichzeitig mit der Freigabe der Verfassung veröffentlicht werden, „damit sich die Bevölkerung der Länder darüber im klaren" sei, „daß sie die Verfassung im Rahmen dieses Besatzungsstatutes" annehme. In einer Anlage zu den Dokumenten schließlich wurde den Ministerpräsidenten und der Verfassunggebenden Versammlung ausdrücklich die Beratung und Unterstützung durch Beauftragte der Militärgouverneure angeboten.

Die Beratung und Beschlußfassung über die „Frankfurter Dokumente" verlief in zwei Phasen: Zunächst trafen sich die Ministerpräsidenten auf dem Rittersturz bei Koblenz (8.–10. Juli 1948). Diese Konferenz führte nach ausführlicher Diskussion zur Formulierung einer gemeinsamen Stellungnahme und zur Ausarbeitung von Gegenvorschlägen, die den Militärgouverneuren zugeleitet wurden. Die Zurückweisung der Koblenzer Beschlüsse durch die Militärgouverneure am 20. Juli 1948 machte eine erneute Zusammenkunft der Regierungschefs in einer weiteren Konferenz erforderlich. Diese tagte am 21./22. Juli 1948 auf Jagdschloß Niederwald bei Rüdesheim. Am 26. Juli 1948 endlich kam es in Frankfurt nach zähen deutsch-alliierten Verhandlungen zu einem für alle Beteiligten akzeptablen Ergebnis, nachdem beide Seiten aufeinander zugegangen waren und die Militärgouverneure den Ministerpräsidenten gegenüber ihre Bereitschaft zu erkennen gegeben hatten, sich im Sinne der deutschen Vorstellungen bei ihren Regierungen verwenden zu wollen.

Der Entscheidungsprozeß über die „Frankfurter Dokumente" steht im Mittelpunkt der vorliegenden Untersuchung. Das Interesse gilt dabei der Frage, welche Zielvorstellungen und Motive den deutschen Akteuren zugrunde lagen. Bei dem Versuch, die Determinanten der Willensbildung herauszuarbeiten, sind zunächst mehrere Ebenen zu unterscheiden, auf denen sich die politische Auseinandersetzung vollzogen hat oder die zumindest maßgeblichen Einfluß ausgeübt haben: die Plattform der Begegnungen der Ministerpräsidenten mit den Militärgouverneuren als höchste Ebene, auf der die eigentlichen Entscheidungen gefallen sind und die zugleich die Schnittstelle zwischen Deutschen und Besatzungsmächten bildete, sodann die Ministerpräsidentenkonferenzen als quasi „zentrales" Forum der innerdeutschen Willensbildung[8], die Landesregierungen, Parteien und schließlich die Presse. Indem die Militärgouverneure bei der Übergabe der Dokumente die Ministerpräsidenten als Adressaten wählten, anerkannten sie diese als Repräsentanten des deutschen Volkes in den Westzonen. Gleichzeitig wiesen sie ihnen damit die Schlüsselrolle im Entscheidungsprozeß zu. Die Position wiederum, die jeder einzelne von ihnen in den Beratungen vertreten hat, ist jeweils als das Ergebnis interner Willensbildung in den Ländern anzusehen.

Im Mittelpunkt hat daher die Frage zu stehen nach den Faktoren, die auf Landesebene die Beschlüsse der Ministerpräsidenten beeinflußt und vorgeformt haben. Hierbei spiegeln, wie zu zeigen sein wird, sogar bereits die jeweiligen Entstehungsbedingungen der einzelnen Länder deren Perspektive. Besonderes Augenmerk verdienen des

---

[8] Zur Problematik des deutschen Willensbildungsprozesses unter Besatzungsherrschaft vgl. Schwarz, Vom Reich zur Bundesrepublik, S. 18–30.

weiteren Politik und Persönlichkeit des jeweiligen Regierungschefs[9]. Die herausgehobene Stellung der Ministerpräsidenten ergab sich nicht nur aus ihrer Funktion als Führer der Landesregierung, sondern eben vor allem daraus, daß sie von den Besatzungsmächten als die primären Ansprechpartner gewählt worden waren. Aus föderalistischen Erwägungen hatten die Amerikaner den Ministerpräsidenten ihrer Zone dabei schon sehr bald echte Verantwortung für ihr Land übertragen[10] und sie mit der Gründung des Länderrates in Stuttgart als Gremium mit Koordinierungsarbeiten für die Zone betraut. Ihr Selbstverständnis als Vertreter der Interessen ihres Landes und zugleich des Eigenstaatlichkeitsgedankens[11] unterschied sich daher von dem der weit weniger eigenständigen Regierungschefs der zentralistisch strukturierten britischen Zone, die sich eher als Statthalter der Reichsgewalt verstanden. Am schmalsten war der Kompetenzbereich der Länderchefs der französischen Zone. Diese begannen erst gegen Mitte 1948, sich mit steigendem Selbstbewußtsein über ihre faktische politische Bedeutungslosigkeit hinwegzusetzen.

Aufgrund ihres Alleinzugangs zur Militärregierung, der sie letztlich auch verantwortlich waren, wußten sich die Ministerpräsidenten nicht selten einen Informationsvorsprung gegenüber dem Parlament und den Parteien zu sichern. Waren die Regierungschefs, trotz gradueller Unterschiede (wie die Landesregierungen insgesamt), zunächst kaum mehr als „Erfüllungsgehilfen" beziehungsweise ausführende Organe der Besatzungsmächte[12], so lag es doch in erheblichem Maße an ihrer Persönlichkeit, ihrem Regierungsstil und der Art des Auftretens gegenüber der Besatzungsmacht, inwieweit sie sich und ihrem Lande Bewegungsspielraum und Einfluß auf die örtliche Militärregierung zu verschaffen vermochten. Als Chefs ihrer Regierungen oder zumindest „primus inter pares" und in Abhängigkeit freilich auch von der jeweiligen parteipolitischen Konstellation in ihrem Lande waren sie quasi das „personelle Element", das in unterschiedlich starkem Maße die Politik der Länder geprägt hat.

Insofern, als die Ministerpräsidenten auch parteiorientierte Akteure waren und damit in den Zwiespalt zwischen gesamtdeutscher Verantwortung, landespolitischer Interessenvertretung und parteipolitischer Bindung gerieten, wenn auch in unterschiedlicher Gewichtung dieser drei Faktoren, kann das parteipolitische Moment nicht unberücksichtigt bleiben. Dies ist schon deshalb unumgänglich, weil sich die Willensbildung in der Regel innerhalb eines kleinen Kreises von Entscheidungsträgern vollzog, an dem neben dem Ministerpräsidenten und der Landesregierung die Landesvorsitzenden der Parteien und ihre Fraktionsführer im Landtag beteiligt waren. Die Debatte um die „Frankfurter Dokumente" spiegelt also gleichzeitig die Auseinandersetzung zwischen Regierungschefs und Parteien um den Führungsanspruch in der westdeutschen Politik wider.

Als „sachliche Einflußfaktoren" auf der Landesebene sind die jeweiligen landesspezifischen Politikschwerpunkte und Interessen zu untersuchen. Sie markieren den

---
[9] Der Begriff „Regierungschef" wird hier als Synonym für das Wort „Ministerpräsident" gebraucht, ohne dabei deren durchaus unterschiedliche Stellung innerhalb des Kabinetts (oder des Senats) zu berücksichtigen.
[10] Vgl. Foelz-Schroeter, Föderalistische Politik, S. 9.
[11] Ebenda, S. 16 ff.
[12] Zur Rolle der Ministerpräsidenten vgl. auch Morsey, Entscheidung für den Westen, S. 5 ff.

Blickwinkel und zugleich eine unterschiedliche Akzentuierung in der Auseinandersetzung mit den Dokumenten. Unter den landespolitischen Interessen sollen indes nur diejenigen herausgefiltert werden, die im konkreten Zusammenhang mit den „Frankfurter Dokumenten" beziehungsweise „Londoner Empfehlungen" stehen. Probleme allgemeinerer Art, wie etwa die Demontage- und Reparationsfrage oder die Besatzungskosten, sollen nur in den Fällen Berücksichtigung finden, wo sie stärker als in anderen Ländern in den Vordergrund traten, so etwa in Nordrhein-Westfalen wegen seiner hohen wirtschaftlichen Konzentration, oder bei den beiden Hansestädten aufgrund ihrer einseitig ausgerichteten Wirtschaft. Bedingungen, die für alle Länder mehr oder weniger gleichbedeutend waren, dürfen dennoch nicht vergessen werden: Die Schwierigkeiten des wirtschaftlichen Wiederaufbaus, die Ernährungsfrage, Transportengpässe, Rohstoffarmut, aber auch mit dem politischen Wiederaufbau verbundene Probleme lenkten die Aufmerksamkeit der Verantwortlichen auf zum Teil recht vordergründige Themenbereiche, die einen „Primat der Tagespolitik" erzeugten, demgegenüber für bedeutende länder- und zonenübergreifende Politikfelder der Blick oftmals verstellt war.

Ein geradezu konstitutives Element der Landespolitik war auch der Einfluß der Besatzungsmächte. Die Zoneneinteilung hatte die primäre Orientierung der Länder an der jeweiligen Besatzungsmacht zur Konsequenz, von denen jede infolge der nicht verwirklichten Entscheidung von Potsdam, Deutschland als wirtschaftliche Einheit zu behandeln, schon bald ihre eigenen deutschland- und besatzungspolitischen Ziele verfolgte. Die Beziehungen der Länder untereinander, mehr noch zonenübergreifende Kontakte, besaßen auch 1948 noch eher den Charakter von „Außenpolitiken". Innerhalb der Bizone stand, als Ergebnis der unterschiedlichen Besatzungspolitik der USA und Großbritanniens, das „föderalistische Kollegialsystem im Süden" dem „zentralistischen Behördensystem im Norden" gegenüber[13], eine Konstellation, die die Funktionsfähigkeit der bizonalen Organe erheblich beeinträchtigte. Durch einen „seidenen Vorhang" abseits gestellt blieb die französische Zone. Im Sinne weitestgehender Dezentralisierung hatte die französische Besatzungsmacht auf die Einrichtung von Institutionen oberhalb der Länder verzichtet, deren Regierungen kaum mehr als den Charakter einer „Auftragsverwaltung"[14] im Dienste der Militärregierung anzunehmen vermochten[15].

Unter diesen Voraussetzungen bestand deutsche Politik stets mehr aus Reagieren denn aus Agieren. Politische Fragen durften in der amerikanischen und britischen Zone erst nach und nach, in der französischen offiziell gar nicht diskutiert werden. Entscheidungen der Besatzungsmächte, wie die Errichtung der Bizone und ihrer Organe, waren ohne deutsche Beteiligung zustande gekommen oder, wie die Bizonenreform Anfang 1948, für den denkbar knappen Zeitraum von 24 Stunden zur Diskussion gestellt worden. Mit den „Frankfurter Dokumenten" nun wurden erstmals eine aktive Mitarbeit an und eigenverantwortliche Entscheidung über Zukunftsfragen gesamtdeutscher Dimension gefordert. Deutsche, oder genauer: westdeutsche Politik, die, wie

---

[13] Vgl. Eschenburg, Jahre der Besatzung, S. 377.
[14] Ders., Der bürokratische Rückhalt, S. 71.
[15] Zur Politik der französischen Besatzungsmacht vgl. Wolfrum, Französische Besatzungspolitik; Henke, Politik der Widersprüche; Hudemann, Wirkungen französischer Besatzungspolitik; ders., Französische Besatzungszone.

schon Foelz-Schroeter zu Recht festgestellt hat, aufgrund der dominierenden Rolle der Besatzungsmächte nur „im Koordinatensystem der jeweiligen Besatzungsmaßnahmen" erfaßt werden kann[16], besaß dabei – und das war den Beteiligten gerade bei den Beratungen über die „Frankfurter Dokumente" durchaus präsent – unter Besatzungsherrschaft einen doppelten Charakter als Innen- und Außenpolitik zugleich[17], nicht nur, was die Beziehungen der Länder untereinander anbetraf. Die Besatzungsmächte waren die primären Ansprechpartner, angefangen bei der Bewältigung von Problemen im Alltagsleben bis zur Entscheidung politischer Fragen auf Landes-, Zonen- oder überzonaler Ebene. Wie schnell allerdings jeder Versuch einzelner Länder, eigene politische Interessen in der innerdeutschen Diskussion zur Geltung zu bringen, den Charakter einer Parteinahme für die eine oder andere Besatzungsmacht annehmen konnte, zeigen die Verhandlungen im Juli 1948 mit geradezu exemplarischer Deutlichkeit. Die auch nur partielle Deckungsgleichheit regionaler deutscher Interessen mit denen einzelner Besatzungsmächte mochte zwar von deutscher Seite taktisch genutzt werden, um sich der Unterstützung der jeweiligen Besatzungsmacht für eigene Zielsetzungen zu versichern. Sie wurde aber gerade bei den im Juli anstehenden fundamentalen Entscheidungen in ihrer eher zweischneidigen Bedeutung noch zugespitzt durch eine Konstellation, in der jede Interessenidentität mit einer der Besatzungsmächte – dies galt in erster Linie für Frankreich – potentiell geeignet war, die gemeinsame deutschlandpolitische Linie, auf die sich die Westmächte geeinigt hatten, und damit die Voraussetzungen für den wirtschaftlichen und politischen Wiederaufbau Westdeutschlands zu untergraben.

Der Auseinandersetzung mit den „Frankfurter Dokumenten" aus der Landesperspektive gilt der Schwerpunkt dieser Studie. Sie geht bei der Untersuchung der einzelnen Länder nach Besatzungszonen vor, innerhalb dieser geographisch von Nord nach Süd, inhaltlich orientiert an den oben erläuterten Gesichtspunkten. Vorangestellt ist eine ausführliche Darstellung der Zusammenkünfte der Ministerpräsidenten mit den Vertretern der Besatzungsmächte sowie der Beratungen der Länderchefs untereinander in ihren beiden großen Konferenzen von Koblenz und Rüdesheim, die quasi den Rahmen für die Willensbildung der Länder vorgaben. Den Abschluß bildet der Versuch einer vergleichenden Analyse des Beitrags der Länder zur Entstehung der Bundesrepublik im Juli 1948.

Auf eine Einbeziehung Berlins in die Untersuchung wurde verzichtet. Dies liegt in der ungünstigen Quellenlage begründet, aber auch darin, daß die Stadt selbst – über die Rolle Louise Schröders und Ernst Reuters in den Konferenzen der Ministerpräsidenten hinaus – nicht weiter aktiv an den Entscheidungen beteiligt war. Sie hat vielmehr sozusagen als externer Faktor die Beratungen beeinflußt und wird auch als solcher Berücksichtigung finden. Nicht eigens aufgegriffen wird auch die Saarfrage. In Verbindung mit den „Frankfurter Dokumenten" hat sie auf deutscher Seite eine eher marginale Rolle gespielt. Daß sie gleichwohl in der Territorialpolitik einzelner Länder ein gewisses Gewicht einnahm, geht aus dem jeweiligen Zusammenhang hervor.

Die Komplexität des Themas erlaubt es nicht, die einzelnen in den „Frankfurter Dokumenten" beziehungsweise „Londoner Empfehlungen" angesprochenen Themenkrei-

---

[16] Foelz-Schroeter, Föderalistische Politik, S. 10.
[17] Vgl. Schwarz, Vom Reich zur Bundesrepublik, S. 19 ff.

se erschöpfend zu behandeln, zumal es sich bei der am 26. Juli 1948 erreichten deutschalliierten Übereinkunft nicht um den Abschluß einer Entwicklung, sondern genaugenommen um die Ingangsetzung von Vorgängen handelte, die erst mit der Verkündung des Grundgesetzes am 23. Mai 1949 (Dokument Nr. I) und dem Inkrafttreten des Besatzungsstatutes am 21. September 1949 (Dokument Nr. III) einen gewissen Abschluß fanden, während die Frage der Ländergrenzenreform (Dokument Nr. II) auch später noch wiederholt Gegenstand von Planungen und Untersuchungskommissionen gewesen ist und im Zeichen der Wiedervereinigung Deutschlands sogar erneut an Aktualität gewonnen hat.

Inhaltliche Vorstellungen zur Verfassungsfrage bleiben weitgehend unberücksichtigt. Ihre Ausformung fiel ohnehin in den Zuständigkeitsbereich des späteren Parlamentarischen Rates. Angestrebt wird ebenfalls nicht eine allumfassende Ausleuchtung der Ländergrenzenfrage, die notwendigerweise auch historische Dimensionen einzubeziehen hätte, die in diesem Rahmen jeweils nur angedeutet werden können. Hier, wie auch hinsichtlich der Entscheidung für das Grundgesetz, stehen in erster Linie die politischen Aspekte im Vordergrund. Zu vielseitig ist auch die Problematik um das Besatzungsstatut. Die Konzentration auf nur eines der Dokumente hätte es zwar ermöglicht, sich intensiver mit der jeweils gewählten Materie auseinanderzusetzen, doch dürfte der hier eingeschlagene Weg den Vorzug besitzen, daß die zweifellos vorhandenen Wechselwirkungen der drei Dokumente untereinander sichtbar werden, ein Zusammenhang, der für die Gesamtbeurteilung der Vorgänge im Juli 1948 keineswegs ohne Bedeutung ist.

Die vorliegende Arbeit basiert in erster Linie auf dem von Johannes Volker Wagner bearbeiteten ersten Band der Edition der Beratungsprotokolle des Parlamentarischen Rates. Darin sind außer dem Text des Kommuniqués der Londoner Sechsmächtekonferenz und der „Frankfurter Dokumente" auch die Protokolle der Konferenzen der Ministerpräsidenten im Juli/August 1948, der Zusammenkünfte mit den Militärgouverneuren sowie der Sitzungen des Ausschusses zur Überprüfung der Ländergrenzen enthalten. Daneben sind noch immer die Foreign Relations of the United States, besonders für die Vorgeschichte der „Frankfurter Dokumente", von hohem Quellenwert[18]. Was ungedruckte Quellen anbelangt, stützt sich die Untersuchung primär auf die Überlieferung in den Hauptstaats- beziehungsweise Landeshaupt- und teilweise auch Landesarchiven der westdeutschen Bundesländer. Bestände weiterer Institutionen wurden lediglich ergänzend herangezogen. Die Materialien sind nach Ablauf der dreißigjährigen Sperrfrist im allgemeinen frei zugänglich. Eine bedauerliche Ausnahme bildet das Landeshauptarchiv Koblenz, dessen restriktive Haltung jahrelang mit der einseitigen Begünstigung eines bestimmten Kreises an Landeshistorikern einhergegangen zu sein scheint. So mußte das Kapitel über Rheinland-Pfalz als einziges ohne breitere Quellengrundlage geschrieben werden. Hervorzuheben ist die außerordentlich gute Quellenlage vor allem in Bayern sowie in Nordrhein-Westfalen und den beiden Hansestädten, die es erlaubt, die Haltung dieser Länder zu den „Frankfurter Dokumenten" und ihre Hintergründe detailliert zu rekonstruieren. Als einzigartig sowohl in seinem Aufbau als auch hinsichtlich der behördlichen Kontinuität verdient der Bestand 3

---

[18] Foreign Relations of the United States (im folgenden zitiert: FRUS), Bd. II: Germany and Austria.

"Senatsregistratur" (Senatskanzlei) im Bremer Staatsarchiv besondere Erwähnung, dessen sogenannte „Erste Schicht" Akten aus dem gesamten Zeitraum von 1875 bis 1958 umfaßt.

Einen zentralen Platz nehmen die Akten der Staats- (Landes-) beziehungsweise Senatskanzleien ein. Hoher Quellenwert ist den – überwiegend als reine Beschlußniederschriften geführten – Kabinetts- oder Ministerratsprotokollen zuzumessen. Sie bieten für eine ganze Reihe von Ländern bei ungünstiger Quellenlage die einzige Möglichkeit, die Haltung der Regierung und ihre Beschlußfassungen nachzuvollziehen. Darüber hinaus verraten sie, daß die „Frankfurter Dokumente" in den Länderkabinetten in unterschiedlicher Intensität durchgesprochen worden sind. Oftmals kam direkten Gesprächen des Ministerpräsidenten mit führenden Vertretern der Parteien, die in der Regel bei wichtigen politischen Entscheidungen hinzugezogen wurden, größere praktische Bedeutung zu. Unverständlich bleibt, daß die Benutzung dieser Quellenbestände noch immer nicht in allen Bundesländern freigegeben ist, zumal schon seit einiger Zeit sogar die Kabinettsprotokolle der Bundesregierung gedruckt vorliegen. Vorbildlich war hier der Beschluß der Landesregierung von Nordrhein-Westfalen zum Jubiläumsjahr 1986, die Kabinettsprotokolle in einer Editionsreihe zu publizieren[19].

Eine weitere wichtige Quellengruppe stellen Nachlässe dar. Im Mittelpunkt des Interesses stehen hier naturgemäß diejenigen der Ministerpräsidenten und ihrer Berater. Allgemein fällt auf, daß von erstaunlich wenigen der damals führenden Köpfe Nachlässe erhalten sind. Bei den Regierungschefs selbst bietet sich ein differenziertes Bild. Einige haben keine oder nur fragmentarische Aufzeichnungen hinterlassen (Max Brauer[20], Hermann Lüdemann[21]), beziehungsweise, es ist nichts darüber bekannt (Lorenz Bock). Eine Reihe von Nachlässen ist ohne Schwierigkeiten zugängig (Wilhelm Kaisen[22], Reinhold Maier, Christian Stock, Hans Ehard[23]). Eine Einsichtnahme der Nachlässe von Hinrich Wilhelm Kopf und Peter Altmeier erübrigt sich wegen mangelnder Relevanz in dem hier verfolgten Zusammenhang. Der Nachlaß Karl Arnolds befindet sich noch immer im Besitz der Familie[24]. Leo Wohlebs Vermächtnis als südbadischer Staatspräsident schließlich befindet sich, nachdem es lange Jahre teils in den Händen

---

[19] Kanther (Bearb.), Kabinettsprotokolle; vgl. dazu auch ders., Nordrhein-Westfalen.
[20] Im Hamburger Staatsarchiv lagern nur einige Bruchstücke. Sie sind bis zum Jahre 2000 für die Benutzung gesperrt.
[21] Das Archiv der sozialen Demokratie besitzt lediglich einige Nachlaßsplitter (Sammlung Personalia Lüdemann).
[22] Kaisens Handakten als Senatspräsident sind im Bremer Staatsarchiv als nichtamtliches Schriftgut gesondert archiviert. Besonders interessant sind darin maschinenschriftliche Aufzeichnungen von etwa Mitte 1949, die sein kritisches Verhältnis zum SPD-Vorsitzenden Kurt Schumacher belegen.
[23] Der Nachlaß Ehards wurde erst nach Abschluß der Forschungsarbeiten für die vorliegende Untersuchung freigegeben. Auf eine nachträgliche Einsichtnahme wurde verzichtet, zumal er inzwischen umfassend ausgewertet worden ist; vgl. Gelberg, Hans Ehard. Zudem enthält die umfangreiche Hinterlassenschaft von Karl Schwend und Anton Pfeiffer, zweier enger Mitarbeiter Ehards, genug Material, gerade auch über die Auseinandersetzung mit den „Frankfurter Dokumenten".
[24] Bereits vor Jahren hat Detlev Hüwel auf der Grundlage aller verfügbaren Quellen eine Biographie Karl Arnolds vorgelegt, in der er auch ausführlich auf die Problematik der „Frankfurter Dokumente" aus der Sicht Nordrhein-Westfalens und seines Ministerpräsidenten eingegangen ist; vgl. Hüwel, Karl Arnold.

des Würzburger Historikers Paul-Ludwig Weinacht lag, im Staatsarchiv Freiburg. Wohleb hat aufgrund seines ausgezeichneten Gedächtnisses auf schriftliche Aufzeichnungen weitgehend verzichtet, so daß seinem Nachlaß wenig für die hier diskutierten Fragestellungen zu entnehmen sein dürfte.

Eine gewisse Rolle bei der Untersuchung des vorliegenden Themas nehmen auch die Landtagsmaterialien ein. Die Bedeutung der damaligen Landtage für die eigentliche Willensbildung ist nicht besonders hoch einzuschätzen, zumal diese in der Ausübung ihrer Funktionen durch die Besatzungmächte zum Teil drastisch eingeschränkt waren. Sie dienten jedoch als Forum, das der Regierung und den Abgeordneten die Möglichkeit gab, Probleme der Öffentlichkeit bekanntzumachen. Die Debatten waren vor allem aber an die Adresse der Besatzungsmächte gerichtet. Die „Frankfurter Dokumente" sind in allen Landtagen mehr oder weniger ausführlich diskutiert worden. Das Studium der Landtagsprotokolle gibt überdies – darin liegt ihr zusätzlicher Wert – einen guten Überblick über die landespolitischen Probleme und Interessen. Wichtiger noch sind die Protokolle einzelner Ausschüsse, in denen die „Frankfurter Dokumente" mit den Führungsspitzen des Landtags durchgesprochen wurden (Hauptausschuß, Vertrauensmännerausschuß). Sie sind leider in vielen Fällen nicht erhalten geblieben.

Seit längerem bereits stehen bekanntlich auch die Akten der amerikanischen Militärregierung in Deutschland, als Microfiches verfilmt, der Forschung zur Verfügung. Darunter sind die Annual Historical sowie Monthly und Weekly Reports von herausragender Bedeutung. Sie geben einen regelmäßigen Überblick über die politische Lage und Entwicklung. Vor allem aber bieten sie in Ländern mit insgesamt unbefriedigender Quellenlage (wie Hessen) eine wertvolle Ergänzung. Für die Länder der französischen Zone hat sich die Quellenlage durch die Öffnung des Besatzungsarchivs in Colmar im Jahre 1986 erheblich verbessert. Exemplarisch wurde daraus der Bestand der Militärregierung für Südbaden, „Commissariat pour le Land Bade – Section politique –" herangezogen[25].

Mit der Übergabe der „Frankfurter Dokumente" wurde eine entscheidende Phase in der Entstehungsgeschichte der Bundesrepublik Deutschland eingeleitet. Sich ihr intensiv zuzuwenden liegt allein schon in der Bedeutung eben dieses Zeitabschnittes begründet, aber nicht minder in der Tatsache, daß die damaligen Vorgänge in der Forschung bislang relativ wenig Beachtung gefunden haben. Letzteres ist um so erstaunlicher, als es im Juli 1948 um die eigentlichen Grundsatzentscheidungen ging, mochten diese auch später weiterhin nicht unumstritten geblieben sein. Nicht einmal die unmittelbare Vorgeschichte der Dokumente ist umfassender aufgearbeitet. Eine Untersuchung über die bedeutsame Londoner Sechsmächtekonferenz steht noch aus[26]. Für den gesamten Kontext der deutschen Situation unter Besatzungsherrschaft greift man nach wie vor mit Gewinn auf die Habilitationsschrift von Hans-Peter Schwarz zurück[27]. Die wenigen Aufsätze, die sich mit den Dokumenten selbst befassen, konzentrieren sich auf die zentrale Ebene der Ministerpräsidentenkonferenzen und hier wie-

---
[25] Dieser Bestand ist als einziger in bereits geordnetem Zustand an das Colmarer Archiv übergeben worden; vgl. Wolfrum, Das französische Besatzungsarchiv in Colmar.
[26] Dazu bislang Rothstein, Londoner Sechsmächtekonferenz; ders., Die Voraussetzungen der Gründung; ders., Gab es eine Alternative?; Gruner, Londoner Sechsmächtekonferenz von 1948.
[27] Schwarz, Vom Reich zur Bundesrepublik.

derum geradezu ausschließlich auf die Behandlung der Verfassungsfrage[28]. Drei Beiträge[29] kommen dabei bezeichnenderweise aus Rheinland-Pfalz, erinnernd an jene bedeutsamen Ereignisse in der Geschichte dieses Bundeslandes. Rheinland-Pfalz hat darüber hinaus dem vierzigsten Jahrestag der Rittersturzkonferenz eine Ausstellung gewidmet[30].

Daß sich die Forschung bevorzugt dem Prozeß der Verfassungsgebung zugewandt hat, zeigt die Vielzahl an Veröffentlichungen zur Entstehungsgeschichte der Bundesrepublik, die in erster Linie als eine Geschichte des Grundgesetzes geschrieben worden ist. Diese vorrangige Orientierung auf das „politischste" der drei „Frankfurter Dokumente" liegt legitimerweise in dessen fundamentaler Bedeutung für das politische System der Bundesrepublik begründet, zu dessen Verständnis die Kenntnis der Wesenselemente der Verfassung, ihrer Vorbilder und der Intentionen der Verfassungsväter besonders wichtig ist. Diese Präferenz mag aber auch damit zusammenhängen, daß die Problematik einer Ländergrenzenreform, im Unterschied zur Verfassungsfrage, im ganzen ergebnislos behandelt wurde, was gleichwohl nicht zu bedeuten braucht, daß eine historisch-politikwissenschaftliche Beschäftigung mit diesem Thema ähnlich erfolglos verlaufen muß. Hierzu ist bislang lediglich 1983 die allzu kursorische Habilitationsschrift von Almuth Hennings erschienen[31]. Die Problematik um das Besatzungsstatut schließlich scheint dem Forschungsinteresse fast völlig entgangen zu sein[32].

Im Schatten der Gründungsgeschichte der Bundesrepublik hat lange Zeit auch die landesgeschichtliche Forschung gestanden. Das sich in der steigenden Zahl an Veröffentlichungen und der Entstehung auch staatlich initiierter und geförderter Arbeitskreise oder Kommissionen, die sich landesgeschichtlichen Themenstellungen widmen, dokumentierende Nachholbedürfnis hängt freilich nicht zuletzt mit der Zugänglichkeit der Quellenmaterialien zusammen, die durch die gleitende Dreißigjahres-Sperrfrist erst seit den achtziger Jahren vermehrt zur Verfügung stehen, mag aber auch mit der lange Zeit rückständigen Aufarbeitung der Bestände vieler Landesarchive zusammenhängen. An anderer Stelle ist darüber hinaus beobachtet worden, daß verstärkte Impulse für die Landesgeschichtsschreibung von der Tatsache ausgingen, daß Mitte der siebziger Jahre die letzten Volksabstimmungen über Gebietsveränderungen abgeschlossen waren und damit endlich „auf der Basis eines gesicherten Gebietsstatus die Schaffung eines eigenständigen politischen Profils des einzelnen Landes in Angriff genommen und so der Weg zur Ausbildung einer angemessenen landestypischen ‚Identität' beschritten werden" konnte[33].

Mit diesem Bemühen der Länder einhergehend, eine eigene Identität zu schaffen, hat sich das historische Interesse vorwiegend auf die Entstehung der Länder und deren geschichtliche Voraussetzungen konzentriert. Anlaß, sich mit dieser Thematik zu befassen, waren und sind immer wieder Jubiläumsdaten der Landesgeschichte oder auch

---

[28] Benz, Grundgesetz der Alliierten?; Giesselmann, Koblenzer Beschlüsse; Morsey, Entscheidung für den Westen; Vogelsang, Koblenz, Berlin und Rüdesheim; Wiesemann, Gründung des deutschen Weststaats.
[29] Düwell, Rittersturz-Konferenz; Heyen, Vor 30 Jahren; Mathy, Rittersturz-Konferenz.
[30] Landesarchivverwaltung Rheinland-Pfalz, Rittersturz-Konferenz.
[31] Hennings, Der unerfüllte Verfassungsauftrag.
[32] van Wylick, Das Besatzungsstatut.
[33] Vgl. Mohr, Politische Identität; ders., Landesgeschichte als Politikum.

der Gründung der Bundesrepublik, so bislang besonders ausgeprägt für Nordrhein-Westfalen[34] oder Rheinland-Pfalz[35], weniger für Hessen[36]. Auch Gesamtdarstellungen zur Landesgeschichte greifen häufig weit in die Vergangenheit zurück, zumal wenn sie, wie im Falle Hessens[37] oder mehr noch Schleswig-Holsteins[38], bereits älteren Datums sind, während die Zeit zwischen 1945 und 1949 nicht selten unterbelichtet bleibt. Eine großangelegte, mehrbändige Geschichte Niedersachsens ist erst im Entstehen begriffen[39]. Für Bremen liegt inzwischen, ebenso wie für Rheinland-Pfalz, ein erster Gesamtüberblick für die Zeit nach 1945 vor[40].

Aber auch speziell die politische Geschichte der Länder in den Jahren der Besatzungszeit wird zunehmend thematisiert. In Bremen, wo das Interesse lange Zeit vornehmlich der Sozialdemokratie und der Arbeiterbewegung gegolten hat, ist von Hans G. Jansen und Renate Meyer-Braun ein wichtiger Grundstein gelegt worden[41]. Einen bedeutenden Platz nehmen jedoch noch immer die Lebenserinnerungen Bürgermeister Wilhelm Kaisens ein[42]. Gerade bei den norddeutschen Ländern haben verständlicherweise tiefgreifende Nachkriegsprobleme und somit Einzelthemen wie die Flüchtlingsfrage im Vordergrund gestanden. Wie wenig Aufmerksamkeit darüber hinaus der politischen Landesgeschichte nach 1945 noch immer gewidmet wird, zeigt auch das Beispiel Schleswig-Holsteins. Unter den für die für Themenstellung der vorliegenden Untersuchung interessanten Arbeiten nehmen hier diejenigen des Kieler Landeshistorikers Kurt Jürgensen eine Art Monopolstellung ein. Jürgensen hat sich neben der Entstehungsgeschichte des Landes auch spezielleren Problemen wie der Schleswig-Frage gewidmet[43]. Einen Sonderfall unter den norddeutschen Ländern bildet der Stadtstaat Hamburg insofern, als seine Geschichte zwischen 1945 und 1949 außer in wenigen Überblicksdarstellungen und einem Sammelband[44] vor allem von Zeitzeugen[45] wiedergegeben wird. Hamburger Nachkriegsgeschichte hat sich besonders der 1989 verstorbene ehemalige Leiter der Staatlichen Pressestelle und enge Ver-

---

[34] Vgl. Der Minister für Wissenschaft und Forschung des Landes Nordrhein-Westfalen und Landeszentrale für politische Bildung (Hrsg.), 30 Jahre Verfassung Nordrhein-Westfalen; Hüttenberger (Hrsg.), Vierzig Jahre; Keinemann, Aus der Frühgeschichte; Denzer (Hrsg.), Nordrhein-Westfalen; zu Jubiläumspublikationen in Nordrhein-Westfalen vgl. ausführlich Reusch, 40 Jahre Nordrhein-Westfalen.
[35] Haungs (Hrsg.), 40 Jahre Rheinland-Pfalz; Der Minister für Bundesangelegenheiten (Hrsg.), 40 Jahre Rheinland-Pfalz; zum Forschungsstand vgl. Küppers, Landes-Zeitgeschichte.
[36] Stein (Hrsg.), 30 Jahre Hessische Verfassung; Mühlhausen, Entscheidung.
[37] Demandt, Geschichte des Landes Hessen; Schultz (Hrsg.), Geschichte Hessens.
[38] Brandt, Geschichte Schleswig-Holsteins; Klüver, Schleswig-Holsteinische Geschichte seit 1866; Scharff, Schleswig-Holsteinische Geschichte.
[39] Patze (Hrsg.), Geschichte Niedersachsens. Bisher sind erst Band 1 und Band 3, Teil 2, erschienen.
[40] Jansen/Meyer-Braun, Bremen; Küppers, Staatsaufbau zwischen Bruch und Tradition.
[41] Jansen/Meyer-Braun, Bremen.
[42] Kaisen, Meine Arbeit.
[43] Jürgensen: Schleswig-Holstein; ders., Gründung; ders., 25 Jahre Landessatzung; ders., Das Werden des neuen Schleswig-Holstein; ders., Zur Gründungsgeschichte; ders., Entscheidung; ders., Die britische Südschleswig-Politik.
[44] Jochmann/Loose (Hrsg.), Hamburg, Bd. II; Grobecker/Loose/Verg (Hrsg.), ... mehr als ein Haufen Steine.
[45] Weichmann, Sieveking u. a., Miterlebtes.

traute des Bürgermeisters Max Brauer, Erich Lüth, in verschiedenen Schriften zugewandt[46].

Für Niedersachsen liegen mehrere, teils ältere Abhandlungen vor[47]. Heinrich Kortes umfassende Darstellung von Verfassung und Verwaltung des Landes Niedersachsen aus dem Jahre 1962 ist 1986 in einer überarbeiteten Neuauflage erschienen[48].

Große Fortschritte in der Landeszeitgeschichtsforschung sind in Nordrhein-Westfalen zu verzeichnen, wenngleich eine eingehende, quellengestützte Gesamtdarstellung zur Besatzungszeit noch immer nicht vorhanden ist. Einen Grundstein dazu haben Peter Hüttenberger[49] und Walter Först[50] gelegt. Gerade in jüngster Zeit ist die Entstehung dieses Landes in zwei einander ergänzenden, umfangreichen Quelleneditionen minutiös erforscht worden[51]. Daneben ist inzwischen auch eine Vielzahl von Einzelfragen beleuchtet worden, zu denen nicht nur der Prozeß der Verfassungsgebung, die Geschichte und Entwicklung von Institutionen, der Staats- und Verwaltungsorgane, Verbände, Organisationen und Parteien gehören, sondern auch Aspekte der alliierten Besatzungspolitik oder die Neugliederungsfrage[52]. Schon 1967 hat Walter Först mit der Herausgabe der Reihe „Beiträge zur neueren Landesgeschichte des Rheinlandes und Westfalens" begonnen, die inzwischen mit Band 12 abgeschlossen ist. In gewisser Weise deren Fortsetzung stellt die halbjährlich erscheinende Zeitschrift „Geschichte im Westen" dar, deren Beiträge sich allerdings nicht mehr allein auf Nordrhein-Westfalen beschränken. Mit den „Düsseldorfer Schriften zur Neueren Landesgeschichte und zur Geschichte Nordrhein-Westfalens" steht seit 1980 eine weitere monographische Reihe zur Verfügung. Darunter verdient im Zusammenhang mit dem hier verfolgten Thema die 1990 erschienene Arbeit von Ursula Rombeck-Jaschinski zur Ruhrfrage besondere Erwähnung[53].

Auch in Rheinland-Pfalz nimmt die Forschung Aufschwung. Seit etwa zwei Jahrzehnten hat die Kommission des Landtages für die Geschichte von Rheinland-Pfalz begonnen, mit der Herausgabe von Quellensammlungen und Darstellungen in Sammelbänden die Geschichte des Landes aufzuarbeiten[54]. In derselben Reihe hat Heinrich Küppers die – in anderem Zusammenhang schon genannte – erste Gesamtdarstellung zur Geschichte von Rheinland-Pfalz von 1946–1955[55] veröffentlicht, der er be-

---

[46] Lüth, Viele Steine; ders., Ein Hamburger schwimmt gegen den Strom; ders., Kleine Begegnungen mit großen Zeitgenossen.
[47] Genannt seien als Beispiele Treue, Die Geschichte unseres Landes; Pollmann, Niedersachsen in Geschichte und Gegenwart.
[48] Korte/Rebe, Verfassung und Verwaltung. Zur Forschungslage in Niedersachsen vgl. Steger, Zu Entwicklung und Stand der Nachkriegsforschung; Brosius, Landes-Zeitgeschichte.
[49] Hüttenberger, Nordrhein-Westfalen.
[50] Först, Kleine Geschichte Nordrhein-Westfalens; an älteren Darstellungen vgl. ders., Geschichte Nordrhein-Westfalens, Bd. 1: 1945–1949; Köhler, Das Land aus dem Schmelztiegel.
[51] Hölscher (Bearb.), Nordrhein-Westfalen; Steininger (Bearb.), Die Ruhrfrage. Die instruktive Einleitung aus diesem Band ist inzwischen, weitestgehend unverändert, separat veröffentlicht worden; vgl. ders., Neues Land an Rhein und Ruhr.
[52] Als neueste Sammelpublikation vgl. Brunn (Hrsg.), Neuland.
[53] Rombeck-Jaschinski, Nordrhein-Westfalen, die Ruhr und Europa.
[54] Hervorzuheben sind die Arbeiten von Grass/Heyen (Bearb.), Peter Altmeier: Reden; Heyen (Hrsg.), Rheinland-Pfalz entsteht; Brommer (Bearb.), Quellen zur Geschichte von Rheinland-Pfalz; Kusch, Die Wiederbegründung der SPD.
[55] Küppers, Staatsaufbau zwischen Bruch und Tradition.

reits 1986 einen Aufsatz[56] vorausgeschickt hat, dem die vorliegende Arbeit viel zu verdanken hat. Für Hessen hat Walter Mühlhausen eine Geschichte der Besatzungszeit geschrieben, doch bleibt der Beitrag des Landes zur Entstehung der Bundesrepublik unberücksichtigt[57]. Zu den wenigen in dem hier betrachteten Zusammenhang interessierenden Veröffentlichungen zur Anfangszeit dieses Bundeslandes zählen neben den Aufsätzen von Helmut Berding[58] auch die Publikationen von Wolf-Arno Kropat[59].

Die drei ehemaligen südwestdeutschen Länder in der Zusammenschau zu sehen, lehrt die Literatur, die bislang überwiegend die Geschichte dieser Länder gemeinsam und primär unter dem Blickwinkel der Entstehung Baden-Württembergs[60] erfaßt hat. Um so bemerkenswerter ist es, daß nur wenige Veröffentlichungen eigens zu Württemberg-Baden, quasi dem „Stammland" des Südweststaates, vorliegen[61]. Der Schwerpunkt der Forschung galt bisher dem Land Württemberg-Hohenzollern, zu dem bereits 1969 die schon genannte grundlegende und quellenfundierte Arbeit von Eberhard Konstanzer erschienen ist. Auch Gerd Friedrich Nüske hat sich speziell mit dem Land Württemberg-Hohenzollern vor dem Hintergrund der besatzungspolitischen Auseinandersetzungen über Südwestdeutschland zwischen Frankreich und den Vereinigten Staaten in einem umfangreichen, zweiteiligen Aufsatz beschäftigt[62]. Hinzu tritt ein Aufsatz von Hellmuth Auerbach über die politischen Anfänge Carlo Schmids[63]. Vor allen Dingen muß jedoch der von Max Gögler und Gregor Richter in Verbindung mit Gebhard Müller herausgegebene Sammelband mit wissenschaftlichen Darstellungen und Erinnerungen von Zeitzeugen an die Zeit der selbständigen Existenz des Landes von 1945 bis 1952 genannt werden[64]. Dieser liefert den bisher umfassendsten Überblick über Geschichte, Entwicklung und Probleme des Landes und ist noch immer als Ausgangspunkt für weitere Forschungen anzusehen. Beiträge von Zeitgenossen aus der Erinnerung an aktives Miterleben haben auch an anderer Stelle bei der Aufarbeitung der Landesgeschichte beträchtlichen Anteil: Theodor Eschenburg, damals (ab 1947) Ministerialrat und Stellvertreter des Innenministers, berichtet über die Entstehung des Landes[65]. Zahlreiche, meist kürzere Beiträge, die sich mit der Neugliederungsfrage befassen, stammen von dem 1989 verstorbenen Gebhard Müller[66]. Einzelheiten sind auch den Memoiren von Carlo Schmid[67] und Reinhold Maier[68] zu entnehmen.

---

[56] Ders., Entstehung und Selbstbehauptung von Rheinland-Pfalz.
[57] Mühlhausen, Hessen 1945–1950.
[58] Berding, Gründung und Anfänge des Landes Hessen; ders., Vorgeschichte und Entstehung des Landes Hessen.
[59] Kropat, Hessen in der Stunde Null; ders., Hessen zwischen Kapitulation und Währungsreform.
[60] Feuchte, Verfassungsgeschichte; Konstanzer, Die Entstehung des Landes Baden-Württemberg; Blickle/Bradler u. a., Von der Ständeversammlung zum demokratischen Parlament; Sauer (Bearb.), Entstehung des Bundeslandes Baden-Württemberg.
[61] Haselier, Bildung des Landes Württemberg-Baden; ders., (Nord-)Württemberg-Baden; viel Quellenmaterial zu einer Geschichte Württemberg-Badens enthält Sauer, Demokratischer Neubeginn.
[62] Nüske, Württemberg-Hohenzollern.
[63] Auerbach, Die politischen Anfänge Carlo Schmids.
[64] Gögler/Richter (Hrsg.), Das Land Württemberg-Hohenzollern.
[65] Eschenburg, Aus den Anfängen des Landes Württemberg-Hohenzollern.
[66] So zum Beispiel die beiden Aufsätze von Müller, Entstehung des Bundeslandes Baden-Württemberg; ders., Württemberg-Hohenzollern 1945 bis 1952.
[67] Schmid, Erinnerungen.
[68] Maier, Erinnerungen.

Das Schicksal Badens unter französischer Besatzung ist lange Zeit unbeachtet geblieben. Besonders das Land (Süd-)Baden spielt als Vertreter einer in der Neugliederungsdiskussion nach 1945 unterlegenen Ordnungskonzeption eine eher beiläufige Rolle. Mit Einzelfragen speziell südbadischer Nachkriegsgeschichte, soweit sie hier interessieren, hat sich bisher Paul-Ludwig Weinacht am ausführlichsten auseinandergesetzt[69]. Doch sind mittlerweile endlich auch weitere Forschungsansätze zur badischen Zeitgeschichte vorhanden[70]. In naher Zukunft wird eine ganze Reihe neuer Publikationen, die auch den hier behandelten Themenkreis berühren, zu erwarten sein. Dies gilt für Arbeiten über die französische Besatzungszone insgesamt, die inzwischen längst begonnen haben, den Vorsprung an Veröffentlichungen zu den beiden anderen Besatzungszonen aufzuholen[71].

Durch monographische Darstellungen recht gut erschlossen ist die Geschichte Bayerns nach 1945. Einen kompakten Überblick über die Entwicklung bis zum Jahre 1972 gibt der Abschnitt von Ernst Deuerlein und Wolf D. Gruner in Max Spindlers Handbuch der bayerischen Geschichte[72]. Ausführlich und mit vielen Details schildert auch Wolfgang Zorn die Nachkriegsentwicklung Bayerns[73]. Grundlegend ist die quellenfundierte Arbeit von Peter Jakob Kock über Bayerns Weg zur Bundesrepublik[74]. Im Unterschied zu der bereits 1980 erschienenen Dissertation Walter Stelzles[75], die sich als ein „Beitrag zur Staatsideologie" auf die bayerische Politik im Zeichen von Föderalismus und Eigenstaatlichkeit – zudem begrenzt auf die Jahre 1945–1947 – konzentriert, ist Kocks Studie breiter angelegt und berücksichtigt stärker die Rahmenbedingungen bayerischer Politik. Auch die Parteiengeschichte, der in dem hier verfolgten Zusammenhang gerade in Bayern besonderes Augenmerk zu schenken ist, ist recht gut aufgearbeitet. Dies gilt begreiflicherweise in erster Linie für die CSU, die, nach anfänglicher Koalition mit den Sozialdemokraten, die bayerische Politik auch in der Entstehungsphase der Bundesrepublik ausschließlich geprägt hat. Hier sind an erster Stelle die Arbeiten von Alf Mintzel zu nennen[76]. Eine anschauliche Illustration der innerparteilichen Verhältnisse bietet die von Klaus-Dietmar Henke und Hans Woller herausgegebene Dokumentation „Lehrjahre der CSU"[77]. Mit den Arbeiten von Müchler über die Beziehungen zwischen CSU und CDU[78] und von Konstanze Wolf zum

---

[69] Weinacht, Land Baden (Südbaden); ders., Neugliederungsbestrebungen; ders., BCSV und CDU; ders., Ursprung und Entfaltung christlicher Demokratie; ders., Gelb-rot-gelbe Regierungsjahre.
[70] Hingewiesen werden soll an dieser Stelle auf ein seit April 1984 am Historischen Seminar der Universität Freiburg laufendes Forschungsvorhaben „Das Land Baden unter französischer Besatzung 1945–1952: Die politische, wirtschaftliche und soziale Entwicklung im Spannungsfeld von Besatzungsmacht, gesellschaftlichen Organisationen und Bevölkerung"; vgl. dazu die Notiz in den VfZ 35 (1987), S. 707 f. Ein erstes Ergebnis liegt in der Arbeit von Edgar Wolfrum, Französische Besatzungspolitik, vor.
[71] Vgl. dazu den Forschungsüberblick von Hudemann, Französische Besatzungszone, und Wolfrum, Französische Besatzungspolitik.
[72] Deuerlein/Gruner, Die politische Entwicklung Bayerns.
[73] Zorn, Bayerns Geschichte im 20. Jahrhundert.
[74] Kock, Bayerns Weg in die Bundesrepublik.
[75] Stelzle, Föderalismus und Eigenstaatlichkeit.
[76] Mintzel, Die CSU in Bayern: Phasen ihrer organisationspolitischen Entwicklung; ders., Die CSU in Bayern; ders., Die CSU; ders., Geschichte der CSU.
[77] Henke/Woller (Hrsg.), Lehrjahre der CSU.
[78] Müchler, Zum frühen Verhältnis von CDU und CSU; ders., CDU-CSU.

Konkurrenzverhältnis zwischen CSU und Bayernpartei[79] sind schließlich insgesamt sowohl die innerparteilichen Strukturen als auch das Verhältnis der CSU zu den Parteien, die ihre eigene Politik maßgeblich mitgeprägt haben, weitgehend durchleuchtet worden.

Die Rolle der einzelnen Regierungschefs in der Entstehungsphase der Bundesrepublik ist nun erstmals Gegenstand eines, mit einer ansatzweise die vergleichende Zusammenschau suchenden Einführung von Walter Mühlhausen versehen, Sammelbandes mit biographischen Aufsätzen[80]. Darüber hinaus ist, im Unterschied zu der Bedeutung der beiden großen Parteiführer Konrad Adenauer und Kurt Schumacher, die Leistung der ersten gewählten Ministerpräsidenten beziehungsweise der Bürgermeister der Hansestädte bis auf einige Ausnahmen (Karl Arnold[81], Hans Ehard[82], Reinhold Maier[83], Hinrich Wilhelm Kopf[84], Leo Wohleb[85]) kaum gebührend gewürdigt worden. Erste Vorarbeiten für eine noch zu schreibende Biographie stehen immerhin für Peter Altmeier[86], Max Brauer[87], Wilhelm Kaisen[88] und Christian Stock[89] zur Verfügung. Lorenz Bock[90] und dessen Nachfolger Gebhard Müller[91] sowie Hermann Lüdemann[92] dagegen haben bislang lediglich ein Minimum an Aufmerksamkeit gefunden. Nur wenige Ministerpräsidenten haben ihre Memoiren hinterlassen (Reinhold Maier[93], Wilhelm Kaisen[94]).

---

[79] Wolf, CSU und Bayernpartei.
[80] Mühlhausen/Regin (Hrsg.), Treuhänder des deutschen Volkes.
[81] Hüttenberger, Arnold; Hüwel, Karl Arnold; ders./Rosorius (Hrsg.), Der Politiker Karl Arnold; Först, Die Ära Arnold; ders., Karl Arnold (1901–1958); ders., Karl Arnold.
[82] Ehard hat inzwischen eine ausführliche Würdigung erfahren; vgl. Gelberg, Hans Ehard. Das Buch konnte nicht mehr berücksichtigt werden, da das Manuskript zum Zeitpunkt des Erscheinens der Biographie (Anfang 1993) abgeschlossen war.
[83] Matz, Reinhold Maier (1889–1971); Padtberg (Hrsg.), Wir suchen Deutschland; Sauer, In stürmischer Zeit; Berg, Reinhold Maier; Hofmann, Reinhold Maier. Zu weiteren Veröffentlichungen über Reinhold Maier vgl. den Forschungsüberblick bei Matz, Reinhold Maier (1889–1971), S. 13 ff.
[84] Vogelsang, Hinrich Wilhelm Kopf; Ripke, Hinrich Wilhelm Kopf.
[85] Maier/Weinacht (Hrsg.), Humanist und Politiker; ders. (Hrsg.), Leo Wohleb – der andere politische Kurs; ders. (Hrsg.), Gelb-rot-gelbe Regierungsjahre.
[86] Grass/Heyen, Peter Altmeier: Reden; Morsey, Peter Altmeier; ders., Föderalismus im Bundesstaat; Heyen, Peter Altmeier (1899–1977).
[87] Lüth, Max Brauer. Diese bisher einzige Biographie Brauers erhebt jedoch keinen wissenschaftlichen Anspruch, sondern hat, wie wohl alle Schriften Lüths, zum Ziel, Ereignisse der Vergangenheit aus eigenem Erleben für die Nachwelt festzuhalten. Aufschlußreich sind auch die von Hans-Dieter Loose bearbeiteten Briefe des späteren Hamburger Bürgermeisters Herbert Weichmann an seine Frau nach dessen Rückkehr aus dem Exil; Loose (Bearb.), Rückkehr.
[88] Meyer-Braun, „Rebell" Wilhelm Kaisen. Eine umfassende Studie über Kaisen fehlt noch. Immerhin gibt es bereits eine Dokumentation: Koschnick (Hrsg.), Zuversicht und Beständigkeit, eine Edition von Selbstzeugnissen: Müller (Hrsg.), Begegnungen mit Wilhelm Kaisen, und eine Sammlung von Reden von 1945–47: Kaisen, Bereitschaft und Zuversicht.
[89] Vgl. dazu die Einleitung bei Hildebrandt (Bearb.), Von Weimar bis Wiesbaden; Stein, Christian Stock.
[90] Hagen, Lorenz Bock (1883–1948).
[91] Dazu bislang erwähnenswert Weinacht, Gebhard Müller (1900–1990).
[92] Rickers, Hermann Lüdemann.
[93] Maier, Ende und Wende; ders., Grundstein; ders., Erinnerungen.
[94] Kaisen, Meine Arbeit.

Daß sich das Interesse allmählich auch verstärkt der Rolle der Länder bei der Entstehung der Bundesrepublik zuwendet, belegt ein von Walter Först herausgegebener Sammelband, dessen einzelne Beiträge den bisherigen Kenntnisstand der Forschung hierzu subsumieren[95]. Unter dem vielversprechenden Titel „Südwestdeutschland und die Entstehung des Grundgesetzes" haben Alfred Kube und Thomas Schnabel die Haltung der ehemals drei südwestdeutschen Länder zu diesem Thema (in einem Kapitel auch speziell zu den „Frankfurter Dokumenten") nachgezeichnet, allerdings in rein deskriptiver Form und ohne eine analytische Durchdringung des Stoffes[96]. Weitere länderübergreifende, vor allem auf vergleichende Sichtweise angelegte Darstellungen fehlen. In erster Linie in bezug auf die Länder der amerikanischen Zone hat Marie Elise Foelz-Schroeter vor Jahren schon für die hier verfolgten Fragestellungen wesentliche Vorarbeiten geleistet[97]. Einen Teil seiner Studie hat auch Werner Sörgel der „Herstellung des Konsenses zwischen politischen Kräften in Westdeutschland in der Frage der Gründung eines deutschen ‚Weststaates'" gewidmet[98]. Die in der vorliegenden Untersuchung im Mittelpunkt stehende Problematik der „Frankfurter Dokumente" ist aus Landesperspektive bisher allein für Bayern[99], Nordrhein-Westfalen[100], Hamburg[101] und Schleswig-Holstein (hier zur Ländergrenzenfrage)[102] thematisiert worden. So kann die vorliegende Arbeit auf einzelne wichtige Vorarbeiten zurückgreifen, doch bleibt sie mit dem erstmaligen Versuch, die Haltung der westdeutschen Länder insgesamt zu den „Frankfurter Dokumenten" und damit ihren Beitrag zur Entstehung der Bundesrepublik zu analysieren, in hohem Maße auf die Auswertung von Primärquellen angewiesen.

---

[95] Först (Hrsg.), Die Länder und der Bund.
[96] Kube/Schnabel, Südwestdeutschland und die Entstehung des Grundgesetzes.
[97] Foelz-Schroeter, Föderalistische Politik.
[98] Sörgel, Konsensus und Interessen, S. 16.
[99] Morsey, Zwischen Bayern und der Bundesrepublik; ders., Föderalismus im Bundesstaat.
[100] Hüttenberger, Arnold; Kanther, Nordrhein-Westfalen.
[101] Blank, Hamburgs Stellung.
[102] Jürgensen, Brauer contra Lüdemann.

# I. Die Verhandlungen über die „Frankfurter Dokumente": Vorgeschichte, Verlauf und Ergebnisse

## 1. Die Londoner Sechsmächtekonferenz

Mit dem ergebnislosen Verlauf der fünften Sitzung des Rates der Außenminister vom 25. November bis 15. Dezember 1947 war auch der letzte Versuch, eine auf Vier-Mächte-Basis beruhende Regelung für Gesamtdeutschland zu finden, gescheitert. Dies bedeutete zugleich einen entscheidenden Wendepunkt in der Politik der westlichen Siegermächte, insbesondere der Vereinigten Staaten, die nunmehr entschlossen waren, die notwendigen Konsequenzen aus der vorausgegangenen Entwicklung zu ziehen[1]. Bereits vor dem Beginn dieser Konferenz hatte man auf amerikanischer Seite führende westdeutsche Politiker mit dem Gedanken vertraut gemacht, daß es im Falle eines negativen Ausgangs dieser Gespräche zur Errichtung eines westdeutschen Staates kommen werde. Noch in London hatten dann unmittelbar nach dem Abbruch der Verhandlungen der amerikanische und der britische Vertreter eine staatliche Organisation der Bizone und, im Falle der Beteiligung auch Frankreichs, den Zusammenschluß zur Trizone besprochen. Einen Anknüpfungspunkt dafür zu schaffen diente die zweite Reform der bizonalen Organe Anfang Januar 1948[2]. Sie vermied jedoch in Übereinstimmung mit der deutschen Seite, politische Entscheidungen vorwegzunehmen, und wurde ausdrücklich als eine rein wirtschaftliche Maßnahme deklariert.

Die Abstimmung auf ein gemeinsames deutschlandpolitisches Konzept sollte auf einer Zusammenkunft in London erreicht werden. Bei dieser Konferenz, die am 23. Februar 1948 zusammentrat, waren mit der Teilnahme der Beneluxstaaten erstmals außer den drei westlichen Besatzungsmächten noch weitere europäische Länder an den Beratungen über das deutsche Problem beteiligt[3]. Auf der Tagesordnung standen außerdem Fragen des wirtschaftlichen Wiederaufbaus Westeuropas, die Ruhrfrage und vor allem das Thema Sicherheit.

Die Vereinigten Staaten waren an einer schnellen wirtschaftlichen, aber auch politischen Integration Westdeutschlands in die westeuropäische Staatengemeinschaft interessiert. Ihre Perspektive war im besonderen durch den Gegensatz zur Sowjetunion bestimmt, deren weiterem Vordringen durch eine konsequente Eindämmungspolitik Einhalt geboten werden sollte. Im Rahmen dieser Konzeption sollte Westdeutschland eine entscheidende Rolle zufallen. Von ihrem Demokratieverständnis her unter-

---

[1] Vgl. dazu Eschenburg, Jahre der Besatzung, S. 459–479; Parl. Rat, Bd. 1, Einleitung, S. XI-LXXII.
[2] Vgl. Eschenburg, Jahre der Besatzung, S. 406 ff.
[3] Zum Verlauf der Konferenz und den von den einzelnen Staaten vertretenen Konzeptionen vgl. Rothstein, Londoner Sechsmächtekonferenz; ders., Voraussetzungen der Gründung; ders., Gab es eine Alternative?; Clay, Entscheidung in Deutschland, S. 434 ff.; Krieger, General Lucius D. Clay, S. 325 ff.

stützten die Amerikaner die Schaffung eines föderalistischen Staatsgebäudes, mit einer starken Stellung der Länder, aber ausreichenden Kompetenzen für die Zentralgewalt zur Bewältigung der wirtschaftlichen und sozialen Aufgaben des neuen Gemeinwesens.

Die Briten, die auf das amerikanische Angebot zur Bildung der Bizone eingegangen waren und im Zeichen ökonomischer Schwäche die führende Rolle der Vereinigten Staaten in der Deutschlandpolitik bei gleichzeitigem Verlust eigener politischer Initiative hatten hinnehmen müssen, neigten den Vorstellungen der Amerikaner zu, befürworteten jedoch eine stärkere Gewichtung der Zentralgewalt.

Schwierigster Partner in den Londoner Verhandlungen der sechs Mächte war Frankreich. Auf der Tagung der Außenminister Ende 1947 hatte sich Außenminister Bidault im Gespräch mit seinem amerikanischen Kollegen Marshall endlich geneigt gezeigt, einer Fusion der drei westlichen Besatzungszonen zuzustimmen und an ihrem wirtschaftlichen und politischen Aufbau mitzuwirken, dabei allerdings als Bedingungen genannt: 1. die Anerkennung der Abtrennung des Saargebietes von Deutschland und dessen wirtschaftlicher Anschluß an Frankreich, 2. die Beteiligung seines Landes an einer internationalen Ruhrkontrolle, 3. die Entscheidung für eine betont föderalistische Staatsform in Westdeutschland und 4. eine ausgedehnte Besatzungsdauer. Frankreichs Einstellung gegenüber der Gründung eines westdeutschen Staates war primär von macht- und kontrollpolitischen Erwägungen bestimmt. Darauf bedacht, die ehemalige Großmachtstellung zurückzugewinnen, kennzeichnete die französische Politik zugleich ein hohes Sicherheitsbedürfnis gegenüber Deutschland. Dieses richtete sich sowohl gegen einen wirtschaftlichen Wiederaufstieg als auch gegen die Gefahr einer erneuten militärischen Aggression seines östlichen Nachbarn. Frankreichs Politik zielte infolgedessen in wirtschaftlicher Hinsicht auf eine Niederhaltung der deutschen Industrie und eine Kontrolle der Ruhrwirtschaft, ursprünglich sogar auf eine politische Abtrennung des Ruhrgebiets ab. Frankreich war nur dann bereit, der Gründung eines westdeutschen Staates zuzustimmen, wenn gleichzeitig Wirtschafts- und Sicherheitsmaßnahmen beraten wurden. Die Vorbehalte gegenüber einer staatlichen Konsolidierung Westdeutschlands waren zu einem Gutteil aber auch von politischen Rücksichtnahmen auf die Sowjetunion bestimmt. In Frankreich, das sich lange Zeit in der Rolle eines Vermittlers zwischen Ost und West gesehen hatte, hielten vor allem die Sozialisten noch immer an dem Ziel fest, eine Übereinkunft unter Beteiligung der Sowjetunion zu erreichen. Dreh- und Angelpunkt in der französischen Einstellung gegenüber neuer deutscher Staatlichkeit war die Föderalismusfrage. Anfangs hatte das Ziel einer Aufteilung Deutschlands in souveräne Einzelstaaten im Vordergrund gestanden. Jetzt forderte Frankreich die Bildung eines lockeren Staatenbundes, dessen Hauptgewicht bei den Ländern liegen sollte, während es der Zentralgewalt nur sehr begrenzte Zuständigkeiten einzuräumen bereit war.

Die Beneluxstaaten vertraten eine Position, die zwischen der angelsächsischen und der französischen lag: Einerseits bestimmte auch bei ihnen das Sicherheitsbedürfnis die Haltung gegenüber den Deutschen, andererseits anerkannten sie die Notwendigkeit des westdeutschen Wiederaufbaus, der bei den traditionell recht engen deutsch-niederländischen Wirtschafts- und Handelsbeziehungen zusätzlich auch im eigenen Interesse lag. Eine dauerhafte wirtschaftliche Schwächung Deutschlands lehnten sie ab, waren aber bereit, sich an einem Kontrollsystem zu beteiligen. Forderungen vielfältiger Art hatten die Beneluxstaaten gegenüber Deutschland seit 1946 erhoben[4], vor allem in Form von Gebietsabtretungen an der deutschen Westgrenze, Wünsche, die nun auf der Londoner Konferenz erneut auf die Tagesordnung gesetzt wurden.

Verbunden mit der staatlichen Neuordnung eine Reform der Ländergrenzen in Westdeutschland durchzuführen, war auf alliierter Seite in erster Linie ein Anliegen Frankreichs. Durch eine Neugliederung sollten die Grundlagen für den föderativen Aufbau geschaffen werden. Die zuvor durchgeführte Territorialreform wurde deshalb zur Voraussetzung für den Zusammentritt der Verfassunggebenden Versammlung gemacht. Eine nur kurz bemessene Frist für die Neuabgrenzung der Länder sollte eine Mitsprache der Besatzungsmächte und also die Wahrung ihrer Interessen bei den hierbei getroffenen deutschen Entscheidungen gewährleisten. Ähnlich wie in der staatsrechtlichen Problematik vermochten sich die Londoner Mächte auch hinsichtlich der Ländergrenzenreform ansonsten nur in Grundzügen zu einigen[5]. Frankreich erhoffte sich, auf diesem Wege feste Einfluß- und Sicherheitszonen zu gewinnen. Seine Oberhoheit über die ihm zugefallenen deutschen Gebiete durfte dabei keinesfalls geschmälert werden. Es befürwortete die Wiederherstellung der alten Landesgrenzen in seiner Zone. Als einziger linksrheinischer Staat besaß Südbaden dabei einen besonderen Stellenwert. Über das Ziel eines Austausches von Besatzungsgebieten (Nordbaden gegen Südwürttemberg) sollte es zu einer anhaltenden Kontroverse mit der amerikanischen Besatzungsmacht kommen. Mit der Gründung von Rheinland-Pfalz wurde das Konzept der Bildung eines linksrheinischen Staatengürtels schließlich zwar praktisch aufgegeben, doch bei führenden Kräften der französischen Militärregierung in Deutschland spielte es weiterhin eine große Rolle. Rheinland-Pfalz als möglicher Ausgangspunkt eines künftigen Rheinstaates, bestehend aus den Regierungsbezirken Köln, Aachen, Trier und Koblenz, sollte, ähnlich wie das Saarland, politisch und wirtschaftlich nach Frankreich ausgerichtet werden. Als Ausgleich dafür war die französische Seite bereit, neben der Aufgabe ihrer Zone im Südwesten die Pfalz und die Kreise Diez und St. Goarshausen dem Land Hessen anzugliedern. Aus diesem Grunde war nur dann, wenn auch Nordrhein-Westfalen neugegliedert wurde, eine Auflösung von Rheinland-Pfalz akzeptabel[6].

Die USA unterstützten ebenfalls eine Bereinigung der Ländergrenzen. Schon vor der Übergabe der „Frankfurter Dokumente" ließ der amerikanische General Clay allerdings die Ministerpräsidenten wissen, daß er kein größeres Land als Bayern oder Nordrhein-Westfalen wünsche[7].

Das geringste Interesse zeigten die Briten[8]. Sie hatten erst 1946 die Länder ihrer Zone neu gegliedert. Zu diesem Zweck war im Juli 1946 ein Sonderausschuß beim Zonenbeirat der britischen Zone einberufen worden, der unter bestimmten Vorgaben Vorschläge erarbeitet hatte, von denen derjenige, der die meisten Stimmen des Ausschusses auf sich vereinigte, mit Zustimmung der Besatzungsmacht realisiert worden

---

[4] Näheres dazu insbesondere in den Kapiteln über Niedersachsen, Rheinland-Pfalz und Nordrhein-Westfalen.
[5] Zur Haltung der Besatzungsmächte in der Ländergrenzenfrage vgl. Hennings, Der unerfüllte Verfassungsauftrag, S. 50 f.
[6] FRUS 1948, Bd. II, S. 174.
[7] Parl. Rat, Bd. 1, S. 18.
[8] FRUS 1948, Bd. II, S. 398.

war. Eine zentrale Rolle hatte dabei das kurz zuvor gegründete Land Nordrhein-Westfalen gespielt[9]. In Kenntnis der französischen Pläne und im Wissen um das Interesse Frankreichs an der Bildung eines Ruhrstaates lehnte Großbritannien auch in London eine Auflösung Nordrhein-Westfalens ab. Erst nach langwierigen Verhandlungen zeigte es sich schließlich bereit, eine Aufteilung des Landes zuzulassen, falls dies von den Deutschen selbst gewünscht werde. Dann aber waren eine exakt definierte Vorgehensweise und komplizierte Abstimmungsmodalitäten einzuhalten[10].

Insgesamt konnte in London lediglich darüber Übereinstimmung erreicht werden, daß 1. Länder von ausgewogener Größe und Bevölkerungszahl geschaffen werden sollten, es 2. keine Wiederherstellung Preußens geben dürfe, 3. die En- und Exklaven zu bereinigen waren, 4. historisch gewachsene territoriale Einheiten nicht aufgelöst werden sollten und 5. kein Land wieder eine Vormachtstellung in Deutschland erlangen dürfte. Das hieß, kein Land sollte größer als Bayern oder Nordrhein-Westfalen sein, eine weitere Vergrößerung Nordrhein-Westfalens nicht zugelassen werden. 6. Die beiden Stadtstaaten Hamburg und Bremen konnten bestehenbleiben, die Entstehung weiterer kleiner Länder aber würde nur in Ausnahmefällen möglich sein. 7. Im Südwesten war die Bildung eines (Gesamtland aus Baden und Württemberg), höchstens zweier Länder (Baden und Württemberg), je nach dem Ausgang des durchzuführenden Volksentscheids, vorgesehen[11].

Somit stand eine Länderneugliederung in Westdeutschland, zu der die Ministerpräsidenten mit dem Frankfurter Dokument Nr. II aufgefordert werden sollten, von Anfang an unter deutlichen Vorbehalten der Besatzungsmächte, die die innerdeutsche Neugliederungsdiskussion schwer belasten sollten, auch wenn sie den Deutschen, ähnlich wie die Einzelabsprachen in der Verfassungsfrage, zunächst nicht mitgeteilt wurden. Die divergierenden Interessen der Besatzungsmächte führten jedenfalls dazu, daß die Bestimmungen des Frankfurter Dokumentes Nr. II – analog denen zur Verfassungsfrage – nur sehr allgemein gehalten waren.

Die Londoner Verhandlungen gestalteten sich äußerst schwierig. Das entscheidende Problem bei der Behandlung der deutschen Frage war die Ausgestaltung des neuen Staatswesens. Hier bildete sich sehr schnell eine Polarisierung zwischen der französischen und der angelsächsischen Konzeption heraus[12]. Wenn sich letztlich die amerikanische Position durchzusetzen vermochte, mußte dies durch weitgehende Konzessionen an Frankreich, insbesondere in der Ruhr-, der Saar-[13] und der Sicherheitsfrage erkauft werden. Amerikaner und Briten hatten sogar erwogen, notfalls ohne Frankreich vorzugehen und die neue staatliche Organisation auf die Bizone zu beschränken.

Das Ergebnis der Londoner Beratungen letztendlich war, eben wegen des anhaltenden Widerstandes der Franzosen, die es nur mit großer Mühe in die Vereinbarungen

---

[9] Vgl. dazu ausführlicher das Kapitel zu Nordrhein-Westfalen.
[10] Vgl. Parl. Rat, Bd. 1, S. 420.
[11] Vgl. Hennings, Der unerfüllte Verfassungsauftrag, S. 50; FRUS 1948, Bd. II, S. 173 f.
[12] Vgl. Clay, Entscheidung in Deutschland, S. 437; Krieger, General Lucius D. Clay, S. 367 f.
[13] Großbritannien und die USA unterstützten in London den wirtschaftlichen Anschluß der Saar an Frankreich. Die Entscheidung fiel bereits im Februar 1948, noch vor dem Beginn der Sechsmächtekonferenz, so daß dieses Problem in London nicht weiter behandelt wurde; vgl. Rothstein, Voraussetzungen der Gründung, S. 48 f.

einzubinden gelang, als ein „geschlossenes Ganzes", als „unteilbares Programm" konzipiert[14]. Damit sollte verhindert werden, daß Frankreich nur diejenigen Beschlüsse, in denen es Zugeständnisse hatte erringen können, akzeptierte, die anderen hingegen ablehnte. Gleichwohl blieb noch immer eine Reihe von Fragen (Ruhrstatut, Besatzungsstatut, Militärisches Sicherheitsamt) einer späteren Klärung vorbehalten. Die Beschlüsse trugen den Charakter eines Kompromisses, der viele Fragen offenließ. Er ermöglichte nach den Worten des amerikanischen Generals Clay „auf dem Papier eine Einigung [...], die die Militärgouverneure bevollmächtigte, ihr Programm weiterzuentwickeln"[15]. Insbesondere der in London nur notdürftig überdeckte Dissens in der Föderalismusfrage sollte in der Auseinandersetzung mit den „Frankfurter Dokumenten" erhebliche Probleme bereiten. Die Fragen des Wahlmodus für die Verfassunggebende Versammlung und für das Parlament sowie der Ratifizierung der Verfassung, über die keine Übereinkunft hatte erreicht werden können, sollten der deutschen Entscheidung überlassen bleiben[16]. Auch die inhaltlichen Vorgaben für die Verfassung selbst waren deshalb sehr allgemein gehalten. Auf mehr als ein Mindestprogramm hatte man sich in London nicht zu einigen vermocht.

Die Konferenzresultate wurden in einem ausführlichen, den einzelnen beteiligten Regierungen übersandten Bericht, dem „Report of the London Conference on Germany" vom 1. Juni 1948, zusammengefaßt. Die einzelnen Absprachen waren als Anlagen beigefügt[17]. Veröffentlicht wurde nach dem Abschluß der Konferenz lediglich am 7. Juni 1948 in Berlin ein Abschlußkommuniqué[18], das als die sogenannten „Londoner Empfehlungen" bekannt wurde. Darin waren die getroffenen Vereinbarungen in fünf Abschnitten zusammengefaßt. Von besonderer Bedeutung war darunter der Passus über die „Rolle der deutschen Wirtschaft in der Wirtschaft Europas und die Kontrolle der Ruhr". Mitgeteilt wurde die Entscheidung zum einen über die Aufnahme der französischen Zone und der Bizone „als vollberechtigte Mitglieder" in die Organisation für wirtschaftliche Zusammenarbeit in Europa (OEEC), zum anderen über die Errichtung einer internationalen Behörde zur Kontrolle des Ruhrgebietes, in der neben den sechs an der Konferenz beteiligten Mächten auch Westdeutschland vertreten sein sollte. Ausdrücklich hervorgehoben wurde, daß die Errichtung dieser Behörde „keine politische Abtrennung des Ruhrgebietes von Deutschland" bedeutete. Vorgesehen war jedoch „die Kontrolle über die Verteilung der Kohlen-, Koks- und Stahlproduktion der Ruhr, um einerseits zu verhindern, daß die industrielle Konzentration in diesem Ge-

---

[14] Parl. Rat, Bd. 1, S. 10; FRUS 1948, Bd. II, S. 268, 312, 399.
[15] Clay, Entscheidung in Deutschland, S. 444.
[16] Frankreich trat in London für indirekte Wahlen, sowohl für die Verfassunggebende Versammlung, als auch für das Parlament, ein. Auch die Ratifizierung der Verfassung sollte durch die Landtage erfolgen. Die Vereinigten Staaten hingegen drangen (wie Großbritannien) auf die Einhaltung demokratischer Prinzipien: allgemeine Wahlen zu einer Nationalversammlung und eine Volksabstimmung über die Verfassung; vgl. Rothstein, Die Voraussetzungen der Gründung, S. 30; Krieger, General Lucius D. Clay, S. 369.
[17] FRUS 1948, Bd. II, S. 309 ff.
[18] Parl. Rat, Bd. 1, S. 1–17, deutsche Übersetzung ebenda, S. 10–17. Nach dem Ende des ersten Teils der Konferenz war lediglich eine kurze, sehr allgemein gehaltene Mitteilung verbreitet worden. Text in: Ursachen und Folgen, Bd. 25, S. 503 ff. Ähnlich wurde nach dem Konferenzabschluß am 1. Juni zunächst nur ein knappes Kommuniqué veröffentlicht; zum Wortlaut vgl. Parl. Rat, Bd. 1, S. 1, Anm. 4.

biet zu einem Aggressionsmittel" werde, „und andererseits zu gewährleisten, daß die Produktion allen am europäischen Wirtschaftsprogramm teilnehmenden Ländern einschließlich Deutschlands zugute" kam[19]. Ein dem Kommuniqué beigefügter Anhang enthielt den Entwurf eines zwischen den beteiligten Mächten zu schließenden Abkommens, das im einzelnen die Zusammensetzung, Entscheidungsfindung, Funktionsweise und Rechte dieser Behörde, die noch vor der Bildung einer westdeutschen Regierung errichtet werden sollte, zu regeln hatte[20].

Die Beschlüsse zur „Entwicklung der politischen und wirtschaftlichen Organisation Deutschlands" gingen, „bei Berücksichtigung der augenblicklichen Lage", von der Notwendigkeit aus, „dem deutschen Volk die Gelegenheit zu geben, die gemeinsame Grundlage für eine freie und demokratische Regierungsform zu schaffen, um dadurch die Wiedererrichtung der deutschen Einheit zu ermöglichen, die zum gegenwärtigen Zeitpunkt zerrissen ist"[21]. Das deutsche Volk sollte die Freiheit erhalten, „für sich die politischen Organisationen und Institutionen zu errichten, die es ihm ermöglichen werden, eine regierungsmäßige Verantwortung soweit zu übernehmen, wie es mit den Mindesterfordernissen der Besetzung und der Kontrolle vereinbar ist, und die es schließlich auch ermöglichen werden, die volle Verantwortung zu übernehmen"[22].

Dazu wurde eine gemeinsame Sitzung der Militärgouverneure mit den westdeutschen Ministerpräsidenten angekündigt, in der die deutschen Regierungschefs die Vollmacht erhalten sollten zur Einberufung einer Verfassunggebenden Versammlung sowie zur Überprüfung der Ländergrenzen.

Hinsichtlich der wirtschaftlichen Zukunft Westdeutschlands selbst teilte das Kommuniqué lediglich mit, daß Maßnahmen zur Koordinierung der Wirtschaftspolitik und Praxis[23] in den Zonen zur Sprache gekommen seien und die Konferenz eine „Empfehlung" über die gemeinsame Leitung und Kontrolle des deutschen Außenhandels[24] beschlossen habe. Das Kommuniqué hielt ausdrücklich fest, daß vor einer wirtschaftlichen Vereinigung der drei Westzonen zunächst die notwendigen zentralen politischen Institutionen geschaffen sein sollten[25]. Zur Enttäuschung der Deutschen enthielten die „Londoner Empfehlungen" keinen Hinweis auf ein Besatzungsstatut.

In knapper Form wurde schließlich die Übereinkunft darüber verkündet, den beteiligten Regierungen Vorschläge über „gewisse geringfügige, vorläufige Berichtigungen der Westgrenzen Deutschlands" zur Prüfung vorzulegen, eine Entscheidung, die in Westdeutschland heftige Reaktionen auslösen sollte. Die USA und Großbritannien

---

[19] Ebenda, S. 11.
[20] Ebenda, S. 14–17.
[21] Der ausdrückliche Hinweis auf das Endziel der Wiedererlangung der deutschen Einheit war auf amerikanische Anregung hin eingefügt worden, um damit der sowjetischen Spaltungspropaganda entgegenzuwirken; vgl. ebenda, S. 3, Anm. 13.
[22] Ebenda, S. 12.
[23] Dazu gehörten der bereits verkündete Beschluß zur Aufnahme der Westzonen in die OEEC und ihre Beteiligung am Marshall-Plan sowie die Vorbereitung und Durchführung der Währungsreform.
[24] Erst im Oktober 1948 wurde die französische Besatzungszone der Außenhandelsorganisation der Bizone angeschlossen.
[25] Der endgültige Zusammenschluß der Westzonen wurde im Washingtoner Abkommen über eine Drei-Mächte-Kontrolle vom 8. 4. 1949 festgelegt. Text in: Stammen (Hrsg.), Einigkeit und Recht und Freiheit, S. 243–246.

hatten ihr nur sehr zögernd zugestimmt, da sie hier eine Präjudizierung in der Frage der Behandlung der deutschen Ostgrenze befürchteten[26]. Ausdrücklich unterstützt wurden die von den Beneluxstaaten ausgehenden Forderungen nur von Frankreich, das bei dieser Gelegenheit eigene Ansprüche geltend machte. Betroffen davon war unter anderem die Stadt Kehl[27]. Zur Behandlung der Grenzfrage wurde in London ein Ausschuß eingesetzt, der allerdings erst am 28. März 1949 seine Ergebnisse vorlegte.

Ein letzter entscheidender Punkt betraf das Thema „Sicherheit", einen Bereich, auf den, wie erwähnt, Frankreich besonderes Gewicht gelegt hatte und der deshalb besonders ausführlich wiedergeben wurde: 1. Die Besatzungstruppen sollten nicht eher aus Deutschland abgezogen werden, als bis der Friede in Europa ausreichend gesichert war und nachdem entsprechende Konsultationen stattgefunden hatten. 2. Zu den Maßnahmen während des Zeitraumes, in dem die Besatzungsmächte die höchste Autorität in Deutschland innehatten, sollte weiterhin das Verbot der deutschen Wehrmacht und des deutschen Generalstabs gehören sowie die Kontrolle über „die Entwaffnung, Entmilitarisierung, Industriekapazität und gewisse Belange wissenschaftlicher Forschung". Im Hinblick auf Entwaffnung und Demilitarisierung wurde die Errichtung einer alliierten Sicherheitsbehörde angekündigt. 3. Vor einem Abzug der Besatzungstruppen war ein Abkommen zwischen den beteiligten Regierungen zu treffen über „die notwendigen Maßnahmen zur Demilitarisierung, Abrüstung, Kontrolle der Industrie und zur Besetzung der Schlüsselgebiete". Die Sicherstellung dieser Ziele sollte ein zu schaffendes Inspektionssystem gewährleisten. Das Kommuniqué betonte abschließend, daß diese „Empfehlungen" einem späteren Viermächteabkommen über Deutschland keineswegs vorgreifen, sondern ein solches im Gegenteil erleichtern sollten. Vor dem Hintergrund bislang gescheiterter Versuche sei der nun eingeschlagene politische Kurs als ein Schritt vorwärts zu verstehen „im Hinblick auf den wirtschaftlichen Wiederaufbau Westeuropas einschließlich Deutschlands und auf die Schaffung einer Grundlage für die Teilnahme eines demokratischen Deutschlands an der Gemeinschaft freier Völker"[28].

## 2. Von den „Londoner Empfehlungen" zu den „Frankfurter Dokumenten"

Die Ratifizierung der „Londoner Empfehlungen" bereitete der Mehrzahl der beteiligten Regierungen kaum Schwierigkeiten. Belgien, die Niederlande und Luxemburg teilten am 14. Juni 1948 ihre Zustimmung mit. Die Regierungen Großbritanniens und der Vereinigten Staaten hatten bereits am 9. Juni die „Empfehlungen" vorbehaltlos angenommen. Problematisch, wie befürchtet, verlief die Abstimmung in Frankreich, obwohl der Text des Londoner Deutschlandkommuniqués gerade mit Rücksicht auf dieses Land formuliert worden war: Auf die Bekanntgabe des Gesamtberichtes und der Einzelabsprachen hatte man bewußt verzichtet, und der Inhalt war ganz auf die innenpolitische Lage in Frankreich zugeschnitten. Bestimmungen, auf die die Franzosen er-

---
[26] Clay, Entscheidung in Deutschland, S. 443.
[27] Zur Problematik um die Stadt Kehl vgl. das Kapitel zum Land Baden.
[28] Parl. Rat, Bd. 1, S. 14.

höhten Wert gelegt hatten, waren besonders ausführlich dargelegt worden, wie etwa die Beschlüsse zur Ruhrkontrolle, die auf ausdrücklichen Wunsch Frankreichs hin wörtlich dem Kommuniqué als Anhang beigegeben worden waren[29]. Dennoch stießen die Konferenzergebnisse in Frankreich auf Ablehnung und lösten eine schwere Regierungskrise aus. Dem Kabinett wurde vorgeworfen, in den Londoner Verhandlungen der Sicherheitsfrage nicht genügend Beachtung geschenkt und zu weitgehende Konzessionen an die USA gemacht zu haben. Ein französischer Vorstoß, erneut Verhandlungen über das Deutschlandproblem aufzunehmen, wurde jedoch von britischer und amerikanischer Seite abgelehnt. Am 14. Juni 1948 gaben beide Mächte zu erkennen, daß sie entschlossen waren, notfalls auch ohne die Zustimmung Frankreichs das beschlossene Programm zu verwirklichen. Der Außenpolitische Ausschuß der französischen Nationalversammlung billigte die Beschlüsse schließlich mit der denkbar knappen Mehrheit von 21:20 Stimmen. Am 17. Juni 1948 akzeptierte auch die Nationalversammlung, nachdem die Regierung mit ihrem Rücktritt gedroht hatte, die „Londoner Empfehlungen" mit 300 gegen 286 Stimmen, wenn auch mit deutlichen Vorbehalten[30].

Einen Tag zuvor hatte die Sowjetunion die britische Regierung wissen lassen, daß sie den Vereinbarungen nicht zustimmen könne. In einer Note an die Westmächte bezeichnete die polnische Regierung die Londoner Ergebnisse als eine Bedrohung für alle Völker, die unter der deutschen Aggression zu leiden gehabt hätten, und als einen Verstoß gegen das Potsdamer Abkommen[31]. Heftige Kritik kam von der am 23./24. Juni in Warschau tagenden Acht-Mächte-Konferenz[32].

Die Sowjetunion hatte bereits im November 1947 mit der Gründung eines „Deutschen Volkskongresses für Einheit und gerechten Frieden", der mit dem Anspruch auftrat, Sprecher des deutschen Volkes und eine Art Vorparlament für ein künftiges gesamtdeutsches Parlament zu sein, einen Propagandafeldzug gegen die Politik der Westmächte eingeleitet. Auf die Londoner Beratungen antwortete sie mit der Blockade Berlins: Beginnend mit ersten Verkehrsbehinderungen auf den Zufahrtswegen nach Berlin am 30. März steigerten sich die Maßnahmen bis zu einer totalen Blockade des Personen-, Güter- und Postverkehrs. Auf Anregung des amerikanischen Militärgouverneurs General Clay beschlossen die Vereinigten Staaten die Errichtung einer Luftbrücke, um die Versorgung der Stadt aufrechtzuerhalten. Auf dem Höhepunkt der Berlinkrise sollte die Übergabe der „Frankfurter Dokumente" stattfinden.

In Westdeutschland selbst lösten die „Londoner Empfehlungen" eine intensive Diskussion aus. Die Zeitungen veröffentlichten erste Stellungnahmen, darunter den an Schärfe herausragenden Kommentar des CDU-Vorsitzenden in der britischen Zone, Konrad Adenauer[33]. Die vorwiegend negative, teils sehr heftige Reaktion auf die Londoner Vereinbarungen war auf amerikanischer Seite bereits befürchtet worden. Da das Ziel, Frankreich zur Mitarbeit zu gewinnen, zunächst das vordringlichere gewesen war, hatte

---

[29] FRUS 1948, Bd. II, S. 298 f.
[30] Vgl. Rothstein, Voraussetzungen der Gründung, S. 49; Fritsch-Bournazel, Mourir pour Berlin?, S. 188; die Resolution ist abgedruckt bei Pollock/Meisel/Bretton, Germany under Occupation, S. 267 f.
[31] Die Note ist abgedruckt in: Department of State (Hrsg.), Germany 1947–1949, S. 87 f.
[32] Deklaration der UdSSR, Albaniens, Bulgariens, der Tschechoslowakei, Jugoslawiens, Polens, Rumäniens und Ungarns vom 24.6.1948, in: Ursachen und Folgen, Bd. 25, S. 519–527.
[33] Die Welt vom 10.6.1948.

## 2. Von den „Londoner Empfehlungen" zu den „Frankfurter Dokumenten"

auf die deutsche Seite vorerst wenig Rücksicht genommen werden können. Clay selbst hatte sich ursprünglich dafür eingesetzt, in London nur ein kurzes Kommuniqué herauszugeben und es den westdeutschen Ministerpräsidenten zu überlassen, nach ihrem Zusammentreffen mit den Militärgouverneuren der deutschen Öffentlichkeit den Inhalt der Londoner Vereinbarungen zu vermitteln. Davon hatte er sich eine weit günstigere Aufnahme in Westdeutschland versprochen[34]. Clay und der britische Militärgouverneur General Robertson beeilten sich deshalb, dem negativen Eindruck der „Empfehlungen" in der deutschen Öffentlichkeit entgegenzuwirken. Robertson hielt am 29. Juni 1948 eine Rede vor dem Zonenbeirat der britischen Zone in Hamburg[35], in der er die deutschen Einwände zu beschwichtigen versuchte. Bereits am 14. Juni hatte Clay eine Besprechung mit den Ministerpräsidenten seiner Zone anberaumt, in der er weitere Einzelheiten des Londoner Abkommens erläuterte und sich bemühte, den Regierungschefs den eigentlich weit deutschfreundlicheren Charakter der Vereinbarungen auseinanderzusetzen[36]. Zur Stellung Berlins, die unklar geblieben war, gab Clay auf einer Pressekonferenz[37] die Erklärung ab, die Stadt sei nicht besonders erwähnt worden, da die „Empfehlungen" nicht auf einen bestimmten Teil Deutschlands ausgerichtet seien[38].

Am 1. Juli 1948 endlich wurden in Frankfurt, im ehemaligen IG-Farben-Haus als dem amerikanischen Hauptquartier, die drei Dokumente von den Militärgouverneuren an die westdeutschen Ministerpräsidenten überreicht. Die Übergabe ging in einer sehr formellen Art und Weise vor sich[39], indem jeder der drei Generale eines der Dokumente in der Sprache seines Landes verlas, um es anschließend den Deutschen auszuhändigen. Der amerikanische General Lucius D. Clay gab die Beschlüsse zur Verfassungsfrage bekannt, der britische Militärgouverneur Sir Brian Robertson den Inhalt des Dokumentes Nr. II, und der Franzose Pierre Koenig verkündete den Entwurf für ein Besatzungsstatut (Dokument Nr. III).

Erheblich zur Fehleinschätzung des deutschen Bewegungsspielraumes sollte der Schlußteil des Dokumentes Nr. III beitragen, in dem die Ministerpräsidenten ausdrücklich zur Stellungnahme aufgefordert wurden. Allerdings nicht nur dieser Passus ließ den Eindruck entstehen, als habe sich im Verhältnis zu den Besatzungsmächten ein grundlegender Wandel zu gleichwertiger Partnerschaft vollzogen. Bestärkt wurden die

---

[34] Smith (Hrsg.), The Papers of General Lucius D. Clay, Bd. 2, S. 672 f., Schreiben Clays an Draper, vom 9. 6. 1948. Clay hatte immerhin verhindern können, daß, wie die Franzosen es gewünscht hatten, weitere Einzelheiten über die künftige westdeutsche Staatsform in das Kommuniqué aufgenommen wurden. Er hatte dabei die Hoffnung, daß die Deutschen ohnehin viele Fragen in seinem Sinne entscheiden würden; vgl. Parl. Rat, Bd. 1, Einleitung, S. XIX; Gimbel, Amerikanische Besatzungspolitik, S. 274. Die Londoner Detailbestimmungen zur Staatsform wurden später im Einlenken auf französische Forderungen dem Parlamentarischen Rat in dem Aide-Mémoire vom 22. 11. 1948 bekanntgegeben; vgl. Parl. Rat, Bd. 1, Einleitung, S. XIX, Anm. 34. Text in: Stammen (Hrsg.), Einigkeit und Recht und Freiheit, S. 224 f.

[35] Akten zur Vorgeschichte, Bd. 4, S. 655–664, zu den „Londoner Empfehlungen" besonders S. 661 f.

[36] Parl. Rat, Bd. 1, S. 17–21.

[37] Die Welt vom 15. 6. 1948.

[38] Vor allem auf französischen Wunsch hin war Berlin ungenannt geblieben, um den Anschein einer Einseitigkeit der Vereinbarungen zu vermeiden; vgl. Parl. Rat, Bd. 1, S. 26, Anm. 10.

[39] Vgl. dazu die Schilderung bei Troeger, Interregnum, S. 85 f.; Kaisen, Meine Arbeit, S. 259; Morsey, Entscheidung für den Westen, S. 2. „Die Ministerpräsidenten sind nach Frankfurt befohlen worden." Hans Ehard in: Wucher (Hrsg.), Wie kam es zur Bundesrepublik?, S. 139.

deutschen Vertreter in der Annahme, daß die Londoner Beschlüsse sozusagen verhandelbar waren, auch durch Äußerungen General Koenigs und seiner Mitarbeiter, die betont hatten, die Deutschen sollten sich in ihrer Entscheidung nicht drängen lassen. Die Annahme oder Ablehnung der Dokumente stehe jedem Land frei. Dieses Störmanöver, mit dem die Franzosen die Hoffnung auf eine Revision der Londoner Beschlüsse verbanden, fand eine gewisse Ergänzung durch Äußerungen von Mitgliedern der amerikanischen Militärregierung in Berlin. Diese rieten im besonderen den politischen Parteien dazu, ihre Vorstellungen mit den Ministerpräsidenten zu diskutieren, um über diese ihren Standpunkt gegenüber den Militärgouverneuren vertreten zu können[40]. Eine Delegation der SPD (Heine, Eichler und Neumann) war von Verhandlungen mit dem britischen Außenminister aus London zurückgekehrt mit dem Einschätzung, daß deutsche Gegenvorschläge bei den Alliierten auf Verständnis stoßen würden[41]. Ähnliches wußte Willy Brandt aus Gesprächen mit alliierten Vertretern in Berlin zu berichten[42].

In der an die Übergabe der Dokumente sich anschließenden kurzen Aussprache erklärte der württemberg-badische Ministerpräsident Reinhold Maier als Sprecher der Regierungschefs gegenüber den Militärgouverneuren, daß voraussichtlich „eine längere Überlegungsfrist" erforderlich sein werde, um sich auch in den Landesregierungen und Parlamenten zu beraten. Die Militärgouverneure akzeptierten Maiers Vorschlag, die Konferenz zu vertagen bis zum Abschluß der Beratungen in den Ländern, zumal sie bemüht waren, den Eindruck eines Ultimatums zu vermeiden. Eine sofortige Antwort wurde auch nicht erwartet.

Die Ministerpräsidenten verzichteten also auf eine sofortige Stellungnahme, um zunächst eine interne Klärung des deutschen Standpunktes anzustreben. Darauf hatten sie sich bereits auf ihrer Vorkonferenz am gleichen Tage geeinigt. In der nachfolgenden Besprechung kamen sie überein, noch keinen festen Termin für die nächste Zusammenkunft mit den Militärgouverneuren anzugeben. Zur Beratung der Dokumente wollten sie am 8. Juli in Koblenz zusammenkommen. Einstimmig wurde beschlossen, zu dieser Konferenz auch die amtierende Oberbürgermeisterin von Berlin, Louise Schröder, mit beratender Stimme einzuladen.

## 3. Die Konferenz auf dem Rittersturz (8.–10. Juli 1948)

Zu ersten Vorgesprächen trafen sich am 7. Juli 1948 die Ministerpräsidenten von CDU und SPD in getrennten Sitzungen mit führenden Vertretern ihrer Parteien. Hans Ehard, Peter Altmeier, Karl Arnold, Lorenz Bock und Leo Wohleb versuchten unter dem

---

[40] Parl. Rat, Bd. 1, S. 34, Anm. 20; vgl. auch Maier, Erinnerungen, S. 50. Zu weiteren Nachweisen französischer Einflußnahme auf deutsche Politiker vgl. die einzelnen Länderkapitel, insbesondere zu Bayern und Württemberg-Hohenzollern.
[41] Parl. Rat, Bd. 1, Einleitung, S. XXXV.
[42] AdsD, PV Bestand Schumacher, J 79 I, Berichte Brandts an den Parteivorstand, Nr. 54 vom 5.6. 1948 und Nr. 57 vom 9.6. 1948; Mitte Mai 1948 gab Brandt die „freimütige Äußerung" eines amerikanischen Vertreters wieder, daß dieser sich „schon bisher etwas mehr Festigkeit von Seiten der deutschen Vertretungen gewünscht habe und daß es darauf ankäme, die Deutschen in die Lage zu versetzen, nein zu sagen, wenn sie nein meinten"; ebenda, Bericht Nr. 47 vom 14.5. 1948.

Vorsitz Konrad Adenauers[43] in einer mehrstündigen Aussprache ihre Position gegenüber den „Frankfurter Dokumenten" zu klären. Einem französischen Bericht zufolge soll sich dabei der Standpunkt Josef Müllers durchgesetzt haben[44]. Im Ergebnis bejahten sie die in den Dokumenten ausgesprochene Ermächtigung, in Westdeutschland eine politische und wirtschaftliche Neuordnung auf föderativer Grundlage in die Wege zu leiten. Anstelle der Verfassunggebenden Versammlung plädierten sie jedoch für einen „Parlamentarischen Rat", zu wählen durch die Länderparlamente, der die „vorläufigen organisatorischen Grundlagen für die Zusammenfassung der drei Zonen schaffen, ein Wahlgesetz für ein künftiges vom Volke gewähltes Parlament vorbereiten und überhaupt die Interessen der deutschen Bevölkerung gegenüber den Besatzungsmächten zur Geltung" bringen sollte. Zu den in Dokument Nr. III vorgelegten Grundzügen eines Besatzungsstatutes wurde die Ausarbeitung deutscher Gegenvorschläge erwartet, die Koppelung von Besatzungsstatut und Verfassung durch das Referendum abgelehnt. Auch eine Reform der Ländergrenzen wurde als notwendig anerkannt. Diese schwierige Aufgabe könne jedoch, so hieß es in dem Kommuniqué über die Besprechungen weiter, „nicht überstürzt und nicht in kürzester Frist gelöst werden"; zudem müsse eine Neuabgrenzung der deutschen Länder „ausschließlich von deutschen Interessen bestimmt sein"[45].

Die Sozialdemokraten hielten am selben Tage unter der Leitung Erich Ollenhauers eine Sitzung auf Jagdschloß Niederwald ab, an der auch Louise Schröder teilnahm[46]. Das Ergebnis ihrer Beratungen entsprach der Entschließung des Parteivorstandes vom 29./30. Juni 1948 in Hamburg[47]: Auf die Ausarbeitung einer Verfassung und die Einberufung einer Nationalversammlung sollte verzichtet, anstelle einer Verfassung ein „Verwaltungsstatut", „Organisationsstatut" oder „vorläufiges Grundgesetz" geschaffen, als Ersatz für die Nationalversammlung ein vorbereitender Ausschuß durch die Länderparlamente gewählt werden. Die Frage der Ratifizierung wurde offengelassen. Jede staatsrechtliche Lösung konnte nur von provisorischem Charakter sein. Das Besatzungsstatut sollte vor dem Beginn der Arbeiten an einem „Organisationsstatut" erlassen, eine Neugliederung der Länder als nachrangiges Problem behandelt werden. Die Abstimmung auf eine gemeinsame Haltung gelang bei den Sozialdemokraten erst nach langen und harten Diskussionen, wobei es allerdings nicht vollständig gelungen sein soll, die Meinungsunterschiede zu überbrücken. Die Regierungschefs Max Brauer, Wilhelm Kaisen und Christian Stock waren angeblich geneigt, die „Frankfurter Dokumente" als ersten Schritt zur Erlangung einer zumindest partiellen deutschen Souveränität zu akzeptieren, und sollen zum Handeln gedrängt haben, während Carlo Schmid und die Ministerpräsidenten Hinrich Wilhelm Kopf und Hermann Lüdemann eine abwartende, wenn nicht gar ablehnende Haltung gegenüber den Dokumenten einnahmen. Nach Informationen des „Spiegel" war es vor allem das Verdienst Carlo

---

[43] Vgl. dazu den Bericht Adenauers vor dem Zonenausschuß der CDU am 10.7. 1948; Konrad-Adenauer-Stiftung (Hrsg.), Konrad Adenauer und die CDU der britischen Besatzungszone, S. 522 f. Zur Entwicklung der politischen Konzeption der Unionsparteien bis zur Übergabe der „Frankfurter Dokumente" vgl. Sörgel, Konsensus und Interessen, S. 30 ff.
[44] AOFAA, Commissariat pour le Land Bade – section politique, N°. 2061 b.
[45] Zum Wortlaut des Kommuniqués über die Besprechungen vgl. Parl. Rat, Bd. 1, S. 65, Anm. 12.
[46] Ebenda, S. 68, Anm. 13.
[47] Zur Konzeption der SPD vgl. Sörgel, Konsensus und Interessen, S. 19 ff.

Schmids, die Parteifreunde letztendlich auf sein Provisoriumskonzept festgelegt zu haben[48].

Die Vorbesprechungen erbrachten eine erhebliche Annäherung der Standpunkte beider Parteien[49] in der Entscheidung, nur eine vorläufige Lösung für die Westzonen zu suchen. CDU und SPD hatten sich auf indirekte Wahlen festgelegt; sie tendierten außerdem dazu, das Problem einer Ländergrenzenreform nicht unter Zeitdruck zu behandeln, sondern gegebenenfalls erst einmal zurückzustellen. Auf Widerspruch stieß bei beiden der Entwurf des Besatzungsstatutes und die in den Dokumenten vorgegebene Verkoppelung des Besatzungsstatutes mit der Verfassung auf dem Wege der Volksabstimmung. Diese hatte auf deutscher Seite den Eindruck hervorgerufen, daß, wie es in einer Stellungnahme des Deutschen Büros für Friedensfragen hieß, „die Besatzungsmächte die Absicht" verfolgten, „durch die Abstimmung über die Verfassung auf indirektem Wege auch das Besatzungsstatut durch das Volk akzeptieren zu lassen". Deutschland solle also „gleichsam auf das Besatzungsstatut verpflichtet werden". Späteren Einwänden könne damit in Zukunft seitens der Besatzungsmächte mit dem Argument begegnet werden, daß Deutschland sich – wenn auch auf indirektem Wege – mit seinem Inhalt einverstanden erklärt habe. Ein solches Verfahren, das das Volk auffordere, „der Fremdherrschaft bei Gelegenheit einer Abstimmung über die Verfassung eine der Verfassung übergeordnete Sanktion zu erteilen", müsse „als unzumutbar und untragbar abgelehnt werden"[50].

Vom 8.–10. Juli 1948 dann trafen sich die Ministerpräsidenten zur Beratung der „Frankfurter Dokumente" auf dem Rittersturz bei Koblenz. Die Wahl des Tagungsortes war mit der Intention verbunden, die französische Zone aus ihrer Isolierung herauszuführen und enger an die Länder der Bizone zu binden[51]. Die Entscheidung über eine Beteiligung ostdeutscher Vertreter hatten die Militärgouverneure den Ministerpräsidenten freigestellt. Sie war durchaus erwogen[52], zum Teil sogar nachdrücklich gefordert worden[53], zumal dadurch der formale Geltungsbereich der Dokumente für ganz Deutschland unterstrichen worden wäre. Die negativen Erfahrungen auf der Münchner Ministerpräsidentenkonferenz im Juni des vorangegangenen Jahres aber dürften

---

[48] Der Spiegel vom 10.7.1948, S. 4. Zur Vorkonferenz vgl. auch die Beobachtungen von Troeger, Interregnum, S. 86f.; FRUS 1948, Bd. II, S. 382ff.
[49] Vogelsang, Koblenz, Berlin und Rüdesheim, S. 167; Sörgel, Konsensus und Interessen, S. 40f. In Reaktion auf die Konferenzen der beiden Parteien haben Mitglieder der amerikanischen Militärregierung in privaten Gesprächen den Deutschen die Annahme der Dokumente nahegelegt; vgl. FRUS 1948, Bd. II, S. 384. Am 13.6.1948 hatte Adenauer einen – obwohl sich beide Parteien in der Beurteilung der „Londoner Empfehlungen" weitgehend einig waren – erfolglosen Versuch unternommen, die SPD für eine gemeinsame Stellungnahme der westdeutschen Parteien (außer der KPD) zu gewinnen; vgl. Adenauer, Erinnerungen 1945–1953, S. 141 ff.; Eschenburg, Jahre der Besatzung, S. 460.
[50] Denkschrift des Deutschen Büros für Friedensfragen zu den Frankfurter Dokumenten vom 5.7.1948, in: Parl. Rat, Bd. 1, S. 36–59, hier S. 56.
[51] Vgl. die Begrüßungsworte Peter Altmeiers, ebenda, S. 60.
[52] So etwa in Bremen und Württemberg-Hohenzollern.
[53] Dieser Gedanke spielte bei der niedersächsischen CDU eine wichtige Rolle; vgl. dazu das Kapitel zu Niedersachsen, Abschnitt zur Verfassungsfrage; vgl. auch die Entschließung des Zonenausschusses der CDU auf der Tagung in Bad Meinberg am 19./20.5.1948; Konrad-Adenauer-Stiftung (Hrsg.), Konrad Adenauer und die CDU der britischen Besatzungszone, S. 512f.

maßgeblich dazu beigetragen haben, diese Möglichkeit nicht mehr ernsthaft in Betracht zu ziehen, um den Erfolg der Verhandlungen nicht zu gefährden.

Die Koblenzer Konferenz tagte nach der offiziellen Begrüßungsansprache durch den rheinland-pfälzischen Ministerpräsidenten Peter Altmeier in nichtöffentlicher Sitzung. Der Ablauf der Beratungen gliederte sich in eine allgemeine Aussprache, in der jeder Regierungschef die Auffassung seines Landes darlegte, gefolgt von einer Diskussion der Dokumente im einzelnen. Dabei einigte man sich auf eine Behandlung der Dokumente in umgekehrter Reihenfolge. Zu jedem der Dokumente wurde für die Einzelberatung eine Kommission eingesetzt unter dem Vorsitz eines Ministerpräsidenten.

Nach dem Abschluß der Generalaussprache zeichnete sich bereits ein allgemeiner Grundkonsens darüber ab, daß 1. eine Ablehnung der Dokumente nicht in Frage kam, sondern die „Vorschläge" der Militärgouverneure aufgegriffen werden sollten, um sie „zu bearbeiten beziehungsweise durch Gegenvorschläge positiv zu gestalten"[54]. 2. Die Schaffung eines westdeutschen Staates und die Einberufung einer Nationalversammlung wurden abgelehnt. Dringend erwünscht aber war eine wirtschaftliche und verwaltungsmäßige Zusammenfassung der drei Westzonen. 3. Die Neugliederung der Ländergrenzen galt als eine rein deutsche Angelegenheit. Hier sollte „sehr behutsam und vom gesamtdeutschen Gesichtspunkt" aus vorgegangen werden[55]. 4. Die Grundsätze für ein Besatzungsstatut wurden ebenfalls abgelehnt oder als unzureichend betrachtet. Hierzu wollten die Ministerpräsidenten Gegenvorschläge ausarbeiten.

In der Einzelaussprache zu Dokument Nr. III stellte sich rasch eine weitgehende Übereinstimmung der Ministerpräsidenten heraus über die Inhalte, die in den Gegenentwurf aufzunehmen waren. Die Diskussion des Dokumentes Nr. II bestätigte die allgemeine Tendenz, eine Reform der Ländergrenzen vorerst zurückzustellen. Die Frage, ob es, besonders angesichts der stark kontroversen Diskussion um bestimmte Gebiete (wie etwa die Pfalz), innerhalb der knappen Frist bis zum Zusammentreten der Verfassunggebenden Versammlung überhaupt möglich sein würde, das Problem zu lösen, die Furcht, sich in endlose Debatten zu verlieren und darüber das Zustandekommen der Trizone zu verzögern oder zu gefährden, das Fehlen von Organen, die für eine Durchführung dieser Aufgabe geeignet erschienen, sowie die Gefahr, daß nicht etwa rein innerdeutsche Gesichtspunkte, sondern besatzungspolitische Interessen die Länderreform bestimmen könnten, mahnten zur Zurückhaltung. Als am ehesten spruchreif kristallisierte sich eine Neuregelung im südwestdeutschen Raum heraus, doch deuteten sich bereits jetzt die Gegensätze unter den betroffenen Ländern selbst an, die die dort schließlich tatsächlich vollzogene Neuordnung erheblich komplizieren und noch lange verzögern sollten. Den breitesten Raum nahm die Aussprache über Dokument Nr. I ein. Jenseits des Minimalkonsenses, daß die neue Ordnung für die Westzonen nur provisorischer Natur sein sollte, gingen die Meinungen in Einzelfragen weit auseinander. Gegenstand ausgiebiger Diskussion waren vor allem die Fragen des Zustandekommens und der Kompetenzen des Gremiums, das anstelle einer Verfassunggebenden Versammlung gewählt werden sollte, und das Ratifizierungsverfahren. Die vorge-

---
[54] Vgl. das Resümé Altmeiers, in: Parl. Rat, Bd. 1, S. 82.
[55] Ebenda.

tragenen Konzepte wichen dabei zum Teil wesentlich von der durch das Dokument Nr. I vorgezeichneten Linie ab[56].

Während am ersten Konferenztag noch keine Einigung in Sicht und in einigen Punkten nur ein Mehrheits- oder Minderheitsvotum erreichbar schien, trugen indessen – neben den „Fraktionssitzungen" der Ministerpräsidenten – „interfraktionelle" Besprechungen mit den Vertretern der Parteien in nächtelangen Sitzungen entscheidend zu einer Annäherung der Standpunkte bei. Der zweite Konferenztag wurde maßgeblich geprägt von den Ergebnissen der Arbeit der drei Kommissionen. Dem von Ministerpräsident Arnold als Vorsitzendem der Kommission zu Dokument Nr. I ausgearbeiteten Vorschlag[57] stellte Max Brauer (Hamburg) einen Alternativentwurf entgegen[58]. Erhebliche Differenzen blieben weiterhin in der Frage des Ratifizierungsverfahrens bestehen. Nachdem die Besprechungen ein zweites Mal vertagt worden waren, gelang es, auf der Basis erneut anberaumter interner Besprechungen unter Teilnahme Ollenhauers und Adenauers, die zu einem Kompromiß auf der Grundlage der Vorschläge Arnolds und Brauers geführt hatten, endlich, auch im Plenum einen Beschluß herbeizuführen.

Am unproblematischsten verliefen die Beratungen zu Dokument Nr. III. Die für das Besatzungsstatut eingesetzte Kommission hatte unter Vorsitz Ehards Vorschläge formuliert, die, von einigen weniger bedeutenden Korrekturen abgesehen, rasch die Billigung des Plenums und als „Leitsätze für ein Besatzungsstatut" Aufnahme in die gemeinsame Stellungnahme der Ministerpräsidenten fanden.

Der Ausschuß zu Dokument Nr. II, präsidiert von dem schleswig-holsteinischen Ministerpräsidenten Hermann Lüdemann, hatte nicht in allen Punkten Übereinstimmung erzielen können, so daß von einigen seiner Mitglieder gleichzeitig ein Minoritätsvorschlag zur Diskussion gestellt wurde, der – bei einer generellen Zurückstellung der Reform – eine Möglichkeit suchte, in Einzelfällen, das hieß auf die Verhältnisse im Südwesten begrenzt, eine Sofortlösung herbeizuführen. Der Gedanke, den Parlamentarischen Rat auch in dieser Frage einzuschalten, um das Problem einer Ländergrenzenreform „aus der reinen Kirchturmsperspektive herauszubringen"[59], fand bei der Mehrheit der Konferenzteilnehmer ein positives Echo, doch kam es zu einer langatmigen Auseinandersetzung über die Frage, ob man eine auf den südwestdeutschen Raum begrenzte Teillösung, die als einzige als dringend notwendig anerkannt war, tatsächlich zulassen sollte oder nicht. Denn es war keineswegs sicher, daß diese Frage isoliert lösbar sein würde, ohne weitere Brennpunkte zu berühren (Pfalzfrage) oder das Zustandekommen der Trizone zu verzögern. Die Ministerpräsidenten waren schließlich geneigt, dem Drängen ihrer südwestdeutschen Kollegen nachzugeben. Auch diesmal blieb die Arbeit der Ministerpräsidenten also im Detail stecken, bis nach der Wiederaufnahme der Besprechungen ein weiterer Kompromißvorschlag des rheinland-pfälzischen Justizministers Adolf Süsterhenn endlich eine Lösung herbeizuführen vermochte. Ihm zufolge sollte eine sofortige Teilregelung ausdrücklich auf den Südwesten beschränkt und die konkrete Inangriffnahme des Gesamtproblems weiterhin dem Parlamentarischen Rat überlassen bleiben, der den Ministerpräsidenten Vorschläge unter-

---

[56] Die einzelnen Konzeptionen werden nachfolgend jeweils in den Länderkapiteln dargestellt.
[57] Parl. Rat, Bd. 1, S. 98 f.
[58] Ebenda, S. 100, Anm. 62.
[59] Ebenda, S. 117.

breiten sollte. Um den Bedenken der betroffenen Länder entgegenzukommen, die um eine Einschränkung ihrer Entscheidungsfreiheit fürchteten (insbesondere Württemberg-Baden), einigte man sich dahingehend, einen Passus in die Stellungnahme zu Dokument Nr. II aufzunehmen, wonach den betroffenen Ländern die Möglichkeit, trotzdem eigenständig eine Lösung herbeizuführen, unbenommen bleiben sollte. Darüber wiederum kam es zu einem Disput zwischen dem württemberg-badischen Ministerpräsidenten Reinhold Maier und dem badischen Staatspräsidenten Leo Wohleb, der sich mit Erfolg gegen den Versuch Maiers zur Wehr setzte, in die Formulierung dieser Passage von vornherein Abstimmungsverhältnisse hineinzubringen, die eine Alternative zur Südweststaatslösung schon vorweg praktisch ausgeschlossen hätten[60].

Damit war auch dieser Punkt erledigt. Abschließend wurden Staatsrat Carlo Schmid und Hermann Katzenberger, der Chef der Pressestelle der Landesregierung von Nordrhein-Westfalen, mit der Abfassung eines Kommuniqués für die Presse beauftragt[61]. Auf Wunsch der alliierten Verbindungsoffiziere wurden die Koblenzer Beschlüsse vorerst noch nicht im Wortlaut, sondern in einem zweiten, ausführlicheren Kommuniqué veröffentlicht. Die Abfassung der Mantelnote am nächsten, dem letzten Konferenztag, bereitete keine Schwierigkeiten. Der von Altmeier verlesene Entwurf wurde nach geringfügigen Veränderungen stilistischer Art einstimmig angenommen.

## 4. Die Koblenzer Beschlüsse

In der ihrer Stellungnahme zu den drei „Frankfurter Dokumenten" vorangestellten Mantelnote[62] legten die Ministerpräsidenten noch einmal ausführlich die Beweggründe und Motive für die von ihnen getroffenen Entscheidungen dar: Sie betonten, daß die nachfolgenden Vorschläge „Ausdruck des Willens" seien, „an der Lösung der gestellten Probleme schöpferisch mitzuarbeiten und das in den Dokumenten gesteckte Ziel möglichst schnell und wirksam zu erreichen". In der Überzeugung, daß die in Deutschland bestehende Notlage nur überwunden werden könne, „wenn das deutsche Volk in die Lage versetzt" werde, „seine Angelegenheiten auf der jeweils möglichen höchsten territorialen Stufe selbst zu verwalten", begrüßten die Ministerpräsidenten den Entschluß der Besatzungsmächte zur Zusammenfassung der drei Westzonen und die Entscheidung, diesen eine „kraftvolle Organisation" zu geben, die es ermögliche, „die Interessen des Ganzen zu wahren, ohne die Rechte der Länder zu gefährden". Sie glaubten jedoch, daß „unbeschadet der Gewährung möglichst vollständiger Autonomie an die Bevölkerung dieses Gebietes alles vermieden werden" müsse, „was dem

---

[60] Nach dem Vorschlag Maiers sollte das „Recht der beteiligten Länder, auf Grund ihrer Verfassungen eine Regelung zu treffen", unberührt bleiben von den Entscheidungen des Parlamentarischen Rates. Eine Neugliederung gemäß dem in der württemberg-badischen Verfassung vorgesehenen Verfahren hätte die von Wohleb angestrebte Wiederherstellung des alten Gesamtlandes Baden praktisch unmöglich gemacht.
[61] Zum Wortlaut vgl. Parl. Rat, Bd. 1, S. 134/35, Anm. 107. Die Besatzungsmächte hatten verhindern wollen, daß Einzelheiten der Koblenzer Beschlüsse an die Öffentlichkeit drangen, doch waren ihnen die Ministerpräsidenten mit ihrem Kommuniqué zuvorgekommen; vgl. Düwell, Ritterszurz-Konferenz, S. 428.
[62] Vgl. Parl. Rat, Bd. 1, S. 143–146.

zu schaffenden Gebilde den Charakter eines Staates verleihen würde". Sie vertraten deshalb die Ansicht, daß auch durch das zu wählende Verfahren zum Ausdruck kommen müsse, „daß es sich lediglich um ein Provisorium" handele und um eine Institution, die „ihre Entstehung lediglich dem augenblicklichen Stand der mit der gegenwärtigen Besetzung Deutschlands verbundenen Umstände" verdanke. Angesichts der bisher vergeblichen Bemühungen der Siegermächte, zu einer Einigung über das deutsche Problem zu gelangen, legten sie besonderen Wert darauf, bei der bevorstehenden Neuregelung alles zu vermeiden, „was geeignet sein könnte, die Spaltung zwischen West und Ost weiter zu vertiefen". Sie hielten daher das von ihnen vorgeschlagene Verfahren für geeignet, „das in Anbetracht der gegebenen Verhältnisse zur Bewältigung der gegenwärtigen Schwierigkeiten tauglichste Instrument für die Verwaltung des den drei westlichen Besatzungsmächten unterstehenden Gebietes Deutschlands in der kürzesten Zeit zu schaffen". Aus den gleichen Erwägungen habe man auch von einem Volksentscheid Abstand genommen. Ein solcher würde dem Grundgesetz ein Gewicht verleihen, das nur einer echten Verfassung zukommen solle. Eine deutsche Verfassung könne aber erst dann geschaffen werden, „wenn das gesamte deutsche Volk die Möglichkeit" besitze, „sich in freier Selbstbestimmung zu konstituieren; bis zum Eintritt dieses Zeitpunktes" könnten „nur vorläufige organisatorische Maßnahmen getroffen werden".

In der Frage der Ländergrenzenreform unterstrichen die Ministerpräsidenten ihre einmütige Ansicht, daß „eine grundsätzliche und endgültige Lösung geboten" sei und „eingehender Prüfung" bedürfe. Eine solche Reform müsse von dem Bestreben geleitet sein, „für das geeinte Deutschland eine innerstaatliche Gliederung zu schaffen, die die Erfordernisse eines gut funktionierenden, föderativen Staatswesens" berücksichtige. Außer den „Erfordernissen der Gegenwart", besonders „dem Gesichtspunkt der Gestaltung von leistungsfähigen und ausgewogenen Ländern", sollte dabei „überlieferten Formen" Rechnung getragen werden. Eine Überprüfung der Ländergrenzen sei eine deutsche Aufgabe. Sie setze das Vorhandensein „gemeinsamer Organe demokratisch parlamentarischen Charakters" voraus und könne deshalb nicht in kurzer Zeit erledigt werden.

„Mit besonderem Ernst", hieß es weiter, hätten die Ministerpräsidenten das Besatzungsstatut einer Prüfung unterzogen und dabei die Absicht der Alliierten, die beiderseitigen Beziehungen auf eine klare Rechtsgrundlage stellen zu wollen, „mit Genugtuung" zur Kenntnis genommen. Sie seien jedoch die Auffassung, daß der Erlaß eines solchen Statutes „schon vor der Aufnahme der Tätigkeit der mit der Beratung des Grundgesetzes für das Gebiet der drei Westzonen beauftragten Körperschaft eine dringende Notwendigkeit" sei, um ihr eine „sichere Arbeitsgrundlage" zu geben. In dem Besatzungsstatut sei außerdem festzuhalten, „daß auch die nunmehr geplanten organisatorischen Änderungen letztlich auf den Willen der Besatzungsmächte" zurückgingen, „woraus sich andere Konsequenzen ergeben" müßten, „als wenn sie ein Akt freier Selbstbestimmung des deutschen Volkes wären".

Als die Grundvorstellungen ihrer Gegenvorschläge erläuterten die Ministerpräsidenten, „daß den deutschen Organen alle Befugnisse zustehen sollten, die ihnen nicht durch das Besatzungsstatut selbst vorenthalten" blieben. Von bestimmten Ausnahmen abgesehen, sollten sich die Besatzungsmächte mit einer Überwachung der Tätigkeit der deutschen Organe „unter dem Gesichtspunkt der Sicherstellung der Erfüllung der

Besatzungszwecke" begnügen. Insbesondere sollten Beschränkungen des deutschen Außenhandels entfallen und das Besatzungsstatut die Möglichkeit der Einrichtung von deutschen Außenhandelsvertretungen unter alliierter Aufsicht vorsehen. Die Ministerpräsidenten legten den Besatzungsmächten außerdem nahe, Festlegungen zur internationalen Ruhrbehörde nicht in das Besatzungsstatut aufzunehmen. Sie regten des weiteren an, es im Falle „bloßer polizeilicher Notstände" den deutschen Regierungen zu überlassen, die erforderlichen Maßnahmen zu ergreifen.

Schließlich sprachen die Ministerpräsidenten die Bitte aus, „in regelmäßigen Zeitabständen zu prüfen, ob die Entwicklung der Verhältnisse nicht eine weitere Ausdehnung der deutschen Zuständigkeit und einen weiteren Abbau der Kontrolle erlauben könnte", und schlossen den Wunsch nach einer Aufhebung des Kriegszustandes an. Abschließend baten sie um die Möglichkeit, ihre Vorstellungen den alliierten Vertretern gegenüber auch mündlich erläutern zu dürfen. Die Mantelnote endete mit dem Dank an die Militärgouverneure, durch ihre Initiative die Möglichkeit zu einer fortschreitenden demokratischen Entwicklung geschaffen zu haben, und der Versicherung, „ebenso wie die Militärgouverneure alles tun" zu wollen, „was dem Frieden der Welt und der Einheit eines freien und demokratischen Deutschlands dienlich sein" könne.

In ihrer Stellungnahme zu Dokument Nr. I[63] betonten die Ministerpräsidenten 1. zunächst noch einmal ihre Entschlossenheit, die ihnen übertragenen Vollmachten wahrzunehmen. 2. Die Einberufung einer deutschen Nationalversammlung und die Ausarbeitung einer deutschen Verfassung sollten zurückgestellt werden, „bis die Voraussetzungen für eine gesamtdeutsche Regelung gegeben" seien und die „deutsche Souveränität in ausreichendem Maße wieder hergestellt" sei. 3. Statt dessen wollten die Ministerpräsidenten den Landtagen der drei Westzonen empfehlen, „eine Vertretung (Parlamentarischer Rat)" zu wählen, der zur Aufgabe gestellt würde, a.) ein „Grundgesetz für die einheitliche Verwaltung des Besatzungsgebietes der Westmächte" auszuarbeiten und b.) ein Wahlgesetz zu erlassen für eine aus allgemeinen und direkten Wahlen hervorgehende Volksvertretung. Die Beteiligung der Landesregierungen an der Arbeit des Parlamentarischen Rates sei sicherzustellen. Der in Dokument Nr. I vorgegebene Zahlenschlüssel für die Wahl der Mitglieder des Parlamentarischen Rates wurde ebenso akzeptiert wie die Frist für die Aufnahme seiner Tätigkeit am 1. September. Darüber hinaus jedoch wurde vorgeschlagen, jedem Land mindestens einen Vertreter zuzugestehen und bei einem Überhang von mindestens 200000 Stimmen je ein weiteres Mandat zu vergeben. 4. Die Wahlen zur Volksvertretung sollten möglichst noch im laufenden Jahr stattfinden. 5. Außer der Volksvertretung müsse das Grundgesetz auch eine bei der Gesetzgebung mitwirkende Vertretung der Länder vorsehen. 6. Wenn der Parlamentarische Rat seine Aufgabe erfüllt habe, wollten die Ministerpräsidenten „nach Anhörung der Landtage" das Grundgesetz zusammen mit ihrer Stellungnahme den Militärgouverneuren zuleiten mit der Bitte, sie zur Verkündung des Grundgesetzes zu ermächtigen. 7. Die gewählte Volksvertretung solle alle Funktionen eines demokratisch gewählten Parlaments ausüben. 8. Das „gemeinsame Exekutivorgan" der Westzonen werde alsdann „nach Maßgabe des Grundgesetzes" bestellt.

---

[63] Ebenda, S. 146 f.

Die Stellungnahme zu Dokument Nr. II[64] war kurz gefaßt. Hier teilten die Regierungschefs ihre bereits in der Mantelnote erläuterte Entscheidung mit, eine Länderreform zunächst zu vertagen. Lediglich die Grenzen im Südwesten bedürften dringend einer Änderung. Darüber solle der Parlamentarische Rat beraten und den Ministerpräsidenten Vorschläge unterbreiten. Das Recht der betroffenen Länder, eigenständig eine Regelung anzustreben, bleibe davon unberührt.

Die Antwort der Ministerpräsidenten auf Dokument Nr. III[65] enthielt die „Leitsätze für ein Besatzungsstatut". Diese waren in sechs, teilweise untergliederte Abschnitte eingeteilt. Der erste und zugleich umfangreichste betraf die Abgrenzung der Kompetenzen zwischen den Besatzungsmächten und den deutschen Behörden: 1. Einleitend wurde ausdrücklich festgehalten, daß die einheitliche Organisation der drei Westzonen aufgrund eines Auftrages der Besatzungsmächte angestrebt werde. 2. Die deutsche Gesetzgebungs-, Verwaltungs- und Rechtsprechungskompetenz sollte nur in den Bereichen eingeschränkt werden können, die sich als Befugnisse der Besatzungsmächte unmittelbar aus dem Text des Besatzungsstatutes ergeben, die Zuständigkeitsvermutung also grundsätzlich bei den deutschen Behörden liegen. 3. Den Besatzungsmächten blieben nach den deutschen Vorstellungen nur insoweit Maßnahmen vorbehalten, wie sie „zur Sicherheit der Verwirklichung der Besatzungszwecke" erforderlich waren. 4. Diese Maßnahmen konnten bestehen aus a.) eigener unmittelbarer Verwaltung durch die Besatzungsorgane selbst, b.) Kontrolle, c.) Überwachung, d.) Beobachtung, Beratung und Unterstützung. 5. Als „Besatzungszwecke" wurden definiert a.) die Gewährleistung der Sicherheit der Besatzungstruppen, b.) die Aufrechterhaltung der demokratischen Ordnung, c.) Entmilitarisierung und d.) die Sicherstellung der Erfüllung der vertraglichen Verpflichtungen Deutschlands. 6. Die Ausübung unmittelbarer Verwaltung sollte lediglich die vorläufige Wahrnehmung der auswärtigen Angelegenheiten umfassen, doch sollten deutsche Außenhandelsvertretungen zugelassen werden. 7. Maßnahmen der Besatzungsmächte hatten sich grundsätzlich nur auf eine allgemeine Überwachung der Tätigkeit der deutschen Organe zu beschränken. Eine Kontrolle auf dem Gebiet des deutschen Außenhandels wurde lediglich im Hinblick darauf zugestanden, „daß die Verpflichtungen, welche die Besatzungsmächte in Bezug auf Deutschland eingegangen sind, nicht beachtet oder die für Deutschland verfügbar gemachten Mittel nicht zweckmäßig verwendet" würden, nicht aber als eine Kontrolle der technischen Richtigkeit oder Zweckmäßigkeit deutscher Maßnahmen. Kontrollrechte konnten sich außerdem beziehen auf die „Sicherstellung der noch fälligen deutschen Reparationsverpflichtungen", die „Einhaltung der den Stand der deutschen Industrie festlegenden Bestimmungen", die „Durchführung der Dekartellisierung, Abrüstung und Entmilitarisierung sowie auf solche wissenschaftliche Forschungsunternehmen, die der deutschen Kriegswirtschaft gedient" hatten. Das Thema einer internationalen Ruhrbehörde wurde ausdrücklich aus dem Besatzungsstatut ausgeklammert. 8. Weisungsbefugnisse im Rahmen der obigen Bestimmungen sollten nur die obersten Besatzungsorgane gegenüber der obersten deutschen Gebietsbehörde besitzen. 9. Ein Einspruchsrecht gegenüber ordnungsgemäß erlassenen deutschen Gesetzen sollte nur dann bestehen, wenn diese geeignet waren, die Verwirklichung der Besatzungszwecke

---

[64] Ebenda, S. 147.
[65] Ebenda, S. 148 ff.

zu gefährden. Ein deutsches Gesetz sollte in Kraft treten können, wenn nicht innerhalb einer Frist von 21 Tagen nach seinem Erlaß von den Militärgouverneuren gemeinsam Einspruch erhoben wurde. 10. Im Bereich der Demokratisierung des politischen und sozialen Lebens und der Erziehung hatten sich Aktivitäten der Besatzungsmächte allein auf „Beobachtung, Beratung und Unterstützung" zu beschränken. Punkt 11 legte die Unabhängigkeit der deutschen Justiz fest. 12. Die Gerichtsbarkeit der Besatzungsmächte wurde demgegenüber begrenzt auf a.) die nichtdeutschen Mitglieder der Besatzungstruppen und der Besatzungsverwaltung sowie deren Angehörige und b.) Verletzungen der Sicherheit oder des Eigentums der Besatzungsmächte oder der Person ihrer Angehörigen. 13. Zur Klärung von Rechtsstreitigkeiten zwischen Deutschen und Angehörigen der Besatzungsmächte sollten gemischte Gerichte gebildet werden.

Ein zweiter eigenständiger Abschnitt schrieb die Gültigkeit der allgemeinen Menschenrechte sowie der bürgerlichen Rechte und Freiheiten gegenüber den Besatzungsmächten fest. Abschnitt III betraf die deutschen Leistungen an die Besatzungsmächte: 1. Natural- und Dienstleistungen sollten nur in dem Umfange gefordert werden können, wie sie zur Befriedigung der Bedürfnisse der Besatzungstruppen und der Besatzungsverwaltung erforderlich waren. Sie mußten dabei „im Verhältnis zu den Hilfskräften des Landes" stehen. 2. Art und Umfang dieser Leistungen wie auch die Form ihrer Vergütung waren von den Militärgouverneuren gemeinsam festzusetzen, für die praktische Durchführung unter deutscher Beteiligung ein besonderes Verfahren zu suchen. 3. Die Besatzungskosten sollten auf ein Jahr im voraus festgelegt werden unter Anrechnung bereits erbrachter deutscher Leistungen. Die Kosten mußten in Absprache mit den zuständigen deutschen Stellen in einer fixen Summe festgelegt werden und in einem bestimmten Verhältnis zu den öffentlichen Ausgaben der Länder stehen.

Abschnitt IV schrieb vor, daß für die Regelung der Reparations- und der Restitutionsfrage ein bestimmtes Verfahren unter Beteiligung deutscher Stellen zu finden war. Der vorletzte Artikel schließlich sah für die Beilegung von Meinungsverschiedenheiten über die Auslegung und Anwendung des Besatzungsstatutes die Schaffung von Schieds- und Vergleichsstellen vor. Den Abschluß bildete eine Neudefinition des alliierten Notstandsrechtes: Die Wiederaufnahme der Ausübung ihrer Machtbefugnisse für den Fall, daß ein Notstand die Sicherheit bedrohe, oder um die Beachtung der Verfassungen und des Besatzungsstatutes sicherzustellen, sollte den Besatzungsmächten nur als „Notmaßnahme" und nur „in gemeinsamer Entschließung" möglich sein.

## 5. Kurskorrektur: Die deutsch-alliierte Konferenz vom 20. Juli 1948

Schon vor der erneuten Zusammenkunft mit den Militärgouverneuren am 20. Juli 1948 deuteten erste Reaktionen an, daß die Koblenzer Gegenvorschläge eine ernste Krise in den deutsch-alliierten Beziehungen ausgelöst hatten. Am drastischsten reagierte General Clay in einer Besprechung mit den Ministerpräsidenten seiner Zone am 14. Juli[66]: Enttäuscht und verärgert warf er ihnen Feigheit und Verantwortungsscheu vor. Sein er-

---
[66] Ebenda, S. 151–156.

ster Impuls war zunächst gewesen, die Koblenzer Beschlüsse kommentarlos zurückzuweisen. In dieser Konferenz nun hielt er den Regierungschefs vor, mit ihrer Entscheidung „das Schicksal der Westzonen [...] in die Hände des General Koenig gelegt" und die „Frankfurter Dokumente" einstweilen außer Kraft gesetzt zu haben. Es sei äußerst zweifelhaft, ob neue Verhandlungen zustande kämen, die ein ähnlich günstiges Ergebnis erbringen würden. Jedenfalls hätten die Deutschen eine „goldene Chance" verpaßt[67]. In Berlin soll Clay sogar davon gesprochen haben, daß sich die deutsche Haltung unter Umständen negativ auf die Bereitschaft, Berlin zu halten, auswirken könnte. Clay fühlte sich bei seinen eigenen Bemühungen im Stich gelassen. Auf der Londoner Konferenz habe er, wie er den Ministerpräsidenten darlegte, in der Auseinandersetzung mit den Franzosen und den Briten wochenlang um die deutsche Souveränität im Rahmen eines westdeutschen Staates gekämpft mit dem Argument, daß die Deutschen selbst zur Übernahme der Verantwortung bereit seien und die westdeutschen Ministerpräsidenten einstimmig eine Verfassung forderten. Diese aber hätten nun den Franzosen „die gewünschte Gelegenheit gegeben, die mühsam erkämpfte Position im Westen wieder zu verschleppen".

In der Tat hatte der französische General Koenig in Reaktion auf die Koblenzer Beschlüsse sofort um einen Aufschub der geplanten zweiten deutsch-alliierten Begegnung auf unbestimmte Zeit gebeten und den Ministerpräsidenten seiner Zone jegliche Teilnahme an weiteren trizonalen Konferenzen untersagt[68]. Koenig, der einer deutschen Staatsgründung nach wie vor skeptisch gegenüberstand, sah jetzt noch einmal die Möglichkeit, auf die Entwicklung in seinem Sinne Einfluß nehmen zu können. Die Abweichungen der Koblenzer Beschlüsse von den „Londoner Empfehlungen" wurden deshalb als so schwerwiegend bezeichnet, daß sie erneute Beratungen der Besatzungsmächte auf Regierungsebene erforderlich machten. Da die Deutschen offenkundig nicht bereit seien, die Verantwortung für die Teilung ihres Landes zu tragen, könne vorerst nur ein Besatzungsstatut erlassen und eine deutsche Verwaltung für die drei Zonen in Abhängigkeit von den Besatzungsmächten eingesetzt werden. Schon früher hatten Mitglieder der französischen Militärregierung den Ministerpräsidenten zu verstehen gegeben, daß sie keineswegs gezwungen seien, die in London angebahnte Entwicklung mitzuvollziehen. Auch jetzt bemühten sie sich in ihren diplomatischen Aktivitäten, den westdeutschen Regierungschefs nahezubringen, daß sie von ihren Beschlüssen in Koblenz nicht abzurücken bräuchten. In der Hoffnung, die Gründung eines westdeutschen Staates zumindest erheblich verzögern und den dominierenden Einfluß der USA in Westeuropa eindämmen zu können, begannen sie deshalb, den Gedanken einer deutsch-französischen Interessenallianz und die Zusammenarbeit beider Länder als den Kernpunkt einer neuen europäischen Ordnung und Alternative zu dem antikommunistischen Kurs der Vereinigten Staaten herauszustellen.

---

[67] Die negative Reaktion auf die Koblenzer Beschlüsse schien sich in erster Linie auf Clay selbst zu beschränken. Eine Reihe von Mitgliedern der amerikanischen Militärregierung hielt dagegen einen Kompromiß auf der Basis der Koblenzer Beschlüsse durchaus für möglich; vgl. ebenda, S. 155, Anm. 9; Krieger, General Lucius D. Clay, S. 429.
[68] Parl. Rat, Bd. 1, Einleitung, S. XLIII. Dennoch nahmen neben Carlo Schmid mit Wohleb und Altmeier auch zwei der Regierungschefs der Länder der französischen Zone an den Besprechungen der Ministerpräsidenten am 15./16.7. teil, während Staatspräsident Bock auf Anraten seines Gouverneurs der Konferenz fernblieb; vgl. ebenda, S. 157, Anm. 2.

## 5. Die deutsch-alliierte Konferenz vom 20. Juli 1948

Die Ministerpräsidenten hatten also das politische Konzept des amerikanischen Generals völlig durchkreuzt, der unter dem Eindruck des sowjetischen Vordringens in Europa eine möglichst rasche Staatsbildung in Westdeutschland mit Unterstützung durch die Deutschen selbst angestrebt hatte. Gleichzeitig hatten sie die amerikanische Europapolitik in zwei entscheidenden Punkten empfindlich getroffen, nämlich in dem Ziel der Errichtung einer Abwehrfront gegen den Kommunismus und in der Absicht, den auf der Londoner Sechsmächtekonferenz mühsam ausgehandelten Kompromiß aufrechtzuerhalten und zu verwirklichen. Auch gegenüber der Sowjetunion wurde die amerikanische Position durch die deutschen Entscheidungen „machtpolitisch und psychologisch"[69] erheblich geschwächt. Clay beschuldigte die Regierungschefs deshalb außerdem, indirekt auch den Sowjets in die Hände gespielt zu haben, denn diese könnten jetzt ebenfalls darauf hinweisen, daß die Deutschen selbst gar keinen Staat wollten, sondern nur die Amerikaner.

Am 15. Juli in Frankfurt und 19. Juli in Berlin gelang es Clay und Robertson, ihren französischen Kollegen erneut auf die Linie der „Londoner Empfehlungen" als geschlossenes Ganzes und die Weiterführung der Verhandlungen festzulegen. Die internationale Lage und besonders die Situation in Berlin duldeten keine weitere Verzögerung. Sie vereinbarten daher, auf verschiedenen Ebenen – im Rahmen von Einzeltreffen mit deutschen Vertretern wie in interzonalen Konferenzen – den Ministerpräsidenten die politischen Hintergründe der Londoner Entscheidungen und die negativen Folgen einer Ablehnung dieser Beschlüsse zu erläutern.

Am 15./16. Juli 1948 trafen sich die Ministerpräsidenten der Westzonen auf Jagdschloß Niederwald bei Rüdesheim, um sich gegenseitig über den Verlauf der vorausgegangenen deutsch-alliierten Gespräche zu informieren und das weitere Vorgehen zu beraten[70]. Auf dieser Konferenz beschlossen sie außerdem die Errichtung eines ständigen Büros der Ministerpräsidenten bei der hessischen Staatskanzlei in Wiesbaden. Obwohl die Ministerpräsidenten nun über die Grenzen ihres Handlungsspielraumes im Bilde waren, zeichnete sich in der kurzen Aussprache ihre Entschlossenheit ab, weiterhin an der Koblenzer Linie festzuhalten. Sie sahen keinen Anlaß, von ihr abzurücken, zumal diese durch die Zustimmung der Landtage kräftig untermauert sei. Die Stärke der deutschen Position liege in der Einstimmigkeit der gefaßten Beschlüsse; sie erlaube daher eine „Politik des Abwartens"[71].

Wie vereinbart, trafen am 20. Juli die Militärgouverneure erneut mit den Ministerpräsidenten in Frankfurt zusammen[72]. Eine alliierte Expertengruppe war inzwischen beauftragt worden, die Koblenzer Gegenvorschläge eingehend zu untersuchen und die Unterschiede gegenüber den Londoner Vereinbarungen herauszuarbeiten. Auf dieser Grundlage hatten die Militärgouverneure nun ihre Antwort auf die deutsche Stellungnahme formuliert[73]. General Robertson, der diesmal den Vorsitz führte, gab den Länderchefs zunächst einige für notwendig erachtete Hintergrundinformationen. Dabei war es ihm vor allem daran gelegen, den Deutschen den Verbindlichkeitscharakter der „Londoner

---

[69] Ebenda, Einleitung, S. XLIV.
[70] Ebenda, S. 157–160.
[71] Ebenda, S. 160.
[72] Vgl. ebenda, S. 163–171.
[73] Ebenda, Einleitung, S. XLVII (FRUS 1948, Bd. II, S. 399f.).

Empfehlungen" deutlich zu machen und den großen Wert, den die Alliierten auf die Übernahme von Verantwortung durch die deutsche Seite legten. Die Koblenzer Beschlüsse selbst wurden in der Beurteilung der Generale teils als „Gegenvorschläge", teils als „Abweichungen von unwesentlicher Bedeutung" klassifiziert; anderen Passagen wiederum maßen sie eine „außerordentliche Bedeutung" zu. Als Hauptpunkte zu Dokument Nr. I, in denen man „unmöglich" von dem Londoner Abkommen abweichen könne, ohne das Ganze zu gefährden, nannte General Koenig 1. die Bezeichnung „Grundgesetz" anstelle von „Verfassung". Dieser Begriff habe eine wesentlich andere Bedeutung wie die, die die Alliierten mit dem Begriff „Verfassung" verbänden. 2. Es stehe den Ministerpräsidenten frei, ihren Landtagen Vorschläge für das Wahlverfahren zur Verfassunggebenden Versammlung zu machen. Die Entscheidung müsse jedoch von den Landtagen selbst getroffen werden. 3. Auch die Zuständigkeit für die Wahlen zu den in der Verfassung vorgesehenen Körperschaften habe bei der Verfassunggebenden Versammlung zu liegen, soweit nicht die „teilnehmenden Staaten" für sie zuständig seien, nicht aber bei den Ministerpräsidenten. 4. Die Versammlung sei ferner ausschließlich zuständig für die Festsetzung des Datums für die Durchführung der allgemeinen Wahlen sowie für die Abgrenzung der Aufgaben der künftigen Organe unter Beachtung der vorgegebenen allgemeinen Grundsätze. 5. Als unerläßlich bezeichnete Koenig auch die Durchführung eines Referendums. Diese Klarstellung wies die terminologische Frage und das Ratifizierungsverfahren als die wichtigsten Abweichungen von den Londoner Beschlüssen aus. Ferner war es den Ministerpräsidenten ausdrücklich verwehrt, im voraus Inhalte des Grundgesetzes festzulegen. Die Aufgaben der Verfassunggebenden Versammlung waren nun noch einmal deutlich definiert. Auch in ihrem Bestreben, ein einheitliches Verfahren für alle Länder bei der Wahl des „Parlamentarischen Rates" herbeizuführen, hatten sich die Regierungschefs auf reine Empfehlungen zu beschränken.

General Robertson gab eine kurze Antwort auf die deutsche Stellungnahme zu Dokument Nr. II. Er forderte die Ministerpräsidenten auf, eine klare Entscheidung zu treffen, ob sie eine Veränderung der Ländergrenzen wirklich wollten, und wenn ja, dazu Vorschläge zu unterbreiten. Er betonte noch einmal, daß die in London vorgesehene Reihenfolge und das Verfahren hierfür unbedingt eingehalten werden müßten[74]. Robertson wies deutlich auf den hohen Stellenwert hin, den die Besatzungsmächte einer solchen Reform zumaßen. Dazu sei gegenwärtig der richtige Augenblick gegeben, während es später weit schwieriger sein würde, dieses Problem noch einmal aufzugreifen. Die Neugliederung habe überdies Rückwirkungen auf die Zonengrenzen. Er glaube nicht, daß die Alliierten zu einem späteren Zeitpunkt vor dem Abschluß eines Friedensvertrages bereit sein würden, diese Frage ein weiteres Mal aufzugreifen. Auch im Hinblick auf die Verfassung sei eine Revision der Ländergrenzen von großer Wichtigkeit. Die Militärgouverneure wollten deshalb ihren Regierungen empfehlen, die während der Ausarbeitung der Verfassung bestehenden Grenzen mindestens bis zur Unterzeichnung eines Friedensvertrages unverändert fortbestehen zu lassen. In der Ländergrenzenfrage vermochten die Ministerpräsidenten also nicht durchzudringen mit ihrem Versuch, die Zuständigkeit auf den Parlamentarischen Rat zu verlagern, die Zeitspanne für die Vorlage

---

[74] Auf die Einhaltung des Zeitplanes (Vorlage von Vorschlägen zur Änderung der Ländergrenzen bis spätestens zum Zeitpunkt des Zusammentretens der Verfassunggebenden Versammlung) hatte vor allem Frankreich in London besonderen Wert gelegt.

von Vorschlägen auszudehnen und den Umfang der durchzuführenden Reformen bis auf den konkreten Fall im Südwesten in der Schwebe zu halten. In Rüdesheim hat General Robertson allerdings den Ministerpräsidenten recht offen zu verstehen gegeben, daß sie die Durchführung einer Reform ohne weiteres auch ablehnen könnten[75].

Ausführlich nahm als letzter General Clay zu den deutschen „Leitsätzen für ein Besatzungsstatut" Stellung. Er versicherte, daß die Vorschläge „eingehende Berücksichtigung" finden würden. Eine Bekanntgabe des endgültigen Statutes vor dem Zusammentritt der Verfassunggebenden Versammlung sei allerdings nicht möglich. Dies würde eine erhebliche Abweichung von den Londoner Entscheidungen bedeuten. Die Ausarbeitung eines Besatzungsstatutes in allen Einzelheiten sei eine „schwierige juristische Aufgabe"; außerdem werde auch eine Stellungnahme des Parlamentarischen Rates zu den Grundsätzen des Statutes vor seiner endgültigen Formgebung erwartet. Clay bot ein Entgegenkommen an in der Weise, die Ministerpräsidenten und die Verfassunggebende Versammlung während der Arbeiten an dem Statut durch alliierte Verbindungsoffiziere über den Fortgang der Beratungen auf dem laufenden zu halten, so daß alle Beteiligten bei der Fertigstellung des Besatzungsstatutes mit dessen Wortlaut bereits vertraut seien. Das Besatzungsstatut werde dann gleichzeitig mit der Genehmigung der Verfassung veröffentlicht, „so daß die Bevölkerung der Staaten völlig verstehen" könne, „daß die Annahme des Verfassungspapiers innerhalb des Rahmens eines Besatzungsstatutes" stattfinde[76]. Das Hauptanliegen der Ministerpräsidenten, einen vorzeitigen Erlaß des Besatzungsstatutes zu erreichen, wurde also nicht erfüllt. Trotz der entgegenkommenden Erläuterungen General Clays blieb auch die Verbindung zwischen dem Besatzungsstatut und der Verfassung durch die geforderte Volksabstimmung bestehen.

Während der Tagungspause kamen die Ministerpräsidenten und ihre Stellvertreter zu einer internen Besprechung zusammen. In dem zweiten Teil der Konferenz dann, der bereits nach 20 Minuten beendet war, haben, amerikanischen Quellen zufolge[77], vor allem der Bremer Senatspräsident Kaisen und der hessische Ministerpräsident Stock ihre Bereitschaft zu erkennen gegeben, ohne Vorbehalte auf die „Londoner Empfehlungen" einzuschwenken, auf weitere Auseinandersetzungen über die „Frankfurter Dokumente" und die Koblenzer Beschlüsse zu verzichten und den politischen Neuaufbau in Westdeutschland entschlossen und zügig voranzutreiben.

## 6. Die Rüdesheimer Ministerpräsidentenkonferenz (21.–22. Juli 1948)

Nachdem die Zusammenkunft mit den Militärgouverneuren am 20. Juli also ergeben hatte, daß es diesen aufgrund ihrer Weisungsgebundenheit kaum möglich sein würde, Konzessionen zu machen, mußte sich die damit unhaltbar gewordene deutsche Positi-

---

[75] Parl. Rat, Bd. 1, Einleitung, S. LXIII, S. 182, und dort Anm. 29. Die Briten besaßen, wie bereits erwähnt, das geringste Interesse an einer Neugliederung.
[76] Ebenda, S. 177.
[77] Vgl. FRUS 1948, Bd. II, S. 409f. Auch in einem Bericht der hessischen Militärregierung heißt es: „After reconvening the minister presidents stated their agreement with the MG's on the necessity to stay within the London decisions." HStAW, 649 OMGH 8/215-3/27.

on neu formieren. Zu erneuten Beratungen trafen sich die Ministerpräsidenten am 21.–22. Juli 1948 auf Jagdschloß Niederwald bei Rüdesheim[78]. Der Beschluß, trotz der veränderten Sachlage weiterhin von dem Boden der Koblenzer Beschlüsse auszugehen, fiel schnell. Einigkeit bestand auch darin, das Angebot der Alliierten auf keinen Fall zurückzuweisen, es unter keinen Umständen durch eine Verzögerung oder Gefährdung des Ganzen verspielen zu wollen.

Aus diesen beiden Axiomen – Festhalten an den Koblenzer Beschlüssen und Entscheidung für die „Frankfurter Dokumente" – ergab sich das weitere Vorgehen. Vorab wurde verschiedentlich betont, daß beide – die Koblenzer Position und der Inhalt der Dokumente – eigentlich gar nicht so weit auseinanderlägen[79]. In einer Reihe von Punkten fiel, selbst vom Koblenzer Standpunkt aus betrachtet, ein Einlenken auf die alliierte Konzeption nicht schwer: Bezüglich des Wahlmodus zum Parlamentarischen Rat hatte sich die SPD inzwischen definitiv zu indirekten Wahlen entschlossen[80]. In diesem Punkt bestand nun völlige Einmütigkeit. Die endgültige Festlegung der Richtlinien zur Wahl sollte, wie gefordert, den Ländern überlassen bleiben. Die Regierungschefs wollten jedoch weiterhin auf eine einheitliche Regelung in allen Ländern hinwirken[81]; die in die Koblenzer Gegenvorschläge aufgenommenen inhaltlichen Vorstellungen zum Grundgesetz sollten lediglich als Empfehlungen zu verstehen sein. Damit lagen die Aufgaben des Parlamentarischen Rates fest, so, wie die Militärgouverneure sie definiert hatten. Ihre Chance sahen die Ministerpräsidenten darin, von außen Einfluß auf die Arbeit des Parlamentarischen Rates zu nehmen, dem für seine Beratungen ohnehin inhaltlich nur ein sehr allgemeiner Orientierungsrahmen vorgegeben war. Mit der unerwartet positiven Aufnahme der „Leitsätze für ein Besatzungsstatut" bei den Generälen glaubten die Länderchefs einen gewissen Erfolg errungen zu haben. Die Verschränkung von Besatzungsstatut und Verfassung wurde allerdings weiterhin abgelehnt. Im Gespräch mit den alliierten Verbindungsoffizieren sollte versucht werden, dieses Problem zu klären[82].

Übrig blieben die drei wichtigsten Punkte: 1. die Frage der Terminologie, also der Bezeichnung der Verfassung, 2. die Form ihrer Ratifizierung und 3. eine endgültige Entscheidung über die Ländergrenzenreform. In Punkt 1 gingen die Meinungen weit auseinander. Während die einen dafür plädierten, weiterhin auf der Bezeichnung „Grundgesetz" bestehenzubleiben (Brauer, Lüdemann), waren andere bereit, auch in der Terminologie Zugeständnisse zu machen (Ehard, Stock), um keine weitere Verzögerung eintreten zu lassen, zumal auch auf seiten der Alliierten das Ganze nur als Provisorium aufgefaßt werde. In der Ratifizierungsfrage blieben die Ministerpräsidenten bei ihrer Koblenzer Entscheidung, nicht auf eine Volksabstimmung einzugehen. Doch

---

[78] Parl. Rat, Bd. 1, S. 172–264.
[79] Ebenda, S. 180 (Brauer), S. 184 (Ehard).
[80] Im Anschluß an die Konferenz am 20.7. hatten sich die Ministerpräsidenten und Minister der SPD zu internen Besprechungen zusammengefunden. Auch die CDU hatte an diesem Tage Beratungen abgehalten; vgl. ebenda, S. 181, Anm. 26.
[81] Vgl. das Modellgesetz zur Wahl des Parlamentarischen Rates; ebenda, S. 286–290.
[82] Die Verbindungsoffiziere haben später weiterhin versucht, die Bedenken der Deutschen zu zerstreuen: Die Verfassung solle unter der Annahme völliger Souveränität ausgearbeitet werden. Durch das Besatzungsstatut würden lediglich einige Artikel außer Kraft gesetzt; vgl. ebenda, Einleitung, S. LXXI.

wollten sie, wenn es „um Biegen und Brechen" gehen sollte, notfalls auch in diesem Punkt nachgeben. Aufgegriffen wurde der auf eine Anregung Brauers zurückgehende Vorschlag Ehards, den Grundsatz, auf den man sich in Koblenz geeinigt habe, nicht aufzugeben, sich aber gleichzeitig ein „politisches Alibi" zu schaffen, indem man den Militärgouverneuren die Argumente vortrug, die aus deutscher Sicht gegen eine Ratifizierung durch das Volk und für eine Annahme der Verfassung durch die Landtage sprachen. Ein Referendum würde sich im Grunde auch durch die bevorstehenden allgemeinen Wahlen zum Parlament erübrigen, die gleichzeitig als ein nachträgliches Votum für die Verfassung verstanden werden könnten.

Ausschlaggebende Wirkung sollte der Redebeitrag des gewählten, aber aufgrund sowjetischen Einspruchs nicht amtierenden Berliner Oberbürgermeisters Ernst Reuter ausüben, der anstelle der erkrankten Louise Schröder nach Niederwald gekommen war[83]. Besonderes Gewicht verlieh seiner Rede dabei die Aussage, daß er nicht seine eigene Meinung vortrage, sondern das Ergebnis eingehender Beratungen der drei demokratischen Parteien in Berlin, der CDU, SPD und LDP, wenn auch die gewählte Formulierung seine persönliche sei. Reuter betonte, daß die Koblenzer Beschlüsse in Berlin „durchaus positiv aufgenommen und begrüßt worden" seien, ebenso das mit ihnen verbundene Bestreben, den notgedrungen provisorischen Charakter jeder politischen Regelung in Westdeutschland zu unterstreichen. Auch in Berlin sei man sich der Problematik bewußt, „daß jede Organisation, die im Westen geschaffen" werde, insoweit nur provisorisch sein könne, „als sie unter Berücksichtigung der durch die Besetzung gegebenen Verhältnisse, also unter Berücksichtigung der Teilung Deutschlands, geschaffen werden" müsse. Man sei sich aber ebenfalls darüber im klaren, „daß der Schritt von der Nichtsouveränität zur Vollsouveränität nicht auf einmal" möglich, „sondern daß die Eroberung der Souveränität ein historischer Prozeß" sei, „der letztlich erst durch einen formellen Akt vollzogen" werde, „wenn wir ihn in politischer Arbeit vorbereitet haben, so daß diese Souveränität uns nicht mehr vorenthalten werden kann". Der Kampf um Berlin werde gleichzeitig als ein „wichtiger Beitrag zur Eroberung der Souveränität der Deutschen" verstanden. Insofern gehe es in diesem Kampf nicht um Berlin allein, denn in dem Maße, in dem es gelingen werde, „die Machtansprüche einer Besatzungsmacht zurückzuschrauben und auf das gebotene Maß zu beschränken", in dem Maß erhöhe sich auch die politische Bewegungsfreiheit Deutschlands insgesamt. Es bestehe also ein enger Zusammenhang zwischen der Situation Berlins und der der Westzonen. „Daraus folgert", fuhr Reuter fort – und dies nun waren die entscheidenden Sätze –, „daß wir eines in Berlin und im Osten nicht ertragen können: das Verbleiben des Westens in seinem bisherigen politisch unentschiedenen Status. Wir sind der Meinung, daß die politische und ökonomische Konsolidierung des Westens eine elementare Voraussetzung für die Gesundung auch unserer Verhältnisse und für die Rückkehr des Ostens zum gemeinsamen Mutterland ist." Reuter bat darum, auch Berlin an der Ausarbeitung der westdeutschen Verfassung zu beteiligen. Eine Aufnahme Berlins als zwölftes Land der Westzonen könne

---

[83] Vgl. ebenda, S. 191–194. Für die Entsendung Reuters hatte man sich entschieden, um nicht den offiziellen Vertreter Schröders, Ferdinand Friedensburg, schicken zu müssen. In diesem Falle wären die Amtsgeschäfte in Berlin in die Hand des zweiten Bürgermeisters Acker (SED) gelegt gewesen; vgl. ebenda, S. 172, Anm. 4.

wegen der bislang noch undurchsichtigen Entwicklung vorerst nicht endgültig entschieden werden.

Den Gegenpol zur Position Reuters bildete die Rede Carlo Schmids[84], der noch einmal grundsätzlich die Frage aufwarf, ob man in Westdeutschland wirklich zur Schaffung einer Verfassung schreiten wolle, die letztlich nicht auf eigener, freier Entscheidung, sondern dem Willen der Besatzungsmächte beruhe. Er könne sich „schlechterdings nicht vorstellen", eine Verfassung in Unfreiheit zu schaffen, „es sei denn, daß man das Statut der Fremdherrschaft zu einem konstitutiven Element machen" wolle. Nach Schmids Vorstellungen sollte der Kampf für eine staatliche Organisation ähnlich wie in Berlin durch die „elementare Kraft des Volkes" geführt werden, nicht durch die Ausarbeitung einer Verfassung. Er gab zu bedenken, ob man wirklich, wie die Amerikaner, einen Staat wolle, also „eine politische Wirklichkeit, die sich zutraut und in Anspruch nimmt, auch über ihre Grenzen hinaus zu wirken", oder nicht besser „lediglich die Bildung eines Ganzen aus diesen drei Westzonen [...], das geeignet" sei, „nach innen zweckdienlich zu handeln". Dies sei der Unterschied zwischen der Entscheidung für einen Staat und einer Lösung, wie sie in Koblenz beschlossen worden sei. Wenn nun dieses „Gebilde" sein Parlament habe, wer könne es dann daran hindern, „in Situationen, in denen es geboten" scheine, „durch einen gewissermaßen revolutionären Akt sich als das Sprachrohr des deutschen Volkes zu erklären, aber nicht in der Verfassung, die man da machen" wolle, „sondern durch einen spontanen Akt?" Einen Staat könne man auf zweierlei Weise errichten: entweder als Weststaat, mit einem auf Westdeutschland begrenzten Anspruch, was nichts anderes bedeuten könne, als „schon im Ansatz eine Separation im Ganzen zu vollziehen", oder als deutsche Republik im Westen, mit einem Vertretungsanspruch für ganz Deutschland, „legalisiert im Westen durch Wahlen und [...] im Osten durch communis consensus der Ostbevölkerung". Die letztere Möglichkeit sei gegebenenfalls die einzige, von der man sich „im Hinblick auf das Gesamtschicksal Deutschlands" etwas versprechen könne. Man müsse sich aber des damit verbundenen Risikos bewußt sein. Ein solcher Staat könne die Chancen für Gesamtdeutschland erhöhen, aber auch die kleine Chance, zu einer Einigung auf Vier-Mächte-Basis zu kommen, endgültig verschütten.

Den von den Ministerpräsidenten schon in Koblenz geltend gemachten Bedenken gegen die Durchführung einer Ländergrenzenreform trat nun das Wissen um die hohe Bedeutung, die die Besatzungsmächte dieser Frage zumaßen, als neuer Aspekt gegenüber. Einen erhöhten Stellenwert nahm jetzt auch die Problematik der Zonengrenzen ein, nachdem die Generale erstmals klar davon gesprochen hatten, daß eine Neugliederung Rückwirkungen auf die Abgrenzung der Besatzungszonen haben werde. Mehrheitlich blieb in Rüdesheim der Grundtenor vorherrschend, auch hier an den Koblenzer Beschlüssen festzuhalten und eine Neugliederung weiterhin zurückzustellen. Dann aber mußte eine Verständigung darüber erzielt werden, ob eine Teillösung im südwestdeutschen Raum möglich war, ohne das Ganze „ins Rutschen zu bringen". Während Skepsis gegenüber der Realisierbarkeit einer solchen Teillösung deutlich wurde, drängten Staatspräsident Bock und Reinhold Maier auf sofortiges Handeln. Zur Sprache kamen nun auch weitere Brennpunkte wie Schleswig-Holstein, besonders

---

[84] Ebenda, S. 198–201.

## 6. Die Rüdesheimer Ministerpräsidentenkonferenz

aber Rheinland-Pfalz und Nordrhein-Westfalen, für die durch eine mögliche Verlagerung der Zonengrenzen besondere Gefahren bestanden[85].

Wie in Koblenz spielten auch in Niederwald am zweiten Verhandlungstag die zu den Dokumenten eingesetzten Kommissionen eine wichtige Rolle im Entscheidungsprozeß. Die Kommission zu Dokument Nr. I schlug als Ergebnis ihrer Beratungen nunmehr vor, dem Begriff „Grundgesetz" den Zusatz „vorläufige Verfassung" in Klammern anzufügen, um auf diese Weise dem amerikanischen Gouverneur eine „psychologische Brücke" zu bauen, die es Clay ermöglichen sollte, „sich auf den Boden der Koblenzer Beschlüsse zu stellen". In der Frage des Referendums hatte sich die Kommission nach vorausgegangenen Gesprächen mit den alliierten Verbindungsoffizieren[86], in denen diese angedeutet hatten, daß die ihnen vorgetragenen Erwägungen, die gegen eine Volksabstimmung sprachen, bei den Militärgouverneuren möglicherweise Beachtung finden würden, auf das Verfahren geeinigt, den Generalen eine nur mündliche Interpretation der Koblenzer Beschlüsse zu geben. Gegen die Durchführung eines Referendums sollten dabei folgende Gründe geltend gemacht, diese aber nicht in die schriftliche Stellungnahme aufgenommen werden[87]: 1. Da einer Volksabstimmung notwendigerweise ein Abstimmungskampf vorausgehen müsse, bestehe die Gefahr, „daß sich bei einem Referendum alle oppositionellen und destruktiven Elemente trotz der Verschiedenheit ihrer Motive zu einem negativen Votum zusammenfinden" könnten. Die „so entfachte Agitation würde sich naturgemäß auch gegen die Besatzungsmächte wenden und eine Verschlechterung im Verhältnis der Deutschen zu den Besatzungsmächten herbeiführen". 2. Ein Referendum würde einen „großen Zeitverlust bedeuten, der unter den heutigen Umständen unerträglich" sei. 3. Eine Ablehnung des Grundgesetzes könnte „eine politische und wirtschaftliche Katastrophe in Deutschland herbeiführen, die das begonnene ‚Konsolidierungswerk' gefährden würde". Diese Situation könne dabei bereits durch „eine Minorität in einem Drittel der kleinsten Länder" herbeigeführt werden. Es sei deshalb ernstlich zu prüfen, ob ein derartiges Risiko eingegangen werden dürfe.

Die Mehrheit der Ministerpräsidenten war bereit, auf der Grundlage dieses Vorschlages zu einem Beschluß zu finden. Eine Ausnahme bildete der niedersächsische Ministerpräsident Hinrich Wilhelm Kopf, der sich zunächst außerstande sah, die neuen Entscheidungen mitzutragen. Wie Carlo Schmid erkannte er in ihnen ein substantielles Abweichen von der Koblenzer Linie und konnte von seinen Kollegen nur mühsam dazu überredet werden, seine Bedenken zurückzustellen.

Der endgültige Text ihres Aide-mémoires an die Militärgouverneure vom 22. Juli 1948[88] war ganz darauf abgestellt, die beiderseitige prinzipielle Übereinstimmung deutlich werden zu lassen: Der Unterschied zwischen der Terminologie der Dokumente und der von den Ministerpräsidenten gewählten Begrifflichkeit finde seine Erklärung „nicht in der Verfolgung inhaltlich verschiedener Ziele, sondern nur in einer verschiedenen Auffassung über die anzuwendenden Formen". Das Wort „Verfassung" sei ab-

---

[85] Im einzelnen vgl. dazu die entsprechenden Länderkapitel.
[86] Vgl. Parl. Rat, Bd. 1, S. 264 ff.
[87] Die gegenüber den Gouverneuren dargelegten Gesichtspunkte wurden in einer gesonderten Aufzeichnung zusammengefaßt; vgl. ebenda, S. 272, Anm. 6.
[88] Vgl. ebenda, S. 270 ff.

sichtlich nicht gewählt worden, weil „weder ganz Deutschland noch eine endgültige Lösung in Frage" kämen. Der Begriff „Grundgesetz" wäre zutreffender mit „basic constitutional law" übersetzt worden. Einverständnis bestehe darüber, daß es die Aufgabe des „Parlamentarischen Rates" sei, ein „Grundgesetz" auszuarbeiten. Die Bestellung dieses Gremiums solle „auf Grund eigener Beschlüsse der Landtage erfolgen". Auch über den Inhalt des Grundgesetzes habe der Parlamentarische Rat selbst zu entscheiden. Die Koblenzer Vorschläge seien in dieser Hinsicht lediglich als „Anregungen" zu verstehen. Festgehalten wurde weiterhin, daß die Länderregierungen „vor dem Parlamentarischen Rat ihre Ansichten vertreten" würden.

Gemeinsam mit den Militärgouverneuren seien die Regierungschefs, so hieß es weiter, der Ansicht, „daß die Ratifikation des Grundgesetzes auf breiter demokratischer Grundlage erfolgen" müsse. Dies könne auf direktem oder indirektem Wege geschehen. Sie machten deshalb den Vorschlag, die Abstimmung durch die Länderparlamente als den „demokratisch legitimierten Vertreter[n] der 45 Millionen Einwohner des amerikanischen, britischen und französischen Besatzungsgebietes" vornehmen zu lassen. Abschließend begrüßten die Ministerpräsidenten die Gelegenheit, „das gesamte Problem mit den Militärgouverneuren noch weiter mündlich besprechen zu können".

In der Ländergrenzenfrage hatte der Kommissionsvorsitzende zu Dokument Nr. II, Lüdemann, in Besprechungen mit den alliierten Verbindungsoffizieren weitere Informationen eingeholt[89]. Dabei waren den deutschen Vertretern konkrete Fragen gestellt worden, die es nun eindeutig zu beantworten galt: „1. Glauben die Ministerpräsidenten, daß eine Überprüfung der Ländergrenzen notwendig ist?", „2. Sind die Ministerpräsidenten bereit, Vorschläge zu unterbreiten?" und „3. Bis wann können den Generälen Vorschläge unterbreitet werden?"[90]. Die beiden ersten Fragen beantworteten die Ministerpräsidenten jetzt mit einem einfachen „Ja"[91]. Auf die dritte Frage lautete der endgültige Beschluß: „Die Ministerpräsidenten werden bemüht sein, rechtzeitig den Militärbefehlshabern Vorschläge zu unterbreiten. Sie haben zu diesem Zweck einen Ausschuß eingesetzt." Mit dieser Formulierung verzichteten die Ministerpräsidenten bewußt auf die Angabe eines konkreten Termins in der Hoffnung, doch noch eine Ausdehnung der Zeitspanne für die Vorlage von Vorschlägen erreichen zu können[92].

Die schlichte Beantwortung der beiden ersten Fragen verdeckte den grundlegenden Dissens zwischen denjenigen Regierungschefs, die nun eine Reform im Ganzen durchführen wollten, und denen, die lediglich der Realisierung einer Teillösung zuzustimmen bereit waren. Dieses Problem hatte in den Ausschußberatungen wiederum zu einem Minderheitsvotum geführt[93]: Die klare Bejahung der ersten beiden Fragen war von der einen Gruppe als eine bewußte Abweichung von den Koblenzer Beschlüssen gedeutet worden, die sich aus der neuen Sachlage nach der Konferenz mit den Militär-

---

[89] Vgl. ebenda, S. 268 ff.
[90] Ebenda, S. 239.
[91] Vgl. den endgültigen Beschluß der Ministerpräsidentenkonferenz vom 22. 7. 1948 zur Frage der Überprüfung der Ländergrenzen; ebenda, S. 261, Anm. 106.
[92] Auf die deutsche Frage nach dem äußersten Zeitpunkt, bis zu dem die Vorschläge für eine Reform vorliegen sollten, gab der französische Verbindungsoffizier Seydoux am 21. 7. 1948 zur Antwort: „Es liegt an Ihnen, den Zeitpunkt zu bestimmen"; vgl. ebenda, S. 268.
[93] Vgl. die Stellungnahmen des rheinland-pfälzischen Justizministers Adolf Süsterhenn, ebenda, S. 240, und des Leiters der bayerischen Staatskanzlei, Anton Pfeiffer, ebenda, S. 241.

gouverneuren ergeben habe, während die andere an den Koblenzer Beschlüssen im Grundsatz festhalten wollte. Diese letztere Gruppe war nur unter der Voraussetzung, daß eine Überprüfung der Ländergrenzen auf den südwestdeutschen Raum beschränkt blieb, bereit gewesen, die Antworten in der vorgeschlagenen Form mitzutragen. Dieser Gegensatz hatte auch die Diskussion des Plenums durchzogen, die dabei unversehens in eine allgemeine Neugliederungsdebatte auszuufern drohte. Die dargelegte Entscheidung der Ministerpräsidenten vermochte schließlich beide Richtungen zu integrieren, doch die Koblenzer Einstimmigkeit wurde nicht wieder erreicht. Zu der zweiten Frage hatte der rheinland-pfälzische Ministerpräsident Peter Altmeier erklärt, sich der Stimme enthalten zu müssen[94].

Die knappe Antwort der Ministerpräsidenten ließ es offen, ob mit der Bejahung der Notwendigkeit einer Reform und der erklärten Bereitschaft, Vorschläge zu unterbreiten, nun tatsächlich eine grundsätzliche Untersuchung dieses Problems oder nur die Inangriffnahme der Teillösung Baden/Württemberg verbunden sein würde. Die fortbestehende unterschiedliche Interpretation der Beschlüsse sollte dazu führen, daß im Ausschuß zur Überprüfung der Ländergrenzen, dessen Einsetzung die Ministerpräsidenten in Rüdesheim beschlossen, der nur oberflächliche Konsens wieder zerbrach.

## 7. Abschluß: Die Zusammenkunft am 26. Juli 1948

Die Besprechungen mit den Militärgouverneuren in Frankfurt am 26. Juli 1948[95] verliefen noch einmal in einer „sehr angespannten Atmosphäre"[96], zumal den Ministerpräsidenten bewußt war, daß an diesem Tage endgültige Entscheidungen fallen würden. Unter allen Umständen wollten sie jeden Zeitverlust und jede Verzögerung der Konsolidierung Westdeutschlands vermeiden, aber trotzdem versuchen, im Rahmen des Möglichen den Militärgouverneuren Zugeständnisse abzuringen.

Wie befürchtet, erklärte General Koenig als Vorsitzender der Konferenz im Namen der drei Gouverneure, nachdem die deutschen Vertreter die Rüdesheimer Entscheidungen dargelegt und ausführlich begründet hatten, im Anschluß an eine kurze Unterbrechung der Sitzung, sich gezwungen zu sehen, in drei Punkten, nämlich bezüglich der Bezeichnung der Verfassung, der Frage des Referendums und der Frist für die Vorlage von Vorschlägen zur Territorialreform, mit den westalliierten Regierungen Rücksprache zu nehmen. Gerade dies hatten die Ministerpräsidenten verhindern wollen. An diesem Punkt war es Hans Ehard, der, wie zuvor schon Max Brauer, außerplanmäßig in die Beratungen eingriff, um die Situation zu retten. Seine Argumentation war ganz darauf abgestellt, die Differenzen in den noch ungeklärten Punkten in ihrer Bedeutung zu relativieren: Der einzige ernsthafte Dissens bestehe hinsichtlich des Referendums. Hier hätten es die Ministerpräsidenten für ihre Pflicht gehalten, auf ihre schwerwiegenden Bedenken gegenüber einer Volksabstimmung hinzuweisen. Ehard bat die Generale, wenn sie diese Gründe nicht akzeptieren könnten, ihre Argumente für ein Referendum zu nennen, es sei denn, sie seien hier prinzipiell an die Londoner Beschlüsse ge-

---

[94] Zu den Hintergründen vgl. das Kapitel zu Rheinland-Pfalz.
[95] Parl. Rat, Bd. 1, S. 273-292, dazu auch Gimbel, Amerikanische Besatzungspolitik, S. 289f.
[96] Wohleb in der Sitzung des badischen Landtags, 5. 8. 1948, Stenograph. Bericht, S. 3.

bunden. Bevor die Generale die Sitzung ein zweites Mal unterbrachen, bat er darum, noch einmal die aus ihrer Sicht bestehenden letzten Differenzpunkte und Forderungen zu nennen.

Nach kurzer Beratung untereinander gaben die Militärgouverneure ihre Bereitschaft zu erkennen, den Deutschen schrittweise entgegenzukommen: In der Benennung des „Grundgesetzes" werde sich ein Arrangement finden lassen; in den beiden übrigen Punkten aber sähen sie sich zur Rückfrage bei ihren Regierungen gezwungen, auch wenn dies, wie sie betonten, keine grundsätzliche Ablehnung des deutschen Standpunktes bedeute. Die Ministerpräsidenten setzten erneut an: Hatte sich bei der terminologischen Problematik die Möglichkeit einer Einigung angedeutet, baten sie nun dringend darum, die deutschen Argumente gegen ein Referendum den alliierten Regierungen bekanntzugeben, die „Sache" aber „jetzt anlaufen zu lassen". Sie ließen dabei anklingen, daß bereits erste praktische Maßnahmen zur Durchführung der Londoner Beschlüsse eingeleitet worden seien, insbesondere hinsichtlich der Tätigkeit des Parlamentarischen Rates.

General Koenig erklärte nach erneuten kurzen Konsultationen der Generale untereinander daraufhin das Einverständnis zu Punkt 1 und in der Referendumsfrage die Bereitschaft, dem Wunsch der Ministerpräsidenten entsprechen zu wollen. Was die Ländergrenzenreform anbetraf, wollten sich die Militärgouverneure bei ihren Regierungen für eine Verlängerung der Zeitspanne für die Vorlage von Vorschlägen einsetzen. Weiter erteilte er die Erlaubnis, erste vorbereitende Schritte zu unternehmen. Nach einer abermaligen Unterbrechung der Sitzung konnte Koenig schließlich die endgültige Entscheidung mitteilen: Im ersten Punkt gebe es keine Schwierigkeiten mehr. Die Frage des Referendums betrachteten die Generäle als im Sinne der Londoner Abmachungen entschieden. Sie waren damit einverstanden, ihren Regierungen die deutschen Vorschläge zu unterbreiten, und wollten im Falle einer Zustimmung so bald wie möglich Nachricht geben. Das gleiche sollte für die Zeitspanne zur Einreichung der Vorschläge für die Ländergrenzenreform gelten. Sollten ihre Vermittlungsversuche allerdings vergeblich sein, waren die Bestimmungen der Londoner Konferenz einzuhalten und durchzuführen.

Damit waren die Weichen für die weitere Entwicklung gestellt. Die Militärgouverneure hatten die Bezeichnung „Grundgesetz" akzeptiert, allerdings mit dem Zusatz „vorläufige Verfassung", im übrigen aber die Ministerpräsidenten auf die Annahme der „Frankfurter Dokumente" festgelegt. In der Frage des Termins für die Vorlage von Vorschlägen zur Änderung der Ländergrenzen gaben die alliierten Verbindungsoffiziere am 12. August die Entscheidung für eine Verlängerung bekannt[97]. Die Vorschläge mußten allerdings so rechtzeitig eingereicht werden, daß die jeweils betroffene Bevölkerung befragt werden konnte und die Ministerpräsidenten imstande waren, entsprechende Schritte für Landtagswahlen in den neugebildeten Ländern noch vor der Abstimmung über die Verfassung einzuleiten. Stichtag aber war in jedem Falle der 15. Oktober 1948.

Der Ausschuß der Ministerpräsidenten zur Überprüfung der Ländergrenzen konstituierte sich am 27. Juli unter dem Vorsitz Hermann Lüdemanns. Seine Tätigkeit[98], für

---

[97] Vgl. Parl. Rat, Bd. 1, S. 319–324.
[98] Zur Arbeit des Ländergrenzenausschusses vgl. Hennings, Der unerfüllte Verfassungsauftrag, S. 57 ff.

die er drei Arbeitsgruppen bildete, begann mit der Aufstellung von Neugliederungskriterien. Als Grundlagen dienten neben dem Lüdemann-Plan[99] ein Entwurf der Berliner Zeitung „Der Tagesspiegel" vom 7. Juli 1948, ein „Fünf-Länder-Plan" und Neugliederungsentwürfe aus der Weimarer Zeit. Schon sehr bald wurde deutlich, daß es aufgrund der komplizierten Materie, insbesondere hinsichtlich der Länder Rheinland-Pfalz, wo die ehemalige bayerische Pfalz umstritten und umworben war wie kaum ein anderes deutsches Gebiet, und Nordrhein-Westfalen, die beide aus außenpolitischen Gründen eine Neugliederung unbedingt ablehnten, nicht möglich sein würde, einen allgemein verbindlichen Vorschlag zu machen. Statt dessen verlegte sich der Ausschuß darum auf die Ausarbeitung eines Kataloges von Veränderungsmöglichkeiten, der den Ministerpräsidenten als Entscheidungshilfe zur Verfügung gestellt werden sollte. Seine weitere Aktivität konzentrierte er nun auf die Behandlung von Nahzielen, also Brennpunkten der Neugliederungsproblematik, wo eine Bereinigung der Verhältnisse am dringlichsten erschien. Als solche nahmen die Notlage Schleswig-Holsteins und die Fragen der Vereinigung der drei südwestdeutschen Länder sowie des Fortbestandes von Rheinland-Pfalz die Aufmerksamkeit des Ausschusses in Anspruch. Doch die Beratungen führten zu keinen greifbaren Resultaten. Einziges Ergebnis war die Ablehnung eines Antrages des Südschleswigschen Wählerverbandes vom 7. August 1948 zur Gründung eines selbständigen Landes Südschleswig[100]. Die Entscheidung über eine weitere Behandlung des Problems Rheinland-Pfalz überwies der Ausschuß an die Ministerpräsidenten[101]. Zur Neugliederung im Südwesten sprach er abschließend die Empfehlung zu einer Gesamtvereinigung der drei betroffenen Länder aus, wobei die Herbeiführung dieses Zusammenschlusses diesen selbst überlassen bleiben, bei der Durchführung einer Volksabstimmung die Vorlage von Alternativfragen, wie Baden es gefordert hatte, möglich sein sollte.

Auf der Rüdesheimer Ministerpräsidentenkonferenz am 31. August 1948[102] stellte der Hamburger Bürgermeister Max Brauer den Antrag, die Arbeit des Ausschusses einzustellen. Mit der knappen Mehrheit von sechs Stimmen (Bayern, Bremen, Rheinland-Pfalz, Nordrhein-Westfalen, Hamburg und Baden) gegen fünf (Hessen, Niedersachsen, Schleswig-Holstein, Württemberg-Baden und Württemberg-Hohenzollern) beschloß die Konferenz daraufhin die Auflösung. In ihrer abschließenden Stellungnahme zu Dokument Nr. II vom 1. Oktober 1948[103] gingen die Ministerpräsidenten auf drei Themenbereiche ein: 1. Sie befürworteten den Zusammenschluß der südwestdeutschen Länder nach einem gesondert festgehaltenen Verfahren[104]. 2. Die Schaffung eines eigenständigen Landes Südschleswig wurde abgelehnt. 3. Die Länderchefs unterstrichen die Notwendigkeit einer Bereinigung der bestehenden En- und Exklaven vor der Ratifizierung des Grundgesetzes. Wiedergegeben wurde diesmal auch der Standpunkt der Minderheit, die die Auffassung vertrat, daß über diese Ansätze hinaus weitere Än-

---

[99] Zu Lüdemanns Neugliederungskonzeption vgl. das Kapitel zu Schleswig-Holstein.
[100] Vgl. die Sitzung des Ausschusses zur Überprüfung der Ländergrenzen vom 27.8. 1948, in: Parl. Rat, Bd. 1, S. 326–329.
[101] Sitzung des Ausschusses zur Überprüfung der Ländergrenzen vom 28.8. 1948; ebenda, S. 333–337.
[102] Vgl. ebenda, S. 337–410.
[103] Vgl. ebenda, S. 421 f.
[104] Anlage zur Entschließung der Ministerpräsidenten vom 1.10. 1948; ebenda, S. 422 f.

derungen vorgeschlagen werden sollten, da die gegenwärtigen Verhältnisse so unbefriedigend seien, daß selbst eine nicht endgültige Lösung eine Verbesserung darstelle.

Konzediert wurde von den Besatzungsmächten letztlich auch die Abstimmung der Landtage über das Grundgesetz. Das Referendum besaß vor allem für die Amerikaner besondere Bedeutung. Deshalb hatten sie eine Entscheidung zunächst zurückgestellt, um die weitere Entwicklung abzuwarten. Großbritannien und Frankreich waren dagegen sofort bereit gewesen, dem deutschen Wunsch zu entsprechen. Das von General Clay vorgeschlagene Verfahren, die deutsche Seite über den Fortgang der Arbeiten am Besatzungsstatut laufend zu unterrichten, kam hingegen nicht zur Anwendung. Die Beratungen gestalteten sich schwieriger als erwartet. Ein am 16. August 1948 eingesetzter Drei-Mächte-Ausschuß vermochte sich nicht auf einen gemeinsamen Entwurf zu einigen. Erst nach verschiedenen Verhandlungen wurde im April 1949 in Washington ein Kompromiß erzielt[105] und der Entwurf des Besatzungsstatutes daraufhin am 10. April 1949 dem Parlamentarischen Rat zugeleitet. Die Ministerpräsidenten konnten erst am 12. April 1949 ihre Stellungnahme abgeben. Verkündet wurde das Besatzungsstatut am 12. Mai 1949, zusammen mit dem Genehmigungsschreiben der Militärgouverneure für das Grundgesetz[106]. Es trat am 21. September 1949 in Kraft.

---

[105] Dazu vgl. Krieger, General Lucius D. Clay, S. 445 ff.; Parl. Rat, Bd. 4, S. XXIII ff. Die Beschlüsse der Washingtoner Außenministerkonferenz der drei Mächte vom 5.–8. 4. 1949 sind abgedruckt in: Stammen (Hrsg.), Einigkeit und Recht und Freiheit, S. 237–243.
[106] Englischer Text und die nichtamtliche deutsche Übersetzung in: Parl. Rat, Bd. 4, S. 54–61.

# II. Zwischen Regionalinteressen und gesamtdeutscher Verantwortung: Die „Frankfurter Dokumente" aus der Landesperspektive

## Amerikanische Besatzungszone

### 1. Bremen

Als amerikanische Enklave in der britischen Zone hat Bremen nach dem Ende des Zweiten Weltkrieges eine wechselvolle Geschichte durchlebt. Anders als die Hafenstadt Hamburg, die selbst in nationalsozialistischer Zeit als eigenständige Verwaltungseinheit bestehengeblieben war, bald nach Kriegsende wieder an ihre alten Traditionen anknüpfen konnte und – wenn auch zunächst nur vorläufig – von der britischen Besatzungsmacht als eigenständiges Land der britischen Zone anerkannt wurde, hat Bremen nach 1945 aus einer kritischen und zunächst auch staatsrechtlich ungeklärten Lage heraus seine Eigenständigkeit weit nachdrücklicher erkämpfen müssen. Die Weiterexistenz der bremischen Häfen war wegen ihres hohen Zerstörungsgrades zunächst völlig in Frage gestellt gewesen, so daß das Schicksal Bremens in den ersten Monaten nach 1945 „an einem seidenen Faden"[1] hing. Der Wiedererlangung der Eigenstaatlichkeit standen zudem Neugliederungspläne wie derjenige des niedersächsischen Ministerpräsidenten Kopf entgegen, der auf eine Eingliederung Bremens nach Niedersachsen setzte.

Bremens Sonderstellung ging zurück auf die sogenannte „Bremer Klausel", eine Ergänzung zum Londoner Zonenprotokoll vom 12. September 1944. Ihr waren langwierige britisch-amerikanische Verhandlungen vorausgegangen[2]. Bremen hatte seit der militärischen Besetzung, innerhalb der britischen Zone liegend, der amerikanischen Militärregierung unterstanden. Schwerwiegende administrative Probleme führten schließlich zu einer Vereinbarung zwischen General Clay und dem zuständigen britischen Generalmajor Whiteley, derzufolge die Enklave ab dem 10. Dezember 1945 auf Bremen und Bremerhaven reduziert wurde. Auch die Stadt Wesermünde verblieb unter amerikanischer Kontrolle. Die zuvor ebenfalls zur Enklave zählenden hannoverschen Gebietsteile am rechten Weserufer, Stadt- und Landkreis Wesermünde, der Landkreis Osterholz und der oldenburgische Landkreis Wesermarsch, wurden wieder britischer Besatzungshoheit unterstellt und kehrten zu Oldenburg beziehungsweise dem niedersächsischen Regierungsbezirk Stade zurück. Die vereinbarungsgemäß nach den Richtlinien britischer Besatzungspolitik praktizierte amerikanische Verwaltung schuf eine nicht minder problematische Lage und forderte dringend eine endgültige Klärung des Status der Enklave. Dies trug dazu bei, daß sich die Amerikaner dem Gedanken der Ei-

---
[1] Senatspräsident Kaisen in der Sitzung der Bürgerschaft, 25. 9. 1947, Stenograph. Bericht, S. 332.
[2] Dazu und zum folgenden Röpcke, Entstehung, Jansen/Meyer-Braun, Bremen, S. 77ff.

genstaatlichkeit Bremens nicht länger verschlossen. Verhandlungen zwischen Clay und Robertson über die Herauslösung Bremens aus der britischen Zone hatten das Abkommen vom 30. Oktober 1946 zum Ergebnis, das mit Wirkung vom 1. Januar 1947 die Vereinbarung vom 10. Dezember 1945 ersetzte. Die Proklamation Nr. 3 des US-Militärgouverneurs McNarney vom 22. Januar 1947 und die Verordnung Nr. 76 der britischen Militärregierung schließlich brachten die definitive Entscheidung: Bremen und die Stadt Wesermünde einschließlich Bremerhavens wurden – nachdem die britische Militärregierung am 31. Dezember 1946 das Ausscheiden des Stadtkreises Wesermünde aus dem Land Niedersachsen verfügt hatte – zusammengeschlossen und als viertes Land der amerikanischen Besatzungszone eingegliedert. Nach einem Beschluß ihrer Stadtverordnetenversammlung änderte die Stadt Wesermünde nur wenig später, am 7. Februar 1947, ihren Namen in „Bremerhaven" um und knüpfte damit wieder an die Bezeichnung an, die sie seit ihrer von Bremen ausgehenden Gründung als Hafenstadt an der Unterweser im Jahre 1827 während der gesamten Zeit ihrer Zugehörigkeit zum Lande Bremen bis 1939 geführt hatte. Aus der „Freien Hansestadt Bremen" wurde damit ein „Zwei-Städte-Staat".

Als vollberechtigtes Mitglied in den Länderrat der amerikanischen Zone aufgenommen, nahm Bremen an dessen Sitzungen erstmals am 4. Februar 1947 teil[3]. Indem die Hansestadt gleichzeitig sowohl im Zonenbeirat als auch in der „Konferenz der Chefs der Länder und Provinzen" (britische Zone) vertreten war, besaß sie, die sich selbst als Bindeglied und Vermittler zwischen Nord- und Süddeutschland verstand[4], im Vergleich zu Hamburg eine stärkere politische Position und aus dieser Doppelstellung heraus, die sie faktisch sowohl zur amerikanischen wie zur britischen Zone gehören ließ, bessere Möglichkeiten, sich Bedeutung und Einfluß unter den übrigen westdeutschen Ländern zu verschaffen[5]. Auch glaubte sie sich dadurch in besonderer Weise für Initiativen zur Förderung gesamtdeutscher (Wirtschafts-)Interessen geeignet und berufen.

Das Bremer Verfassungsleben begann mit der Ernennung von Erich Vagts zum Regierenden Bürgermeister durch die amerikanische Militärregierung im April 1945. Die unter ihm geschäftsführend tätige Beamten-Regierung endete nach einem Monat mit der konstituierenden Sitzung des ersten, per Verfügung der Militärregierung vom 4. Juni 1945 eingesetzten Nachkriegssenats am 6. Juni 1945. Dessen Amtszeit lief am 19. November 1946 aus. Vagts selbst, der seinen Posten vorerst beibehalten hatte, wurde Ende Juli 1945 abgesetzt. An seine Stelle trat ab 1. August 1945 Wilhelm Kaisen. Die von der ersten, im April 1946 ernannten Bürgerschaft einstweilen nur für die Stadt Bremen ausgearbeitete Verfassung erlangte nach dem Willen der britischen Militärregierung wegen der schwebenden Verhandlungen über den Status der Enklave zunächst keine Gültigkeit. Am 13. Oktober 1946 wurde nach dem in der britischen Zone geltenden Wahlrecht die aus zuvor 60, jetzt 80 Mitgliedern bestehende Bürgerschaft gewählt.

---

[3] Akten zur Vorgeschichte, Bd. 2, S. 186. Kaisen erklärte sich allerdings in der Länderratssitzung vom 10./11. 3. 1947 bereit, das Stimmrecht Bremens in solchen Fragen ruhen zu lassen, die ausschließlich süddeutsche Angelegenheiten betrafen; vgl. ebenda, S. 236; Foelz-Schroeter, Föderalistische Politik, S. 92.
[4] LArchS, Abt. 605, Nr. 941, Aktenvermerk vom 16. 2. 1948.
[5] Vgl. Foelz-Schroeter, Föderalistische Politik, S. 60.

Die Sozialdemokraten erhielten 47,6 % der Stimmen, die CDU 18,9 %, die BDV (Bremer Demokratische Volkspartei) 18,3 %, die Kommunisten 11,35 % und schließlich die Unabhängigen 3,7 %. Auf der Grundlage dieser Wahlen amtierte der am 28. November 1946 aus einer Koalition zwischen SPD, BDV und KPD gebildete und seit dem 11. Februar 1947 mit dem Bremerhavener Oberbürgermeister und seinem Stellvertreter um zwei Mitglieder erweiterte Senat als provisorische Regierung. Am 13. Februar 1947 nahmen erstmals auch die 20 von der Bremerhavener Stadtverordnetenversammlung gewählten Abgeordneten an den Sitzungen der Bürgerschaft teil. Ab diesem Zeitpunkt bestand die Bürgerschaft aus nunmehr 100 Mitgliedern. Diese arbeitete in der ihr gleichzeitig verliehenen Eigenschaft als Verfassunggebende Versammlung eine neue, den Grundsätzen für die amerikanische Zone entsprechende Verfassung aus[6]. Verbunden mit der Bürgerschaftsneuwahl am 12. Oktober 1947 wurden die Volksentscheide über die Annahme der Verfassung und die erweiterten Bestimmungen zum Mitbestimmungsrecht in den Betrieben abgehalten. Im Ergebnis bekamen die SPD 41,7 %, CDU 22 %, BDV 3,9 %, KPD 8,8 %, FDP 5,5 %, DP 3,9 %, Unabhängige 3,1 % und RSF (Radikal-Soziale Freiheitspartei) 1,1 % der Stimmen. Die Neubildung des Senats aus SPD und BDV kam endlich, nach mehrmonatiger Verzögerung, am 22. Januar 1948 zustande. Die BDV erhielt zwei weitere Sitze, während die Kommunisten aus der Regierung ausschieden; letzteres hatten die Liberalen zur Bedingung für ihre Teilnahme an der Regierungsverantwortung gemacht.

*Persönlichkeit und Politik des Bürgermeisters Wilhelm Kaisen*

Die Stadtstaaten Bremen und Hamburg besaßen nach 1945 nicht nur in ihrer Eigenschaft als Hafenstädte eine Reihe von Gemeinsamkeiten. Ähnlich war bei beiden, trotz der kollegialen Senatsstruktur, die einen Regierungschef im eigentlichen Sinne nicht kennt, die politische Dominanz ihres Präsidenten in der Person Wilhelm Kaisens beziehungsweise Max Brauers, ein Amt also, das seine Konturen und seine Gewichtung in hohem Maße den persönlichen und politischen Fähigkeiten des Inhabers verdankte. Kaisen war, ähnlich wie Brauer in Hamburg, die beherrschende politische Figur der Nachkriegszeit, wie sein Hamburger Kollege ein „Selfmademan", überzeugter Sozialdemokrat, doch mit einem Werdegang, der ersteren auf dem Boden der Heimat, seines späteren Wirkungskreises, beließ, dem anderen hingegen reiche Auslandserfahrung und internationale Beziehungen bescherte[7]. Beide waren undogmatische, pragmatische Realpolitiker, die klare, nicht immer parteikonforme politische Überzeugungen besaßen und – auch nach eigenem Selbstverständnis – erst in zweiter Linie als Parteipolitiker anzusprechen waren.

Carl Wilhelm Kaisen, geboren am 22. Mai 1887 in Hamburg, entstammte einer kinderreichen Arbeiterfamilie. Von klein auf mußte er zum Unterhalt der Familie beitragen. Als jugendlicher Fabrikarbeiter sollte er ausreichend Gelegenheit erhalten, Erfahrungen in der Arbeitswelt zu sammeln. Nach dem Abschluß der Volksschule absolvierte er eine Ausbildung zum Stukkateur und führte Aufträge im In- und Ausland

---

[6] Bremen verzichtete damit als einziges Land der US-Zone auf die Wahl einer Verfassunggebenden Versammlung; vgl. Gillen, State and local government, S. 53.
[7] Vgl. dazu den Abschnitt über Max Brauer im Kapitel zu Hamburg.

aus. Dem Vorbild des Vaters folgend trat Kaisen bereits mit 16 Jahren in die Sozialdemokratische Partei ein. Durch Selbststudium erweiterte er sein Wissen und ergänzte es durch die Teilnahme an Fortbildungsseminaren. 1909 wurde er von der SPD auf die Parteischule in Berlin geschickt, die ihn unter anderem mit Rosa Luxemburg, Franz Mehring, Wilhelm Pieck und Karl Kautsky zusammenführte. Nach der Absolvierung des Militärdienstes war Kaisen zunächst für einige Monate am Aufbau des Bremer Arbeitsamtes beteiligt. 1918 bis 1928 arbeitete er als politischer Redakteur. Am 6. Juni 1920 wurde Kaisen erstmals Mitglied der Bürgerschaft und amtierte vom April 1928 bis 6. März 1933 als Senator für Wohlfahrt. Als 2. Vorsitzender der SPD in Bremen und des Bezirks Hamburg-Nordwest wurde er im Mai 1933 und später nochmals (1944) für kurze Zeit inhaftiert. Nach dem Sturz des Senates im März 1933 zog er sich von der Politik zurück und bestritt fortan als Kleinbauer seinen Lebensunterhalt durch den Aufbau einer landwirtschaftlichen Siedlung, mit Gemüseanbau und Viehzucht.

Seit seiner erneuten Berufung in den Senat durch die Militärregierung nach dem Ende des Krieges, am 6. Juni 1945 als Wohlfahrtssenator, ab 1. August 1945 zum Bürgermeister, wurde er vielerorts als der „Cincinnatus von Bremen" apostrophiert, verglichen mit jenem gleichnamigen Römer, den man, wie ihn, „von der Scholle weg" in den Senat berufen habe. Kaisen war mitbeteiligt am Wiederaufbau der SPD in Bremen nach 1945. Zusammen mit Gerhard van Heukelum übernahm er anfangs den Vorsitz des am 4. November 1945 neugegründeten, schon im Juli 1947 aus organisatorischen Gründen allerdings wieder aufgelösten Bezirks Bremen-Nordwest.

An Popularität und Volksnähe dürfte Kaisen, dessen kräftige Gestalt jahrelange harte körperliche Arbeit verriet, seinen Hamburger Kollegen noch übertroffen haben. Die Verehrung für den Bremer Senatspräsidenten zeigt sich in der Vielzahl von Veröffentlichungen über seine Person, zu denen, was bei Brauer nicht der Fall ist, selbst Anekdotensammlungen zählen. Hervorgehoben wurden die „Geradheit seines Charakters", seine „sachliche, objektive, überparteiliche Haltung" und „eine durch nichts zu erschütternde Beharrlichkeit [...], ein bedeutendes Einzelproblem jetzt und unter allen Umständen zu lösen". Dabei entstand schon zu seinen Lebzeiten eine Art „Kaisen-Mythos", der ihn als das „große persönliche Vorbild", die Verkörperung „echte[r] Tugenden sozialistischer Tradition" pries[8], was angesichts seiner keineswegs parteikonformen Haltung nicht unbedingt zutreffen mußte: Wohl hatte seine Volkstümlichkeit Kaisen zu einem „Wahlmagnet[en] ersten Ranges"[9] gemacht, dem die SPD als „Bremer Staatspartei"[10] maßgeblich ihren Erfolg zu verdanken hatte. Schon die Bürgerschaftswahl von 1947 hatten die Sozialdemokraten stark auf seine Person ausgerichtet[11]. Die Koalitionsfähigkeit der SPD mit bürgerlichen Parteien aber stand nicht nur im Widerspruch zu den politischen Überzeugungen des Parteivorsitzenden Kurt Schumacher, sondern setzte gleichzeitig die „klassische Dichotomie zwischen bürgerlichen Parteien und Sozialdemokratie in Bremen außer Kraft"[12]. Kaisen, der zu Zusammenarbeit und Ausgleich mit

---

[8] StAB, 7, 144 (NL Ehlers), Nr. 4, Manuskript Adolf Ehlers; zur Charakterisierung Kaisens vgl. auch Koschnick (Hrsg.), Zuversicht und Beständigkeit, S. 19.
[9] Müller (Hrsg.), Begegnungen mit Wilhelm Kaisen, S. 21.
[10] Roth, Parteien und Wahlen, S. 15.
[11] Meyer-Braun, Bremer SPD, S. 66.
[12] Roth, Parteien und Wahlen, S. 27.

den bürgerlichen Kräften neigte, zog die Stetigkeit einer Politik, an der alle Kräfte beteiligt waren, einer parlamentarischen Opposition vor[13]. Auf der anderen Seite besaß er ein nur loses Verhältnis zur Bürgerschaft, bei deren Sitzungen er häufig nicht anwesend war.

Die Koalition mit der BDV, der drittgrößten, aber zweitwichtigsten unter den Parteien der Hansestadt, mit der er gleichzeitig einer kleinen Regionalpartei bedeutenden Einfluß auf die im Prinzip mit absoluter sozialdemokratischer Mehrheit geführte Landespolitik einräumte, entsprach Kaisens schon 1920 vertretenem Konzept eines Bündnisses zwischen Arbeiter- und Kaufmannschaft, das sich insbesondere für eine Seehandelsstadt anbot. Kaisen legte Wert darauf, die Bremer Geschäftswelt, die er als bedeutenden außerparlamentarischen Machtfaktor respektierte und die durch eben diese Partei repräsentiert wurde, an der Regierungsverantwortung teilhaben zu lassen[14]. Damit kam es bei der Regierungsbildung im Januar 1948 aus bereits geschilderten Gründen zum Ausscheiden der Kommunisten. Wenn Reinhold Roth als Konsequenz dieser Konstellation feststellt, daß auf diese Weise „die SPD ihre Führungsposition" habe „ausbauen, ihre Integrationsfähigkeit steigern und die Formation des bürgerlichen Lagers zu einer geschlossenen Gegenkraft wirksam schwächen" können, dies andererseits jedoch mit einem „Verzicht auf eine grundlegende Umgestaltung der gesellschaftlichen und ökonomischen Machtverhältnisse, soweit dies regional überhaupt möglich gewesen wäre"[15], verbunden gewesen sei, so war der letzte Punkt ein Preis, den Wilhelm Kaisen, der in Senat und Partei eine kaum zu erschütternde Führungsposition einnahm, zu zahlen bereit war, zumal er die Frage der Sozialisierung ohnehin recht distanziert betrachtete.

Gegen seinen Kurs wuchs allerdings im Laufe des Jahres 1948 innerhalb der SPD eine Opposition heran, die geeignet war, die angeblich unangefochtene innerparteiliche Stellung des Bremer Bürgermeisters zu relativieren[16]. Schon im Frühjahr 1947 waren Kaisens technische und wirtschaftliche Berater innerhalb der Partei auf Kritik gestoßen[17], der noch im September 1948 auch Kaisens Personalpolitik unterlag, da sie „nicht in dem erforderlichen Maße von sozialistischen Gesichtspunkten getragen war und infolgedessen die Demokratisierung der bremischen Verwaltung keinesfalls zufriedenstellend gelöst wurde"[18]. In der Bremer SPD-Vorstandssitzung am 22. September 1948 wurde allgemein Unmut, nicht über Kaisen allein, sondern über die gesamte Gruppe der sozialdemokratischen Senatoren, laut[19], die die Parteipolitik offenkundig hinter der praktischen Staatspolitik zurücktreten ließen. Daß Kaisen in vieler Hinsicht auch für die Gesamtpartei kein bequemes Mitglied war, bestätigte sich darin, daß er sich gegen die von Schumacher geforderte parteipolitische Abstinenz der Länderchefs

---

[13] Vgl. Müller (Hrsg.), Begegnungen mit Wilhelm Kaisen, S. 161; Meyer-Braun, Bremer SPD, S. 235. Gleichwohl war, so Jansen/Meyer-Braun, Bremen, S. 54 f., im Abstimmungsverhalten der Bürgerschaftsfraktionen in vielen Fragen eine „Links-Rechts-Polarisierung" zu beobachten.
[14] Vgl. Koschnick (Hrsg.), Zuversicht und Beständigkeit, S. 21 f.; Jansen/Meyer-Braun, Bremen, S. 70 f.; Roth, Parteien und Wahlen, S. 130 f.; dazu auch StAB, 16, 1/2 OMGBR 6/90–1/5, Civil Administration History, 1.7. 1946–30.6. 1947.
[15] Roth, Parteien und Wahlen, S. 27.
[16] Dazu StAB, 16, 1/2 OMGBR 6/125–1/13, Part ‚A' Intelligence Sitrep No. 44 (Woche bis 30.8. 48) und No. 46 (Woche bis 13.9. 48); Meyer-Braun, Bremer SPD, S. 113.
[17] StAB, 16, 1/2 OMGBR 6/90–1/5, Civil Administration History, 1.7. 1946–30.6. 1947.
[18] StAB, 16, 1/2 OMGBR 6/91–1/9.
[19] Offenbar hatte die Partei jedoch wenig Einfluß auf die Politik des Senats; vgl. dazu Meyer-Braun, Bremer SPD, S. 235, die von „Profillosigkeit gegenüber Senat und Fraktion" spricht.

zur Wehr setzte[20]. Zwar bestritt er ein Mitspracherecht der Parteien nicht grundsätzlich, betrachtete aber die Ministerpräsidenten als die vorläufigen Vertreter der noch fehlenden Gesamtstaatsgewalt. Solche föderalistischen Züge zeigte Kaisen aber auch noch in anderem Zusammenhang[21].

Kaisens zupackende Art und moderate politische Einstellung waren auch mitverantwortlich für seine guten Beziehungen zur amerikanischen Militärregierung. Renate Meyer-Braun nennt eine Reihe von Beispielen, die belegen, daß Kaisen nicht nur bei Mitgliedern der örtlichen Militärregierung als seriös und zuverlässig, sondern auch von General Clay hoch geschätzt wurde[22]. Auch Kaisen hat seinerseits das ausgesprochen gute Verhältnis zur Besatzungsmacht wiederholt hervorgehoben, das dem Wiederaufbau Bremens nach 1945 sehr zugute gekommen ist. Dieses mochte zu einem Gutteil auch daher gerührt haben, daß sowohl Thomas F. Dunn als auch dessen Nachfolger als Leiter der Militärregierung in Bremen, Charles R. Jeffs, beruflich in besonderer Weise mit Hafen- und maritimen Angelegenheiten vertraut und aus persönlichem Verständnis heraus bemüht waren, die bremischen Anliegen zu fördern[23].

Nicht nur in seiner kooperativen Einstellung gegenüber der Besatzungsmacht unterschied sich Wilhelm Kaisen von der politischen Linie Kurt Schumachers. Von seiner Persönlichkeitsstruktur her mochte ihm die dogmatische, kompromißlose Art des SPD-Vorsitzenden fremd gewesen sein, die er als „nationalistisch", als „Sprengstoff jeden gemeinsamen deutschen Aufbauwillens" verurteilte[24]. Kaisens Bemühen um Vermittlung zwischen widerstreitenden politischen Kräften half innerhalb der Bremer Sozialdemokratie den offenen Zusammenstoß innerparteilicher Oppositioneller mit Senatsmitgliedern zu verhindern[25]. Die Bereitschaft, „um des größeren Zieles willen auch von eigenen Positionen abzurücken, Spannungen auszugleichen und Festgefahrenes wieder in Bewegung zu bringen"[26], zeigte er auch bei den Konferenzen von Koblenz, Rüdesheim und Frankfurt. Er war zu einseitigen Vorleistungen bereit und überzeugt, daß Deutschland die Anlehnung an den Westen suchen müsse, um mit dessen Hilfe den wirtschaftlichen Wiederaufbau bewerkstelligen und vor allem den Außenhandel wieder in Gang bringen zu können. Ein fester Zukunftsglaube ließ ihn dabei hoffen,

---

[20] Dazu Kaisen, Meine Arbeit, S. 241; Foelz-Schroeter, Föderalistische Politik, S. 87, 122f., 132.
[21] Vgl. weiter unten die Abschnitte zur bremischen Eigenstaatlichkeit und zur Haltung Bremens in der Ländergrenzenfrage.
[22] Meyer-Braun, Bremer SPD, S. 33f., dies., „Rebell" Wilhelm Kaisen, S. 114. Angeblich hat sich Clay Kaisen als ersten Bundespräsidenten gewünscht; vgl. Müller (Hrsg.), Begegnungen mit Wilhelm Kaisen, S. 54.
[23] Vgl. ebenda, und S. 183f.
[24] Vgl. StAB, 3/4 Handakten Kaisen, Ordner Politik 2, b: Verfassungsfragen, „Bemerkungen zur Rede Schumachers" (o. D., April 1949). In dieser Rede vom 20.4. 1949 erwähnt Schumacher eigens Kaisen als Kritiker seiner politischen Konzeption; vgl. Albrecht (Hrsg.), Kurt Schumacher, S. 634–663; vgl. auch Kaisen, Meine Arbeit, S. 268: „Immer [...] ging es im Prinzip um dasselbe: Sollten wir handeln oder abwarten, um mehr zu bekommen? Ob es die Bildung der Länder, die Vereinigung der Zonen, die Entstehung der Bundesrepublik, den Europarat oder die EWG betraf, immer war es die gleiche Kontroverse, die sich zwischen Kurt Schumacher und mir entspann." Zum Verhältnis Kaisen-Schumacher auch Bavendamm, Hamburg und Bremen, S. 72f., besonders aber Meyer-Braun, „Rebell" Wilhelm Kaisen.
[25] Dazu StAB, 16, 1/2 OMGBR 6/51–2/9, Annual Functional History 1948. Part I Narrative, S. 14.
[26] Koschnick (Hrsg.), Zuversicht und Beständigkeit, S. 26.

daß die vielfältigen Auflagen von alliierter Seite mit der Zeit reduzierbar sein würden. Schrittweise sollte das besetzte Land seine Freiheit wiedergewinnen. Kaisen begrüßte den Schuman-Plan, akzeptierte das Ruhrstatut und war für den Beitritt der Bundesrepublik zum Europarat. Späterhin wurde Kaisen zu einem der nachdrücklichsten Verfechter der amerikanischen Deutschland- und Europapolitik innerhalb der SPD.

*Probleme und Interessen stadtstaatlicher Politik*
*Erhaltung der Eigenstaatlichkeit*

Bis zur endgültigen Verbriefung seiner Eigenstaatlichkeit am 1. Januar 1947 war für Bremen zunächst die Klärung von drei fundamentalen Fragen vorausgegangen, nämlich diejenige der besatzungsrechtlichen Zugehörigkeit, des definitiven Gebietsumfangs und schließlich der nach seiner künftigen staatsrechtlichen Stellung. Schon die Entscheidung, Bremen der amerikanischen Besatzungszone zuzuschlagen, war in vielfacher Hinsicht ein Gewinn: Bremen hatte aus gutem Grunde gehofft, in den Vereinigten Staaten einen machtvollen Verbündeten in der Vertretung seiner eigenstaatlichen und wirtschaftlichen Interessen zu finden, zumal außer Zweifel stand, daß Bremen zumindest für den Wiederaufbau auf fremde Hilfe angewiesen war. Für die Zugehörigkeit zur amerikanischen Zone sprach deshalb aus bremischer Sicht neben der Tatsache, daß die USA im Vergleich zu Großbritannien „die bei weitem stärkere Wirtschaftsmacht" waren, die „sowohl kapitalmäßig wie hinsichtlich der Rohstoffe über ganz andere Hilfsquellen verfügt[en]"[27], außerdem, daß Hamburg bereits zur britischen Zone gehörte, welche – so stand zu erwarten – ohnehin durch die nach dem Kriege zwangsläufig vollzogene Westorientierung des zweiten Stadtstaates nun zu dessen Hauptinteressensphäre werden würde. Hinzu kam, daß Bemühungen um einen Ausgleich für die in Bremen besonders hoch anfallenden Besatzungskosten bei den vergleichsweise finanzstarken Ländern der amerikanischen Zone erfolgversprechender sein würden als in der britischen Zone, deren Länder nicht imstande gewesen wären, diese Lasten zu tragen[28]. Tatsächlich bescherte Bremen seine Eigenschaft als US-Einfuhrhafen nicht nur eine gewisse wirtschaftliche Besserstellung gegenüber der hamburgischen Konkurrenz, sondern gleichzeitig auch eine deutsch-amerikanische Interessenidentität, die in der Wiedereingliederung Bremerhavens und der Neukonstituierung der Bremer Stadtstaatlichkeit ihre Früchte trug.

Das Ziel der Wiederherstellung seiner Eigenständigkeit hatte Bremen in gleicher Weise wie Hamburg begründet mit der Notwendigkeit, zur Erfüllung seiner Aufgaben in Hafen-, Handels- und Schiffahrtsangelegenheiten selbstverantwortlich, unmittelbar und flexibel entscheiden und agieren zu können. Die Wiedererlangung dieses Status war also kein „Selbstzweck"[29]; sie entsprang, so hieß es, auch nicht „ge-

---

[27] StAB, 3-B.10.a.Nr.2, Quadr.1, Akte II, Ausarbeitung „Zur Frage, ob es zu wünschen ist, daß die Enklave wieder ganz amerikanisch wird", S. 1.
[28] StAB, 3-B.10.a.Nr.2, Quadr.1, Akte I, Eingabe des Finanzsenators an die Militärregierung, Fiscal Division, vom 11.7.1946.
[29] Ebenda, Ausarbeitung „Bremens Stellungnahme zur Neugliederung der englischen Zone", handschriftlich datiert auf den 3.5. 1946; vgl. auch StAB, 3-R.1.n.Nr. 4, Quadr.10, Ausarbeitung (Entwurf) von Spitta „Der Neuaufbau des Reiches und Bremens Stellung darin" vom 6.8. 1946, S.1; ähnlich ebenda, Ausarbeitung Wilhelm Melchers', „Warum Bremen Freie Hansestadt bleiben will" (o. D.), S.1.

schichtlicher Tradition und Pietät gegen die Vergangenheit", noch weniger einem „Prestige-Bedürfnis", und war deshalb „nicht politischer Natur, sondern rein wirtschaftlicher Art"[30]. Überregionale Zusammenarbeit in einzelnen Verwaltungsbereichen war durchaus denkbar. Doch auch dann mußte Bremen ein Minimum alleiniger Zuständigkeiten vorbehalten bleiben. Es war also nur eine „logische Folge, wenn Bremen jetzt seine staatliche Selbständigkeit wiedererlangte und sein gesamtes öffentlich-rechtliches Dasein als Gemeinwesen auf die Form zurückführte, wie sie Jahrhunderte hindurch bestanden" hatte[31]. Die Tatsache, daß sich Bremen wie Hamburg „in allen Wandeln der deutschen Geschichte neben den räumlich größeren deutschen Ländern und inmitten der monarchischen Staaten Deutschlands als gleichberechtigte Länder und Stadtrepubliken behauptet" hatten, war „kein Zufall", sondern die Konsequenz eben dieser einzigartigen historischen Rolle und wirtschaftlichen Funktion der Hansestädte, „die kein größeres deutsches Land so erfüllen konnte". Die Beibehaltung der Eigenständigkeit empfahl sich aber auch aus der „grundsätzliche[n] Erwägung, daß sowohl die Erfordernisse einer wahren Demokratie als auch die Belange einer volksnahen Regierung und Verwaltung eine weitgehende Dezentralisation" verlangten[32]. Ein Vergleich mit ausländischen See- und Handelsstädten wie denen in Großbritannien, den Niederlanden und Belgien war nicht zulässig, da diese Länder ohnehin see- und handelsorientiert waren, ganz anders als das allgemein binnenländisch ausgerichtete Deutschland. Zudem handelte es sich bei diesen Ländern um Einheitsstaaten. Allein unter einer solchen Staatsform wäre auch Bremen mit dem diesen Häfen zugestandenen Maß an Selbstverwaltung als dem Höchsterreichbaren zufrieden gewesen[33].

Mit der Wiederherstellung seiner Selbständigkeit im Januar 1947 und der Rückgewinnung der Stadt Bremerhaven hatte Bremen ein Optimum eigener Zielvorstellungen erreicht. Das am 1. Januar 1947 in Kraft getretene Abkommen zwischen Clay und Robertson hatte unter anderem jedoch festgehalten, daß die bremische Eigenstaatlichkeit nur vorläufiger Natur sein sollte, und die Möglichkeit einer Vereinigung mit Niedersachsen bei der Einrichtung einer deutschen Zentralregierung offengelassen. Kaisen hatte es deshalb schon in der Bürgerschaftssitzung am 30. Januar 1947 als vordringliche Aufgabe definiert, „Bremens besondere Stellung im künftigen Reich zu sichern, und daß es auch dann, wenn es in einem anderen Land aufgehen muß, [...] seiner besonderen Stellung nicht beraubt wird"[34].

---

[30] Ebenda, Kaisen, „Neuordnung im Unterweserraum. Bremen und Wesermünde der amerikanischen Zone eingegliedert und staatsrechtlich vereinigt" (o. D.), S. 2.
[31] Kaisen in der Sitzung der Bürgerschaft, 30.1.1947, Stenograph. Bericht, S. 39.
[32] StAB, 3-B.10.a.Nr.2, Quadr.1, Aufzeichnung „Bremen als freie Stadt und Land (Stadtstaat)", S. 3, 9.
[33] StAB, 3-R.1.n. Nr. 4, Quadr.10, Ausarbeitung Melchers, „Warum Bremen Freie Hansestadt bleiben will" (o. D.), S. 10.
[34] Kaisen in der Sitzung der Bürgerschaft, 30.1.1947, Stenograph. Bericht, S. 42. Das Ziel der Selbständigkeit Bremens und des Anschlusses von Wesermünde wurde innerhalb der SPD in erster Linie von den sozialdemokratischen Senatsmitgliedern verfolgt, die damit einhergehende Unterstützung der – komplementäre Ziele anstrebenden – Besatzungsmacht aber keineswegs von der Parteiorganisation geteilt; vgl. AdsD, PV Bestand Schumacher, J 54, Schreiben des Sekretärs des SPD-Bezirksverbandes Bremen-Nordwest an den Parteivorstand in Hannover vom 7.2.1947.

Der politische Schulterschluß mit den USA und das im gegebenen Falle zu erwartende eindeutige Votum der Bremer Bevölkerung garantierten faktisch auch 1948 den eigenstaatlichen Weiterbestand. Die besatzungspolitischen Interessen der Amerikaner verschafften Bremen außerdem ein zusätzliches Argument in der Verteidigung seiner Stellung, konnten diese doch taktisch als ein Element in die Diskussion geworfen werden, auf das Deutsche letztlich keinen Einfluß haben würden. Respekt in Kreisen der amerikanischen Militärregierung vor der Leistungsfähigkeit und dem historischen Selbstbehauptungswillen der Bremer dürfte zusätzlich dazu beigetragen haben, die bremischen Interessen zu unterstützen[35]. Die Entscheidung für die Wiederherstellung der bremischen Eigenstaatlichkeit war aus amerikanischer Sicht nicht zuletzt auch eine Frage des nationalen Prestiges: Das Selbstverständnis der Vereinigten Staaten als Hüter von Freiheit und Unabhängigkeit wäre mit der Verantwortung für den Verlust der bremischen Selbständigkeit schlecht zu vereinbaren gewesen. Mit dieser Einstellung mochte auch zusammengehangen haben, daß die bremische Argumentation deutlich auf die Erfüllung der geschichtlichen Funktion der Hansestadt im Interesse der deutschen Gesamtheit abhob. Die dennoch hauptsächlich funktional gedeutete staatsrechtliche Selbständigkeit mußte allerdings die Bereitschaft einschließen – ebenfalls im deutschen Gesamtinteresse –, diese Position gegebenenfalls unter bestimmten Bedingungen aufzugeben[36]. Allerdings war das Eintreten einer solchen Situation kaum zu befürchten.

*Wirtschaftsfragen*

Durch die Beschränkungen des deutschen Außenhandels war Bremen vor eine ähnliche Situation gestellt wie Hamburg. Vor dem Zweiten Weltkrieg waren 16 % des deutschen Außenhandels über Bremen abgewickelt worden. Von den 1939 ursprünglich fast 400 Schiffen der bremischen Handelsflotte waren nur mehr einige überalterte Küstenschiffe und Fischereifahrzeuge übriggeblieben. Den Gesamtverlust während des Zweiten Weltkrieges bezifferte Kaisen vor der Bürgerschaft mit 1150000 Tonnen[37]. Immerhin befand sich Bremen durch seine Eigenschaft als amerikanischer Einfuhrhafen im Vergleich zu Hamburg in einer günstigeren Position. Dies garantierte nicht nur Rückendeckung durch die stärkste westliche Macht bei der Wahrnehmung bremischer Interessen, sondern gleichzeitig auch amerikanische Unterstützung bei der Wiederinstandsetzung der Hafenanlagen und sicherte in einen gewissen Umfange deutsche Arbeitsplätze. Mit der dringend notwendigen Steigerung der deutschen Ein- und Ausfuhr war also für die Hansestädte das Bemühen um eine Revision der Schiffahrts- und Schiffbaubeschränkungen untrennbar verbunden. Einigen Ärger löste in diesem Zusammenhang ein Appell des Hamburger Bürgermeisters Max Brauer an General Clay aus, Hamburg vermehrt in den bizonalen Handel einzuschalten. Eine solche Intervention konnte von

---
[35] StAB, 3-B.10.a.Nr.2, Quadr.1, Akte II, Memorandum Crabills an Welker vom 22.6.1946; Jansen/Meyer-Braun, Bremen, S. 29f.
[36] Vgl. dazu StAB, 3-R.1.m.Nr.132, Quadr.24, Ausarbeitung „Stellungnahme der Hansestädte Hamburg und Bremen im Falle der Eingliederung in ein größeres Land", handschriftlich datiert auf den 28.8.1946.
[37] Kaisen in der Sitzung der Bürgerschaft, 25.9.1947, Stenograph. Bericht, S.333; zur Situation von Häfen und Schiffahrt in Bremen vgl. Jansen/Meyer-Braun, Bremen, S. 93ff.

Bremen aus nur als ein egoistisches Vorgehen Hamburgs auf Kosten bremischer Interessen verstanden werden. Konkurrierendes Gegeneinander hinderte jedoch nicht partnerschaftliches Miteinander in Fragen, die parallele Interessen beider Hansestädte betrafen, wie insbesondere die Verteidigung der Eigenstaatlichkeit.

In den speziellen Aufgabenbereich Bremens im Rahmen der Arbeitsteilung des „Deutschen Büros für Friedensfragen", das deutsche Unterlagen für Verhandlungen mit den Besatzungsmächten bereitstellen sollte, fiel eine weitere, die Hansestädte stark berührende Thematik: Reparationen und Demontagen. Die hierzu vorgelegten umfangreichen Untersuchungen des Bremer Wirtschaftssenators Harmssen fanden auch darüber hinaus weite Verbreitung[38]. Dieses Problem stieß in Bremen selbst allerdings bei der Militärregierung auf großes Verständnis; im Vergleich dazu war Hamburg einer weit härteren Demontagepolitik der britischen Besatzungsmacht unterworfen. Deutlich stärker wiederum war Bremen von Besatzungskosten betroffen. Sie betrugen umgerechnet pro Kopf der Bevölkerung ein Mehrfaches der Belastung, die die übrigen Länder der amerikanischen Zone zu tragen hatten[39]. Die besondere Höhe der Besatzungskosten, die nach bremischer Darstellung angeblich selbst vergleichbare Verhältnisse wie die in Hamburg übertraf, rührte zum einen daher, daß die Hafendienstleistungen für die Besatzungsmacht als Besatzungskosten vom Land Bremen übernommen werden mußten. Zum anderen war die Zahl der in Bremen stationierten Besatzungstruppen besonders hoch. Nach dem Haushaltsvoranschlag für 1948 nahmen die Besatzungskosten rund 40 % der gesamten Landeseinnahmen in Anspruch. Einen Hauptposten bildeten dabei die Ausgaben für deutsche Zivilbedienstete bei der Besatzungsmacht, ein Betrag, der in etwa den gesamten Personalkosten der Stadt Bremen entsprach. Immerhin hatten die süddeutschen Länder einem Finanzausgleich für die durch die Häfen entstandenen besonderen Belastungen Bremens zugestimmt im Hinblick darauf, daß ein Teil dieser Kosten durch Bremens Eigenschaft als Einfuhrhafen für die amerikanische Zone auch in ihrem eigenen Interesse entstanden war. Nach der Währungsreform war durch den Fortfall der Länderrücklagen mit einem solchen Ausgleich nicht mehr zu rechnen. So blieb ein künftiger zentraler Finanzausgleich schlechthin eine „bremische Lebensfrage".

### Bremen und die „Frankfurter Dokumente"

Die Einstellung Bremens zu den „Frankfurter Dokumenten" stand ganz im Zeichen der Behauptung seiner Eigenständigkeit. Die Beibehaltung der Stadtstaatlichkeit hing naturgemäß wesentlich von der kommenden staatsrechtlichen Ausgestaltung und inne-

---

[38] Gustav-Wilhelm Harmssen, Reparationen, Sozialprodukt, Lebensstandard. Versuch einer Wirtschaftsbilanz. Bremen 1948; ders., Am Abend der Demontage. 6 Jahre Reparationspolitik. Bremen 1951; vgl. auch den Demontagebericht Harmssens in der Sitzung der Bürgerschaft, 30.10. 1947, Stenograph. Bericht, S.5–9. Zur Demontage vgl. auch Koschnick (Hrsg.), Zuversicht und Beständigkeit, S.221; Jansen/Meyer-Braun, Bremen, S.107ff.

[39] Bericht Nolting-Hauffs in der Sitzung der Bürgerschaft, 25.9. 1947, Stenograph. Bericht, S.336; HStAW, Abt.506, Nr.151, Aufstellung der Finanzverwaltung Bremen, Besatzungskosten Bremens im Vergleich mit den anderen Ländern der US-Zone (1947) vom 8.2. 1948; StAB, 3-R.1.m.Nr.327, Schreiben des Finanzressorts an von Schmoller vom 6.10. 1948; StAB, B.10.a.Nr.2, Quadr.21, Schreiben Nolting-Hauffs an den Senatspräsidenten vom 4.11. 1948, S.3.

ren Gliederung (West)Deutschlands ab, Bremens Zukunft als Hafenstadt von den Möglichkeiten – notwendigerweise mit Unterstützung von außen, aber aufgrund eigener Leistung –, den Wiederaufbau zu bewältigen und erneut Anschluß an den Welthandel zu finden. Eben dies erforderte neben materiellen Voraussetzungen deutsche Eigeninitiative, die ihrerseits auf einem gewissen Maß an Rechten und Kompetenzen aufbauen können mußte.

*Verfassungsfrage*

Quellenzeugnisse schon aus dem Jahre 1946 belegen eine föderalistische Grundhaltung Bremens in der Einstellung gegenüber dem zukünftigen deutschen Staatswesen. Ausgegangen wurde von einem Bundesstaat „mit weitgehender Dezentralisation", in dem die Länder durch einen Länder-, Reichs- oder Bundesrat an Gesetzgebung und Verwaltung des Gesamtstaates zu beteiligen waren. Das, was eine einheitliche Regelung für ganz Deutschland erforderte, sollte der zentralen Zuständigkeit vorbehalten sein, also „die Beziehungen Deutschlands zum Ausland sowie die Einheit in Wirtschaft, Finanzen, Verkehr und Recht", alles übrige jedoch den Ländern zufallen. Für Bremen beinhaltete dies die Hoffnung, als eigenständiges Land „Sitz der für den nordwestdeutschen Küstenraum wichtigen Reichsmittelbehörden zu bleiben"[40].

Je föderativer das künftige System ausgestaltet sein würde, desto berechtigter mußte die Forderung der Hansestädte nach Beibehaltung ihrer Eigenstaatlichkeit erscheinen: In einem Einheitsstaat wären die bekannten Formen der Selbstverwaltung ausreichend, nicht jedoch, wenn die Länder eigene Zuständigkeiten besäßen, die für die Hansestädte um so wichtiger waren, als sie, im Unterschied zu den anderen deutschen Ländern, eine gesamtdeutsche, sogar europäische Mission zu erfüllen hatten. Die Unterstützung des föderalistischen Standpunktes in der Frage der künftigen Verfassung gebot sich schon deshalb, weil Bremen, indem es sich damit auf die Seite der süddeutschen Länder stellte, deren Unterstützung in der Frage der Eigenstaatlichkeit sicher sein konnte, ohne allerdings die in Süddeutschland oft zu bemerkenden „Übertreibungen des föderativen Gedankens" mitzuvollziehen[41]. Man konnte sogar, wenn man wollte, in der Beibehaltung der föderalistischen Linie eine weitere „Lebensfrage" für Bremen sehen, denn der kommende Bundesstaat würde voraussichtlich „unter keinen Umständen so stark werden, daß er die Beschützerrolle des früheren Reiches gegenüber den Hansestädten", die sich vor allem in Form eines „außerordentlich günstigen Finanzausgleichs" bemerkbar gemacht hatte, erneut übernehmen konnte. Ein Finanzausgleich früherer Größenordnung war in keinem Falle mehr zu erwarten. Auch unter dem Aspekt, den späteren Zutritt weiterer deutscher Gebiete zu erleichtern, bot es sich an, das Schwergewicht der Kompetenzen auf die Länder zu legen, denen vergleichsweise mehr Aktionsmöglichkeiten gegeben sein würden als der unter Besatzungsrecht eingeschränkt fungierenden künftigen Zentralregierung.

---

[40] StAB, 3-R.1.n.Nr.4, Quadr.10, Ausarbeitung (Entwurf) Spittas, „Der Neuaufbau des Reiches und Bremens Stellung darin"; StAB, 3-B.10.a.Nr.2, Quadr.1, Aufzeichnung „Bremen als freie Stadt und Land (Stadtstaat)" (o. D.), S. 12; vgl. auch Müller, Bremen und Oldenburg, S. 25 ff.
[41] StAB, 3-R.1.n.Nr.1, Stellungnahme des Finanzsenators vom 12.5.1948, S. 2.

Ende 1947 war für den Senat der Zeitpunkt gekommen, Position zu beziehen. Der Wiederaufbau stand bei allen Überlegungen im Vordergrund. Entsprechend war deshalb auch die Unterstützung Bremens für das möglichst rasche Zustandekommen einer provisorischen Westregierung stark wirtschaftlich akzentuiert. Wirtschaft und Handel verlangten ein einheitliches deutsches Wirtschaftsgebiet, den Fortfall der Zonengrenzen. Bremen unterstützte daher „alles [...], was der Belebung der Wirtschaft dienen kann"[42], wenn nicht auf vierzonaler Basis, dann im kleineren Rahmen. Da seine Handelsinteressen von jeher westlich orientiert gewesen waren, war ihre Beeinträchtigung durch die zu befürchtende Teilung Deutschlands weniger gravierend als für Hamburg. Dieser Umstand dürfte den pragmatischen Kurs der auch politischen Westorientierung gefördert haben, selbst wenn damit eine verstärkte Konkurrenzstellung gegenüber dem zweiten Stadtstaat einherging. Wie fragwürdig es um die deutsche Einheit stand, hatte bereits das Scheitern der Bremer Interzonenkonferenz vom Oktober 1946 gezeigt[43]. Gelegentliche politische Rückblicke Kaisens vor der Bürgerschaft offenbarten seine Skepsis hinsichtlich der künftigen gesamtdeutschen Entwicklung und das Beobachten einer Tendenz, die auf Teillösungen in der deutschen Frage hinauslief. Aber eine Durchführung auch nur auf Dreizonenbasis konnte nicht aufgeschoben werden. Ähnlich wie für führende Politiker in anderen westdeutschen Ländern war auch für Kaisen im Frühjahr 1948 der Augenblick gekommen, wo man „die Dinge unmöglich länger schleifen lassen" konnte, wo entscheidende Schritte unternommen werden mußten[44]. „Wir brauchen dreierlei", legte Kaisen vor der Bürgerschaft am 17. Juni 1948 dar, „eine Verfassung, ein aus direkten Wahlen hervorgegangenes Parlament und eine Regierung"[45]. Einen Monat zuvor hatte er sich im „Weser-Kurier" genauer über das Zustandekommen einer vorläufigen Regierung für die Westzonen geäußert: Ein aus direkten Wahlen hervorgegangenes Parlament habe ein „Organisationsstatut" für die Funktionen von Regierung und Parlament auszuarbeiten. Mit dessen Bestätigung als verfassungsmäßige Grundlage durch eine Volksabstimmung solle gleichzeitig das Parlament neu gewählt und dann die endgültige Regierung bestellt werden[46]. Damit schwebte Kaisen ein ähnliches Verfahren vor wie das, welches zur Konstituierung der Länder, insbesondere Bremens, angewandt worden war.

Kaisen wußte nach vorausgegangenen Gesprächen mit amerikanischen Vertretern, daß sich hinter dem Londoner Ergebnis Auseinandersetzungen verbargen, in deren Mittelpunkt vor allem Frankreich und die Sowjetunion standen. Die Londoner Dokumente setzten also besonders der französischen Politik Grenzen, die von deutscher Seite aus niemals hätten gezogen werden können. Die starken nationalen Worte, die von manchen Parteipolitikern in Reaktion auf die „Empfehlungen" gebraucht worden waren, stießen daher bei Kaisen auf Unverständnis. Für ihn besaß die Londoner Konzeption insgesamt nicht mehr als einen Übergangscharakter. Im Kern

---

[42] Kaisen in der Sitzung der Bürgerschaft, 5.2. 1948, Stenograph. Bericht, S. 29; dazu Foelz-Schroeter, Föderalistische Politik, S. 81 ff.
[43] Zu den Bremer Konferenzen von 1946 vgl. Overesch, Der historisch-politische Stellenwert; Kaisen, Meine Arbeit, S. 237–243.
[44] Kaisen in der Sitzung der Bürgerschaft, 11.3. 1948, Stenograph. Bericht, S. 114.
[45] Kaisen in der Sitzung der Bürgerschaft, 17.6. 1948, Stenograph. Bericht, S. 222.
[46] HStAD, NW 53, Nr. 673, Interview Kaisens im Weser-Kurier vom 8.5. 1948.

ging es nur darum, mit der politischen Konstituierung der Westzonen „so schnell wie möglich" einen arbeitsfähigen Apparat zu schaffen[47]. Es waren Entscheidungen, die, wie er betonte, „keiner künftigen Einigung Deutschlands" vorgriffen und dazu bestimmt waren, zunächst einmal „die dringenden wirtschaftlichen und politischen Probleme" zu lösen[48]. Die „Londoner Empfehlungen" wollten, so notierte Kaisen zur Zeit der Grundgesetzberatungen rückschauend, „an dem System der Verwaltung Westdeutschlands durch die alliierten Mächte an sich nichts ändern"; es sollte den Deutschen lediglich die Gelegenheit gegeben werden, „eine praktische Regelung für eine bessere politische und wirtschaftliche Verwaltung Westdeutschlands zu schaffen. Nur unter dieser Voraussetzung und nur in diesem Rahmen" besaßen die Deutschen die Vollmacht zur Lösung der Verfassungsfrage, und nur in diesem Rahmen war eine sachliche Kritik nützlich und förderlich. Die Londoner Beschlüsse waren somit „kein Friedensvertrag, sondern nur ein Provisorium auf dem Weg der Vereinbarungen, die zu einer Normalisierung des deutschen Lebens und einer Wiedereingliederung in die europäische Völkergemeinschaft" führen sollten. Ebenso war das Grundgesetz „keine Verfassung, sondern auch nur ein neues Provisorium auf dem Wege, das Chaos zu überwinden". Die Deutschen blieben damit noch immer Objekt in der internationalen Politik, doch mußten sie durch ihr Verhalten zu erkennen geben, daß sie gewillt waren, ihr Schicksal „immer mehr in die eigenen Hände zu nehmen"[49].

Aufzeichnungen zeigen, daß die Haltung der bremischen Vertreter, so vor allem Spittas und Kaisens, durch verschiedene Gespräche mit Vertretern der Militärregierung, insbesondere Clays Berater Friedrichs, beeinflußt worden sein dürften. Friedrichs hatte erklärt, daß die Verfassung für den Weststaat nur kurz sein und lediglich Aussagen zur Organisation, Zuständigkeitsabgrenzung und den Menschenrechten umfassen sollte. Die Beschränkung auf wenige Grundsätze würde eine Einigung der Besatzungsmächte untereinander, vor allem mit Frankreich, aber auch unter den deutschen Parteien, erleichtern[50]. Kaisen teilte dabei die Auffassung, daß die kommende westdeutsche Regierung keine breit ausgebaute Verfassung brauchte. Es genügten einige grundsätzliche Festlegungen, die sie zu einem arbeitsfähigen Organ und Sprachrohr deutscher Interessen machten. Gleichwohl sollte sie die volle Autorität einer echten Regierung besitzen.

Noch im Juni 1948 schien sich der Senat in seiner Haltung gegenüber den „Londoner Empfehlungen" nicht festgelegt zu haben. Am 6. Juli schließlich wurde beschlossen, eine ausführliche Ausarbeitung Theodor Spittas[51] zur Grundlage der in Koblenz

---

[47] StAB, 3-R.1.n.Nr.5, Quadr.1, Akte I, Auszug aus der Niederschrift über die Senats-Sitzung vom 2.7.1948, S.2; ganz ähnlich hatte Kaisen schon am 7.5.1948 betont, es könne lediglich „durch einige Paragraphen ein Statut für ein Provisorium auf dem Wege zu einer Einheit" erstellt werden; vgl. StAB, 3-R.1.n.Nr.1, Auszug aus der Niederschrift über die Senats-Sitzung am 7.5.1948, S.3.
[48] Kaisen in der Sitzung der Bürgerschaft, 17.6.1948, Stenograph. Bericht, S.222.
[49] StAB, 3/4 Handakten Kaisen, Ordner 2, b: Verfassungsfragen, Aufzeichnung Kaisens „Gedanken zur Rede Schumachers" (o.D., April 1949).
[50] StAB, 3-R.1.n.Nr.1, Auszug aus der Niederschrift über die Senats-Sitzung vom 7.5.1948, S.1.
[51] StAB, 3-R.1.n.Nr.4, Quadr.1, Akte I, „Stellungnahme Bremens zu den Dokumenten der Militärgouverneure".

zu vertretenden Bremer Position zu machen[52]. Der Senat schloß sich damit weitestgehend den politischen Vorstellungen seines Präsidenten an: Einigkeit war – wie bereits angedeutet – zuvor schon darin erzielt worden, daß der westdeutsche Staat ein Bundesstaat sein müsse, „so föderativ wie möglich, so zentral wie nötig"[53], daß das neu zu wählende Parlament aus allgemeinen Wahlen hervorgehen müsse und daß neben dem Parlament ein Länderrat, ähnlich dem früheren Reichs- oder Bundesrat, geschaffen werden solle, gebildet aus den Vertretern der Landesregierungen. Der Idee des Verzichts auf bestimmte Souveränitätsrechte zugunsten des europäischen Zusammenschlusses sollte nur in dem Maße entsprochen werden, wie die anderen europäischen Länder zu gleichem bereit waren.

Prinzipiell wollte der Senat an den von ihm favorisierten allgemeinen Wahlen festhalten, doch kamen Bedenken wegen der Kürze des Termins bis zum Zusammentritt der Verfassunggebenden Versammlung auf. Gegebenenfalls, wenn es tatsächlich bei dem Datum des 1. September 1948 bleiben sollte, mußten deshalb auch Vorbereitungen für indirekte Wahlen getroffen werden. Aus Zeitgründen wurden also beide Möglichkeiten ins Auge gefaßt. Sollte keine Fristverlängerung zu erreichen sein und die Mehrheit der anderen Länder für indirekte Wahlen plädieren, wollte Bremen sich dieser Entscheidung anschließen. Darüber hinaus sollte in allen Ländern nach einem einheitlichen Verfahren gewählt und die Zahl der Abgeordneten der Verfassunggebenden Versammlung möglichst klein gehalten werden. Der vorgeschlagene Modus, wonach auf 750000 Einwohner ein Mandat kommen sollte, konnte beibehalten werden, wenn gleichzeitig sichergestellt wurde, daß jedes Land mindestens einen Abgeordneten stellte. Des weiteren sollte die Teilnahme von Vertretern Berlins, ja sogar der Ostzone, wenn auch eventuell nur mit beratender Stimme, erwogen werden.

Auch die Arbeit der Verfassunggebenden Versammlung selbst wurde durchdacht; Vorschläge zu ihrer Vorgehensweise (Wahl dreier Ausschüsse; Frage der Teilnahme der Landesregierungen an den Beratungen) waren ebenfalls in der Stellungnahme enthalten. Hier vertrat Bremen in vielem eine gänzlich andere Ansicht als die süddeutschen Länder, denen es ansonsten in der Föderalismusfrage nahestand: Die Zweckmäßigkeit eines eigenen Verfassungsentwurfes der Ministerpräsidenten zur Vorlage bei der Verfassunggebenden Versammlung wurde in Zweifel gezogen, zumal es fraglich war, ob diese sich über einen gemeinsamen Entwurf würden einigen können. Den Regierungschefs war allerdings das Recht zur aktiven Teilnahme an den Sitzungen der Versammlung (die selbst keinerlei Regierungs- oder Verordnungsfunktionen haben durfte) und ihrer Ausschüsse zugedacht. In der Zwischenzeit bis zur Annahme der Verfassung sollte sich die Ministerpräsidentenkonferenz als permanentes Organ, ebenfalls ohne Regierungsfunktionen, konstituieren, in dem Verfassungsfragen zu besprechen und möglichst eine einheitliche Stellungnahme herbeizuführen war. Der Frankfurter Wirtschaftsrat konnte vorläufig, bis zum Inkrafttreten der Verfassung, weiteramtieren. Gleichzeitig sollte eine enge Bindung der französischen Zone an die

---

[52] StAB, 3-R.1.n.Nr.5, Quadr.1, Akte I, Auszug aus der Niederschrift über die Senats-Sitzung vom 6.7.1948, S.2; bereits am 3.7.1948 hatte Kaisen die Dokumente mit den Fraktionsführern und dem Geschäftsführenden Ausschuß der Bürgerschaft durchgesprochen; vgl. StAB, 3-R.1.n Nr.11, Quadr.1, Aufzeichnung Kaisens vom 3.7.1948.
[53] Kaisen in der Sitzung der Bürgerschaft, 17.6.1948, Stenograph. Bericht, S.222.

Bizone, „wenn möglich der völlige Anschluß an das Frankfurter System", erreicht werden.

Der Bremer Senat hatte sich insgesamt also weitgehend auf den Boden der „Frankfurter Dokumente" gestellt und sich zugleich auf eine Position geeinigt, die von Anfang an auf einen Kompromiß mit den Vorstellungen der übrigen Länder ausgelegt war: Er trat für eine Verfassunggebende Versammlung ein, möglichst auf direktem Wege gewählt, und akzeptierte den in Dokument Nr. I vorgesehenen Wahlschlüssel von einem Abgeordneten pro 750000 Einwohnern. Die Verfassunggebende Versammlung hatte eine vorläufige Verfassung zu schaffen, die nur grundlegende Aussagen im Sinne eines funktionsfähigen Regierungs- und Verwaltungsapparates für die Westzonen enthalten sollte.

*Ländergrenzenreform*

Bremen verfolgte in der Reformdebatte von 1948 eine Politik der Aufrechterhaltung des Status quo. Die Landesgrenzen waren schon 1947 im Zuge der Wiedererlangung seiner Selbständigkeit zufriedenstellend festgelegt worden. Kleinere Korrekturen nach Eingliederungswünschen der umliegenden Landgemeinden sollten, gemäß einer Absprache Kaisens mit Ministerpräsident Kopf und unter Zustimmung des örtlichen Militärgouverneurs Dunn[54], separat in direkten Verhandlungen mit Niedersachsen geregelt werden. In der Neugliederungsdiskussion, auch im Ländergrenzenausschuß der Ministerpräsidenten, verhielt sich Bremen daher bewußt zurückhaltend. Die Beibehaltung der Selbständigkeit Bremens wurde als zentrales Ziel von allen politischen Kräften des Stadtstaates geteilt und war in ihrer Selbstverständlichkeit kein Gegenstand der Aussprache im Senat. Wohl auch deshalb blieben weitläufige Erörterungen aus, weil nach demokratischen Grundsätzen eine Änderung des bremischen Status praktisch ausgeschlossen war: Eine Volksabstimmung darüber, wie sie jeder Entscheidung hätte vorausgehen müssen, hätte in Bremen keine Mehrheit gefunden[55]. Überdies war das Schicksal des Stadtstaates schließlich erst nach langwierigen britisch-amerikanischen Verhandlungen entschieden worden. Eine Veränderung seiner staatsrechtlichen Stellung hätte erneute Besprechungen zwischen beiden Mächten bedingt, wobei kaum zu erwarten war, daß die Amerikaner die Hafenstadt bereitwillig aus der Hand geben würden. Eher mußten sie, schon aus Sicherheitsgründen, größtes Interesse daran haben, Bremen weiterhin für ihre Zwecke zur Verfügung stehend zu wissen[56]. Der Status Bremens als amerikanische Enklave erfüllte insofern eine gewisse Schutzfunktion.

---

[54] StAB, 3-R.1.n.Nr.4, Quadr.1, Akte I, Auszug aus einer Besprechung mit der Militärregierung am 6.7.1948. Gewisse Arrondierungen bremischen Gebietes standen auch 1948 zur Diskussion, jedoch nur in geringem Ausmaß; betroffen war z.B. bebautes oder sonstwie genutztes Gelände, das durch die Grenze zu Niedersachsen zerteilt wurde und dessen gesamte Einbeziehung nach Bremen nahegelegen hätte. Entsprechende Wünsche sollten zusammengestellt und zu gegebener Zeit artikuliert werden; ebenda, Notiz des Wirtschaftssenators vom 24.7.1948; ebenda, Bericht Melchers über die Arbeit des Ländergrenzenausschusses vom 29.7.1948.

[55] General Clay hatte jede Veränderung des Status der Hansestädte von dem Ausgang einer Volksabstimmung abhängig gemacht. Dazu notierte Kaisen: „Damit ist jede Gefahr abgewendet"; StAB, 3-R.1.n.Nr.11, Quadr.1, Aufzeichnung Kaisens über die Besprechung mit Clay am 14.6.1948 in Frankfurt/M.

[56] Ebenda, Schreiben Kaisens an Reger vom 19.7.1948.

In der Neugliederungsfrage hatte Bremen schon 1946 den Standpunkt vertreten, daß bei einer Reform „ohne Schematisierung und äußere Gleichmacherei zu verfahren und das organisch Gewachsene und Lebensfähige zu erhalten" wie auch der Wille der Bevölkerung zu berücksichtigen sei[57]. Bremen hatte sich zum Fürsprecher einer föderalistischen demokratischen Lösung gemacht, in der, wollten die Hansestädte überleben, auch kleine Länder ihren Platz haben mußten. „Organisch Gewachsenes", also Länder, die eine lange geschichtliche Entwicklung hinter sich hatten, und „Lebensfähigkeit" waren Kriterien, die freilich deutlich auf die eigene Daseinsberechtigung abhoben. Neu zu bildende Verwaltungseinheiten sollten generell nicht zu groß sein. Eine „volksnahe Verwaltung und Regierung" erforderte „überschaubare Verwaltungsgebiete, in denen die entscheidenden Verwaltungs- und Regierungsstellen und die am Sitze der Regierung tagenden Vertretungen der Bevölkerung untereinander und mit der gesamten Bevölkerung [...] eng verbunden" waren „und in dauernder persönlicher und sachlicher Wechselwirkung" standen. Eine auf den ersten Blick vorteilhaft erscheinende größere Zusammenfassung neigte zu Schwerfälligkeit und Aufblähung des Apparates und führte in Wirklichkeit zur Entfremdung zwischen Regierung, Verwaltung und Bevölkerung und dazu, daß „ein lebensferner, bürokratischer Zentralismus die Oberhand" gewann[58]. Der gesamtstaatlichen Einheit waren einige wenige große Länder nicht förderlich, wohl aber kleinere Länder, die eher „auf das Reich und den Zusammenhalt aller deutscher Länder angewiesen" blieben. Die „sonst bei der Abgrenzung von Ländern im Vordergrund stehenden Momente der Stammeszugehörigkeit und Konfession, der Geographie und Geopolitik, der Bevölkerungszahl und Bodenfläche" konnten „hier keinen Maßstab bilden"[59]. Immerhin konnte Bremen darauf verweisen, daß es trotz relativ geringer Einwohnerzahl – bei zudem ungleich bedeutenderer wirtschaftlicher Rolle – immerhin bevölkerungsmäßig noch die Mehrzahl der Schweizer Kantone, selbst einige Gliedstaaten der USA übertraf.

Was den geeigneten Zeitpunkt für die Durchführung einer Reform anbetraf, hatte Bremen in Übereinstimmung mit Hamburg schon die Neugliederungsdebatte der britischen Zone im Jahre 1946 für verfrüht gehalten, „weil kein deutsches Organ vorhanden" war, „welches die Legitimation von der deutschen Bevölkerung hätte, eine solche, die ganze Zukunft entscheidende Frage zu entscheiden"[60]. „Umfang und Grenzen Deutschlands, sowie sein künftiger staatsrechtlicher Charakter und die Verteilung der Zuständigkeiten zwischen Reich und Länder[n]" waren „von entscheidender Bedeutung für jede Neugliederung und daher die Voraussetzung für eine Planung auf diesem Gebiet". Erst nach dem Abschluß eines Friedensvertrages würde Deutschland „die Freiheit haben [...], die Neugliederung des ihm verbliebenen Gebiets in eigener Verantwortung auf demokratischer Grundlage lediglich nach deutschen Gesichtspunkten

---

[57] StAB, 3-R.1.n.Nr.4, Quadr.10, Ausarbeitung (Entwurf) Spittas, „Der Neuaufbau des Reiches und Bremens Stellung darin", S.1.
[58] StAB, 3-B.10.a.Nr.2, Quadr.1, Ausarbeitung „Neugliederung Deutschlands", vom 25.5.1946, S.2.
[59] StAB, 3-R.1.n.Nr.4, Quadr.10, Ausarbeitung Melchers', „Warum Bremen Freie Hansestadt bleiben will", S.1.
[60] StAB, 3-B.10.a.Nr.2, Quadr.1, Akte I, Ausarbeitung „Bremens Stellungnahme zur Neugliederung der englischen Zone".

und nach deutschen Belangen vorzunehmen"⁶¹. Außerdem stand zu befürchten, daß eine Reform allzusehr den Interessen der Besatzungsmächte, insbesondere dem französisch-amerikanischen Gegensatz, ausgesetzt sein würde⁶². Eine Einigung zwischen beiden wäre nach dem Ende des Krieges eher noch möglich gewesen, schien 1948 aber fraglicher denn je.

*Besatzungsstatut*

Aus bremischer Sicht war das Dokument Nr. III die „entscheidende Vorfrage" jeder staatlichen Regelung, um zunächst einmal einen Modus vivendi mit der Besatzungsmacht zu finden⁶³. Es sollte, so definierte Kaisen vor der Bürgerschaft den Kerngehalt, „der neuen Regierung erweiterte Vollmachten bringen und das Veto-Recht der Besatzung neu regeln"⁶⁴. Die Ablehnung eines Besatzungsstatutes durch die Besatzungsmächte allerdings würde jede Stellungnahme zu den anderen Fragen erübrigen, weil es dann bei dem bestehenden Zustand bliebe. Dies war besonders nachteilig für die französische Zone, die gerade mittels eines solchen Statutes enger an die Bizone gebunden werden sollte, während es für die Bizone selbst „keinen Fortschritt" erbrachte⁶⁵. Der von den Besatzungsmächten mit Dokument Nr. III vorgelegte Entwurf stieß in seiner Formulierung als „allgemein sehr unbestimmt und kautschukartig" auf Kritik. Gerade dies konnte jedoch andererseits für die Zukunft wiederum insofern sogar von Vorteil sein, als das Besatzungsstatut dadurch „beweglicher und elastischer" sein und „daher die notwendige Entwicklung der Verfassungsverhältnisse zu größerer Freiheit der deutschen Stellen nicht" verzögern würde. Eine exakte Formulierung bringe dagegen „die Gefahr der Starrheit mit sich" und könne „unter Umständen einer für die Deutschen günstigen Entwicklung hinderlich sein, besonders wenn man bedenkt, daß die Franzosen zurzeit einer solchen scharfen Formulierung größerer Freiheiten der deutschen Stellen widersprechen werden". Die Möglichkeit einer Revision des Statutes sollte allerdings vorgesehen sein⁶⁶.

Änderungsvorschläge bezogen sich, abgesehen von der Kritik an zu weit gehenden Bestimmungen und der Forderung nach präziser zu fassenden Formulierungen sowie dem Wunsch nach inhaltlichen Klarstellungen und Begriffsdefinitionen, in erster Linie auf den Bereich der auswärtigen Beziehungen und des Außenhandels. Hier wurden wesentlich weiterreichende deutsche Mitwirkungsrechte und Handlungsfreiheiten gefordert: Die „Vertretungen Deutschlands in der Internationalen Ruhrbehörde und in

---

⁶¹ StAB, 3-B.10.a.Nr.2, Quadr.1, Ausarbeitung „Neugliederung Deutschlands", S. 1f.
⁶² Vgl. dazu StAB, 3-R.1.n.Nr.4, Quadr.1, Akte I, „Stellungnahme Bremens zu den Dokumenten der Militärgouverneure". Sie enthält zur Frage der Ländergrenzenreform lediglich zwei Sätze: „Die staatsrechtliche Stellung der Hansestädte als Glieder des deutschen Bundesstaates ist aufrechtzuerhalten. Es ist ein deutsches Interesse, daß nicht Länder geschaffen werden, die ausschließlich linksrheinisch sind."
⁶³ Vgl. ebenda.
⁶⁴ Kaisen in der Sitzung der Bürgerschaft, 17.6.1948, Stenograph. Bericht, S. 222.
⁶⁵ StAB, 3-R.1.n.Nr.5, Quadr.1, Akte I, Auszug aus der Niederschrift über die Senats-Sitzung vom 2.7.1948, S. 3. Zum folgenden StAB, 3-R.1.n.Nr.4, Quadr.1, Akte 1, „Stellungnahme Bremens zu den Dokumenten der Militärgouverneure".
⁶⁶ Diesen Standpunkt vertrat Kaisen auch auf der Vorkonferenz der SPD am 7.7.1948; vgl. Troeger, Interregnum, S. 86.

der Pariser Stelle für den Marshall-Plan" sollten ausdrücklich „nicht unter den Begriff der auswärtigen Beziehungen im Sinne des Besatzungsstatuts fallen und demgemäß die künftige Regierung der westdeutschen Zone dafür zuständig" sein. Ferner sollte die Möglichkeit bestehen, in rein wirtschaftlichen Angelegenheiten „Handelsagenten nach Art der Konsuln und Vizekonsuln" mit entsprechendem völkerrechtlichen Status ins Ausland zu entsenden.

Bremen hatte zuerst nur eine Beteiligung der deutschen Regierung am Abschluß von Handelsabkommen mit anderen Staaten sicherstellen wollen, dann aber, nach einer Rücksprache mit von Maltzan, dem Leiter des bizonalen Außenhandelsamtes, auf dessen Anraten hin beschlossen, diese Forderung dahingehend zu erweitern, daß „sowohl die Vorbereitung wie die Führung solcher Verhandlungen ganz in deutsche Hände gelegt werden und nur die Ratifizierung der Abkommen den Militärgouverneuren vorbehalten" bleiben sollte[67]. Für den Bereich der auswärtigen Beziehungen sollte außerdem von der deutschen Regierung eine Stelle eingerichtet werden können, „die von den Militär-Gouverneuren [...] zu unterrichten ist und die befugt ist, die deutschen Ansichten und Wünsche [...] den Militär-Gouverneuren zum Ausdruck zu bringen"[68]. Der Passus über die Kontrolle des deutschen Außenhandels war so auszulegen, „daß grundsätzlich die deutsche Regierung auf dem Gebiete des Außenhandels sowie der Devisenbewirtschaftung in Gesetzgebung und Verwaltung sowie in der Behandlung der sich aus dem Marshall-Plan ergebenden Rechte und Pflichten zuständig ist, ebenso bei der Verwendung der für Deutschland verfügbar gemachten Mittel, daß dagegen den Militärgouverneuren nur das Recht zusteht, über die Maßnahmen der deutschen Stellen fortlaufend unterrichtet zu werden und Vorstellungen, in besonderen Fällen auch Einspruch" zu erheben, falls die Militärgouverneure der Ansicht waren, daß die deutschen Maßnahmen die Erfüllung der in Dokument Nr. III genannten besatzungspolitischen Ziele gefährdeten. Weitere Einspruchsrechte wurden abgelehnt. Bemühungen um eine Lockerung der Beschränkungen in der Handelsschiffahrt sollten in Absprache mit Hamburg unternommen werden[69].

Daß für Bremen die inhaltlichen Schwerpunkte eines Besatzungsstatutes weniger auf der Klärung der gegenseitigen Beziehungen lagen, resultierte nicht nur aus seiner Interessenlage, sondern auch aus der dortigen reibungslosen Zusammenarbeit mit der Militärregierung. Diese hatte sich im Laufe der Zeit immer mehr auf Vorschläge, Beratung und Aufsicht beschränkt. Eingriffe in Recht und Gesetzgebung fanden nicht statt: Nach dem bremischen Gesetzgebungsverfahren wurde ein Gesetz sofort nach seiner Annahme durch die Bürgerschaft vom Senat verkündet. Erst dann erfolgte die offizielle Bekanntgabe an die Militärregierung. Verzögerungen ergaben sich dabei keine, da diese durch interne Nachfragen laufend über die Gesetzesvorhaben informiert war, insbesondere durch den ständigen persönlichen Kontakt zwischen Bürgermeister und Militärregierung, durch den „viele Dinge schon unter der Hand erledigt" wurden, „ohne Gegenstand eines amtlichen Schriftwechsels zu werden". Die Militärregierung ihrer-

---

[67] StAB, 3-R.1.n. Nr. 5 Quadr. 1, Akte I, Aktennotiz von Haas vom 7.7. 1948.
[68] StAB, 3-R.1.n. Nr. 4, Quadr. 1, Akte I, „Stellungnahme Bremens zu den Dokumenten der Militärgouverneure", S. 2.
[69] StAB, 3-R.1.n. Nr. 5, Quadr. 1, Akte I, Auszug aus der Niederschrift über die Senats-Sitzung vom 6.7. 1948, S. 2.

seits ließ die Gesetze mit stillschweigender Zustimmung passieren und machte von ihrem Veto-Recht keinen Gebrauch. Allerdings hatte sie in einigen Fällen die Zurückstellung des betreffenden Gesetzes auf unbestimmte Zeit empfohlen[70].

*Bremen in den Verhandlungen von Koblenz und Rüdesheim*

Aus Bremen gingen außer Kaisen Staatsrat Wilhelm Haas und Oswald Mittendorf, der Vertreter Bremens im Frankfurter Exekutivrat, nach Koblenz. Zuvor hatte Kaisen am 17. Juni 1948 erstmals vor der Bürgerschaft eine Erklärung zu den „Londoner Empfehlungen" abgegeben. Am 24. Juni wurde ein Antrag einstimmig angenommen, der den Senatspräsidenten ersuchte, vor bindenden Entscheidungen auf den bevorstehenden Ministerpräsidentenkonferenzen die Stellungnahme der Bürgerschaft einzuholen[71]. Kaisen hielt die Schlußansprache auf dem Rittersturz, trat aber ansonsten in den Koblenzer Beratungen wenig hervor. In den deutschen „Leitsätzen für ein Besatzungsstatut" fand Bremen seine Wünsche – bis auf die Möglichkeit zur Entsendung von Handelsagenten ins Ausland und den Vorschlag der Errichtung einer Regierungsstelle, die sich mit Fragen der Außenpolitik befassen sollte – zufriedenstellend berücksichtigt[72]; bei der Thematik der Ländergrenzen zeichnete sich die, Bremen nur willkommene, allgemeine Tendenz ab, eine Reform vorerst zurückzustellen. Die staatsrechtliche Stellung der Hansestädte wurde in der Diskussion nicht näher angesprochen.

In der Sondersitzung des Senats am 12. Juli berichtete Kaisen, er habe in Koblenz, im Unterschied zum bayerischen Ministerpräsidenten Ehard, nicht in der gleichen Intensität den von diesem vorgetragenen Provisoriumsstandpunkt unterstützt. In der Wahlfrage hatte er sehr bald auf indirekte Wahlen einschwenken müssen, nachdem sich herausgestellt hatte, daß allein Bremen und Hamburg für direkte Wahlen votierten. Kritisch äußerte sich Kaisen zum Gang der Verhandlungen. Nach seiner Meinung waren hier die vorgetragenen Konzepte etwas durcheinandergegangen: Hätte man von den Vorschlägen der Militärgouverneure abweichen wollen, hätten ganz andere Wege eingeschlagen werden müssen. Wollte man eine Verfassung schaffen, dann bedurfte es einer Verfassunggebenden Versammlung und eines Referendums[73]. Ein Statut hingegen konnte als einfaches Gesetz erlassen werden. Kaisen schreibt in seinen Erinnerungen, von ihm und Ehard sei gemeinsam der Vorschlag eingebracht worden, den Begriff „Grundgesetz" anstelle von „Verfassung" zu wählen und statt des Referendums die Landtage über das Grundgesetz abstimmen zu lassen, um den provisorischen Charakter dieser „Staatsgründung" hervorzuheben. Er fügt an dieser Stelle aber sofort hinzu,

---

[70] StAB, 3-R.1.m.Nr. 327, Stellungnahme, sehr wahrscheinlich zu einer vom Tübinger Institut für Besatzungsfragen geplanten Darstellung des Besatzungsregimes (o. D.).
[71] Sitzung der Bürgerschaft, 24. 6. 1948, Stenograph. Bericht, S. 265. Zu einer erneuten Unterrichtung der Bürgerschaft kam es jedoch erst nach dem Abschluß der Verhandlungen; vgl. den Bericht Kaisens in der Sitzung der Bürgerschaft, 12. 8. 1948, Stenograph. Bericht, S. 319–327.
[72] StAB, 3-R.1.n. Nr. 5 Quadr. 1, Akte I, Bericht von Haas in der Sitzung des Senats, 12.7. 1948.
[73] Aus ähnlichen Erwägungen wie Hamburg hatte Kaisen von Anfang an ein Referendum befürwortet. Nach einer Äußerung von Ende November 1948 hielt er es sogar für das beste, Referendum und Parlamentswahlen zu verbinden; vgl. StAB, 3-B.10.d.Nr. 44, Quadr. 37, Akte II, Protokoll H. Troegers über die Konferenz der Ministerpräsidenten mit den Generälen Clay und Robertson am 29.11. 1948.

daß ihm dabei „bewußt" gewesen sei, „daß jede Verfassung ein Grundgesetz ist und daß es nur eine Frage der Zeit ist, bis sich aus einem Provisorium etwas Dauerhaftes entwickelt hat". Trotzdem blieb er dabei, daß die Bundesregierung nur eine „Vorstufe zu einer gesamtdeutschen Regierung und nicht schon diese Regierung selbst" sei[74].

Bis zum Empfang der Ministerpräsidenten durch General Clay am 14. Juli sei er, wie er am 16. Juli im Senat berichtete, mit den Koblenzer Beschlüssen innerlich nicht zufrieden gewesen und habe sich bis zuletzt gefragt, ob die getroffene Entscheidung die richtige gewesen sei[75]. Die Darlegungen Clays jedoch hätten seine Zweifel schließlich beseitigt: Zum einen wolle man die Deutschen in die Auseinandersetzungen mit der Sowjetunion hineinziehen, auf der anderen Seite werde ihnen mit den als „Empfehlungen" deklarierten Dokumenten in Wirklichkeit ein Ultimatum gestellt. Also entschied er sich, die in Koblenz unter dem Leitgedanken des Provisoriums erreichten Beschlüsse mitzutragen, und blieb dabei, daß in den Koblenzer Beschlüssen „das Maß dessen" gelegen habe, „was zurzeit feste Realität werden kann, ohne daß Illusionen entstehen, die zu neuen Enttäuschungen führen". Wohl, räumte er in einem Brief an Erik Reger ein, „könnte [man] gewiß schneller zum Zuge kommen, wenn alle deutschen Vertreter die amerikanische Konzeption von London restlos unterstützten und damit den Amerikanern die Möglichkeit geben, die widerstrebenden Alliierten an die Einhaltung der Londoner Beschlüsse zu binden". Hier liege „eine Schwäche in den Koblenzer Beschlüssen, die beseitigt werden"[76] müsse. Das bedeutete, daß Kaisen es eigentlich lieber gesehen hätte, wenn die Ministerpräsidenten in Koblenz mehr der Linie der „Frankfurter Dokumente" gefolgt wären. Diese Tendenz sollte sich jedoch in den nachfolgenden Beratungen verstärken.

In Rüdesheim beteiligte sich Bremen fast gar nicht an der Diskussion. Schließlich besaß es ja in dem Vertreter des zweiten Stadtstaates, Max Brauer, einen engagierten Verfechter weitestgehend paralleler Interessen. Kaisen gehörte schließlich neben Ehard und Brauer zu denjenigen Regierungschefs, die sich im Interesse eines beschleunigten Fortganges der westdeutschen Konsolidierung während der zähen Verhandlungen mit den Militärgouverneuren am 26. Juli um eine Überbrückung der Gegensätze und die Verhinderung einer Rücksprache mit den alliierten Regierungen bemühten, so daß mit dem erfolgreichen Abschluß der Konferenz die ersten Schritte zur Gründung der Bundesrepublik Deutschland eingeleitet werden konnten.

Kaisens abschließende Berichterstattung vor dem Senat läßt die Wirkung der Rede Reuters in Rüdesheim erkennen. Hatte der Senatspräsident nicht ohne Zweifel die Koblenzer Beschlüsse mitgetragen, verstärkte die Rede Reuters bei ihm – wie bei anderen seiner Kollegen – die bleibende Überzeugung, daß man auf das Angebot der Westalliierten eingehen sollte, selbst wenn es deutschen Vorstellungen in manchen Punkten nicht entsprach. Er, der zwar die notgedrungene Anlehnung an den Westen im Interesse des wirtschaftlichen Wiederaufbaus unterstrichen, andererseits aber sogar im Senat einmal die Frage einer Neutralisierung Westdeutschlands aufgeworfen hatte[77] als Ver-

---

[74] Kaisen, Meine Arbeit, S. 263.
[75] StAB, 3-R.1.n. Nr. 5, Quadr. 1, Akte I, Auszug aus der Niederschrift über die Senats-Sitzung vom 16.7.1948.
[76] StAB, 3-R.1.n. Nr. 11, Quadr. 1, Schreiben Kaisens an Reger vom 19.7.1948.
[77] StAB, 3-R.1.n. Nr. 1, Auszug aus der Niederschrift über die Senats-Sitzung vom 7.5.1948, S. 3.

such, Westdeutschland aus den Auseinandersetzungen zwischen Ost und West herauszuhalten, betonte nun, daß der Kampf der Berliner um ihre Freiheit allen Anlaß für den Westen biete, sich stark zu machen. Einen Sieg der Sowjets dürfe es nicht geben, denn die Entscheidungen in Berlin würden Rückwirkungen auf ganz Europa haben. Deshalb müsse ein Schritt vorwärts getan werden. Damit werde die wirtschaftliche Stabilisierung erreicht und gleichzeitig dem Osten geholfen[78]. Der Kampf um Berlin entschied, daß Westdeutschland eine starke Zentralgewalt brauchte. Die föderalistischen Kräfte allerdings, die den Ländern das Hauptgewicht beimaßen, stünden der Konstituierung einer starken westdeutschen Staatlichkeit im Wege.

Schon nach dem Einspruch der Westalliierten am 20. Juli 1948 war bei Kaisen die Überzeugung gereift, daß es letztlich nicht zu vermeiden sein würde, den in den Dokumenten vorgezeichneten Weg zu gehen. Dazu zählte auch die Durchführung eines Referendums. Kaisen hatte, auch durch die verschiedenen Gespräche mit Vertretern vor allem der US-Militärregierung, begriffen, worauf es den Amerikanern ankam, und daß jede gröbere Abweichung von dieser Linie den Interessen der Franzosen in die Hände spielen würde. Es blieb auch keine Zeit mehr zu warten, bis die Weltmächte ihre Beziehungen untereinander geregelt hatten, denn bis dahin konnte Westdeutschland „so deformiert und unsere Bevölkerung so verelendet sein, daß sie nichts anderes als ein Seuchenherd für ganz Europa würden"[79]. Die nüchterne Analyse außen- und innenpolitischer Faktoren, unter denen vor allem wirtschaftliche Aspekte stets im Vordergrund gestanden hatten, ließ Kaisen im Interesse der Lebenserhaltung der Deutschen in den Westzonen und Berlin einen Weg einschlagen, hinter dem alle strittigen Punkte – auch einheitspolitische Bedenken – zurückzutreten hatten.

## 2. Hessen

Obwohl das Land Hessen auf deutsche Befürwortung hin geschaffen wurde und ideengeschichtlich schon Jahrzehnte früher vorbereitet worden war, blieb es eben doch eine Neuschöpfung der amerikanischen Besatzungsmacht, in der sich unterschiedliche Landschaften mit jeweils eigenen Verwaltungstraditionen zusammenfinden mußten. Am stärksten spürbar wurde dies an den lange fortbestehenden Vorbehalten der Nordhessen gegenüber dem neuen Land, aber auch an den jahrelangen Bemühungen um eine einheitliche Landesverwaltung, die begleitet waren von der Suche nach einer eigenen Identität und einem sich bis heute nur langsam entwickelnden gemeinschaftlichen „Landesgefühl". Die Gründung des in Anlehnung an die „großhessische Bewegung" der Weimarer Zeit so bezeichneten Landes „Groß-Hessen" – ab dem 1. Dezember 1946, dem Datum der Annahme der hessischen Verfassung, umbenannt in „Hessen" –, bestehend aus den beiden ehemaligen Provinzen Kurhessen und Nassau (vormals vereinigt in der preußischen Provinz Hessen-Nassau) und dem früheren Volksstaat Hessen, abgesehen von jenen Gebietsteilen, die im Zuge der Entstehung der Länder der französischen Besatzungszone Rheinland-Pfalz zugeschlagen werden sollten, verkündete General Eisenhower mit der Proklamation Nr. 2 vom 19. September 1945. Haupt-

---

[78] Kaisen in der Sitzung der Bürgerschaft, 12.8.1948, Stenograph. Bericht, S.325.
[79] Ebenda, S.321.

stadt des neuen Landes wurde mit der Erklärung der Militärregierung vom 12. Oktober 1945 Wiesbaden, sicherlich zur Enttäuschung Darmstadts, das damit als ehemalige Residenz der Großherzöge von Hessen und Hauptstadt des Volksstaates Hessen seine traditionelle Funktion einbüßte[80]. Daß die Amerikaner Frankfurt vorübergehend zu einem eigenständigen Regierungsbezirk hatten machen wollen[81], hatte dortigen – letztlich aber vergeblichen – Hoffnungen Auftrieb gegeben, die Stadt könne zur neuen Landeshauptstadt avancieren. Trotz ihres bedeutenden Gewichtes als wirtschaftlicher Mittelpunkt des Rhein-Main-Gebietes konnte sie sich später auch als Kandidatin für die künftige Bundeshauptstadt nicht durchsetzen.

Die Besatzungsmacht hatte nach 1945 zunächst Hessen-Nassau und den Volksstaat Hessen im Rahmen einer „Drei-Länder-Lösung" für das amerikanische Besatzungsgebiet (zusammen mit Württemberg-Baden) beibehalten wollen. Die aus der Existenz der Sonderverwaltungen und sonstiger Einrichtungen mit unterschiedlichen Zuständigkeitsbereichen resultierenden verwaltungstechnischen (neben wirtschaftlichen) Probleme hatten jedoch gezeigt, daß das Fortbestehen zweier Länder im hessischen Raum keine glückliche Lösung war, und die Besatzungsmacht zur Korrektur ihrer interimistischen Entscheidungen veranlaßt. Erst nachdem umfangreiche Umfragen und Besprechungen mit deutschen Persönlichkeiten, darunter der Heidelberger Rechtswissenschaftler Gerhard Anschütz oder Ludwig Bergsträsser, Regierungspräsident von Darmstadt, den einheitlichen deutschen Wunsch nach der Bildung eines einzigen hessischen Landes hatten deutlich werden lassen und General Clay davon überzeugten, daß das neue Land von der Zustimmung der Bevölkerung getragen sein würde, fiel der Beschluß zur Gründung des neuen Gesamtlandes Hessen[82]. Die Entstehung Hessens war also auf die ausdrückliche Billigung der interessierten Bevölkerung begründet und hatte im Grunde den Schlußpunkt unter eine Diskussion gesetzt, die schon Jahrzehnte früher begonnen, aber keine konkreten Ergebnisse erbracht hatte[83].

Die Besatzungsmacht hatte anfangs die deutsche Verwaltungstradition fortgeführt, indem sie im Frühjahr 1945 in Wiesbaden (1. Mai 1945) und Kassel (10. Mai 1945) neue Regierungspräsidenten und für das Gebiet des ehemaligen Volksstaates Hessen eine „Deutsche Regierung des Landes Hessen" unter der Führung Ludwig Bergsträssers in Darmstadt einsetzte. Nach der Landesgründung ernannte die Militärregierung den parteilosen, aber in engem Kontakt zu christdemokratischen Politikern stehenden Heidelberger Professor für Wirtschaftsrecht, Karl Geiler, zum ersten Ministerpräsidenten. Am 16. Oktober 1945 wurde das „Großhessische Staatsministerium" eingesetzt, das sich nach mehrfacher Umbesetzung am 28. Oktober in seiner endgültigen Form präsentierte. Diese Regierung erließ am 22. November des Jahres ein „Staatsgrundgesetz" für Groß-Hessen. Der Ausgang bereits der Gemeindewahlen zu Beginn des Jahres 1946 hatte zu einer Krise der ersten Regierung unter Ministerpräsident Geiler geführt. Aufgrund des Ergebnisses der Wahlen zur Verfassungsberatenden Groß-Hessischen Landesversammlung, das die SPD als stärkste Partei des Landes ausgewiesen hatte, hatte diese, allerdings erfolglos, versucht, Geiler durch einen sozialdemokratischen

---
[80] Vgl. Kropat, Hessen in der Stunde Null, S. 41 f., 44.
[81] Dazu Mühlhausen, Entscheidung, S. 202 f.
[82] Dazu ausführlich ders., Hessen 1945–1950, S. 28–43.
[83] Vgl. dazu Struck, Zur ideengeschichtlichen Vorbereitung; Kahlenberg, Großhessenpläne.

Ministerpräsidenten zu ersetzen, beziehungsweise eine ihrer politischen Stärke angemessene Repräsentation in der Regierung zu erreichen[84], eine Maßnahme, die sich nicht zuletzt auch gegen Geilers autoritären Führungsstil richtete.

Permanente Krisen und Konflikte sollten denn auch die gesamte Amtszeit der ersten gewählten Regierung unter Ministerpräsident Christian Stock bestimmen. Die Landtagswahlen vom 1. Dezember 1946 zeigten in ihrem Resultat eine bedeutende Kräfteverschiebung gegenüber denen zur Verfassungsberatenden Landesversammlung: Die kleinen Parteien konnten zu Lasten der beiden großen erhebliche Stimmengewinne verbuchen. Die SPD hatte nur geringe Verluste zu verzeichnen, die CDU dagegen büßte 6,4 Prozentpunkte ein. Im Ergebnis erhielten die Sozialdemokraten 38, die CDU 28, die LDP 14 und die Kommunisten 10 Mandate. Die SPD, nach wie vor stärkste Partei des Landes, nominierte am 12. Dezember 1946 Christian Stock für das Amt des Ministerpräsidenten. Sie hatte den Wahlkampf ohne einen Spitzenkandidaten bestritten. Noch bevor die Frage der künftigen Koalition beantwortet war, wurde Stock am 20. Dezember mit 58 der 87 gültigen Stimmen vom Landtag gewählt. Stock bildete am 3. Januar 1947 eine Regierung aus SPD und CDU[85].

*Persönlichkeit und Politik des Ministerpräsidenten Christian Stock*

Die Wahl Christian Stocks zum Ministerpräsidenten war für viele eine Überraschung. Vor ihm hatten verschiedene andere Persönlichkeiten in der engeren Wahl gestanden. Selbst Karl Geiler, der erste ernannte Ministerpräsident des Landes, hatte sich Chancen bei einer Wahl ausgerechnet[86]. Christian Stock, dessen Name unter den möglichen Kandidaten als letzter gefallen war, besaß die Unterstützung des mit ihm persönlich befreundeten Vorsitzenden der südhessischen SPD, Willi Knothe, des Innenministers Zinnkann und der Gewerkschaften. Seine Nominierung erfolgte offenbar entgegen den Vorstellungen des Parteivorstandes in Hannover[87].

Christian Stock (1884–1967) entstammte der Arbeiterbewegung. Unter ärmlichen Verhältnissen im hessischen Pfungstadt aufgewachsen, bahnte er sich nach dem Abschluß einer Lehre als Zigarrenmacher vom einfachen Arbeiter, dann Bezirksleiter des Deutschen Tabakwaren-Arbeiter-Verbandes für Südhessen, Pfalz und Nordbaden, „Arbeitersekretär", d. h. Leiter der Rechtsauskunftstelle der Gewerkschaften im Bezirk Heidelberg, nach der Teilnahme am Ersten Weltkrieg als Vorsitzender des dortigen Arbeiter- und Soldatenrates, langsam seinen Weg nach oben. Als SPD-Mitglied seit 1903 wurde er am 19. Januar 1919 in die Weimarer Nationalversammlung gewählt und am 16. April 1920 als Unterstaatssekretär im Reichswehrministerium mit der Leitung des Untersuchungsausschusses zur Aufklärung der Umstände um den Kapp-Putsch vom vorausgegangenen März betraut. Ab 1922 war er, nachdem er kurzzeitig die Funktion des Landesleiters Baden des Allgemeinen Deutschen Gewerkschaftsbundes mit Dienstsitz in Karlsruhe bekleidet hatte, in Baden und Hessen in verschiedenen leitenden Funktionen im Versicherungswesen tätig, gleichzeitig, 1922 bis 1925, neben

---
[84] Vgl. Mühlhausen, Hessen 1945–1950, S. 148–151.
[85] Vgl. ebenda, S. 281–288; Rüschenschmidt, Gründung und Anfänge.
[86] Stein, Christian Stock, S. 283 f.
[87] Mühlhausen, Hessen 1945–1950, S. 302, Anm. 175.

kommunalpolitischer Tätigkeit in Heidelberg, Mitglied des badischen Landtags und dessen Ausschusses für Rechtspflege und Verwaltung. Anfang 1932 vorübergehend Geschäftsführer des Landesverbandes Hessen-Nassau des Hauptverbandes der deutschen Krankenkassen, ab Februar 1932 Direktor der AOK Frankfurt, wurde er am 8. April 1933 von den Nationalsozialisten aus sämtlichen Funktionen entlassen. Nach neunmonatigem Aufenthalt im badischen Konzentrationslager Kislau ließ er sich nach vergeblichen Versuchen, in Anknüpfung an seine früheren Tätigkeitsfelder eine Beschäftigung zu finden, 1937 als Tabakwarenhändler in Seeheim an der Bergstraße nieder. Höhepunkt seiner beruflichen Laufbahn, die er mit der Annahme einer Stelle als Organisator beziehungsweise Revisor bei der Betriebskrankenkasse der „Vereinigten Deutschen Metallwerke" in Frankfurt/M. fortsetzen konnte, war die Präsidentschaft bei der Landesversicherungsanstalt in Hessen-Darmstadt ab dem 4. Mai 1945, seit dem 19. Dezember für Groß-Hessen. Für die Besatzungsmacht war Stock Ratgeber in allen Fragen der Sozialversicherung. Nach 1945 setzte Stock auch seine politischen Aktivitäten fort. Als Vorsitzender des Sozialpolitischen Ausschusses trat er in der Verfassungsberatenden Landesversammlung hervor, spielte ansonsten aber keine herausragende Rolle innerhalb der hessischen Sozialdemokratie.

Mit Stock wurde ein Regierungschef gewählt, dessen persönliche Integrität außer Frage stand, ein Mann, dem Erwin Stein in seiner Würdigung „das Habit eines Landesvaters, eines pater Hessiae", zugeschrieben hat[88] und der in seiner einfachen, volksnahen Art der „Garant für die Realisierung der Verfassung und für die Durchsetzung sozialistischer Wirtschaftspolitik"[89] schien.

Stock war eine Persönlichkeit des Ausgleichs, zugleich ein Pragmatiker, dem es in erster Linie um die praktische Regierungsarbeit und darum ging, im Interesse der Funktionsfähigkeit der Koalition für beide Beteiligte, SPD und CDU, tragbare Beschlüsse zu finden. Dies beinhaltete auch Entscheidungen, die nicht selten Gegensätze zur politischen Linie des Parteivorstandes in Hannover heraufbeschworen[90]. Der Leiter der Militärregierung für Hessen, Oberst James R. Newman, hatte zunächst Vorbehalte gegen den „ungebildeten" Stock, einen, wie Clay ihn nannte, „Mann aus dem Volke", als Nachfolger des hochgebildeten Professors Karl Geiler gehabt[91], doch besserte sich das Verhältnis zwischen beiden rasch zu einer herzlichen, von gegenseitigem Vertrauen, Achtung und Verständnis geprägten Beziehung.

Bleibende Schwierigkeiten hingegen verursachte die Zusammenarbeit Stocks mit seinem engsten Mitarbeiter und Leiter der hessischen Staatskanzlei, Hermann Louis Brill[92]. Brill, geboren am 9. Februar 1895 in Gräfenroda, ehemals Mitglied der USPD, war bis 1938 in Thüringen in verschiedenen Funktionen im Staatsdienst tätig gewesen, Mitglied des Landtags, Dozent für Öffentliches Recht an der Deutschen Hochschule

---

[88] Stein, Christian Stock, S. 282.
[89] Mühlhausen, Hessen 1945–1950, S. 281.
[90] Ebenda, S. 286; vgl. auch ders., Christian Stock, S. 217f.
[91] Clay, Entscheidung in Deutschland, S. 115; dazu auch Stein, Christian Stock, S. 285.
[92] Zur Vita Brills Kogon, Hermann Brill; Overesch, Hermann Brill; Griepenburg, Hermann Louis Brill, S. 585–592; Mägdefrau/Wahl, Zur Person. Stock soll gleich nach seinem Amtsantritt versucht haben, die Staatskanzlei und deren Chef im besonderen „zu entmachten" und ihm die Funktion eines ersten Mitarbeiters zuzuschreiben; vgl. Mühlhausen, Hessen 1945–1950, S. 511, Anm. 35.

für Politik in Berlin. Nach seiner Verhaftung 1938 und langjährigem Aufenthalt im Zuchthaus und im Konzentrationslager Buchenwald wurde er im April 1945 von den Amerikanern befreit und zum Berater der Militärregierung in Weimar ernannt; Brill war kurzzeitig erster Regierungspräsident von Thüringen, bevor er nach Hessen kam. Neben Ludwig Bergsträsser war er ebenfalls als Kandidat für das Amt des Ministerpräsidenten im Gespräch gewesen, dabei auch von Persönlichkeiten innerhalb der amerikanischen Militärregierung unterstützt worden. Den zahlreichen Momenten, die für seine Wahl sprachen, mit der er offenbar selbst gerechnet hatte (als bekannte Persönlichkeit innerhalb der SPD, vor allem als Verfasser des „Buchenwalder Manifestes", in seiner Vertrautheit mit den hessischen Verhältnissen und führenden Rolle bei den hessischen Verfassungsberatungen sowie dem Zustandekommen des Ausgleichs zwischen SPD und CDU, der zur Entstehung der Koalition beigetragen hatte[93]), stand jedoch das Manko gegenüber, daß er kein Hesse war. Auch soll er im Umgang nicht einfach gewesen sein und mochte sich in seiner persönlichen Art nicht nur Freunde geschaffen haben. Seine Distanziertheit und schwere persönliche Zugänglichkeit entsprachen kaum der in Hessen gesuchten Integrationsfigur eines Regierungschefs. Brill nahm gleichwohl großen Einfluß auf die politische wie verwaltungsmäßige Entwicklung des Landes. Mit den Problemkreisen der „Frankfurter Dokumente" war er bestens vertraut. Als Vorsitzender des Verwaltungsrates des Deutschen Büros für Friedensfragen hatte er sich zuvor bereits seit längerem mit der Verfassungsfrage beschäftigt: Schon auf der Münchner Ministerpräsidentenkonferenz vom Juni 1947 hatte er zu den Sachbearbeitern in der Frage des Besatzungsstatutes gehört und war Mitglied des hierzu von den Regierungschefs eingesetzten Gremiums. Als Sachverständiger nahm er auch 1948 an den Sitzungen des Ausschusses zur Überprüfung der Ländergrenzen teil und hatte selbst einen Neugliederungsentwurf für Hessen erarbeitet, der den späteren Landesplanungen zugrunde gelegt wurde[94]. An den Beratungen in Koblenz und Rüdesheim war er aktiv beteiligt und gilt unter anderem als der Verfasser des Niederwalder Aide-mémoires.

Diese beiden Männer, Brill intellektuell überragend, hochgebildet, „eine lebendige Bibliothek dessen, was er studiert hatte"[95], Stock ein Pragmatiker, der als Fachmann aus dem Versicherungswesen sich ohne große politisch-ideologische Fundierung der praktischen Regierungsarbeit widmete, bildeten ein Gespann zweier völlig gegensätzlicher Naturen. Viele seiner politischen Vorstellungen dürfte Stock dabei von Brill übernommen haben, der auch in den Gremien, denen er angehörte, seine persönlichen Überzeugungen selbstbewußt vertrat und als der eigentliche Architekt hessischer Politik bezeichnet werden kann.

---

[93] Ebenda, S. 279; Stein, Christian Stock, S. 283 f.
[94] Dazu vgl. weiter unten, S. 87 f.
[95] Kogon, Hermann Brill, S. 116; vgl. auch Stein, Christian Stock, S. 284.

## II. Die „Frankfurter Dokumente" aus der Landesperspektive

*Probleme und Interessen der Landespolitik*
*Beständigkeit trotz permanenter Krise:*
*Die Regierungskoalition in Hessen*

Die Aufgabe, zu den „Frankfurter Dokumenten" Stellung zu nehmen, war in Hessen einer potentiell ständig in ihrem Fortbestehen gefährdeten Regierungskoalition übertragen. Gründe und Ursachen für diese Konstellation waren bemerkenswerterweise zu einem Großteil auf einer niedrigeren als der landespolitischen Ebene zu suchen. Die ebenfalls mitverantwortlichen parteiinternen Auseinandersetzungen deuteten für den Zustand der Landesparteien an, was für das Land als solches ebenso galt: daß die Konsolidierungsphase zu diesem Zeitpunkt noch keineswegs abgeschlossen war. Mit der SPD/CDU-Koalition amtierte in Hessen eine Regierung, die trotz ihrer permanenten Infragestellung durch innerparteiliche Kräfte bis in die Führungsspitzen, durch interne Streitigkeiten, begleitet von „parteipolitischen und koalitionstaktischen Egoismen"[96] jeder Seite, die gesamte Legislaturperiode, mehr aus Mangel an Bündnisalternativen und einer von innen heraus geschwächten Position der Partner, denn als Treue zu dem einmal gegebenen Jawort zu dieser Vernunftehe fortbestanden hat.

SPD wie CDU verfolgten in Hessen gleichermaßen einen politischen Kurs eigener Prägung. Die hessische Sozialdemokratie, schon früh vom rechten Flügel der Partei beherrscht, war in ihrer Gründungsphase in der Frage des Zusammengehens mit den Kommunisten sehr bald in ihrer Mehrheit auf den Schumacher-Kurs eingeschwenkt, betrieb ansonsten jedoch eine weit elastischere und pragmatischere Politik. Ein Indiz dafür war das keinesfalls reibungslose Verhältnis Christian Stocks zur Parteiführung in Hannover[97]. Ähnlich sollte der eigenständige Kurs Werner Hilperts, des Vorsitzenden der hessischen Christdemokraten, diesen in einen steigenden persönlichen Gegensatz zu Konrad Adenauer bringen[98]. Mit seiner „auf Ausgleich und Harmonie gerichteten Politik"[99] hatte er von Anfang an einer Koalition mit der SPD seine Unterstützung verliehen. Das Regierungsbündnis war vor allem dadurch ermöglicht worden, daß unter Hilperts Führung der den Kurs der hessischen CDU bestimmende Parteiflügel mit seinen sozialreformerischen Vorstellungen (Ideen, die auf christdemokratischer Seite am konsequentesten der Frankfurter Gründerkreis um Walter Dirks entwickelt hatte) recht nahe an die SPD herangerückt war[100].

Die Arbeit der Regierung selbst, deren Mitglieder zu gutem persönlichen Zusammenwirken fanden, blieb von den inner- und zwischenparteilichen Kontroversen relativ wenig berührt. Konflikte wurden in offener Aussprache beigelegt, Beschlüsse auf Kabinettsebene dann von den Mitgliedern der Regierung gegenüber ihrer jeweiligen Partei vertreten[101]. Gegen einen solchen Willensbildungsprozeß richtete sich die Kritik der Parteibasis bei der SPD, die sich von den Entscheidungen weitgehend ausgeschlossen sah. Doch auch die Parteiführer waren meistenteils an einer Fortsetzung

---
[96] Mühlhausen, Hessen 1945–1950, S. 529.
[97] Ebenda, S. 87 f., 533.
[98] Vgl. Rüschenschmidt, Gründung und Anfänge, S. 313, 474.
[99] Ebenda, S. 509.
[100] Dazu Mühlhausen, Hessen 1945–1950, S. 107–111.
[101] Vgl. Kropat, Hessen in der Stunde Null, S. 156.

der Koalition interessiert und darum bemüht, eine ernsthafte Gefährdung ihres Fortbestandes zu vermeiden. Allerdings konnten sich die vielfältigen Dissonanzen jederzeit als Sprengstoff erweisen. Insbesondere die SPD verbrauchte ein ungewöhnlich hohes Maß an Energie in innerparteilichen Kontroversen. Hierzu zählten die persönliche Auseinandersetzung zwischen dem Vorsitzenden des Bezirks Hessen-Süd, Willy Knothe, und dem hessischen Justizminister und Vorsitzenden der SPD Hessen-Nord, Georg August Zinn, um die Parteiführung im Oktober 1947, der Gegensatz zwischen Wirtschaftsminister Harald Koch und dem Fraktionsvorsitzenden im Landtag, Albert Wagner, in der Eigenschaft des letzteren als Personalchef im Wirtschaftsministerium 1947/48[102], die Begleitumstände der Einsetzung Wagners als Regierungspräsident in Darmstadt (September 1948)[103] oder der interne Disput anläßlich der geplanten, erst im November 1949 realisierten Kabinettsreform[104]. Bei den Animositäten zwischen Knothe und Wagner wiederum spielten Mutmaßungen über deren nationalsozialistische Vergangenheit eine Rolle. Weitaus größere Bedeutung noch erlangte das Gegeneinander verschiedener Richtungen innerhalb der SPD, Gruppierungen, die sich in der Zeit der Entscheidung über die Frage der Bildung einer Einheitspartei mit der KPD herausgebildet hatten. Während der linke Flügel, der ein Zusammengehen mit den Kommunisten befürwortet hatte, zunehmend an Bedeutung verlor, verblieb mit der Gruppe um den Vorsitzenden des Bezirkes Hessen-Süd, Willi Knothe, und der Frankfurter Parteileitung eine aktive innerparteiliche Opposition. Knothe verlangte wiederholt die Verfolgung einer klaren sozialistischen Linie und lehnte eine Koalition mit der CDU generell ab. Schließlich war da eine dritte Gruppe mit ihrem Zentrum vor allem in Kassel, die, eine realpolitische Linie verfolgend, frühzeitig für eine solche Koalition eingetreten war. Der hier seinen Ursprung findende Gegensatz zwischen der nord- und der südhessischen SPD sollte noch über Jahre hinaus virulent bleiben. Knothe, der erhebliches Ansehen an der Basis genoß und sich der Unterstützung Kurt Schumachers erfreute, fungierte hierbei als eine Art „Ventil" der Kritik der Anhängerschaft an und ihrer Unzufriedenheit mit der Partei und der Regierungskoalition[105].

Ähnlich wie der Nord-Süd-Gegensatz die SPD praktisch in zwei Lager gespalten hatte, war die CDU, wenn sie auch über größere innere Geschlossenheit verfügte, lange Zeit durch konfessionelle Gegensätze von der Gefahr eines Schismas bedroht gewesen, die jedoch mit der Durchsetzung des Unionsgedankens als überwunden gelten konnten[106]. Kritik an der Regierung, die in der SPD vom linken Flügel kam, bedrohte die Koalition aus den Reihen der CDU von rechts. Auf Ablehnung stieß der Kurs der hessischen Christdemokraten bei der Wiesbadener CDU (Erich Köhler), die dem Gedanken des christlichen Sozialismus wenig Sympathie entgegenbrachte. Vergleichbares galt für die nordhessische CDU. Mit der Wahl Werner Hilperts zum Landesvorsitzenden, der dem Frankfurter Kreis entstammte, aber eher, zusammen mit Heinrich von

---

[102] Dazu Mühlhausen, Hessen 1945–1950, S.427.
[103] HStAW, 649 OMGH 8/194–2/2, Periodical Intelligence Report vom 16.9.1948 und 14.10.1948.
[104] Mühlhausen, Hessen 1945–1950, S.493, 496f. Zu den parteiinternen Auseinandersetzungen vgl. auch HStAW, 649 OMGH 8/194–2/2, Weekly Intelligence Report vom 5.8.1948.
[105] Mühlhausen, Hessen 1945–1950, S.89f., 387.
[106] Dazu Wieck, Christliche und Freie Demokraten, S.60.

Brentano, der Parteimitte zuzurechnen war, kam eine gemäßigtere Richtung zum Zuge. Hilpert, ehemaliger Zentrumspolitiker, wurde zur Schlüsselfigur der hessischen Christdemokraten, zur „Integrationsfigur zwischen den Flügeln"[107].

Neben solchen innerparteilichen Querelen belasteten politische Grundsatzentscheidungen und vor allem Personalfragen die hessische Koalition von Anfang an. Letzteres vor allem war von CDU-Seite aus der Anlaß, den Fortbestand der Koalition in Frage zu stellen. Eine erste Bewährungsprobe hatte das Regierungsbündnis mit den Kommunalwahlen vom 25. April 1948 zu bestehen[108]. Über ihren regionalen Wirkungskreis hinaus besaßen diese, die zu einem Rechtsrutsch auf Kosten der Regierungsparteien geführt hatten, und die sich daran anschließende Frage der Besetzung der Landrats- und Oberbürgermeisterstellen eine ungewöhnliche partei- und landespolitische Bedeutung. Die über den Streitpunkt der Ämterbesetzung ausgelöste schwere Krise nahm zu einem Zeitpunkt, an dem die sechs Mächte bereits in London tagten, die Aktivitäten der Parteien und Regierungsmitglieder voll in Anspruch. Daß es nicht gelang, bei der Wahl der Landräte das Modell der CDU/SPD-Koalition auch auf die Ebene der Gemeinden zu übertragen, und die Tatsache, daß ein solcher Versuch an der Haltung der Kreisverbände gescheitert war, bestärkte insbesondere innerhalb der CDU diejenigen Kräfte, die die Regierungskoalition ablehnten. Insgesamt aber bewiesen die Vorgänge, wie sehr der Fortbestand der Koalition auf Landesebene von den Arrangements und Konstellationen auf Kreis-, Stadt- und Gemeindeebene abhängen konnte. Angesichts der bevorstehenden Währungsreform und der damit verbundenen schwierigen allgemeinen Lage und der erwarteten politischen Entscheidungen über Westdeutschland ist die bei beiden Parteien bestehende Neigung zur Beendigung der Koalition allerdings vorerst zurückgedrängt worden. Die Regierung sollte bis zum Zeitpunkt stabilerer Verhältnisse fortbestehen, bis etwa Anfang 1949, dem voraussichtlichen Zeitpunkt der Wahl eines westdeutschen Parlamentes. Auch würde, so hieß es, eine territoriale Neugliederung Neuwahlen erfordern, so daß die Aufkündigung der Koalition zu einem früheren Zeitpunkt keine Befürworter fand[109].

*Land „Rhein-Main"?*
*Zur Diskussion über eine Neugestaltung des Landes*

Bei seiner Gründung hatte Hessen auf das linksrheinische Rheinhessen (Teil des ehemaligen Volksstaates Hessen) und die vier Westerwaldkreise (Ober- und Unterwesterwald, Unterlahn und St.Goarshausen), Teile der ehemaligen Provinz Nassau, verzichten und beides an die französische Zone abtreten müssen. Frankreich hatte seinerzeit Anspruch auf die Rheinprovinz, Hessen-Nassau, die Saar, Baden und die Pfalz erhoben. Wären die Vereinigten Staaten auf diese Forderungen eingegangen, hätte dies die Beschränkung ihres Besatzungsgebietes auf Bayern und den Verzicht auf jegliche Verbindung zur britischen Zone bedeutet. Auch hätten sie Frankfurt als den geplanten Sitz ihres Hauptquartiers aufgeben müssen. Auf Hessen-Nassau hatten sie nicht ver-

---
[107] Vgl. Mühlhausen, Hessen 1945–1950, S.118, 120f.; ähnlich Rüschenschmidt, Gründung und Anfänge, S.506.
[108] Vgl. ebenda, S.489–492; Mühlhausen, Hessen 1945–1950, S.382, 516–519.
[109] HStAW, 649 OMGH 8/194–2/2, Weekly Intelligence Report vom 8.7.1948.

zichten wollen, da dieses als Nachschubbasis für die Versorgung der amerikanischen Zone über Bremen von Bedeutung war. Die Preisgabe der vier nassauischen Kreise als eines rechtsrheinischen Brückenkopfes für das französisch besetzte Gebiet war das äußerste Zugeständnis, zu dem sich die Amerikaner hatten bereit finden können. Durch die Grenzziehung zwischen Hessen und Rheinland-Pfalz wurde die Stadt Mainz zur zweiten „geteilten" Stadt in Deutschland. Ihre rechtsrheinischen Vororte fielen an Wiesbaden. Ferner kam es bei der Abgrenzung zur sowjetischen Besatzungszone mit dem „Wanfrieder Abkommen" vom 17. September 1945 zu einem Gebietsaustausch zwischen Hessen (Kreis Witzenhausen) und Thüringen (Kreis Worbis). Außerdem ging die bis dahin zum Kreis Bergstraße gehörige hessische Enklave Bad Wimpfen an Württemberg. Sie sollte nach einer schriftlichen Mitteilung der Militärregierung an den hessischen Ministerpräsidenten vom 23. Januar 1947 bis zur endgültigen Bereinigung der En- und Exklaven im Rahmen einer territorialen Neuordnung Deutschlands unter württembergischer Verwaltung bleiben. Eine endgültige Klärung erfolgte allerdings nicht [110].

Eine Revision der Grenzen des Landes Hessen, zumindest die Rückführung der ehemals hessischen Gebiete links des Rheines, die mit der durch das Frankfurter Dokument Nr. II ausgelösten Reformdiskussion in den Bereich des Möglichen rückte, beschäftigte alle Parteien des Landes. Auch auf Regierungsseite waren mehrere Pläne im Gespräch. Im Zentrum stand, wie schon vor 1945 und zum Zeitpunkt der Landesgründung, das Rhein-Main-Gebiet, ein als Bezeichnung des industriellen Ballungsraumes um Frankfurt schon seit der Jahrhundertwende gebräuchlicher Begriff[111]. Ein nach dem Leiter des Innenministeriums „Zinnkann-Plan" genannter umfassender Entwurf einer Neugliederung, in dem verschiedene Möglichkeiten an Gebietskombinationen vorgestellt wurden, lag im August 1948 dem Kabinett vor[112]. Das Hessische Statistische Landesamt war beauftragt worden, in Zusammenarbeit mit dem Referat Landesplanung der Wiederaufbau-Abteilung des Innenministeriums hierfür Unterlagen zusammenzustellen. Zugrunde gelegt wurde dabei die Neugliederungskonzeption Hermann L. Brills[113], die nicht nur in ihrer Gesamtheit, sondern auch in ihren einzelnen Teilen und verschiedenen Kombinationsmöglichkeiten behandelt wurde. Über den Vorschlag Brills wurde insofern noch hinausgegangen, als auch die Option einer Zusammenfassung Hessens mit dem gesamten Land Rheinland-Pfalz zur Diskussion

---

[110] Dazu und zu den Abweichungen im Gebietsstand hessischer Territorien nach 1945 im einzelnen Kissel, Neue Territorial- und Rechtsgeschichte, S. 13 ff.
[111] Vgl. Struck, Zur ideenpolitischen Vorbereitung, S. 297.
[112] HStAW, 649 OMGH 8/213–3/27, Kabinettsvorlage in amerikanischer Übersetzung; ebenda, 8/194–2/2, Periodical Intelligence Report vom 2.9.1948; auch im Wirtschaftsministerium muß ein Neugliederungsplan entworfen worden sein, doch konnte er in den Akten nicht nachgewiesen werden.
[113] Nach Brills Vorstellungen sollte eine gesamtdeutsche Neuordnung folgende Länder umfassen: Bayern (8,3 Mio. Einwohner), Württemberg-Baden-Hohenzollern (4,8 Mio. Einwohner), Hessen (7,4 Mio. Einwohner), Rheinland (9,9 Mio. Einwohner), Friesland-Westfalen (4,2 Mio. Einwohner), Niedersachsen (6,6 Mio. Einwohner), Schleswig-Holstein (4,3 Mio. Einwohner), Mecklenburg-Brandenburg (4 Mio. Einwohner), Sachsen (6,4 Mio. Einwohner), Thüringen (4,9 Mio. Einwohner), Schlesien (3,3 Mio. Einwohner), Pommern (2,3 Mio. Einwohner), Groß-Berlin (3,2 Mio. Einwohner) und Ostpreußen (2,3 Mio. Einwohner). BA, NL 86 (Brill), Nr. 337.

gestellt wurde[114]. Der Gesamtplan, der sich aus der Addition sämtlicher Teillösungen ergab, war vorrangig nach wirtschaftlichen und geographischen, aber auch nach ethnographischen und historischen Gesichtspunkten erstellt. Demnach sollte Hessen insgesamt um Montabaur, Rheinhessen, die Pfalz, verschiedene Kreise der Regierungsbezirke Koblenz und Trier (die Landkreise Kreuznach, Birkenfeld und Simmern, Teile der Kreise St.Goarshausen und Bernkastel, mit der Bergkette des Hunsrück als nordwestlicher Grenze), Teile Nordbadens (Stadt- und Landkreis Mannheim und Heidelberg, den Stadtkreis Karlsruhe, die Hälfte des Landkreises Karlsruhe, Kreis Bruchsal, Sinsheim, drei Viertel des Kreises Mosbach und 80% des Kreises Buchen), die Nordwestecke Bayerns (die bayerischen Kreise Alzenau, Aschaffenburg Stadt und Land, Obernburg, Miltenberg und 50% des Kreises Lohr), Gebiete Nordrhein-Westfalens (die Kreise Siegen und Wittgenstein, Teile der Kreise Warburg und Brilon und des Regierungsbezirks Arnsberg) und Niedersachsens (Landkreis Hannoversch-Münden und den westlichen Teil des Landkreises Northeim vom Regierungsbezirk Hildesheim) erweitert werden.

Ziel eines anläßlich der Konstituierung des Ländergrenzenausschusses der Ministerpräsidentenkonferenz von Stock eingesetzten hessischen Ländergrenzenausschusses unter Vorsitz des Leiters des Landesplanungsamtes, Willi Hüfner, war die „Sammlung aller Gesichtspunkte, die für oder gegen eine Zusammenfassung der beiden Länder Hessen und Rheinland-Pfalz als ganze oder einzelner ihrer Teile und die Einbeziehung einiger im Süden, Osten und Norden angrenzender Kreise in das neue Land" sprachen[115]. Die unter Erstellung umfangreichen statistischen Materials und der Sammlung von Vor- und Nachkriegsdaten, die die Auswirkung der Zonentrennung belegen sollten, gefundenen Ergebnisse sollten in einer Denkschrift zusammengefaßt für weitere Verhandlungen zur Verfügung stehen[116]. In seiner Arbeitshypothese ging dieser Ausschuß von der Annahme aus, daß als die beste Lösung eine „Zusammenfassung der beiden Länder Hessen und Rheinland-Pfalz zu einem neuen Land ‚Mittelrhein' oder ‚Rhein-Main' oder – nach Weitzel – ‚Rheinfranken' anzusehen" sei, „wodurch die politischen, wirtschaftlichen, landsmannschaftlichen und kulturellen Erfordernisse eine optimale Berücksichtigung erfahren" würden. Weitere Abrundungen durch nordbadische oder nordbayerische Gebiete waren Nebenfragen von untergeordneter Bedeutung, deren Untersuchung das Gesamtkonzept nicht in Frage stellen würde. Erste Ergebnisse legte das Gremium allerdings erst Mitte Januar 1949 vor[117].

Befürworter fand unter den hessischen Sozialdemokraten auch der Plan des schleswig-holsteinischen Ministerpräsidenten Hermann Lüdemann. Dieser sah unter anderem ein Land „Hessen-Pfalz" vor, bestehend aus dem bisherigen Hessen (ohne die nördliche Hälfte des Regierungsbezirks Kassel), dem Regierungsbezirk Montabaur, Rheinhessen, Pfalz, Teilen Nordbadens (mit Mannheim und Heidelberg) sowie den

---

[114] Ebenda, Z 12, Nr. 67; vgl. auch LA Speyer, V 52 (NL Bögler), Nr. 438.
[115] HStAW, Abt. 502, Nr. 544, Niederschrift über die 1. Sitzung des Hessischen Arbeitsausschusses zur Überprüfung der Ländergrenzen am 24. 8. 1948 in Wiesbaden.
[116] Vgl. ebenda. Das Abschlußgutachten ist im Nachlaß Stock enthalten; vgl. Hess. StAD, Abt. 027 (NL Stock), Nr. 13.
[117] HStAW, Abt. 502, Nr. 4544, „Ergebnis der bisherigen 6 Sitzungen des hessischen Arbeitsausschusses zur Überprüfung der Ländergrenzen", Bericht vom 20. 1. 1949.

südlichen Teilen der Regierungsbezirke Koblenz und Trier mit dem Hunsrück als Grenze. Auf unterschiedliche Resonanz traf allerdings die darin vorgesehene Abtretung nordhessischen Gebietes.

Nordhessen war die Region, die man noch am ehesten entbehren zu können glaubte[118]. Dieser Landesteil nahm eine Art Sonderrolle ein. Dort hatten angeblich Reste eines „kurhessischen Staatsbewußtseins" ein gewisses Streben nach Eigenständigkeit wachgehalten. Das nördliche Hessen hatte als einziger Landesteil die Gründung des neuen Gesamtlandes nicht mit der gleichen Vorbehaltlosigkeit begrüßt, wie sie sonst die Militärregierung bei ihren stichprobenartigen Umfragen hatte uneingeschränkt feststellen können. Allerdings hatten sich diese auf den Rhein-Main-Raum konzentriert[119], der auch bei den deutschen Vorschlägen ob seiner wirtschaftlichen Bedeutung im Mittelpunkt gestanden hatte. Ein Land Groß-Hessen war aus nordhessischer Perspektive allenfalls unter der Voraussetzung akzeptabel gewesen, daß ein gewisses Maß an Eigenständigkeit des Kasseler Gebiets durch leistungsfähige Regierungsbezirke gewährleistet würde. Die „Furcht, vom wirtschaftlich stärkeren, bevölkerungs- und flächenmäßig größeren Süden überspielt zu werden"[120], bestimmte lange Zeit die Einstellung zum Gesamtland Hessen. Nordhessen war durch die Unterbrechung der Verbindungen zum deutschen Norden und Osten in eine Zonenrandlage gedrängt worden. Daraus resultierten bis auf den heutigen Tag fortbestehende Strukturprobleme. Kassel hatte durch den Verlust des wirtschaftlichen Hinterlandes seine Attraktivität als Industriegebiet verloren. Einen zusätzlichen Bedeutungsverlust brachte der Abzug von Behörden der mittleren Verwaltungsebene aus der einstigen kurhessischen Hauptstadt, vor allem aber die Einrichtung der neuen Landeshauptstadt im Süden nach der Gründung des Landes Groß-Hessen[121]. Doch auch in Nordhessen war schließlich die endgültige Entscheidung für den Verbleib im Lande gefallen. Wissenschaftliche Sachverständige und wirtschaftliche Kreise in Nordhessen plädierten für die Zugehörigkeit des Kasseler Raumes zu Hessen und hielten Konzeptionen wie den Lüdemannschen Plan, der eine Teilung Kurhessens vorsah, nicht für zweckmäßig[122].

*Hessen und die „Frankfurter Dokumente"*
*Verfassungsfrage*

Schon Ministerpräsident Geiler hatte Hessen aufgrund seiner geographischen Lage als einziges westdeutsches Land mit unmittelbarer Grenzberührung mit allen drei Besatzungszonen die Rolle und Aufgabe eines auf den gesamtdeutschen Zusammenhalt hin

---

[118] Der von dem Ausschuß der Ministerpräsidenten zur Überprüfung der Ländergrenzen erstellte Katalog der Veränderungsmöglichkeiten enthielt als die Möglichkeiten 7 und 8 „Hessen – Nordkassel (Reg. Bez. Kassel)" oder „Hessen – Hessen/Nassau"; vgl. Parl. Rat, Bd. 1, S. 314.
[119] Vgl. Mühlhausen, Hessen 1945–1950, S. 505.
[120] Ders., Entscheidung, S. 218.
[121] Dazu Demandt, Geschichte des Landes Hessen, S. 616; Zinn/Stein (Hrsg.), Verfassung des Landes Hessen, S. 52; Kluke, Land Hessen, S. 22 f.; Lerner, Hessens Wirtschaft, S. 168 f.; Kropat, Hessen in der Stunde Null, S. 42.
[122] HStAW, Abt. 502, Nr. 4544, Protokoll über die 4. Sitzung des Hessischen Arbeitsausschusses zur Überprüfung der Ländergrenzen am 27. 10. 1948 in Wiesbaden.

orientierten, um Ausgleich bemühten Faktors in der deutschen Politik zugeschrieben[123]. Als erster Regierungschef der Westzonen hatte er 1945/46 wirtschaftlich akzentuierte, jedoch politisch motivierte Kontakte mit Vertretern der Ostzone geknüpft in der Zielsetzung, jede nur mögliche Verbindung zu diesem Teil Deutschlands aufrechtzuerhalten. Dies traf insbesondere für Thüringen zu, mit dem Hessen seit langem eng verbunden war. Von Hessen ging nach 1945 der intensivste Warenaustausch im durch Geilers Aktivitäten initiierten Interzonenhandel aus. Als dasjenige, das „sich unter den süddeutschen Ländern bisher am konsequentesten für die Reichsinteressen eingesetzt" hatte[124], war Hessen nur seiner Tradition treu geblieben, als es sich, ebenfalls noch in der Amtszeit Geilers, für die Einberufung einer Vier-Zonen-Konferenz[125] engagiert hatte. Allerdings erwiesen sich die von Geiler aufgebauten Kontakte als nach der politischen Seite hin nicht ausbaufähig, insbesondere, da sie von ostzonaler Seite zunehmend eingeschränkt wurden. Auch sollte sein Amtsnachfolger, Christian Stock, Geilers Kurs nicht weiterführen. Im Gegenteil, offener als andere hessische Sozialdemokraten forderte dieser angesichts des Scheiterns der Londoner Konferenz und der unbefriedigenden Arbeitsweise des bizonalen Wirtschaftsrates Ende 1947 eine zentrale Regierung für Westdeutschland mit einem volksgewählten Parlament[126]. Auch Hermann Brill, selbst aus Thüringen stammend, setzte die Akzente anders.

Darlegungen des Finanzministers vor dem Kabinett am 11. April 1947 zeigen[127], daß auch im Zusammenhang mit der für notwendig gehaltenen Währungsreform spätestens ab diesem Zeitpunkt in Hessen mit einer Regelung auf Dreizonenbasis gerechnet wurde, doch fehlen Quellenmaterialien, die den hessischen Standpunkt in der Frage der politischen Zusammenfassung der Westzonen deutlicher belegen. Nur wenig später legte Brill in der Erwartung, daß die amerikanische Militärregierung „in der allernächsten Zeit [...] Schritte für eine politische Zusammenfassung zum mindesten der Länder der amerikanischen und britischen Besatzungszone in Deutschland" einleiten werde, Ministerpräsident Stock den Vorschlag zur Bildung einer „Deutschen Staatengemeinschaft" vor[128], eine Konzeption, mit der Brill sich, wegen der hierbei den Ländern zugedachten Rolle, in Gegensatz zum Parteivorstand in Hannover brachte[129]. Die von Brill vorgeschlagene Form einer Zusammenfassung der deutschen Länder, die er ursprünglich auf Westdeutschland begrenzt hatte, sollte keine Teilung Deutschlands herbeiführen und in ihren Zielen deshalb auf „diejenigen Aufgaben beschränkt werden, deren Lösung unbedingt notwendig ist, wenn das deutsche Volk in den nächsten 2–3

---

[123] Vgl. Overesch, Gesamtdeutsche Initiativen, S. 250.
[124] HStAW, Abt. 502, Nr. 1836, Aufzeichnung (o. D.).
[125] Dazu Overesch, Der historisch-politische Stellenwert, S. 70 ff.; ders., Einheit oder Teilung, S. 285 ff.
[126] HStAW, 649 OMGH 8/155–2/15, Public Opinion Review No. 2 vom 1.2. 1948. Schon auf einer Funktionärstagung der SPD in Frankfurt/M. am 28. 4. 1947 hatte Stock eine politische Zusammenfassung der amerikanischen und britischen, wenn möglich auch der französischen Zone gefordert; vgl. Hildebrandt (Bearb.), Von Weimar bis Wiesbaden, S. 135–155.
[127] HStAW, Abt. 503, Nr. 2853.
[128] HStAW, Abt. 502, Nr. 1513, Memorandum vom 23. 4. 1947. Der Entwurf eines Vertrages über die Bildung einer deutschen Staatengemeinschaft ist auch abgedruckt in den Akten zur Vorgeschichte, Bd. 2, S. 440 ff.
[129] AdsD, PV Bestand Schumacher, J 99, Sitzung des Verfassungspolitischen Ausschusses der SPD in Nürnberg am 27. 6. 1947; Akten zur Vorgeschichte, Bd. 2, Anm. 4, S. 438.

## 2. Hessen

Jahren weiterleben will". Rechtlich sollte damit kein neuer Staat oder Bundesstaat entstehen, sondern diese „Staatengemeinschaft" eine „Realunion" bilden. Vorstellungen dieser Art, mit denen Brill an frühere eigene Überlegungen anknüpfte[130], waren nicht weit entfernt von den gedanklichen Konstruktionen Walter Strauß', der im August 1946 „Vorschläge für den organisatorischen Aufbau bei einer Vereinheitlichung von Besatzungsgebieten" vorgelegt hatte, die die Schaffung eines „Länderrates", bestehend aus den Ministerpräsidenten, mehrzonaler Verwaltungen („Länderrats-Ämter") und eines „Deutschen Volksrates", gebildet durch indirekte Wahlen der Landtage, enthielten[131]. Mit der betont föderalistischen Linie hatte Strauß gleichfalls einem gesamtdeutschen Staatsaufbau nicht vorgreifen, sondern den unproblematischen Beitritt weiterer Mitglieder zu einer solchen Zusammenfassung offenhalten wollen. Für Brill war die föderalistische Staatsform ein „außenpolitisches" Zugeständnis in bewußter Abkehr von einem deutschen Zentralstaat, wie ihn auch die Siegermächte für die Zukunft verhindert sehen wollten, und als Provisorium ebenfalls dazu gedacht, die gesamtdeutsche Entwicklung offenzuhalten. Im Kern aber verstand Brill unter der deutschen Form des Föderalismus durchaus einen Bundesstaat mit der Tendenz zum Einheitsstaat. Das Schwergewicht sollte beim Gesamtstaat liegen, die Länder Kompetenzen nur im Sinne von Dezentralisation und Dekonzentration besitzen[132]. Entsprechend konnte die Konstitution des Gesamtstaates nur durch das Volk als Ganzes erfolgen mit der Wahl einer Verfassunggebenden Versammlung. Im November 1947 schließlich stellte Brill seinen Vorschlag zur Diskussion, den Alliierten gegenüber zu erklären, daß „die deutschen Regierungen zu kühnen und weittragenden Beschlüssen bereit" seien, „und daß sie keineswegs nur die Wiederherstellung eines Status quo ante in Deutschland" erstrebten. „Wenn", so lautete der Kernsatz seines Memorandums, „wie vorauszusehen ist, die Durchsetzung einer gesamtdeutschen Politik nicht erreicht werden kann, sollten die Regierungschefs darauf hinweisen, daß für die deutschen Weststaaten ein neues staatsrechtliches Provisorium geschaffen werden" müsse[133].

Noch Anfang Januar 1948 war sich das hessische Kabinett in Erwartung der bevorstehenden Gespräche mit General Clay in Frankfurt im Zusammenhang mit der Bizonenreform allerdings einig, daß von deutscher Seite aus alles vermieden werden müsse, was einer Spaltung Deutschlands Vorschub leisten könnte[134]. Für Ministerpräsident Stock selbst stand der Provisoriumsgedanke, als es galt, zu den Ergebnissen der Londoner Sechsmächtekonferenz Stellung zu nehmen, weniger im Vordergrund. Bereits in der Besprechung der Ministerpräsidenten der amerikanischen Zone mit General Clay am 14. Juni 1948 hatte er von einer „Verfassung" und einer – vom Volk durch eine Nationalversammlung zu wählenden – „Regierung"[135] gesprochen. Stock betonte ebenfalls die Rolle des Föderalismus in dem neuen Staatswesen, dem ähnliche Vorstellungen zugrunde lagen wie die Brills. Wahlen durch die Landtage waren nicht geeignet,

---

[130] Dazu Foelz-Schroeter, Föderalistische Politik, S. 101, 208/09, Anm. 50.
[131] Ebenda, S. 66 f.
[132] Vgl. AdsD, NL Hermann L. Brill, Mappe II, Stenogramm einer Besprechung vom 5. 1. 1948 zwischen Brill und Schumacher über die Aufteilung der deutschen Länder. Zur Staatskonzeption Brills vgl. auch Griepenburg, Hermann Louis Brill, S. 592 f., S. 593, Anm. 46.
[133] Zit. nach Overesch, Der historisch-politische Stellenwert, S. 63.
[134] HStAW Abt. 503, Nr. 2853.
[135] Parl. Rat, Bd. 1, S. 20 f.

der Verfassunggebenden Versammlung die nötige Resonanz im Volk zu verschaffen. Um die allgemeinen Wahlen nicht mit den aus der Währungsreform resultierenden Schwierigkeiten in Verbindung zu bringen, sollten sie bis spätestens Oktober 1948 und die Konstituierung der Nationalversammlung auf den 1. November verschoben werden, die Treuhänderschaft für Westdeutschland sollte bis dahin bei den Ministerpräsidenten der Länder liegen[136]. In Koblenz nun stellte Stock die „Möglichkeit, die drei Zonen zu einer politischen und wirtschaftlichen Einheit zu führen", als die alles überstrahlende Perspektive für Hessen dar, das „allein aus diesen Gründen schon zu der Sache positiv" stehe. Er betonte aber ebenso wie die Dringlichkeit des Vorgehens die Vorläufigkeit der zu findenden Regelung: Eine Verfassunggebende Versammlung war „eine Sache des ganzen deutschen Volkes"; doch um eine „Organisation" zu erhalten, „die die Selbständigkeit der Länder und die Selbständigkeit der Zentralverwaltungen" regelte, sollte die „Versammlung", die „die Satzungen" für die „Verwaltung" zu schaffen habe, aus zeitlichen Erwägungen durch die Landtage gebildet werden, „um die Existenzmöglichkeit des ganzen deutschen Volkes so rasch als möglich zu sichern"[137].

Im Vergleich zu Stocks als persönlich zu definierenden Äußerungen am 14. Juni dürfte diese in Koblenz vorgetragene Position das Ergebnis vorausgegangener inner- und zwischenparteilicher Absprachen wiedergeben[138]. Aus Aufzeichnungen Bergsträssers geht ein weitgehender Konsens zwischen den Fraktionen von CDU und SPD hervor. Bergsträsser, der in der Landtagssitzung am 13. Juli die Stellungnahme der Sozialdemokraten zu den „Frankfurter Dokumenten" abgab, konnte, wie er in seinem Tagebuch notiert hat, in einer Besprechung mit dem CDU-Fraktionsvorsitzenden von Brentano am 5. Juli eine „Übereinstimmung bis in alle Einzelheiten hinein" feststellen. „Sehr weitgehende Übereinstimmung" berichtet er auch als Ergebnis einer Unterredung mit Staatsrat Willi Apel am 6. Juli, noch vor den Fraktionssitzungen am selben Tage[139]. Bei aller Vorsicht läßt sich aus Bergsträssers Aufzeichnungen und einer Stellungnahme Brills zu den Dokumenten[140] als Grundkonsens von CDU und SPD festhalten 1. die grundsätzliche Bejahung der Dokumente trotz aller Vorbehalte, besonders gegenüber dem Dokument Nr. III, da sie für die deutsche Situation und im Hinblick auf die moderatere Haltung Frankreichs einen Fortschritt und die Chance beinhalteten, die deutsche Gesamtstaatlichkeit wiederherzustellen. 2. Die neue staatliche Organisation durfte nur ein Provisorium sein, was inhaltlich (z. B. Verzicht auf einen Staatspräsidenten) und terminologisch (Brill schlug in seiner Stellungnahme die Bezeichnung „Vorläufiges deutsches Staatsgrundgesetz" vor) zum Ausdruck kommen sollte. Letztlich entscheidend aber war der Aufbau einer starken Organisation, um den 50 Millionen Menschen in den Westzonen eine feste Existenzgrundlage zu schaf-

---

[136] Vgl. ebenda.
[137] Ebenda, S. 70.
[138] Stock erklärte in Rüdesheim anläßlich der Auseinandersetzung um die Haltung des niedersächsischen Ministerpräsidenten Kopf, vor der Konferenz mit „den verschiedensten Persönlichkeiten des Landtags gesprochen" zu haben. Doch seien definitive Beschlüsse erst in Koblenz getroffen worden, „und zwar ohne jeden Vorbehalt"; vgl. ebenda, S. 221.
[139] Vgl. Mühlhausen (Hrsg.), Ludwig Bergsträsser, S. 319 f.
[140] Privatarchiv Edeltraut Schönewald, Wiesbaden, Stellungnahme zu den 3 Dokumenten. Frau Schönewald sei an dieser Stelle für die Bereitschaft, der Verfasserin Einblick in Materialien ihres Archivs zu gewähren, vielmals gedankt.

fen, die Namensgebung dagegen blieb zweitrangig[141]. 3. Auf die Einberufung einer Verfassunggebenden Versammlung sollte verzichtet, statt dessen ein „Verfassungsausschuß" durch die Landtage gewählt werden. Die Sozialdemokraten hatten sich offenbar von dem Ziel allgemeiner Wahlen, das namentlich Zinn, Brill und Knothe vorher unbedingt befürwortet hatten, distanziert. 4. Der Entwurf für ein Besatzungsstatut wurde in seiner vorgelegten Form abgelehnt.

Trotz Stocks vorsichtigen Umganges mit der Terminologie gibt auch die Landtagsdiskussion nach dem Abschluß der Koblenzer Konferenz am 13. Juli zu erkennen, daß die Vertreter beider Regierungsfraktionen, SPD wie CDU, in gleicher Weise aus materiell-wirtschaftlichen Gründen die Zusammenfassung der Westzonen verwaltungsmäßig und politisch befürworteten und sich von dieser Lösung die Ausübung einer Magnetwirkung auf die vierte Zone erhofften, so daß Stock in Rüdesheim so weit gehen konnte, zu sagen: „Ich habe – um von den Verhältnissen in Hessen zu sprechen – die Auffassung gewonnen, daß die Mitglieder des Landtags, die Vertreter der KPD ausgenommen – diese zu belehren würde wohl bedeuten, Wasser in den Rhein zu tragen –, die Auffassung vertreten: Das Ziel muß sein, eine große Verwaltungsgemeinschaft sei es auch, daß sie als ‚Regierung' bezeichnet wird, zu schaffen, damit das erreicht wird, was wir erreichen wollen. Ich wage auch zu erklären, daß die Mitglieder unseres Landtags an das [dem?] Wort ‚Verfassung' sich nicht stoßen werden."[142]

### *Ländergrenzenreform*

Es war sozusagen natürlich, daß 1948 hessische Neugliederungsvorstellungen sich in erster Linie auf die „Wiedergewinnung" der im Zuge der Landesgründung beziehungsweise Festlegung der Besatzungszonen sozusagen verlorenen hessischen Gebiete konzentrierte, zumal das „Staatsgrundgesetz" vom November 1945 diese Gebiete (Rheinhessen, Montabaur) als nach wie vor hessisch und lediglich vorübergehend der hessischen Souveränität entzogen bezeichnet hatte[143]. Es gab aber noch weiterreichende Pläne. Sie betrafen, wie dargelegt, Teile von oder gar ganz Rheinland-Pfalz, bayerisches, badisches, nordrhein-westfälisches und niedersächsisches Territorium. Eigener Verzicht war, wenn überhaupt, nur im Norden des Landes denkbar.

Mit der in Dokument Nr. II ergangenen Aufforderung zur Überprüfung der Ländergrenzen schien der richtige Zeitpunkt gekommen zu sein, dieses Problem in Angriff zu nehmen, selbst wenn es nicht innerhalb kurzer Zeit gelöst werden konnte. Nach Stocks Auffassung waren die gegenwärtigen Ländergrenzen auf die Dauer aus wirtschaftlichen und politischen Gründen untragbar[144]. In den Kriterien für eine Länderreform und der Beurteilung ihrer Dringlichkeit stimmte er weitgehend mit Hermann Brill überein: Die

---

[141] Vgl. auch die Ausführungen Heinrich von Brentanos in der Sitzung des hessischen Landtags, 13.7.1948, Stenograph. Bericht, S. 1496.
[142] Parl. Rat, Bd. 1, S. 221.
[143] Mühlhausen, Hessen, S. 87.
[144] Auf die Unhaltbarkeit der Grenzen der deutschen Länder hatte Stock schon in einer internen Besprechung der Ministerpräsidenten der amerikanischen Zone mit General Clay am 3.3. 1948 hingewiesen und gefordert, daß eine zukünftige Abgrenzung mehr nach wirtschaftlichen als nach historischen Gesichtspunkten vorgenommen werden müsse; vgl. HStAS, EA 1/2, Nr. 192.

künftigen deutschen Länder mußten lebensfähig, das hieß „möglichst ausgewogen und krisenfest, dabei jedoch unter sozialen, kulturellen, religiös-kirchlichen Gesichtspunkten vielgestaltig" sein[145]. Die Ländereinteilung sollte dabei die Grundlage für einen föderativen Staatsaufbau schaffen. Geeignet hierfür waren „Staaten mittlerer Größe, [...] Staaten von vielleicht 5 bis 8 Millionen Einwohner[n]". Wenig sinnvoll war da die Nebeneinanderexistenz von Ländern so unterschiedlicher Größe und Finanzkraft wie Schleswig-Holstein und Hamburg. Was Hessen betraf, sollte es nach Stocks Überzeugung möglich sein, durch die Zusammenführung mit der Pfalz und Rheinhessen „einen Staat von 6 bis 7 Millionen Einwohnern" zu schaffen, „der die ökonomischen Voraussetzungen für ein gutes Leben besitzt, sowohl nach der agrarischen wie nach der industriellen Seite, einen Staat, der im Staatenverband von ganz Deutschland eine Grundlage hätte, auf die er stolz sein könnte"[146].

Das Ziel einer Arrondierung hessischen Territoriums mußte, was die linksrheinischen Gebiete anging, das Interesse in erster Linie auf eine Auflösung des Landes Rheinland-Pfalz lenken, von dem Stock in der Rüdesheimer Konferenz behaupten sollte, daß es als Ganzes oder in einzelnen Teilen (wie Rheinhessen) von seiner eigenen Bevölkerung weit überwiegend abgelehnt werde. Stocks Wunsch nach einem Anschluß der Rheinpfalz wurde dortselbst vor allem von den Sozialdemokraten unterstützt, während er bei der CDU auf unterschiedliche Resonanz stieß[147]. Ambitionen zur Einbeziehung von Teilen von oder ganz Rheinland-Pfalz in das Land Hessen sahen sich durch die Entschließung des rheinland-pfälzischen Landtags vom 30. Juli 1948 bestätigt, in der dieser seine einmütige Auffassung bekundete, in dem bestehenden Lande „keine befriedigende Endlösung" zu erkennen. Sollte ein etwaiger Zusammenschluß einzelner Landesteile mit anderen Ländern nicht zustande kommen, hieß es darin weiter, sei eine „Gesamtlösung in Form der Verbindung unseres Landes mit einem der Nachbarländer anzustreben"[148]. Gegen eine Vereinigung Hessens mit Rheinland-Pfalz wurden sogar von den Besatzungsmächten später keine Einwände erhoben[149].

Der Optimismus des hessischen Ministerpräsidenten in der Neugliederungsfrage wurde jedoch keinesfalls allgemein geteilt. In Regierungskreisen wurden die Realisierungschancen solcher Pläne eher skeptisch beurteilt: Der stellvertretende Ministerpräsident Werner Hilpert sah vor allem die überragende Rolle der Besatzungsmächte im Denken der Bevölkerung, insbesondere das Bestreben, mittels andersartiger territorialer Einteilungen französischer Besatzung zu entgehen, ungeachtet der eigentlich maßgebenden Faktoren. Er fürchtete aber auch die zu erwartenden Auseinandersetzungen um die Pfalz. Die eigentlichen Gründe für eine Neugliederung, die Schaffung wirtschaftlicher und geographischer Einheiten, würden von politischen Gesichtspunkten überlagert werden. Insbesondere Brill hatte bei verschiedenen Gelegenheiten darauf hingewiesen,

---

[145] StAS, Wü 2, Nr. 219, Ausführungen Brills in der Sitzung der Planungsgruppe des Ausschusses zur Überprüfung der Ländergrenzen auf Jagdschloß Niederwald, 3.8.1948; vgl. auch AdsD, NL Hermann L. Brill, Mappe II, Schreiben Brills an Otto Suhr vom 13.9.1948: Darin bezeichnete Brill die Länderneugliederung als die „wichtigste verfassungspolitische Frage" überhaupt.
[146] Stock in der Sitzung des Landtags, 13.7.1948, Stenograph. Bericht, S. 1478 f.
[147] In der Frage nach der Zukunft der Pfalz war die rheinland-pfälzische CDU in sich gespalten. Vgl. dazu das Kapitel zu Rheinland-Pfalz, S. 241 ff.
[148] Zu der rheinland-pfälzischen Landtagsresolution vgl. ebenda, S. 250, 255.
[149] Vgl. Parl. Rat, Bd. 1, S. 318.

daß mit französischem Widerstand gegen die hessischen Pläne zu rechnen sei, da sie Frankreichs deutschlandpolitischen Zielsetzungen zuwiderliefen[150]. Stock selbst erkannte durchaus die Zweischneidigkeit von Reformversuchen, gerade was die von Hessen beanspruchten Gebiete anbetraf. Andererseits aber konnte die aus außenpolitischen Gründen (Verhinderung französischer Pläne zur Bildung linksrheinischer deutscher Staaten) notwendige Verklammerung der Gebiete beiderseits des Rheines, die der Landtag von Rheinland-Pfalz in seiner Resolution vom 30. Juli 1948 ebenfalls zur Forderung erhoben hatte, auch den hessischen Wünschen nach einer Wiedervereinigung mit seinen linksrheinischen Teilen dienen und eine Lösung im hessischen Sinne mit gleicher Berechtigung im gesamtdeutschen Interesse angeraten erscheinen lassen.

Nachdem sich Stock in Koblenz, mehr noch in Rüdesheim, für eine Durchführung der Territorialreform eingesetzt hatte, wurde am 10. August in der Hoffnung auf konkrete Ergebnisse der Arbeit des von den Ministerpräsidenten berufenen Ausschusses zur Überprüfung der Ländergrenzen die hessische Position festgelegt[151]: Das Kabinett hielt eine Neuordnung der Ländergrenzen generell für erforderlich. Es war allerdings der Auffassung, daß die von den Militärgouverneuren hierfür gesetzte Frist nicht ausreiche. Deshalb sollte darauf hingewirkt werden, im Grundgesetz das Verfahren für eine Neugliederung zu regeln. Eine Einschränkung hessischen Gebietes, einschließlich des von Hessen getrennten Rheinhessens und der Westerwaldkreise, war durch nichts zu rechtfertigen. Sollte von irgendeiner Seite der territoriale Umfang Hessens in Frage gestellt werden, würde die hessische Regierung ihrerseits Vorschläge für eine Neugliederung Deutschlands vorzulegen haben.

*Besatzungsstatut*

Wenn Stock den Erlaß eines Besatzungsstatutes vor der politischen Neuordnung Westdeutschlands forderte, mochte er lediglich eine politische Forderung seiner Partei unterstützt haben. Die überaus positive Zusammenarbeit mit der Militärregierung[152] machte ein Besatzungsstatut für Hessen weniger dringlich. Es hätte, wie der Ministerpräsident vor dem Landtag freimütig zugab, für dieses Land, wie für die Länder der amerikanischen Zone allgemein, keinen eigentlichen Fortschritt gegenüber dem bestehenden Zustand gebracht. Das galt auch in der Demontagefrage, die für andere Länder ein Problem weit größerer Tragweite darstellte. Die Demontage konnte in Hessen bereits gegen Mitte 1948 im wesentlichen als abgeschlossen gelten. Zumal nur knapp 0,5 % der hessischen Industrien davon betroffen waren, war Hessen „mit einem blauen Auge davongekommen"[153]. Viel stärker fielen da, neben den von Hessen als Grenzland zur Ostzone zu erbringenden Leistungen für eine hohe Zahl an Flüchtlingen, die Besatzungskosten ins Gewicht. Zu den besonderen Belastungen war hier die finanzielle Unterhaltung des US-Hauptquartiers in Frankfurt und des Rhein-Main-Flughafens zu rechnen.

---

[150] HStAW, 649 OMGH 8/194–2/2, Periodical Intelligence Report vom 2.9. 1948.
[151] HStAD, Abt. 503, Nr. 2853.
[152] Vgl. die Ausführungen Stocks in der Sitzung des Landtags, 13.7. 1948, Stenograph. Bericht, S. 1477; Stein, Christian Stock, S. 286.
[153] HStAW, Abt.507, Nr.1408, Schreiben von Magnus (?), Wirtschaftsministerium, an den Wirtschaftsminister vom 30.8. 1948, S.2; zur Demontage in Hessen vgl. Kropat, Hessen in der Stunde Null, S.169, 185–188.

Die nach Ansicht Stocks wichtigste Forderung der von den Ministerpräsidenten in Koblenz aufgestellten „Leitsätze", daß jeweils nur den obersten Dienststellen deutscher beziehungsweise alliierter Behörden Weisungsbefugnisse zustehen sollten, war eine Regelung, die der Ministerpräsident bereits sofort zu Beginn seiner Amtszeit mit Newman getroffen hatte[154]. Bei aller Unkompliziertheit des Umgangs mit der Militärregierung führten dennoch Eingriffe in hessische Gesetzesvorhaben nur zu deutlich die Defizite einer ungeklärten Rechtslage vor Augen. Als ein „Testfall für die Demokratie" wurde, besonders von den Sozialdemokraten, das Schicksal des Betriebsrätegesetzes[155] angesehen, das in Ausführung der entsprechenden Verfassungsbestimmung mit Zweidrittelmehrheit vom Landtag beschlossen worden war. Die noch ausstehende Bestätigung durch die Militärregierung führte zu heftigen öffentlichen Auseinandersetzungen und in der weiteren Entwicklung am 12. August 1948 zu gewerkschaftlich organisierten Massenkundgebungen in allen großen hessischen Städten. Ministerpräsident Stock selbst drohte mit Rücktritt. Eine Ablehnung des Gesetzes durch die Militärregierung mußte die neu erstehende Demokratie in den Augen der Bevölkerung diskreditieren und die Autorität und das Ansehen von Regierung und Parteien in einer solchen „Scheindemokratie" weiter schmälern[156]. Um die Voraussetzungen für eine freiheitliche innerstaatliche Entwicklung zu schaffen, bestand insofern freilich auch in Hessen der Wunsch, daß das Besatzungsstatut vor dem Beginn der Verfassungsarbeiten vorliegen sollte.

*Hessen in den Verhandlungen von Koblenz und Rüdesheim*

Stock reiste in Begleitung von Hermann L. Brill und Staatsrat Willi Apel nach Koblenz. An den Beratungen selbst beteiligte er sich im allgemeinen nur sehr verhalten, so in der Verfassungsfrage, noch weniger in der Diskussion um die Ländergrenzenreform, die er wegen ihrer grundsätzlichen Bedeutung als Voraussetzung für den bundesstaatlichen Aufbau, aber unter Beachtung der außenpolitischen Implikationen behandelt wissen wollte.

Eine spezielle Aufgabe sollte Hessen mit der Einrichtung des Büros der Ministerpräsidenten bei der Wiesbadener Staatskanzlei übernehmen. Mit der Organisation wurde Stock während der Zusammenkunft der Ministerpräsidenten auf Jagdschloß Niederwald am 15./16. Juli beauftragt. Leiter des „Büros der Ministerpräsidenten des amerikanischen, britischen und französischen Besatzungsgebietes" wurde der der SPD-Parteizentrale in Hannover nahestehende persönliche Referent Stocks, gleichzeitig Referent für bizonale Angelegenheiten, Landrat z. D. W. Heinrich Bergner.

Auf Wunsch seiner Kollegen übernahm Stock als der Regierungschef des gastgebenden Landes den Vorsitz in der Rüdesheimer Konferenz[157]. Dort schlug er sich entschieden auf die Seite derjenigen, die eine Ländergrenzenreform im ganzen aufgreifen wollten. Zumindest in dieser Frage war eine andere Konstellation als in Koblenz gegeben,

---

[154] Ausführungen Stocks in der Sitzung des Landtags, 13.7. 1948, Stenograph. Bericht, S. 1479.
[155] Mühlhausen, Hessen 1945–1950, S. 375; zum Betriebsrätegesetz ausführlich ebenda, S. 343–407.
[156] Heinrich von Brentano in der Sitzung des Landtags, 13.7. 1948, Stenograph. Bericht, S. 1495.
[157] Auch auf der Konferenz am 26.7. 1948, die zu dem vorerst abschließenden Kompromiß über die „Frankfurter Dokumente" führte, fungierte Stock als Sprecher der Ministerpräsidenten. Außer Stock, Brill und Apel, die schon in Koblenz beteiligt waren, nahmen in Rüdesheim Schmidt, Bartsch und Kniesch teil. Von den hessischen Parteivertretern war zumindest von Brentano in Koblenz anwesend.

nachdem die Militärgouverneure den von den Ministerpräsidenten vorgeschlagenen Lösungsansatz, der dem Parlamentarischen Rat die Aufgabe der Unterbreitung von Änderungsvorschlägen übertragen wollte, nicht akzeptiert und erneut und deutlich die Regierungschefs als in dieser Frage zuständig bezeichnet hatten. Der hessische Ministerpräsident solidarisierte sich mit dem Standpunkt Hermann Lüdemanns, indem er den Blick neben der Frage Württemberg/Baden auch auf Norddeutschland und natürlich Hessen lenkte. Es mochte daher nicht von ungefähr kommen, daß Stock seinen schleswig-holsteinischen Kollegen als Vorsitzenden des von den Ministerpräsidenten einzusetzenden Ausschusses zur Überprüfung der Ländergrenzen vorschlug. Nach Stocks Ansicht konnten sich die Ministerpräsidenten nicht einfach über die Veränderungswünsche einzelner Landesteile hinwegsetzen. Warum sollte man ihnen nicht stattgeben, „wenn die Gesamtkonstruktion Deutschlands dadurch nicht beeinträchtigt" wurde? Außerdem wäre „es ein Armutszeugnis für uns Deutsche, wenn wir nicht endlich einmal diese Frage Deutschland in Angriff nehmen würden, wenn wir es immer noch bei dem alten Zustande belassen wollten". Die Reform sollte trotz der damit einhergehenden politischen und wirtschaftlichen Schwierigkeiten aufgegriffen werden. Andernfalls müßten sich die Ministerpräsidenten den Vorwurf machen, „daß wir die von den Okkupationsmächten uns oktroyierten Ländergrenzen auf Ewigkeit" akzeptierten[158]. Dies sei dann etwa der Fall bei Rheinland-Pfalz, von dem 80% der Bevölkerung den bestehenden Zustand seines Wissens nach ablehnten, oder allein in Rheinhessen, wo das gleiche zu fast 100% zutreffe[159], eine Feststellung, die den sofortigen Widerspruch der rheinland-pfälzischen Vertreter hervorrufen mußte. In Rüdesheim gab Stock also seine noch in Koblenz geübte Zurückhaltung auf und ging dazu über, hessische Wünsche direkt anklingen zu lassen. Selbst wenn er nochmals an das Grundziel erinnerte, lebensfähige Länder zu schaffen und „bei allen diesen Fragen an Deutschland zu denken"[160], und betonte, daß auch die hessische Perspektive die „gesamtdeutsche Frage in den Vordergrund" stelle und „dabei frei von irgendwelchem Ländergoismus" sei, konnte dies kaum darüber hinwegtäuschen, daß es ihm im Kern um die Verwirklichung eines landespolitischen Interesses ging, das durchzusetzen jetzt der richtige Zeitpunkt schien.

In der Verfassungsfrage machte Stock in Rüdesheim keinen Hehl daraus, daß er willens war, auf die Linie der Besatzungsmächte einzuschwenken, eine Tendenz, die er bereits im Anschluß an die Konferenz mit den Militärgouverneuren am 20. Juli General Clay gegenüber angedeutet hatte[161]. Stock hat, soweit dies feststellbar ist, eine westdeutsche Verfassung und Regierung von Beginn an befürwortet und lediglich aufgrund partei- beziehungsweise koalitionspolitischer Absprachen zurückgesteckt, in Rüdesheim dann aber auf ein weitgehendes Nachgeben gegenüber den Forderungen der Londoner Mächte gedrängt. Auf einen Streit um terminologische Fragen, denen die Amerikaner bekanntermaßen hohes Gewicht zumaßen, konnte er verzichten. Er selbst hätte ohne

---

[158] Parl. Rat, Bd. 1, S. 209, 251.
[159] Im Gespräch mit den alliierten Verbindungsoffizieren am 21.7.1948 hatte sich Stock durch Rückfrage bei Litchfield dessen versichert, daß ein Anschluß Rheinhessens an das Land Hessen bei den Besatzungsmächten keine Einwände hervorrufen würde; vgl. ebenda, S. 270.
[160] Ebenda, S. 209.
[161] Ebenda, S. 171, Anm. 29.

weiteres die Bezeichnung „Grundgesetz" gegen den Terminus „Verfassung" eingetauscht („Tun Sie ihnen doch den Gefallen")[162]. Er versuchte daher, seine Kollegen dazu zu ermutigen, den Militärgouverneuren entgegenzukommen, das „Grundgesetz", wenn es eine Verfassung sein sollte, auch tatsächlich offen als solche zu bezeichnen und an „einer solchen Wortklauberei [...] diese großen Dinge nicht scheitern" zu lassen. Zum Einlenken riet er auch in der Referendumsfrage. Stock war überzeugt, daß, sollte es tatsächlich zu einer Volksabstimmung kommen, diese auch erfolgreich durchführbar sein würde. Er unterstützte die Argumentation Ernst Reuters. Dem Volk gehe es um die Schaffung eines Staatsgebildes, das seiner Form und seinem Inhalt nach die Voraussetzungen für eine Verbesserung der wirtschaftlichen Lage mitbringe. Die Frage des Referendums sei also nur von zweitrangiger Natur. Auch bei einer Volksabstimmung würden die propagandistischen Ansätze der Kommunisten keinen Erfolg haben.

Insgesamt mußte Hessen in der Ländergrenzenproblematik eine eher negative Bilanz ziehen. In seinem Hauptanliegen, der territorialen Umgestaltung, vornehmlich Hessens selbst, die unter den Inhalten der „Frankfurter Dokumente" in der landesinternen Diskussion an erster Stelle stand, ging das Land letztlich leer aus. Wahrscheinlich wäre Stock schon mit einer Reform allein im deutschen Südwesten zufrieden gewesen, hätte man sich seinem Versuch einer geographisch extensiven Auslegung dieser Region angeschlossen: Stock unterstützte eine Neuordnung für „das gesamte Problem Südwest", weil er selbst darunter den Süden und den Westen subsumierte, also neben den Ländern Baden und Württemberg auch das Land Hessen, aber insbesondere Rheinland-Pfalz[163], dessen Auflösung die Voraussetzung für eine Einbeziehung linksrheinischer Gebiete in hessisches Territorium war. Die Schaffung von lebensfähigen Ländern mittlerer Größe im Rahmen eines dezentralisierten westdeutschen Bundesstaates hätte nach seiner Meinung eine Vergrößerung des Landes Hessen zugelassen, vor allem in Gestalt einer Zusammenfassung des Industriezentrums im Rhein-Main-Neckar-Gebiet. Die mit einer neuen Grenzziehung erreichte Verklammerung der links- und rechtsrheinischen hessischen Gebiete konnte vor dem Hintergrund französischer Territorialpläne als ein Beitrag im gesamtdeutschen Interesse begründet werden.

Die Auflösung des Niederwalder Ländergrenzenausschusses muß für Stock eine arge Enttäuschung bedeutet haben. Gegen den vom Hamburger Bürgermeister Brauer gestellten Antrag, die Tätigkeit des Ausschusses einzustellen, den er als „unannehmbar" bezeichnete, erhob er vergeblich Einspruch. Er schlug – gemäß dem Kabinettsbeschluß vom 10. August – vor, den Generälen die Ansicht zu unterbreiten, daß die Frage der Ländergrenzenreform, da sie eine rein deutsche Angelegenheit sei, auch nach dem Ablauf der von den Gouverneuren gesetzten Frist bis zum 15. Oktober weiterbehandelt werden müsse. Sichtbares Zeichen dafür, daß mit der Durchführung einer Reform offenbar weiterhin ernsthaft gerechnet wurde, war die Einsetzung des hessischen Ländergrenzenausschusses. Die Planungen wurden auch nach der Einstellung der Ar-

---

[162] Ebenda, S. 227, 210; vgl. dazu auch Hess. StAD, Abt. 027 (NL Stock), Nr. 573, Rundfunkinterview vom 30.7.1948.
[163] Ebenda, S. 117. Ganz deutlich äußerte sich Stock hierzu in der Niederwalder Konferenz vom 31.8.1948: „Ich habe die Anweisung, daß sich die Kommission mit dem Südwesten befassen soll, nicht dahingehend verstanden, daß damit Württemberg-Baden gemeint ist, sondern vielmehr sowohl den Süden als auch den Westen. Somit ist das Problem Rheinland-Pfalz mit einzuschließen"; vgl. ebenda, S. 363.

beiten des Ländergrenzenausschusses der Ministerpräsidenten fortgesetzt in der Hoffnung, daß die Reformfrage zu einem späteren Zeitpunkt erneut aufgegriffen werden würde. Diesen Weg offenzuhalten diente der hessische Vorschlag, eine entsprechende Bestimmung in die kommende Verfassung aufzunehmen[164].

## 3. Württemberg-Baden

Aus den Nordhälften zweier ehemaliger Länder zusammengefügt, die nach 1945 durch die Grenzziehung zwischen dem französischen und dem amerikanischen Besatzungsgebiet zertrennt worden waren, besaß Württemberg-Baden eine innere Struktur eigener Art: Anders als bei den nicht wenigen westdeutschen Ländern, die ebenfalls aus verschiedenen Landschaftsteilen neu gebildet worden waren – in denen diese Gebiete jedoch, selbst wenn sich hier und dort regionale Interessen und Traditionen mehr oder minder heftig zu Wort meldeten, im letzten aber bereit waren, sich einer Landesgesamtregierung und -verwaltung unterzuordnen –, bestand Württemberg-Baden von Anfang an aus zwei selbständigen Teilen, von denen der nordbadische lange Zeit nicht bereit war, seine ihm zugestandene autonome Position aufzugeben.

In Stuttgart hatten sich zunächst die Franzosen niedergelassen, nicht weit entfernt davon, in Schwäbisch-Gmünd, die Amerikaner. Letztere tolerierten zunächst den Versuch ihrer Verbündeten, durch die Bildung einer Zentralregierung für ganz Württemberg so rasch wie möglich in ihrem Sinne vollendete Tatsachen zu schaffen: Nach Vorschlägen des Stuttgarter Oberbürgermeisters Arnulf Klett, dem die Aufgabe der Bildung einer Regierung übertragen wurde, kam es am 13. Juni 1945 zur Ernennung von neun Landesdirektoren. Doch vermochte deren Tätigkeit keine große faktische Bedeutung zu erlangen. Nachdem die Franzosen infolge der definitiven Festlegung der Zonengrenzen am 8. Juli 1945 Stuttgart geräumt hatten und nach Tübingen übergesiedelt waren, beauftragte die amerikanische Militärregierung den damals im Landratsamt von Schwäbisch-Gmünd tätigen Reinhold Maier im August 1945 mit der Bildung einer auch für Nord-Baden zuständigen Regierung, die, faktisch bereits seit dem 14. September 1945 bestehend, offiziell ab dem 24. September die von den Franzosen in Stuttgart eingesetzte deutsche Landesverwaltung ablöste. Mit der Proklamation Nr. 2 der US-Militärregierung wurde am 19. September 1945 das Land Württemberg-Baden ins Leben gerufen.

Selbst die Amerikaner hatten bei der Gründung des Landes zunächst nur einen lockeren Zusammenschluß beider Landesteile angestrebt, der der weiteren Entwicklung nicht vorgreifen sollte. Die Verbindung vor allem zu Südwürttemberg so weit wie möglich aufrechtzuerhalten war auch das Hauptanliegen der Regierung des neuen Landes in den folgenden Jahren. Erleichtert wurde dieses Ziel durch komplementäre Bestrebungen in Württemberg-Hohenzollern und durch die persönliche Freundschaft zwischen Reinhold Maier und dem südwürttembergischen Staatspräsidenten Lorenz Bock, deren Bekanntschaft in die Zeit gemeinsamer politischer Tätigkeit im alten württembergischen Landtag vor 1933 zurückreichte[165]. Eine Schlüsselrolle spielte in diesem

---
[164] Ebenda, S. 117f.
[165] Vgl. Maier, Grundstein, S. 379f.

Zusammenhang auch Carlo Schmid, der als südwürttembergisches Kabinettsmitglied in seiner ihm von Maier verliehenen Eigenschaft als Staatsrat auch an den Sitzungen des Stuttgarter Ministerrates teilnehmen durfte[166].

Der erste gewählte Landtag von Württemberg-Baden trat am 10. Dezember 1946 zu seiner konstituierenden Sitzung zusammen. Die Wahlen am 24. November des Jahres hatten für die CDU 39, die SPD 32, die DVP 19 und die Kommunisten 10 Sitze im neuen Landesparlament ergeben. Genau vier Wochen zuvor war die Verfassung, das „Grundgesetz des Landes Württemberg-Baden", per Volksentscheid angenommen worden. Die zur Beratung und Verabschiedung der Verfassung am 30. Juni 1946 direkt gewählte Verfassunggebende Versammlung hatte die am 16. Januar 1946 erstmals zusammengetretene, aus den des längeren schon erfolgreich praktizierten Landrätetagungen hervorgegangene Vorläufige Volksvertretung abgelöst. Bei der Regierungsbildung verzichtete die CDU als stärkste Partei auf ihren Anspruch auf den Posten des Ministerpräsidenten. So fiel die Wahl vom 16. Dezember 1946 mit 71 Stimmen bei 17 Enthaltungen auf den Liberalen Reinhold Maier. Maier, der sein Amt als eine Vermittlerfunktion interpretierte und deshalb die Bildung einer Allparteienregierung anstrebte, war von allen Seiten als der geeignete Kompromißkandidat akzeptiert worden. Er war somit der einzige Regierungschef in der amerikanischen Zone, der über seine Einsetzung durch die Militärregierung hinaus auch nach den ersten Landtagswahlen im Amt blieb.

*Persönlichkeit und Politik des Ministerpräsidenten Reinhold Maier*

Nicht nur durch seine eigenartige Binnenstruktur, sondern noch in einem weiteren Punkt unterschied sich Württemberg-Baden von den anderen westdeutschen Ländern: Als einziges besaß es für die gesamte Zeit seines Bestehens einen Liberalen als Regierungschef. Reinhold Maier, geboren am 16. Oktober 1889 in Schorndorf, gestorben am 19. August 1971 in Stuttgart, hatte 1907 bis 1912 in Grenoble und Tübingen Rechtswissenschaften studiert. 1920, zwei Jahre vor der Promotion, ließ er sich, bis 1930, als Rechtsanwalt in Stuttgart nieder. 1933–1944 arbeitete er beim Stuttgarter Amts- und beim Oberlandesgericht. 1944 mußte er aus dem Beruf ausscheiden und sich als Munitionsarbeiter einer Gmünder Firma zur Verfügung stellen. Um sich dem Zugriff der Geheimen Staatspolizei zu entziehen, verbrachte er dann die Zeit bis Kriegsende zurückgezogen in den Bergen. Seit 1912 war Maier in der württembergischen Volkspartei aktiv. 1924 wurde er Vorsitzender der DDP in Stuttgart. Später, 1932–33, war er Mitglied des Parteivorstandes der Deutschen Staatspartei, in derselben Zeit auch Abgeordneter im württembergischen Landtag und im Reichstag. Höhepunkt der politischen Aktivität Maiers vor 1945 war seine Tätigkeit als württembergischer Wirtschaftsminister und Reichsratsbevollmächtigter von 1930–1933.

Wenn Reinhold Maier nach Kriegsende mit aller Entschiedenheit für das Wiedererstehen der württembergischen Demokratischen Volkspartei votierte, gehörte er dennoch nicht zu deren Mitbegründern. Als gouvernementaler Politiker überließ er den Aufbau der Partei vorzugsweise dem späteren Partei- und Fraktionsvorsitzenden Wolfgang Haußmann und Generalsekretär Ernst Mayer[167]. Maiers Rückkehr in die Politik nahm vom Landratsamt in Schwäbisch-Gmünd seinen Ausgang, wo er als ehren-

---

[166] Vgl. dazu auch das Kapitel über Württemberg-Hohenzollern.
[167] Dazu Matz, Reinhold Maier (1889–1971), S. 230ff.

amtlicher Mitarbeiter tätig gewesen war, bis ihn die amerikanische Militärregierung mit der Bildung einer Regierung und der Führung des Landes beauftragte. Aus dieser Zeit resultierten seine ausgesprochen guten Beziehungen zur Besatzungsmacht, insbesondere in der Person von Oberst William W. Dawson, dem er in seinen 1964 erschienenen Erinnerungen „Ein Grundstein wird gelegt. Die Jahre 1945–1947" ein Denkmal gesetzt hat[168].

Reinhold Maier war ein Pragmatiker. Einfacher und schlichter Stil kennzeichnete in gleicher Weise seine Amtsführung als Ministerpräsident wie seine politischen Reden, die sich – stets „hausgemacht", also aus eigener Feder stammend[169] –, „stellenweise beinahe hölzern, aber mit kräftigen Bildern durchsetzt und leicht zu fassen"[170], grundlegend von denen seines rhetorisch hochbegabten Gegenspielers in der Südweststaatsfrage, Leo Wohleb, unterschieden. Ähnlich wie dieser als Landesvater große Popularität genießend, besaß Maier jedoch, im Unterschied zu Wohleb, das Vertrauen und die Zustimmung aller politischen Kräfte seines Landes, die ihm, obwohl er keineswegs der stärksten Partei angehörte, sieben Jahre lang die Regierungsverantwortung überließen. Im Rahmen einer Allparteienkoalition praktizierte Reinhold Maier, seinem politischen Verständnis von der Rolle eines Mittlers zwischen den beiden großen Parteien CDU und SPD[171] entsprechend – im eigenen Lande wie auf Zonenebene und schließlich in den Konferenzen von Koblenz und Rüdesheim, wo er als einziger Liberaler zwischen zwei gleich starken Lagern aus CDU- bzw. SPD-Ministerpräsidenten stehen sollte –, einen kollegialen Regierungsstil. Wie Maier eigens beschreibt, hat er ausdrücklich auf seine Richtlinienkompetenz als Regierungschef verzichtet[172]. Allerdings wußte er es, laut Eschenburg, immer so einzurichten, daß das Kabinett entschied, wie er beschlossen hatte[173]. Eine breitere Streuung der Verantwortung lag, wie Maier später selbst zugab, freilich auch im eigenen Interesse[174].

Glaubte er, während seiner Regierungszeit die Unabhängigkeit sowohl gegenüber der eigenen Partei als auch innerhalb der Koalitionsregierung bewahrt zu haben[175], so entsprach dies dem Vorbild des „selbständigen und unabhängigen Typus des Politikers", der „nach der Verfassung zu handeln" hatte und „nicht nach der Meinung einer Partei, weder seiner eigenen [...] noch einer fremden"[176], ein Politikverständnis, das durch bittere persönliche Erfahrungen während der nationalsozialistischen Zeit ge-

---

[168] Maier, Grundstein, S. 347 ff. Auch unter Dawsons Nachfolgern Sumner Sewall und Charles M. La Follette ergab sich ein gutes Verhältnis zur Militärregierung; vgl. Sauer, Demokratischer Neubeginn, S. 68 f.; Matz, Reinhold Maier (1889–1971), S. 206 ff.
[169] Hofmann (Bearb.), Reinhold Maier. Die Reden, S. 14.
[170] Feuchte, Verfassungsgeschichte, S. 5.
[171] Wieck, Christliche und Freie Demokraten, S. 153; dazu auch HStAS, RG 260 OMGWB 5/234-1/1, Intelligence Report No. 47, Woche bis 13. 12. 1946.
[172] Maier, Grundstein, S. 129 f.; zur Stellung Maiers im Kabinett auch Matz, Reinhold Maier (1889–1971), S. 202.
[173] Eschenburg, Regierung, Bürokratie und Parteien, S. 58.
[174] Maier, Grundstein, S. 130.
[175] Vgl. HStAS, Q 1/8, Nr. 111, Rede Maiers zur Landtagswahl vom 19. 11. 1950. Auch Foelz-Schroeter, Föderalistische Politik, S. 42, spricht von Maiers „Neigung, wenn nicht zu parteipolitischer Abstinenz, so doch zu parteipolitischer Ausgewogenheit".
[176] HStAS, Q 1/8, Nr. 191, „Wir suchen Deutschland", Rede Reinhold Maiers auf dem Dreikönigsparteitag der DVP Württemberg-Baden am 6. 1. 1948.

prägt worden war, die ihn zu einer „inneren Distanz zur Macht" geführt hatten[177]. Um so mehr kritisierte er – wie auch andere liberale Politiker, darunter Theodor Heuß – die „Unsitte von Fraktionssitzungen"[178] auf Ministerpräsidentenkonferenzen, wie sie schon vor dem Juli 1948 zur Gewohnheit geworden war. Die Ministerpräsidenten, nicht die Parteien, deren bis zum damaligen Zeitpunkt erreichter Organisationsgrad nach seiner Auffassung noch viel zu gering war, hielt Maier in ihrer Eigenschaft als gewählte Vertreter für berechtigt, vorläufig die Rolle der Repräsentanten des deutschen Volkes zu übernehmen. Grundsätzlich aber waren allgemeine Wahlen in ganz Deutschland der einzige Weg, um klarzustellen, wem wirklich die Wahrnehmung der deutschen Interessen zustand[179]. Diese Überzeugung entsprang sowohl dem altliberalen Parteienverständnis, „in dem Parteiführer ohne Staatsamt nicht zu politischem Handeln im Namen der Gesamtheit legitimiert erschienen"[180], als auch der föderalistischen Grundeinstellung der württemberg-badischen DVP. Sie unterschied sich hierin von den norddeutschen Liberalen[181], rückte dafür andererseits in die Nähe bayerischer Vorstellungen, von denen sie sich aber, wie schon Foelz-Schroeter zu Recht festgestellt hat, dadurch abhob, daß die „Stellungnahme für das föderalistische Modell mehr als ein prinzipiell demokratisches Votum" zu verstehen war. Maier war eigentlich gesamtstaatlich orientiert. Der Akzent lag also weniger auf der eigenen Staatsqualität der Länder als vielmehr auf der Vorstellung vom Föderalismus als einem „Aufbauprinzip des deutschen Staatsvolkes, das sich im Augenblick eben erst bis zur Ebene der Länder organisiert hatte"[182]. Bei aller Befürwortung föderalistischer, die Rechte der Länder respektierender Lösungen stand das Erfordernis einer auf allgemeinen Wahlen beruhenden, eigenständigen und handlungsfähigen Zentralgewalt im Mittelpunkt seines staatsrechtlichen Denkens.

Zu den Grundvoraussetzungen für eine funktionsfähige föderalistische Ordnung gehörte auch eine territoriale Neugliederung. In diesem Zusammenhang begriff Maier das Problem Württemberg-Baden auch als ein solches des „zukünftigen Aufbau[s] des Reiches"[183], die Zerrissenheit Württembergs und Badens im kleinen als Muster für die unnatürliche Zerrissenheit Deutschlands im ganzen. Nach der Übergabe der „Frankfurter Dokumente", als die Befürchtung fast zur Gewißheit wurde, daß das neue Deutschland nicht das ganze Deutschland sein würde, war er, unter funktionalistischem Aspekt, zu weiteren Zugeständnissen an den Föderalismus bereit. Dieser sollte es erleichtern, die Türe zum Osten offenzuhalten, mit Hilfe einer „bewußt schwach gehaltenen westdeutschen Organisationsspitze die Konfliktgefahr mit einem Staatsgebilde in der Ostzone eher herabmindern als vermehren" und den Vorläufigkeitscharakter

---

[177] Berg, Reinhold Maier, S. 63, 66.
[178] Maier, Grundstein, S. 375.
[179] HStAS, Q 1/8, Nr. 65, „Die Londoner Konferenz und Deutschland", Manuskript einer Rundfunkansprache vom 29.11.1947; vgl. dazu auch den Artikel von DVP-Generalsekretär Ernst Mayer, „Demokratie oder Parteiführerherrschaft?" In: Das neue Vaterland, 3. Jg., Nr. 13, vom Juli 1948.
[180] Heß, „Machtlos", S. 119.
[181] Hein, Zwischen liberaler Milieupartei, S. 326 f.
[182] Foelz-Schroeter, Föderalistische Politik, S. 121 f.
[183] HStAS, Q 1/8, Nr. 63, „Das Problem der wirtschaftlichen Einheit Deutschlands", Rede Maiers vor der Vorläufigen Volksvertretung Württemberg-Badens am 27.3.1946.

einer auf die Westzonen beschränkten Lösung unterstreichen[184]. Um des Provisoriums willen war er auch bereit, auf grundlegende demokratische Positionen wie allgemeine Wahlen zur Verfassunggebenden Versammlung zu verzichten, die dem Ganzen zwar eine „moralisch gefestigte Position" verliehen hätten; eine „zu stark fundierte Institution im Westen" aber hätte „gerade den Ausschließlichkeitsstandpunkt" begünstigt, „welchem wir unter keinen Umständen Nahrung geben wollen".

Innerhalb seiner Partei verfolgte er ebenfalls eine mittlere Linie zwischen dem zurückhaltenderen Theodor Heuß und dem ab Mitte 1948 stark vorwärtsdrängenden Generalsekretär Ernst Mayer. Schon im Herbst 1945 ist Maier in einem privaten Gespräch mit dem einflußreichen juristischen Berater der amerikanischen Militärregierung in Deutschland, Karl Löwenstein, über die bevorstehende Gründung eines Weststaates in Kenntnis gesetzt worden[185]. Trotzdem hat er nachdrücklich am Ziel der Aufrechterhaltung der deutschen Einheit festgehalten. Doch konnte er sich der Einsicht in die Unabwendbarkeit einer westdeutschen Teillösung auf die Dauer nicht entziehen. Zwar fehlte in keiner seiner Reden das „keineswegs allein als Pflichtübung verstandene Bekenntnis zur Einheit der Nation, zum Reich" – ein Nachklang der „Tradition der bürgerlich-liberalen Bewegung des 19. Jahrhunderts [...], sich nicht zuletzt als Vorkämpferin der nationalen Einheit zu verstehen"[186] –, doch tauchte in seinen öffentlichen Äußerungen schon früh die Sorge um eine mögliche „Verewigung der Demarkationslinie zwischen West und Ost"[187] auf. Er zweifelte daran, daß man diese Einheit von außen zulassen werde, aber ebenso, daß die Deutschen selbst zur Einheit fähig sein würden. Beides ließ befürchten, daß die deutsche Frage in- und extern zu einem Zankapfel wurde. Bei aller Skepsis hinsichtlich der künftigen Entwicklung verbot sich jedoch angesichts des hohen Stellenwertes der nationalen Einheit im politischen Denken der württemberg-badischen Liberalen, die ihr Land als natürlichen „Vorposten für einen nach den Grundsätzen des gesunden Menschenverstandes ausgerichteten Reichsgedanken"[188] betrachteten, jegliche Option zwischen Ost und West. Die Gefahr, daß die Deutschen in der Parteinahme für diese oder jene Besatzungsmacht auseinanderfallen könnten, mahnte dazu, sich in „dem Wirrwarr der sich überschneidenden Interessen des Auslands" auf sich selbst zu besinnen, „auf den eigenen Standpunkt [...] und einzig und allein ihn mit unerschütterlicher Ruhe zu vertreten". Die einzigen Mittel deutscher Politik in den internationalen Auseinandersetzungen sah Maier in „Zurückhaltung, Objektivität nach allen Seiten, Nichteinmischung in den Streit der Großen. Lieber eine Zeitlang auf der Stelle treten, als eine unüberlegte Aktivität"[189].

Diese Form politischer Neutralität teilte Reinhold Maier mit Theodor Heuß. Trotz aller persönlichen Unterschiede verband beide ein hohes Maß an Übereinstimmung in ihren politischen Überzeugungen. Anders als Heuß jedoch, der vor einer auf Westdeutschland beschränkten Lösung immer gewarnt hatte und die Verantwortung für

---

[184] Rede Maiers in der Sitzung des Landtags, 7.7.1948, Stenograph. Bericht, S. 1857.
[185] Matz, Reinhold Maier (1889–1971), S. 305.
[186] Hein, Zwischen liberaler Milieupartei, S. 302.
[187] HStAS, Q 1/8, Nr. 64, „Zonenvereinigung", Rede Maiers in der 10. Sitzung der Verfassunggebenden Landesversammlung am 26.9.1946.
[188] Ebenda, Nr. 63, Rede Maiers vor der Vorläufigen Volksvertretung Württemberg-Badens am 6.3.1946.
[189] Ebenda, Nr. 64, „Zonenvereinigung", Rede Maiers am 26.9.1946.

die staatsrechtliche Entwicklung den Besatzungsmächten überlassen wollte, scheint Maier die Konsequenzen aus der sich abzeichnenden Entwicklung gezogen zu haben: Konstatiert Jürgen Heß etwa ab Januar 1948 das Fehlen weiterer öffentlicher Äußerungen von Heuß zu dieser Frage[190], ließ Reinhold Maier spätestens in einer Rede von Ende Februar 1948 anläßlich der Umgestaltung des Frankfurter Wirtschaftsrates sein Umdenken erkennen. Nun rief er dazu auf, das Schicksal selbst in die Hand zu nehmen[191]. Die wirtschaftliche Einheit war, das hatte er bereits früher betont, ohne eine gleichzeitige politische nicht möglich. Wegen der schwierigen materiellen Situation der Menschen in den westlichen Besatzungszonen aber mußte etwas geschehen, selbst unter vorläufiger Inkaufnahme der Teilung. In der Debatte über die „Frankfurter Dokumente" schließlich bezeichnete Maier das „Voranschreiten zu dem staatsähnlichen Gebilde in Westdeutschland", das freilich nicht mehr bedeuten könne als „nur eine weitere Etappe", um über „den Umweg über das größere Ganze [...] den Weg zum großen Ganzen" zu eröffnen, gar als eine „Pflicht" ohne Alternative, wobei Eile geboten sei[192]. An die Stelle politischer Zurückhaltung, ja Neutralität, aus Furcht davor, zur Teilung Deutschlands den ersten Schritt zu tun, war jetzt die aktive Entscheidung für eine auch politische Neugestaltung Westdeutschlands als „ultima ratio" getreten, in einer Form allerdings, die bewußt keinen Endgültigkeitscharakter für sich beanspruchte.

## Probleme und Interessen der Landespolitik
### Verhältnis Nordwürttemberg/Nordbaden

Württemberg-Baden war, wie schon angedeutet, zu keiner Zeit ein monolithischer Block. Die Rivalität zwischen dem württembergischen und dem badischen Landesteil beschrieb die innere Situation dieses Landes. Der Landesbezirk Baden besaß ein hohes Maß an Autonomie: Unter anderem verfügte er über einen eigenen Haushalt[193]; der Landesbezirkspräsident, Heinrich Köhler, war zwar dem Ministerpräsidenten verantwortlich, der ihm seine Befugnisse für den nordbadischen Landesteil gemäß einer dem Statut vom 20. Dezember 1945 beigefügten Verfügung mit Zustimmung des Staatsministeriums auf Widerruf übertragen hatte, amtierte jedoch weitgehend selbständig. Der Wunsch Nordbadens nach Beibehaltung dieser Privilegien war anfangs in Stuttgart auf Verständnis gestoßen, zumal Nordwürttemberg – analog zu Nordbaden – noch ganz den Blick auf die Wiedervereinigung mit seinem südlichen Landesteil gerichtet hatte. So bestand zunächst von keiner Seite Interesse an einer Aufrechterhaltung dieser „Zwangsehe". Rücksichtnahme auf den badischen Landesteil sollte die von den Amerikanern verfügte Vereinigung nur vorsichtig und allmählich zustande kommen lassen. Die Bereitschaft zur Anerkennung einer gewissen Autonomie Nordbadens war zudem auch eine taktische Reaktion auf die starken Aversionen Südbadens gegenüber dem neuen Staat Württemberg-Baden[194].

---

[190] „Nach einigen Monaten des Schweigens löste die Stellvertreterthese die Verweigerung jeder Option ab"; Heß, „Machtlos", S. 134.
[191] HStAS, Q 1/8, Nr. 65, Radioansprache Maiers vom 22.2. 1948.
[192] Rede Maiers in der Sitzung des Landtags, 7.7. 1948, Stenograph. Bericht, S. 1856.
[193] Vgl. Sauer, Entstehung des Bundeslandes Baden-Württemberg, S. 18.
[194] Feuchte, Verfassungsgeschichte, S. 23, 110.

## 3. Württemberg-Baden

Die beherrschende Figur in Nordbaden war Heinrich Köhler[195], zunächst ein entschiedener Gegner des von den Amerikanern verfügten Zusammenschlusses von Nordwürttemberg und Nordbaden. Nur auf Drängen der Besatzungsmacht war Köhler nach der Vereinigung beider Landesteile am 29. Oktober 1945 als stellvertretender Ministerpräsident dem Kabinett des Gesamtlandes beigetreten, das bis dahin nur aus Württembergern bestanden hatte. Auch nachdem Köhler begonnen hatte einzusehen, daß eine getrennte Existenz der beiden Landeshälften wohl kaum möglich sein würde, bestand er auf dem Grundsatz, daß Baden die Chance zur Wiedererlangung seiner Einheit gewahrt bleiben müsse. Er kämpfte weiterhin gegen jede engere Verbindung mit Stuttgart und gegen jede Entscheidung, die eine Auflösung des, schweren Herzens hingenommenen und stets nur als Provisorium verstandenen, Landes Württemberg-Baden erschwert hätte. Die Wachsamkeit Köhlers gegenüber Stuttgarter Versuchen, den festeren Zusammenschluß zu forcieren, zeigte sich am deutlichsten bei den Auseinandersetzungen um das Landesbezirksverwaltungsgesetz als Versuch einer Neuordnung der Verwaltung der beiden Landesbezirke innerhalb des Gesamtlandes nach Artikel 44 der Verfassung. Diese Diskussion war zugleich der Höhepunkt des Konflikts um die Stellung Nordbadens innerhalb des Gesamtlandes. Die Einführung des Gesetzes scheiterte am anhaltenden Widerstand der nordbadischen Vertreter. Die Verhandlungen zogen sich monatelang hin, bis sie schließlich im Zuge des Neugliederungsauftrages nach dem Frankfurter Dokument Nr. II völlig zum Erliegen kamen.

Dieser Widerstreit beider Landesteile, zugleich personifiziert in dem Dualismus Maier–Köhler, zweier „trotz ihrer Verschiedenheit [...] in Erfahrung und Schläue ähnliche[r] Autokraten mit demokratischer Überzeugung"[196], sollte auch in der Neugliederungsfrage die Entscheidungen des württemberg-badischen Kabinetts nachhaltig beeinflussen, da der Regierungschef in seiner Handlungsfähigkeit durch die Rücksichtnahme auf Nordbaden keineswegs frei war: Entscheidungen bezüglich des Gesamtlandes Württemberg-Baden konnten nur im Einverständnis zwischen Maier und Köhler zustande kommen. Nach Eschenburgs Erinnerung ist es Maier allerdings mit seiner „Geduld und Umsicht wie seiner schwäbisch-schlitzohrig-behäbigen Geschicklichkeit immer wieder gelungen, eine Verständigungsgrundlage mit Köhler zu finden"[197].

Von großer Wirkung, vor allem vor dem Hintergrund der Eigenschaft Köhlers als führendes Mitglied der nordbadischen CDU, war dessen politische Wende auf dem Brettener Parteitag im Juni 1948[198]. Er, ebenso wie der nordbadische CDU-Vorsitzende Fridolin Heurich[199], gab nun, nachdem beide vorher der Wiedervereinigung Badens oberste Priorität eingeräumt hatten, unter der Voraussetzung, daß bestimmte Sonderanliegen des nordbadischen Landesteiles erfüllt würden, dem größeren Zusammenschluß den Vorrang. Damit vertrat die nordbadische CDU, die diesen Stellungswech-

---

[195] Zum Werdegang Köhlers vgl. Becker (Hrsg.), Heinrich Köhler, S. 19–51.
[196] Eschenburg, Jahre der Besatzung, S. 83.
[197] Ders., Entstehung Baden-Württembergs, S. 45.
[198] Dazu Hepp, CDU im Landesbezirk Nordbaden, S. 125 f.
[199] Noch auf dem 3. Landesparteitag der CDU Südbadens in Freiburg am 4.6. 1948 hatte Heurich die Position seiner Partei dahingehend definiert, daß sie, bevor man eine endgültige Bindung eingehe, die Wiedervereinigung mit Südbaden verlange. Danach solle das badische Volk entscheiden, ob es selbständig bleiben oder in einen südwestdeutschen Gesamtstaat eintreten wolle, vgl. Badische Neueste Nachrichten vom 8.6. 1948.

sel zu einem Großteil mitvollzog[200], genau die umgekehrte Position wie der südbadische Landesverband. Doch blieb die innere Geschlossenheit der nordbadischen CDU nicht von Dauer: Sie wurde im Laufe des Jahres 1949 in dem Maße aufgeweicht, wie es der altbadischen Karlsruher Gruppe[201], in der steigenden Gewißheit, daß es nicht zur Durchführung des gefürchteten Planes der Franzosen kommen würde, Nordbaden gegen Südwürttemberg auszutauschen, gelang, innerhalb der Parteiführung an Boden zu gewinnen. Mit der an Schärfe zunehmenden innerparteilichen Auseinandersetzung vollzog die nordbadische CDU schließlich eine Entwicklung nach, die in der südbadischen Schwesterpartei schon früher eingesetzt hatte: Mangels Geschlossenheit erklärte der Landesausschuß Mitte 1950 die Neutralität der Partei in der Südweststaatsfrage und stellte seinen Mitgliedern die Entscheidung frei.

Köhler selbst gab für seinen Kurswechsel verschiedene Gründe an: Er habe nicht mehr mit ansehen können, „wie die beiden Südteile systematisch ruiniert und zum wirtschaftlichen und finanziellen Zusammenbruch gebracht" würden. Den zweiten Impuls hätten außenpolitische Erwägungen gegeben, nach denen er nicht länger „als ein Förderer der Rheinbundbestrebungen der Franzosen" in die Geschichte eingehen wollte[202]. Köhlers Wende zeigt also, daß die Entscheidung, freiwillig an dem Zusammenschluß mit Württemberg-Baden festzuhalten und eine Vereinigung aller Landesteile der beiden ehemaligen Gesamtländer im Südweststaat anzustreben, maßgeblich von skeptischen Erwägungen gegenüber der Politik der französischen Besatzungsmacht bestimmt war. Nach seiner Neuorientierung hat Heinrich Köhler konsequent im Sinne einer gleichberechtigten Behandlung Badens auf die Südweststaatsverhandlungen Einfluß zu nehmen versucht. Köhlers Umdenken, mit großer Enttäuschung bei der CDU Südbadens und insbesondere von Leo Wohleb aufgenommen, bedeutete eine endgültige Weichenstellung für die Durchsetzung der Südweststaatsidee.

*Neuordnung des südwestdeutschen Raumes*

Der amerikanische Beschluß zur Gründung des Landes Württemberg-Baden war der Erkenntnis gefolgt, daß beide Landesteile getrennt voneinander auf die Dauer nicht existenzfähig sein würden. Er konnte sich jedoch auch auf deutsche Stimmen stützen: Im Auftrag von Köhlers Amtsvorgänger Holl ausgearbeitete Gutachten von Theodor Heuß und Ernst Schuster hatten übereinstimmend für die gleiche Lösung plädiert[203]. Reinhold Maier hatte die Vereinigung beider Landesteile ebenfalls zunächst nur als zeitlich begrenzt angesehen, eine spätere Wiederherstellung der alten Länder erwartet und lange Zeit darauf hingearbeitet. Köhler und Maier, die Exponenten beider Landesteile, stimmten daher anfangs darin überein, beiden Teilen weitgehende Selbständigkeit

---

[200] Zu den Widerständen innerhalb der Partei vgl. AOFAA, Commissariat pour le Land Bade – section politique, N°. 2806b, „Note à l'attention de Monsieur le Délégué Supérieur. Objet: Réorganisation territoriale du Sud-Ouest" vom 4. 8. 1948.
[201] Zum traditionellen Übergewicht der katholischen Karlsruher Gruppe innerhalb der Gesamtpartei vgl. Hepp, CDU im Landesbezirk Nordbaden, S. 127; Wieck, Christliche und Freie Demokraten, S. 131 f.; Schmitt, CDU im Landesbezirk Nordwürttemberg, S. 146, 155 f.
[202] Brief Köhlers an Carl Diez vom 9. 8. 1948, in: Becker (Hrsg.), Heinrich Köhler, Anhang, S. 388.
[203] Dazu Konstanzer, Entstehung des Landes Baden-Württemberg, S. 86; Haselier, Bildung des Landes Württemberg-Baden, S. 257, 261.

und Unabhängigkeit zu belassen. Das Drängen der Militärregierung auf einen festeren Zusammenschluß aber lehrte Maier, die Zweckmäßigkeit einer solchen Lösung zu sehen[204]. Die Vorteile einer solchen Vereinigung lagen eindeutig in der besseren Überwindung der materiellen Schwierigkeiten der unmittelbaren Nachkriegszeit, für die, so hatte schon Theodor Heuß in seinem bereits erwähnten Gutachten vom Juli 1945 argumentiert, „ein größeres Territorialgebilde mehr Ausweichmöglichkeiten und Gesundungskräfte" enthielt[205]. Von Nordbaden aus gesehen sprachen ebenfalls versorgungspolitische Gesichtspunkte, außerdem eine sinnvolle territoriale und industrielle Erweiterung durch zusätzliche Absatzgebiete für seine Industrieprodukte sowie der Wunsch nach einem Hinterland für die Häfen von Mannheim[206] und Karlsruhe für ein Zusammengehen mit Württemberg, das hier, zumal dank traditionell intensiver Wirtschaftsbeziehungen, „das günstigste Komplementärgebiet seiner ganzen Struktur nach" war[207]. Nicht zuletzt ein hohes Maß an Eigeninteresse führte somit zu der Entscheidung, die Wiedervereinigung mit Südwürttemberg nur mehr über den Weg einer Gesamtzusammenfassung der südwestdeutschen Länder – oder zumindest die Realisierung der „großwürttembergischen" Varianten[208], der Vereinigung der beiden Teile Württembergs mit Nordbaden – zu einem in sich ausgewogenen, leistungsfähigen neuen Gesamtland zu suchen.

Drei Faktoren waren es, die zusammengenommen eine praktisch unwiderrufliche Vorentscheidung in Richtung des Südweststaates erzwangen und auf die sich die Befürworter dieser Lösung später immer wieder berufen sollten: Der erste war der von der amerikanischen Militärregierung vollzogene Schritt zur Gründung des Landes Württemberg-Baden, ein Vorgang, der allein von logistischen und politischen Interessen der Besatzungsmacht bestimmt gewesen war und der, so konnte man argumentieren, außerhalb deutscher Einflußnahme gelegen hatte. Ein zweites Präjudiz schuf die Definition der gesetzlichen Voraussetzungen für den Zusammenschluß Nordwürttemberg/ Nordbadens mit weiteren Gebieten, die faktisch einer verfassungsrechtlichen Verankerung der Unauflöslichkeit des Landes Württemberg-Baden gleichkam: Nach den Vorschlägen zweier CDU-Abgeordneter in der Verfassunggebenden Landesversammlung sollte für die im Falle einer Vereinigung Württemberg-Badens mit Südwürttemberg und Südbaden notwendigen Verfassungsänderungen eine einfache Mehrheit ausreichen, für alle anderen aber die Zweidrittelmehrheit erforderlich sein. Diese Vorstellungen fanden mit Art. 85 (Zweidrittelmehrheit bei Verfassungsänderungen) in Verbindung mit dem Ausnahmeartikel 107 (einfache Mehrheit bei einer Vereinigung mit den

---

[204] Maier, Grundstein, S. 132–137.
[205] Text in: Haselier, Bildung des Landes Württemberg-Baden, S. 279–281, hier S. 280 f.
[206] HStAS, Q 1/8, Nr. 63, „Das Problem der wirtschaftlichen Einheit Deutschlands", Rede Maiers am 27. 3. 1946; nach einer Meldung des Tagesspiegels vom 17. 8. 1948 hat Innenminister Ulrich erklärt, Württemberg-Baden könne auf Mannheim keinesfalls verzichten. Der Hafen sei eine der Haupteinnahmequellen für den Staat.
[207] Gutachten Ernst Schusters für Holl vom Juli 1945, in: Haselier, Bildung des Landes Württemberg-Baden, S. 281–284, hier S. 282.
[208] Matz, Reinhold Maier (1889–1971), S. 340. Diese Variante wäre für Maier auch parteipolitisch die vorteilhaftere gewesen, da das Gewicht der schon in Württemberg-Hohenzollern dominierenden Christdemokraten durch die in Südbaden noch stärker vertretene CDU weiter erhöht werden würde; vgl. ebenda, S. 341.

südlichen Landesteilen) – einstimmig angenommen – Aufnahme in die Verfassung. Allerdings ist die Bedeutung dieser Bestimmungen, die also auch von den Nordbadenern mitverabschiedet worden waren, für die spätere Konzeption eines südwestdeutschen Gesamtlandes zum damaligen Zeitpunkt noch kaum erkannt worden. Offen blieb nämlich eine Regelung für die Wiederherstellung der alten Länder. Mehr noch – und dies war der dritte Faktor – eine Teilung Württemberg-Badens zwecks Wiederherstellung der alten Länder Baden und Württemberg, die folglich eine Zweidrittelmehrheit erfordert hätte, war spätestens mit der Entscheidung des Ständigen Ausschusses des württemberg-badischen Landtages vom 5. Juli 1948 – damit wiederum mitgetragen auch von den badischen Abgeordneten – kaum mehr zu erreichen: In einer, nur von den Kommunisten abgelehnten Erklärung wurde nicht nur die Unauflöslichkeit Württemberg-Badens, sondern zugleich auch das Ziel der Schaffung eines ganz Württemberg und ganz Baden umfassenden Gesamtstaates ausdrücklich festgeschrieben.

Mit Reinhold Maier besaßen die Liberalen einen energischen Verfechter des Gesamtzusammenschlusses, der sich zugleich einer breiten Unterstützung durch die übrigen Parteien sicher sein konnte. Er selbst verfolgte dieses Ziel nach eigenem Bekunden bereits seit dem 29. Oktober 1946, dem Gründungstag Württemberg-Badens, der Zeitpunkt also, seit dem für ihn die unwiderrufliche Existenz dieses Landes feststand. Anderen Möglichkeiten räumte er ab diesem Datum keine echte Chance mehr ein[209]. Nachdem erstmals in der Verfassunggebenden Versammlung Stimmen für den Südweststaat laut geworden waren, hat die Partei Reinhold Maiers spätestens seit Verabschiedung der Verfassung im Herbst 1946 konsequent das Ziel des Südweststaates verfolgt, eine Perspektive, die allgemein im Laufe des Jahres 1946 bei württemberg-badischen Politikern zunehmend an Bedeutung gewann[210]. Auch die Sozialdemokraten befürworteten, wie in Südbaden, geschlossen diese Lösung[211]. Standen vorerst noch die Zonengrenzen als Hindernis im Wege, wurden die mit der Londoner Konferenz Ende 1947 verknüpften Hoffnungen auf eine grundlegende Neuordnung der Besatzungsverhältnisse zum Anstoß für eine aktive und zielstrebige Südweststaatpolitik.

Die Haltung des südbadischen Staatspräsidenten Leo Wohleb, der diese Zusammenfassung mit allen Mitteln zu verhindern suchte, grenzte demgegenüber nicht nur für die Liberalen Württemberg-Badens an Landesverrat. Es lag allein an Südbaden, seinen „Partikularegoismus" und „unberechtigtes Mißtrauen"[212] zu überwinden zugunsten der innen- und außenpolitisch sehr viel sinnvolleren Gesamtlösung in Gestalt eines großen südwestdeutschen Landes, das eine Brücke zwischen Nord und Süd bilden und die Existenznot der bisher bestehenden kleinen Länder, insbesondere – wegen seiner hohen Staatsverschuldung – Südbadens, beheben konnte. Die in einem größeren Lande effektivere Lenkung und Planung der Wirtschaft würde ökonomische und auch politische Vorteile für alle Beteiligten bringen, zumal alle Teilgebiete durch jahrhun-

---

[209] Maier, Erinnerungen, S. 101.
[210] Hofmann, Zeit der Regierungsbeteiligung, S. 256; Haußmann, Beitrag der Liberalen, S. 23; Sauer, Entstehung des Bundeslandes Baden-Württemberg, S. 32.
[211] Entsprechende Resolutionen waren zuletzt auch auf den SPD-Parteitagen in Stuttgart am 22./23. 5. 1948 und Tuttlingen am 12./13. 6. 1948 gefaßt worden; vgl. Dähn, SPD im Widerstand, S. 229 f.
[212] HStAS, Q 1/8, Nr. 199, Schreiben Mayers an Wolf vom 16. 9. 1949.

dertelange Zusammengehörigkeit[213], vielfältige Verflechtungen, ähnliche demokratische Denkweisen und Einstellungen sowie gleichartige politisch-historische Tradition eng miteinander verbunden waren. Die Befürworter des Südweststaates in Württemberg-Baden, vor allem aus den Reihen von SPD und DVP, konnten sich indessen rühmen, ihr Ziel „frei von Parteiegoismus" zu verfolgen[214], da abzusehen war, daß beide Parteien ihre Stellung innerhalb des neuen Gesamtstaates zugunsten der Christdemokraten einbüßen würden – wiewohl Reinhold Maier freilich auch das Ziel verfolgte, den Liberalen im gesamten Südwesten zu einer Schlüsselposition zu verhelfen. Der Zusammenschluß mußte aus der Sicht Württemberg-Badens aber auch eine finanzielle Verschlechterung bringen, da Südbaden und Südwürttemberg stark verschuldet und mit Besatzungslasten überfrachtet waren. Vor allem jedoch diente dieses Ziel außenpolitisch einem nationalen Gesamtinteresse: Eine feste Verzahnung der drei südwestdeutschen Länder miteinander war die beste Möglichkeit, den deutschlandpolitischen Plänen der Franzosen entgegenzuwirken. In diesem Sinne mußte das Festhalten Nordwürttembergs an Nordbaden geradezu als eine selbstlose Aktion erscheinen, da Württemberg, wie es hieß, nicht verantworten könne, die Nordbadener „einfach auf[zu]geben und sie der neuen Besatzung durch die Franzosen aus[zu]liefern. Württemberg kennt in dieser Frage keinen Egoismus"[215].

Durch Reinhold Maier wurde Württemberg-Baden zum Initiator des Südweststaates. Auf die Kooperationsbereitschaft des Präsidenten des Landesbezirks Baden angewiesen, war er dabei schon aus taktischen Gründen gezwungen, mit Behutsamkeit vorzugehen. Indem zuvor bereits richtungsweisende Vorentscheidungen getroffen worden waren, die faktisch die Unauflöslichkeit des Landes zementierten, wurde dieses quasi zum Kernland einer territorialen Neuordnung im Südwesten. Für die Regierung, die sich, nicht zuletzt wegen ihres Sitzes in der alten Landeshauptstadt Stuttgart, immer als „Sprecherin des Traditionslandes"[216] gegenüber dem südlichen Teil des ehemaligen Gesamtlandes Württemberg verstanden hatte, erhob Reinhold Maier jetzt „einen gewissen natürlichen Führungsanspruch"[217]. Das tatsächliche Zustandekommen des Südweststaates nach jahrelangen, zähen Verhandlungen ist als die „eigentliche Lebensleistung"[218] des württemberg-badischen Ministerpräsidenten gewertet worden.

### Württemberg-Baden und die „Frankfurter Dokumente"

Landtag und Ministerrat von Württemberg-Baden gaben dem Regierungschef keine feste Marschroute für Koblenz vor. Reinhold Maier sollte vielmehr selbst seine Schlüsse aus den Diskussionen ziehen und im übrigen flexibel auf die Einstellung seiner Kolle-

---

[213] Vgl. StAS, Wü 2, Nr. 331, Denkschrift „Württemberg-Baden: Historisch, wirtschaftlich und kulturell eine Einheit. Heute durch Zonengrenzen in zwei Teile zerrissen", hrsg. v. Staatsministerium Württemberg-Baden.
[214] Maier, Erinnerungen, S. 86.
[215] HStAS, EA 1/3, Nr. 547, „Kurzbericht über die Vollkonferenz zum Problem Württemberg-Baden in Karlsruhe am 14. 8. 1948"; zur außenpolitischen Dimension des Fortbestehens von Württemberg-Baden vgl. auch Maier, Erinnerungen, S. 94.
[216] Vgl. Konstanzer, Entstehung des Landes Baden-Württemberg, S. 86.
[217] Feuchte, Verfassungsgeschichte, S. 135.
[218] Matz, Reinhold Maier (1889–1971), S. 508.

gen reagieren können. Maier selbst, der folglich ohne festumrissenen Auftrag nach Koblenz reiste, interpretierte seine Aufgabe als eine vermittelnde Tätigkeit[219], was seiner oben beschriebenen Politikauffassung entsprochen haben dürfte. Daraus, daß bei der Übergabe der Dokumente kein Befehlston geherrscht hatte, glaubte er auf einen großen Verhandlungsspielraum schließen zu können; insbesondere die bekannten Dissonanzen zwischen den Siegermächten beinhalteten für ihn die Chance, den deutschen Standpunkt durchzusetzen. Um so eher versprach die von Maier immer wieder beschworene Einigkeit unter den Deutschen, die es gerade jetzt zu erreichen galt, eine taktisch günstige Verhandlungsposition, wenn es darum ging, „die Protokolle ins Deutsche zu übersetzen". Dabei zweifelte er nicht daran, „daß [...] in Koblenz ein deutscher Generalgegenvorschlag zur Ausarbeitung gelangt, welcher die nicht ungünstige Stunde in voller Einigkeit nützt und uns ein entscheidendes Stück vorwärts bringt"[220].

*Verfassungsfrage*

Regierung und Parteien haben sich offenbar bis zum Zeitpunkt der Übergabe der Dokumente in der Diskussion verfassungsrechtlicher Fragen bewußt zurückgehalten. Über einen Meinungsaustausch hinaus scheint es, soweit aus den Kabinettsprotokollen ersichtlich, im Ministerrat zu keiner eigentlichen Beschlußfassung gekommen zu sein. Reinhold Maier sollte in Koblenz zu denjenigen Regierungschefs zählen, die eine staatliche Lösung für die Westzonen befürworteten. Eine Mitarbeit am verfassungsmäßigen Neuaufbau gebot sich allein schon mit Rücksicht auf die Länder der französischen Zone, um diese stärker in die Gesamtentwicklung einzubinden. Aus deutschlandpolitischen Erwägungen war er aber bereit, zurückzustecken und sich nur auf das Notwendigste im Interesse der Handlungsfähigkeit Westdeutschlands zu beschränken. Darin traf er sich mit der SPD und CDU in seinem Lande. Übereinstimmung herrschte deshalb auch darin, keine eigentliche Verfassung auszuarbeiten, sondern nur das Wichtigste gesetzlich festzulegen. Ein Großteil des Kabinetts scheint sich der Auffassung des Ministerpräsidenten angeschlossen zu haben, der einen „bescheiden" deklarierten westdeutschen Staatsaufbau befürwortete, um ihn gegebenenfalls jederzeit wieder abbrechen zu können[221], eine Entscheidung, die er auch im nachhinein wiederholt als „zwangsläufig und richtig"[222] bezeichnet hat.

Gleichwohl zeigt sich, daß in einzelnen Punkten, wie der Frage der Wahlen zur Verfassunggebenden Versammlung, kontroverse Auffassungen bestanden. Eine Volkswahl hielt Maier bei einer Zahl von nur etwa 60 Abgeordneten, von denen ungefähr vier auf Württemberg-Baden fallen würden, für unangebracht[223], eine Ansicht, die er außer mit Theodor Heuß, der unter anderem im Landtag geltend gemacht hatte, daß das

---

[219] Vgl. Maier, Erinnerungen, S. 56.
[220] Erklärung Maiers in der Sitzung des Landtags, 7.7.1948, Stenograph. Bericht, S. 1858.
[221] HStAS, EA 1/20, Nr. 41, Sitzung des Ministerrats am 3.7.1948. Dieser „bescheidene" Aufbau sollte gleichzeitig aber auch verhindern, daß dem neuen Staatsgebilde allzu viele Kompetenzen gegenüber den Ländern zuwuchsen. Maier verfolgte also eine doppelte Zielsetzung; vgl. auch Matz, Reinhold Maier (1889–1971), S. 329.
[222] Maier, Erinnerungen, S. 56.
[223] StAF, A 2, Nr. 5640, Stellungnahme Maiers auf einer Pressekonferenz, nach einer Meldung der Südwestdeutschen Nachrichtenagentur (Sudena) vom 2.7.1948.

deutsche Volk derzeit mit privaten Sorgen derart überlastet sei, „daß ihm die Frage der Zuständigkeit von irgendeiner gewählten Gesellschaft so wurscht [...] wie nur irgendetwas" sei[224], auch mit dem stellvertretenden Ministerpräsidenten, Heinrich Köhler, teilte, der in den Beratungen des Ministerrates für die Auswahl von Experten durch die Landtage plädierte[225]. In der Entscheidung für indirekte Wahlen ging der Regierungschef mit der Auffassung der Christdemokraten überein; die SPD tendierte zu allgemeinen Wahlen. Im Interesse eines nach außen erkennbaren Provisoriums war Maier, wie erläutert, bereit, auf die Attribute einer demokratischen Lösung zu verzichten, so auch auf die Volksabstimmung. Die Kabinettsberatungen zeigten, daß Maier, ähnlich wie dem bayerischen Ministerpräsidenten Hans Ehard, eine führende Rolle der Länderchefs bei der Vorbereitung des Weststaates vorschwebte. Ungeklärt war für ihn jedoch, ob diese im Rahmen der ihnen übertragenen Vollmachten auch selbst einen Verfassungsentwurf ausarbeiten oder aber ein Gremium mit dieser Aufgabe betrauen sollten. In den Koblenzer Verhandlungen stellte er klar, daß er sich die Ministerpräsidenten als das geeignete Gremium vorstellte, um für die Übergangszeit bis zur Bildung einer Regierung ein Sprachrohr zur Vertretung der deutschen Interessen zu haben. Diesem sollte ein „Ausschuß der vereinigten Landtage zur Seite gestellt werden [...], also von etwa 60 bis 70 Abgeordneten aus den verschiedenen Landtagen"[226]. In den Beratungen des Ministerrates wurde deutlich, daß Maiers Alternative insgesamt gegenüber der Konzeption Carlo Schmids im Grundsätzlichen mehr Zustimmung fand, nämlich in dem Versuch, eine möglichst weitgehende Selbständigkeit zu erreichen, ähnlich wie Württemberg-Baden mit der Landesverfassung durchaus Fortschritte erzielt hatte, eine Konstellation, die sich fast analog in den Kabinettsberatungen von Württemberg-Hohenzollern wiederfand.

*Ländergrenzenreform*

Die Gelegenheit zu einer Ländergrenzenreform war in Württemberg-Baden lange erwartet worden. Bereits in einer Rede vor der Verfassunggebenden Versammlung hatte Maier das Ende der Vorherrschaft Preußens und die damit gegebene Chance zur Schaffung einer sinnvollen Länderordnung[227] ausdrücklich begrüßt. Kriterium einer solchen Neugliederung war im „Interesse der Umgestaltung des deutschen politischen Lebens auf demokratischer Grundlage und eines gesunden föderalistischen Aufbaus" die Einrichtung von „historisch, politisch und wirtschaftlich möglichst geschlossene[n] Einheiten [...]: genügend groß, um eine eigene innere Tragfähigkeit zu besitzen, andererseits aber nicht zu groß, um jede Hegemoniebestrebung eines einzelnen Landes auszuschließen"[228]. Das Nebeneinanderbestehen von Ländern unterschiedlicher Größe würde wegen der mangelnden Durchsetzungsfähigkeit der kleinen zum Zentralismus füh-

---

[224] Sitzung des Landtags, 7.7.1948, Stenograph. Bericht, S. 1868; vgl. auch „Die drei Dokumente", in: Das neue Vaterland, 3.Jg., Nr. 13, vom Juli 1948.
[225] HStAS, EA 1/20, Nr. 41, Sitzung des Ministerrats am 3.7.1948.
[226] Parl. Rat, Bd. 1, S. 78.
[227] Sauer, Demokratischer Neubeginn, S. 124.
[228] HStAS, EA 1/11, Nr. 29, Manuskript für ein Referat in der Sachverständigenbesprechung des „Deutschen Büros für Friedensfragen" am 10.7.1947 (o. D.), S. 1.

ren. Die Verhältnisse in Südwestdeutschland galten nach diesen Gesichtspunkten geradezu als ein „Musterbeispiel einer untragbaren Abgrenzung von Ländern".

Schon die Äußerungen des amerikanischen Außenministers Marshall auf der Moskauer Außenministerkonferenz im März 1947 waren dahingehend gedeutet worden, daß die Frage einer Ländergrenzenreform bei künftigen Friedensvertragsverhandlungen mit Deutschland zur Sprache kommen würde. Die württemberg-badische Regierung hielt es deshalb für „lebenswichtig", auf kommende Verhandlungen ausreichend vorbereitet zu sein. Diesem Ziel diente im Rahmen des Aufgabenbereiches des eigens für Friedensfragen in der Staatskanzlei eingesetzten Staatssekretärs Fritz Eberhard (SPD) die Ausarbeitung von Denkschriften sowohl über Nord- und Südwürttemberg als auch über das Verhältnis zwischen Nord- und Südbaden, um darlegen zu können, „daß die Trennung Nord- und Südwürttemberg und Nord- und Südbaden durch die Zonengrenze nicht nur unnatürlich und dem Willen der Bevölkerung widersprechend, sondern auch wirtschaftlich untragbar und politisch unzweckmäßig ist"[229]. Die mit dem Frankfurter Dokument Nr. II nun tatsächlich gegebene Chance zur Ländergrenzenkorrektur war demzufolge eine „geschichtliche Stunde", in der man nicht passiv bleiben oder versagen durfte[230].

War die Aufmerksamkeit der Regierung ganz auf eine Ländergrenzenreform im Südwesten in Form der Bildung des Südweststaates konzentriert, wurde das Land gleichzeitig jedoch durch Pläne für ein Land „Schwaben" tangiert und mit von Hessen ausgehenden Ansprüchen auf nordbadische Gebiete konfrontiert. Eine eigene Rolle spielte die Pfalzfrage: Auch aus Württemberg-Baden kamen starke Impulse, die Pfalz in einen kommenden südwestdeutschen Gesamtstaat einzubeziehen. Die Landesregierung allerdings hielt sich dabei merklich zurück. Reinhold Maier betonte vor dem Landtag die Absicht, diese Frage „vorläufig außerhalb offizieller Diskussionen" zu lassen[231]. Württemberg-Baden wolle sich hier nicht einmischen, und ein Anschluß solle der Entscheidung der Pfälzer selbst überlassen bleiben. Die Pfalzfrage sollte kein Anlaß sein für eine Störung der durchweg harmonischen Beziehungen zum Nachbarland Bayern.

Deutliche Forderungen nach einer Einbeziehung der Pfalz kamen jedoch aus Nordbaden. Dort traten alle Parteien mit Ausnahme der Kommunisten für den Anschluß ein. Die linksrheinische Pfalz hatte bis zum Frieden von Lunéville zu Mannheim und Heidelberg gehört. Beide Städte sahen in der Übergabe des Frankfurter Dokumentes Nr. II das Signal, im Sinne einer Wiederherstellung der alten Kurpfalz aktiv zu werden. Insbesondere von Mannheim ging in der Folgezeit die „Initialzündung für eine kurpfälzische Initiative"[232] aus. Ein am 23. Juli 1948 von Hermann Heimerich ins Leben gerufener „Rechtsrheinischer Aktionsausschuß für die Wiedervereinigung der rechts und links des Rheins gelegenen Gebiete der ehemaligen Kurpfalz" suchte die Verbindung mit gleichgesinnten politischen Kräfte auf der linksrheinischen Seite. Die

---

[229] Ebenda, S. 2.
[230] Innenminister Ulrich in der Sitzung des Landtags, 28. 7. 1948, Stenograph. Bericht, S. 2006. In derselben Sitzung wurde mit 70 gegen 9 Stimmen ein Antrag verabschiedet, der die Regierung beauftragte, mit Südwürttemberg-Hohenzollern und Südbaden unverzüglich in Verhandlungen einzutreten mit dem Ziel einer baldigen Gesamtvereinigung.
[231] Sitzung des Landtags, 7. 7. 1948, Stenograph. Bericht, S. 1858.
[232] Dazu Hepp, Wiederherstellung der alten Kurpfalz?, S. 418; Eschenburg, Entstehung Baden-Württembergs, S. 52.

kurpfälzische Bewegung, die auch späterhin hauptsächlich von Mannheim ausging, votierte einheitlich für den Südweststaat. Zugleich hoffte man, durch den Anschluß der Pfalz das württembergische Übergewicht im neuen Gesamtland kompensieren zu können.

### Besatzungsstatut

Die Landtagsdebatte vom 7. Juli 1948 läßt unschwer erkennen, daß auch in Württemberg-Baden der von den Westalliierten mit Dokument Nr. III vorgelegte Entwurf eines Besatzungsstatutes bei allen Parteien auf Kritik und Vorbehalte stieß. Ministerpräsident Maier selbst hätte es vorgezogen, eher „in der gewiß nicht ungefährlichen Situation keines Rechts" zu verbleiben, „als eines Rechts, das, einmal in Worten und Paragraphen niedergelegt, zähes Beharrungsvermögen erweisen und sich nur allzuleicht als ein Dauerübel forterben" konnte[233]. Unter dem ungeschriebenen Besatzungsrecht der amerikanischen Zone habe man sich „ungenierter und freier" bewegen können, als dies der jetzt vorgelegte Entwurf für die Zukunft erwarten lasse.

Maier spielte damit auf eine landespolitische Situation an, die dem Besatzungsstatut eine nachrangigere Bedeutung einzuräumen erlaubte: Württemberg-Baden befand sich vor allem den beiden anderen südwestdeutschen Ländern gegenüber dadurch im Vorteil, daß es sich in seiner materiellen Lage positiv von ihnen unterschied. Obwohl es, wie andere Länder auch, seine Nachkriegslasten zu tragen hatte, verfügte es – als einziges unter den westdeutschen Ländern überhaupt – über einen nahezu ausgeglichenen Haushalt[234] und unterstand der Aufsicht einer verständnisvollen, um Entgegenkommen bemühten Militärregierung[235]. Demontagen und Maschinenentnahmen, die Anlaß fortlaufender Auseinandersetzungen mit der Besatzungsmacht in den beiden anderen südwestdeutschen Ländern waren, spielten schon ab April 1948 nur mehr eine untergeordnete Rolle[236]. Um so eher konnte die Regierung folglich den ungleich härteren Demontagemaßnahmen der Franzosen im südlichen Teil Württembergs ihre Aufmerksamkeit widmen. Das Stuttgarter Wirtschaftsministerium wie Maier persönlich bemühten sich, durch Eingaben und Vorstellungen bei der Militärregierung ihres Landes die Amerikaner zu einer Intervention bei dem französischen Alliierten zu bewegen. Wenn sich die Stuttgarter Regierung darüber hinaus bereit zeigte, dem südlichen Landesteil bei der Beschaffung von Ersatzmaschinen für die abtransportierten behilflich

---

[233] Stellungnahme Maiers in der Sitzung des Landtags, 7. 7.1948, Stenograph. Bericht, S. 1857. Hinsichtlich des Engagements von Carlo Schmid für ein Besatzungsstatut auf der Münchner Ministerpräsidentenkonferenz erinnert sich Maier: „Wir suchten ihm das auszureden. Wir hatten die Erfahrung gemacht, daß fortlaufend Zuständigkeiten in unsere Hände gelangten, und befürchteten von einem Besatzungsstatut eher eine Konservierung der Lage im ungünstigen Sinn. Ich stellte vor allem die Frage: Wie bringen wir ein solches Statut wieder los? Carlo Schmid standen natürlich die in der Entwicklung weit zurückbleibenden Regelungen in der französischen Zone vor Augen. Mehr aus persönlicher Konvenienz als aus sachlicher Überzeugung unterstützten wir seine Anträge"; vgl. Maier, Grundstein, S. 371.
[234] Dazu Sauer, Demokratischer Neubeginn, S. 193–196.
[235] „Was die Eingriffe der Besatzungsmacht anlangt, so gehören wir zu den geschontesten Gebieten Deutschlands." Maier in der Sitzung des Landtags, 3.3. 1949, in: Hofmann (Bearb.), Reinhold Maier. Die Reden, S. 145.
[236] Dazu Sauer, Demokratischer Neubeginn, S. 382 ff.

zu sein, standen dabei auch taktische Überlegungen – beider Seiten – im Hintergrund: Hilfeleistungen geboten sich schon mit Blick auf die künftige Wiedervereinigung mit Südwürttemberg, besonders aber „unter Berücksichtigung der Einstellung Südbadens zu diesem Problem". Südwürttemberg legte gerade, so ist einer Aufzeichnung über ein Telefongespräch zwischen Tübingen und Stuttgart in dieser Angelegenheit zu entnehmen, „besonderen Wert auf diese Bereitwilligkeit Württemberg-Badens für die Hilfe beim Wiederaufbau, um ein zugkräftiges Argument bei den Verhandlungen gegenüber Südbaden zu haben"[237].

CDU und SPD forderten während der Sitzung des Landtags am 7. Juli 1948 übereinstimmend den Erlaß eines Besatzungsstatutes vor der Ausarbeitung einer Verfassung. Auch die DVP hatte auf ihrem Parteitag in Stuttgart am 5./6. Januar 1948 in einer Entschließung eine beiderseitige Abgrenzung der Befugnisse zwischen deutschen und Besatzungsinstanzen verlangt[238]. Maier lehnte dabei eine Volksabstimmung über das Besatzungsstatut ab. Dem Ansatz von Carlo Schmid, der das Besatzungsstatut von alliierter Seite den Deutschen auferlegt wissen wollte, zog er eine Begründung des Besatzungsrechtes durch den Abschluß eines Abkommens vor. Noch weiter ging Theodor Heuß, der vor dem Landtag erklärte, er selbst habe nie nach einem Besatzungsstatut gerufen. Für das Gewicht seines Wortes sprach, daß sich, wie Maier in Koblenz darlegte, die Mehrheit der Abgeordneten dessen Meinung angeschlossen hatte. Heuß hatte der Forderung nach dem Erlaß eines Besatzungsstatutes vor der Ausarbeitung einer Verfassung energisch widersprochen und statt dessen den umgekehrten Weg vorgeschlagen, die neue Verfassung nach einer Politik des „als ob" auszuarbeiten, als ob den Deutschen bereits das volle Selbstbestimmungsrecht gegeben sei, und lediglich bestimmte Teile durch das Besatzungsrecht vorläufig außer Kraft setzen zu lassen[239]. Heuß hatte die sich im Kreise drehende Argumentation erkannt, die darin bestand, daß die Deutschen ein Besatzungsstatut an erster Stelle forderten, dann aber sich weigerten, eine Verfassung auszuarbeiten mit dem Argument, daß dies unter Besatzungsherrschaft und damit mangelnder Souveränität nicht möglich sei. Damit gehörte Württemberg-Baden, zusammen mit Württemberg-Hohenzollern, zu den wenigen Ländern, die in der Frage des Verhältnisses von Verfassung und Besatzungsstatut eine andere Konzeption als die Mehrheit der übrigen Länder vertraten. Dieser Weg sollte sich später als der realistischere und gangbare herausstellen.

### Württemberg-Baden in den Verhandlungen von Koblenz und Rüdesheim

Bei der Zusammenkunft mit den Militärgouverneuren am 1. Juli 1948 hatte Reinhold Maier als Sprecher der Ministerpräsidenten fungiert. Auf den beiden großen Konferenzen von Koblenz und Rüdesheim trat er dagegen weniger hervor. Neben ihm nahmen

---

[237] HStAS, EA 1/20, Nr. V6/16, Abschrift eines Vermerks über ein Telefongespräch mit Wildermuth, Württemberg-Hohenzollern, betr. die Möglichkeit einer Beteiligung von Nordwürttemberg-Baden am Wiederaufbau der Industrie Südwürttembergs vom 31.7. 1948.
[238] Vgl. Das neue Baden. Zeitung der demokratischen Partei für Süd- und Mittelbaden, 2. Jg., Nr. 2, vom 9.1. 1948.
[239] Heuß in der Sitzung des Landtags, 7.7. 1948, Stenograph. Bericht, S. 1866 f.; vgl. auch ders., „Die drei Dokumente". In: Das Neue Vaterland, 3. Jg., Nr. 13, vom Juli 1948.

auch Innenminister Fritz Ulrich, der Vertreter des Landes beim Vereinigten Wirtschaftsgebiet, Manfred Klaiber, und Justizminister Josef Beyerle an den Verhandlungen teil. Auf Maier war übrigens die Wahl des Koblenzer Tagungsortes zurückzuführen. Obwohl er in der allgemeinen Aussprache zu Beginn der Konferenz seinen Standpunkt darlegte, der zu erkennen gab, daß Maier zu denjenigen Regierungschefs zählte, die im Prinzip die Bildung einer Regierung für Westdeutschland, „unbeschadet selbstverständlich des Namens"[240], von Anfang an befürworteten, hielt er sich im weiteren Verlauf der Konferenz in staatsrechtlichen Fragen sehr zurück.

Ihre Hauptaktivität legten die württemberg-badischen Vertreter, für den Beobachter erwartungsgemäß, auf die Durchsetzung einer Ländergrenzenreform im Südwesten Deutschlands, dabei nachhaltig unterstützt von Lorenz Bock und Carlo Schmid aus Württemberg-Hohenzollern. Es ging vor allem darum, im Kreise der Kollegen die Einsicht durchzusetzen, daß hier eine Lösung möglich war, ohne andere territoriale Probleme zu tangieren oder gar die Entstehung der Trizone zu erschweren. In Reaktion auf die Vorschläge der Kommission zu Dokument Nr. II regte Maier, offenbar in der Absicht, der Gefahr vorzubeugen, daß die Ausarbeitung von Vorschlägen, da sie nun als Aufgabe dem Parlamentarischen Rat zugewiesen werden sollte, auf unbestimmte Zeit hinausgezögert würde, an, in die Beschlußfassung einen Passus aufzunehmen, wonach es den betroffenen Ländern möglich sein sollte, „unmittelbar aufgrund ihrer Gesetze eine Regelung vorzunehmen". Damit sollte, falls es zu keiner Übereinkunft in der Reformfrage kam, wenigstens für die südwestdeutschen Länder eine Regelung aus eigener Initiative möglich sein. Die von ihm vorgeschlagene Formulierung blieb zunächst jedoch am Widerstand des südbadischen Staatspräsidenten Leo Wohleb hängen, der nicht ohne Berechtigung darauf hinwies, daß eine Regelung aufgrund der Verfassungen der Länder – eine Formulierung, die Maier sicherlich mit Bedacht gewählt hatte – der Alternativlösung einer Wiederherstellung der alten Länder Baden und Württemberg keine Chance gelassen hätte. Nachdem es Wohleb fast gelungen wäre, die Kollegen von seinem Standpunkt zu überzeugen und damit eine Entscheidung zu verhindern, fand man schließlich doch noch zu einem Konsens.

Maiers Reaktion auf die Rede Ernst Reuters in Rüdesheim zeigt überdeutlich die Bedeutung Berlins bei den Koblenzer Entscheidungen. Reuters Rede bedeutete für ihn eine fundamentale Wende. Wie er selbst vor dem Plenum ausführte, sei sein Schlüsselerlebnis die Düsseldorfer Kohlekonferenz im Mai 1948[241] gewesen, auf der Vertreter Berlins „uns an jedem Morgen und jedem Abend und bei jedem Mittagessen eingeheizt" und gesagt hätten: „Was, Ihr wollt einen deutschen Staat im Westen schaffen und Ihr wollt uns auf diese Weise sozusagen verraten? Ihr werdet das doch nicht tun?" Wegen dieses Drängens der Berliner habe er, wie andere seiner Kollegen auch, „einen großen Schritt nach rückwärts getan". Maier selbst hatte noch in Koblenz angeregt, Berlin als zwölftes Land dem neuen Westdeutschland zuzuzählen, diesen Gedanken dann aber auf die ausdrückliche Bitte Louise Schröders hin, davon abzusehen, nicht weiter verfolgt. Reuters Rede nun schuf eine neue Situation. Wie Carlo Schmid rechnete auch Maier mit einem dem Weststaat folgenden Oststaat, doch zog er hieraus

---

[240] Parl. Rat, Bd. 1, S. 78.
[241] Die Konferenz war von dem nordrhein-westfälischen Ministerpräsidenten Karl Arnold einberufen worden, um Maßnahmen zur Steigerung der Kohleförderung zu erörtern.

jetzt andere Konsequenzen. Er war bereit, weiter zu gehen. Im Hinblick auf die Bedeutung, die die Amerikaner terminologischen Fragen zumaßen, sollte es auch darauf jetzt weniger ankommen. Im Gegenteil, aus innenpolitischen Erwägungen sollte jetzt sogar „ein besonders starkes Staatsleben im Westen" möglich werden, um zu verhindern, „daß nun wieder irgendwelche extremen Richtungen sich dieses Staats bemächtigen können"[242]. Er befürwortete einen Weststaat, der nun nicht mehr ein inhaltliches, sondern höchstens noch ein räumliches und zeitliches Provisorium sein sollte. Die Durchführung eines Referendums hätte er als einen „großen moralischen Erfolg" gewertet, ohne aber ausdrücklich darauf hinarbeiten zu wollen, da mit den kommenden Parlamentswahlen ohnehin Wahlen ins Haus standen.

Die südwestdeutsche Neuordnung stand für Württemberg-Baden auch in Rüdesheim im Mittelpunkt. Um die Bedenken seiner Kollegen zu zerstreuen, gab Maier während der Sitzung bekannt, daß die Militärregierung seines Landes nunmehr offiziell mitgeteilt habe, daß auch von französischer Seite angeblich keine Widerstände mehr gegen einen Gesamtzusammenschluß bestünden[243]. Maier, selbst Mitglied des Ausschusses zu Dokument Nr. II, griff diesmal insgesamt wenig in die Debatte ein. Die durch den Kommissionsvorsitzenden Hermann Lüdemann vollzogene Akzentverschiebung konnte nur in seinem Sinne liegen: Die Bereinigung der Ländergrenzen mußte vor dem Aufbau der Trizone erfolgen, da andernfalls bis zum Abschluß des Friedensvertrages keine Möglichkeit mehr hierzu gegeben sein würde.

War es Maier im Verein mit den Vertretern Württemberg-Hohenzollerns in den Konferenzen von Koblenz und Rüdesheim gelungen, die Ministerpräsidenten auf einen Kurs festzulegen, der eine Neugliederung zumindest im Südwesten ermöglichte, zeigte sich in den nachfolgenden Verhandlungen des Ausschusses zur Überprüfung der Ländergrenzen, daß gleichwohl nach wie vor wenig Neigung bestand, diese Frage ernsthaft in Angriff zu nehmen. Also mußte er versuchen, zunächst unter den südwestdeutschen Ländern selbst die Einigung voranzutreiben, um dann eine endgültige Entscheidung im Kreise der Ministerpräsidenten herbeiführen zu können. Diesem Ziel diente die von Maier initiierte Konferenz auf dem Hohen-Neuffen am 2. August 1948. Ihr folgten weitere Zusammenkünfte, denen ein positives Ergebnis immer wieder durch die hinhaltende Taktik der südbadischen Teilnehmer versagt blieb. Es sollte noch Jahre dauern, bis die drei ehemaligen südwestdeutschen Länder mit der Verkündigung des Überleitungsgesetzes am 25. April 1952 endlich im Südweststaat eine neue, gemeinsame Daseinsform fanden.

## 4. Bayern

Wie alle westdeutschen Länder hatte auch Bayern nach dem Krieg erhebliche wirtschaftliche Schwierigkeiten zu bewältigen, doch war es durch seine dominant agrarische Struktur, mit der einerseits eine relativ günstige Ernährungslage verbunden war, und die zum anderen mit dem Fortfall der Agrargebiete im deutschen Osten zu einer erheblichen Aufwertung und veränderten Rolle des Landes innerhalb der deutschen Gesamt-

---

[242] Parl. Rat, Bd. 1, S. 196 f.
[243] Ebenda, S. 245.

wirtschaft führte, in einzelnen Bereichen wie den alliierten Reparations- und Demontageforderungen in vergleichsweise geringerem Maße betroffen[244]. Hatte Bayern im Deutschen Reich noch zu den finanz- und kapitalschwächsten Ländern gehört, trat es nach 1945 den Weg zu einer fortschreitenden Industrialisierung an. Mit der ergiebigsten Agrarwirtschaft der drei westlichen Besatzungszonen entwickelte es sich in den ersten Nachkriegsjahren von einem Land mit „traditionell passiver Handelsbilanz" zum Geberland und einem der „größten Devisenbringer der Zonen- und Bizonenwirtschaft"[245].

Die durch den Zwang zur Integration der Flüchtlinge und Vertriebenen, von denen Bayern nach Schleswig-Holstein und Niedersachsen an dritter Stelle betroffen war, noch zusätzlich forcierte Industrialisierung hatte einschneidende Wirkung auch im innenpolitischen Bereich. Auf den engen Zusammenhang zwischen verspäteter Industrialisierung, bayerischer Gesellschaftsstruktur und der Entwicklung der „Staatspartei" CSU hat Alf Mintzel hingewiesen[246].

In seiner politischen Entwicklung ging der Freistaat schnell voran: Auf Vorschlag Kardinal Faulhabers wurde am 28. Mai 1945 der vorletzte Vorsitzende der Bayerischen Volkspartei, Fritz Schäffer, zum vorläufigen Ministerpräsidenten ernannt. Die ersten Landtagswahlen am 1. Dezember 1946 brachten der Christlich-Sozialen Union (CSU) eine überwältigende Mehrheit. Ihre Entscheidung, trotzdem eine Koalition mit den Sozialdemokraten und der Wirtschaftlichen Aufbau-Vereinigung (WAV) einzugehen, entsprang innerparteilichen Konflikten, die die Partei außerstande setzten, die ihr zustehende politische Führungsrolle zu übernehmen[247]. Am 21. Dezember 1946 wurde Hans Ehard als Nachfolger Wilhelm Hoegners, der Schäffer nach seiner Absetzung durch die Militärregierung am 28. September 1945 abgelöst hatte, zum neuen Ministerpräsidenten gewählt. Die Koalition sollte jedoch keinen langen Bestand haben. Ehards Rede auf der Landesversammlung der CSU in Eichstätt am 30./31. August 1947, in der dieser einen deutlichen Trennungsstrich zwischen Demokratie und Sozialismus zog, war für die Sozialdemokraten der letzte Anlaß, ihre Mitarbeit aufzukündigen: Am 15. September erklärte die Landtagsfraktion den Austritt aus der Regierung[248]. Ab dem 20. September 1947 übernahm die CSU nunmehr die alleinige Regierungsverantwortung in Bayern.

*Persönlichkeit und Politik des Ministerpräsidenten Hans Ehard*

Hans Ehard wurde am 10. November 1887 als Sohn des Stadtkämmerers August Georg Ehard in Bamberg geboren. Nach dem Besuch des humanistischen Alten Gymnasiums seiner Heimatstadt nahm er 1907 das Jurastudium in Würzburg und München auf.

---

[244] Zur Demontage in Bayern vgl. Schreyer, Bayern, ein Industriestaat, S. 200 ff.; BayHStA, Pressearchiv, Ordner Bayerische Wirtschaft 1948/24, „Die Wirtschaftsentwicklung Bayerns im Jahre 1948", Jahresbericht des Bayerischen Staatsministeriums für Wirtschaft, S. 21 f.
[245] Schreyer, Bayern, ein Industriestaat, S. 222.
[246] Mintzel, Geschichte der CSU, S. 49 ff.
[247] Vgl. dazu weiter unten, S. 121 f.
[248] Zu den Hintergründen vgl. Mehringer, Waldemar von Knoeringen, S. 317 f., 325 ff.; der Austritt erfolgte, so Mehringer, *nicht* auf Druck Kurt Schumachers (so Morsey, Föderalismus im Bundesstaat, S. 433), sondern auf mehrheitlichen Beschluß der Fraktion; vgl. ebenda, S. 330.

Während des Ersten Weltkriegs war er Soldat. Beruflich bietet sich das Bild einer erfolgreichen Beamtenlaufbahn. Nach seiner Promotion im Jahre 1912 legte Ehard 1919 sehr erfolgreich die Große Staatsprüfung für den höheren Justiz- und Verwaltungsdienst ab und wurde aufgrund seiner Leistungen bereits am 1. September des gleichen Jahres in das bayerische Justizministerium berufen, außerdem als III. Staatsanwalt an das Landgericht München I. 1921 war Ehard Amtsrichter und wurde schon ein Jahr später zum II. Staatsanwalt befördert. Im Zuge seiner weiteren Karriere verließ Ehard als Ministerialrat auf eigenen Wunsch das Ministerium und widmete sich 1933 bis September 1945 den Aufgaben des Senatspräsidenten im Münchner Oberlandesgericht. Nach dem Ende des Zweiten Weltkrieges avancierte er zunächst zum Leiter des bayerischen Justizministeriums.

Politisch aktiv wurde Ehard, ehemaliges BVP-Mitglied, im Frühjahr 1946 als Teilnehmer des Vorbereitenden Verfassungsausschusses und der Verfassunggebenden Landesversammlung. Mit den ersten bayerischen Landtagswahlen erwarb er ein Mandat als CSU-Vertreter seines Heimatwahlkreises Bamberg-Stadt. Am 21. Dezember 1946 wurde er, der bislang noch kein Amt in seiner Partei bekleidet hatte, gegen die Kandidatur des Parteivorsitzenden Josef Müller zum Ministerpräsidenten des Landes Bayern gewählt. Anfangs in der Öffentlichkeit wie in der eigenen Partei ein weithin unbeschriebenes Blatt und, wegen der bekannten politischen Übereinstimmung mit seinem sozialdemokratischen Amtsvorgänger Wilhelm Hoegner, mehr oder weniger als „Erfüllungsgehilfe" des zweiten bayerischen Ministerpräsidenten und blutarmer Bürokrat angesehen[249], gewann Ehard rasch an Format. Allerdings blieb er, nach einer Charakterisierung Karl Bosls, ein „weit mehr streng rechtlicher Gouvernementalist als Parteipolitiker"[250], verkörperte er „in seinem Handeln und Sein die bayerische Staatstradition"[251]. Für seinen guten Ruf, nicht nur bei der amerikanischen Besatzungsmacht, den er sich bereits während seiner Tätigkeit als Staatssekretär im bayerischen Justizministerium erworben hatte, war auch seine feste Haltung in der Regierungskrise vom Frühjahr 1948 verantwortlich sowie allgemein der Gehalt seiner politischen Reden, in denen er sich nicht scheute, seinen Standpunkt offen darzulegen. Durch seine menschlichen Qualitäten, unter denen er Führungskraft und Integrationsfähigkeit schon auf der Münchner Ministerpräsidentenkonferenz vom Juni 1947 bewiesen hatte, verbunden mit persönlicher Integrität, die ihn den politischen Ränkespielen innerhalb seiner Partei fernstehen ließ, erfüllte er mit seiner ausgleichenden Wirkung zwischen den rivalisierenden Gruppen eine für die CSU unersetzliche Funktion[252], weswegen Ehard auch 1949 zum Nachfolger Josef Müllers als Parteivorsitzender gewählt werden sollte. Gleichzeitig besaß er, wie sonst nur wenige bayerische Politiker, klare politische Vorstellungen, die er auch engagiert in den Verhandlungen von Koblenz und Rüdesheim vertrat und durch die er

---

[249] Vgl. dazu Henke/Woller (Hrsg.), Lehrjahre der CSU, S. 132; BayHStA, OMGBy 13/142–3/10, Trend Report No. 48 vom 17.11.1947.
[250] Bosl (Hrsg.), Bosls Bayerische Biographie, S. 167; ähnlich Albrecht, Hans Ehard (1887–1980), S. 269; Mintzel, Die CSU, S. 239 ff.
[251] Möckl, Struktur der CSU, S. 748.
[252] Vgl. Morsey, Zwischen Bayern und der Bundesrepublik, S. 362, 369; ders., Föderalismus im Bundesstaat, S. 435 f.; ders., Hans Ehard (1887–1980), S. 76; BayHStA, OMGBy CO-S 59/2, Annual Historical Report, 1.7.1947–30.6.1948, Vol. I.; dazu auch Mintzel, Die CSU, S. 223.

sich als einer der aktivsten, wenn nicht als der einflußreichste Teilnehmer schlechthin, auszeichnen sollte.

Begünstigt durch seine Funktion innerhalb einer zerstrittenen Regierungspartei und seine auf breite Zustimmung im Volk begründete Politik, besaß Ehard eine recht autarke Stellung, unterstützt von seinen Beratern in der Staatskanzlei, wo Anton Pfeiffer[253] und Karl Schwend[254], der „Chefideologe", insbesondere in Föderalismusfragen, neben ihm die entscheidenden Figuren darstellten. Die Staatskanzlei war als eine Art „Außenministerium" ganz auf die Person Pfeiffers zugeschnitten, der als „graue Eminenz" im Hintergrund die Fäden zusammenhielt. Pfeiffer war zugleich der Garant „außenpolitischer" Kontinuität von Schäffer bis Ehard[255].

Ehards politische Überzeugungen kennzeichneten ihn als einen stark ideologisch ausgerichteten Realpolitiker. Sie beruhten auf nüchterner Einschätzung der weltpolitischen Situation, im Kern faßbar in den drei Schlüsselbegriffen „Deutschland – Europa – Föderalismus". Ehards Europa-Begriff war kein eigentlich geographischer, sondern eher symbolisch-ideologisch zu verstehen. Zwei Perspektiven standen dabei im Vordergrund: zum einen der übergreifende Gedanke einer umfassenden wirtschaftlichen und geistig-moralischen Neuordnung, zum anderen innerhalb einer solchen das Problem einer Lösung der deutschen Frage. Die Gesundung Deutschlands bedeutete zugleich die Gesundung Europas, das als ganzes unter der Rückendeckung durch die Vereinigten Staaten im Kampf gegen den bolschewistischen Osten stand. Ehard war also weit davon entfernt, das deutsche Problem isoliert zu betrachten. Die deutsche Frage und der Gedanke einer europäischen Föderation standen für ihn in einem unauflöslichen Zusammenhang. Wie Europa sah er auch Deutschland zweigeteilt und für beide eine analoge Lösungsmöglichkeit: „für Europa europäische Teilföderation", das hieß, „für Deutschland deutsche Teilföderation!"[256] Die Schlüsselrolle spielte der Föderalismus. Er war für Ehard die einzige „Lebensform", die für das „Abendland" die Chance beinhaltete, wieder zu sich selbst zu finden, und die für Deutschland die Gelegenheit zur Rückkehr in die europäische Gemeinschaft eröffnete. Folglich konnte auch die Frage der künftigen innerstaatlichen Ordnung Deutschlands in ihrer entscheidenden

---

[253] Anton Pfeiffer wurde 1888 als Sohn eines katholischen Lehrers in Rheinzabern in der Pfalz geboren. Er studierte Philologie, Anglistik und Nationalökonomie und promovierte zum Dr. rer. pol. Zunächst als Studienrat tätig, wurde er 1918 Generalsekretär der BVP in München, 1933 kurzzeitig inhaftiert und mehrere Male strafversetzt. Im Herbst 1945 holte ihn Fritz Schäffer als Leiter in die Bayerische Staatskanzlei. Juli-Dezember 1946 war Pfeiffer Staatsminister für Sonderaufgaben (Entnazifizierung), dann erneut bis Dezember 1950 Leiter der Staatskanzlei. Pfeiffer leitete die CDU/CSU-Fraktion im Parlamentarischen Rat, wurde 1950 deutscher Generalkonsul in Brüssel und war August 1951–1954 Botschafter in Belgien; vgl. Reuter, „Graue Eminenz", S. 1 ff.; Niethammer, Entnazifizierung, S. 376.

[254] Karl Schwend (1890–1968), geboren in Bayreuth, war seit 1919 BVP-Mitglied und Leiter der BVP-Korrespondenz, mit engen Beziehungen zu Heinrich Held und dem Fraktionsvorsitzenden Prälat Wohlmuth; 1933 wurde er in den Landtag gewählt. Schwend war 1950 bis 1954 Leiter der Bayerischen Staatskanzlei; vgl. Kock, Bayerns Weg in die Bundesrepublik, S. 31 und ebenda, Anm. 73.

[255] Vgl. Stelzle, Föderalismus und Eigenstaatlichkeit, S. 240, Anm. 249.

[256] BayHStA, NL Pfeiffer, Nr. 70, „Die europäische Lage und der deutsche Föderalismus", Ansprache Ehards auf der Tagung des Internationalen Instituts für Sozialwissenschaften und Politik am 3.4. 1948 in Regensburg; vgl. dazu auch Deuerlein/Gruner, Die politische Entwicklung Bayerns, S. 603 f.

Bedeutung für die europäische Friedens- und Staatenordnung keinem der an ihrem Aufbau Beteiligten gleichgültig sein[257].

Im Hinblick auf die Zukunft Deutschlands gab sich Ehard keinen Illusionen hin. Die obwaltenden machtpolitischen Verhältnisse ließen eine Wiederherstellung der deutschen Einheit vorerst nicht zu. Den „Preis, den die östlichen Machthaber und ihre Helfershelfer" forderten, war er nicht zu zahlen bereit[258]. Die einzige „reale Möglichkeit" konnte deshalb nur darin bestehen, „das übrige Deutschland in einen Stand zu versetzen, der es befähigt, seine Aufgaben als Grenz- und Schutzwall abendländischer Kultur und Zivilisation zu erfüllen"[259]. Ehards Weststaatskonzeption war somit nicht allein vom praktischen Gesichtspunkt der Existenzerhaltung, des wirtschaftlichen und politischen Wiederaufbaus getragen. Daneben stand gleichzeitig eine starke ideologische Komponente. Ehard sah die Aufgabe des kommenden westdeutschen Staates darin, einen Beitrag zu leisten zur Verteidigung des freien Teiles Europas im Rahmen der ideologischen Konfrontation zwischen West und Ost. Dazu war eine echte staatliche Zusammenfassung unentbehrlich. Wohl sollte sie in ihrem Zuschnitt auf Westdeutschland ein Provisorium sein, aber ein zeitliches oder räumliches, nicht ein inhaltlich-organisatorisches. Verfassungsmäßig mußte dieses so ausgestaltet sein, „daß für das östliche Deutschland die Türe zur Heimkehr offen bleibt"[260].

Einen nachhaltigen Eindruck dürfte das Scheitern der Münchner Ministerpräsidentenkonferenz vom Juni 1947 bei Ehard hinterlassen haben. Mag er bereits früher skeptisch gewesen sein, sah er nach der vorzeitigen Abreise der Vertreter der sowjetischen Zone die Chancen für eine Wiederherstellung der deutschen Einheit als verspielt an[261]. Doch blieb er, einem Wunsche der Amerikaner nachkommend, die zunächst den Ausgang der Londoner Außenministerkonferenz im November/Dezember 1947 hatten abwarten wollen, in seinen öffentlichen Äußerungen bis zum Ende des Jahres zurückhaltend. Mit dem erfolglosen Ausgang der Londoner Begegnung war für Ehard auch diese letzte, schwache Möglichkeit einer Einigung der Siegermächte vertan. Von diesem Zeitpunkt an drängte Ehard energisch auf eine realpolitische Behandlung der deutschen Frage. Nun mußte der Westen die Initiative ergreifen. Unabdingbare Voraussetzung hierfür war die Durchführung der Währungsreform, die jedoch nur im zeitlichen Zusammentreffen mit dem Marshallplan und einer staatlichen Neuordnung

---

[257] BayHStA, MA Staatskanzleiabgabe 1976, Nr. 0148/I, Rede Ehards auf einer CSU-Versammlung in München am 30.11.1947; zur Schlüsselrolle des Föderalismus bei Ehard vgl. auch Morsey, Hans Ehard (1887–1980), S. 77.
[258] BayHStA, NL Pfeiffer, Nr. 70, „Die europäische Lage und der deutsche Föderalismus", Ansprache Ehards am 3.4.1948; ähnlich BayHStA, MA Staatskanzleiabgabe 1976, Nr. 0148/8, „Die staatsrechtliche Neugestaltung Deutschlands darf nicht länger hinausgezögert werden", Rede Ehards in Neu-Ulm am 9.5.1948.
[259] BayHStA, MA Staatskanzleiabgabe 1976, Nr. 0148/I, „Bayern und die Neuordnung Deutschlands", Rede Ehards vom 29.4.1948.
[260] Ebenda, Neujahrskundgebung Ehards (Ende 1948?).
[261] Vgl. das Protokoll der Vorbesprechung der Ministerpräsidenten über die Tagungsordnung der Münchner Ministerpräsidentenkonferenz am 5./6.6.1947, in: Akten zur Vorgeschichte, Bd. 2, S. 504. Gesamtdeutschen Initiativen, wie sie noch recht spät vom nordrhein-westfälischen Ministerpräsidenten Karl Arnold gestartet wurden (vgl. dazu das Kapitel zu Nordrhein-Westfalen, Abschnitt zur Verfassungsfrage), stand Ehard ablehnend gegenüber; vgl. BayHStA, StK, MA 110049, Telegramm Ehards an Arnold vom 5.7.1948.

Aussicht auf Wirkung und Bestand haben konnte. Das oberste Ziel mußte darin bestehen, „baldigst eine handlungsfähige bundesstaatliche Obergewalt" („Bundesregierung") zu schaffen, mit „einer Repräsentation des gesamten Bundesvolkes" und „einer dieser Volksvertretung gleichwertigen Vertretung der deutschen Länder". In der Sprachrohrfunktion einer künftigen westdeutschen Regierung, auch und insbesondere gegenüber dem Ausland, lag der Schlüssel zur Lösung der wirtschaftlichen und politischen Probleme[262]. Hans Ehard sah es als seine persönliche Aufgabe an, tatkräftig an der föderativen Ausgestaltung dieser neuen westdeutschen Verfassung mitzuwirken und dem Lande Bayern eine seiner Größe und historischen Bedeutung entsprechende Mitsprache und Stellung in diesem neuen Staatswesen zu sichern.

*Probleme und Interessen der Landespolitik*
*Die innenpolitischen Verhältnisse*

Seit dem Ausscheiden der SPD aus der Landesregierung im September 1947 stellte die CSU neben den Christdemokraten in Südbaden und den Sozialdemokraten in Schleswig-Holstein eine der wenigen Einparteienregierungen in den drei Westzonen. Damit waren aber dennoch alles andere als klare Verhältnisse geschaffen. Die politische Lage in Bayern war vielmehr gekennzeichnet durch eine tiefe innere Zerstrittenheit der Regierungspartei und deren gleichzeitige Gefährdung auch von außen durch eine neu auftretende politische Kraft in Gestalt der Bayernpartei, mit der es „nun zwar eine Partei mehr, aber in beiden Parteien ähnliche Flügelbildungen gab"[263]. Bei den Auseinandersetzungen innerhalb der CSU ging es um Grundorientierung und Selbstverständnis der Partei – die Alternative zwischen der Entwicklung zu einer modernen interkonfessionellen Sammlungspartei oder einer „Weltanschauungspartei" in der Nachfolge der alten BVP –, damit verbunden um die Problematik des Verhältnisses Bayerns zu Deutschland, im Grunde um den Gegensatz Unitarismus–Föderalismus und nicht zuletzt um persönliche Rivalitäten und Führungsansprüche. Im wesentlichen standen sich, neben einem Bauernflügel, der in diesen Fragen eher zum rechten Parteiflügel tendierte, zwei Fraktionen innerhalb der CSU gegenüber: Der liberal-konservative, fränkisch-"reichstreue", vor allem vom protestantischen Nordbayern unterstützte Teil unter der Führung des Parteivorsitzenden Josef Müller, seines Stellvertreters August Haußleiter und Friedrich Wilhelm von Prittwitz und Gaffrons. Der rechte, in der Tradition der BVP stehende, altbayerisch-konservative Flügel wurde repräsentiert durch Alois Hundhammer, Fritz Schäffer und Anton Pfeiffer[264]. In der CSU-Fraktion war der Hundhammer-Flügel dominierend, Müller wiederum innerhalb der Parteiorganisation. Verstärkt wurde dessen Einfluß durch seine Berufung zum Justizminister und stellvertretenden Ministerpräsidenten. Während Müllers Konzeption einer zwar föde-

---

[262] BayHStA, NL Pfeiffer, Nr. 32, Besprechung Ehard-Moeller vom 12.3.1948; BayHStA, MA Staatskanzleiabgabe 1976, Nr. 0148/I, Rundfunkansprache Ehards vom 19.6.1948; Bayer. Staatsbibliothek, Ana 308 (NL Schwend), Nr. 1, Rundfunkansprache Ehards vom 24.4.1948.
[263] Thränhardt, Wahlen und politische Strukturen, S. 271.
[264] Dazu vgl. Mintzel, Geschichte der CSU, S. 58–64, 84ff., 94–110; Müchler, CDU-CSU, S. 18–60; Berberich, Die historische Entwicklung der CSU, S. 49ff.; Kock, Bayerns Weg in die Bundesrepublik, S. 213–217; Henke/Woller (Hrsg.), Lehrjahre der CSU, S. 10–21; Eschenburg, Jahre der Besatzung, S. 230 ff.

ralistischen, aber gesamtdeutsch orientierten Politik entsprach, mit der Zielsetzung, die CSU als bayerischen Landesverband der „Reichsunion" anzugliedern, betonte der BVP-Flügel den Gedanken der bayerischen Eigenstaatlichkeit („Reichspolitik" versus „Staatsföderalismus"). Eine Politik, die die in sich gespaltene Partei zusammenhalten wollte, mußte also sowohl dem Vorwurf des Verrates bayerischer Interessen (der auch von der Bayernpartei erhoben wurde) entgegensteuern als auch Vorhaltungen der fränkisch-reichstreuen Kreise über die angebliche Vernachlässigung nationaler Belange entkräften.

Zum Zeitpunkt der Übergabe der „Frankfurter Dokumente" hatten die parteiinternen Spannungen ihren Höhepunkt erreicht: Infolge der Währungsreform hatte die CSU einen, außer dem durch die innere Situation verursachten, zusätzlichen Mitgliederschwund zu verzeichnen, mit finanziellen Problemen zu kämpfen, und ihre Parteiorganisation war weitgehend in der Auflösung begriffen. Für zusätzliche Brisanz hatten der Übertritt des populären Landwirtschaftsministers Josef Baumgartner zur Bayernpartei und das Wiederbetreten der politischen Bühne durch Fritz Schäffer gesorgt[265]. Der Austritt Schäffers aus der Partei im September 1948 sollte kein Ende der Streitigkeiten bedeuten. Im Kampf zwischen den Prinzipien des „politischen Pragmatismus" und der „Weltanschauung"[266] vermochte keiner der beiden Flügel die Oberhand zu gewinnen. Die Notwendigkeit einer Koordination der „föderalistischen" und der „zentralistischen" Richtung innerhalb der Partei im Interesse ihres Fortbestandes und einer wirkungsvollen Wahrnehmung bayerischer Interessen in den bevorstehenden Verhandlungen über eine staatliche Neuordnung in Westdeutschland, eine Aufgabe, der nur eine integrationsfähige und allseits anerkannte Persönlichkeit gewachsen sein konnte, wurde noch erhöht durch die Präsenz der extrem föderalistischen, dem rechten Flügel der CSU nahestehenden Bayernpartei[267]. Bei den Gemeindewahlen im Frühjahr 1948 hatte diese, obwohl sie wegen Schwierigkeiten in der Parteiführung erst im voraufgegangenen März zugelassen und zunächst als ein nicht ernstzunehmender Faktor eingestuft worden war, einen unerwartet hohen und eindeutig zu Lasten der CSU gehenden Stimmenanteil erworben. Die Folge des für die CSU außerordentlich schlechten Wahlergebnisses, das jede der rivalisierenden Parteien oder Fraktionen in ihrem Sinne zu interpretieren wußte, war zudem, daß die Rechtmäßigkeit des Weiterregierens der CSU bestritten und die Forderung nach einer Auflösung des Landtags sowie der Abhaltung von Neuwahlen erhoben wurde, und zwar nicht allein von der Bayernpartei, sondern auch von den Sozialdemokraten, die diesen Punkt seit ihrem Ausscheiden aus der Regierung zu einem zentralen „Bestandteil sozialdemokratischer Oppositionsprogrammatik" gemacht hatten[268]. Entscheidungen der politischen Führung in Bayern standen demzufolge unter einem starken Profilierungsdruck, sowohl innerparteilich als auch gegenüber einer zunehmend erstarkenden Konkurrenzpartei, letztlich auch gegenüber dem bayerischen Wählervolk.

---

[265] Zu dem von Schäffer entfachten Satzungsstreit vgl. Möckl, Struktur der CSU, S. 743–747; Wolf, CSU und Bayernpartei, S. 51 f.; zur Auseinandersetzung Müller-Schäffer vgl. auch Mintzel, Die CSU, S. 225–234.
[266] Möckl, Struktur der CSU, S. 737.
[267] Dazu vgl. Unger, Die Bayernpartei.
[268] Behr, Sozialdemokratie und Konservativismus, S. 67.

*Föderalismus als "Staatsideologie"*

Die Wiederbelebung und praktische Durchsetzung des föderalistischen Gedankens war der Kernpunkt, „single-issue"[269], bayerischer Politik nach 1945. Unter den Föderalismuskonzeptionen, die nach dem Zweiten Weltkrieg in den Vordergrund der politischen Diskussion gerückt waren und die wegen ihrer Vielfältigkeit eine exakte Begriffsdefinition kaum zulassen[270], kam dem bayerischen „Staatsföderalismus" insofern eine Sonderrolle zu, als er sich auf eine alte eigenstaatliche Tradition berufen konnte und sich in diesem Bewußtsein als „Vorkämpfer in der Front der praktischen föderalistischen Politik" verstand[271].

Der Föderalismus als „bayerische Staatsräson" besaß dabei einen Doppelcharakter als Instrument und Ziel zugleich[272], das mit der Debatte um die staatliche Neuordnung Westdeutschlands untrennbar verbunden war. Ging es in erster Linie um die Wahrung der eigenstaatlichen Rechte der Länder, im besonderen um die Sicherung einer angemessenen Stellung Bayerns im künftigen Bundesstaat, von dessen Grad an föderalistischer Ausgestaltung das politische Gewicht Bayerns ganz entscheidend abhing, so lassen sich andererseits jedoch eine Reihe wiederkehrender deutschland- und europapolitischer, historisch-verfassungsrechtlicher, ethisch-weltanschaulicher und politisch-taktischer Argumente festhalten, die der innenpolitischen Dimension der Föderalismusfrage noch eine außenpolitische hinzufügten[273]: 1. Deutschlandpolitisch war die Gründung eines aus den Ländern gebildeten westdeutschen Bundesstaates ohne Alternative – ein föderalistischer Aufbau würde den späteren Beitritt des übrigen Deutschlands erleichtern, damit zugleich auch „der Sache des Ganzen nicht durch die augenblickliche Teillösung Abbruch getan" werden. Von der „Lebensfähigkeit der hier entstehenden Staatsgebilde [der Länder], von der Art und dem Funktionieren ihrer organisatorischen Zusammenfassung in einer föderativen Ordnung" würde es abhängen, „ob vom Westen und Süden her die Anziehungskraft auf den östlichen Teil ausgeübt" wurde[274]. Ein zentralistischer Weststaat hingegen mußte die endgültige Teilung Deutschlands bedeuten, denn er konnte nur die Schaffung eines noch stärker zentralisierten Oststaates zur Folge haben, in deren Konsequenz ein Ausgleich zwischen den so entstandenen Blöcken kaum mehr möglich sein würde. 2. Ein solcher westdeutscher Bundesstaat war strukturell auch am besten geeignet, in eine föderative Neuordnung Europas hineinzuwachsen[275]. 3. Historisch-verfassungsrechtlich war das Schei-

---

[269] Müchler, CDU-CSU, S. 59.
[270] Dazu Kock, Bayerns Weg zur Bundesrepublik, S. 17–21; Foelz-Schroeter, Föderalistische Politik, S. 12 ff.; Stelzle, Föderalismus und Eigenstaatlichkeit, S. 22 ff.
[271] Foelz-Schroeter, Föderalistische Politik, S. 14.
[272] So auch Stelzle, Föderalismus und Eigenstaatlichkeit, S. 29.
[273] Die Föderalismusproblematik kann und soll an dieser Stelle nicht erschöpfend behandelt werden.
[274] BayHStA, StK, MA 110049, Ausführungen Ehards im Rahmen einer von der US-Militärregierung veranstalteten Expertentagung über die Föderalismusproblematik am 25.6.1948; vgl. auch BayHStA, MA Staatskanzleiabgabe 1976, Nr. 0148/I, „Das deutsche Problem", Rede Ehards vom 13.12.1947.
[275] BayHStA, NL Pfeiffer, Nr. 153, Ausarbeitung „Grundsätzliche Erwägungen des Ministerpräsidenten Dr. Hans Ehard für sein Vorgehen auf der Ministerpräsidenten-Konferenz in Koblenz" vom 5.7.1948, S. 2.

tern der Weimarer Republik ein Beispiel für die bitteren Folgen einer „ungenügende[n] Berücksichtigung des föderativen Prinzips", die als einer der Hauptmängel der damaligen Verfassung diagnostiziert und als mitentscheidend für das Versagen der deutschen Demokratie verantwortlich gemacht wurde[276]. 4. Schließlich boten die „staatspolitischen, sozialen und ethischen Grundsätze des Föderalismus [...] die beste Bürgschaft für eine wahre Friedensordnung". Der Föderalismus als ein „Prinzip der Mäßigung" in jeder Hinsicht würde zwischen den beiden Polen einer „Atomisierung" Deutschlands und einem deutschen Zentralismus, der gleichgesetzt wurde mit Staatsallmacht und Kriegsgefahr[277] – und überdies nur erneut das Mißtrauen der Nachbarn hervorrufen mußte –, als zusätzlicher Sicherheitsfaktor für die künftigen Partner und Verbündeten im Rahmen der europäischen Neuordnung wirken. 5. Nicht zuletzt spielten taktisch-politische Überlegungen eine Rolle: Im Hinblick auf die bekannten deutschlandpolitischen Vorstellungen der französischen Besatzungsmacht, die lange Zeit die Bildung einzelner Staaten einer westdeutschen Gesamtregierung vorgezogen hatten, mußte ein eigenem deutschen Willen entspringender föderalistischer Bundesstaat als ein Kompromiß in ihrem Sinne nahegebracht werden, um auf diese Weise auch Frankreich für die unausweichlich notwendig gewordene staatliche Neuordnung der drei westlichen Besatzungszonen zu gewinnen[278].

Die selbständig übernommene Vorreiterrolle in der Föderalismusfrage nun erklärt die Priorität des Verfassungsproblems für Bayern in der Auseinandersetzung mit den „Frankfurter Dokumenten". Der künftige Staatsaufbau mußte sich, bayerischen Vorstellungen zufolge, von unten nach oben vollziehen. Das bedeutete, „daß die Rechte und Pflichten der Einzelglieder nicht durch Übertragung von oben nach unten entstehen" durften. Nach dem durch das Bewußtsein langwährender territorialer Integrität historisch legitimierten bayerischen Föderalismusverständnis erfüllten die Länder als „das Primäre im Bundesstaate"[279] staatstragende Funktionen. Die originäre staatsbildende Kraft der Länder ergab sich dieser Überzeugung nach außerdem durch die Proklamation Nr. 4 der amerikanischen Militärregierung vom 1. März 1947[280], die den Ländern Staatscharakter verliehen habe. Da das Deutsche Reich „faktisch nicht mehr vorhanden" sei, eine zusammenfassende Staatsgewalt fehle und die Souveränität von den Besatzungsmächten ausgeübt werde, bildeten die Länder mit ihren verantwortlichen Regierungen sowie vom Volk wie der Besatzungsmacht genehmigten Verfassungen die einzige „wirklich staatsrechtliche reale Grundlage" in Deutschland[281].

---

[276] Vgl. BayHStA, StK, MA 130444, Der Bevollmächtigte Bayerns für das Vereinigte Wirtschaftsgebiet, Mitteilung Nr. 8 vom 3.7. 1948, S. 3.
[277] BayHStA, Staatskanzleiabgabe 1976, Nr. 0148/I, „Auf dem Wege zu einer deutschen Verfassung", Rede Ehards vom 3.12. 1947; ebenda, „Die staatsrechtliche Neugestaltung darf nicht länger hinausgezögert werden", Rede Ehards in Neu-Ulm vom 9.5. 1948; Äußerungen Ehards auf der Tagung des „Ellwanger Freundeskreises" am 22./23.11. 1947, Protokoll in: Benz, Föderalistische Politik in der CDU/CSU, S. 791–809.
[278] Vgl. Bayer. Staatsbibliothek, München, NL Schwend (Ana 308–54), Niederschrift über eine Besprechung mit einem Vertreter des amerikanischen Generalkonsuls am 13.10. 1947.
[279] BayHStA, Staatskanzleiabgabe 1976, Nr. 0148/I, „Auf dem Wege zu einer deutschen Verfassung", Rede Ehards vom 3.12. 1947.
[280] Text in: Stammen (Hrsg.), Einigkeit und Recht und Freiheit, S. 48 f.
[281] BayHStA, Staatskanzleiabgabe 1976, Nr. 0148/I, Ausführungen Ehards über die Verfassungsfrage vor ausländischen Föderalisten am 24./25.6. 1948 in München.

Aus bayerischer Perspektive ergaben sich daraus zwei Kernbereiche, auf die im Sinne einer künftigen, wahrhaft föderalistischen Lösung für Westdeutschland entscheidendes Gewicht zu legen war: 1. die Frage des Zustandekommens der neuen Verfassung und 2. deren inhaltliche Ausgestaltung. Als Prinzipien für das Zustandekommen der Verfassung mußten gelten: a.) Die Lösung der staatsrechtlichen Problematik durfte nicht durch ein Diktat von oben beziehungsweise von außen erfolgen, sondern mußte eigener deutscher Initiative entspringen. b.) Ein Zustandekommen der Bundesverfassung über die bizonale Organisation war völlig undenkbar; dies nicht allein wegen des „Frankfurter Zentralismus", sondern auch aus der Überzeugung, daß die französische Zone sich aus ähnlichen föderalistischen Erwägungen unter diesen Bedingungen ebenfalls wohl kaum zum Beitritt bereitfinden würde. c.) Da die Länder, die die Funktionen des ehemaligen Deutschen Reiches übernommen hatten, in ihrer konstitutiven Kraft einem neu zu schaffenden Bund gewisse Rechte zu übertragen haben würden, konnte die Verfassung nur auf der Basis eines „einwandfrei bündischen Weges" zustande kommen. Also waren die Länder für die Ausarbeitung der Verfassung zuständig, nicht aber – oder nicht ausschließlich – eine aus allgemeinen Wahlen hervorgegangene Nationalversammlung. Abzulehnen war deshalb auch eine führende Rolle der überregional organisierten Parteien, da diese „ebenso wie das Nationalparlament zum Zentralismus" neigten[282]. d.) Wegen dieser von den „Einheitsparteien" ausgehenden zentralistischen Gefahren kam auch eine Repräsentation des Volkswillens in den Ländern durch die Landtagsmitglieder, wie es sonst den Vorstellungen Ehards entsprochen hätte, nicht in Frage. Der Weg konnte vielmehr nur über die Landesregierungen beziehungsweise die Länderchefs führen.

Während die Länder also bei Zustandekommen und Ratifizierung der Verfassung führend beteiligt sein mußten, war diese auch inhaltlich so auszugestalten, daß die Rechte der Länder geschützt und deren Mitwirkung und Einflußnahme auf das Ganze sichergestellt wurden. Es sollte somit eine Verfassung geschaffen werden, die „keimfrei" war „von dauernden Kompetenzkonflikten zwischen Reich und Ländern"[283].

Problematisch bei der konstitutiven Gewalt der (west)deutschen Länder war aus bayerischer Sicht allerdings deren unterschiedliche politische Struktur. Die Ursache hierfür war darin zu suchen, daß in Süddeutschland „Staatsgebilde mit einem traditionellen Staatsbewußtsein vorhanden" waren, während es den „eben aus dem Verfall des preußischen Staates, noch dazu durch die Zufälligkeiten einer Besatzungspolitik hervorgegangenen Länder[n] im Norden und Westen" an eigenstaatlicher Konsistenz fehlte. Hinzu kam, daß an der Spitze der süddeutschen Länder am frühesten demokratisch gewählte Regierungschefs gestanden hatten. Unter diesen Umständen konnte, nach bayerischer Interpretation, geradezu von einer „historischen Mission" der „staatlich fortgeschrittenen und gut fundierten süddeutschen Länder" bei der Rekonstruktion Deutschlands gesprochen werden, mußte also ein „zukünftiges föderalisti-

---

[282] Bayer. Staatsbibliothek, NL Schwend, Rede Ehards in Augsburg am 18.7. 1948; BayHStA NL Pfeiffer, Nr. 70, „Die europäische Lage und der deutsche Föderalismus", Ansprache Ehards am 3.4. 1948; BayHStA, MA Staatskanzleiabgabe 1976, Nr. 0148/1, „Bayern und die Neuordnung Deutschlands", Rede Ehards vom 29.4. 1948; ebenda, „Auf dem Wege zu einer deutschen Verfassung", Rede Ehards vom 3.12. 1947.

[283] BayHStA, MA Staatskanzleiabgabe 1976, Nr. 0148/8, „Die staatsrechtliche Neugestaltung darf nicht länger hinausgezögert werden", Rede Ehards in Neu-Ulm am 9.5. 1948.

sches Deutschland [...] vom Süden her seine tragenden Impulse empfangen [...], oder es wird kein föderalistisches Deutschland geben"[284].

Hier nun wiederum war Bayern nach seinem Selbstverständnis als größtes der süddeutschen Länder, als Staat mit ungebrochener geschichtlicher Tradition, historischem Kontinuitätsbewußtsein und – über das Kriegsende hinaus fortbestehender – territorialer Integrität geradezu prädestiniert, die Führungsrolle zu übernehmen, auch wenn sie nicht ausdrücklich beansprucht wurde. Gerade für die Durchsetzung föderalistischer Positionen war deshalb auch der Beitritt der Länder der französisch besetzten Zone zum Vereinigten Wirtschaftsgebiet für Bayern geradezu lebenswichtig. Von Bedeutung war in diesem Zusammenhang außerdem die am 25. Februar 1947 von den Besatzungsmächten verfügte Auflösung Preußens. Nicht nur, daß damit endlich die Möglichkeit einer ausgewogenen föderalistischen Gliederung Deutschlands gegeben war; sie gab zusätzlich der Wunsch- und Zielvorstellung von einer politischen Schwerpunktverlagerung nach Süden unter bayerischer Führung Auftrieb[285]. Dieses Verständnis von der besonderen Aufgabe Bayerns beinhaltete zugleich die Absage an jede Form eines eigenen bayerischen Weges. Ehard selbst war stets bemüht, die Politik der Regierung gegenüber in der Öffentlichkeit kursierenden Gerüchten über Pläne einer bayerischen Eigenständigkeit, gegenüber Stimmen, die sogar die Wiedereinführung der Monarchie in Bayern forderten, oder angeblichen Sondierungen über die Bildung einer „Donauföderation" oder „Union alpine" deutlich abzugrenzen, Bestrebungen, von denen die beiden letztgenannten vor allem dem altbayerisch-katholisch-konservativen Flügel der CSU und der Bayernpartei zugeschrieben wurden[286]. Spekulationen über eine bayerische Sonderentwicklung entbehren in der offiziellen Regierungspolitik jeder Grundlage, mochten sie auch in der parteipolitischen Auseinandersetzung eine gewisse Rolle gespielt haben. Ein bayerischer Eigenweg, das war den verantwortlichen Politikern bewußt, stieß schon allein aus wirtschaftlichen Gründen an enge Grenzen. Hingegen mußte gerade das starke Engagement Bayerns in der Verfassungsfrage als Beweis dafür angesehen werden, daß von einem bayerischen Sonderweg niemals ernsthaft die Rede sein konnte.

*Innerbayerische Separationstendenzen*

Wenn sich Bayern zur Begründung seiner besonderen Rolle und Aufgabe unter anderem auf eine eigene historische Tradition sowie territoriale Kontinuität und Integrität berief, blieben allerdings hierzu im Widerspruch stehende innenpolitische Schwierigkeiten ausgeklammert. Die stammesföderalistisch akzentuierten Eigenständigkeitsbestrebungen der Franken und Schwaben – selbst wenn diese nicht zu einer ernsthaften Infragestellung des bayerischen Staates in seiner bestehenden Form heranreiften – erinnerten daran, daß sich das Land neben den Altbayern zum größeren Teil aus nicht-bayerischen Volksstäm-

---

[284] BayHStA, NL Pfeiffer, Nr. 70, „Die europäische Lage und der deutsche Föderalismus", Ansprache Ehards am 3.4.1948; BayHStA, MA Staatskanzleiabgabe 1976, Nr. 0148/I, „Auf dem Wege zu einer deutschen Verfassung", Rede Ehards vom 3.12.1947.
[285] Dazu auch Lange, Bestimmungsfaktoren der Föderalismusdiskussion, S. 20; Foelz-Schroeter, Föderalistische Politik S. 106, 23; im Zusammenhang mit der Idee vom „christlichen Bollwerk Bayern" vgl. auch Mintzel, Geschichte der CSU, insbes. S. 275 ff.
[286] Dazu Kock, Bayerns Weg in die Bundesrepublik, S. 33–37, 144 ff., 152–164; Unger, Die Bayernpartei, S. 11 ff., 144 ff.

men mit jeweils eigener Geschichte und Tradition zusammensetzte[287]. Daraus resultierende regionale Unterschiede in der Wirtschaftsstruktur des Landes, mehr noch auf konfessioneller und parteipolitischer Ebene, sind bis in die Gegenwart spürbar erhalten geblieben.

Selbst wenn Teile Unterfrankens traditionell zu Hessen tendierten, konnte im fränkischen Landesteil in den ersten Jahren nach 1945 von separatistischen Absichten im eigentlichen Sinne kaum gesprochen werden. Erst Anfang 1949 kam es hier zur Herausbildung einer Oppositionsbewegung, die sich in erster Linie gegen den zentralistischen Kurs der Landesregierung richtete. In Schwaben hingegen war nach 1945 eine Autonomiebewegung entstanden, deren Ambitionen sogar über die bayerischen Landesgrenzen hinausreichten. Die – keineswegs einheitlichen – Zielvorstellungen dieser sich in Vereinigungen wie dem „Schwäbisch-Alemannischen Heimatbund", der Gruppe „Autonomer Föderalisten" oder dem „Bund der Freunde Schwabens" artikulierenden Strömung, deren geistige Väter und Träger in dem Kreis um Bernhard Dietrich, Otto Feger und Otto Färber zu suchen waren[288], rangierten von einem, das gesamte schwäbisch-alemannische Sprachgebiet umfassenden Staatsgebilde über ein eigenständiges Land Schwaben im Rahmen eines föderativen deutschen Bundesstaates bis zu der Forderung nach einem gleichberechtigten Schwaben innerhalb des bayerischen Staatsverbandes. Hinsichtlich der territorialen Ausdehnung dieses Landes Schwaben gab es weit ausgreifende Pläne, die auf eine Vereinigung mit Teilen oder dem Gesamtraum des späteren Landes Baden-Württemberg („Großschwaben", „Staatsland Schwaben") hinausliefen. Zur Rechtfertigung und Begründung des Wunsches nach einem, wie auch immer gestalteten, selbständigen Land Schwaben wurden historische, geographische, wirtschaftliche, ethnologische und kulturelle Argumente gesammelt. Eine wesentliche Rolle spielte dabei der von der schwäbischen SPD und Teilen der CDU unterstützte und nicht ganz unbegründete Vorwurf einer insbesondere verwaltungs- und verkehrsmäßigen Benachteiligung des schwäbischen Landesteils durch den „Münchner Zentralismus". Letzteres Stichwort wies auf einen seltsamen Widerspruch in der bayerischen Politik hin: auf die Betonung föderalistischer Prinzipien nach außen bei gleichzeitig zentralistischem Kurs im Innern, eine im Interesse der „bayerischen Staatsräson" jedoch geradezu zwangsläufige Inkonsequenz – konnte doch nur eine zentralistische Politik nach innen die vielbeschworene Einheitlichkeit des bayerischen Staatsgebietes und den darauf begründeten Führungsanspruch in der westdeutschen Politik aufrechterhalten. Diese Konstellation offenbarte zugleich, in welchem Maße der Föderalismus ein Instrument bayerischer Interessenpolitik war[289].

Besorgnis hatte die an sich nicht zu überschätzende schwäbische Autonomiebewegung bei der Landesregierung durch deren Kontakte zu französischen Kreisen hervorgerufen. Diese hätten sich die Bewegung als Einfallstor für politische Einflußnahme nutzbar machen können, insbesondere durch die mit solchen Aktivitäten verbundene indirekte Unterstützung komplementärer Neigungen in den Nachbarländern Würt-

---

[287] Zu den „drei großen bayerischen Traditionszonen" Mintzel, Die CSU, S. 58–67.
[288] Zum folgenden Kock, Bayerns Weg in die Bundesrepublik, S. 120–126, und ebenda, Anm. 111, 112; zur Konzeption Fegers vgl. Schwarz, Vom Reich zur Bundesrepublik, S. 409–413. Eine Eingabe an den Ausschuß zur Überprüfung der Ländergrenzen mit der Forderung nach dem Anschluß an das württembergische Stammland, um die Wiederherstellung des historischen Gebietes Schwaben zu ermöglichen, befindet sich in HStAS, EA 1/20, Nr. 14.
[289] Vgl. auch Kock, Bayerns Weg in die Bundesrepublik, S. 32; Stelzle, Föderalismus und Eigenstaatlichkeit, S. 29, 33 f.

temberg-Baden und Württemberg-Hohenzollern. Hinzu kam die Befürchtung, daß die eigene Besatzungsmacht, die diese Vorgänge unmöglich übersehen haben konnte, sich solchen Plänen ebenfalls hätte zuwenden können. Bedenken letzterer Art erwiesen sich jedoch als unbegründet. Bei der amerikanischen Militärregierung vorgetragene Anregungen zur Bildung zweier selbständiger Länder Franken und Schwaben waren auf nicht mehr als höfliches Interesse gestoßen[290].

*Pfalzfrage*

In der Neugliederungsdiskussion von 1948 konzentrierte sich das bayerische Interesse ausschließlich auf die Wiedergewinnung der Pfalz, die bis zur Gründung des Landes Rheinland-Pfalz als ein Regierungsbezirk formal zum bayerischen Staatsgebiet gehört hatte. Der in erster Linie historisch begründete Anspruch auf die Pfalz berief sich auf jahrhundertealte dynastische Bindungen, eine seit 1816 ununterbrochene Staats- und Verwaltungseinheit zwischen Bayern und der Pfalz und eine nach der Neuordnung durch den Wiener Kongreß von Österreich teuer erkaufte Anerkennung eines solchen Anspruchsrechtes[291]. In seinen Bemühungen um die Rückgewinnung der Pfalz zeigte Bayern jedoch in den Jahren 1945 bis 1948 merkliche Zurückhaltung, die von verschiedenen politischen Rücksichtnahmen diktiert war: Einen ausdrücklichen Anspruch auf die Pfalz zu erheben hieß, den Bestand des Landes Rheinland-Pfalz in Frage zu stellen. Spannungen zwischen Bayern und Rheinland-Pfalz aber konnten das föderalistische Lager schwächen und waren deshalb gerade zum Zeitpunkt der Verfassungsdiskussion kaum erwünscht. Der Augenblick, an dem Bayern seinen Anspruch offiziell anmelden würde, war dann gekommen, wenn der Bestand des Landes Rheinland-Pfalz von anderer Seite angetastet wurde[292]. Im Zusammenhang mit dem französischen Interesse am linken Rheinufer erweiterte sich die Pfalzfrage darüber hinaus zu einem Problem gesamtdeutscher und außenpolitischer Dimension. Die bayerische Staatskanzlei verfügte über Informationen, wonach französische Kreise unterschwellig auf einen Anschluß der Pfalz an Frankreich hinarbeiteten[293]. In der Öffentlichkeit war auch der Anschluß der Pfalz an das Saargebiet oder ein autonomer Status im Gespräch. Frankreich selbst verfügte also mit der Pfalz über einen Hebel für politische Einflußnahme in Bayern.

Obwohl sich die bayerische Regierung in der Pfalzdiskussion zunächst im Hintergrund hielt, konnte nicht erwartet werden, daß sie ihren Anspruch kampflos preisge-

---

[290] Vgl. Kock, Bayerns Weg in die Bundesrepublik, S. 120, 124, und ebenda, Anm. 119.
[291] BayHStA, Der Bayerische Bevollmächtigte beim Länderrat in Stuttgart, Nr. 5, „Verlautbarung der Bayerischen Staatskanzlei über die bayerische Rheinpfalz vom 30.1. 1947"; Rede Ehards in der Sitzung des Landtags, 30.7. 1948, Stenograph. Bericht, S. 1831 f.; BayHStA, NL Pfeiffer, Nr. 397, Rede Ehards auf der Kundgebung des Landesverbandes der Pfälzer im rechtsrheinischen Bayern am 26.11. 1949. Ehard bezog sich bei dem „Anspruchsrecht" auf den Staatsvertrag zwischen Bayern und Österreich vom 14.7. 1816. Zur Pfalzfrage vgl. auch Kock, Bayerns Weg in die Bundesrepublik, S. 126–130. Auf eine Gesamtdarstellung der komplexen Zusammenhänge der Pfalzdiskussion, die erst 1956 zur Ruhe kam, muß hier verzichtet werden.
[292] Vgl. BayHStA, OMGBy 10/109–1/29, Äußerungen Ehards im Länderratsausschuß des bayerischen Landtags am 14.7. 1948.
[293] BayHStA StK, MA 110140/II, Notiz Schwarzmanns vom 17.6. 1948.

ben würde: Wirtschaftlich konnte die Rückkehr der Pfalz nur einen Gewinn bringen. Nachdem die mit der Auflösung Preußens ursprünglich erhoffte politische Schwerpunktverlagerung sich nicht nach Süddeutschland, insbesondere Bayern, sondern zum westdeutschen Raum hin vollzogen hatte, ergab sich durch die Einbeziehung der Pfalz für Bayern die Chance, „näher an das politische Gravitationszentrum Deutschlands herangerückt" zu werden. Dazu kam die Überlegung, daß die mit dem Besitz der Pfalz mögliche Verbindung zu Frankreich als der „Westmacht, deren Politik für absehbare Zeit für Deutschland von größter Bedeutung sein" würde, das politische Gewicht Bayerns, das durch seine geographische Lage (angrenzend an die Tschechoslowakei, Österreich und die Schweiz) zu außenpolitischer Aktivität geradezu prädestiniert war, erheblich verstärken würde[294]. Hinter dem Werben um die Pfalz verbargen sich also massive wirtschafts- und machtpolitische Interessen. Unter solchen Umständen konnte es daher nur sinnvoll sein, in den Beratungen von Koblenz und Rüdesheim auf einen Status quo in der Ländergrenzenfrage hinzuwirken. In der Hoffnung auf ein Entgegenkommen Frankreichs in der Pfalzfrage bot es sich außerdem an, auch die verfassungspolitischen Vorstellungen Bayerns, die mit denen der Franzosen in weiten Teilen übereinstimmten, taktisch als Zugeständnisse an diese Besatzungsmacht zu verpacken.

Die hohe Bedeutung der Pfalzfrage bestimmte Ehard also, gegen die Durchführung einer Ländergrenzenreform Stellung zu nehmen, da sonst zu befürchten war, daß auch andere Länder, insbesondere Hessen, Baden und Württemberg, Ansprüche erheben würden, für die es zugegebenermaßen ebenfalls stichhaltige Argumente gab. Inwieweit Ehard selbst an eine Rückkehr der Pfalz glaubte, ist in der Tat fraglich[295]. Als Realpolitiker mußte er mit einem dauerhaften Verlust rechnen, zumal die amerikanische Militärregierung zur Bereinigung aller territorialer En- und Exklaven der Länder ihrer Zone aufgefordert hatte. Doch der Standpunkt seiner eigenen Partei, vor allem aber der der konkurrierenden Bayernpartei wie auch das Drängen probayerischer Kräfte in der CDU und im Klerus der Pfalz ließen einem aktiven Engagement keine Alternative.

Die eigentliche Pfalzdiskussion setzte erst nach dem Abschluß der deutsch-alliierten Verhandlungen vom Juli 1948 ein. Da durch das Frankfurter Dokument Nr. II jedoch der Anstoß gegeben war, daß, wie befürchtet, die Pfalzfrage auch von anderer Seite angeschnitten wurde, war der Zeitpunkt gekommen, „daß von seiten der bayerischen Staatsregierung und des Bayerischen Landtags ein ruhiges, aber ernstes Wort zur Pfalzfrage gesagt" wurde[296]. Eine gewisse Signalwirkung ging dabei von der Pfalzrede

---

[294] Ebenda, MA 110141, Vertrauliche Aufzeichnung „Bayern und die Pfalz" vom 29.1.1949.
[295] Vgl. auch Kock, Bayerns Weg in die Bundesrepublik, S.127, und ebenda, Anm.133. Aus einer französischen Quelle geht hervor, daß die zurückhaltende Stellungnahme Ehards zur Pfalzfrage auf die Einflußnahme Josef Müllers zurückzuführen ist: Hatte Ehard zusammen mit Pfeiffer während der Vorkonferenz der CDU und CSU am 7.7.1948 eine Erklärung ausgearbeitet, die energisch die Rückkehr der Pfalz nach Bayern forderte, korrigierte Müller diese Passage dahingehend, daß anstelle eines längeren Absatzes nur ein Satz übrigblieb, wonach keine bayerische Regierung auf den Besitz der Pfalz verzichten könne, wenn die Bevölkerung der Pfalz selbst sich für die probayerische Lösung aussprechen sollte – eine Formulierung, die Ehard sinngemäß auch in seiner Pfalzrede vor dem Landtag am 30.7.1948 übernahm; vgl. AOFAA, Commissariat pour le Land Bade – section politique, N°. 2061 b, Bericht für General Koenig über die Konferenzen von CDU und SPD am 7.7.1948 vom 8.7.1948. Die treibende Kraft in der Pfalzfrage dürfte vor allem Pfeiffer gewesen sein, zumal dieser selbst aus der Pfalz stammte.
[296] Rede Ehards in der Sitzung des Landtags, 30.7.1948, Stenograph. Bericht, S.1831.

Ehards vor dem bayerischen Landtag am 30. Juli 1948 aus. Diese seit längerem erste grundsätzliche Stellungnahme, in der er sich ausführlich mit den Argumenten der Gegner eines Wiederanschlusses der Pfalz an Bayern auseinandersetzte, „um vor den anderen deutschen Ländern und vor aller Welt unsere Teilnahme am weiteren Schicksal der Pfalz zu begründen", wurde geradezu als die „staatsrechtliche Grundlage für eine Rückgliederung der Pfalz an Bayern" angesehen[297]. Einen „Anspruch" auf die Pfalz erhob Ehard auch jetzt nicht ausdrücklich, wohl aber die Forderung nach der Achtung des Selbstbestimmungsrechtes, das „dem pfälzischen Volk die Möglichkeit" bewahren sollte, „sich für die Wiedervereinigung mit Bayern auszusprechen, wenn es im Laufe der Entwicklung einmal aufgerufen werden sollte, selbst über seine staatliche Zugehörigkeit zu entscheiden". Die Pfalzfrage sollte also, wenn sie „wegen der allgemeinen Zeitumstände nicht gelöst werden" konnte, einer Regelung in der Zukunft überlassen bleiben[298] und somit zumindest offengehalten werden.

*Lindau*

Ein weiteres Problem betraf den Kreis Lindau. Dieser lag, als nach wie vor bayerisches Territorium, unter eigener Verwaltung stehend in der französisch besetzten Zone, wirtschaftlich an Württemberg-Hohenzollern angeschlossen. Sorgen bereiteten der bayerischen Regierung Eigenständigkeitsbestrebungen Lindaus sowie die Möglichkeit, daß Württemberg-Hohenzollern den bayerischen Kreis an sich ziehen könnte. Unterstützend hätte hierbei die Tatsache gewirkt, daß die beiden Abgeordneten Lindaus bereits Sitz und Stimme im Landtag des Nachbarlandes hatten. Von französischer Seite wurde die Zugehörigkeit Lindaus bayerischen Politikern gegenüber offenbar jedoch nicht in Frage gestellt[299].

Zu einer ernstlichen Verstimmung der amerikanischen Militärregierung in Bayern führte der Besuch Ehards in Lindau am 21./22. März 1948[300] wegen der damit verbundenen eigenmächtigen „außenpolitischen" Initiative der Landesregierung und wegen des amerikanischen Mißtrauens gegenüber der französischen Interessenpolitik in Bayern. Rasch wurde daher der private Charakter dieser Reise betont, deren Zweck in einem „Gedankenaustausch von Person zu Person"[301] gelegen habe. Als „Staatsbesuch" war sie schon seit längerem geplant gewesen, wegen der innenpolitischen Lage jedoch zunächst verschoben und schließlich aufgrund der massiven amerikanischen Reaktion zu einem privaten Besuch herabgestuft worden. Die ganze Aktion schien schon des-

---

[297] BayHStA, Stk, MA 110141, Vertrauliche Aufzeichnung „Bayern und die Pfalz" vom 29.1. 1949.
[298] BayHStA, MA Staatskanzleiabgabe 1976, Nr. 0148/I, „Die Frankfurter Dokumente", Stellungnahme Ehards vom 2.7. 1948, S. 4. In der Kenntnis dessen, daß auch starke Kräfte in der Pfalz nach Württemberg zogen, konnte Bayern allerdings, nach Überlegungen Pfeiffers, „allenfalls darauf eingehen, daß der Pfalz in der Volksabstimmung der Anschluß an Baden offenstünde (die Pfalz würde in diesem Falle unzweifelhaft für Bayern stimmen)"; vgl. BayHStA, NL Pfeiffer, Nr. 35, Analyse zu Dokument Nr. II, S. 3.
[299] BayHStA, StK, MA 110917, Vermerk „Betreff: Verhältnisse des bayerischen Kreises Lindau" vom 13.8. 1947. Vgl. dazu auch weiter unten, S. 133.
[300] Dazu Kock, Bayerns Weg in die Bundesrepublik, S. 191–194.
[301] Vgl. BayHStA, StK, MA 110917.

halb angebracht, um ein deutliches Interesse Bayerns an Lindau zu bekunden. Kreispräsident Anton Zwisler hatte selbst ein eindeutiges Votum für den Verbleib Lindaus bei Bayern abgegeben. Das „Problem Lindau", so konnte Ehard daher in seinem Bericht vor dem Landtag am 30. Juli 1948 erklären, war für Bayern „kein Grenzproblem, sondern nur eine zeitweilige Verwaltungsfrage"[302]. In der Tat kehrte Lindau ab dem 1. September 1955 zu Bayern zurück.

*Der Einfluß der Besatzungsmächte*

Deutlicher als in den meisten anderen Ländern geht aus den Quellen der Versuch einer Einflußnahme der Besatzungsmächte auf die deutsche Politik in Bayern hervor. Dies gilt vornehmlich für die Franzosen, die in ihren föderalistischen Vorstellungen den bayerischen besonders nahestanden. Zu wissen, daß die französische Konzeption mit der deutschen zumindest teilweise parallel lief, ließ die Hoffnung aufkommen auf eine gestärkte Position Frankreichs in den Londoner Verhandlungen und beachtlichen Einfluß auf den kommenden westdeutschen Staat[303]. Doch auch die Politik der USA hatte den staatsrechtlich-föderalistischen Ambitionen in Bayern Auftrieb gegeben, so etwa durch die Stuttgarter Rede des amerikanischen Außenministers Byrnes vom 6. September 1946. Auch General Clay, der lange Zeit als der Garant föderalistischer Interessen galt, hatte im Kreise der Ministerpräsidenten Gedanken vorgetragen, die den bayerischen in hohem Maße entgegenkamen[304]. Die mehr oder weniger unfreiwillige Nähe zu französischen Plänen[305] nun macht deutlich, in welch hohem Maße bayerische Politik von taktischen Überlegungen geprägt war oder sogar sein mußte: Bayerns deutschlandpolitische Orientierung korrespondierte mit dem Interesse besonders der französischen Militärregierung in Deutschland an einem – wenn ein solcher schon nicht zu umgehen war – möglichst schwachen westdeutschen Staat. Insbesondere die Ideen bayerischer Eigenstaatlichkeit und der Bildung eines deutschen Bundes durch den freiwilligen Zusammenschluß der Länder trafen mit dem ursprünglichen französischen Konzept souveräner deutscher Einzelstaaten zusammen. Da die französische Besatzungsmacht naturgemäß Bestrebungen, die den eigenen entgegenkamen, besondere Aufmerksamkeit widmete, stellte die Bayernpartei, die einer Kontaktaufnahme mit entsprechenden französischen, separatistische Tendenzen unterstützenden Kreisen nicht gänzlich abhold gewesen sein mag, hier einen zusätzlichen Risikofaktor dar[306]. Die Politik des bayerischen Ministerpräsidenten mutet deshalb an wie ein (bezüglich der USA und Frankreichs) außen- und (in Hinsicht auf die inner- und zwischenparteili-

---

[302] Sitzung des Landtags, 30.7. 1948, Stenograph. Bericht, S. 1831. Auf ausdrücklichen Wunsch Bayerns hin war in der Entschließung der Ministerpräsidenten zur Länderneuordnung auf Jagdschloß Niederwald vom 1. 10. 1948 der Passus enthalten: „Die Frage Lindau wird als eine Frage betrachtet, die das Problem der Neuordnung der Ländergrenzen nicht berührt"; vgl. Parl. Rat, Bd. 1, S. 421.
[303] Vgl. dazu den Kommentar von Le Monde in der Ausgabe vom 1.2. 1948; deutsche Übersetzung in BayHStA, NL Pfeiffer, Nr. 394.
[304] Zu den Kon- und Divergenzen zwischen bayerischen und amerikanischen Vorstellungen vgl. Kock, Bayerns Weg in die Bundesrepublik, S. 170–181.
[305] Dazu ebenda, S. 181–194.
[306] Zu französischen Kontakten zur Bayernpartei ebenda, S. 188 f.

chen Verhältnisse in Bayern) innenpolitischer Balanceakt: Außenpolitisch lag die Gefahr in der gegebenen Verknüpfung bayerischer und französischer Vorstellungen auf staatsrechtlichem Gebiet – wenn auch mit unterschiedlichen Zielsetzungen – und der Tatsache andererseits, daß bayerische Interessensphären wie die Pfalz oder Lindau in den territorialen Einflußbereich der französischen Besatzungsmacht hineinragten und deren Regelung im probayerischen Sinne von französischem Wohlwollen abhängig war.

Einen eindeutigen Beleg für den Versuch von französischer Seite, Einfluß auf die bayerische Politik zu nehmen, liefert eine Aufzeichnung über den Besuch des französischen Generalkonsuls in München, Comte Louis Keller, in der Staatskanzlei am 6. Juli 1948[307]: Nicht unerheblich zur Fehleinschätzung des deutschen Verhandlungsspielraumes bei den Beratungen über die „Frankfurter Dokumente" trug dessen Mitteilung bei, daß die französische Regierung – im Gegensatz zu dem von Pfeiffer und Ehard bei der Übergabe der Dokumente gewonnenen Eindruck – der Auffassung sei, daß „die Vorschläge unbedingt nicht als Diktat betrachtet werden sollen, sondern nur als die Arbeitsgrundlage für weitere Besprechungen". Nach den in dieser Aufzeichnung festgehaltenen Äußerungen Kellers hatte schon General Koenig zuvor im Gespräch mit Ministerpräsident Ehard diesem angeraten, „vorsichtig zu sein und Zeit zu gewinnen". Die Londoner Empfehlungen müßten von den deutschen Ministerpräsidenten nicht angenommen werden. „Er, General Koenig, werde sie unterstützen, wenn sie dementsprechend handeln würden." Bei dieser Unterredung nun legte Graf Keller ohne größere Zurückhaltung die französischen Intentionen dar: Die französische Regierung sei, was auch bereits bekannt war, mit den Ergebnissen der Londoner Konferenz nicht zufrieden. Sie betrachte London als einen Kompromiß, der angenommen werden mußte, weil es keine andere Wahl gab. „Von französischer Seite versuche man nun herauszuholen, was man herausziehen könne. Man wolle Zeit gewinnen. Man würde den Termin vom 1. September gerne verschieben." Keller brachte in diesem Gespräch wiederholt zum Ausdruck, daß, wenn Entscheidungen getroffen würden, diese „nur einen provisorischen Charakter" tragen dürften. Sollten sich die Ministerpräsidenten in ihrer Mehrheit bereit finden, Vorentscheidungen über das Schicksal Deutschlands zu treffen, wären „natürlich Gegenvorschläge in bestimmter Form" zu unterbreiten.

Offenbar knüpfte die französische Seite hier bewußt an die Gewissensnot der deutschen Entscheidungsträger an, indem Keller seinen Gesprächspartnern den Gedanken einer nur provisorischen Lösung mit dem Hinweis auf die Gefahr einer deutschen Spaltung nahezubringen versuchte. Deutsche Gegenvorschläge sollten von „dem Wunsch des deutschen Volkes" ausgehen, „daß die Trennung zwischen Osten und Westen nicht als eine vom Westen verschuldete Tatsache betrachtet werden dürfe". Eine endgültige Verfassung im Westen werde eine ebensolche im Osten zur Folge haben. Also konnten die Regierungschefs nur eine Lösung vorschlagen, die die Tür nach Osten weiterhin offenließ. Andererseits aber sollten diese Gegenvorschläge wiederum „so konkret und so positiv sein, daß die Generäle nicht ohne weiteres ihre Zustimmung geben, sondern die Meinung ihrer Regierungen einholen müßten, d. h., sie müß-

---

[307] BayHStA, NL Pfeiffer, Nr. 153, Aufzeichnung vom 6.7. 1948.

ten so gefaßt sein, daß sie über die Befugnisse der Generäle hinausgehen dürfen". Keller legte den deutschen Vertretern außerdem dringend nahe, den Erlaß des Besatzungsstatutes vor der Ausarbeitung einer Verfassung zu verlangen. Ein solches Statut, zu dem die Deutschen ebenfalls Vorschläge machen sollten, würde – und damit gab er der deutschen Seite ein weiteres Argument an die Hand – derartige Beschränkungen mit sich bringen, daß unter diesen Voraussetzungen ebenfalls höchstens von einem Verwaltungsstatut die Rede sein könne.

Anschließend kam Keller auch auf die Pfalz zu sprechen. Er gab zu verstehen, daß Frankreich bereit sei, sich dem von Ehard vertretenen bayerischen Standpunkt in dieser Frage anzuschließen und die Entscheidung über die Zukunft der Pfalz der betroffenen Bevölkerung zu überlassen. Er unterstrich aber auch, daß man im übrigen in dieser Frage kurztreten solle, um die gegenwärtig drängenderen Probleme nicht zu komplizieren. Keller betonte bei dieser Gelegenheit auch, daß die Besatzungsmächte, entgegen anderslautenden Meldungen, keinerlei Absprachen untereinander über eventuell nicht akzeptable Lösungen in der Ländergrenzenfrage getroffen hätten. Die Rückkehr Lindaus zu Bayern schließlich sei selbstverständlich überhaupt keine Frage.

### Bayern und die „Frankfurter Dokumente"

Die Frankfurter Begegnung zwischen den westdeutschen Regierungschefs und den westalliierten Militärgouverneuren anläßlich der Übergabe der Dokumente wurde in der bayerischen Staatskanzlei einem „grundsätzlichen Wandel der Besatzungspolitik der Westmächte gegenüber Deutschland" gleichgesetzt, und das in zweifacher Hinsicht: Zum einen seien die Militärgouverneure diesmal anstelle des „anonymen Kontrollrates, der hinter einer Wolkenwand thronte und für Deutsche unerreichbar war", den Deutschen gegenübergetreten, und dabei wiederum nicht jeder für sich, sondern quasi als ein gemeinsames Organ der drei alliierten Regierungen. Zum anderen seien erstmals keine Befehle erteilt, sondern „unter Berufung auf die Beschlüsse der Westregierungen Fragen zur Erörterung gestellt und die deutsche Stellungnahme erbeten" worden[308].

### Verfassungsfrage

Die Ergebnisse der Londoner Sechsmächtekonferenz kamen den bayerischen Vorstellungen in überraschend hohem Maße entgegen. In einer Analyse des Dokumentes Nr. I gelangte Anton Pfeiffer zu dem Ergebnis, daß dieses „den föderalistischen Ländern eine fast unerwartete Chance" gebe, „Fehlentwicklungen der letzten Jahre auszugleichen und unerfreuliche Erfahrungen zu berücksichtigen"[309]. Auch die positive Stellungnahme

---

[308] Ebenda, Nr. 35, Aufzeichnung „Allgemeines" (zu den „Frankfurter Dokumenten") vom 4.7. 1948. Den Augenblick der Übergabe der Dokumente bezeichnete Pfeiffer als das „wohl eindrucksvollste Erlebnis in meiner vielseitigen und bunten Laufbahn"; vgl. ebenda, Aufzeichnung (ohne nähere Angaben); dazu auch Reuter, „Graue Eminenz", S. 166.
[309] BayHStA, NL Pfeiffer, Nr. 35, Aufzeichnung „Zu Dokument Nr. 1. Verfassunggebende Versammlung". Die Chancen für eine föderalistische Entwicklung hob auch Ehard in den Sitzungen des Ministerrats vom 3.7. 1948 und 7.7. 1948 hervor; vgl. Parl. Rat, Bd. 1, S. 77, Anm. 28.

Ehards zu den „Londoner Empfehlungen"[310] läßt erkennen, daß sich die bayerische Position im wesentlichen bestätigt sah: 1. Die Tatsache, daß von „Empfehlungen" und „Ermächtigungen" die Rede war, deutete nach bayerischer Interpretation darauf hin, daß es sich tatsächlich nicht um ein Diktat der Siegermächte handelte, sondern den Deutschen selbst die Aufgabe der Staatsschöpfung zugedacht war. 2. Mit den „Londoner Empfehlungen" war ein neuer Ansatzpunkt für die künftige staatsrechtliche Entwicklung gegeben, wurde also nicht an den „Frankfurter Zentralismus" angeknüpft. Als Indiz dafür, daß es nicht einfach zu einer Ausdehnung dieses Systems auf trizonaler Basis kommen würde, konnte auch gewertet werden, daß die französische Zone noch nicht der bizonalen Organisation beigetreten war[311]. 3. In der Beauftragung der Ministerpräsidenten „als den verfassungsmäßig verantwortlichen Regierungs-Chefs ihrer Länder" lag „die Anerkenntnis, daß die Länder den Ausgangspunkt und die Grundlage für jede höhere deutsche staatliche Gemeinschaft" darstellten, und die Legitimierung der Länderchefs in ihrer Ganzheit als „Gesamtorgan der Westzone und als Diskussionspartner", eine Schlüsselfunktion, für die sich Ehard seit den Tagen der Münchner Ministerpräsidentenkonferenz vom Juni 1947 eingesetzt hatte, ohne sich allerdings, weder im Kreise seiner Kollegen noch innerhalb der CDU/CSU, damit durchsetzen zu können. Diese zentrale Rolle der westdeutschen Länderchefs, faktisch wie im bayerischen politischen Denken, erklärt gleichzeitig die besondere Bedeutung, die Ehard einer einheitlichen Stellungnahme der Ministerpräsidenten zu den „Frankfurter Dokumenten" beimaß. Ein einstimmiges Votum würde nicht nur der deutschen Seite verhandlungstaktisch eine starke Position verschaffen, sondern brächte auch, durch die Eigenschaft der Regierungschefs als anerkannte Vertreter des deutschen Volkes, die Demonstration eines einheitlichen Volkswillens und eine „wirksame und stoßkräftige Vertretung der Gesamtinteressen der deutschen Länder"[312]. 4. Indem das Dokument Nr. I die Entscheidung über das Verfahren zur Bildung einer Verfassunggebenden Versammlung in die Hände der Länderchefs und -parlamente legte, konnte daraus abgeleitet werden, „daß diese verfassunggebende Versammlung keine aus allgemeinen direkten Wahlen hervorgehende Nationalversammlung zu sein" brauchte. 5. In Dokument Nr. I war ausdrücklich festgelegt, daß die Verfassung selbst föderalistisch aufgebaut sein und die Rechte der beteiligten Länder schützen mußte. Insgesamt also ließ das

---

[310] Zum folgenden vgl. BayHStA, NL Pfeiffer, Nr. 397, Stellungnahme Ehards zum Londoner Deutschlandkommuniqué vom 8.6. 1948; ebenda, Nr. 35, Aufzeichnung „Allgemeines" (zu den „Frankfurter Dokumenten) vom 4.7. 1948; ebenda, „Zu Dokument Nr. 1. Verfassunggebende Versammlung"; BayHStA, StK, 110049, „Die Frankfurter Dokumente", Stellungnahme Ehards vom 2.7. 1948; BayHStA, Staatskanzleiabgabe 1976, Nr. 0148/I, „Etappen der Neuordnung", vom 17.8. 1948; vgl. auch die Aufzeichnung über die Besprechung der Landesvorsitzenden der CSU/CDU mit den Ministerpräsidenten der CSU/CDU am Vorabend der Koblenzer Ministerpräsidenten-Konferenz am 7.7. 1948, in: Kaff (Bearb.), Die Unionsparteien 1946–1950, S. 220–224; Ausführungen Ehards vor dem Ministerrat, in: Parl. Rat, Bd. 1, S. 78, Anm. 29.

[311] Bei den Beratungen der Ministerpräsidenten im Anschluß an die Übergabe der Dokumente in Frankfurt hatte Ehard sofort seine Kollegen in die Richtung zu drängen versucht, daß eine Fortentwicklung des Wirtschaftsrates nicht denkbar sei und die Ministerpräsidenten einen „brauchbaren Vorschlag" machen sollten; vgl. Parl. Rat, Bd. 1, S. 28.

[312] Hier stand auch das Vorbild des Länderrates der amerikanischen Zone Pate. Das Einstimmigkeitsprinzip half freilich auch, bayerische Interessen insofern besser zu vertreten, als der Freistaat nicht überstimmt werden konnte.

Frankfurter Dokument Nr. I „beachtlichen Spielraum für die Durchsetzung föderalistischer Tendenzen". Eine solche Gelegenheit – und dies entsprach der einheitlichen Auffassung des gesamten Kabinetts[313] – mußte genutzt werden. Nun kam es freilich entscheidend darauf an, das Gewicht Bayerns in den bevorstehenden Verhandlungen nach Kräften in die Waagschale zu werfen. Nachdem also die Stunde für das Land Bayern geschlagen zu haben schien, wurden, ausgehend von dem mit Dokument Nr. I vorgegebenen Rahmen, folgende Vorstellungen im einzelnen entwickelt: 1. An die Tatsache, daß die Regierungschefs in ihrer Gesamtheit als politisches Gremium, als berufene Sprecher der Länder und des deutschen Volkes gegenüber den Besatzungsmächten anerkannt waren, knüpfte sich aus bayerischer Sicht eine Allgemeinzuständigkeit der damit konstituierten Ministerpräsidentenkonferenz, eine „grundsätzliche Kompetenz, die sich auf die gesamtdeutschen Fragen" bezog und die keiner besonderen Autorisation und Definition mehr bedurfte[314]. Um diese Institution arbeitsfähig zu machen, wurde die Errichtung eines „Arbeitsausschusses mit einem kleinen ständigen Sekretariat" erwogen. 2. Für das Zustandekommen der Verfassung galt, daß dieses von den Ministerpräsidenten „auch materiell führend beeinflußt" werden mußte. Demnach war es *ihre* Aufgabe, Grundsätze für die künftige Verfassung aufzustellen, die anschließend einer „Nationalversammlung" zur Beschlußfassung vorgelegt werden sollten. Die Nationalversammlung sollte also auf der Grundlage eines von den Ministerpräsidenten ausgearbeiteten Entwurfes beraten und beschließen[315]. Der Entwurf war zuvor in den Ländern zu beraten, um dann in einer weiteren Konferenz der Regierungschefs die Abstimmung auf eine gemeinsam getragene Fassung zu erreichen. Diese Einigung der Ministerpräsidenten auf einen gemeinsamen Verfassungsentwurf konnte als „als eine Art pactum de contrahendo" angesehen werden, das hieß, „die Regierungen [der Länder] verpflichten sich, einem Bundesstaat beizutreten, falls dessen Verfassung den im Entwurf festgelegten Grundsätzen entspricht"[316] – ein Konzept, das freilich weit über den Inhalt des Dokumentes Nr. I hinausging. 3. Die Einberufung der Verfassunggebenden Versammlung (Nationalversammlung) sollte aufgrund einer gemeinsamen Proklamation der Ministerpräsidenten erfolgen, ihr Zustandekommen somit ausschließlich in der Hand der westdeutschen Länder liegen, eine Auffassung, die später von den Militärgouverneuren noch einmal ausdrücklich bestätigt wurde.

Aufmerksamkeit hatte die Formulierung des Dokumentes Nr. I erregt, wonach „die Abgeordneten zu dieser Versammlung [...] in jedem der bestehenden Länder nach den Verfahren und Richtlinien *ausgewählt*[317]" werden sollten, „die durch die gesetzgebende Körperschaft in jedem dieser Länder angenommen werden". Daraus, daß nach deutscher Übersetzung von „Auswahl" und nicht von „Wahl" die Rede war und es au-

---

[313] Vgl. Kock, Bayerns Weg in die Bundesrepublik, S. 278.
[314] BayHStA, NL Pfeiffer, Nr. 153, „Grundsätzliche Erwägungen des Ministerpräsidenten Dr. Hans Ehard für sein Vorgehen auf der Ministerpräsidenten-Konferenz in Koblenz" vom 5. 7. 1948.
[315] Das Ziel, die verfassunggebende Versammlung an einen Entwurf der Länderregierungen zu binden, wurde allerdings nicht erreicht. Der vom Herrenchiemseer Verfassungsausschuß vorgelegte Grundgesetzentwurf wurde vom Parlamentarischen Rat lediglich als eine private Beratungsunterlage betrachtet; vgl. Lange, Bestimmungsfaktoren der Föderalismusdiskussion, S. 21.
[316] BayHStA, NL Pfeiffer, Nr. 35, Aufzeichnung „Zu Dokument Nr. 1. Verfassunggebende Versammlung".
[317] Parl. Rat, Bd. 1, S. 30 f. (Hervorhebung von der Verfasserin).

ßerdem keine Bestimmung gab, wonach die Delegierten den Landtagen angehören mußten, konnte man folgern, daß es „demnach denkbar und zulässig" war, „daß auch Mitglieder der Regierung, Mitglieder des Wirtschaftslebens, Professoren oder sonstige prominente Persönlichkeiten in die Versammlung entsandt werden". Das hieß auch, daß die Versammlung nicht unbedingt nach den Kriterien einer demokratischen Repräsentation zustande kommen mußte. Somit war sie „nicht als Parteiensammelsurium, sondern als eine Versammlung der besten Köpfe eines demokratischen Deutschlands" vorstellbar. Da das Auswahlverfahren dem jeweiligen Landesparlament selbst oblag, erübrigte sich die Festlegung auf eine für alle Länder einheitliche Regelung.

4. Auch während der Beratungen der Verfassunggebenden Versammlung sollten die Ministerpräsidenten weiterhin die Ansprechpartner der Besatzungsmächte bleiben. Sie, die der Versammlung den Verfassungsentwurf vorlegen würden, sollten außerdem berechtigt sein, diesen vor der Versammlung zu vertreten. 5. Was die Ratifizierung der Verfassung anbetraf, sollte diese nach ihrer Annahme durch die Verfassunggebende Versammlung (wobei nach Ländern, nicht nach Parteien abgestimmt werden sollte, nach dem Vorbild des Stuttgarter Länderrates) einem Volksentscheid in den einzelnen Ländern nach jeweils eigenem Verfahren unterworfen werden. Ausschlaggebend war die Mehrheit in jedem Lande, nicht etwa eine solche des gesamten künftigen Bundesgebietes. Eine Gefahr für den Primat des Selbstbestimmungsrechtes der Länder bestand in der Möglichkeit einer Majorisierung einzelner Länder durch die vorgeschriebene Zweidrittelmehrheit. Würde es gelingen, diese Klausel zu beseitigen, wäre das Ziel erreicht, jedem Land die freie Entscheidung über den Beitritt zum Bund zu überlassen. 6. Aus begreiflichen Gründen wurde auf eine „möglichst rasche Erledigung der Verfassungsfrage" Wert gelegt. Zwar sollte man sich einerseits nicht durch die gesetzten Fristen unter Druck setzen lassen, andererseits aber durfte auch die Ausarbeitung einer nur vorläufigen Lösung nicht für eine Verschleppungstaktik mißbraucht werden. Dabei stand weniger der Gedanke an mögliche außenpolitische Implikationen im Vordergrund als vielmehr die Angst, die „Chance für die Regelung einer föderalistischen Ordnung", welche „die gegenwärtige Situation und das Dokument Nr. I den Ländern", das hieß insbesondere Bayern als dem Verfechter der Länderinteressen, gab, zu versäumen[318]. Gegen eine kritische Einstellung gegenüber der Konzeption der Westmächte war zwar nichts einzuwenden, vor allem aber mußte gehandelt werden.

Trotz der hier wiedergegebenen klaren Vorstellungen im einzelnen bleibt ein Wandel in der Haltung des bayerischen Ministerpräsidenten in der Verfassungsfrage festzuhalten: Im Unterschied zu seinem entschlossenen Eintreten für die Ausarbeitung einer Verfassung und die Bildung eines westdeutschen Staates spätestens seit Juni 1947 wird bei der Beurteilung der Ergebnisse der Londoner Sechsmächtekonferenz eine Distanzierung spürbar: In seiner Stellungnahme vom 2. Juli 1948 hieß es, daß, bei aller positiven Würdigung, für „große, weit gespannte Verfassungskonzeptionen [...] gerade im Hinblick auf den Inhalt der Frankfurter Dokumente die Voraussetzungen noch allzu sehr zu fehlen" schienen. In Koblenz würden die Regierungschefs „ihr Augenmerk in erster Linie darauf richten müssen, einen praktischen und gangbaren Weg für eine Übergangslösung zu finden, die verspricht, möglichst rasch ein gemeinsames Regie-

---

[318] BayHStA, NL Pfeiffer, Nr. 153, „Grundsätzliche Erwägungen des Ministerpräsidenten Dr. Ehard für sein Vorgehen auf der Ministerpräsidenten-Konferenz in Koblenz" vom 5.7.1948.

rungs-Organ auf der Grundlage eines einfachen, wenn auch nur provisorischen Verfassungsinstrumentes zu schaffen"[319]. In der Begründung dafür, daß „die Zeit für eine wirkliche und echte Verfassung noch nicht reif" sei, stellte Ehard, der das in den Dokumenten vorgesehene Junktim zwischen Verfassungsfrage und Besatzungsstatut ablehnte, selbst eine Verbindung zwischen beiden Komplexen her: 1. Ein besetztes Land, „das dergestalt der Kontrolle durch ausländische Mächte unterstellt und auf den wichtigsten Gebieten des Lebens fremden Eingriffen ausgesetzt" sei (wie in dem vorgelegten Besatzungsstatutsentwurf konzipiert), ein Land, „dessen auswärtige Beziehungen durch die Militärgouverneure der Besatzungsmächte wahrgenommen und geleitet werden" sollten, verfüge nicht über das erforderliche Maß an Souveränität, das für die Schaffung einer echten Verfassung Voraussetzung sei. 2. Wenn auch manche Beschränkungen, wie die der deutschen Außenpolitik, nur vorübergehender Natur sein würden, so waren doch „in einem allgemeinen Zustand der Vorläufigkeit und eines so langsamen Überganges vom Krieg zum Frieden [...] auch keine endgültigen staatsrechtlichen Lösungen" möglich. Der Vorläufigkeit eines Besatzungsstatutes entspreche demnach die Vorläufigkeit „eines ersten deutschen Verfassungs-Statutes". 3. Diese Vorläufigkeit korrespondiere gleichzeitig mit der gesamtdeutschen Situation im Hinblick auf den deutschen Osten.

Aus diesen Erwägungen ergab sich, daß das Besatzungsstatut vor der Ausarbeitung eines „Verfassungs-Statuts" als dessen reale Grundlage geschaffen werden sollte, wie es den Ministerpräsidenten bereits in München vorgeschwebt habe. In diesem Punkt schloß sich Bayern also einer schon lange von den Sozialdemokraten erhobenen Forderung an. So deutlich sich Ehard Wochen und Monate vor der Londoner Sechsmächtekonferenz für die Schaffung einer Verfassung für die drei Westzonen eingesetzt hatte, die freilich im Hinblick auf den noch fehlenden deutschen Osten zeitlich keinen Endgültigkeitscharakter beanspruchen konnte, rückte er nun also den Provisoriumsgedanken, sowohl zeitlich als auch räumlich, in den Vordergrund. Die Ursache für diesen Kurswechsel dürfte auf das Einwirken des Parteivorsitzenden Josef Müller zurückzuführen sein[320]. Gleichwohl ging Ehard selbst auch jetzt nicht von dem Begriff „Verfassung" ab. In Koblenz sollte er wiederholt betonen, daß ein solches Statut oder wie immer man es bezeichnen wolle, inhaltlich in jedem Falle dem Charakter einer Verfassung zumindest sehr nahekommen müsse, sollte damit wirklich eine solide Grundlage geschaffen werden. Während der bayerische Ministerpräsident also an seiner Überzeugung festhielt, daß es im Interesse eines funktionsfähigen Ganzen in jedem Falle zu ei-

---

[319] BayHStA, StK, MA 110049, „Die Frankfurter Dokumente", Stellungnahme Ehards vom 2.7. 1948.
[320] Die Stellungnahme Ehards zu den „Frankfurter Dokumenten" vom 2.7. 1948 ist in den darin vertretenen Positionen zur Verfassungs- und zur Pfalzfrage von Josef Müller maßgeblich mitformuliert worden. Müller hatte den Provisoriumsgedanken stark betont; vgl. Müller, Bis zur letzten Konsequenz, S. 352. Auch vor dem Ministerrat hatte er die Ausarbeitung einer Verfassung abgelehnt, da die Voraussetzung dafür, die deutsche Souveränität, fehle; vgl. Parl. Rat, Bd. 1, S. XXXIX. In der Vorkonferenz von CDU und CSU am 7.7. 1948 hatte er sich, im Unterschied zu Ehard, energisch gegen die Entscheidung für eine Verfassung gewandt. Es komme nur ein „Statut für ein Protektorat in Frage"; vgl. Kaff (Bearb.), Die Unionsparteien 1946–1950, S. 223. Angesichts der Lage in Berlin hatte Müller dafür plädiert, „Zeit zu gewinnen zu ruhigen Überlegungen" und sich „unter Zeitdruck nicht zu einer Verfassung drängen" zu lassen; vgl. ebenda.

ner Regelung kommen müsse, die sich kaum wesentlich von einer echten Verfassung unterscheiden konnte, signalisierte er schon zu Beginn der Koblenzer Konferenz die Bereitschaft, auf das Provisoriumskonzept einzuschwenken.

### Ländergrenzenproblematik

Als einziger deutscher Flächenstaat ist Bayern seit den Tagen des Deutschen Bundes und des Deutschen Reiches in territorial unveränderter Form – abgesehen von Lindau – über das Kriegsende hinaus bestehengeblieben. Trotz dieser vielgerühmten Kontinuität war Bayern nach 1945, wie dargelegt, intern mit Separationstendenzen belastet. Nach außen mußten die Landesgrenzen außerdem gegenüber tschechoslowakischen und österreichischen Ansprüchen behauptet werden. Mit Lindau und etwas später auch der Pfalz waren, zumindest vorläufig, zu Bayern gehörige Gebiete aus dem eigenen Staatsverband ausgegliedert. Abgesehen davon wurde 1948 jegliche Antastung des territorialen Bestandes entschieden abgelehnt. Eine Änderung der „durchaus befriedigenden, unproblematischen und durch die Geschichte bewährten Grenzziehung" kam „überhaupt nicht in Frage"[321].

Dreh- und Angelpunkt der bayerischen Ländergrenzendiskussion war die Pfalzfrage[322]. Von den Vorgaben des Dokumentes Nr. II konnte aus bayerischer Interessenlage lediglich das historische Kriterium Geltung beanspruchen sowie das ebenfalls erwähnte Selbstbestimmungsrecht der betroffenen Bevölkerung. Doch bedurfte der in Dokument Nr. II gebrauchte Terminus „überlieferte Formen" der Präzisierung: Mit diesem Begriff konnten „nicht etwa alle Formen" gemeint sein, „die irgend einmal im Laufe der Geschichte vorhanden waren, sondern nur solche, die im politischen Bewußtsein der Gegenwart noch als wirksam und angemessen vom Volke erlebt werden und ihm vertraut sind". Vielmehr kamen „nur die Formen und Gliederungen" in Betracht, „die sich in Deutschland im Laufe des letzten Jahrhunderts herausgebildet haben, d. h. also von der Zeit an, seit der das Volk selbst in immer steigendem Maße an der Gestaltung der Verfassungen und an der Regierung aktiv beteiligt ist. Man kommt damit auf die Formen, die zum größten Teil erst seit 1945 geändert worden sind". Demzufolge wäre es für Süddeutschland „die einfachste Lösung" gewesen, „das historische Schnittmuster wieder herzustellen". Ein solches ergab folgendes Bild einer Neugliederung für den süddeutschen Raum: 1. Bayern, einschließlich Lindaus und der Pfalz, 2. Württemberg (mit Hohenzollern), 3. Hessen mit Hessen-Nassau nebst den derzeitigen rheinland-pfälzischen Regierungsbezirken Mainz und Montabaur und 4. Baden, bestehend aus Nord- und Südbaden. Den dabei entstehenden, verhältnismäßig kleinen Ländern Baden und Württemberg sollte es selbst überlassen bleiben, sich zu einem Lande zu vereinigen. Die Beibehaltung der wiederhergestellten Länder Baden und Württemberg wäre dabei eine Lösung gewesen, die die umstrittene Pfalzfrage unberührt gelassen hätte. Außerdem wäre damit auch der Aufbau eines größenmäßig Bayern weit ebenbürti-

---

[321] BayHStA, Staatskanzleiabgabe 1976, Nr. 0148/I, „Die Frankfurter Dokumente", Stellungnahme Ehards vom 2.7.1948.

[322] Zum folgenden vgl. BayHStA, NL Pfeiffer, Nr. 35, Ausarbeitung Pfeiffers (?) zu Dokument Nr. II vom 5.7.1948.

geren Nachbarlandes – wie es der spätere Südweststaat sein sollte –, das ihm seine angestrebte Führungsposition hätte streitig machen können, vermieden worden.

Schwieriger hingegen lagen die Verhältnisse in Norddeutschland. Die problematischste Frage war die der Abgrenzung Nordrhein-Westfalens. Die Gefahr einer Isolierung des Ruhrgebietes legte es nahe, das Land in seiner gegenwärtigen Form zu belassen, ja sogar noch um die Kreise Trier und Koblenz zu erweitern. Dies erschien gerechtfertigt durch den Umstand, „daß das Gebiet auf lange Zeit durch die vorgesehene Alliierte Kontrolle des Ruhrgebiets, durch die allgemeine Industrie-und Rüstungskontrolle besonders belastet" sein würde. Die beiden Stadtstaaten Hamburg und Bremen durften sich bayerischer Sympathie erfreuen. Das Votum für die Erhaltung ihrer Selbständigkeit schloß nicht zuletzt die taktische Überlegung ein, damit eventuell das föderalistische Element innerhalb der SPD stärken zu können.

Interessanterweise deutet sich in dieser ausführlichen Stellungnahme zur Ländergrenzenproblematik die Bereitschaft an, auch den nordwestdeutschen Ländern, selbst wenn sie erst mit dem Zerfall des preußischen Staates entstanden waren, doch eine gewisse historische Tradition zuzugestehen, da „auch sie großenteils nach früheren Provinzgrenzen gebildet und [...] meist durch einheitliches Stammesbewußtsein auch innerlich getragen" seien. Dieser Widerspruch zu dem die gewünschte Führungsrolle der süddeutschen Länder, insbesondere Bayerns, begründenden Argument, daß es sich bei den nordwestdeutschen Ländern im Unterschied zu diesen um reine Zufallsgebilde handele, löst sich, wenn man die im Hintergrund stehende Pfalzfrage einbezieht: „Es gibt", so lautete nämlich das Fazit, „im westlichen Deutschland nur ein Land, das keinen historischen und stammesmäßigen inneren Zusammenhang [...] hat, das ist das Land Rheinland-Pfalz." Im Falle einer Auflösung dieses Landes stünde die Pfalz zur Disposition, im besonderen für einen Wiederanschluß an Bayern. Für eine Angliederung der nördlichen Teile von Rheinland-Pfalz an Nordrhein-Westfalen gab es genügend plausible Argumente.

Taktisch mußte bei der Begründung solcher Lösungen den Besatzungsmächten gegenüber besonders hervorgehoben werden, daß eine solche Neugliederung dem Willen der betroffenen Bevölkerung entsprechen würde, mehr noch mußte betont werden, „daß der Wille der Bevölkerung wichtiger ist als eine Formallösung, die mit Rücksicht auf die Proportionen, aber ohne die innere Zustimmung des Volkes getroffen" wurde. Eine Orientierung an bestimmten Größenverhältnissen – und eine solche bestand durchaus bei den Besatzungsmächten[323] – hätte sowohl eine Vergrößerung Bayerns durch den Anschluß der Pfalz als auch eine Erweiterung Nordrhein-Westfalens im Zusammenhang mit der Auflösung von Rheinland-Pfalz nicht zugelassen. Der Wille des Volkes, der bei der Verfassungsfrage in den bayerischen Überlegungen offenkundig eine untergeordnete Rolle spielte, wurde hier also taktisch in den Vordergrund geschoben. Da die Besatzungsmächte auf das Selbstbestimmungsrecht hohen Wert legten, waren Einwände gegen eine solche Argumentation schwerlich zu erwarten. Sollte dies dennoch der Fall sein, wäre immerhin die Folge, „daß gewisse Ziele der alliierten Politik, insbesondere der französischen Politik, jetzt schon demaskiert würden".

---

[323] Alle drei Besatzungsmächte lehnten eine weitere Vergrößerung Nordrhein-Westfalens ab. Kein Land sollte größer sein als dieses oder Bayern in ihrer bestehenden Form; vgl. Parl. Rat, Bd. 1, S IX

Eine Neugliederung nach stammesmäßigen Gesichtspunkten war nicht praktikabel. Ihre konsequente Berücksichtigung mußte den Zerfall des bayerischen Staatsgebietes bedeuten und angesichts der Tatsache, daß „ein Großteil des bayerischen und ein erheblicher Teil des schwäbisch-alemannischen Stammesgebiets sich außerhalb Deutschlands befindet", zu einer „Vormachtstellung Frankens und Niedersachsens" führen[324]. Insgesamt jedenfalls war aus bayerischer Sicht, wie bereits angedeutet, in der Frage der Ländergrenzenreform eher Zurückhaltung am Platze. Die Durchführung einer Neugliederung würde, wie Ehard es formulierte, für die Deutschen nichts anderes bringen als einen „Zankapfel, um den sie sich sehr lange streiten können, und der unter Umständen die Arbeit oder den Erfolg der Arbeit auf dem anderen Gebiete", nämlich der für Bayern vorrangigeren Verfassungsfrage, „völlig lahmlegen könnte"[325].

*Besatzungsstatut*

Der bayerische Ministerpräsident Hans Ehard gehörte zu denjenigen westdeutschen Politikern, die schon früh den Erlaß eines Besatzungsstatutes gefordert hatten. In seiner Stellungnahme vom 2. Juli allerdings bezeichnete Ehard den von den Westalliierten vorgelegten Entwurf als „ein ernstes und bitteres Dokument der Niederlage und der Schwäche Deutschlands". Es erwecke „schmerzhafte Erinnerungen an Versailles", zeige „das Los eines besiegten Landes" und enthülle den „Zustand der Unfreiheit, in dem Deutschland weiterhin und eigentlich auf unabsehbare Zeit gehalten werden" solle[326]. Auf Ablehnung stieß insbesondere die Verknüpfung des Besatzungsstatutes mit der künftigen Verfassung durch die Volksabstimmung: Das war nach den Worten Ehards gleichbedeutend mit der „Fortführung der militärischen durch eine zivile Kapitulation"[327].

Inhaltlich ging das Dokument Nr. III nach bayerischer Beurteilung weit über ein Besatzungsstatut hinaus und konnte eher als ein „vorweggenommenes Friedensstatut" gekennzeichnet werden. Offenkundig gab es gravierende Unterschiede zwischen den deutschen und den alliierten Vorstellungen[328]: Während den Deutschen ein Statut von „mehr technischem als politischem Charakter" vorschwebte, in dem es um die „Festlegung der von den Besatzungstruppen beanspruchten Leistungen" und die Art und Weise ihrer Regelung gehen sollte, trugen die von den Militärgouverneuren vorgelegten Grundsätze vorwiegend politische Züge, indem sie „den gesamten Komplex der künftigen Beziehungen zwischen den Besatzungsmächten und der deutschen Bundes-

---

[324] Institut für Zeitgeschichte, München, ED 120 (NL Hoegner), Bd. 284, Ausarbeitung Hoegners „Die Neugliederung der deutschen Länder", S. 2; vgl. auch Kock, Bayerns Weg in die Bundesrepublik, S. 120.
[325] Bayer. Staatsbibliothek, NL Schwend, Manuskript einer Rede Ehards in Augsburg am 18. 7. 1948, S. 10.
[326] BayHStA, Staatskanzleiabgabe 1976, Nr. 0148/I, „Die Frankfurter Dokumente", Stellungnahme Ehards vom 2. 7. 1948.
[327] Bayer. Staatsbibliothek, NL Schwend, Manuskript der Rede Ehards in Augsburg am 18. 7. 1948, S. 10; ähnlich BayHStA, NL Pfeiffer, Nr. 153, Ausarbeitung „Grundsätzliche Erwägungen des Ministerpräsidenten Dr. Hans Ehard für sein Vorgehen auf der Ministerpräsidenten-Konferenz in Koblenz" vom 5. 7. 1948, S. 2 f.
[328] Zum folgenden ebenda, Nr. 35, Analyse zu Dokument Nr. III.

regierung" zum Gegenstand erhoben. Technische Fragen im deutschen Sinne spielten dagegen nur eine Nebenrolle. Immerhin lag in dem erkennbaren Willen zu einer Selbstbeschränkung besonders im Hinblick auf die französische Besatzungsmacht ein „gewaltiger Fortschritt".

Anstelle nun den Entwurf der Alliierten Punkt für Punkt durchzugehen, war es taktisch klüger, das Dokument Nr. III in seiner „Grundkonzeption selbst" anzugreifen: Die „Erfüllung des grundsätzlichen Zwecks der Besatzung", wie es in Dokument Nr. III hieß, konnte überwiegend als abgeschlossen gelten oder war zumindest unter alliierter Kontrolle in Angriff genommen worden. Bislang hatte sich die gesamte deutsche Entwicklung unter fortlaufender Kontrolle und Überwachung vollzogen, so daß es „schlechterdings undenkbar" war, „daß ein Bundesstaat, der von demokratischen, unter der Mithilfe der Besatzungmächte entstandenen Staaten gebildet ist und der regiert wird von Männern, von denen jeder einzelne von den Besatzungsmächten auf das Genaueste überprüft wurde, nicht an sich schon jede erdenkliche, von den Besatzungsmächten billigerweise geforderte Garantie bieten würde". Im Grunde bestand also „kein Anlaß mehr, diesem Bundesstaat noch weiterhin die völkerrechtliche Handlungsfähigkeit vorzuenthalten". In den bayerischen Vorstellungen ging es dabei keineswegs um die Wiedererlangung einer uneingeschränkten Souveränität. Das Recht der Besatzungsmächte, über die Entwicklung Deutschlands zu wachen, wurde ebenso anerkannt wie eine längerwährende, an den Mindesterfordernissen der Besatzung und Kontrolle orientierte Präsenz der Besatzungsmächte, die nicht nur geduldet, sondern aus sicherheitspolitischen Erwägungen sogar erwünscht war[329]. Eine in diesem Umfange eingeschränkte deutsche Selbstbestimmung war für Bayerns Ministerpräsident Ehard kein Hindernis für den Aufbau echter staatsrechtlicher Verhältnisse; er ging von einer „vorläufige[n] deutsche[n] Bundesregierung unter amerikanisch-englisch-französischer Kontrolle" aus[330]. Hinzukommen konnten zusätzlich noch in die Verfassung aufzunehmende rechtliche Garantien, etwa dergestalt, daß diese ausdrücklich das Völkerrecht als bindend anerkannte und der Beitritt des deutschen Bundesstaates zu den Vereinten Nationen zum frühestmöglichen Zeitpunkt vorgesehen wurde[331].

Aus der analytischen Betrachtung der Problematik des Besatzungsstatutes ergaben sich folgende Perspektiven für die bevorstehenden Verhandlungen: 1. Eine völlige Ablehnung der von den Besatzungsmächten vorgelegten Prinzipien wäre politisch unklug, da sie „gerade die einer Beschränkung der Alliierten Befugnisse abgeneigten Tendenzen fördern und damit den deutschen Interessen abträglich sein müßte". Deshalb war es sinnvoller, deutsche Gegenvorschläge auszuarbeiten. Diese müßten im wesentlichen beinhalten a.) die Aufhebung des Kriegszustandes mit der Verkündung der Verfassung, b.) im Bereich der Außenpolitik eine Beschränkung des Einflusses der Besatzungsmächte auf die Beobachtung, Beratung und Unterstützung der Deutschen bei der Aufnahme und Entwicklung der auswärtigen, vorrangig der Wirtschafts- und Han-

---

[329] Vgl. ebenda, Nr. 392, Ausarbeitung von Hans Schwarzmann „Die Sicherheit Westeuropas" (o. D., Mitte Juli 1948).
[330] Ebenda, Nr. 32, Besprechung zwischen Ehard und Moeller vom 12.3.1948.
[331] Dazu und zum folgenden vgl. ebenda, Nr. 35, Analyse zu Dokument Nr. III, S. 3, 5 f.; vgl. auch ebenda, Nr. 153, Ausarbeitung „Grundsätzliche Erwägungen des Ministerpräsidenten Dr. Hans Ehard für sein Vorgehen auf der Ministerpräsidenten-Konferenz in Koblenz" vom 5.7. 1948, S. 3.

delsbeziehungen und c.) die Reduktion des Besatzungsstatutes auf seinen „technischen Teil", in dem die für die Besatzungsstreitkräfte aufzubringenden Leistungen im einzelnen sowie die zur Gewährleistung ihrer Sicherheit erforderlichen Maßnahmen und Kontrollen unter Berücksichtigung deutscher Vorschläge zu definieren waren. 2. Das Dokument Nr. III war der „politische Angelpunkt aller alliierter Vorschläge". Die vorgesehenen, auch nach bayerischer Auffassung zu weit gehenden Einschränkungen standen im Widerspruch zu – ein Höchstmaß an Selbstbestimmung voraussetzender – neuer deutscher Staatlichkeit, der nur dadurch gelöst werden konnte, daß man auf die Ausarbeitung einer echten Verfassung verzichtete. 3. Das im Zusammenhang mit der vorgesehenen Volksabstimmung entstandene Junktim zwischen Besatzungsstatut und Verfassungsfrage mußte aufgehoben werden.

*Bayern in den Verhandlungen von Koblenz und Rüdesheim*

Das Hauptengagement des bayerischen Ministerpräsidenten, neben dem auch der CSU-Vorsitzende Josef Müller sowie Anton Pfeiffer, Staatsrat Seelos, Friedrich Glum und Karl Schwend nach Koblenz gereist waren, lag bei den verfassungsrechtlichen Fragen. Als Vorsitzender der Kommission zu Dokument Nr. III war Ehard außerdem führend an der Ausarbeitung der deutschen „Leitsätze für ein Besatzungsstatut" beteiligt. Gleich am 1. Juli, bei den Besprechungen der Ministerpräsidenten im Anschluß an die Übergabe der Dokumente, hatte Ehard die Entscheidung durchgesetzt, sich nicht unter Zeitdruck setzen zu lassen, andererseits aber die Dokumente nicht zu verwerfen, sondern die darin ausgesprochene Ermächtigung im Prinzip anzunehmen und die Dokumente selbst zügig und konstruktiv zu behandeln[332]. Dasselbe Ziel verfolgte er in Koblenz. Als einer der aktivsten Teilnehmer konnte er eine insgesamt erfolgreiche Bilanz vorweisen. Sowohl, was das Zustandekommen der Verfassung anging, als auch bezüglich ihres Inhaltes waren wichtige bayerische Prämissen erfüllt worden[333]: 1. Im Plenum der Regierungschefs hatte sich der Standpunkt durchgesetzt, bei der Entwicklung eigener deutscher Vorschläge das Frankfurter Dokument Nr. I als Ausgangspunkt zu nehmen. 2. Keiner der Anwesenden dachte daran, den Weg über die Frankfurter Bizonenverwaltung zu beschreiten. 3. Analog den bayerischen Vorstellungen waren die Ministerpräsidenten nun bereit, sich als ein zum Treuhänder und offiziellen Sprecher des deutschen Volkes berufenes Gremium zu betrachten. 4. Diesem Selbstverständnis gemäß war der Beschluß gefaßt worden zur Errichtung eines ständigen Büros der Ministerpräsidenten bei der hessischen Staatskanzlei in Wiesbaden. 5. Auf die Einberufung einer „zentralistischen", allgemein gewählten Nationalversammlung war verzichtet worden. Statt dessen sollte die Wahl der Mitglieder eines „Parlamentarischen Rates" durch die Landtage erfolgen.

In der Debatte um das Verfahren für das Zustandekommen der Verfassung konnte sich Ehard auf den die bayerische Position stützenden Inhalt des Dokumentes Nr. I berufen. Ein anderes als das darin vorgesehene Verfahren würde, so argumentierte er, angesichts des dahinterstehenden mühsam errungenen Londoner Kompromisses wohl

---
[332] Parl. Rat, Bd. 1, S. 26 ff.
[333] Vgl. Bayer. Staatsbibliothek, NL Schwend, Rede Ehards in Augsburg vom 18.7. 1948; dazu vgl. auch Morsey, Zwischen Bayern und der Bundesrepublik, S. 365; Lange, Die Länder und die Entstehung des Grundgesetzes, Teil 2, S. 57 f.

kaum die Zustimmung der Besatzungsmächte finden[334]. Ehard ging es im besonderen, wie er später im Kabinett erläuterte, um die Abwehr der sozialdemokratischen Konzeption der Wahl eines Vorparlamentes, das einen Verfassungsentwurf ausarbeiten sollte, der dann einer aus allgemeinen Wahlen gebildeten Nationalversammlung zur Beschlußfassung vorgelegt werden sollte. Abgesehen von der „Zerreißung Deutschlands in Ost und West", die die Beschlußfassung durch eine solche Versammlung bedeutet hätte, bestand die aus bayerischer Sicht weit größere Gefahr darin, daß diese Versammlung den Entwurf des Vorparlamentes verwerfen und unter Umgehung der Länder eine eigene Version ausarbeiten könnte, die in ihrem zentralistischen Charakter genau das zur Folge haben würde, was man im Interesse der deutschen Einheit verhindern wolle, „nämlich einen Weststaat mit allen Wirkungen, die sich daran knüpfen müssen". Den gleichen Effekt mußte die Ratifizierung des Grundgesetzes durch eine Nationalversammlung haben. Für eine Annahme durch die Länder sprachen dagegen a.) die Einfachheit des Verfahrens, die es ermöglichte, schon „sehr bald [...] zu einem Grundgesetz" und einer „Volksregierung" zu kommen (Zeitfaktor), und b.) die Chance, dieses Grundgesetz dennoch „demokratisch durch die gewählten Vertreter oder durch die Wähler selbst bestätigen zu lassen" (Demokratiegedanke)[335]. c.) Zudem würde das Grundgesetz im Herbst bei einer Abstimmung in den Strudel nationalistischer und kommunistischer Einflüsse geraten. Mit dem Marshallplan und den Auswirkungen der Währungsreform würden dann auch in Wirklichkeit ganz andere Themen zur Abstimmung stehen, ein Umstand, auf den die Parteien kaum würden Einfluß nehmen können.

6. Akzeptiert wurde auch das Verfahren, eine zweite Konferenz einzuberufen zur endgültigen Beschlußfassung, um in der Zwischenzeit den Landtagen Gelegenheit zur Stellungnahme zu geben. 7. Auch bei der Ratifizierung waren die Länder eingeschaltet, da das Grundgesetz „nach Anhörung der Landtage" den Militärgouverneuren zur Stellungnahme zugeleitet werden sollte[336], ein Beschluß, der nach der deutsch-alliierten Konferenz am 20. Juli jedoch modifiziert werden mußte. Vor der endgültigen Formulierung des Textes der Stellungnahme der Ministerpräsidenten zu Dokument Nr. I hatte sich Ehard außerdem von seinen Kollegen ausdrücklich bestätigen lassen, daß 8. die Entscheidungen der Regierungschefs möglichst nach dem Prinzip der Einstimmigkeit fallen sollten[337], 9. die Beteiligung der Länderregierungen an den Beratungen des Parlamentarischen Rates sichergestellt würde[338], 10. die Länderchefs das Grundgesetz nach seiner Fertigstellung und Genehmigung verkünden würden, und schließlich, daß – ein Punkt, den Ehard später immer wieder als ausdrückliches Verdienst bayerischen

---

[334] Parl. Rat, Bd. 1, S. 96.
[335] Ebenda, S. 97, 91.
[336] Vgl. die „Stellungnahme der Ministerpräsidenten zu dem Dokument Nr. I"; ebenda, S. 147.
[337] Ebenda, S. 125 ff.
[338] Dieses Ziel konnte letztlich doch nicht realisiert werden. Immerhin wußte sich Bayern auf anderen Wegen Einfluß auf die Beratungen zu verschaffen; dazu Morsey, Zwischen Bayern und der Bundesrepublik, S. 366. Bereits die kurze Zusammenkunft der Ministerpräsidenten am 15./16. 7. 1948 hatte Ehard als Gelegenheit ergriffen, den geplanten Verfassungsausschuß nach Herrenchiemsee einzuladen, womit er eine weitere – durch die räumliche Nähe gegebene – Möglichkeit bayerischer Einflußnahme auf die Verfassungsfrage eröffnete.

Engagements hervorhob – 11. im Grundgesetz eine bei der Gesetzgebung gleichberechtigte Mitwirkung der Länder vorgesehen werde[339].

Auf der anderen Seite aber konnte eine ganze Reihe weiterreichender Vorstellungen nicht durchgesetzt werden: 1. Trotz des grundsätzlichen Konsenses in der Absicht, das Frankfurter Dokument Nr. I als Ausgangspunkt für eine politische Zusammenfassung der drei Westzonen anzuerkennen, wurde die Gelegenheit, eine echte föderalistische Verfassung zu schaffen, nicht ergriffen. Vielmehr setzte sich in Koblenz das Provisoriumskonzept durch. 2. Wenn die Ministerpräsidenten nun auch entschlossen waren, die Sprecherrolle für das deutsche Volk zu übernehmen, waren sie doch weit entfernt davon, provisorisch die Regierungsverantwortung zu übernehmen, wie es bayerischen Vorstellungen entsprochen hätte. 3. Sehr schnell hatte Ehard auch einsehen müssen, daß die Idee, die Grundzüge der Verfassung von den Ministerpräsidenten selbst ausarbeiten zu lassen, keine Realisierungschance besaß.

Im ganzen konnten die Ergebnisse der Koblenzer Konferenz als ein großer Erfolg für die bayerische Position gewertet werden. Dies galt besonders für die Ländergrenzenfrage und das Besatzungsstatut – wobei sich bei letzterem die bayerischen Vorstellungen kaum von denen der übrigen westdeutschen Länder abhoben –, nicht ganz so für den Verfassungskomplex. Hier hatte Ehard wesentliche Abstriche von seiner ursprünglichen Konzeption in Kauf nehmen müssen. Im Interesse eines einstimmigen Ergebnisses der Konferenz neigte er jedoch ohnehin zu Zugeständnissen. Er war mit klaren politischen Vorstellungen, nicht aber einem ausgefeilten Konzept nach Koblenz gekommen, um die in den Verhandlungen liegenden Möglichkeiten flexibel ausschöpfen zu können. Die Mitwirkung der Länder bei Zustandekommen, Inhalt und Ratifizierung der Verfassung, die Wahrung ihrer Rechte und die Sicherung ihrer Einflußnahme durch inhaltliche Festlegungen im Grundgesetz aber zählten zu einem festen „Kernbestand", in dem es, bei aller sonstiger Kompromißbereitschaft, keine Konzessionen geben konnte und durfte.

Das Einschwenken auf das von allen Parteien getragene Provisoriumskonzept in Koblenz dürfte dem bayerischen Ministerpräsidenten nicht allzu schwer gefallen sein, bot es doch zugleich die Möglichkeit, die unverzichtbaren bayerischen Grundpositionen in eine für alle Beteiligten unverdächtige und annehmbare Form zu kleiden. „Taktisch" war es „empfehlenswert", die Landesinteressen bei den Beratungen „nicht [...] in den Vordergrund" zu stellen, „sondern nachdrücklich hervorzuheben, daß nur eine föderalistische Verfassung die spätere Wiederherstellung der gesamtdeutschen Einheit" ermöglicht[340]. Andernfalls wäre doch sofort der Unwille der zentralistisch eingestellten Länder hervorgerufen und der Vorwurf des bayerischen Partikularismus geradezu herausgefordert worden. Den Kampf um Einfluß und Rechte der Länder in der Verfassungsfrage führte Bayern also wohlweislich mit Argumenten, die das eigentliche Anliegen nicht zu erkennen gaben. Die mit der Wahrung der Länderrechte verbundenen

---

[339] Dies erreicht zu haben, sah Ehard als sein persönliches Verdienst an. Zu Ehards „Meisterstück" der Durchsetzung der Bundesratslösung in den Grundgesetzberatungen vgl. Morsey, Zwischen Bayern und der Bundesrepublik, S. 366 ff.; Düding, Ehard, Menzel und die Staatsform.

[340] Vgl. BayHStA, NL Pfeiffer, Nr. 35, Aufzeichnung „Zu Dokument Nr. 1. Verfassunggebende Versammlung", S. 4.

bayerischen Eigeninteressen wurden mit einem objektivierbaren Gesamtinteresse aller Länder, der Aufrechterhaltung der deutschen Einheit, ummantelt. Für die unaufgebbaren bayerischen Zentralpositionen erfüllte die gesamtdeutsche Perspektive eine Alibifunktion. Der indirekte Weg über die Länder würde die Vorläufigkeit des Ganzen im Interesse der deutschen Einheit augenfällig dokumentieren: Eine föderalistische Ausgestaltung der Verfassung, die ein starkes Eigenleben der Länder garantierte, war wiederum das geeignete Mittel, gegebenenfalls die unterschiedlichen Entwicklungen in Ost- und Westdeutschland zu absorbieren und somit in ihrer Elastizität den Weg zu einer späteren Wiedervereinigung offenzuhalten.

Ehards beharrliches Festhalten an den Koblenzer Beschlüssen in Rüdesheim war weit weniger den Westmächten gegenüber verhandlungstaktisch bestimmt als gegenüber seinen Kollegen, in dem Ziel, die zuvor errungenen Positionen zu halten. Nach seiner Ansicht gab es nach der durch die deutsch-alliierte Konferenz am 20. Juli neugeschaffenen Situation in Rüdesheim im wesentlichen nur drei Problembereiche zu klären: 1. die Frage der Ländergrenzenreform, beziehungsweise ob es möglich war, allein eine Lösung für Württemberg und Baden vorzuschlagen 2. den Modus der Ratifizierung des Grundgesetzes und 3. das Junktim zwischen Verfassung und Besatzungsstatut[341]. In Rüdesheim war zur Aufgabe gestellt, die Koblenzer Beschlüsse an die Ergebnisse der Londoner Konferenz „anzugleichen", möglichst ohne dabei „etwas Grundsätzliches" aufzugeben[342]. Die größte Gefahr ging aus bayerischer Sicht von der Aufforderung der Militärgouverneure aus, nunmehr eine definitive Entscheidung in der Ländergrenzenfrage zu treffen. Da nun nicht der Parlamentarische Rat, wie in den Koblenzer Beschlüssen vorgesehen, sondern, nach dem Willen der Besatzungsmächte, die Ministerpräsidenten selbst hierfür zuständig sein sollten, mußte die Entscheidung in ihrem Kreise gefällt werden. Aus diesem Grunde wollte Ehard diesen Punkt als ersten erörtert wissen, konnte damit aber nicht durchdringen. Eine Einigung über Einzelfragen der Verfassung schien ihm dagegen unschwer erreichbar. Zumindest vom bayerischen Standpunkt aus würde es nicht schwerfallen, notfalls ganz auf die Linie der Besatzungsmächte einzuschwenken.

Ehard hielt auch jetzt weiter an seiner klaren politischen Richtung fest. Nach wie vor standen dieselben Ziele im Vordergrund. Terminologische Fragen besaßen deshalb nur eine untergeordnete Bedeutung. Hier konnte es ohnehin allenfalls um „formale Konzessionen" gehen, „die keineswegs die Sache in irgendeiner Form" änderten[343]. Als einzige echte Divergenz zwischen der deutschen Auffassung und der der Westalliierten blieb – hier traf sich Ehard mit der Überzeugung des Hamburger Bürgermeisters Max Brauer – die Frage des Referendums. Wie Brauer hielt auch er es für ratsamer, nicht unter allen Umständen auf dem deutschen Standpunkt zu beharren, denn schließlich war dies, wie er dem Plenum darlegte, ein Moment, das geeignet war, den Londoner Kompromiß aus den Angeln zu heben: Die Uneinigkeit der Besatzungsmächte untereinander selbst brachte das Risiko mit sich, einer Partei unter ihnen ungewollt in die Hände zu spielen, die andere hingegen zu brüskieren. In jedem Falle aber, selbst wenn die Militärgouverneure bereit sein sollten, sich der deutschen Auffassung

---
[341] Parl. Rat, Bd. 1, S. 188 ff.
[342] Ebenda, S. 184.
[343] Ebenda, S. 225.

anzuschließen, würde dies eine Rücksprache mit ihren Regierungen erfordern, die wiederum Zeitverlust bedeutete. Ehard griff deshalb eine Anregung Brauers auf, indem er vorschlug, sich mit stichhaltigen Argumenten, die für eine Ratifizierung durch die Landtage sprachen, den Militärgouverneuren gegenüber gewissermaßen ein „politisches Alibi"[344] zu verschaffen, im letzten aber erforderlichenfalls nachzugeben. Wiederholt rief Ehard dazu auf, in den Auseinandersetzungen um Einzelheiten nicht das grundsätzliche Ziel aus den Augen zu verlieren und dieses nicht an der äußeren Form scheitern zu lassen.

In Rüdesheim drohte auch der in Koblenz erreichte Konsens zur Ländergrenzenfrage zu zerbrechen, indem ein Teil der Ministerpräsidenten die eindeutig bejahende Stellungnahme zur Territorialreform, auf die man sich jetzt verständigte, als eine Entscheidung interpretierte, die Neugliederung doch als Ganzes in Angriff zu nehmen. Ehard glaubte allerdings voraussagen zu können, daß eine umfassende Revision der Ländergrenzen selbst bei bestem Willen innerhalb der zur Verfügung stehenden Zeit unmöglich sein würde. Nur pro forma stimmte er deshalb der Einsetzung des Ländergrenzenausschusses zu[345]. Da die Mehrheit der Regierungschefs auf eine Lösung des südwestdeutschen Problems drängte, mußte Ehard, der aus bereits dargelegten Gründen am liebsten auch diese Teilfrage unberührt gelassen hätte, Konzessionen machen. Während Ehard in Koblenz auffallende Zurückhaltung an den Tag gelegt hatte, sah er sich deshalb in Rüdesheim, als die Diskussion unversehens in eine allgemeine Neugliederungsdebatte auszuufern drohte, veranlaßt, einmal ausdrücklich den bayerischen Standpunkt in der Pfalzfrage zu bekunden[346]. Wichtig war deshalb die Aufrechterhaltung des Status quo von Rheinland-Pfalz. Damit konnte zumindest eine definitive, bayerischen Wünschen entgegenstehende Lösung verhindert werden und die Pfalz als der zentrale Punkt bayerischer Ländergrenzenpolitik weiterhin unangetastet bleiben. Die Problematik einer gleichzeitigen Abstimmung über Verfassung und Besatzungsstatut schließlich schien durch die positive Aufnahme der Koblenzer Leitsätze entschärft. Wenn auch ein vorzeitiger Erlaß des Besatzungsstatutes nicht zu erreichen war, ermöglichte dies doch, sich nunmehr ganz auf die Verfassungsfrage zu konzentrieren, um dann die endgültige Genehmigung durch die Besatzungsmächte abzuwarten.

Das positive Ergebnis der Konferenz vom 26. Juli schließlich war ebenfalls maßgeblich Ehards vermittelnder Aktivität zu verdanken. Ähnlich wie Bürgermeister Brauer hatte er sich, wenn auch nach vorausgegangener Abstimmung mit Murphy, andererseits aber durchaus im Bewußtsein des damit verbundenen Wagnisses – zumal seine Ausführungen offenbar nicht mit der Zustimmung aller Länderchefs rechnen konnten –, zum Eingreifen in die Verhandlungen während ihrer Stagnationsphase entschlossen[347]. Sein taktisches Geschick, die Positionen beider Seiten möglichst weitgehend einander anzugleichen – dabei in den verbleibenden Differenzpunkten einerseits den Handlungsspielraum der Gouverneure auslotend, auf der anderen Seite um Verständnis für den deutschen Standpunkt werbend, gleichzeitig aber den unbedingten deut-

---

[344] Ebenda, S. 186.
[345] Ebenda, S. 254 f. Zur Tätigkeit Anton Pfeiffers als bayerischer Vertreter im Ausschuß zur Überprüfung der Ländergrenzen vgl. Reuter, „Graue Eminenz", S. 172–175.
[346] Parl. Rat, Bd. 1, S. 254.
[347] Vgl. ebenda, S. 278 f.; dazu auch Morsey, Föderalismus im Bundesstaat, S. 437 f.

schen Willen zu einer Übereinkunft betonend –, half, den toten Punkt der Gespräche zu überwinden und zu einem beiderseits zufriedenstellenden Ergebnis zu finden. Die von einem klaren Rollenverständnis innerhalb Westdeutschlands und dessen künftiger Entwicklung geleitete bayerische Politik war mehr als die jedes anderen westdeutschen Landes darauf angewiesen, Eigeninteressen nicht zu stark in Erscheinung treten zu lassen. Dennoch gelang es, in den Verhandlungen vom Juli 1948 einen hohen Anteil der politischen Positionen des Freistaates durchzubringen, damit aber auch eine „gesamtdeutsche" Leistung auf dem Wege zur Entstehung der Bundesrepublik zu vollbringen, die kaum zu überschätzen ist.

# Britische Besatzungszone

## 1. Schleswig-Holstein

Als nördlichstes unter den westdeutschen Ländern hat sich Schleswig-Holstein nach 1945 nicht nur geographisch als Schlußlicht empfunden. Die schwierige materielle Situation, vor die es gestellt war, erschien mit den bescheidenen Mitteln eines finanz- und strukturschwachen Agrarlandes allein kaum lösbar. Rohstoffarmut und Nahrungsmangel wurden in ihrer Wirkung verstärkt durch den Zustrom von Flüchtlingen und Vertriebenen, der die Einwohnerzahl Schleswig-Holsteins von 1,62 Millionen um die Jahreswende 1944/45 auf 2,435 Millionen im Juni 1945 ansteigen ließ, nochmals erhöht auf 2,7 Millionen im Zuge der sogenannten Umsiedlung Ostdeutscher aus ihrer Heimat in den Westen während der folgenden vier Jahre. Mit einem Bevölkerungszuwachs von 71 % lag Schleswig-Holstein damit an der Spitze der westdeutschen Länder. Parallel dazu hatte es gleichzeitig aber auch die höchste Arbeitslosenquote zu verzeichnen, bedingt durch Demontagen, Werftstillegungen und den Fortfall der Rüstungsindustrie, die die Wirtschaftsstruktur des Landes bis zum Kriegsende geprägt hatte. Trotz geringer Wirtschaftskraft und dem niedrigsten Steueraufkommen pro Kopf der Bevölkerung in den Westzonen hatte es deshalb neben den kostspieligen Aufgaben eines Küstenlandes die höchsten Soziallasten zu tragen[348]. Das Flüchtlingsproblem bekam seinerseits noch eine zusätzliche Dimension durch die hier hereinspielende Schleswig-Frage.

Der auch die politische Perspektive bestimmende Kampf gegen die materiell-wirtschaftliche Notlage behinderte jedoch nicht die staatsrechtliche Entwicklung der ehemaligen preußischen Provinz zu einem eigenständigen Land. Schleswig-Holstein konnte sich sogar rühmen, als erstes Land der britisch besetzten Zone eine, wenn auch nur vorläufige und von der Militärregierung formal nie anerkannte, de facto aber in ihren Grundsätzen wirksame Verfassung zu besitzen[349]. Die endgültige „Landessatzung" wurde erst im Dezember 1949 vom Landtag verabschiedet und im Januar 1950 von Landesgouverneur William Asbury genehmigt. Die grundlegenden Weichenstellungen fielen in die Amtszeit des am 15. Oktober 1945 von der Militärregierung zum

---

[348] LArchS, Abt.399.69, Nr.21, Lüdemann, „Die Not eines Landes! Denkschrift über Schleswig-Holstein". Kiel 1948.
[349] Vgl. Jürgensen, Gründung, S. 46.

Oberpräsidenten ernannten Theodor Steltzer. Der im Februar 1946 einberufene, zunächst nur als Beratungsorgan für den Oberpräsidenten konzipierte Provinziallandtag, dem die Aufgaben der Ausarbeitung einer Verfassung und der Kontrolle der Provinzialverwaltung übertragen wurden, wählte zu diesem Zweck im April 1946 aus seiner Mitte sieben Hauptausschüsse, die den sieben Ämtern der Landesverwaltung jeweils als Kontroll- und politisches Führungsorgan vorangestellt wurden. Die Vorsitzenden dieser Hauptausschüsse wiederum bildeten die erste „Regierung" Schleswig-Holsteins, quasi als ein „vom Landtag berufener politischer Führungsstab"[350], unter der Leitung Theodor Steltzers. Im Mai 1946 genehmigte die Militärregierung die Umbenennung in „Landesregierung", „Landesverwaltung" und „Landtag". Ende 1946 wurden Landesregierung und Landesverwaltung zusammengefaßt und gemeinsam der Kontrolle des Landtags unterworfen. Dieser verabschiedete am 12. Juni 1946 die oben erwähnte Vorläufige Verfassung. Daß diese von der Militärregierung nicht genehmigt wurde, hing nicht zuletzt damit zusammen, daß Schleswig-Holstein zu diesem Zeitpunkt noch immer den Status einer Provinz besaß. Durch die Verordnung Nr. 46 wurde es mit Wirkung vom 23. August 1946 zum selbständigen Land erhoben. Die ersten Landtagswahlen erbrachten am 20. April 1947 für die CDU mit 34,5 % der Stimmen 22 Sitze, für den Südschleswigschen Verein (SSV) bei 7,9 % drei Sitze, für die Sozialdemokraten aber mit dem besten Ergebnis von 44,4 % und 43 der insgesamt 70 Sitze die absolute Mehrheit im Landtag. Die Führung dieser neuen, einer reinen SPD-Regierung – gleichzeitig der einzigen in den Ländern der Westzonen – übernahm Hermann Lüdemann.

*Persönlichkeit und Politik des Ministerpräsidenten Hermann Lüdemann*

Der am 2. Mai 1947 zum Ministerpräsidenten von Schleswig-Holstein gewählte Hermann Lüdemann verstand die ihm übertragene Verantwortung für das Land als eine persönliche Verpflichtung. Gleich beim Amtsantritt bekannte er sich außerdem im Namen der Landesregierung ausdrücklich „zur Einheit und deutschen Politik der Gesamtpartei"[351]. Dies traf in der Realität am ehesten noch auf die Haltung zur künftigen Verfassung zu. Anders verhielt es sich hingegen in der Ländergrenzenfrage. Hier hatte die SPD auf ihrem Parteitag in Springe – übrigens mit Zustimmung Lüdemanns – beschlossen, dieses Problem nicht aufzugreifen[352]. Lüdemann aber betrachtete die Länderneugliederung als eine schlechthin entscheidende Aufgabe seiner Zeit – und für sich selbst. Während er sich unermüdlich für die Linderung der materiellen Notlage seines Landes einsetzte, verknüpfte er zugleich seine Überzeugungen von einem (gesamt)deutschen Staatsaufbau eng mit dem Schicksal Schleswig-Holsteins, indem er die Lebensfähigkeit seines Landes nicht nur von einzuleitenden Wirtschafts- und Strukturmaßnahmen und der Hilfe der Solidargemeinschaft der westdeutschen Länder, sondern

---
[350] Ebenda, S. 39; ders., Schleswig-Holstein, S. 202 ff.
[351] Regierungserklärung Lüdemanns vom 8. 5. 1947, in: Quellen zur Geschichte Schleswig-Holsteins, Teil III, S. 215.
[352] Vgl. AdsD, Bestand Landesverband Schleswig-Holstein, Handakten Hermann Lüdemann, Nr. 237, Schreiben der Kieler Nachrichtenstelle an Lüdemann vom 23. 8. 1948.

auch von einer Neugliederung Westdeutschlands in ungefähr gleichgewichtige Länder abhängig zu machen versuchte, innerhalb derer Schleswig-Holstein durch das Aufgehen in einem größeren Lande um seine drängenden Sorgen erleichtert werden sollte. Doch sollte er mit seinem ehrgeizigen Plan scheitern, vor allem am Widerstand der beiden Stadtstaaten. Daß die Länderchefs sich letztlich nicht zur Durchführung einer Reform hatten entschließen können, beklagte Lüdemann nach seinen vergeblichen Bemühungen als eine verpaßte historische Gelegenheit[353]. Nach seiner Überzeugung war es der Länderegoismus, den die Ministerpräsidenten nicht zu überwinden vermochten, der in Koblenz und Rüdesheim Entscheidungen aus gesamtdeutscher Verantwortung verhindert hatte. Aber auch im eigenen Land hat Lüdemann nicht den nötigen Rückhalt gefunden. Die unmittelbar nach Kriegsende noch am ehesten vorhandene Bereitschaft, in einem größeren Lande aufzugehen, war nur wenige Jahre später kaum noch vorhanden.

Am 5. August 1880 in Lübeck geboren, begann Hermann Karl Hans Lüdemann seine berufliche Laufbahn nach dem Besuch der Realschule mit einer dreijährigen Maschinenbaulehre, an die sich die Ausbildung zum Ingenieur anschloß. In der nachfolgenden Zeit verschiedener praktischer Tätigkeiten engagierte er sich auch gewerkschaftlich und war, 1905 bis 1912, Geschäftsführer des Bundes technischer Angestellter und Beamter (BUTAB). 1912 trat er der Demokratischen Vereinigung der SPD bei. 1912 bis 1915 lebte er als freier politischer Schriftsteller in Berlin. Danach, bis 1918, arbeitete er als stellvertretender Abteilungsleiter in einer staatlichen Reichseinkaufsgesellschaft. Im November 1918 nahm Lüdemann zusammen mit Friedrich Ebert über die Versammlung der Arbeiter- und Soldatenräte vom 10. des Monats an der Bildung der neuen Regierung teil. Er wurde 1919 in die verfassunggebende Landesversammlung Preußens gewählt und war von 1921 bis 1929 Mitglied des preußischen Landtags. In der Zeit von 1915 bis 1922 war er 2. Vorsitzender der SPD und Stadtverordneter in Berlin und als persönlicher Referent von Arbeitsminister Bauer tätig. Im März 1920 folgte seine Berufung zum preußischen Staats- und Finanzminister (bis April 1921). Nach fünfjähriger Tätigkeit als Bezirksgeschäftsführer im Verband sozialistischer Baubetriebe, dem Vorläufer der „Neuen Heimat", übernahm Lüdemann 1927 das Regierungspräsidium in Lüneburg und war 1928 bis 1932 Oberpräsident in Schlesien. Am 22. Juni 1932 amtsenthoben, wurde Lüdemann verhaftet und verbrachte die Zeit bis Februar 1935 in Konzentrationslagern. Später war er bis 1944 Geschäftsführer eines Berliner Kinos. Nach dem gescheiterten Attentat auf Adolf Hitler am 20. Juli 1944 von der Anklage wegen Verbindungen zum Widerstandskreis um Leuschner, Leber und Mierendorff überraschend freigesprochen, endete sein Weg wenige Tage später erneut im Konzentrationslager (Sachsenhausen). Als schließlich ein Zug von 36000 Häftlingen in Richtung Westen, nach Mecklenburg/Schleswig-Holstein, in Gang gesetzt wurde, mußte Lüdemann unterwegs zurückbleiben. Nach dem Einmarsch der Roten Armee wurde er nach seiner Genesung mit dem Aufbau der SPD-Organisation in Mecklenburg beauftragt, setzte sich aber nach der Gründung der SED 1946 nach Berlin ab, wo er als sozialdemokratischer Parteisekretär arbeitete. Nach eigener Aussage hatte er sogar Aussichten, Oberbürgermeister zu werden, bis sich die Sozialdemokraten jedoch an-

---

[353] Vgl. LArchS, Abt. 605, Nr. 489, „Eine verpaßte Gelegenheit", vom 3. 9. 1948.

ders entschieden. Im Herbst 1946 wechselte er in seine Heimatstadt Lübeck über und von dort nach Kiel. Hier wurde er im November des gleichen Jahres zum Innenminister und stellvertretenden Ministerpräsidenten berufen und war ab Mai 1947 bis August 1949 der erste gewählte Ministerpräsident Schleswig-Holsteins. Hermann Lüdemann starb am 27. Mai 1959 in Kiel.

Mit welcher im Grunde die Realitäten verkennenden Leidenschaft Lüdemann, der persönlich recht eigenwillig und nicht frei von Eitelkeit gewesen sein soll, auf der Ebene der Ministerpräsidentenkonferenz wie auch in Schleswig-Holstein selbst für eine nach seinen Kriterien sinnvolle territoriale Gliederung Westdeutschlands als Basis der staatlichen Neuordnung kämpfte, war an seinen bisweilen überspannten Reaktionen abzulesen, wenn es ihm nicht gelang, Zustimmung und Unterstützung für seine Pläne zu finden[354]. Lüdemann bezeichnete sich zwar selbst als Föderalisten, doch verurteilte er gleichzeitig als Sozialist jede „Art von Föderalismus, der die Konservierung begrenzter Gebietszuständigkeiten wichtiger ist als der erfolgreiche Kampf gegen unsere gesamtdeutsche Wirtschaftsnot"[355] – womit er vor allem Bayern angriff. „Freiheit" und „soziale Gerechtigkeit" als in seinen Reden immer wiederkehrendes Begriffspaar[356] waren die zu verwirklichenden Grundsätze eines funktional in deren Diensten stehenden „gesunden Föderalismus". Freiheit, für den einzelnen und die Gesamtheit, verlangte auch die baldige Rückkehr demokratischer Selbstregierung. Zentraler Instanzen bedurfte es ebenso für den in Lüdemanns Denken dominierenden wirtschaftlich-finanziellen Ausgleich, aber auch für eine oberhalb der Länderebene geregelte Ernährungssicherung und den Bevölkerungsausgleich[357]. Deshalb und besonders nach der gescheiterten Londoner Konferenz Ende 1947 richtete er sich auf eine wirtschaftliche und auch politische Zusammenfassung der Westzonen ein. Daß es im Januar 1948 mit der Bizonenreform nur mehr zu einer weiteren Interimslösung kam, nahm er, so scheint es, mit einer gewissen Erleichterung zur Kenntnis. Auch die Beschlüsse der Sechsmächtekonferenz betrachtete er dann als weiteres Provisorium. Immerhin legte die provisorische westdeutsche Verfassung den Grundstein für eine Neugestaltung Westdeutschlands und schuf die Voraussetzungen, um gerade auch für das Land Schleswig-Holstein einschneidende Verbesserungen zu bringen und die Lebensfähigkeit dieses Landes zu sichern.

---

[354] Das Protokoll hält fest, daß Lüdemann aus Verbitterung während der Ministerpräsidentenkonferenz am 31.8. 1948 den Sitzungssaal verließ; vgl. Parl. Rat, Bd. 1, S. 409; vgl. auch Jürgensen, Brauer contra Lüdemann, S. 184; gleiches ereignete sich im schleswig-holsteinischen Landtag, nachdem er dort ebenfalls eine Niederlage erlitten hatte; vgl. ebenda, S. 189.
[355] LArchS, Abt. 605, Nr. 3370, Manuskript einer Erklärung Lüdemanns in der Sitzung des schleswig-holsteinischen Landtags, 2.2. 1948.
[356] Ebenda, Manuskript der Rede Lüdemanns in der Sitzung des Landtags, 7.2. 1949, S. 2; ebenda, Manuskript der Erklärung Lüdemanns zum Grundgesetz in der Sitzung des Landtags, 20.5. 1949, S. 3.
[357] Das Fehlen einer zentralen Instanz, die den Ländern gegenüber Beschlüsse und Entscheidungen durchsetzen konnte, hatte den Bemühungen Schleswig-Holsteins um eine gerechtere Verteilung der Flüchtlingslasten bis dahin – und sollte es auch weiterhin – den Erfolg versagt; vgl. Vorpahl, Segeberger Flüchtlingskonferenz, S. 309, 323.

1. Schleswig-Holstein 151

*Probleme und Interessen der Landespolitik*
*Schleswig-Holstein oder Land „Unterelbe"? Um die Neuordnung des norddeutschen Raumes*

Wie kein anderer westdeutscher Regierungschef hat der Ministerpräsident von Schleswig-Holstein die materiellen Schwierigkeiten, die es in der Nachkriegszeit zu überwinden galt, mit der Frage nach der zukünftigen territorialen Neuordnung seines Landes verknüpft. Die Problematik legte Lüdemann ausführlich in der bereits zitierten Denkschrift „Die Not eines Landes!" dar. Darin beschäftigte er sich eingehend mit der geographisch-räumlichen, wirtschaftlichen und finanziellen Lage Schleswig-Holsteins. Im Ergebnis hoffte er nachgewiesen zu haben, „daß das Land Schleswig-Holstein in seiner jetzigen Gestalt nicht lebensfähig" sei. „Einem im Grunde lebensunfähigen Lande" könne „auf die Dauer nicht durch wirtschaftliche Unterstützungen, Finanzausgleiche oder Sonderbeihilfen, die von den anderen Ländern immer wieder erbettelt werden müssen, geholfen werden." Eine Besserung der Verhältnisse könne nur auf drei Wegen erreicht werden: 1. durch die „Beseitigung des Bevölkerungsüberdruckes", 2. durch eine „Verbesserung in industriellen Standortverhältnissen" und 3. durch eine „territoriale Neuordnung".

Die „gute Funktion eines auf gesunder Grundlage aufgebauten föderativen Staatsgebildes" erfordere, „daß die einzelnen Glieder leistungsfähig genug sind, um Gegensätze und Schwierigkeiten weitgehend in sich selbst auszugleichen und zu überwinden". Was Schleswig-Holstein für Deutschland zu leisten habe, müsse sich „sinnvoll in den Gesamtaufbau des Vereinigten Wirtschaftsgebietes eingliedern". Dabei sei es auch „für das Wohl Gesamtdeutschlands" erforderlich – und hier tritt deutlich die umfassende Perspektive hervor, die mit der Notlage Schleswig-Holsteins eigentlich nicht in unmittelbarem Zusammenhang stehen mußte –, „großräumige, möglichst gleichwertige und homogene Länder zu schaffen, die wohl gegeneinander abgewogen" seien „und in denen in kulturell sinnvoller und wirtschaftlich vernünftiger Weise die natürlichen und historisch gewordenen Verschiedenheiten unserer deutschen Landschaften so weit wie möglich zur Darstellung" kämen[358]. In der Erörterung territorialer Lösungsmöglichkeiten stellte Lüdemann in seiner Denkschrift drei Varianten für Schleswig-Holstein zur Diskussion: 1. die Bildung eines Landes „Unterelbe", bestehend aus Schleswig-Holstein, Hamburg und den Kreisen Dannenberg, Uelzen, Lüneburg, Harburg, Stade und Land Hadeln, sodann, weniger favorisiert, 2. eine Vereinigung Schleswig-Holsteins und Hamburgs mit Niedersachsen und 3. das Fortbestehen Schleswig-Holsteins unter Einschluß Hamburgs.

Die zentrale Rolle, die die territoriale Neuordnung in Lüdemanns Politik einnahm, läßt die Frage aufkommen, inwieweit er die Notlage seines Landes für eigentlich andere Zielsetzungen zu instrumentalisieren versuchte. Ob seinem Kampf um eine Eingliederung oder Vergrößerung seines Landes tatsächlich allein die Sorge um die desolate Lage Schleswig-Holsteins zugrunde lag, darf bezweifelt werden. Hinweise darauf gibt eine Reihe sachlicher wie inhaltlicher Widersprüche in seiner Argumentation: 1. Wohl wider besseres Wissen stellte Lüdemann wiederholt die Behauptung auf, daß das „heutige Land Schleswig-Holstein [...] das Restprodukt einer im Jahre 1946 von den

---
[358] LA Schl.H, Abt.599.69, Nr.21, Lüdemann, „Die Not eines Landes! Denkschrift über Schleswig-Holstein", S. 15.

Besatzungsmächten vollzogenen willkürlichen Aufteilung Preußens" sei[359]. Von einer willkürlichen Einteilung des ehemaligen preußischen Staatsgebietes in Länder konnte 1946 nur sehr bedingt die Rede gewesen sein[360]: Bekanntlich hatte die britische Besatzungsmacht einen Sonderausschuß des Zonenbeirates mit der Beratung einer territorialen Neuordnung beauftragt. Allein das zuvor gegründete Land Nordrhein-Westfalen war zu diesem Zeitpunkt bereits eine vorgegebene Größe, wodurch freilich die Entscheidungsmöglichkeiten des Ausschusses eingeschränkt wurden. Unter den in diesem Gremium diskutierten Lösungsvorschlägen hatte schließlich der von Hinrich Wilhelm Kopf (Niedersachsen) entwickelte Plan[361] die mehrheitliche Annahme – und auch die Zustimmung des (damals noch stellvertretenden) britischen Militärgouverneurs Robertson – gefunden. Damit wurde für die britische Zone eine Länderordnung festgelegt, die unter maßgeblicher deutscher Beteiligung und überwiegender Zustimmung zustande gekommen war.

2. Als Lüdemann am 27. August 1948 im Ausschuß der Ministerpräsidenten zur Überprüfung der Ländergrenzen seine Denkschrift über die Notlage Schleswig-Holsteins verteilte, hatte er schon gut 14 Tage vorher überraschenderweise davon gesprochen, daß es „nicht so sehr die gegenwärtigen, hoffentlich vorübergehenden Beschwerden aus den Besatzungskosten, den Flüchtlingslasten und ähnlichen Kriegsfolgelasten" seien, die die Lage seines Landes so „unerträglich" machten, sondern die Frage sei vielmehr „grundsätzlicher Art" und erfordere „eine klare Entscheidung, wie wir uns zu verhalten haben, um zu verhüten, daß unser Gebiet im Gewande einer formellen Selbständigkeit durch seine ungünstige Lage, durch seine Kleinheit und seine Armut für alle Zeiten zu einem Notstandsgebiet" werde, „das stets auf Hilfe und Unterstützung durch andere Länder angewiesen" und ohne diese Hilfe nicht imstande sei, „seiner Bevölkerung die gleiche Kultur, die gleiche wirtschaftliche Selbsterhaltung und den gleichen Anteil an dem zu erhoffenden allgemeinen Aufschwung zu sichern, wie er den anderen Ländern dank ihrer günstigen Lage automatisch" zufalle[362]. Damit ließ er also deutlich durchblicken, daß es ihm nicht allein um die Behebung der Notlage seines Landes ging, die er bei jeder erdenklichen Gelegenheit in den Vordergrund stellte, sondern, damit verknüpft, grundsätzlich um eine Neueinteilung der Länder, die er diesmal, nachdem sämtliche Versuche in der Vergangenheit gescheitert waren, tatsächlich und sofort durchgesetzt haben wollte, wobei eben dieser stetige Hinweis auf die Situation seines Landes Beweis genug sein sollte dafür, daß Schleswig-Holstein bei seinem Ansinnen keineswegs „von eigensüchtigen Gedanken oder einem törichten Streben nach Machterweiterung geleitet" sei[363]. Lüdemann wollte eine Reform, „die den Föderalismus der Wohlhabenden durch eine sozialwirtschaftlich gedachte Staatsgliederung" ersetzte. Er gab vor, damit Voraussetzungen für einen funktionsfähigen Bundesstaat schaffen zu wollen und so gleichzeitig dem gesamtdeutschen Interesse zu dienen, ja, aus gesamtdeutscher Verantwortung zu handeln, ein Argument, mit dem er anscheinend besonders die Unterstützung der föderalistisch eingestellten süddeutschen Länder

---

[359] Ebenda, S. 3.
[360] Dazu Jürgensen, Entscheidung, S. 626–636.
[361] Vgl. das Kapitel über Niedersachsen.
[362] Lüdemann in der Sitzung des Landtags, 9.8.1948, Stenograph. Bericht, S. 9.
[363] Lüdemann in der Sitzung des Landtags, 28.9.1948, Stenograph. Bericht, S. 25 f.

zu gewinnen hoffte[364]. Die Notlage Schleswig-Holsteins diente Lüdemann als Vehikel für ehrgeizige Pläne einer vordringlich nord-, aber darüber hinausgehend auch gesamtdeutschen Länderneuordnung, die in ihrer Homogenität (gleiche Bevölkerungszahl, Wirtschafts- und Finanzkraft) so etwas wie den Ersatz für einen (west)deutschen Zentralstaat abgeben sollte, der nach 1945 nicht zur Diskussion stand[365]. Hinter Lüdemanns Plan darf aber durchaus auch ein parteipolitisches Anliegen vermutet werden: Da die schwierige Lage Schleswig-Holsteins der sozialdemokratischen Politik angelastet werden würde, sollten möglicherweise durch die Einordnung in ein größeres Land die Voraussetzungen für eine erfolgreichere Regierungspolitik geschaffen werden. 3. Im September 1948 hat Lüdemann sogar die Briten für seine Ziele einzuspannen versucht, obwohl er die Mitwirkung der Besatzungsmächte bei einer deutschen Länderreform immer ausdrücklich abgelehnt hatte[366]. 4. Lüdemanns Drängen auf eine Neuordnung stand dabei, auch das muß festgestellt werden, in bemerkenswertem Gegensatz zu der von ihm unterstützten Zielsetzung der Ministerpräsidenten, in Westdeutschland nur etwas Provisorisches schaffen und eine gesamtdeutsche Entwicklung offenhalten zu wollen. Eine gesamtdeutsche Option für Schleswig-Holstein aber, die sinnvollerweise auch Mecklenburg und Pommern beinhaltet hätte, mußte in der gegebenen Situation jedoch notwendigerweise theoretischer Natur bleiben, setzte sie doch die Einbeziehung der Ostzone in eine umfassende Neugliederung voraus. Im eigenen Interesse hätte Schleswig-Holstein daher eher einen gesamtdeutschen Vorbehalt anmelden müssen. 5. Auf Skepsis traf auch das Argument Lüdemanns, mit Hilfe einer territorialen Neuordnung der südschleswigschen Bewegung wirkungsvoll entgegentreten zu können. Im Gegenteil, dies war eigentlich eher – übrigens auch nach Meinung der britischen Regierung – ein Argument *für* die Beibehaltung des Status quo. Ein großes Land „Unterelbe" oder ähnliche Lösungen hätten eine Abtrennung dieses Landesteiles durchaus eher verkraften können[367]. Insofern hatte Lüdemanns Engagement eher noch den Nebeneffekt, freilich ohne dessen Willen, indirekt den Forderungen des SSW Vorschub zu leisten.

6. Lüdemann konnte schon deshalb nicht die volle Unterstützung seiner Landsleute für diesen „fiskalischen"[368] Ansatz finden, der die Ländereinteilung auf ein rein verwaltungstechnisches Problem, eine Zweckmäßigkeitsfrage, reduzierte und alles von der erhofften wirtschaftlich-finanziellen Leistungsfähigkeit eines größeren Landes abhängig machte, weil er mit der Verwirklichung solcher Pläne den mit der Gründung des Landes 1946 abgeschlossenen Emanzipationsprozeß quasi wieder rückgängig gemacht hätte: Mit der Entstehung eines selbständigen Landes Schleswig-Holstein war ein alter Traum vieler Schleswig-Holsteiner in Erfüllung gegangen. Lüdemanns Bereitschaft, diese Selbständigkeit zugunsten der Bildung einer größeren territorialen Einheit, wie es zuvor der preußische Staatsverband gewesen war, und in dem, nach Ansicht Lüdemanns, die Provinz ein im Grunde zufriedenes und materiell gesichertes Dasein geführt hatte, aufzugeben, stand im Widerspruch zu einem durchaus vorhandenen schles-

---

[364] HStAD, NW 53, Nr. 697b, Schreiben Lüdemanns an Ehard vom 13.8.1948.
[365] Vgl. Jürgensen, Brauer contra Lüdemann, S. 178.
[366] Ebenda, S. 185 ff.; ders., Entscheidung, S. 625, 658 f.
[367] Außerdem mochten wahlarithmetische Überlegungen hinsichtlich eines Übergewichtes bürgerlicher Parteien in diesem vorwiegend agrarischen Gebiet bei den Sozialdemokraten eingeflossen sein; vgl. Eschenburg, Jahre der Besatzung, S. 88.
[368] Jürgensen, Lüdemann contra Brauer, S. 177.

wig-holsteinischen Landesgefühl, das sich im Laufe der langen und komplizierten Geschichte herausgebildet hatte. Im Grunde entsprachen der selbständige Status und die territoriale Abgrenzung Schleswig-Holsteins ganz der historischen Entwicklung des Landes, ja, man kann sagen, daß Schleswig-Holstein im Vergleich zu den übrigen, nach 1945 neugeschaffenen Ländern „als einziges deutsches Bundesland in seinem Namen, in seinen Symbolen und in seinem – aufs Ganze gesehen unverändert gebliebenen – Gebietsstand die Tradition einer preußischen Provinz" fortsetzte[369]. Es war das Verdienst des ersten Ministerpräsidenten Theodor Steltzer, eines Exponenten des nach 1945 neubelebten „Schleswig-Holsteinertums", nach dem Ende des Krieges mit dem faktischen Untergang Preußens, in das Schleswig-Holstein ohne seinen Willen eingebunden gewesen war, die Chance genutzt und das doppelte Ziel der schleswig-holsteinischen Erhebung von 1848 verspätet verwirklicht zu haben, nämlich die Zugehörigkeit zum deutschen Staatsverband (eben nicht zu Preußen) und die Erlangung seiner Eigenständigkeit[370]. Die Erhebung Schleswig-Holsteins von einer preußischen Provinz zum eigenständigen (Bundes-)Land war im Prinzip von allen Parteien begrüßt worden. Landtag (Resolution vom 20. August 1946) und Regierung (Sitzung vom 16. August 1946)[371] hatten sich damals allerdings für die Schaffung eines weiteren großen Landes aus den übrigen Teilen der britischen Zone als Gegengewicht zu Nordrhein-Westfalen ausgesprochen. Damals war dieses Vorhaben am Widerstand der Hansestädte gescheitert, und bei der Neugliederung der britischen Zone hatte, wie erwähnt, die Konzeption Hinrich Wilhelm Kopfs die Mehrheit gefunden.

Mit der Bildung einer rein sozialdemokratischen Regierung machte sich Hermann Lüdemann nun den Gedanken einer territorialen Neuordnung persönlich zu eigen, obwohl er in dieser Frage nicht einmal die Mehrheit der Landesregierung hinter sich hatte. Bruno Dieckmann etwa, der stellvertretende Ministerpräsident, argumentierte, Niedersachsen, das Nachbarland, sei genauso arm und mit Flüchtlingen belastet wie Schleswig-Holstein; Hamburg könne im Falle einer Einbeziehung als wirtschaftliches und industrielles Ballungszentrum eine Sogwirkung ausüben, die Schleswig-Holstein selbst letztlich in seinem wirtschaftlichen Aufbau schaden könne; die Elbe stelle durchaus eine natürliche Grenze dar. Schließlich zweifelte er an der Bereitschaft der Bevölkerung nördlich und südlich der Elbe, gemeinsam demselben Lande angehören zu wollen. Obwohl es im Kabinett zu einer förmlichen Abstimmung nicht gekommen ist, dürften sich die Befürworter (Käber, Pohle, Kuklinski, Müthling) und Gegner des Lüdemann-Plans (Dieckmann, Katz, Damm, Schenck, Nydahl) bestenfalls die Waage gehalten haben[372]. Am deutlichsten schlug sich der Widerspruch zwischen Lüdemanns Überzeugungen und der politischen Stimmung im eigenen Lande in einer merkwürdig unkoordinierten Politik der Landesregierung nieder: Während der in der Südschleswigfrage stark engagierte Finanzminister Richard Schenck bewußt den Eigenständigkeitscharakter seines Landes betonte, sah Lüdemann geradezu im Gegensatz dazu in dem Ziel, Schleswig-Holstein in einer größeren territorialen Einheit aufgehen zu lassen, seine Lebensaufgabe, und das, obwohl er selbst aus dieser Region stammte. Man darf al-

---

[369] Ders., Zur Gründungsgeschichte, S. 253.
[370] Ders., Schleswig-Holstein – Das „Modell-Land", S. 400.
[371] Ders., Entscheidung, S. 630 f.; ders., Gründung, S. 44, Anm. 88.
[372] Vgl. ders., Entscheidung, S. 654 f.

lerdings vermuten, daß Lüdemann für die von ihm verfochtene offensive Territorialpolitik Schleswig-Holsteins nicht allein verantwortlich war. Einiges spricht dafür, daß im Hintergrund der Einfluß des SPD-Fraktions- und seit 1948 auch Bezirksvorsitzenden Andreas Gayk gestanden hat, der seinerzeit als in Fraktion und Partei dominierende Figur eine führende Rolle in der Landespolitik spielte[373].

Ein Zusammengehen mit Mecklenburg, das das Ziel Theodor Steltzers gewesen war und das von der CDU Schleswig-Holsteins auch noch 1948 unterstützt wurde, war durch die Zonengrenze nicht möglich. Die Ersatzlösung, die Lüdemann in Gestalt eines Landes „Unterelbe" suchte, sollte am Widerstand Hamburgs und der ablehnenden Haltung Niedersachsens scheitern. Insofern wurde die Entscheidung über die Selbständigkeit Schleswig-Holsteins tatsächlich, wie Jürgensen schreibt, „nicht von innen, sondern von außen" getroffen[374]. Gleichwohl enthielt auch die endgültige Verfassung des Landes, die Landessatzung – eine Namensgebung übrigens, die ebenfalls signalisieren sollte, daß Schleswig-Holstein seiner Eigenstaatlichkeit keinen betonten Wert beimaß –, nach Artikel 53 weiterhin den Vorbehalt, nur bis zum Inkrafttreten der erstrebten Neugliederung des Bundesgebietes Gültigkeit zu besitzen[375].

*Schleswig-Frage*

Als wäre Schleswig-Holstein nicht schon genug mit Nachkriegsproblemen belastet gewesen, lebte nach 1945 ein beiderseits der deutsch-dänischen Grenze bestehendes altes Minoritätenproblem wieder auf, dessen historische Wurzeln weit zurückreichen. Die Herzogtümer Schleswig und Holstein, die nach dem Vertrag von Riepen von 1460 „auf ewig ungeteilt" bleiben sollten, hatten bis 1864 der dänischen Krone unterstanden. Mit der preußischen Annexion von 1866 wurden beide dem Staat Preußen als Provinz einverleibt. Die nach dem Ersten Weltkrieg von Dänemark erhobene Maximalforderung nach der Rückkehr Schleswigs, also des Nordteiles der Provinz bis zur Eider-Linie, ließ sich nicht durchsetzen. Im Versailler Vertrag von 1919 wurde jedoch die Durchführung einer Volksabstimmung vorgeschrieben über den Verbleib Schleswigs bei Deutschland oder seine Rückkehr nach Dänemark. Im Ergebnis votierte die Bevölkerung Schleswigs, dessen nördlicher und mittlerer Teil in zwei sorgfältig definierte Abstimmungszonen eingeteilt worden war, in der nördlichen Zone für den Anschluß an Dänemark, in der südlichen hingegen mehrheitlich für den Verbleib bei Deutschland. Demzufolge wurde 1920 Nordschleswig vom Deutschen Reich abgetrennt. Als Konsequenz der Grenzverschiebung blieben beiderseits der Grenze nationale Minderheiten, die deutsche in Nordschleswig und eine dänische in Südschleswig, bestehen[376].

---

[373] Vgl. ebenda, S. 660f. Gayk war ein Anhänger Kurt Schumachers und konsequenter Verfechter von dessen politischer Linie. Er hat auch den Rücktritt Lüdemanns im August 1949 durchgesetzt, ebenso den Abtritt Richard Schencks; zu Gayk vgl. Jensen/Rickers (Hrsg.), Andreas Gayk, darin besonders das einleitende Kapitel von Jürgensen; zum Gegensatz zwischen Lüdemann und Gayk vgl. auch Lubowitz, Hermann Lüdemann, S. 295f.
[374] Jürgensen, Entscheidung, S. 664.
[375] Kultusminister des Landes Schleswig-Holstein/Landeszentrale für politische Bildung (Hrsg.), Bundesland Schleswig-Holstein, S. 156.
[376] Vgl. Nonnenbroich, Die dänische Minderheit, S. 28 ff. Das Problem kann hier nicht in seiner ganzen Komplexität dargestellt werden.

Die nach 1945 durch die Aktivitäten der dänischen Minderheit entstandene Schleswig- oder genauer Südschleswig-Frage besaß ihre eigentliche (national)politische Relevanz in der von der kulturellen Organisation der dänischen Minderheit, dem Südschleswigschen Verein (SSV), und ihrer offiziellen politischen Vertretung, dem Südschleswigschen Wählerverband (SSW), verfolgten separatistischen Zielsetzung. Im Zusammenwirken mit der dänischen Regierung wurde von den Vertretern der dänischen Minderheit in Südschleswig vom Sommer 1946 bis Herbst 1948 ständig wiederkehrend die Forderung nach einer Umsiedlung der in diesem Raum ansässigen Flüchtlinge, einer Sicherstellung ihrer Rechte als Minderheit, einer Verwaltungstrennung von Schleswig und Holstein und der Durchführung einer Volksabstimmung über ihre staatliche Zugehörigkeit erhoben, wobei die „Aktivisten" ihr eigentliches Endziel in einer Übernahme Südschleswigs, mindestens bis zur Schlei, in den dänischen Staatsverband gesehen haben dürften[377].

Die Erörterung der Schleswig-Frage spielte auch in der Vorbereitungsphase der Londoner Sechsmächtekonferenz eine nicht unwesentliche Rolle. Der Kern der Forderung nach einer – wie es hieß – „Verwaltungstrennung" zwischen Schleswig und Holstein lief auf das Ziel der Schaffung eines eigenständigen Landes Südschleswig unter der direkten Aufsicht des Alliierten Kontrollrates hinaus. Die dänische Regierung hoffte, auf der Londoner Sechsmächtekonferenz immerhin die Unterstützung der übrigen Konferenzteilnehmer zu erlangen. Ihr Ansinnen, auf dieser Konferenz ein Memorandum bekannter dänischer Südschleswiger vom 23. Februar 1948 diskutieren zu lassen, stieß jedoch auf eine geschlossene Ablehnung, die sogar von Frankreich ausdrücklich unterstrichen wurde. Auch Dänemarks Wunsch, an der Londoner Konferenz beteiligt zu werden, fand keine Berücksichtigung. Die mit dem Frankfurter Dokument Nr. II an die Ministerpräsidenten ergangene Aufforderung zur Vorlage von Vorschlägen für eine territoriale Neuordnung erweckte in Südschleswig bei der dänischen Minderheit erneut Hoffnungen, ihre Ziele doch noch durchsetzen zu können, insbesondere in dem Fall, daß Lüdemann mit seinem Plan eines Landes „Unterelbe" erfolgreich sein sollte. Eine von der Militärregierung an den Ausschuß zur Überprüfung der Ländergrenzen weitergeleitete Eingabe des Südschleswigschen Wählerverbandes, den sie am 5. August 1948 als die politische Vertretung der dänischen Minderheit anerkannt hatte, in der dieser die Forderung nach der Bildung eines Landes Südschleswig und der Entlastung von der Flüchtlingsbürde erhob[378], wurde von diesem jedoch in der Sitzung vom 27. August 1948 einstimmig abgelehnt[379].

Skepsis und Ablehnung bestimmten bis 1948/49 die Haltung aller Parteien in Schleswig-Holstein gegenüber dem Neudänentum. Zweifel an der „Echtheit" und Unsicherheit im Umgang mit der nach 1945 rapide anwachsenden neudänischen Bewegung erweckte die Tatsache, daß sich der alten dänischen Minderheit in steigendem Maße einheimische Bevölkerungskreise und Flüchtlinge anschlossen. Die Landesregierung war bemüht, in der Südschleswig-Bewegung „zwischen der alten echten dänischen Minderheit mit ihrem berechtigten Anspruch auf kulturelles Eigenleben in enger Verknüpfung mit dem Mutterland – und der fast ausschließlich von Deutschen getragenen neudäni-

---
[377] Vgl. Jürgensen, Werden des neuen Schleswig-Holstein, S. 197.
[378] Text in HStAD, NW 53, Nr. 700.
[379] Parl. Rat, Bd. 1, S. 328.

schen Bewegung" zu unterscheiden. Dies wurde erheblich erschwert dadurch, daß beide Gruppierungen in dem „Südschleswigschen Verein" (SSV) eine gemeinsame Interessenvertretung besaßen, die ursprünglich auf reine Kulturfragen beschränkt, damit aber „in Wirklichkeit eine vorwiegend deutsche politische Partei mit separatistischem Programm" geworden war[380]. Als vordringlichste Aufgabe deutscher Minderheiten- und Grenzlandpolitik wurde daher die Entpolitisierung und Reduzierung der Minderheit auf ihren eigentlichen, „echten" Kern angesehen, um so auch zu einer Normalisierung des Verhältnisses zu Dänemark zu kommen. Denn es waren nicht zuletzt ganz vordergründige materielle Motive – bessere Lebensbedingungen in Dänemark oder von dort kommende Hilfsleistungen an die Mitglieder des SSV[381] (daher die Bezeichnung „Speck-Dänen") –, die die Anziehungskraft dieser Bewegung ausmachten. Materielle Gesichtspunkte spielten in der Schleswigfrage besonders deshalb eine brisante Rolle, weil Schleswig als Grenzland in seiner wirtschaftlichen Entwicklung noch hinter Holstein zurückgeblieben und sein Anschluß an die übrigen deutschen Wirtschaftsraum durch konsequente Förderung und Erschließung seit langem versäumt worden war.

Erst mit dem Kabinett Lüdemann begann die Landesregierung verstärkt, sich des Problems im Rahmen ihrer Möglichkeiten anzunehmen, wobei sie allerdings der dänischen Propaganda und ihrer finanziell und materiell geförderten Kulturarbeit nur wenig entgegenzusetzen vermochte. Als gebürtiger Flensburger wurde Finanzminister Richard Schenck zum Hauptträger sozialdemokratischer Südschleswig-Politik und des Aufbaus einer überparteilichen Zusammenarbeit in der Abwehr der dänischen Forderungen[382]. Schenck erkannte in dem steigenden Einfluß der neudänischen Bewegung eine Krise des „deutschen Volks- und Nationalbewußtseins" in Südschleswig, das durch die Eingliederung nach Preußen verlorengegangen sei[383]. Sein Ziel, mit dem Aufbau eines einheitlichen Landesgefühls, Ausbau der deutschen Kulturarbeit im Grenzland, Eintreten für einen Bevölkerungsausgleich durch die vermehrte Übernahme von Flüchtlingen durch die anderen westdeutschen Länder und mit der Zusage, sich nachhaltig für den Anspruch seiner schleswigschen Landsleute auf wirtschaftliche Unterstützung durch das übrige Deutschland einzusetzen, der dänischen Propaganda den Boden zu entziehen, offenbarte jenen oben schon angedeuteten Widerspruch in der Politik der Landesregierung: In dem Engagement des Ministerpräsidenten auf trizona-

---

[380] LArchS, Abt.399.69, Nr.1, Rundfunkmanuskript Schencks vom 4.10.1947.
[381] Den führenden Vertretern der Organisation der alten dänischen Minderheit, des „Schleswigschen Vereins", war es schon kurz nach Ende des Krieges gestattet worden, die deutsch-dänische Grenze zu überschreiten. Dazu kam eine an die Mitgliedschaft in dieser Vereinigung gebundene „Südschleswig-Hilfe" in Form von Lebensmittelabgaben, eine materielle Unterstützung, von der nach anfänglicher Beschränkung auch die zahlreich zulaufenden neuen Mitglieder profitierten und der die deutsche Seite nichts entgegensetzen konnte; vgl. Steinhäuser, Entwicklung der Grenzfrage, S. 38 f.
[382] Zum Wirken Schencks vgl. Hoffmann, Grundzüge des grenzpolitischen Denkens. Auch Denkschriften setzten sich ausführlich mit dem Problem auseinander und versuchten, die dänische Argumentation zu entkräften. Vgl. LArchS, Abt.605, Nr.405, „‚Südschleswig'? Eine Entgegnung auf den Antrag des Südschleswigschen Wählerverbandes auf Bildung eines selbständigen Landes ‚Südschleswig'". Denkschrift Lüdemanns vom 25.8.1948; ebenda, „Ist ‚Südschleswig' dänisch?" Denkschrift von Volquart Pauls.
[383] LArchS, Abt.399.69, Nr.13, Ausarbeitung „Das Problem Schleswig-Holstein im Umriss" vom 29.10.1953.

ler Basis wurde die Selbständigkeit des Landes Schleswig-Holsteins in ihrem Eigenwert praktisch in Frage gestellt, auf landespolitischer Ebene hingegen als politischer Eigenwert bewußt gefördert.

Die außenpolitische Behandlung der Schleswig-Frage lag zunächst in der Hand der britischen Besatzungsmacht[384]. Von dieser ging auch der Anstoß zu einer Regelung der Gesamtthematik aus. Da für die Besatzungsmacht der staatliche Wiederaufbau Westdeutschlands im Vordergrund stand, waren Zugeständnisse an die dänische Minderheit nicht zu erwarten. Insbesondere das Anliegen der Abtrennung eines Landesteils hätte die Länderordnung in Deutschland empfindlich gestört und als Grundlage einer künftigen föderativen Ordnung aus dem Gleichgewicht gebracht. Die Problematik sollte vielmehr durch den Ausbau der kulturellen Rechte der dänischen Bevölkerungsteile Südschleswigs entschärft werden. Die mit Unterstützung des Regional Commissioners William Asbury aufgenommenen Verhandlungen mündeten letztlich in die „Kieler Erklärung" der schleswig-holsteinischen Landesregierung vom September 1949, die, vom Landtag gebilligt, als Art. 5 in die Landessatzung von Schleswig-Holstein eingegangen ist. Sie bestätigte unter anderem die Gültigkeit der im Grundgesetz verankerten Grundrechte ausdrücklich auch für die dänische Minderheit, enthielt Einzelheiten des Minderheitenrechtes und -schutzes, darunter das sogenannte Bekenntnisprinzip, garantierte den freien Gebrauch der dänischen Sprache und Kultur, die Errichtung von Kindergärten und Schulen, religiöse Betätigung oder den Zugang zum Rundfunk. Mit Hilfe der britischen Besatzungsmacht sollte es auf diese Weise gelingen, das Schleswig-Problem als eine von der neudänischen Bewegung zu einer nationalen und staatsrechtlichen hochstilisierten Frage auf eine Angelegenheit der Sicherung der Grundrechte und des Kulturlebens einer Minderheit zurückzuführen.

*Schleswig-Holstein und die „Frankfurter Dokumente"*

Die Ergebnisse der Londoner Sechsmächtekonferenz riefen in Kiel bei aller Enttäuschung eine gemäßigt-kritische, nicht aber ablehnende Reaktion hervor[385]. Ausdrücklich vermerkt wurde die Tatsache, daß die Londoner Vereinbarungen „die Tür zu neuen Gesprächen zwischen Ost und West über die deutsche Einheit" offenließen[386]. Die Beschlüsse waren als ein neues Provisorium einzureihen in die Kette jener „vielfältigen Versuche seit 1945, das Leben in Deutschland und Europa allmählich zu normalisieren". Angesichts des vom Nationalsozialismus hinterlassenen Chaos stellten sie „zweifellos einen Fortschritt dar". So weit die Londoner Entscheidungen auch von einer Lösung des gesamtdeutschen Problems „im Rahmen einer übernationalen, europä-

---

[384] Dazu Jürgensen, Entscheidung, S. 643–650; ders., Die britische Südschleswig-Politik; Steinhäuser, Entwicklung der Grenzfrage, S. 43 ff. Direkte Verhandlungen der schleswig-holsteinischen Landesregierung mit der dänischen Regierung hatte die Besatzungsmacht unter Hinweis auf die fehlenden Souveränitätsrechte abgelehnt; vgl. Akten zur Vorgeschichte, Bd. 5, S. 173, Anm. 53.
[385] Vgl. die Sitzung des Landtags, 6. 7. 1948, Stenograph. Bericht, S. 5–13; eine Ausnahme bildete die Stellungnahme von Gayk, der an den Dokumenten und der Politik der Westalliierten scharfe Kritik übte; ebenda, Stenograph. Bericht, S. 9 ff.
[386] LArchS, Abt. 605, Nr. 3370, Entwurf einer Stellungnahme der Landesregierung zu den Ergebnissen der Londoner Sechsmächtekonferenz (o. D.), S. 2.

ischen Ordnung, die zu schaffen die entscheidende Aufgabe unserer Zeit ist", entfernt waren, war dennoch eine Politik des „Alles oder Nichts" nicht angebracht. Eine ideale Lösung zu erwarten, wäre eine „vollkommen unrealistische, [...] eine utopische Verkennung der tatsächlichen Möglichkeiten" gewesen. Die Londoner Vereinbarungen waren eine Deklaration der westlichen Siegermächte und als solche ein Kompromiß dieser Staaten. Die deutsche Aufgabe war es nun, „zu untersuchen, welche Möglichkeiten sie enthalten für die Verbesserung unserer wirtschaftlichen, politischen und staatsrechtlichen Situation und welche Ansatzpunkte sie für die Gestaltung einer europäischen Ordnung enthalten". Nur auf dieser Basis hatte eine kritische Würdigung des Abkommens einen „realpolitischen Sinn".

### Verfassungsfrage

Eine Aussprache Lüdemanns über die „Frankfurter Dokumente" mit Vertretern der Parteien am 4. Juli 1948 ergab, daß die Beteiligten „einmütig" der Ansicht waren, daß die Ausarbeitung einer Verfassung verfrüht erschien, bevor nicht durch ein Besatzungsstatut eine klare Abgrenzung der Zuständigkeiten und Garantien für den Bereich der deutschen Selbstverwaltung in den Westzonen geschaffen waren. Unter den gegebenen Umständen konnte nur eine „Organisationssatzung" oder ein „Organisationsstatut" zur Diskussion stehen. Zu dessen Ausarbeitung genügte ein Ausschuß („Verfassunggebender Rat") von 60 bis 70 kundigen Fachleuten, beschickt von den Landtagen, der gleichzeitig auch ein einheitliches Wahlrecht für die spätere gesetzgebende Versammlung ausarbeiten sollte. Erwünschter wäre allerdings gewesen, wie Lüdemann auch vor dem Landtag darlegte, eine echte Verfassunggebende Versammlung zu schaffen von mindestens 150 Abgeordneten, bei ihrer politischen Bedeutung vom Volk direkt gewählt und mit größeren Kompetenzen ausgestattet als in den Vorschlägen der Militärgouverneure vorgesehen, und zwar mit allen parlamentarischen Rechten, auch dem Recht zur Bildung einer politischen Vertretung. So wäre die dringend notwendige Repräsentation des Volkswillens in den Westzonen, ein „regierungsähnliches Verwaltungsorgan", alsbald geschaffen worden, die im Grunde dringlicher war als die Ausarbeitung einer vorläufigen Verfassung[387]. Bei dieser Besprechung am 4. Juli spielte ebenfalls der Gedanke eine Rolle, wegen der Eilbedürftigkeit den Ministerpräsidenten als Gremium vorübergehend diese Funktion zu übertragen. Die Zeitspanne für die Vorbereitung allgemeiner Wahlen für die Versammlung wurde allgemein für zu kurz angesehen. Direkte Wahlen wurden zusätzlich noch aus dem Grunde für unzweckmäßig gehalten, weil die Entscheidung der Länder so verschiedenen Einflüssen ausgesetzt sein würde, daß die Zusammensetzung dieser Versammlung sehr unterschiedlich ausfallen konnte, und auch deshalb nicht unterstützt, weil indirekte Wahlen den Weg für einen späteren Beitritt der Ostzone offenlassen sollten.

---

[387] Ebenda, Nr. 489, Aufzeichnung über die Besprechung vom 4.7.1948; Stellungnahme Lüdemanns in der Sitzung des Landtags, 6.7.1948, Stenograph. Bericht, S. 7; vgl. auch LArchS, Abt. 601, Nr. 92, „Frankfurter Reihenfolge", Artikel von Mangoldts in den Kieler Nachrichten vom 8.7.1948; LArchS, Abt. 605, Nr. 404, Entwurf aus der Landeskanzlei zu einer Analyse „Betrifft: Bildung einer verfassunggebenden Versammlung" vom 11.6.1948.

Die im Juli 1948 von Schleswig-Holstein unterstützte Position orientierte sich an dem, was unter den gegebenen Verhältnissen real erreichbar schien. Insbesondere die Wahl durch die Landtage wurde kaum aus Überzeugung befürwortet, denn eine „aus den Länderdelegierten bestehende verfassunggebende Versammlung würde die Sonderinteressen der einzelnen Länder in den Vordergrund stellen und die verhängnisvolle partikularistische Entwicklung nur noch fördern und nicht die Einheit und die Gesamtinteressen des deutschen Volkes"[388]. Die Ausarbeitung einer Verfassung für die Westzonen also schien unangebracht und stand nicht im Mittelpunkt deutscher Interessen. Für eine provisorische Regelung in den Westzonen nach den Vorstellungen der Londoner Dokumente schien ein Prozedere ausreichend wie oben beschlossen, wenn es auch nicht wirklich zufriedenstellend sein würde. Die Londoner Beschlüsse widersprachen dem „einfachen und selbstverständlichen Grundsatz, daß kein Volk sich im Zustand der Unfreiheit eine Verfassung geben" könne. Sollte die Verfassunggebende Versammlung, wie in den Dokumenten vorgesehen, akzeptiert werden, hätte diese keine andere Aufgabe als die, möglichst rasch eine Verfassung oder einen Verfassungsentwurf vorzulegen, der dann aber höchstens den Charakter eines „Statuts" haben konnte. Wichtig war aus schleswig-holsteinischer Sicht außerdem, „daß in kurzer Zeit unmittelbar für alle Länder der Westzonen einheitliche Wahlen stattfinden" konnten und „eine wirkliche Volksabstimmung durchgeführt" wurde, „aus welcher ein regierungsähnliches Organ" erwuchs. Der Charakter eines „Statuts" oder einer „Satzung" ergab sich, wie Lüdemann auch in Koblenz hervorhob, aus der „Beschränktheit ihres Inhalts"[389].

*Ländergrenzenreform*

Der Neugliederungsplan des schleswig-holsteinischen Ministerpräsidenten Hermann Lüdemann gehörte zu den 1948 meistdiskutierten Reformansätzen in Westdeutschland. Nach Lüdemanns Konzept, das er am 29. Juli 1948 dem Kabinett als seine persönliche Vorstellung von einer Neuordnung erläuterte[390], sollten die Westzonen in sieben Länder entsprechend den Stromlandschaften Unterelbe, Weser, Ems, Rhein, Main, Neckar und Donau eingeteilt werden; das bedeutete die Schaffung der Länder Unterelbe (4,8 Mill. Einwohner), Niedersachsen (7,1 Mio. Einwohner), Westfalen (6,9 Mill. Einwohner), Rheinland (5,1 Mio. Einwohner), Hessen-Pfalz (5,8 Mio. Einwohner), Württemberg-Baden (6,4 Mio. Einwohner) und Bayern (7,7 Mio. Einwohner): Das Land „Unterelbe" wurde bereits vorgestellt; „Niedersachsen" sollte aus wirtschaftlichen Überlegungen den Stadtstaat Bremen einschließen sowie das hessische Kassel, das wirtschaftspolitisch nach Norden orientiert sei, dazu das Land Lippe mit Teilen von Westfalen[391]. Nordrhein-Westfalen, dessen Entstehung nicht auf eine deutsche Entscheidung zurückzuführen, sondern als Resultat „eines Diktats der Alliierten" an-

---

[388] Ebenda, Nr. 3370, Entwurf einer Stellungnahme der Landesregierung zu den Ergebnissen der Londoner Sechsmächtekonferenz (o. D), S. 3.
[389] Parl. Rat, Bd. 1, S. 79 f., 93.
[390] Jürgensen, Entscheidung, S. 653.
[391] Zum folgenden vgl. das Referat von Landesdirektor Franken in der Sitzung der Planungsgruppe des Ausschusses zur Überprüfung der Ländergrenzen auf Jagdschloß Niederwald am 3.8. 1948, in: Parl. Rat, Bd. 1, S. 295 ff.

zusehen war, sollte aufgeteilt, der Rhein jedoch „unter keinen Umständen [...] zur Grenze werden [...], sondern eine wirtschaftliche und politische Verzahnung von Westfalen und Rheinland jeweils über den Rhein hinweg" vorgenommen werden. „Westfalen" sollte den Rhein überschreiten in einer mit der des alten Ruhrsiedlungsverbandes übereinstimmenden Grenzziehung, dabei erweitert um den Regierungsbezirk Osnabrück und die Hälfte des Regierungsbezirks Aurich. Dem „Rheinland" sollten die Regierungsbezirke Koblenz, Trier und Köln (rechtsrheinisch) zugeschlagen werden. Ausgangspunkt für ein Land „Hessen-Pfalz" war die Erinnerung an die alte Brückenfunktion Hessens als „wirtschaftliche und kulturelle Verbindung zwischen dem großen norddeutschen Raum und Frankreich", ein Land, das, zusammen mit dem Gebiet von Mannheim und Heidelberg sowie Aschaffenburg, „in sich wirtschaftlich außerordentlich ausgewogen" erschien. Als letztes beinhaltete der Plan die Zusammenlegung von Baden und Württemberg zum Lande „Württemberg-Baden", allerdings „ausgeweitet zu einem Bezirk, der bis nach Augsburg geht und das schwäbische Bayern mit herüberzieht".

Als Ausdruck der „Bereitwilligkeit" seines eigenen Landes, im Rahmen dieser Konzeption „in einem größeren Verbande aufzugehen"[392], und als Prämisse dafür, daß seine Neugliederungspläne mitgetragen würden, wertete Lüdemann weiterhin das bereits erwähnte Votum des Landtags vom August 1946. Das konnte jedoch 1948 nicht mehr im gleichen Maße vorausgesetzt werden. Immerhin ergab die Aussprache vom 4. Juli Übereinstimmung in den folgenden Punkten: 1. Eine Änderung der bestehenden Ländergrenzen galt allgemein als wünschenswert. 2. Eine Neuordnung innerhalb der in Dokument Nr. II gesetzten Frist wurde als unmöglich und statt dessen als eine längerfristige Aufgabe angesehen. Eine neue provisorische Lösung hatte keinen Sinn, eine endgültige aber sollte nicht von den einzelnen Ländern, sondern von dem „Verfassunggebenden Rat" oder der späteren gesetzgebenden Versammlung nach einheitlichen Gesichtspunkten in Angriff genommen werden[393]. 3. Bei einer Reform waren zweckmäßigerweise die derzeit bestehenden elf Länder der Westzonen durch etwa sechs bis sieben „größere und annähernd gleichgewichtige" Länder abzulösen. 4. Eine solche Neugliederung würde anerkanntermaßen die „richtige Grundlage für ein wohl ausgeglichenes föderatives Staatswesen" abgeben. 5. Eine umfassende Neuordnung konnte nicht Sache der Besatzungsmächte sein, sondern war eine rein deutsche Angelegenheit[394]. Auf dieser Position baute in der Folgezeit Lüdemanns Haltung in der Neugliederungsfrage auf.

### Exkurs: Der Sonderkonflikt mit Hamburg

In dem Neugliederungskonzept Hermann Lüdemanns hatten Stadtstaaten wie Bremen und Hamburg keinen Platz. Nach seiner Auffassung konnten die Größenunterschiede zwischen diesen und den ihrerseits untereinander ebenfalls differierenden Flächenstaaten keine gute Grundlage für die bundesstaatliche Ordnung abgeben. Es galt, zweierlei zu verhindern: einmal die Entstehung zu großer Länder, „deren politisches und wirt-

---

[392] LArchS, Abt.399.69, Nr.21, Lüdemann, „Die Not eines Landes! Denkschrift über Schleswig-Holstein", S. 13.
[393] LArchS, Abt.601, Nr.92, „Frankfurter Reihenfolge", Kieler Nachrichten vom 8.7.1948.
[394] LArchS, Abt.605, Nr.489, Aufzeichnung über die Besprechung vom 4.7.1948.

schaftliches Übergewicht den Verband des künftigen Reiches sprengen könnte", und zum anderen die Beibehaltung kleiner und kleinster Einheiten, „deren zähes Festhalten an vermeintlichen Eigeninteressen der notwendigen Vereinheitlichung der Verwaltungs- und Wirtschaftspolitik im Wege stehen würde"[395]. Natürliche Landesgrenzen waren durch die moderne Technik und die Verkehrsverbindungen bedeutungslos geworden und konnten für Lüdemann als Gliederungskriterium kaum mehr Geltung beanspruchen. Dieser Punkt war insofern von Bedeutung, als man die Abgrenzung Schleswig-Holsteins durch seine nördliche Landesgrenze und die beiden Seeseiten durchaus als eine natürliche, in sich geschlossene Einheit hätte betrachten können. Gerade die Abgeschlossenheit und Überschaubarkeit des Landes hatte die Herausbildung eines eigenen Landesbewußtseins begünstigt und war der Grund für die britische Militärregierung gewesen, Schleswig-Holstein als ein „Modell-Land" für den Verwaltungsaufbau in der britischen Zone zu betrachten, in dem aufgrund eben dieser Eigenschaften die demokratischen Formen der Selbstverwaltung besonders gut zu erproben und zu praktizieren waren[396].

Leitgedanke einer Neueinteilung der Länder war für Lüdemann eine Verbilligung und Vereinfachung der gesamten Verwaltung[397]. Dieses Ziel sollte nicht nur durch eine Herabsetzung der Zahl der Länder, sondern auch durch ihre größen- und leistungsmäßige Anpassung erreicht werden, wobei neben Größe und Einwohnerzahl vor allem ein politisches, wirtschaftliches und kulturelles Gleichgewicht ausschlaggebend war. Wohl sollte Altbewährtes bei der Neuordnung Berücksichtigung finden, doch stets untergeordnet unter das Hauptkriterium gleicher Wirtschaftskraft. Nur die wenigsten der in Westdeutschland bestehenden Länder waren historisch gewachsen, und gerade diese, nämlich neben Bayern die Stadtstaaten, bedurften am meisten der Überprüfung; die Stadtstaaten als „völlig überholte Staatsgebilde" sollten schon aus wirtschaftlichen Gründen, aber auch, um „einseitige Interessenbildung zu vermeiden", in umliegendes Agrarland integriert werden. Man brauchte eigentlich nur, entsprechend der bizonal bereits vorhandenen Binnenwasserstraßenverwaltung, eine Zentralverwaltung für Häfen, Seeverkehr und Küstenschutz einzurichten. Häfen, Seeverkehr und Binnenwasserstraßen sollten ohnehin der Gemeinschaft aller zur Verfügung stehen, nicht aber einzelnen Ländern. Im übrigen gab es auch andere Städte ähnlicher Größenordnung wie die Stadtstaaten, so etwa Dortmund, Essen, Stuttgart oder München, die der deutschen Gesamtheit dienten, ohne eigene Staatsqualität zu besitzen. Auch keiner der großen Welthäfen wie London, Rotterdam, Amsterdam oder Marseille besaß staatliche Selbständigkeit, hatte je eine solche gefordert. Diese Beispiele bewiesen, daß „die Wohlfahrt der Städte Hamburg und Bremen auch in einem großen Staatsverband gesichert werden" konnte[398].

---

[395] Ebenda, „Länderreform", Ausarbeitung aus der Landeskanzlei (ohne nähere Angaben), S. 3.
[396] Vgl. Jürgensen, Gründung, S. 46; ders., Zur Gründungsgeschichte, S. 249.
[397] Ausführungen Lüdemanns in der Sitzung des Landtags, 6.7.1948, Stenograph. Bericht, S. 8.
[398] LArchS, Abt. 605, Nr. 489, „Zum Thema Länderegoismus" (o.D.); ebenda, „Gegenstimmen", Ausarbeitung von oder für Lüdemann vom 1.8.1948; HStAD, NW 53, Nr. 697b, Lüdemann: „Mut zur Konsequenz", Drucksache Nr. 41 vom 26.8.1948 des Büros der Ministerpräsidenten des amerikanischen, britischen und französischen Besatzungsgebietes. Vgl. dazu die Gegenposition der Hansestädte im Kapitel zu Bremen, Abschnitt zur Ländergrenzenfrage, und im Kapitel zu Hamburg, dort vor allem den Exkurs zur Kontroverse Brauer-Lüdemann.

## 1. Schleswig-Holstein

Im Hintergrund dieser Lüdemannschen Neugliederungskonzeption und -argumentation standen – wie bereits an anderer Stelle angedeutet – massive Eigeninteressen: Ein steuer- und finanzkräftiger Stadtstaat vor den Toren mußte einem verarmten und vielfältig belasteten Flächenland wie Schleswig-Holstein ein Dorn im Auge sein. Nicht nur, daß, wie der Disput Lüdemanns mit dem Hamburger Bürgermeister Max Brauer zeigt, die staatsrechtliche Form der Stadtstaaten für den schleswig-holsteinischen Regierungschef unter den veränderten wirtschaftlichen und politischen Bedingungen nach 1945 als antiquiert und unzeitgemäß galt; abgesehen davon, daß ihre Beibehaltung dem Ziel der Schaffung gleichgewichtiger Länder als Voraussetzung für einen funktionsfähigen bundesstaatlichen Aufbau widersprach, mußte es Lüdemann in Anbetracht der Notlage seines Landes geradezu als unsozial erscheinen, daß solch ein kleiner Stadtstaat seinen ganzen Reichtum für sich behalten sollte. Durch Hamburg im besonderen fühlte Lüdemann sein Land in der Aufwärtsentwicklung behindert. Das Fehlen eines zweiten Elbübergangs machte die Hafenstadt zu einem Nadelöhr der Verkehrsverbindungen zwischen Schleswig-Holstein und den übrigen westdeutschen Ländern. Dies war ein Zustand, der „zumal für ein Land, durch das die einzige Verbindungsstraße zwischen Mitteleuropa und dem skandinavischen Norden führt, auch vom gesamtdeutschen Standpunkt aus nicht vertretbar" war. Im Gegensatz zu der schwachen und dringend ausbaubedürftigen Infrastruktur Schleswig-Holsteins war auch der Schienenverkehr an hamburgischen Bedürfnissen orientiert, so daß sich Hamburg bislang stets als „wirtschaftlicher Schröpfkopf" für Schleswig-Holstein ausgewirkt hatte[399]. Als Handels- und Verkehrszentrum übte die Hansestadt eine unliebsame Sogwirkung auch auf das schleswig-holsteinische Unternehmertum aus, die sich durch seine Eigenschaft als Bankenzentrum bei der zeitbedingten Kreditnot noch zusätzlich verstärkte. Andererseits hätte eine Verteilung der in Hamburg erhobenen Steuern und Zölle auf Importwaren nach der Bevölkerungszahl dem Land Schleswig-Holstein eine deutliche Entlastung gebracht. Die Vorteile der Nähe eines großen Welthafens waren dagegen hauptsächlich nur für die unmittelbaren Randgebiete spürbar, die jedoch, auf schleswig-holsteinischem Boden liegend, als Wohngebiete der in Hamburg Werktätigen nur wieder erhöhte Soziallasten für das Nachbarland zur Folge hatten. Hierzu trat die mit dieser Problematik in enger Verbindung stehende Erinnerung an den enormen Gebietszuwachs für Hamburg im Zuge der Lösung der Groß-Hamburg-Frage, der für Schleswig-Holstein „der zweite einschneidende Gebietsverlust" nach der Abtretung Nordschleswigs im Jahre 1920 gewesen war. Vor allem mit der Preisgabe von Altona und Wandsbek mußte damals eine erhebliche Einbuße an Industriekapazität hingenommen werden. Insofern hätte die Verwirklichung des Lüdemannschen Planes mit dem Ende der Eigenstaatlichkeit Hamburgs eine Korrektur der im Dritten Reich getroffenen Maßnahmen beinhaltet.

Ein Zusammengehen mit Schleswig-Holstein hätte auch für Hamburg Vorteile bieten können. Nur war die politische Führung des Stadtstaates in keiner Weise bereit, mit sich reden zu lassen. Der kompromißlosen Haltung Brauers stellte Lüdemann auszugsweise zitierte Äußerungen des Bremer Bürgermeisters Wilhelm Kaisen quasi als lobenswertes Beispiel entgegen. Nach Lüdemanns Darstellung besaß Kaisen in der Frage der Selb-

---

[399] LArchS, Abt.399.69, Nr.21, Lüdemann, „Die Not eines Landes! Denkschrift über Schleswig-Holstein", S. 11.

ständigkeit der Hansestädte eine sehr viel pragmatischere und moderatere Einstellung, die das Aufgehen in einem größeren Lande keineswegs von vornherein ausschloß. Dies konnte allerdings auch als ein Versuch gedeutet werden, die ansonsten eng zusammenhaltenden Stadtstaaten gegeneinander auszuspielen. Die Hansestädte, das heißt in erster Linie Hamburg, waren also der Dreh- und Angelpunkt der Lüdemannschen Neuordnungspläne für Norddeutschland. Eine Zusammenlegung Schleswig-Holsteins mit Niedersachsen hätte zwar größenordnungsmäßig ein Kriterium Lüdemanns erfüllt, nicht aber die Hauptvoraussetzung der Entstehung eines „ausgewogenen wirtschaftlich lebensfähigen Gebildes". Die erstrebte wirtschaftlich-finanzielle Leistungsfähigkeit des neuen Landes, um „auch im Hinblick auf die besonderen Probleme des Nordens seine Funktionen erfüllen" zu können, wäre ohne das finanzstarke Hamburg nicht zu erreichen gewesen. Damit wurde die Einbindung der Hansestädte zu einem „gesamtdeutschen Anliegen"[400]. So, wie nach der Hamburger Argumentation die Aufrechterhaltung der Selbständigkeit der Stadtstaaten zur Gewährleistung der Erfüllung ihrer Aufgaben für die Allgemeinheit im gesamtdeutschen Interesse liegen mußte, lag es wiederum im gesamtdeutschen Interesse, die Stadtstaaten im Rahmen einer nach Lüdemannschen Kriterien sinnvollen Länderneuordnung in ein größeres Land zu integrieren.

*Besatzungsstatut*

Die Aussprache Lüdemanns mit Parteienvertretern am 4. Juli führte zu der Gesamteinschätzung, daß „die Richtlinien der drei Militärgouverneure für das zu erlassende Besatzungsstatut so unklar" seien, „daß sie sich von dem jetzigen Rechtszustand so gut wie gar nicht" unterschieden. Es sei daher zu befürchten, daß „ein derartiges Besatzungsstatut keine genügende Basis darstelle, um eine freie und demokratische Staatsverwaltung in den Westzonen aufbauen zu können. Erste Aufgabe der kommenden Neuordnung müsse daher sein, durch ein derartiges Besatzungsstatut klare Zuständigkeiten mit den dazu gehörenden Rechtsgarantien für das deutsche Volk zu schaffen"[401]. Die Problematik der Besatzungskosten öffentlich aufzugreifen gebot sich Mitte 1948 auch aus propagandistisch-taktischen Gründen: Die Einsicht, daß die Ergebnisse der Londoner Konferenz aus „politischer Verantwortung" trotz allen Anlasses zur Kritik wohl „als Ansatz zukünftiger Entwicklung [...] akzeptiert werden" mußten, konnte unter Umständen von der Bevölkerung in Anbetracht ihrer materiellen Situation als „zu nachgiebig" empfunden und kritisiert werden. Deshalb war es um so wichtiger, „als Ausgleich den notwendigen Kampf um die Senkung der Besatzungskosten zu führen"[402], um so die Glaubwürdigkeit der Regierung in den Augen der Bevölkerung zu erhöhen, die ein energischeres Auftreten gegenüber der Besatzungsmacht erwartete.

Mit der Forderung nach dem Erlaß eines Besatzungsstatutes vor der Verkündung einer Verfassung unterstützte die sozialdemokratische Landesregierung Schleswig-Holsteins außerdem ein altes Postulat ihrer Partei, doch nicht nur aus Prinzip: Die Durch-

---
[400] Ebenda, S. 13.
[401] LArchS, Abt. 399.69, Nr. 489, Aufzeichnung über die Besprechung vom 4.7.1948; vgl. auch die Stellungnahme Lüdemanns in der Sitzung des Landtags, 6.7.1948, Stenograph. Bericht, S. 6.
[402] LArchS, Abt. 605, Nr. 665, Stellungnahme (Landesdirektor Mühtlings?) vom 18.6.1948.

setzung innenpolitischer Ziele im Sinne des demokratischen Sozialismus, die sich die
Regierung Lüdemann zur Aufgabe gesetzt hatte[403] und zu denen auch die Sozialisierung, Agrar- und Bodenreform gehörten, setzte Handlungs- und Entscheidungsfreiheit der politischen Führung voraus; beziehungsweise die Realisierung dieses Programms bedingte, daß die Militärregierung sich ihr nicht entgegenstellte, unabhängig
von der Frage ihrer innenpolitischen Durchsetzbarkeit. Das Interesse an einem Besatzungsstatut war in Schleswig-Holstein sicherlich zugleich stark wirtschaftlich akzentuiert: Die Bemühungen der Landesregierung, die Notlage zu mildern, den Flüchtlingen verbesserte Lebensbedingungen zu schaffen und das mit ihnen zur Verfügung stehende Arbeitskräftepotential in die Wirtschaft zu integrieren, wurden durch Maßnahmen der Besatzungsmacht und an diese zu erbringende Leistungen stark behindert.
Abgesehen von den ohnehin schwachen finanziellen Mitteln, die durch die Belastung
mit Besatzungskosten noch zusätzlich geschmälert wurden[404], trugen die Demontagen
nicht gerade dazu bei, neues Industriepotential und damit Arbeitsplätze zu schaffen;
sie nahmen im Gegenteil zusätzlich (wie die ebenfalls unter den Begriff Besatzungskosten fallenden Beschlagnahmungen) dringend benötigten zusätzlichen Wohnraum für
die Unterbringung der Flüchtlinge weg. Die früheren Industriezentren des Landes
wie Kiel, Lübeck, Neumünster, Flensburg waren vorwiegend auf Aufträge der deutschen Rüstungsindustrie zugeschnitten gewesen, ein Wirtschaftszweig, dessen Abbau
die Besatzungsmacht konsequent verfolgte.

*Schleswig-Holstein in den Verhandlungen*
*von Koblenz und Rüdesheim*

Den Beitrag Schleswig-Holsteins zu den Beratungen der Ministerpräsidenten bestritt
Hermann Lüdemann weitgehend allein[405]. Aber anders als man hätte erwarten sollen,
hat er sich in Koblenz keineswegs mit seinem Grundanliegen in den Vordergrund gedrängt. Am Ende der Einzelaussprache zur Ländergrenzenreform wurde er auf Vorschlag des niedersächsischen Ministerpräsidenten Hinrich Wilhelm Kopf zum Vorsitzenden der Kommission zu Dokument Nr. II bestimmt. Auf den ersten Blick unverständlich ist, warum ausgerechnet er dem von Brauer vorgebrachten Kriterium eines
Unparteiischen[406] genügen sollte. Immerhin aber hatte sich Lüdemann bis dahin in
der Diskussion der Ländergrenzenfrage völlig bedeckt gehalten, im Gegensatz zu den
süd- und südwestdeutschen Landesvertretern. Gerade aus deren Sicht mochte der

---

[403] Ebenda, Nr. 3370, Lüdemann, „Sozialistisches Ziel – Demokratischer Weg. Ein Jahr Arbeit für Volk und Vaterland in Schleswig-Holstein"; Regierungserklärung Lüdemanns vom 5.5.1947, in: Quellen zur Geschichte Schleswig-Holsteins, Teil III, S. 214–219.
[404] Im September 1948 zitierte Finanzminister Schenck vor dem Landtag ein Schreiben der Militärregierung, aus dem hervorging, daß sich die Besatzungsmacht nicht zu einer Senkung der Besatzungskosten bereit finden würde, sondern es als eine Angelegenheit Schleswig-Holsteins selbst betrachte, „die anderen Länder davon [zu] überzeugen, daß sie einer gerechteren Verteilung dieser Kosten zustimmen"; vgl. die Rede Schencks in der Sondersitzung des Landtags, 28.9.1948, Stenograph. Bericht, S. 8.
[405] An den Konferenzen nahmen außerdem Justizminister Katz und Landesdirektor Suchan teil; vgl. Parl. Rat, Bd. 1, S. 60, 172.
[406] Ebenda, S. 88.

Norddeutsche deshalb genügend Abstand zu den in ihrem Raum dominierenden Problemen besitzen. Lüdemanns Zurückhaltung schien aber auch für die Stadtstaaten und Niedersachsen taktisch günstig zu sein[407]. Wenn Kopf Lüdemann in Vorschlag brachte, versprach er sich davon möglicherweise einen Fürsprecher für die Probleme und Interessen seines eigenen Landes, die denen Schleswig-Holsteins sehr ähnlich waren. In Rüdesheim sollte Lüdemann darüber hinaus auch zum Vorsitzenden des dort eingesetzten Ländergrenzenausschusses ernannt werden. Lüdemann wuchs so in eine Schlüsselposition hinein speziell auf dem Gebiet, das für ihn eigentlich im Mittelpunkt stand. Daß diesmal der hessische Ministerpräsident Christian Stock, der seinen Kollegen auf Jagdschloß Niederwald in der Ländergrenzenfrage stark unterstützte, Lüdemanns Namen nannte, ist nicht weiter verwunderlich. Für ihn sprach nunmehr gerade dessen in den neuerlichen Beratungen entfaltetes Engagement, wobei Lüdemanns Zielsetzung und Eigenwilligkeit in Rüdesheim vielleicht noch nicht so deutlich hervorgetreten sind. Erst später sollten die Ministerpräsidenten erkennen, daß diese Entscheidung nicht die glücklichste gewesen ist.

Das Hauptbetätigungsfeld des schleswig-holsteinischen Ministerpräsidenten war also durch dessen Eigenschaft als Vorsitzender der Kommission zu Dokument Nr. II vorgegeben. Als Ergebnis der internen Beratungen dieses Gremiums konnte Lüdemann in Koblenz dem Plenum der Regierungschefs vier Leitsätze vortragen, die inhaltlich weitestgehend seinen eigenen Vorstellungen entsprachen[408]. Diese wurden zwar im Laufe der nachfolgenden Diskussion abgewandelt, doch fanden sie in ihren Kernaussagen Aufnahme in die Koblenzer Mantelnote: 1. Die Änderung der Ländergrenzen sollte eine rein deutsche Aufgabe sein, bei der eine Mitwirkung der Besatzungsmächte nicht notwendig und unerwünscht war. Sie setzte „das Vorhandensein gemeinsamer Organe demokratisch parlamentarischen Charakters" voraus. Damit wäre die Beratung einer Reform dem nach Lüdemanns Überzeugung dafür denkbar ungeeigneten Kreis der Ministerpräsidenten und deren „Länderegoismus" entzogen und einem zentralen Organ überantwortet worden. 2. Eine Überprüfung sollte unter gesamtdeutschen Gesichtspunkten erfolgen, was Zeit erforderte und nicht im Rahmen der Ministerpräsidentenkonferenz durchführbar war. 3. Mit der Zustimmung zu den von Lüdemann vorgetragenen Grundsätzen anerkannten seine Kollegen dessen Prämisse, daß mit der innerstaatlichen Gliederung die Voraussetzung für einen funktionierenden Föderalismus geschaffen werden sollte. Sie akzeptierten zudem die für den Schleswig-Holsteiner zentrale Zielsetzung einer solchen Reform, nämlich die Schaffung leistungsfähiger und ausgewogener Länder, wobei auch „überlieferten Formen Rechnung getragen werden" sollte. Von der Diskussion über eine Vorabregelung für den südwestdeutschen Raum blieb Lüdemanns generelle Richtung unberührt. Eher noch, kann man sagen, unterstützten die konkreten Bemühungen um einen Zusammenschluß der südwestdeutschen Länder dessen Ansatz, durch eine Verringerung der Zahl der Länder zu einer Vereinfachung der Verwaltung und Reduktion der Regierungsstellen zu kommen, da gerade dieses Argument von den Befürwortern des Südweststaates ebenfalls herangezogen wurde.

---

[407] So auch Jürgensen, Entscheidung, S. 652.
[408] Parl. Rat, Bd. 1, S. 114 f.

Lüdemanns Berichterstattung vor dem Kabinett am 12. Juli läßt erkennen, daß er in Koblenz in der Ländergrenzenfrage zumindest einen Teilerfolg errungen zu haben glaubte, während er sich andererseits über die Interessenpolitik seiner Kollegen beklagte. Zufrieden war er mit der Entscheidung, den Auftrag des Dokumentes Nr. I anzunehmen mit dem Votum für ein provisorisches staatsähnliches Gebilde in Westdeutschland. Einen Strich durch die Rechnung, sowohl in der verfassungspolitischen Frage wie in der auf dem Rittersturz erarbeiteten Position zur Ländergrenzenreform, machte die Reaktion der Militärgouverneure auf die Koblenzer Beschlüsse. Entschieden sprach Lüdemann in Rüdesheim trotzdem dafür, bei dem „glücklichen Gedanken des Grundgesetzes" zu bleiben und den Besatzungsmächten gegenüber keine terminologischen Zugeständnisse zu machen. Von der in Koblenz gewählten Begrifflichkeit abzugehen gebe es keinen Anlaß. Es werde sich „um eine Art Sprachunterricht" handeln, der den Besatzungsmächten zu erläutern habe, daß der Begriff „Grundgesetz" inhaltlich nichts anderes bedeute als eine „Verfassung", doch „nur bei einem Staat" halte man „eine Verfassung für einen ausreichenden Begriff"[409]. Lüdemann gab sich überzeugt, daß es gelingen werde, dies klarzustellen. Wollten die Besatzungsmächte daran das Zustandekommen einer Verfassung scheitern lassen, „dann würden sie sich lächerlich machen". Gegen das Referendum solle man sich, insbesondere wegen der zu befürchtenden kommunistischen Agitation, „mit aller Entschiedenheit wehren".

In der Ländergrenzenfrage konnte sich Lüdemann jetzt erst recht bestätigt fühlen durch die Stellungnahme General Robertsons, die 1. die Bedeutung einer Territorialreform in den Augen der Westalliierten noch einmal unterstrichen sowie 2. den damaligen Zeitpunkt als den gegebenen für die Durchführung einer solchen Reform bezeichnet hatte, die andernfalls mindestens bis zum Abschluß eines Friedensvertrages zurückgestellt würde, und 3. den Zusammenhang mit der westdeutschen Verfassung betont hatte: Der föderative Staatsaufbau setze die Existenz von Ländern voraus, die dem Willen der Bevölkerung entsprächen[410]. Punkt 2 der Stellungnahme Robertsons sollte allerdings erst jetzt, nachdem die Gouverneure, gegen Lüdemanns Intentionen, die Entscheidung über eine Reform nun doch in die Hände der Ministerpräsidenten gelegt hatten, Bedeutung erlangen: Jetzt konnte Lüdemann, nachdem er in Koblenz die Neuordnungsfrage im Hinblick auf den unter den Ministerpräsidenten verbreiteten „Länderegoismus" eher dilatorisch behandelt hatte[411], auf die sofortige Durchführung der Reform drängen, weil sie, nach dem erklärten Willen der Besatzungsmächte, sonst kaum noch zustande kommen würde. In der Ländergrenzenfrage war nun also eine grundlegende Entscheidung gefordert. Andererseits aber war Lüdemanns Versuch, die Entscheidung über eine Reform aus dem Gremium der Ministerpräsidenten heraus der neu zu schaffenden parlamentarischen Körperschaft zu übertragen, gescheitert. Im Zusammenhang mit der Diskussion um die verstärkt in den Vordergrund getretene Rolle der Zonengrenzen nutzte Lüdemann geschickt die Gelegenheit, um auf die Grenzproblematik Schleswig-Holsteins überzuleiten und darauf hinzuweisen, daß das

---

[409] Parl. Rat, Bd. 1, S. 204f.
[410] In der Besprechung mit den alliierten Verbindungsoffizieren am 21. Juli hieß es unter anderem – der Kernsatz für Lüdemann: „... fest organisierte Länder sind die Voraussetzung für ein föderatives System", oder: „Die Länder sind die Basis der Föderation"; vgl. ebenda, S. 269.
[411] Aussage Lüdemanns im Kabinett; nach Jürgensen, Brauer contra Lüdemann, S. 166.

Bekanntwerden seines Neugliederungsplanes für Deutschland und dazu seine Eigenschaft als Vorsitzender der Kommission zu Dokument Nr. II in der dänischen Presse als Bestreben, jetzt in Deutschland großräumige Länder schaffen zu wollen, gedeutet werde, was die Chancen zur Bildung eines kleinen Landes Schleswig nach ihrer Einschätzung stark vermindert habe. Dies zeige, so argumentierte er, „wie der Gedanke, eine Länderreform durchzuführen mit dem Ziele, größere Länder zu schaffen, in diesem Falle als Abwehr dieser Abtrennungsbestrebungen in Schleswig-Holstein gewirkt" habe, somit also gleichzeitig einem gesamtdeutschen Interesse diente[412].

Als in Rüdesheim die Ländergrenzenfrage, besonders das Problem einer Teillösung für Baden und Württemberg, in den Mittelpunkt der Diskussion rückte, gab Lüdemann seine bisherige Zurückhaltung endgültig auf: Nachdem „dauernd von Süddeutschland gesprochen und damit der Eindruck erweckt" werde, „als ob es nur in Süddeutschland solche Fragen gäbe"[413], begann er, entschieden auf die Durchführung einer Reform hinzuwirken. Die Arbeit der Kommission zu Dokument Nr. II vermochte Lüdemann unter den veränderten Bedingungen nach der Stellungnahme der Militärgouverneure dahin zu lenken, daß unter den konkreten Fragen der Militärgouverneure nun auch diejenige nach der Bereitschaft der Ministerpräsidenten, Vorschläge für eine Reform zu unterbreiten, mit einem einfachen und formal vorbehaltlosen „Ja" beantwortet wurde. Zusammen mit allerdings nur einer Minderheit interpretierte Lüdemann diese Zustimmung als Entscheidung zur tatsächlichen und generellen Inangriffnahme der Länderreform, seine eigentliche Zielsetzung, die er stets vor Augen gehabt hatte. Auf die Basis dieser Entwicklung gründete sich Lüdemanns Standpunkt, an dem er von nun an gegen alle Widerstände festhalten sollte: Die Ministerpräsidenten hatten die Frage der Militärgouverneure nach ihrer Bereitschaft, Vorschläge für eine Reform zu machen, vorbehaltlos bejaht, die Notwendigkeit einer Reform also anerkannt. Damit, so argumentierte Lüdemann, sei „rechtlich eine ganz klare Situation geschaffen worden. Die Ministerpräsidenten" hätten „nicht nur für sich diese Verpflichtung übernommen", sondern seien „auch gegenüber den Militärbefehlshabern die Verpflichtung eingegangen, eine Überprüfung der Ländergrenzen vorzunehmen und Vorschläge zu machen". Nach seiner Auffassung konnte „daher über die Rechtslage, das heißt, über die Berechtigung der Ministerpräsidenten" und, wie er nochmals ausdrücklich hinzufügte, ihre „Verpflichtung", die deutschen Ländergrenzen im Westen zu überprüfen und Vorschläge zu machen, „überhaupt kein Zweifel sein"[414]. Von diesem Mandat sollte nun Gebrauch gemacht werden. Wichtig war deshalb zudem, die Unterbreitung von Vorschlägen loszulösen von der zeitlichen Verbindung mit dem Zusammentritt des Parlamentarischen Rates[415].

In der Ländergrenzenfrage sollte die Arbeit nun erst richtig in Gang kommen. Nachdem Lüdemann sich in Koblenz zunächst zurückgehalten und in Rüdesheim mit nur bescheidenem Erfolg für die Durchführung der Reform argumentiert hatte, nutzte er den in Rüdesheim eingesetzten Ausschuß zur Überprüfung der Ländergrenzen, um auf eine umfassende Neuordnung nach seinen Vorstellungen hinzusteuern. Vertreter

---

[412] Parl. Rat, Bd. 1, S. 203; vgl. auch die Äußerungen Lüdemanns in der Sitzung der Planungsgruppe des Ausschusses zur Überprüfung der Ländergrenzen am 3.8.1948; ebenda, S. 300.
[413] Ebenda, S. 204.
[414] Ebenda, S. 347.
[415] Ebenda, S. 256.

des Landes Schleswig-Holstein in diesem Ausschuß war Landesdirektor Joseph Paul Franken vom Landesministerium für Umsiedlung und Aufbau, von der 2. Sitzung an Dr. Franz Suchan, der Vertreter des Landes beim Vereinigten Wirtschaftsgebiet. Professor Dr. Wilhelm Gülich, Landrat und Vorsitzender des Schleswig-Holsteinischen Landkreistages, wie auch Landesdirektor Franken nahmen als nicht stimmberechtigte Sachverständige an den Sitzungen teil, so daß Schleswig-Holstein „nicht zufällig mit einem relativ großen Aufgebot im Ausschuß vertreten" war[416]. Beide sollten in Referaten nachhaltig für die von Lüdemann angestrebte Neuordnung Norddeutschlands im Rahmen einer Gesamtlösung werben. Die von ihnen vorgetragenen allgemeinen Gesichtspunkte für eine Neugliederung waren entsprechend stark an die schleswig-holsteinischen Kriterien angelehnt.

Die Organisation des Ausschusses, in der Bildung dreier Arbeitsgruppen einem Vorschlag Lüdemanns folgend, entsprach der umfassenden Zielsetzung des Ministerpräsidenten, doch wurde diese von den Ausschußmitgliedern keineswegs auch inhaltlich geteilt. Der nun aufbrechende, in Rüdesheim durch einen oberflächlichen Konsens verdeckte Gegensatz zwischen den Befürwortern einer Totalreform und denen, die an der engen Auslegung der Koblenzer Beschlüsse festhalten und lediglich Teillösungen verwirklicht sehen wollten, dokumentierte sich exemplarisch in den offen ausgetragenen Gegensätzen zwischen Lüdemann und dem Hamburger Bürgermeister Brauer. Am 28. August 1948 sprach der Ausschuß abschließend die Empfehlung aus, die vier norddeutschen Länder sollten untereinander selbst einen Lösungsvorschlag zur Schleswig-Holstein-Frage erarbeiten und dem Ausschuß übermitteln. Damit waren die Pläne Lüdemanns praktisch zum Scheitern verurteilt. Mit der Zusammenkunft am 28. August hatte, wie sich zeigen sollte, dieses Gremium ohnehin seine letzte Sitzung abgehalten. Mit der Annahme des Antrags von Max Brauer auf der Niederwalder Konferenz am 31. August 1948, die Arbeit des Ausschusses zu beenden, stellte dieser seine Tätigkeit ein. Der Ausschuß zur Überprüfung der Ländergrenzen war nicht zu überzeugen, daß die Notlage des Landes Schleswig-Holstein Anlaß zu einer Umgestaltung des norddeutschen Raumes sein sollte, sondern eher zu einer gemeinschaftlichen Unterstützung durch die westdeutschen Länder. Ob Lüdemann, wie Jürgensen schreibt, mit seinen Vorstellungen „eigentlich allein" dastand[417], mag dahingestellt bleiben. Zumindest vertrat er eine Minderheitsposition, die letztlich keine Aussichten auf Erfolg besaß.

Ein Schreiben Lüdemanns an die Konferenz der Ministerpräsidenten, das gegen den „nur mit föderalem Egoismus motivierbare[n] Beschluß", die Arbeit des Ländergrenzenausschusses einzustellen[418], protestierte und die Wiederaufnahme der Beratungen forderte, wurde auf der Niederwalder Ministerpräsidentenkonferenz am 1. Oktober 1948 mit sechs gegen fünf Stimmen negativ beschieden. Um die Forderung nach einer Wiederaufnahme der Tätigkeit des Ausschusses zu unterstreichen, war zuvor auf Lüdemanns Initiative hin der schleswig-holsteinische Landtag am 28. September zu einer Sondersitzung zusammengetreten[419]. Doch die Sitzung verlief anders als ursprünglich

---

[416] Jürgensen, Brauer contra Lüdemann, S. 171.
[417] Ebenda, S. 178.
[418] Text in HStAD, NW 53, Nr. 700.
[419] Vgl. die 15. (außerordentliche) Tagung des Landtages, 28. 9. 1948, Stenograph. Bericht, S. 5–30; dazu auch Jürgensen, Entscheidung, S. 661 ff.

geplant: Vorausgegangenen Absprachen zufolge sollten als Resultat der Sitzung einstimmig verabschiedete Entschließungen zur Lage noch einmal eine eindringliche Willensbekundung des Landes zum Ausdruck bringen. Solche kamen in der Tat zustande, was einen sofortigen Bevölkerungsausgleich, den zentralen Finanzausgleich und die Stärkung der Wirtschaftskraft Schleswig-Holsteins anbetraf, nicht aber zur Länderneuordnung. Der Plan einer Länderreform vermochte nicht einmal mehr innerhalb der SPD-Fraktion eine Mehrheit zu finden.

Etwa zeitgleich mit der abschließenden Stellungnahme der Ministerpräsidenten zur Ländergrenzenreform vom 1. Oktober 1948[420] war somit auch in Schleswig-Holstein selbst diese Frage praktisch erledigt. Lüdemann mußte auch im eigenen Lande eine Niederlage hinnehmen. Die Sitzung des Landtags vom 28. September 1948 bezeichnete insofern eine „Wendemarke", als die sozialdemokratische Landesregierung, ohne das Ziel einer Länderreform im grundsätzlichen aufzugeben, nun die weitere Entwicklung einer Regelung aufgrund des späteren Art. 29 des Grundgesetzes zu überlassen entschlossen war. Unterstrichen wurde diese Auffassung durch die Einführung des bereits erwähnten Schlußartikels in die Landessatzung, nach welchem diese Verfassung nur bis zum Zeitpunkt des Inkrafttretens der von Schleswig-Holstein erstrebten Neugliederung des Bundesgebietes Gültigkeit besitzen sollte. Diese Bestimmung blieb „das bis zum heutigen Tage nicht eingelöste Vermächtnis" Hermann Lüdemanns, der, zu diesem Zeitpunkt bereits nicht mehr Ministerpräsident seines Landes, als Vorsitzender des Verfassungsausschusses im Spätherbst 1949 auf diese Bestimmung besonderen Wert gelegt hatte.

## 2. Hamburg

Nach dem Ende des Zweiten Weltkriegs war zunächst völlig ungeklärt, ob es den Hansestädten jemals gelingen würde, in ihren alten Funktionen wiederzuerstehen. Hamburg als der größte deutsche Hafen hatte dabei eine enorme wirtschaftliche Aufbauleistung zu vollbringen. Auf der anderen Seite hat seine herausragende Stellung als Verkehrsknotenpunkt in der britischen Zone wesentlich dazu beigetragen, daß es schon sehr bald wieder an seine Vergangenheit anknüpfen konnte, im Unterschied zu Bremen, das nach 1945 als amerikanische Enklave im britischen Besatzungsgebiet einer weit komplexeren Situation gegenüberstand. Hamburg war das einzige unter den westdeutschen Ländern, das über das Kriegsende hinaus in unveränderten Grenzen fortbestand. Auch politisch vermochte es seine alte stadtstaatliche Tradition fortzuführen. So konnte am 15. Mai 1945 der parteilose Kaufmann Rudolf Petersen an die Stelle des abgesetzten Reichsstatthalters Karl Kaufmann beziehungsweise des letzten Bürgermeisters Carl Vincent Krogmann treten. Als Erster Bürgermeister der Stadt berief er mit Billigung der Militärregierung einen Senat, in den zunächst auch (bis November 1945) drei der Senatoren aus nationalsozialistischer Zeit übernommen wurden. Diese aus Unternehmern und Kaufleuten zusammengesetzte, nach der offiziellen Zulassung der Parteien im September 1945 zur Allparteienregierung ausgestaltete politische Führung der Hansestadt

---

[420] Entschließung der Ministerpräsidenten zur Länderneugliederung vom 1. 10. 1948; Parl. Rat, Bd. 1, S. 421 ff.

vermochte jedoch wenig Profil zu gewinnen. Am 27. Februar 1946 trat die 81 Mitglieder zählende Ernannte Bürgerschaft erstmals zusammen, bestehend aus Vertretern der politischen Parteien sowie wirtschaftlichen Interessengruppen, Verbänden, Kirchen und Gewerkschaften. Im Mai 1946 wurde eine, im wesentlichen auf der alten Hamburger Verfassung vom 7. Januar 1921 basierende, vorläufige Verfassung verabschiedet. Nur wenige Monate später, am 1. August 1946, legte der Verfassungsausschuß einen Bericht über Inhalt und Form einer endgültigen Verfassung vor, die auszuarbeiten Aufgabe der kommenden demokratisch gewählten Bürgerschaft sein sollte. Zur Annahme der endgültigen Verfassung für die Freie und Hansestadt Hamburg kam es allerdings erst am 4. Juni 1952. Am 13. Oktober 1946 wurde die Bürgerschaft gewählt. Die SPD bekam mit 43 % der Stimmen 83 der 110 Sitze, die CDU mit 27 % 16, die Liberalen bei 18 % 7 und die Kommunisten mit 10 % 4 Mandate. Der neue sozialdemokratische Bürgermeister, Max Brauer, entschied sich, obgleich seine Partei die absolute Mehrheit der Bürgerschaftssitze erreicht hatte, für eine breite Streuung der Verantwortung. Er bildete eine Koalitionsregierung mit der FDP und den Kommunisten. Ähnlich wie in Bremen sahen sich die Christdemokraten, die in den anderen westdeutschen Ländern durchweg – bis auf das rein sozialdemokratische Kabinett in Schleswig-Holstein – an der Regierung beteiligt waren, auch in Hamburg auf die Oppositionsbank verwiesen.

### *Persönlichkeit und Politik des Bürgermeisters Max Brauer*

Obwohl in Hamburg eine Koalitionsregierung bestand (wobei die KPD am 28. Juli 1948 aus dem Senat ausschied), wurde der politische Kurs des Stadtstaates maßgeblich geprägt durch den Sozialdemokraten und Ersten Bürgermeister Max Brauer. Dies bedeutete jedoch keineswegs die Praktizierung einer ausschließlich den Beschlüssen und Richtlinien der Gesamtpartei folgenden sozialdemokratischen Politik. Das politische Wirken Max Brauers zeigte eigenständige Konturen. Sein Werdegang und eine klare, nüchterne Betrachtungsweise formten ein pragmatisches Politikverständnis, dem keine Konzeption im eigentlichen Sinne zugrunde lag, sondern eher die Fähigkeit zu einer realistischen Einschätzung des Machbaren und Notwendigen. Die überragende Bedeutung Brauers in der Politik des Stadtstaates resultierte aus der Ausstrahlungskraft und Stärke seiner Persönlichkeit, seinem Führungsstil und seinen von gegenseitiger Achtung getragenen guten Beziehungen zur örtlichen Militärregierung. Auch unter den Länderchefs nicht nur der britischen Zone spielte Brauer offenbar eine führende Rolle[421], die sich in seinem Engagement in den Verhandlungen von Frankfurt, Koblenz und Rüdesheim ebenso bestätigen sollte wie in der Tatsache, daß es ihm gelang, mit Unterstützung seiner Kollegen die Neuordnungspläne des schleswig-holsteinischen Ministerpräsidenten Hermann Lüdemann, die eine gefährliche Bedrohung für Hamburgs Eigenständigkeit darstellten, erfolgreich abzuwehren. 1946 nach Deutschland zurückgekehrt, hatte sich Brauer nach seiner Wahl zum Hamburger Bürgermeister am 26. November 1946 entschieden, den Wiederaufbau Hamburgs entschlossen in die Hand zu nehmen. Aus seiner Emigrationszeit, die ihn über Österreich, China und Frankreich in die Vereinigten Staaten geführt hatte, brachte Brauer wertvolle interna-

---

[421] Vgl. den Brief Weichmanns vom 7.6.1948, in: Loose (Bearb.), Rückkehr, S. 183; zur führenden Rolle Brauers auch Sywottek, Hamburg seit 1945, S. 394 f.

tionale Beziehungen mit, besonders zu den amerikanischen Gewerkschaften, Sprachkenntnisse und – auch aus seiner Tätigkeit nach dem Ersten Weltkrieg – reichhaltige kommunalpolitische Erfahrung.

Max Julius Brauer (1887–1973), ursprünglich gelernter Glasbläser wie sein Vater, hatte sich schon früh der Politik zugewandt. Mit 18 Jahren war er als Sozialdemokrat zum Stadtverordneten seiner Heimatstadt Altona bestimmt worden. 1919 wurde er zum Zweiten Bürgermeister und Stadtkämmerer gewählt und trat fünf Jahre später die Nachfolge des verstorbenen Altonaer Oberbürgermeisters Schnackenburg an. 1933 mußte Brauer vor den Nationalsozialisten fliehen. Nach kurzem Aufenthalt in Österreich reiste er im Auftrag des Sekretariats des Völkerbundes nach China, um dort als Sachverständiger für Kommunalverwaltung im Dienste der chinesischen Regierung tätig zu sein. Die Flucht vor weiteren Nachstellungen führte ihn über Frankreich in die Vereinigten Staaten, deren Staatsbürgerschaft er sogar erwarb. 1936–1939 war er als Dozent für Staatswissenschaft, Volkswirtschaft und europäische Politik an der Columbia-Universität in New York tätig. 1939 wurde er zum Vorsitzenden der German Labour Delegation der Gewerkschaft American Federation of Labour (AFL) gewählt. Als Leiter einer Studienkommission der AFL kam er im Juli 1946 nach Deutschland und entschloß sich, einer Aufforderung seiner sozialdemokratischen Genossen in Hamburg folgend, nicht mehr in die USA zurückzukehren.

In seinem Amt als Erster Bürgermeister der Hansestadt Hamburg wußte Brauer seinen Vorstellungen vom Neuaufbau zum Durchbruch zu verhelfen. Entgegen dem „traditionell hamburgischen Kollegialprinzip"[422] beschränkte er sich als Vorsitzender des Senats nicht allein auf eine Koordination der Meinungen; er war weit mehr als ein „Primus inter pares"[423]. Von einigen seltenen Abstimmungsniederlagen abgesehen, gab seine Auffassung die Richtung der Entscheidungen vor. Zu der dominierenden Position Brauers[424] trug ferner bei, daß er stets vor dem Zusammentritt des Senats seinen Standpunkt im Kreise der Syndici abgeklärt hatte. In diesem „Schattenkabinett" sollen die eigentlichen politischen Entscheidungen gefallen sein[425]. Brauers Tendenz zu autokratischer Regierungsweise stieß allerdings bei seinen Mitarbeitern, die ihm ansonsten überwiegend in Bewunderung ergeben waren, auf Kritik[426]. Doch solche kam nicht nur aus den eigenen Reihen: Auch mit dem zentralen Vorstand seiner Partei ging er – dies gilt gerade in bezug auf die „Frankfurter Dokumente" – keineswegs immer konform. Gleichwohl war man sich, seinen „diktatorischen Neigungen"[427] zum Trotz, der Unentbehrlichkeit Brauers bewußt.

---

[422] Weichmann/Lüth u. a., Miterlebtes, S. 69.
[423] Lüth, Ein Hamburger schwimmt gegen den Strom, S. 100; ders., Max Brauer, S. 46.
[424] Vgl. ebenda. Herbert Weichmann schildert in einem Brief an seine Frau vom 9. 6. 1948, Brauer habe in den Senatssitzungen alle „um Meilenlänge an Sicherheit und Bestimmtheit und Persönlichkeit" überragt; vgl. Loose (Bearb.), Rückkehr, S. 185.
[425] Mündliche Auskunft Erich Lüths vom 16.10.1984. Seiner Regierungspraxis entsprechend hielt Brauer morgens Besprechungen mit seinen Syndici ab, denen am Nachmittag die Kabinettssitzung folgte; vgl. Loose (Bearb.), Rückkehr, S. 185, 195.
[426] Ein beredtes Beispiel für die Verehrung Brauers bieten die Briefe Weichmanns; vgl. ebenda, besonders S. 204. Daß Brauer auf der anderen Seite „sehr schwierig" war, hat auch Lüth bestätigt (Gespräch vom 16.10.1984).
[427] Brief Weichmanns vom 20.6.1948, in: Loose (Bearb.), Rückkehr, S. 195.

Auf Brauer persönlich war nicht zuletzt das gute Einvernehmen mit der örtlichen Militärregierung zurückzuführen, der er, Berichten seiner Mitarbeiter zufolge, nicht als Unterworfener, sondern gleichberechtigter Partner gegenüberzutreten pflegte. Die beiderseitigen Beziehungen waren geprägt durch das geradezu freundschaftliche Verhältnis zwischen Max Brauer und dem Regional Commissioner Henry Vaugham Berry[428]. Der Verständigung förderlich waren außerdem die Sprachkenntnisse Brauers, die er während seines USA-Aufenthaltes erworben hatte und die dazu beitrugen, eine wesentliche Schranke zwischen Besatzern und Besetzten abzubauen und den gegenseitigen Umgang zu erleichtern. Seiner Stellung gegenüber der britischen Militärregierung sollen zudem seine engen Beziehungen zu den Amerikanern zugute gekommen sein[429]. Kraft und Autorität seiner Persönlichkeit, menschlich wie politisch, seine Entschlossenheit und Zielstrebigkeit, verbunden mit einem selbstbewußten Auftreten gegenüber der Besatzungsmacht, verschafften Brauer eine herausragende, nahezu unbestrittene Führungsposition, die es für seine Regierungszeit erlaubt, hamburgische Politik und die Überzeugungen des Ersten Bürgermeisters der Hansestadt im wesentlichen gleichzusetzen.

*Probleme und Interessen stadtstaatlicher Politik*
*Die Behauptung als selbständiger Stadtstaat*

Als geradezu existentielles Problem stellte sich für Hamburg durch die mit Dokument Nr. II entfachte Diskussion über eine Neuordnung der Ländergrenzen – wie schon 1946 – die Verteidigung seiner staatsrechtlichen Stellung. Dabei ist die Kontinuität der Argumentationsketten von 1946 bis 1948 unverkennbar. Die selbständige Stellung Hamburgs (wie Bremens) war vor allem durch einen Passus des Frankfurter Dokumentes Nr. II in Frage gestellt, wonach Änderungen der Ländergrenzen „möglichst die Schaffung von Ländern vermeiden" sollten, „die im Vergleich mit den anderen Ländern zu groß oder zu klein sind"[430]. Damit war den Befürwortern einer Eingliederung der Hansestädte in großräumige Flächenstaaten ein stichhaltiges Argument an die Hand gegeben.

Für Hamburg ging es gleichzeitig um die Erhaltung der Reichs- beziehungsweise (künftigen) Bundesunmittelbarkeit und um die Beibehaltung der spezifisch hanseatischen Regierungsform, wobei sich beide wiederum gegenseitig bedingten. Die grundlegenden Argumente für die Konservierung seiner Stadtstaatlichkeit bezog Hamburg zum einen aus seiner „besonderen innerdeutschen Stellung", andererseits aus seiner internationalen Position[431]: Die innerdeutsche Stellung lag begründet in der herausragenden Funktion der Hansestadt als großer deutscher Hafen, also für Handel und Schiffahrt. Das setzte voraus, daß sie die ihr hieraus erwachsenden Aufgaben in voller Freiheit und Unabhängigkeit erfüllen konnte. Dies wiederum war gewährleistet durch die spezifisch hamburgische Regierungsform, mit der eine einzigartige Verbindung zwischen Stadt und Hafen hergestellt war, welche nur durch die selbständige Ausübung der obersten Verwaltung ermöglicht wurde. Die internationale Stellung Hamburgs

---

[428] Dazu Lüth, Viele Steine, S. 122 f., 195; ders., Max Brauer, S. 53.
[429] Mündliche Auskunft Lüths vom 16. 10. 1984.
[430] Parl. Rat, Bd. 1, S. 32.
[431] StA Hbg., Senatskanzlei II, 702.00–5, Aufzeichnung Sievekings vom 12. 8. 1946.

war charakterisiert durch die mit seiner Eigenschaft als handelsorientierte Hafenstadt verbundene außenpolitische Funktion als Tor Deutschlands zur Welt, als Mittlerin zwischen Deutschland und dem Ausland.

Für die Erhaltung dieses Status, die ihrer Natur nach eine politische Frage war, wurden wirtschaftliche, verwaltungstechnische und finanzielle Argumente ins Feld geführt: Die Stadtstaatlichkeit Hamburgs, so hieß es, ermögliche, sich ganz auf die besonderen Aufgaben einer Hafenstadt von Weltrang zu konzentrieren, gewährleiste die Lösung dieser Aufgaben aus eigener Sachkompetenz und Verantwortung und biete die „Gewähr für höchste Leistungsfähigkeit"[432]. Die Überlegenheit der hanseatischen Staatsform als einer Vereinigung kommunaler und ländermäßiger Zuständigkeiten in der gleichen lokalen politischen Organisation erwies sich demzufolge zum einen in der „örtlich wie sachlich gegebene[n] Vertrautheit ihrer in unkompliziertem Verfahrensweg entscheidenden Instanzen"[433] sowie zum anderen in der – damit verbundenen und zugleich zur Erfüllung der kostspieligen Aufgaben höchst erforderlichen – Finanzkraft Hamburgs, die ungeteilt der Hafenstadt zugute kommen konnte. Daß dies im Falle der Einbeziehung in ein anderes Land nicht mehr möglich sein und Hamburg damit eine entscheidende Existenzgrundlage entzogen würde, verdiente auch deshalb besonders hervorgehoben zu werden, um den Appetit der umliegenden Länder (d. h. in erster Linie Schleswig-Holsteins) auf das wirtschafts- und finanzstarke Hamburg zu zügeln[434].

Eine Aufhebung der Selbständigkeit Hamburgs hätte hingegen eine Behinderung der Hansestadt bei der Wahrnehmung ihrer Spezialaufgaben bedeutet, außerdem eine Entscheidungsfindung durch sachfremde Zuständige; die oftmals erforderliche „gewisse Intuition" war vielmehr, so wurde argumentiert, nur bei Verantwortlichen gegeben, „die den Dingen absolut nahestehen und aus der täglichen Fühlung mit der lebendigen Entwicklung sich ihre Auffassung bilden können"[435]. Das Ende der Selbständigkeit hätte schließlich zur Folge gehabt den Kampf gegen eine verstärkte Bürokratisierung, damit verbunden mangelnde Flexibilität in den Entscheidungen und Komplizierung des Verfahrens. Das Aufgehen in einer übergeordneten Einheit brachte außerdem die Gefahr einer unzureichenden Interessenvertretung, einer verwaltungs- und interessenmäßigen „Mediatisierung" Hamburgs[436] und hätte zu einer „Überbetonung fiskalischer Standpunkte" geführt, in deren Konsequenz zu einer Schwächung der hamburgischen Finanzkraft und der „Schlagkraft" der Verwaltung. Die Sinnfälligkeit zentraler Verwaltungen an sich wurde keineswegs bestritten. Grundsätzliche Bereitschaft zu überregionaler Zusammenarbeit in einzelnen Bereichen bestand durchaus. Entscheidend blieb jedoch die unmittelbare Repräsentation Hamburgs bei den künftigen obersten gesamtstaatlichen Organen, um dort seine Belange mit dem Gewicht eines eigenen Bundeslandes vertreten zu können[437].

---

[432] Ebenda, „Stellungnahme der Hansestädte Hamburg und Bremen zum Neuaufbau der Länder in der britischen Zone Deutschlands" von 1946.
[433] Ebenda, 004.15–4 (197), Aufzeichnung (o. D.).
[434] Vgl. dazu ebenda, 730.00–3/1, Ausarbeitung Sievekings vom 16. 10. 1948.
[435] Ebenda, 004.15–4 (197), Aufzeichnung (o. D.).
[436] Ebenda, 702.00–5, Schreiben Sievekings an die Handelskammer Hamburg vom 28. 7. 1948.
[437] Dazu ebenda, „Die Stellung Hamburgs bei einer Neuordnung Deutschlands", Gutachten Senator Ketels vom 3. 8. 1946, S. 4; ebenda, „Zukünftiger Status der Hansestadt Hamburg", Stellungnahme der Handelskammer Hamburg vom 6. 9. 1948.

Erst nach dem vorläufigen Abschluß der Ländergrenzendiskussion, im September 1948, legte Hamburg eine im Verein mit Bremen erstellte, sehr umfangreiche Denkschrift vor. Hierzu hatten sich die Senate beider Hansestädte entschlossen, da sie den Eindruck gewonnen hatten, daß die besonderen Aufgaben Hamburgs und Bremens in den vorausgegangenen Auseinandersetzungen vielfach nicht richtig erkannt worden waren[438]. Die Zusammenarbeit mit Bremen lag angesichts der gleichgerichteten Interessen beider Stadtstaaten nahe, war aber – wie schon 1946 – gleichzeitig auch von taktischen Überlegungen bestimmt. Trotz partieller Kooperation blieben beide Konkurrenten. Bei der Furcht vor einer Besserstellung Bremens im Vergleich zu Hamburg spielten offenbar nicht nur wirtschaftliche Erwägungen eine Rolle, sondern nicht zuletzt die Angst vor einem politischen Prestigeverlust[439].

Die Beibehaltung der staatsrechtlichen Stellung des Stadtstaates bei gleichzeitiger Wahrung seiner Funktion war und blieb oberste Maxime hanseatischer Politik. Dabei wurde dieses Ziel bewußt nicht allein unter Anführung historischer oder traditioneller, sondern vorwiegend funktionalistischer Gesichtspunkte verfolgt. Hamburg wußte den Vorteil zu nutzen, daß seine eigenen Anliegen von denen eines objektivierbaren deutschen Gesamtinteresses schwer zu trennen waren[440]. Hinzu trat ein übriges: Das Bewußtsein jahrhundertealter demokratischer stadtstaatlicher Tradition verlieh Hamburg das Gefühl einer gewissen Überlegenheit gegenüber den neugebildeten Flächenländern im deutschen Norden, eine Haltung, die in gewisser Weise vergleichbar war mit derjenigen des süddeutschen Landes Bayern. Die Berufung auf seine alte demokratische Tradition, die – so hieß es auch –, ähnlich wie die häufig hervorgekehrte Weltoffenheit der Hafenstadt, von britischem Geist beeinflußt sei, besaß freilich auch als taktisches Mittel gegenüber der Besatzungsmacht eine nicht zu unterschätzende Bedeutung.

*Wirtschaftsfragen*

Daß der Außenhandel ein besonderes Anliegen der Hafenstadt war, braucht kaum eigens erwähnt zu werden. Hamburgs Außenhandel war sowohl durch die Zonenabgrenzung als auch – und vor allem – durch die deutsche Teilung schwer getroffen, durch die es von seinem Hinterland und damit dem Handel mit Mittel- und Ostdeutschland wie auch der Tschechoslowakei abgeschnitten war[441]. Die durch den zumindest vorläufigen Fortfall der deutschen Ostgebiete, den Verlust der Handelsflotte

---

[438] Ebenda, 730.00–3/1 (1518), „Die Stadtstaatlichen Häfen Hamburg und Bremen. Verwaltung und Betrieb in ihren Beziehungen zum Deutschen Reich (zur Deutschen Bundesrepublik)". Gemeinschaftliches Gutachten der Senate beider Stadtstaaten vom 1.9. 1948.
[439] Vgl. ebenda, 702.00–5, Aufzeichnung von Harder vom 7.8. 1946; ebenda, Schreiben Klabundes an Schönfelder vom 22.8. 1946; im Februar 1948 hatte Brauer in einem Telegramm an General Clay appelliert, Hamburg verstärkt in den Handel einzuschalten und in seiner alten führenden Funktion wiederherzustellen (Wiedergabe des Telegramms im Hamburger Echo vom 13.2. 1948).
[440] Vgl. ebenda, 706.10–5 (1471), Niederschrift über die Sitzung des Außenhandelsausschusses vom 6.6. 1947. Auch Sieveking betont, es gehe nicht um „Partikularismus", sondern um eine gesamtdeutsche Aufgabe; vgl. ebenda, 702.00–5, Aufzeichnung vom 12.8. 1946, S. 2.
[441] Dazu Hagel, Auswirkungen der Teilung Deutschlands, S. 33; Ipsen, Hamburgs Verfassung und Verwaltung, S. 182f.

und die Außenhandels- und Schiffahrtsbeschränkungen stark reduzierte Handelsbilanz führte nicht zuletzt zu einer sich ständig verschlechternden Arbeitsmarktlage. Eine zusätzliche Dimension erhielt das Außenhandelsproblem für die Hansestädte durch den Versuch der Niederlande, die Leistungsfähigkeit der deutschen Seehäfen zu beeinträchtigen. Dieser zählte zu einem ganzen Katalog von Forderungen im Falle des Abschlusses eines Friedensvertrages mit Deutschland, die erstmals in einem Memorandum an den Rat der Außenminister in New York vom 5. November 1946 erhoben worden waren[442]. Darin war unter anderem von Maßnahmen zur Minderung der Wettbewerbsfähigkeit im Im- und Export sowie im Transitverkehr die Rede. Damit verbunden wurden Pläne, in die deutsche Tarifautonomie einzugreifen durch eine internationale Kontrolle der Verkehrstarife unter Beteiligung der Niederlande[443]. Solche drohenden Benachteiligungen abzuwenden diente die Erstellung von Gutachten, die mit Hilfe völkerrechtlicher und wirtschaftspolitischer Argumentation auf die Unhaltbarkeit solcher Ansprüche und die Folgen einer Verwirklichung, nicht allein für die wirtschaftliche Entwicklung Westdeutschlands, sondern auch für die beiderseitigen Handelsbeziehungen, aufmerksam machten. Mit ähnlichen Mitteln wurde auch niederländischem Streben nach einem Verbot für Deutschland, vom Rheinverkehr ablenkende Kanäle zu bauen, entgegengetreten[444]. Die Liberalisierung des Außenhandels und der Devisenbewirtschaftung sowie die Zulassung deutscher Vertretungen im Ausland gehörten schon von daher zu den von allen Hamburger Parteien erhobenen Forderungen. Hamburgs Außenhandel war, bedingt durch die wirtschaftsgeographische Lage der Stadt, am gleichmäßigsten nach Ost und West orientiert im Vergleich zu den übrigen deutschen Seehäfen, die vorwiegend westlich ausgerichtet waren. Durch die Verluste im Osthandel deshalb ungleich stärker betroffen, hätte die Hansestadt folglich nach wie vor ein besonderes Interesse an der Aufrechterhaltung der (wirtschaftlichen) Einheit Deutschlands haben müssen, stellte sie doch „seehafenmäßig das stärkste Bindeglied derselben dar"[445]. Vor diesem Hintergrund ist die klare Haltung Hamburgs in der Frage der Errichtung eines westdeutschen Staates besonders bemerkenswert.

Hamburg war außerdem in zentralen wirtschaftlichen Bereichen stark beeinträchtigt durch die Reparationsforderungen der britischen Besatzungsmacht mit dem Zugriff auf seine Schwerindustrie sowie den Schiffs- und Maschinenbau[446]. Bemühungen um eine Abwehr der Demontagen konzentrierten sich besonders auf eine Verhinderung des Abbaus von Werften, die als Reparatur- und Neubaustätten eine grundlegende Funktion für den Hafenbetrieb besaßen. Aufgrund des guten Verhältnisses der Behörden zur

---

[442] Vgl. dazu auch den Abschnitt über die niederländischen Forderungen im Kapitel zu Niedersachsen. Eine Abschrift des Memorandums befindet sich im HStAH, Nds.Z.50, Acc.32/63, Nr. 49, I.
[443] Betroffen waren u.a. die Transporttarife für die deutschen Eisenbahnen und die Wasserwege sowie die Hafen- und Warenlagergebühren; vgl. Hamburger Allgemeine Zeitung vom 27.6. 1947.
[444] Dazu Ipsen, Hamburgs Verfassung und Verwaltung, S. 183 ff., 189 f.
[445] Vgl. dazu StA Hbg., Senatskanzlei II, 700.45-5 (1381), „Denkschrift zur künftigen wirtschaftlichen Entwicklung Hamburgs" (sog. „Schiller-Plan"), Stellungnahme einer Gutachterkommission unter der Leitung von Karl Schiller (Institut für Außenhandel und Überseewirtschaft der Universität Hamburg) von 1947, S. 19.
[446] Dazu Kramer, Demontagepolitik; Ipsen, Hamburgs Verfassung und Verwaltung, S. 190 ff.

Hamburger Militärregierung war es bis zum Zeitpunkt der Veröffentlichung der Demontageliste am 16. Oktober 1947 mehrfach gelungen, einzelne zum Abbau vorgesehene Werke zu erhalten oder zumindest Planungsänderungen zu erreichen. Mit der Bekanntgabe der Liste trat jedoch eine Wende ein, die eine vertragliche Regelung des Reparations- und Demontageproblems dringend wünschenswert machte. In der dem Senat im Oktober 1947 übergebenen Demontageliste waren insgesamt 41 Betriebe aufgeführt, von denen 20 bis dahin bereits völlig oder weitgehend demontiert worden waren. Von den verbliebenen 21 Werken bildeten 16 in der Folgezeit den Gegenstand von Beratungen in einer deutsch-britischen Demontagekommission. Trotz aller Anstrengungen auf deutscher Seite, auf dem Verhandlungswege wenigstens „eine Verteilung der Abbautermine über 24 Monate" zu erreichen, waren diese bereits unveränderlich festgesetzt worden. Innerhalb einer nochmals verlängerten Frist eingereichte Einspruchslisten wurden zurückgewiesen, so daß sich Anfang 1948 der Hamburger Senat genötigt sah, „die Bürgerschaft und darüber hinaus die gesamte hamburgische Bevölkerung darauf aufmerksam [zu] machen, daß nunmehr alle Mittel ausgeschöpft" seien, „um diese Gefahren von Hamburg abzuwenden, und der Senat von sich aus weiteres nicht mehr unternehmen" könne[447]. Wie in anderen westdeutschen Ländern auch, hatte in Hamburg die Strategie im Umgang mit der Besatzungsmacht bislang in einer Verzögerungstaktik bestanden, die darauf abzielte, Terminverschiebungen für den jeweiligen Demontagebeginn zu erreichen bis zu einem Zeitpunkt, an dem neue Verhandlungen möglich schienen oder Hoffnung bestand auf eine generelle Änderung der Lage. Nach der Herausgabe der Demontageliste aber blieben weitere derartige Bemühungen erfolglos, wenngleich immerhin einige Gebäude vor dem Abbruch bewahrt werden konnten. Maßgeblich für die gewandelte Haltung der Besatzungsmacht war, so vermutet Kramer[448], die mit einer erfolgreichen Durchführung der Demontagepolitik verbundene Wahrung des britischen Prestiges. Durch die zentralistische Organisation der britischen Militärregierung in Deutschland war es der im Grunde kooperationswilligen Militärregierung in Hamburg nicht möglich, mildernden Einfluß auf die Entscheidungen auf zentraler Ebene zu nehmen.

Auch auf dem Gebiet der Besatzungskosten war Hamburg durch die starke Frequentierung seitens der Besatzungsmacht infolge seiner verkehrsmäßig günstigen Lage zu Großbritannien in besonderer Weise in Mitleidenschaft gezogen. Die Haushaltsausgaben der Hansestadt allein für den Zeitraum vom 21. Juni bis 31. Juli 1948 betrugen, einer Statistik zufolge, 25,6 Millionen DM, was einem Anteil am Gesamthaushalt von 35 % entsprach[449]. Eine weitere Verschärfung des Problems war mit der Durchführung der Währungsreform eingetreten: Sinkende Staatseinnahmen standen einer steigenden Tendenz öffentlicher Ausgaben gegenüber. Gerade in den Monaten Juni und Juli 1948 erreichte das Mißverhältnis zwischen Besatzungskosten bzw. Besatzungsfolgekosten und den Steuereinnahmen einen Höhepunkt von 132 %[450].

---

[447] Mitteilung des Senats an die Bürgerschaft Nr. 12 vom 6.2. 1948, in: Verhandlungen zwischen Senat und Bürgerschaft Hamburg, Jg. 1948, S. 48.
[448] Kramer, Demontagepolitik, S. 280.
[449] Aufstellung in StA Hbg., Senatskanzlei II, 981.60-2 (2534); vgl. auch Hamburger Echo vom 8.6. 1948.
[450] StA Hbg., Senatskanzlei II, 981.60-2, „Besatzungszwangslasten und Aufkommen an Reichssteuern in Hamburg. Rechnungsjahr 1948", Aufstellung vom 26.1. 1949.

## Hamburg und die „Frankfurter Dokumente"
### Verfassungsfrage

Im Mittelpunkt der Politik des Hamburger Bürgermeisters Max Brauer stand stets die Sorge um das wirtschaftliche und politische Schicksal der Hansestadt. Obwohl gerade die wirtschaftlichen Probleme eine gesamtdeutsche Entwicklung geradezu zu fordern schienen, führte der Weg zu ihrer Überwindung über die westdeutsche Teillösung. Die Einsicht in die Notwendigkeit einer staatlichen Konsolidierung war somit durch wirtschaftliche Erfordernisse vorgegeben[451]. Der Aufschwung von Wirtschaft und Handel setzte eine aktionsfähige deutsche Regierungsspitze als Verhandlungspartner gegenüber dem Ausland voraus; eine solche würde gleichzeitig die Unzulänglichkeit der bizonalen Verwaltungen beenden[452] und die sich fortschreitend auseinanderentwickelnden westlichen Besatzungszonen, besonders die französische, endlich unter einer einheitlichen Führung zusammenfassen. Deshalb zählte Max Brauer – anders als die SPD – von Anfang an zu den entschiedensten Befürwortern einer echten, wenn auch nur auf Westdeutschland beschränkten und von daher vorläufigen, staatsrechtlichen Lösung. Er gehörte dabei zu denjenigen, die willens waren, eine Beschneidung der deutschen Souveränität, die nach seiner Einschätzung nur vorübergehend sein würde, hinzunehmen und geduldig Schritt für Schritt auf eine Rückgewinnung von Freiheit und Gleichberechtigung hinzuarbeiten.

Die Richtung zur Überwindung der wirtschaftlichen Schwierigkeiten war mit dem Marshallplan und der Durchführung der Währungsreform bereits angedeutet. Beide stellten tiefgreifende Maßnahmen dar, die unter den gegebenen Voraussetzungen zugleich wichtige Vorentscheidungen trafen hinsichtlich der deutschen Teilung und einer Einbindung Westdeutschlands in die westliche Welt – Konsequenzen, denen für Brauer keine gangbare Alternative gegenüberstand. Es waren notwendige und folgerichtige Schritte, denen als nächste Stufe eine Weiterentwicklung auch des politischen Lebens folgen mußte[453]. Stichworten für eine Rede ist zu entnehmen, daß Brauer schon Mitte 1947 für die Durchführung einer Währungsreform, wenn nicht in allen Besatzungsgebieten, so doch wenigstens in den drei Westzonen plädierte[454]. Auf das Verhältnis von Marshallplan und deutscher Wirtschaftseinheit angesprochen, gab es für ihn nur eine Antwort: „Läßt sich die Gesamtlösung nicht erzielen, dann ist mir jede Teillösung, die Hunger und Wirtschaftsstagnation überwindet, recht. Ich würde auch in ihr nur den ersten Schritt zu einer später noch realisierbaren Gesamtlösung erblicken."[455]

---

[451] Die Forderung nach einer „überall gleich wirksame[n] Exekutive" (Stuttgarter Nachrichten vom 24.4. 1947) war Brauers Reaktion auf mangelnde Organisation und Koordination, vor allem auf dem Ernährungssektor. Die Ernährungsfrage war für Hamburg ab Mitte 1947 besonders akut geworden durch die Trennung der zuvor gemeinsamen Ernährungsverwaltung von Hamburg und Schleswig-Holstein.

[452] Persönlich hatte Brauer bereits die Konsequenzen aus der Unzulänglichkeit der bizonalen Einrichtungen gezogen. So wie er offenbar den Ministerpräsidentenkonferenzen der britischen Zone wenig Interesse entgegenbrachte, nahm er auch an den Frankfurter Besprechungen nur sporadisch teil; vgl. StA Hbg., Senatskanzlei II, 000.00–1, Schreiben Pünders an Brauer vom 2.7. 1948.

[453] Vgl. Hamburger Volkszeitung vom 22.6. 1948; Grobecker/Loose/Verg (Hrsg.), ... mehr als ein Haufen Steine, S. 248.

[454] StA Hbg., Staatliche Pressestelle V, II D I a 3 b.

[455] Ebenda, II Z V, Stellungnahme Brauers zum Marshallplan vom 21.6. 1947.

Einer der deutlichsten Belege für das bedingungslose und konsequente Eintreten Brauers für einen Weststaat als einer Art „Notbau" ist seine Etatrede vom April 1948[456]. Eine lediglich wirtschaftlich-verwaltungsmäßige Organisation hielt er dabei für unzureichend, unverzichtbar hingegen eine staatsrechtliche Regelung. Offen erklärte er sich zur Übernahme von Verantwortung bereit, ohne falsche Rücksichtnahmen[457]. Wer fürchte, später als Kollaborateur angeklagt zu werden, verkenne die „Zeichen der Zeit". Schon die „Londoner Empfehlungen" waren für Brauer ein Meilenstein auf dem Wege zur schrittweisen Wiedererlangung der Souveränität. Selbst in der Ruhrfrage glaubte er, eine Reihe von Fortschritten erkennen zu können. Sogar der angekündigten Errichtung einer Internationalen Ruhrbehörde stand er keineswegs ablehnend gegenüber, auch wenn er die mit ihr verbundenen Nachteile durchaus erkannte. Er maß die Entwicklung jedoch daran, daß vor noch nicht allzu langer Zeit die politische Abtrennung des Ruhrgebietes eine ernsthaft diskutierte Frage gewesen war. Deshalb war der Hamburger Bürgermeister auch sofort entschlossen, nach den positiven Inhalten der „Frankfurter Dokumente" zu greifen, und bereit, Kompromisse zu schließen. Informationen aus den USA ließen ihn zusätzlich nicht daran zweifeln, daß der nunmehr in den Vereinigten Staaten vorherrschende Trend über kurz oder lang zu einem weiteren Abbau der Kontrollen und Einschränkungen führen werde[458]. Die recht positive Beurteilung der Ergebnisse der Londoner Konferenz resultierte auch aus der Kenntnis der Rolle Frankreichs in diesen Verhandlungen und der Tatsache, daß die Beschlüsse in ihrer für deutsche Ohren wenig verheißungsvoll klingenden Form vor allem mit Rücksicht auf die gefährdete Stellung der französischen Regierung abgefaßt worden waren, ein Kompromiß außerdem, bei welchem die beteiligten Mächte zum Teil ihre eigenen Forderungen hinter Konzessionen an die Franzosen hatten zurücktreten lassen[459].

In der Bürgerschaftssitzung vom 10. Juni 1948 setzte sich Brauer ausführlich mit dem Londoner Deutschlandkommuniqué auseinander: Er plädierte für eine wirklich repräsentative Verfassunggebende Versammlung, die allerdings bei der vorgesehenen Zahl von nur 60 Abgeordneten nicht gegeben sei. Solche „Schicksalsfragen des deutschen Volkes" konnten nur von einer „Nationalversammlung" entschieden werden, deren Größe „nicht unter 200 bis 300 Abgeordneten liegen" durfte. Auch mit der den Ministerpräsidenten zugedachten Führungsrolle bei der Konstituierung des Weststaates war Brauer nicht einverstanden. Vielmehr sollten diese zusammen mit den Chefs der

---

[456] Ebenda, II D I d, „Zur Verfassung der Freien und Hansestadt Hamburg", Rede Brauers vor der Hamburger Bürgerschaft am 28.4.1948, als Broschüre gedruckt, S. 4f.
[457] Während einer Besprechung mit alliierten Vertretern im Mai 1948 äußerte sich Brauer (übrigens in Übereinstimmung mit dem bayerischen Ministerpräsidenten Ehard) überzeugt, daß die Teilung Deutschlands bereits eine Tatsache sei; er kritisierte die westdeutschen Politiker, die sich weigerten, diese Realität anzuerkennen; vgl. auch Steininger, Der Verzicht auf Einheit, S. 86. Noch deutlicher wurde Brauer in einer Ansprache im Nordwestdeutschen Rundfunk am 21.11.1948: Hier sprach er von der „mimosenhaften Haltung derer, die sich zuerst nicht trauen wollten, einen richtigen Staat auf die Beine zu stellen". Wer zur Überwindung der bei aller Besserung der Verhältnisse noch vorhandenen Schwierigkeiten nicht zu einer Stärkung der staatlichen Autorität bereit sei, versündige sich an der Allgemeinheit; vgl. StA Hbg., Staatliche Pressestelle V, II D I a 3 b.
[458] Balshaw, The British Occupation in Germany, S. 319f.
[459] StA Hbg., Senatskanzlei II, 901.20-3 (1818), Denkschrift des „Sekretariats Friedensvertrag", Senatskanzlei, vom 10.6.1948.

großen Parteien zu einer Verständigung über ein einheitliches Wahlverfahren für allgemeine und direkte Wahlen gelangen. Wahlen durch die Länderparlamente hingegen würden dieser Versammlung die notwendige Autorität versagen. Eine Abänderung der Londoner Beschlüsse zu erreichen hielt Brauer offenbar nicht für möglich, wohl aber, aus freiem Entschluß eine eigene deutsche Lösung zu suchen, die eine gesamtdeutsche Option enthielt, ohne gegen die „Empfehlungen" beziehungsweise „Frankfurter Dokumente" zu verstoßen[460]. Also dachte er, wie die Mehrzahl seiner Kollegen, daran, deutsche Gegenvorschläge zu erarbeiten, die sich aber innerhalb des durch die Londoner Ergebnisse gesteckten Rahmens halten sollten.

Die Haltung Hamburgs im Hinblick auf die bevorstehende Koblenzer Konferenz wurde in der Senatssitzung am 5. Juli 1948 festgelegt: Nach eingehender Aussprache fiel der Beschluß, bei den kommenden Beratungen für die „Bildung einer Verfassunggebenden Versammlung von 150 Abgeordneten nach den Grundsätzen der direkten Wahl und des Mehrheitswahlrechtes unter Aufstellung einer Reserveliste für mehrere Länder" einzutreten. Bei der nur begrenzten Aufgabenstellung dieser Versammlung schien eine höhere Mitgliederzahl nicht angebracht; wohl aber mußte sie groß genug ausfallen, um einigermaßen repräsentativ zu sein und die Möglichkeit der Bildung von Ausschüssen zu gewährleisten. Unabhängig davon sollte jedoch der Vorschlag eingebracht werden, „nicht erst eine Verfassunggebende Versammlung wählen zu lassen, sondern gleich das künftige Parlament, dem dann als erste Aufgabe die Bildung einer Verfassung obliegen würde"[461]. Die Zustimmung Hamburgs zur Ausarbeitung einer Verfassung und der Errichtung einer Regierung sowie die Bereitschaft, deren zumindest vorläufig auf Westdeutschland begrenzte Kompetenz in Kauf zu nehmen, ist in zweifacher Hinsicht beachtlich: Zum einen unter parteipolitischem Aspekt, da Brauer sich – und dies in seiner Eigenschaft als Mitglied des Außenpolitischen Ausschusses der Gesamtpartei – durch die Bejahung einer Verfassung und echter staatlicher Verhältnisse im Widerspruch zur offiziellen Linie der SPD befand, die sich auf der Hamburger Tagung des zentralen Parteivorstandes vom 28./29. Juni 1948 für die Schaffung lediglich eines Verwaltungs- oder Organisationsstatuts entschieden hatte. Auf der anderen Seite war es eine durch die geographische Mittellage der Stadt geprägte Weltsicht, die eigentlich eher eine Politik des Ausgleichs statt einer bewußt einseitigen Bindung und Parteinahme hätte erwarten lassen. Die Berlinkrise übte keinen hemmenden Einfluß aus. Unkenrufen von der Gefahr eines Dritten Weltkrieges schenkte Brauer wenig Beachtung. Er war überzeugt, daß es keinen Krieg geben werde, solange die Westalliierten auf ihrem Standpunkt beharrten und die Entschlossenheit demonstrierten, „nicht leichtsinnig etwas zu verspielen, was sie rechtens halten müssen". Es kam darauf an, „die Herren im Osten" in ihre Schranken zu verweisen und die Grenze des Hinnehmbaren deutlich zu ziehen[462]. Nur Entschlossenheit und Standfestigkeit konnten die Freiheit der Berliner erhalten. Dabei war unbestreitbar, daß der Ausgang der Berlinkrise Signalwirkung haben würde für die gesamte deutsche Frage.

---
[460] Brauer in der Sitzung der Bürgerschaft, 10.6. 1948, Stenograph. Bericht, S. 330.
[461] StA Hbg., Senatskanzlei II, 000.00-3, Auszug aus der Niederschrift über die Sondersitzung des Senates am 5.7. 1948; ebenda, 000.04-1, Aufzeichnung „Bemerkungen zum Entwurf eines Gesetzes zur Wahl einer verfassunggebenden Versammlung".
[462] Äußerungen Brauers in der (Sonder-)Sitzung der Bürgerschaft zur „Hilfsaktion für Berlin", 2.7. 1948, Stenograph. Bericht, S. 374.

## 2. Hamburg

### Ländergrenzenreform

Aufgrund des Primates der Erhaltung der Stadtstaatlichkeit kreisten hamburgische Überlegungen zur Neuabgrenzung der Länder vorrangig um das eigene Schicksal. Für Hamburgs territoriale Zukunft gab es theoretisch mehrere Möglichkeiten: 1. Beibehaltung des Status als selbständige, „reichsunmittelbare" Stadt, a.) mit Gebietserweiterungen, b.) ohne Gebietserweiterungen, oder 2. Eingliederung in ein anderes Land (eventuell mit Hauptstadtstellung), a.) Zusammengehen mit Niedersachsen, b.) Vereinigung mit Schleswig-Holstein, c.) Zusammenschluß aller drei Länder zu einem großen norddeutschen Land. Die grundlegenden Entscheidungen dürften bereits im Jahre 1946 gefallen sein, als es um die Neubildung der Länder der britisch besetzten Zone ging. Das wichtigste Ergebnis bestand damals für Hamburg in der Wiederherstellung seiner Eigenständigkeit nach dem Ende der nationalsozialistischen Diktatur. Noch während der NS-Zeit hatte Hamburg mit der Lösung der schon seit Jahrzehnten im Raume stehenden Groß-Hamburg-Frage durch das „Gesetz über Groß-Hamburg und andere Gebietsbereinigungen" vom 1. April 1937 seine fortan gültige territoriale Abgrenzung gefunden. Damit verbunden war für Hamburg ein enormer Gebietszuwachs, der fortan Anlaß zu Spannungen in den Beziehungen zum Nachbarland Schleswig-Holstein bleiben sollte[463].

1948 waren Zielsetzung und Argumentation Hamburgs fixiert auf die Beibehaltung der bisherigen staatsrechtlichen Stellung im Sinne der obigen Lösung 1 b.). Der schon im Jahre 1946 ausgefochtene Kampf um die Unabänderlichkeit der eigenen Landesgrenzen wurde zwei Jahre später noch konsequenter geführt: Wären 1946 geringere Grenzberichtigungen immerhin nicht völlig undenkbar gewesen, stieß nun jeglicher Änderungswunsch, der von umliegenden Städten und Gemeinden an Hamburg herangetragen wurde, auf Ablehnung[464]. In der Begründung hieß es – und dies entsprach Hamburgs in der gesamten Neugliederungsfrage vertretenen Position –, Regulierungen der Ländergrenzen würden, mit Ausnahme der drängenden Neuordnung in Südwestdeutschland, erst dann spruchreif, wenn eine verantwortliche deutsche Regierung gebildet sei[465]. Ähnlich war schon 1946, anläßlich der Neugliederung der britischen Zone, argumentiert worden, daß einer endgültigen Regelung der Ländergrenzenfrage die Klärung der künftigen politischen Gestalt Deutschlands vorauszugehen habe. Ein-

---

[463] Vgl. dazu den Exkurs im Kapitel zu Schleswig-Holstein. In Ausführung dieses Gesetzes war eine größere Anzahl preußischer Städte und Gemeinden, darunter vor allem Altona, Wandsbek und Harburg-Wilhelmsburg, an den Stadtstaat abgetreten und im Gegenzug hamburgisches Gebiet – hierzu gehörte insbesondere die Stadt Cuxhaven, deren Hafenverwaltung jedoch bei Hamburg verblieb – Preußen eingegliedert worden; dazu Baare-Schmidt, Das Groß-Hamburg-Gesetz.

[464] Verschiedene durch das Groß-Hamburg-Gesetz betroffene, vormals hamburgische Gemeinden suchten jetzt die Gelegenheit zur Rückkehr zu nutzen. Andererseits kam eine Diskussion über die Wiedereinführung der kommunalen Selbständigkeit auf, die sich besonders in der „Harburger Frage" (vgl. Hamburger Volkszeitung vom 23.7. 1948) manifestierte, in der sich aus Unzufriedenheit mit dem Verwaltungsaufbau des Stadtstaates nach 1945 sogar Strömungen artikulierten, die einen Anschluß an Niedersachsen forderten. Auch wenn Hamburg offiziell keine Gebietserweiterungen anstrebte, klang der Gedanke territorialer Ausdehnung an, hauptsächlich wegen Mangels an Wohnraum und Gelände für weitere Industrieansiedlung.

[465] StA Hbg., Senatskanzlei II, 050.90–1, 050.90–2 (550).

zig in der Cuxhavenfrage sind, wie 1946, auch später Ambitionen bestehengeblieben. Bremen hatte seinen Vorhafen behalten können, während Cuxhaven jetzt zu Niedersachsen gehörte, obwohl es geschichtlich aufs engste mit Hamburg verbunden war; dabei lag es natürlich im wirtschaftlichen Interesse Hamburgs, seine Stellung an der Elbmündung zurückzugewinnen als eine der Voraussetzungen für seinen Wiederaufstieg zum Welthafen.

Um seine Stellung zu wahren, mußte Hamburg also in der Neugliederungsdiskussion einen defensiven Standpunkt einnehmen. Die Politik des Stadtstaates gestaltete sich demzufolge als ein Selbstbehauptungs- und Abwehrkampf, der sich sowohl gegen eine generelle Inangriffnahme der Territorialreform richten mußte als auch gegen einzelne Regionalpläne, unter denen die größte Bedrohung von der Konzeption des schleswig-holsteinischen Ministerpräsidenten Hermann Lüdemann ausging. In der Frage der Ländergrenzenreform bewies Hamburg also eine stark eingeschränkte Regionalperspektive. Die Rechtfertigung seiner Politik gründete sich auf die oben beschriebenen Funktionen der Hansestadt. Während in der Verfassungsfrage realpolitische Erwägungen die gesamtdeutsche Perspektive zurücktreten ließen, wurde diese wiederum, wie die Haltung Hamburgs in der Frage der Ländergrenzenreform zeigt, dann in den Vordergrund gerückt, wenn es galt, Entwicklungen, die zum eigenen Nachteil führen könnten, zu verhindern. Die Entscheidung, eine Neugliederung nur im gesamtdeutschen Rahmen vorzunehmen, bedeutete, diese auf einen unbestimmten Zeitpunkt zu verschieben und damit zumindest den Status quo zu erhalten, die Stellung Hamburgs als eigenständiges Land. Offiziell vertrat Hamburg daher kontinuierlich den Standpunkt, daß, abgesehen von einer Neuregelung im Südwesten, eine umfassende Reform wenig sinnvoll sei, solange nicht „die westdeutsche Konstruktion" stehe, „das Besatzungsstatut geschaffen und die Beziehung zum Vierzonen-Deutschland geklärt" sei. Der richtige Zeitpunkt war erst dann gekommen, wenn die deutsche Einheit wiederhergestellt und eine Entscheidung in innerer und äußerer Freiheit, unbeeinflußt von fremdem Willen, möglich war[466].

### Exkurs: Der Sonderkonflikt Brauer-Lüdemann

Die größten Aktivitäten entwickelte Hamburg bei der Abwehr der Neugliederungspläne Schleswig-Holsteins. Zu einer offenen Kontroverse zwischen beiden Ländern kam es allerdings erst nach dem Abschluß der deutsch-alliierten Verhandlungen vom Juli 1948. Nach den Vorstellungen des schleswig-holsteinischen Ministerpräsidenten Hermann Lüdemann sollte Westdeutschland in sieben Länder, entsprechend den deutschen Stromlandschaften, eingeteilt werden. Dies hätte für Hamburg die Eingliederung in ein Land „Unterelbe" bedeutet, bestehend aus Schleswig-Holstein, Hamburg und den niedersächsischen Kreisen Land Hadeln, Stade, Harburg, Lüneburg, Dannenberg und Uelzen[467]. Lüdemann war dabei durchaus bereit, Hamburg als Preis den Sta-

---

[466] Ebenda, Staatliche Pressestelle V, II C II a 6, Schreiben Lüths an Warner, Redaktion des „Neuen Vorwärts", vom 23.9.1948; Bericht Brauers über die Verhandlungen zu den „Frankfurter Dokumenten" in der Sitzung der Bürgerschaft, 28.7.1948, Stenograph. Bericht, S. 449 ff.
[467] Zu den Neugliederungsplänen des schleswig-holsteinischen Ministerpräsidenten vgl. auch das Kapitel zu Schleswig-Holstein, S. 148 f., 151, 160 f.

tus einer Landeshauptstadt anzubieten. Er selbst war überzeugt, daß sein Land in der bestehenden Form den gegenwärtigen Belastungen nicht gewachsen und daher allgemein nicht lebensfähig sei. Er versuchte deshalb die Aufforderung zur Vorlage von Vorschlägen zur Neugliederung der deutschen Länder als willkommene Gelegenheit zu nutzen, seinen Vorstellungen zum Durchbruch zu verhelfen. Dazu sollte vor allem der von den Ministerpräsidenten eingesetzte Ausschuß zur Überprüfung der Ländergrenzen dienen. Als dessen Vorsitzender interpretierte er die vorausgegangenen Konferenzbeschlüsse als Zustimmung zu einer Totalreform und drängte auf eine globale Neugliederung des künftigen Bundesgebietes. Lüdemanns Ziel der Schaffung eines Landes „Unterelbe" korrespondierte dabei mit seiner Auffassung, daß die Zeit der Stadtstaaten endgültig abgelaufen sei, was von beiden freilich entschieden zurückgewiesen wurde. Im Ländergrenzenausschuß kam es zu starken Meinungsverschiedenheiten zwischen ihm und dem hamburgischen Vertreter Kurt Sieveking[468].

Aus hamburgischer Perspektive ging es bei der ganzen Diskussion im Grunde genommen um die Vermengung dreier unterschiedlicher Aspekte, die „nur zum Teil voneinander abhängig" waren: 1. das Problem der Bildung lebensfähiger Länder, 2. die Frage nach der künftigen Finanzverfassung Deutschlands und 3. die gegenwärtige, vor allem finanzielle, Notlage des Landes Schleswig-Holstein[469]. Lüdemann versuchte also in aus hamburgischer Sicht unkluger Weise den ersten Punkt mit dem letzten zu verbinden. Kriterien für die Bildung lebensfähiger Länder wie gleiche Größe, gleiche Einwohnerzahl, gleiche Finanzkraft, wie sie den Überlegungen Lüdemanns zugrunde lagen, wurden abgelehnt. Maßstab für eine Zusammenlegung von Ländern war vielmehr die Frage, „ob und inwieweit sie in ihrer jetzigen oder künftigen Gestalt am einheitlichsten und besten ihre Aufgabe für die deutsche Wirtschaft, den deutschen Verkehr, die deutsche Kultur, kurz für Deutschland und das deutsche Volk" zu erfüllen in der Lage waren[470]. Als weitere Kriterien anerkannt wurden eine gewisse Gleichartigkeit der Wirtschafts- und Sozialstruktur, die Berücksichtigung „gewachsener wirtschaftlicher Beziehungen", „geographische Gegebenheiten", historische und kulturelle Zusammenhänge oder ethnologische Gemeinsamkeiten. Unter diesen Aspekten beurteilt, stellte das Land Schleswig-Holstein allerdings, eingegrenzt durch Nord- und Ostsee, die dänische Grenze und die Elbe, durchaus ein in sich geschlossenes Gebiet dar. Lüdemanns Neugliederungspläne erweckten vor diesem Hintergrund deshalb eher den Eindruck einer „Flucht aus den eigenen Finanzschwierigkeiten in die größere Politik", erschienen als eine „unfaire und nicht sehr aufrichtige Bemäntelung des eigenen Bemühens, sich neue Steuerquellen zu erschließen"[471]. Lüdemann, so hieß es, verfolge im Kern sehr egoistische Motive, indem er die Ländergrenzenreform zur Bereinigung seiner innenpolitischen Schwierigkeiten benutze. Schleswig-Holstein könne nicht einfach seine Finanzen durch die vergleichsweise hohen Steuereinnahmen des Hamburger Stadtstaates sanieren. Die Regelung von Finanzfragen war vielmehr Sache eines zu-

---

[468] Für Max Brauer hatte der Ausschuß lediglich die Funktion, „schnell das Notwendige zu entscheiden, soweit Baden und Württemberg in Frage kommen"; Sitzung der Bürgerschaft, 28.7.1948, Stenograph. Bericht, S. 450.
[469] StA Hbg., Senatskanzlei II, 901.20-3 (1818), „Leitsätze für die Behandlung der Frage Hamburg-Schleswig-Holstein" vom 30.9.1948.
[470] Hamburger Freie Presse vom 17.8.1948.
[471] StA Hbg., Staatliche Pressestelle V, II C II a 6, Schreiben Lüths an Warner vom 23.9.1948.

künftigen zentralen Finanzausgleichs. Dieses Problem jedoch zum gegenwärtigen Zeitpunkt aufzuwerfen, bedeute, „die privaten Sorgen vor die des großen Ganzen zu stellen. Das ist keine deutsche Politik, sondern Länderpartikularismus"[472].

Im Laufe der Auseinandersetzungen kam es zu einem Briefwechsel zwischen Lüdemann und Brauer. In einem Schreiben vom 29. Juli 1948, das er abschriftlich auch den übrigen Regierungschefs der Westzonen zur Kenntnis brachte, erinnerte letzterer seinen Kollegen an den Inhalt der Koblenzer Beschlüsse und forderte ihn auf, den Vorsitz im Ausschuß zur Überprüfung der Ländergrenzen niederzulegen, falls er sich nicht mit diesem und damit der Auffassung der Mehrheit der Ministerpräsidenten identifizieren könne. Im übrigen werde Hamburg sich nicht weiter an der Arbeit eines Gremiums beteiligen, das seine Kompetenzen offenkundig überschreite[473]. Bei gleicher Gelegenheit lehnte Brauer außerdem eine Einladung Lüdemanns nach Lübeck zu einer „nachbarschaftliche[n] Aussprache unter Beteiligung von Senat, Partei und Fraktionsführern, beiderseits etwa 20 Personen" ab[474]. Lüdemann gab nicht nach, obwohl er selbst im eigenen Lande keinen ausreichenden Rückhalt für seine Politik besaß[475]. Doch auch unter den Ministerpräsidenten konnte er sich letztlich nicht durchsetzen: Einem Antrag Brauers folgend, beschlossen diese am 31. August 1948, erneut auf Jagdschloß Niederwald versammelt, die Tätigkeit des Ausschusses zur Überprüfung der Ländergrenzen einzustellen.

Die gesamte Kontroverse, die, gleichzeitig in publizistischer Form ausgetragen, weitgehend durch eine Artikelserie in der FDP-nahen „Hamburger Freien Presse" in eine breitere Öffentlichkeit getragen wurde, offenbarte die konzeptionellen Unterschiede zwischen den Führungsspitzen Hamburgs und Schleswig-Holsteins: Während Lüdemann die staatliche Neuordnung Westdeutschlands durchaus bejahte, bestand für ihn jedoch die Priorität darin, zunächst einmal die *Voraussetzungen* für eine staatliche Neuformierung – sprich: lebensfähige Länder – zu schaffen. Dies leitete er auch aus dem Frankfurter Dokument Nr. II ab, wonach die Länder die Fundamente des neuen Bundesstaates sein sollten und „folglich deren Gestaltung dem Aufbau der konstitutionellen Einrichtungen voraufzugehen" habe. Von dem offen ausgesprochenen Verdacht ausgehend, daß Lüdemann mit Hilfe der Neugliederung lediglich der Finanzmisere seines Landes Herr werden wolle, kam Hamburg umgekehrt zu der Schlußfolgerung: „Erst brauchen wir die neue staatliche Plattform und auf ihr eine neue zentrale Ordnung der Finanzen. Ist sie geschaffen [...], dann lassen sich Hamburgs und Schleswig-Holsteins finanzielle Sondersorgen mit um so größerem Erfolg in Angriff nehmen."[476] Am Beispiel des Gegensatzes zwischen Hamburg und Schleswig-Holstein wird der enge Zusammenhang zwischen Länderreform und staatlicher Neuordnung deutlich. Die unterschiedlichen Ansatzpunkte beider Länder entsprachen der jeweiligen Interessenlage: Je nach politischem Kalkül wurde entweder die eine oder die andere Frage als vordringlich und als zu schaffende Grundlage für jede weitere Entwicklung in den Vordergrund gerückt.

---

[472] Hamburger Freie Presse vom 4.9.1948.
[473] Vgl. Jürgensen, Brauer contra Lüdemann, S. 172; StA Hbg., Senatskanzlei II, 004.15–4 (197), Auszug aus der Niederschrift über die Senatssitzung am 30.7.1948.
[474] Ebenda, 004.00–2 (193), Telegramm Lüdemanns vom 28.7.1948; als Datum für das Treffen hatte Lüdemann den 1. August vorgeschlagen.
[475] Vgl. das Kapitel zu Schleswig-Holstein, Abschnitt zur Ländergrenzenreform.
[476] Hamburger Freie Presse vom 4.9.1948.

## 2. Hamburg

*Besatzungsstatut*

Die Beziehungen Hamburgs zur örtlichen Militärregierung können als ausgesprochen positiv charakterisiert werden. Dies nicht nur auf Grund des guten persönlichen Verhältnisses zwischen Brauer und Berry und des in der Person des Regional Commissioners selbst verkörperten hohen Maßes an Kooperationsbereitschaft auf britischer Seite. Dazu trug im besonderen das in Hamburg angewandte Gesetzgebungsverfahren, die sogenannte „Preview-Methode", bei. Sie unterschied sich von der in den anderen Ländern geübten Praxis darin, daß bereits vor dem Beginn der Parlaments-, in diesem Falle Bürgerschaftsberatungen, der Besatzungsmacht eine Kopie der Gesetzesvorlage zugeleitet wurde, so daß diese schon vor dem Abschluß des Verfahrens ihre – in der Regel positive – Stellungnahme abgeben konnte, während sonst üblicherweise die Zustimmung der Militärregierung nachträglich eingeholt werden mußte, was zu erheblichen Verzögerungen führen konnte. Wenn sich die britische Militärregierung in Hamburg schon früh auf ihre Kontrolltätigkeit zurückgezogen hatte[477], lag darin jedoch nichts weiter als eine freiwillige Selbstbeschränkung. Daher blieb auch für Hamburg der Erlaß eines Besatzungsstatutes ein wichtiges Anliegen, kaum im Sinne des Schutzes vor Willkür, sondern vielmehr mit der Zielsetzung einer gegenseitig bindenden Abgrenzung der Kompetenzen und Verantwortlichkeiten auf einer klaren Rechtsbasis sowie einer Erweiterung deutscher Befugnisse, ohne die die drängenden wirtschaftlichen und politischen Probleme nicht zu bewältigen waren. Insofern war das Besatzungsstatut geradezu das „Kernstück"[478] der „Frankfurter Dokumente".

In solchen Forderungen stimmte Hamburg mit sämtlichen westdeutschen Ländern überein. Der grundsätzliche Wunsch nach einer Erweiterung des deutschen Handlungsspielraumes bei gleichzeitiger Beschränkung der Rechte der Besatzungsmächte auf die Ausübung solcher Funktionen, die zur Sicherung der Besatzungszwecke unbedingt erforderlich waren, und mit der eine „klare Umschreibung der Besatzungszwecke" als eine der Hauptaufgaben des Besatzungsstatutes einhergehen mußte[479], dürfte in Hamburg allerdings stärker wirtschaftlich als politisch akzentuiert gewesen sein. Seiner Eigenschaft als Hafenstadt und daher primär handelspolitisch und außenwirtschaftlich orientiertem Land entsprechend, waren die Forderungen nach der Freiheit des Außenhandels und der Errichtung deutscher Vertretungen im Ausland, um der Wiederbelebung des hamburgischen und damit zugleich auch deutschen Handels zu dienen, aber

---

[477] Vgl. den Bericht Brauers in der Sitzung der Bürgerschaft, 18.8. 1947, Stenograph. Bericht, S.10; Lüth, Viele Steine, S.212f. Hier war Kurt Schumachers Konzept völlig durchkreuzt worden, als er in der Absicht, Eingriffe und überspitzte Kontrollmaßnahmen der Besatzungsmächte festzustellen, von allen sozialdemokratischen Länderchefs einen schriftlichen Bericht über Verzögerungen im Gesetzgebungsverfahren angefordert hatte: Hamburg wußte nur Positives zu berichten. Ein darauf folgendes zweites, deutlich verärgertes Schreiben Schumachers sei, so berichtet Lüth, von Brauer und ihm „mit Belustigung" zur Kenntnis genommen worden; vgl. ebenda.
[478] Brauer in der Sitzung der Bürgerschaft, 28.7. 1948, Stenograph. Bericht, S.449.
[479] StA Hbg., Senatskanzlei II, 901.30-1 (1823), Rundfunkansprache Brauers vom 14.7. 1948; ebenda, 039.08-1 (Bd.2), Handakte Kern, Entwurf zu einem „Materialbericht Besatzungsstatut", (o.D., etwa August 1948). Der Entwurf eines Besatzungsstatutes befindet sich im BA, Z 35-151.

auch diejenigen nach einer vertraglichen Regelung der Besatzungskosten und der Demontagen, die eine schwere Belastung für die Wirtschaft darstellten, die wichtigsten inhaltlichen Vorstellungen Hamburgs für ein Besatzungsstatut[480], das eine möglichst weitgehende Normalisierung der Lebensverhältnisse im Rahmen der Besatzungsherrschaft ermöglichen sollte.

## Hamburg in den Verhandlungen von Koblenz und Rüdesheim

Sowohl in Koblenz als auch in Rüdesheim nahm Hamburg, vertreten durch Brauer, Drexelius, Hansen und Sieveking, regen Anteil an den Beratungen und lieferte einen herausragenden Beitrag. Besonders in den verfassungsrechtlichen Fragen zeigte Bürgermeister Brauer lebhaftes Engagement. Im Interesse eines einstimmig getragenen Ergebnisses war er zu Kompromissen bereit, wenngleich er in Koblenz in der für ihn entscheidenden Frage des Zustandekommens der Verfassunggebenden Versammlung lange Zeit an der Forderung nach allgemeinen Wahlen festhielt, selbst nachdem sich die führenden Vertreter seiner Partei in der Vorkonferenz mit den sozialdemokratischen Ministerpräsidenten am 7. Juli auf die Durchführung indirekter Wahlen festgelegt hatten[481]. Brauer folgte aber dem am 7. Juli festgelegten Kurs insofern, als auch er jetzt in Koblenz den Provisoriumscharakter jeder Regelung betonte. Dennoch sprach er weiterhin von der Notwendigkeit, „schnell zu staatsrechtlichen Lösungen [zu] kommen". Er fand sich also bereit, von dem Gedanken einer echten Verfassunggebenden Versammlung abzurücken, und war einverstanden, „daß wir uns als Ziel setzen, daß nicht eine Vollversammlung zum Zuge kommt, daß nichts weiter gemacht wird, als die Aufstellung einer Wahlordnung und der Entwurf eines provisorischen Grundgesetzes, das die Abgrenzung der Gewalten bringt, das die Zuständigkeiten feststellt"[482].

In der Wahl einer solchen Versammlung und der engen Begrenzung ihrer Funktionen auf die Ausarbeitung einer die künftige Entwicklung offenhaltenden Lösung war praktisch die Mitte zwischen der vom Hamburger Senat festgelegten Linie und der Londoner Konzeption getroffen: Die Verfassunggebende Versammlung wurde – in ihrem eng umrissenen Auftrag – akzeptiert, während die wirklich bindenden Entscheidungen, auch über die Verfassung, der künftigen Volksvertretung vorbehalten bleiben sollten. Damit wurde für Brauer die Prämisse aufrechterhalten, daß das politische Schwergewicht bei dem künftigen frei gewählten Parlament zu liegen habe. Allerdings war er sich angesichts des ungeklärten Verhandlungsspielraumes keineswegs sicher, ob eine solche eigene deutsche Position Aussicht auf Erfolg haben würde.

---

[480] Bericht Brauers in der Sitzung der Bürgerschaft, 28.7.1948, Stenograph. Bericht, S.449. Ende Oktober/Anfang November 1948 wurde nach Besprechungen in Frankfurt der Beschluß gefaßt, Hamburg die Federführung für alle mit dem Besatzungsstatut zusammenhängenden Fragen des Außenhandels zu übertragen; vgl. StA Hbg., Senatskanzlei II, 039.08–1, Bd.2, Vermerk Junkers (Staatskanzlei) vom 2.11.1948.
[481] Auf der Vorkonferenz der SPD am 7.7.1948 hatte Brauer im Interesse einer klaren Linie der Partei mit seiner persönlichen Auffassung zurückstecken müssen. Außer ihm waren auch der Bremer Senatspräsident Kaisen und der hessische Ministerpräsident Stock geneigt gewesen, den Inhalt der Dokumente zu akzeptieren; vgl. Parl. Rat, Bd.1, S.68, Anm.13.
[482] Ebenda, S.75.

Sollten die Besatzungsmächte tatsächlich zu dem Schluß kommen, daß die Koblenzer Beschlüsse nicht mit den Londoner Ergebnissen zu vereinbaren seien, war eine „neue Situation" gegeben, in der nochmals Stellung genommen werden mußte[483]. Ebenfalls unter prinzipiell demokratischen Erwägungen betrachtete er das Referendum. Die staatsrechtliche Vorläufigkeit der jetzt gefundenen Regelung konnte ebensogut in der Präambel der künftigen Verfassung zum Ausdruck gebracht werden, dagegen konnte ein Verzicht auf die Volksabstimmung negative Signalwirkung nach außen und innenpolitisch eine fortschreitende Entpolitisierung zur Folge haben[484]. Um ein Entgegenkommen insbesondere dem bayerischen Ministerpräsidenten Hans Ehard gegenüber bemüht, schlug er schließlich die Annahme des Grundgesetzes „durch die Gesetzgebende Versammlung und durch die Ländervertretung" vor[485], ein Kompromiß, der den Willen des Wählers und die Interessen der Länder gleichermaßen berücksichtigen sollte.

In der Diskussion um Dokument Nr. II wirkte Brauer als retardierendes Moment. Eine von Senatssyndikus Kurt Sieveking vorgeschlagene – offenbar zuvor mit ihm abgesprochene – Kompromißformel, in die „alle Sicherungen" eingebaut waren[486], was hieß, die Entscheidung zu einer Neugliederung für den Augenblick zurückzustellen, dabei trotzdem die generelle Notwendigkeit einer Reform zu unterstreichen, ohne sich der Möglichkeit zu begeben, die Problematik zu einem späteren Zeitpunkt wieder aufgreifen zu können, wurde, von wenigen redaktionellen Änderungen abgesehen, in den endgültigen Text der Antwortnote der Ministerpräsidenten zur Frage der Ländergrenzenreform aufgenommen.

Den Maßstab für Brauers persönliche Bewertung der Ergebnisse der Koblenzer Konferenz bildeten die Erfahrungen auf der Münchner Ministerpräsidentenkonferenz vom Juni 1947 als der „wichtigste[n] Zusammenkunft auf deutscher Seite seit der Kapitulation". Der entscheidende Fortschritt bestand dieses Mal in der Einigung auf einen gemeinsamen Standpunkt und einen einstimmig getragenen Beschluß. Für Brauer war jetzt „eine klare Entwicklung vorgezeichnet". Beim Thema Ländergrenzenreform hatte der Erfolg der Konferenz in ihrer Beschränkung auf das Erreichbare gelegen. Hier konnte immer noch eine Lösung gefunden werden. Durch die Verstrickung in endlose Diskussionen wäre dagegen „unendlich viel Zeit" verlorengegangen und die Gelegenheit zur Entscheidung über die viel wichtigere politische Entwicklung Westdeutschlands „sträflich versäumt" worden[487]. Die nach der deutsch-alliierten Konferenz in Frankfurt vom 20. Juli in Rüdesheim vorgenommene Kurskorrektur mitzuvollziehen fiel Brauer nicht sonderlich schwer[488]. Er war es auch, der zu Beginn der Rüdesheimer

---

[483] Ebenda, S. 89.
[484] Ebenda, S. 91.
[485] Ebenda, S. 100, Anm. 62 („Erste Eventualität"). Dem Entwurf Karl Arnolds als Vorsitzendem der hierfür eingesetzten Kommission stellte er damit eine eigene Fassung gegenüber.
[486] Ebenda, S. 120.
[487] StA Hbg. Senatskanzlei II, 901.30–1 (1823), Rundfunkansprache Brauers vom 14.7.1948. Der Senat billigte die Ergebnisse der Koblenzer Konferenz ohne Aussprache; vgl. ebenda, 000.00–3, Auszug aus der Niederschrift über die Sitzung des Senats am 13.7.1948.
[488] Über das Ergebnis der Konferenz mit den Militärgouverneuren unterrichtete Brauer am 23. Juli den Senat: Es sei eine „zufriedenstellende Einigung" erzielt worden; vgl. ebenda, 000.00–9, Auszug aus der Niederschrift über die Sitzung des Senats am 23.7.1948.

Konferenz die Frage nach dem Stellenwert der Koblenzer Beschlüsse aufwarf. Er selbst war dafür, diese auch weiterhin zum Ausgangspunkt aller Überlegungen zu machen, denn er hielt sie doch für „so bedeutungsvoll und [...] so entscheidend", daß sie nicht einfach beiseite gelegt werden konnten. Im Gegenteil, in Koblenz sei „staatsmännische Arbeit geleistet worden [...], die ihre Früchte erst noch tragen" sollte[489]. Trotz des negativen Widerhalls, den die Koblenzer Beschlüsse in Teilen der deutschen Presse gefunden hatten, war Brauer entschlossen, an ihnen festzuhalten. Er wollte in ihnen kein Abweichen von den „Londoner Empfehlungen" erkennen. Die mitunter sehr harte Kritik an der Arbeit der Ministerpräsidenten wies er entschieden zurück, denn sie verkannte nach seinem Dafürhalten völlig „die Erfordernisse der deutschen Situation". Ausschlaggebend war der hier unternommene Versuch, so hatte er am 14. Juli im Rundfunk die Koblenzer Ergebnisse kommentiert, die Entwicklung weiter offenzuhalten, anstatt endgültige Entscheidungen zu treffen. Insofern wertete er die Beschlüsse als „undogmatisch", und gerade darin lag nach seiner Meinung deren „Vorzug und Stärke"[490].

Wenn er also im Grunde keine Notwendigkeit sah, von den Koblenzer Beschlüssen abzurücken, war er doch bereit, wie er sich ausdrückte, auch „das Weniger zu nehmen". Auf keinen Fall aber durfte das Angebot der Alliierten verspielt, die „Londoner Empfehlungen" als Ganzes gefährdet werden. „Viel Lärm um nichts" faßte er rückblickend das Ergebnis der Verhandlungen der vergangenen Tage zusammen. Eigentlich waren die Londoner und die Koblenzer Beschlüsse gar nicht so weit voneinander entfernt. Um dies zu verdeutlichen, unterzog er die Koblenzer Gegenvorschläge in Rüdesheim einer detaillierten Analyse, die von dem Bestreben einer Annäherung an die alliierten Vorstellungen gekennzeichnet war: Die Frage der Terminologie habe für die Deutschen einen ungleich höheren Stellenwert im politischen Kampf gegen die Propaganda des Ostens. Dennoch sah er hier keinen wirklichen Streitpunkt. Bezüglich des Inhaltes des Grundgesetzes gab es eigentlich auch keine großen Schwierigkeiten: Noch war nichts festgelegt, und die Alliierten würden im Laufe der Arbeit des Parlamentarischen Rates genügend Gelegenheit finden, ihre Vorstellungen einzubringen. Ohnehin würde man wohl „in allen Dingen [...] kurz treten" müssen. Wahrscheinlich würde nicht alles, was normalerweise eine Verfassung beinhalte, Berücksichtigung finden können. Somit gab es keinen Anlaß, von dem Begriff „Grundgesetz" abzuweichen. Hinsichtlich des Wahlverfahrens zum Parlamentarischen Rat schließlich hatte Brauer inzwischen seinen Standpunkt revidiert und erklärte sich mit indirekten Wahlen einverstanden. Hierbei wie in der Frage der Aufgaben dieser Versammlung war er ohne Vorbehalt bereit, den Vorstellungen der Alliierten zu entsprechen. Den einzigen echten Differenzpunkt sah er in der Frage des Referendums. Auf diesen Punkt sollte bei den bevorstehenden Besprechungen mit den Generälen entscheidendes Gewicht gelegt werden. Sollte es allerdings „um Biegen und Brechen" gehen, durfte eine beiderseitige Übereinkunft auch an dieser Frage nicht scheitern. Sein Vorschlag, die Präferenz einer Ratifizierung durch die Landtage dem Verhandlungspartner gegenüber deutlich zum Ausdruck zu bringen, letztendlich aber notfalls dem Willen der Besatzungsmächte zu entsprechen, wurde in den Verhandlungen vom 26. Juli in die Tat umgesetzt.

---

[489] Parl. Rat, Bd. 1, S. 179.
[490] StA Hbg. Senatskanzlei II, 901.30–1 (1823), Rundfunkansprache Brauers vom 14.7. 1948.

## 2. Hamburg

Bei der Erarbeitung der Stellungnahme zu Dokument Nr. I legte Brauer in Rüdesheim erneut einen Alternativentwurf vor. Dem Begriff „Grundgesetz" in Klammern „Provisorische Verfassung" hinzuzufügen, um den Militärgouverneuren entgegenzukommen, hielt er für unnötig. Brauer war überzeugt, daß es möglich sein würde, die „in Koblenz erarbeiteten Entscheidungen zu verteidigen" und sie den Besatzungsmächten gegenüber durchzusetzen[491]. Die Vorgehensweise der Konferenz sah er generell darin, auf der Basis der Koblenzer Beschlüsse weiter zu operieren, aber im Bewußtsein bestimmter Dissonanzen mit den Militärgouverneuren eine flexible Verhandlungstaktik zu verfolgen. Das Festhalten an den Koblenzer Beschlüssen galt insbesondere, aus bereits dargelegten Gründen, für die Ländergrenzenreform. In der offenen Entscheidung dafür, eine globale Neugliederung vorerst ruhen zu lassen, war er anscheinend in der Zwischenzeit durch Äußerungen General Robertsons bestärkt worden[492]. Brauer vollzog die Wende der Ministerpräsidenten in ihrer nunmehr grundsätzlichen Bejahung einer Reform nur unter stillschweigender Voraussetzung der weiteren Gültigkeit der Koblenzer Beschlüsse mit, was freilich faktisch die Beibehaltung des alten Standpunktes bedeutete. Der Vorrang der staatsrechtlichen vor der territorialen Entwicklung blieb für den Hamburger Bürgermeister unverändert bestehen.

Rege Aktivität Brauers bleibt schließlich auch auf der bedeutsamen Konferenz der Ministerpräsidenten mit den Militärgouverneuren am 26. Juli festzuhalten. Wie nach ihm Ehard und Kaisen, griff er vermittelnd in die Gespräche ein, als diese zu scheitern drohten[493], und trug maßgeblich dazu bei, daß die Besprechungen zu einem Ergebnis führten, mit dem auch er selbst sich in vollem Umfange identifizieren konnte. Am 28. Juli betonte Brauer vor der Bürgerschaft, er sei „sehr glücklich" aus Frankfurt heimgekehrt. Die dort gefallenen Entscheidungen könnten in ihrer Bedeutung kaum überschätzt werden. Mit vollem Recht sei jetzt davon auszugehen, daß nunmehr „ein neuer Abschnitt deutscher Geschichte" beginnen werde[494]. Auch aus dem schriftlichen Abschlußbericht des Senates geht hervor, daß man sich der außenpolitischen Bedeutung der deutschen Stellungnahme bewußt war. Die Hamburger Position war eindeutig: „Es galt, den Schritt in die staatliche Verantwortung entschlossen zu tun, dies um so eher, als die Forderung nach mehr Verantwortung von den deutschen Politikern und Parlamenten in der Vergangenheit immer wieder erhoben worden war. Nur auf diese Weise [war] es möglich, daß deutsche Vertreter wieder als echte Repräsentanten der deutschen Interessen an internationalen Verhandlungen teilnehmen."[495] Demzufolge, so hieß es in dem Bericht weiter, habe sich Bürgermeister Brau-

---

[491] Parl. Rat, Bd. 1, S. 217.
[492] Brauer bezog sich hier offenbar auf eine Besprechung mit General Robertson am 20.7. 1948, auf welcher dieser das britische Desinteresse an der Durchführung einer Ländergrenzenreform indirekt zu erkennen gegeben hatte; vgl. ebenda, S. 182, und ebenda, Anm. 29, S. 158/159, Anm. 5.
[493] Bei diesen Verhandlungen hatte Brauer, wie er später vor der Bürgerschaft berichtete, das Gefühl gehabt, nun sei „alles verloren"; vgl. Sitzung der Bürgerschaft, 28.7. 1948, Stenograph. Bericht, S. 450.
[494] Ebenda, S. 449.
[495] Mitteilung des Senats an die Bürgerschaft Nr. 85, vom 18.8. 1948, in: Verhandlungen zwischen Senat und Bürgerschaft Hamburg, Jg. 1948, S. 261–269.

er „entschieden dafür eingesetzt, ohne Rücksicht auf taktische Erwägungen ein echtes Staatsgebäude für den Westen zu errichten". Seine Forderung, sofort ein aus allgemeinen Wahlen hervorgegangenes Parlament zu schaffen, habe er lediglich zurückgestellt, um die Einmütigkeit der Koblenzer Beschlüsse nicht zu gefährden. Auch in der Frage des Referendums habe er sich der Mehrheitsposition angeschlossen und diese gegenüber den Militärgouverneuren mitvertreten.

Das Auftreten Brauers in Koblenz und Rüdesheim fand – mit Ausnahme der Kommunisten – bei allen Parteien Lob und Anerkennung. Auf Antrag der Bürgerschaft legte der Senat am 18. August die oben zitierte ausführliche Darstellung des Verhandlungsablaufes vor[496]. Brauer selbst hatte, wie erwähnt, in der Sitzung der Bürgerschaft am 28. Juli über die Ergebnisse der Konferenzen berichtet.

Während Brauer also erst nach Abschluß sämtlicher Verhandlungen eine Stellungnahme vor dem Hamburger Stadtparlament abgab, hatte er aber in allen Phasen der Beratungen Kontakt mit den Fraktionsführern der Parteien gehalten. So zeigte sich in der allgemeinen Aussprache am 18. August eine breite Zustimmung. Ein von den Kommunisten eingebrachter Mißbilligungsantrag wurde abgelehnt, eine Entschließung der Sozialdemokraten dagegen, die die Ergebnisse der Verhandlungen, die Handlungsweise Brauers und die damit eingeleitete Entwicklung ausdrücklich begrüßte, gegen die vier Stimmen der Kommunisten mit überwältigender Mehrheit angenommen.

## 3. Niedersachsen

Das Land Niedersachsen ist nach dem Ende des Zweiten Weltkrieges aus der ehemaligen preußischen Provinz Hannover und den Ländern Oldenburg, Braunschweig und Schaumburg-Lippe neu entstanden. Die Entscheidung der hannoverschen Militärregierung, Hannover, Oldenburg und Braunschweig aus besatzungstechnischen Gründen zusammenzufassen, traf auf ähnliche Vorstellungen des späteren ersten Ministerpräsidenten des Gesamtlandes, Hinrich Wilhelm Kopf, der schon vor seiner Berufung zum hannoverschen Oberpräsidenten am 18. September 1945 für die Idee eines Landes Niedersachsen geworben und zu diesem Zweck verschiedentlich Gespräche mit Oldenburg und Braunschweig geführt hatte. Dabei war es sogar am 29. September 1945 zur Unterzeichnung eines Staatsvertrages zwischen den drei Einheiten gekommen, der von der Besatzungsmacht jedoch nicht genehmigt wurde; die Briten wollten diese Frage vielmehr selbst klären: Am 20. Oktober 1945 verfügten sie die Einsetzung eines „Gebietsrates Niedersachsen", der die Anweisungen der Militärregierung koordinieren und als „Informationskanal" für alle Angelegenheiten, die in die Zuständigkeit Hannovers, Oldenburgs und Braunschweigs fielen, dienen sollte[497]. Diese lockere Form der Koordinierung (Schaumburg-Lippe wurde im Mai 1946 an Hannover angegliedert, wobei es allerdings weiterhin der Provinzialmilitärregierung in Münster beziehungsweise dem Oberpräsidenten von Westfalen unterstand) blieb bis zum Herbst 1946, dem Zeitpunkt der territorialen Neugliederung der britischen Zone, fortbestehen. Zur Ausar-

---
[496] Ebenda.
[497] Vgl. Schneider, Niedersachsen 1945/46, S. 111.

beitung von Vorschlägen trat im Auftrag der Besatzungsmacht der Sonderausschuß des Hamburger Zonenbeirates zusammen. Kopfs frühzeitiges Engagement für ein Land Niedersachsen sollte nun seine Früchte tragen: Sein Konzept erzielte, wenn auch mit Abstrichen, letztendlich unter den diskutierten Lösungsmöglichkeiten den Durchbruch. Mit der Verordnung Nr. 55 der britischen Militärregierung wurde am 1. November 1946 das neue Land offiziell gegründet.

Die Regierungsbildung in Niedersachsen[498] erwies sich von Anfang an als besonders schwierig. Die ersten freien Wahlen am 20. April 1947 ergaben im neuen Landesparlament 65 Sitze für die SPD, 30 für die CDU, 27 für die NLP (Niedersächsische Landespartei, später DP = Deutsche Partei), 13 für die Liberalen, acht für die Kommunisten und sechs für das Zentrum. Ähnlich der ersten ernannten Regierung kam es am 11. Juni 1947 erneut zu einer Allparteienkoalition. Sie war das Ergebnis achtwöchiger Verhandlungen des designierten sozialdemokratischen Ministerpräsidenten Kopf. Die von ungünstigen Mehrheitsverhältnissen, bedingt durch eine starke Stellung der Regionalparteien[499], geprägte parteipolitische Situation war eine wesentliche Rahmenbedingung niedersächsischer Politik. Die Arbeit von Regierung und Parlament in Niedersachsen war zudem überschattet von einer permanent schwelenden Koalitionskrise. Während politische – vor allem „außenpolitische" – Probleme oberhalb der Landesebene kaum zur Sprache kamen, wurde um Themen wie die Bodenreform heiß gestritten, so daß es darüber im März 1948 sogar zum Bruch der Regierungskoalition kam. Erst nach langwierigen Verhandlungen vermochte Kopf am 9. Juni 1948 ein neues Kabinett zu bilden[500], zusammen mit CDU und Zentrum. Die Christdemokraten, unter denen ein erneutes Zusammengehen mit der SPD zuerst heftig umstritten gewesen war, betrachteten die neue Regierung als ein reines Zweckbündnis, eine Art überparteiliche Arbeitsgemeinschaft, auf der Basis eines vereinbarten Regierungsprogramms, das keine Bindung der Fraktion impliziere[501]. In der geringen Tragfähigkeit einer solchen Konstellation möchte auch eine oder die Ursache für das spätere Verhalten Kopfs in der Rüdesheimer Ministerpräsidentenkonferenz zu suchen gewesen sein. Trotz der keineswegs reibungslosen Zusammenarbeit zwischen SPD und CDU im neuen Kabinett kam es jedoch erst im August 1950 zum Rückzug der Christdemokraten aus der Regierungsverantwortung.

Auf der anderen Seite übte auch die unglückliche wirtschaftlich-materielle Lage des Landes einen Zwang aus, landespolitischen Problemen den Vorrang einzuräumen: Eine Denkschrift noch vom Juni 1949 nannte als die Hauptursachen für die „Not des Landes Niedersachsen"[502] die „Überbelastung durch Besatzungskosten und Kriegsfol-

---

[498] Dazu Franke, SPD in Niedersachsen. S. 54 f.; ders., Die niedersächsische SPD-Führung, S. 138, 187 f.
[499] Zum niedersächsischen Parteiensystem vgl. Naßmacher, Der Wiederbeginn des politischen Lebens.
[500] Vgl. Fratzscher, CDU in Niedersachsen, S. 70–73; Franke, Die niedersächsische SPD-Führung, S. 203 ff.
[501] Sitzung des niedersächsischen Landtages, 10. 6. 1948, Stenograph. Bericht, S. 1958; ACDP, I-085, Nr. 040, Strickrodt, „Vertrauliche Notiz für die CDU-Landtagsfraktion zur Frage der Regierungskoalition".
[502] „Die Not des Landes Niedersachsen", Denkschrift, erarbeitet im Auftrag des Finanzministers vom Niedersächsischen Amt für Landesplanung und Statistik, abgedruckt in: Neues Archiv für Niedersachsen (1949), H. 11, S. 305–325.

gelasten" sowie den „fehlenden Ausgleich zwischen armen und reichen deutschen Ländern". Eigener Wirtschafts- und Leistungsschwäche, resultierend aus einer „ungünstigen Naturausstattung", standen hohe Ausgaben für überdurchschnittlich anfallende Besatzungskosten, die mit der Aufnahme und Betreuung von Flüchtlingen, Vertriebenen und DP's verbundenen Belastungen und zusätzlich noch Aufgaben, „die eigentlich von allen Teilen Deutschlands gemeinsam getragen und finanziert werden müßten, z.B. Küstenschutz, Neulandgewinnung, Moorkulturen, Reichs- und Durchgangsstraßen" gegenüber. Von der späteren deutsch-deutschen Grenze entfielen allein 40% auf Niedersachsen in einer Länge von 560 km. Dadurch wurden 26% der gesamten Landesfläche zum Zonenrandgebiet, in dem 32% der niedersächsischen Bevölkerung lebten. Durch die genannten Probleme ergab sich eine weitgehende Interessenidentität mit dem Nachbarland Schleswig-Holstein. Ähnlich wie Niedersachsen hatte auch dieses bei den übrigen westdeutschen Ländern mittels einer Denkschrift um Verständnis für die Notlage des eigenen Landes geworben und sein Ministerpräsident, Hermann Lüdemann, die Verhandlungen im Juli 1948 im Hinblick auf die Situation seines Landes massiv zu beeinflussen versucht[503]. Doch sollte Niedersachsen bei der Vertretung seiner Anliegen weit zurückhaltender bleiben.

*Politik und Persönlichkeit des Ministerpräsidenten Hinrich Wilhelm Kopf*

Der Mangel an Quellen und Vorarbeiten erschwert eine Darstellung und Einordnung von Politik und Leistung des ersten niedersächsischen Ministerpräsidenten. Hinrich Wilhelm Kopf (6. Mai 1893–21. Dezember 1961) wurde in Neuenkirchen, Kreis Land Hadeln, geboren. Nach dem Besuch von Realschule und Gymnasium wanderte er mit erst 16 Jahren nach Amerika aus, um jedoch nach noch nicht einem Jahr wieder zurückzukehren. Als Lehrling in der Landwirtschaft suchte er einen neuen Anfang, holte nach dem Besuch von Abendkursen das Abitur nach (1913) und nahm in Marburg das Studium der Rechtswissenschaften auf. 1914, bei Ausbruch des Krieges, meldete er sich als Freiwilliger zur Infanterie, mußte aber schon bald, wegen der Spätfolgen einer Operation dienstunfähig geworden, ausscheiden. Nach der Wiederaufnahme des Jurastudiums in Göttingen arbeitete Kopf 1917 als Referendar am Amtsgericht Otterndorf, bevor er erneut den Militärdienst antrat. Im November 1918 wurde er in den Cuxhavener Soldatenrat gewählt. Als Mitglied des „Freiwilligen Landesjägerkorps" zum Schutz der Weimarer Nationalversammlung knüpfte er in seiner Eigenschaft als Presseoffizier Verbindung zu Politikern. Das Handwerk des Journalismus war ihm auch durch seine nachfolgende Tätigkeit im Nachrichten- und Presseamt der Stadt Bielefeld nicht fremd. 1919 trat Kopf in die SPD ein. 1920 wurde er persönlicher Referent von Reichsinnenminister David in Berlin, Ende des Jahres Regierungsrat in Weimar. 1923 absolvierte er noch einmal eine Banklehre und verbrachte die Zeit von 1924 bis 1928 als Makler und Versicherungskaufmann in Berlin und Hamburg. Nach dem plötzlichen Tode des Landrates des Kreises Land Hadeln 1928 von Freunden darum gebeten, stellte er sich im selben Jahr als dessen Nachfolger zur Verfügung. Nachdem er 1932 nach einer Neueinteilung der Landkreise an die Regierung in Oppeln (Ober-

---

[503] Dazu vgl. das Kapitel zu Schleswig-Holstein.

schlesien) versetzt worden war, mußte er 1934 in den Ruhestand treten; in dieser Zeit gründete er eine Maklerfirma in Berlin und wurde 1939, erst freiberuflich, dann als Angestellter in einer Grundstücksgesellschaft der „Haupttreuhandstelle Ost", als „Generaltreuhänder" mit der Verwaltung von Vermögen und Grundbesitz Geflüchteter, d.h. polnischer Staatsangehöriger, betraut. Erst 1943 konnte er sich aus dieser, zuletzt als Dienstverpflichtung verfügten Tätigkeit lösen. Kopf lebte dann als Privatmann auf einem Gut seiner zweiten Frau in Oberschlesien, bis er sich einem Flüchtlingstreck anschloß und März 1945 in Niedersachsen eintraf. Am 1. Mai 1945 wurde er Regierungspräsident in Hannover, ab dem 18. September Oberpräsident der Provinz, seit dem 23. August 1946 Ministerpräsident des Landes Hannover und mit der Gründung des Landes Niedersachsen dessen Regierungschef bis zum Jahre 1955[504].

Kopf (wegen seiner freundschaftlichen Beziehungen zum Herrscherhaus der Welfen auch als der „rote Welfe" apostrophiert), verfügte, so Franke, innerhalb der niedersächsischen SPD über wenig Rückhalt, vertrat nicht einmal deren grundsätzliche Positionen (Bodenreform, Entnazifizierung, staatsrechtliche Form des künftigen Deutschlands) aus innerer Überzeugung[505]. Er hatte niemals ein Parteiamt bekleidet, besaß jedoch die freundschaftliche Unterstützung Kurt Schumachers, zu dem er in einem „ausgezeichneten Verhältnis", geprägt von „tiefer Loyalität"[506] gegenüber dem Parteivorsitzenden, gestanden haben soll. Diese Beschreibung dürfte allerdings nur mit Einschränkung zutreffend sein, wenn man bedenkt, daß Kopf sich in der Diskussion um die Länderneuordnung der britischen Zone im Sonderausschuß des Zonenbeirates gegen den Plan Schumachers durchgesetzt hatte. Auch in anderen Fragen, wie etwa der des künftigen Status von Lippe-Detmold, hat er einen eigenen „Kopf" bewiesen; Parteifunktionäre klagten über das „eigenwillige, mit der Partei nicht abgesprochene Verhalten Kopfs, das nicht selten den Interessen der SPD zuwiderlief"[507]. Umstritten war auch seine Personalpolitik, die keineswegs auf eine einseitige Begünstigung von Sozialdemokraten hinauslief. Gleichwohl hatte er aufgrund seiner großen Popularität als Landesvater und seines hohen Ansehens bei der Besatzungsmacht und den Parteien eine starke Stellung gegenüber seiner eigenen Partei inne[508]. Bereits die Ernennung Kopfs zum Oberpräsidenten von Hannover durch Brigadegeneral John Lingham war zu einem Gutteil auf die beide Männer verbindende Fähigkeit zur „Konzentration auf das Wesentliche, Straffung der Zuständigkeiten, Augenmaß und den Sinn für das praktisch Erreichbare" mitbestimmt gewesen[509]. Damals schon hatte

---

[504] 1959 bis 1961 trat Kopf eine zweite Amtszeit als Ministerpräsident des Landes an; zuvor, 1957 bis 1959, war er niedersächsischer Innenminister.
[505] Franke, Die niedersächsische SPD-Führung, S. 189, 244 f.; Schneider, Hinrich Wilhelm Kopf, S. 232.
[506] Ebenda; vgl. auch Vogelsang, Hinrich Wilhelm Kopf, S. 47; Ripke, Hinrich Wilhelm Kopf, S. 191.
[507] Franke, Die niedersächsische SPD-Führung, S. 309.
[508] Eschenburg hat Kopf als „die überragende politische Erscheinung Niedersachsens" bezeichnet. Als Landrat habe er gelernt, mit allen Schichten der Bevölkerung umzugehen. Er sei „ganz auf die politische Praxis eingestellt" gewesen: „witzig, gewiegt und schlagfertig gewann er Sympathien weit über seine eigene Partei hinaus. Pfiffigkeit verband sich bei ihm mit administrativer Erfahrung"; vgl. Eschenburg, Jahre der Besatzung, S. 88; dazu auch Brosius, Niedersachsen, S. 110.
[509] Schneider, Niedersachsen unter britischer Besatzung 1945, S. 263 f.; ders., Niedersachsen 1945/46, S. 46.

Kopf einen Regierungsstil des weiten Entgegenkommens gegenüber den anderen Parteien entwickelt, der späterhin für ihn in seiner Eigenschaft als niedersächsischer Ministerpräsident charakteristisch sein sollte[510].

Auch 1948 besaß Kopf das Vertrauen und die Unterstützung der Militärregierung[511], die ihn wiederholt mit der Neubildung des Kabinetts nach dem Rücktritt der Landesregierung beauftragt hat. In seinem Pragmatismus und seiner Kompromißfähigkeit galt er als die geeignete Persönlichkeit für eine Regierungsführung unter den obwaltenden schwierigen parteipolitischen Verhältnissen. Kopfs Haltung war nicht allein durch die unklaren Mehrheitsverhältnisse im Landtag erzwungen, sondern durchaus prinzipieller Natur, begünstigt durch seine Auffassung von Landespolitik als vorwiegender Verwaltungstätigkeit und ein Politikverständnis, wonach wegen des Ost-West-Gegensatzes im Westen ein Zusammenwirken der Parteien ebenso notwendig war wie zur Überwindung der gegenwärtigen Notlage. Insofern ist Kopf den „pragmatisch-bürokratischen Sozialdemokraten" zuzurechnen[512], und daher kann von einer sozialdemokratisch geführten Landespolitik im eigentlichen Sinne in Niedersachsen nicht gesprochen werden.

*Probleme und Interessen der Landespolitik*
*Niederländische Gebietsansprüche an der deutschen Westgrenze*

Neben Nordrhein-Westfalen hatte sich auch Niedersachsen als an die Niederlande grenzendes westdeutsches Land mit den Territorialforderungen des Nachbarn auseinanderzusetzen. Die scheinbar unverhältnismäßig heftige Reaktion in der deutschen Öffentlichkeit – und nicht nur der betroffenen Grenzkreise selbst – auf die im Londoner Kommuniqué angekündigte Prüfung von Vorschlägen über „geringfügige, vorläufige Berichtigungen der Westgrenzen Deutschlands"[513] wird verständlich vor dem Hintergrund, daß die Niederländer schon früher in drei Memoranden noch erheblich umfangreichere Forderungen gegenüber Deutschland erhoben hatten, zu denen auch einschneidende wirtschaftliche Maßnahmen zählten. Die im Londoner Deutschland-Kommuniqué vom 7. Juni 1948 erwähnten, nicht näher bezeichneten Grenzberichtigungen waren unabhängig davon als zusätzliche Ansprüche zu verstehen.

Offiziell hatten die Niederlande ihre Ansprüche erstmals in einer Note an den Alliierten Kontrollrat in Berlin vom 5. November 1946 erhoben. Dieser waren am 14. und 25. Januar 1947 zwei weitere gefolgt. Die Territorialforderungen betrafen niedersächsisches Gebiet mit einer Fläche von insgesamt rund 1850 qkm und 150400 Einwohnern. Hierzu gehörten die Emsmündung, einschließlich der Insel Borkum und des deutschen Teiles des Dollarts, das Bourtanger Moor sowie die Grafschaft Bentheim[514]. Der genaue

---

[510] Franke, Die niedersächsische SPD-Führung, S. 100; zum Verhältnis der SPD Niedersachsens zu den bürgerlichen Parteien vgl. ebenda, S. 88 ff.
[511] Zum Urteil der Briten über Kopf vgl. Röpcke, Who's Who in Lower Saxony, S. 283; Schneider, Niedersachsen 1945/46, S. 48.
[512] Franke, Die niedersächsische SPD-Führung, S. 95, 203, 221; dazu auch Schneider, Hinrich Wilhelm Kopf, S. 233 f.
[513] Parl. Rat, Bd. 1, S. 13.
[514] Niedersächs. Landtag Hannover, 1. Wahlperiode, Ordner Grenzlandausschuß, Niederschrift über die erste und konstituierende Sitzung des Grenzland-Ausschusses des Niedersächsischen Landtages am 23. 10. 1947 in Hannover.

Wortlaut der niederländischen Memoranden[515] war der Landesregierung im Juni 1947 bekanntgeworden, so daß erst ab diesem Zeitpunkt eine dezidierte deutsche Stellungnahme möglich wurde. Erste Abwehrversuche hatten sich auf die Londoner Außenministerkonferenz Ende 1947 konzentriert. Als die eigentlichen Hintergründe der Territorialforderungen wurden schon damals Interessen starker wirtschaftlicher Gruppen, in erster Linie an den Öl- und Torfvorkommen sowie an den Ödlandflächen der beanspruchten Gebiete, oder auch der Wunsch nach einer Ausschaltung der vom Emdener Hafen ausgehenden Konkurrenz diagnostiziert[516]. Die Erinnerung an die vergangene wie auch die erneut zu erwartende Bedeutung Deutschlands als wichtigster Handelspartner und Spekulationen auf ein daraus resultierendes Eigeninteresse der Niederlande an einem wirtschaftlichen Wiederaufbau Deutschlands ließen dennoch – auch nach dem Scheitern der Londoner Außenministerkonferenz – die Hoffnung bestehen, doch noch einen Verzicht oder mindestens Abänderungen der niederländischen Pläne erreichen zu können.

Mit der Aufnahme eines Passus über „vorläufige Grenzvereinbarungen" in das Londoner Deutschlandkommuniqué vom Juni 1948 hatten sich anscheinend alle Hoffnungen auf ein Einlenken als trügerisch erwiesen. Nach dieser neuerlichen Entwicklung bestand Übereinkunft darin, die bisher geübte Zurückhaltung aufzugeben[517]. Wenn auch zu befürchten war, daß in London bereits definitive Abmachungen getroffen worden waren, erschienen deutsche Aktivitäten in jedem Falle angebracht, zumal die Formulierung des Kommuniqués, in dem von einer „Prüfung" entsprechender Maßnahmen die Rede war, die Möglichkeit offenzulassen schien, unter Umständen doch noch etwas bewegen zu können. Konkrete und vor allem wirksame Handlungsmöglichkeiten gab es allerdings wenige. Das Fehlen einer nach außen handlungs- und verhandlungsfähigen deutschen Regierung verurteilte zu weitgehender politischer Macht- und Einflußlosigkeit. Optionen auf Landesebene erschöpften sich im wesentlichen in allgemeinen Appellen an die Öffentlichkeit des In- und Auslandes, sachlicher Widerlegung der Rechtmäßig- und Notwendigkeit der niederländischen Forderungen im einzelnen in Form von Gutachten, Öffentlichkeitsarbeit in Gestalt aktiver Pressepolitik sowie in der Einleitung praktischer Maßnahmen zur Unterstützung der betroffenen Grenzkreise. Die niedersächsische Landesregierung hatte zunächst merkliche Zurückhaltung ge-

---

[515] Text der umfangreichen Memoranden im Nieders. HStAH, Nds.Z.50, Acc.32/63, Nr.49, I. Weitere Forderungen der Niederlande betrafen die Übernahme deutscher Bergwerkskonzessionen für die Dauer von 40–50 Jahren, den Verkauf deutscher Förderung innerhalb des niederländischen Währungssystems, die Abtretung von 7% des Ertrages des Ruhrbergbaues und Maßnahmen zur Minderung der Wettbewerbsfähigkeit der deutschen Schiffahrt und der Häfen (Transporttarife der Deutschen Eisenbahnen und der Wasserwege, Hafenlagergebühren, die Frage des freien Transits auf deutschen Strömen, insbesondere dem Rhein, sowie ein Verbot des Baues neuer Kanäle in Konkurrenz zur Rheinschiffahrt). In der Hafenfrage schaltete sich Niedersachsen in spätere, von den beiden Hansestädten geführte Verhandlungen ein; vgl. ebenda, Nr.44, III.
[516] Nieders. HStAH, Nds.Z.50, Acc.32/63, Nr.49, II, Bericht von Campes „über die Lage im Kreise Grafschaft Bentheim" vom Februar 1947. Kurt von Campe war bis zu seinem Ausscheiden aus der Staatskanzlei der wichtigste Berater Kopfs in der Neugliederungsfrage; vgl. Eckhardt, Oldenburg und die Gründung des Landes Niedersachsen, S. 50; Nieders. HStAH, Nds.500, Acc.2/73, Nr. 373, Kurzprotokoll der Besprechungen zwischen Staatsminister Kubel und Behörden- und Industrievertretern am 22.1.1948.
[517] Ebenda, Bericht Sodeikats an Fricke vom 22.7.1948.

übt und die Initiative dem eigens hierfür eingerichteten, nichtamtlich tätigen „Bentheimer Grenzlandausschuß" überlassen[518]. Mit der Bekanntgabe der „Londoner Empfehlungen" aber begann nun auch sie, dieser Problematik Vorrang einzuräumen und, außer in öffentlichen Appellen und Stellungnahmen[519], auch mit praktischen Maßnahmen, das heißt Einleitung einer aktiven Grenzlandpolitik, tätig zu werden. Auf eine Vernachlässigung der Grenzgebiete durch die niedersächsische Landesregierung zielende Vorwürfe von niederländischer Seite waren in der Tat nicht ganz unberechtigt. Die Grenzlandhilfe zählte zu den seit Jahren vernachlässigten Bereichen. Als demonstratives Zeichen verstärkten Engagements gedacht war unter anderem die Verlegung einer Kabinettssitzung nach Bathorn im Emsland am 26. Oktober 1948.

Die Auseinandersetzung mit den niederländischen Gebietsansprüchen blieb auf die landespolitische Ebene beschränkt: Der Versuch, dieses Thema auf eine höhere Ebene zu transferieren, mißlang. Eine Eingabe des „Bentheimer Grenzlandausschusses" an den von den Ministerpräsidenten eingesetzten Ausschuß zur Überprüfung der Ländergrenzen wurde nicht eingehender behandelt. Eine offizielle Stellungnahme wurde der Ministerpräsidentenkonferenz überlassen[520]. Während die oben genannten Forderungen der Niederlande von Ende 1946 seit etwa 1950 zunehmend in den Hintergrund traten und letztendlich zur Ruhe kamen, konnte die Durchführung der im Londoner Kommuniqué genannten, im wesentlichen mit grenz- und verkehrstechnischen Notwendigkeiten begründeten Korrekturen, bei denen es sich letztendlich um ca. 150 qkm deutschen Gebietes mit 16000 Einwohnern handelte, nicht verhindert werden, wenngleich sie durch die Verordnung Nr. 184 der britischen Militärregierung vom 23. April 1949 späterhin weitestgehend wieder rückgängig gemacht wurde.

### Autonomietendenzen in Oldenburg

Mit der Gründung des Landes Niedersachsen war nicht unbedingt eine für alle Landesteile gleichermaßen zufriedenstellende Lösung gefunden worden. Von den ehemaligen vier Ländern beziehungsweise Provinzen Hannover, Schaumburg-Lippe, Oldenburg und Braunschweig waren es die beiden letzteren, die in der Neugliederungsdiskussion von 1946 vergeblich um die Erhaltung ihrer Selbständigkeit, und sei es nur in Form einer relativen Eigenständigkeit in der Unterordnung unter ein verschiedene Länder umfassendes großes norddeutsches Bundesland, gekämpft hatten. Reibungsverluste durch Kompetenzstreitigkeiten zwischen oldenburgischen sowie braunschweigischen Behörden auf der einen und der Provinzialregierung in Hannover auf der anderen Seite waren es unter anderem, die zu den wirtschaftlichen Schwierigkeiten nach Kriegsende

---

[518] Über diesen Ausschuß war auch die ständige Beteiligung der Regierungen und zuständigen Ministerien der Länder Niedersachsen und Nordrhein-Westfalen, ihrer Parteien sowie der Grenzlandausschüsse der Landtage beider Länder gewährleistet; vgl. Nieders. HStAH, Nds.Z.50, Acc.32/63, Nr.49, II, Aktenvermerk von Campes zur Sitzung des Grenzlandausschusses vom 24.9. 1947. Nordrhein-Westfalen zeigte allerdings deutliche Vorbehalte gegenüber der Tätigkeit des „Bentheimer Grenzlandausschusses" und war nur bedingt zur Zusammenarbeit bereit.
[519] Der Landtag hatte wiederholt einstimmig Entschließungen verabschiedet. Hier stießen die niederländischen Forderungen bei allen Parteien auf Ablehnung.
[520] Vgl. Parl. Rat, Bd.1, S.333, Anm.2.

beigetragen und dadurch die Militärregierung zur Durchführung von Koordinierungsmaßnahmen veranlaßt hatten, welche wiederum erste Schritte auf dem Weg zum künftigen Land Niedersachsen bedeuteten[521]. Im Sonderausschuß des Zonenbeirates dann hatten Oldenburg und Braunschweig weitgehend in Zusammenarbeit agiert und einen gemeinsamen Vorschlag eingebracht. Dieser beinhaltete für die britische Zone (außer Nordrhein-Westfalen, das zu diesem Zeitpunkt bereits von der Besatzungsmacht gegründet worden und als feststehende Größe zu betrachten war) die Gliederung in vier Länder (Schleswig-Holstein, Weser-Ems, Hannover und Braunschweig) sowie die beiden Stadtstaaten Bremen und Hamburg. Der braunschweigische Eventualvorschlag lehnte sich an die Vorstellungen Kurt Schumachers an von der Bildung eines großen nordwestdeutschen Landes als Gegengewicht zu Nordrhein-Westfalen, ein „Niederdeutschland", das seinerseits in Länder mit eigenen Landtagen zu untergliedern gewesen wäre[522]. Diesem und anderen Konzepten gegenüber hatte sich jedoch der „Kopf-Plan" durchgesetzt, dem unter anderem die Entstehung des Landes Niedersachsen zu verdanken war.

Während Oldenburg bei der Entstehung des neuen Landes vor allem auf die Bewahrung seiner Einheit und verwaltungsmäßigen wie kulturellen Tradition Wert gelegt hatte, war es Braunschweig mehr auf eine Stärkung seiner Stellung als Mittelinstanz angekommen[523]. Braunschweigische Ambitionen traten in der Folgezeit offenbar weniger in Erscheinung, die Oldenburgische Frage dagegen, die ebenfalls stets virulent geblieben war, erlebte mit der Gründung des Oldenburgischen Landesbundes eine Renaissance. Im Oldenburgischen Landesbund sammelten sich alle diejenigen Kräfte aus der Bevölkerung, aber auch aus der oldenburgischen Bürokratie, die die Eingliederung ihres einstmals eigenständigen Landes in das neue Gesamtland als Traditionsbruch empfanden und den von Hannover ausgehenden Verwaltungsmaßnahmen betont kritisch gegenüberstanden, eine Bewegung, die in ihren wahren Ausmaßen nur schwer abzuschätzen war. Seine Entstehung am 12. Juli 1948, ausgelöst durch einen Vorstoß der SPD zur Umbildung der beiden (oldenburgischen und braunschweigischen) Verwaltungs- in Regierungsbezirke, und begleitet von einer massiven Pressekampagne, dürfte auch im Zusammenhang mit der durch das Frankfurter Dokument Nr. II ausgelösten Ländergrenzendiskussion zu sehen sein.

Die Position des Landesbundes baute auf der Argumentation auf, daß Oldenburg mit der Verordnung Nr. 55 der britischen Militärregierung zur Gründung des Landes Niedersachsen seine Stellung als selbständiges Land verloren habe, ohne daß die Bevölkerung zuvor gefragt worden sei[524]. Oldenburg habe diese Entscheidung hinnehmen müssen, aber niemals anerkannt. Der oldenburgische Landtag hatte am 6. November 1946 „einstimmig gewisse Forderungen erhoben, deren Erfüllung Mindestvoraussetzung für die vorläufige Anerkennung des neuen Zustandes" gewesen sei. Bei der Bil-

---

[521] Vgl. Schneider, Niedersachsen unter britischer Besatzung 1945, S. 269; Eckhardt, Oldenburg und die Gründung des Landes Niedersachsen, S. 31 ff.
[522] Ebenda, S. 53; Korte, Verfassung und Verwaltung, S. 64; Nieders. HStAH, Nds. Z. 50, Acc. 32/63, Nr. 74; zum Gutachten Theodor Tantzens vgl. Akten zur Vorgeschichte, Bd. 1, S. 832–836; Zusatzgutachten Alfred Kubel ebenda, S. 836 f.
[523] Vgl. dazu vgl. Eckhardt, Oldenburg und die Gründung des Landes Niedersachsen, S. 59, 61.
[524] StAS, Wü 2, Nr. 362, „Die Oldenburgische Frage". Denkschrift des Oldenburgischen Landesbundes vom 1.11.1948, S. 1.

dung des Landes Niedersachsen seien Oldenburg auch „eindeutige Zusicherungen" gemacht worden. Als solche galten die Erklärungen General Robertsons vor dem Zonenbeirat am 23. Oktober 1946 und General Macreadys vom 9. November 1946, die ihren gesetzlichen Niederschlag in der Verordnung Nr. 70 der britischen Militärregierung gefunden hatten, sowie die im gleichen Sinne zu verstehende Zusage der niedersächsischen Landesregierung gleichen Datums, Tradition und Eigenart Oldenburgs und Braunschweigs im Rahmen des Landes Niedersachsen zu respektieren[525]. Hieraus leitete der Landesbund die Forderung ab nach einer Volksabstimmung aufgrund des Rechtes „auf Selbstbestimmung der staatlichen Zugehörigkeit"[526]. Die Begründungen dafür bestanden zum einen in dem Vorwurf einer angeblich von Hannover aus betriebenen übermäßigen Zentralisierung der niedersächsischen Landesverwaltung zu Lasten des Verwaltungsbezirks Oldenburg, zum anderen in der Behauptung, die oldenburgische Verwaltungsorganisation werde in ihrer Besonderheit und traditionsbedingten Eigenart negiert und zunehmend nivelliert. Drittens wurde die angebliche Tatsache hervorgekehrt, daß der Landesteil Oldenburg durch den hannoverschen Zentralismus in mehrerer Hinsicht benachteiligt und vernachlässigt werde[527]. Ein Hauptakzent lag dabei, nach Beobachtungen aus der Landeshauptstadt, auf einer kontinuierlichen „öffentlichen Verunglimpfung der hannoverschen Verwaltungstätigkeit"[528].

Der Oldenburgische Landesbund hat seit seiner Gründung im Laufe der Jahre unterschiedliche Zielsetzungen verfolgt, von der Forderung nach einer Wiederherstellung Oldenburgs als selbständiges Land (und abgeschwächten Lösungen) über das Drängen auf eine territoriale Erweiterung bis zu dem Gedanken einer Vereinigung des ehemaligen Landes mit Westfalen. Unabhängig davon, welche Lösung realisierbar sein würde, sollte Oldenburg in jedem Falle den Status eines unteilbaren, eigenständigen Landesteiles erhalten mit bestimmten Selbstverwaltungsrechten. Die „Mindestforderung" war ein oldenburgischen Provinzialverband „innerhalb des größeren Landes und daneben die staatliche Mittelinstanz mit erheblich stärker betonter Selbständigkeit, als sie in Niedersachsen den Regierungspräsidenten zugebilligt" werde[529]. Hinter der Forderung nach einer Vergrößerung Oldenburgs stand der Plan eines eigenständigen Landes

---

[525] Vgl. Eckhardt, Oldenburg und die Gründung des Landes Niedersachsen, S. 56 ff.; in der Ergänzungsverordnung Nr. 70 zur Verordnung Nr. 55 über die Bildung des Landes Niedersachsen war insbesondere der Art. IV von Bedeutung: Er bestimmte bezüglich der Rechts- und Vermögensnachfolge, daß die niedersächsische Gesetzgebung die „Belange der früheren Länder auf dem Gebiet der Überlieferung, Kultur, Architektur und Geschichte gebührend berücksichtigen und [...] im Einklang mit diesen Belangen für die Sicherstellung des gesamten Vermögens der einzelnen Länder Vorsorge treffen" sollte; zitiert nach ebenda, S. 62 f.

[526] StAS, Wü 2, Nr. 362, „Die Oldenburgische Frage", Denkschrift des Oldenburgischen Landesbundes, S. 5.

[527] Ebenda, Nr. 218, Eingabe des Oldenburgischen Landesbundes an den Ausschuß zur Überprüfung der Ländergrenzen vom 16.8. 1948; Nieders. HStAH, Nds.100, Acc.144/81, Nr. 526, Rundschreiben an die niedersächsischen Staatsminister „Betr. Volksbegehren des Oldenburgischen Landesbundes". Die oldenburgischen Vorwürfe waren im übrigen nicht ganz unbegründet; vgl. dazu AdsD, Bestand SPD-Fraktion Niedersachsen, Ordner Nr. 52, „Oldenburg und Niedersachsen", Ausarbeitung Emil Krafts (o. D.).

[528] Nieders. HStAH, Nds.100, Acc.144/81, Nr. 526, Ausarbeitung Verheys „Betr. Volksbegehren des Oldenburgischen Landesbundes".

[529] StAS, Wü 2, Nr. 362, „Die Oldenburgische Frage", Denkschrift des Oldenburgischen Landesbundes, S. 8.

"Weser-Ems", wie es im gleichnamigen Gau in nationalsozialistischer Zeit seine erste konkrete Entsprechung gefunden hatte[530], ein Gebilde, das als zunehmender Machtfaktor allen damals bereits auf ein Land Niedersachsen gerichteten Zielsetzungen gegenüber ablehnend eingestellt gewesen war. Auch der Gedanke einer Vereinigung mit Westfalen entsprach der Fortführung politischer Überlegungen, die schon Jahrzehnte früher vor allem in südoldenburgischen Kreisen ventiliert worden waren. Damit allerdings – und hier lag ein politischer Gefahrenpunkt – arbeitete der Oldenburgische Landesbund komplementären Ambitionen auf westfälischer Seite in die Hände, was deshalb von besonderer Bedeutung war, weil die niedersächsisch-westfälische Grenze noch immer einer endgültigen Klärung harrte.

In einer Eingabe an den Ausschuß der Ministerpräsidenten zur Überprüfung der Ländergrenzen vom 16. August 1948 forderte der Landesbund, neben der Durchführung einer Volksabstimmung über den künftigen Verbleib Oldenburgs vor einer endgültigen Festlegung der Ländergrenzen, für Oldenburg die Stellung eines selbständigen Landesteiles und die Aufnahme oldenburgischer Vertreter in die Landesregierung[531]. Der Ausschuß seinerseits lehnte die erste Forderung ab, „weil damit ein Land entstände, das im Verhältnis zu den anderen Ländern zu klein wäre". Für die beiden anderen Punkte des oldenburgischen Memorandums erklärte er sich nicht zuständig und verwies den Landesbund statt dessen an die Landesregierung[532]. Dem Antrag des Oldenburgischen Landesbundes wurde endlich im Jahre 1956 stattgegeben und, gleichzeitig mit einem weiteren in Schaumburg-Lippe, ein Volksbegehren in Oldenburg durchgeführt. Mit dem Volksentscheid vom 19. Januar 1975 hat für Oldenburg, wegen seiner Eigenständigkeitsbestrebungen auch das „Bayern des Nordens" genannt, als einzigem ehemals selbständigen Land durchaus eine reale Chance zur Wiederherstellung seines früheren Status bestanden. Auf das Betreiben Oldenburgs und Braunschweigs hin fanden die sich über Jahrzehnte hinziehenden landespolitischen Auseinandersetzungen schließlich sogar Eingang in die niedersächsische Verfassung: Artikel 56 stellt, die oben genannte Verfügung der britischen Militärregierung fortschreibend, zusammen mit Artikel 55 die sogenannte „Traditionsklausel"[533] dar, eine bis heute einzigartige Bestimmung unter den Verfassungen der westdeutschen Länder.

### *Lippe-Detmold zwischen Niedersachsen und Nordrhein-Westfalen*

Zu den offengebliebenen Territorialfragen gehörte insbesondere der Status des Landes Lippe. Die Frage des Anschlusses an Westfalen oder Hannover hatte sich für das ehemalige Fürstentum schon zur Zeit der Reichsreformdiskussion von 1918/19 gestellt. Auch in nationalsozialistischer Zeit war das Problem nicht gelöst, doch immerhin eine gewisse administrative Bindung an Westfalen geschaffen worden, die auch nach

---

[530] Dazu vgl. Eckhardt, Oldenburg und die Gründung des Landes Niedersachsen, S. 25–30.
[531] StAS, Wü 2, Nr. 218, Eingabe des Oldenburgischen Landesbundes an den Ausschuß zur Überprüfung der Ländergrenzen vom 16. 8. 1948.
[532] StAB, 3-R.1.n. Nr. 4, Quadr. 8, Akte IV, Bericht über die Sitzung des Ausschusses zur Überprüfung der Ländergrenzen am 27. 8. 1948 in Mannheim und am 28. 8. 1948 in Frankfurt/M., S. 3.
[533] Eckhardt, Oldenburg und Niedersachsen, S. 505.

Kriegsende zunächst bestehenblieb. Der lippische Landespräsident Heinrich Drake, der bereits vor 1933 in seinem Amt tätig gewesen und am 17. April 1945 von der britischen Militärregierung erneut eingesetzt worden war, unterstützte seinerseits Tendenzen in diese Richtung. Seine persönliche Leistung war es, die Angliederung an das sozusagen „meistbietende" Land Nordrhein-Westfalen durchgesetzt zu haben[534].

Dem Einfluß Hinrich Wilhelm Kopfs war es zuzuschreiben, daß Lippe entgegen den ursprünglichen Absichten der britischen Militärregierung nicht schon 1946 dem Regierungsbezirk Minden eingegliedert wurde. Lippe sei, so hatte Kopf seinerseits den Anspruch auf das Ländchen begründet, bis zum Jahre 1933 – die nachfolgende, „unter Zwang stehende Entwicklung" brauche nicht berücksichtigt zu werden – in seinen „wirtschaftlichen, verkehrspolitischen, wissenschaftlichen und kulturellen Einrichtungen an niedersächsische Organisationen" angeschlossen gewesen[535]. Den Vorstellungen Kopfs zufolge sollte Detmold Sitz der Regierung eines Mittelweserbezirkes (Minden-Ravensberg, Rinteln, Schaumburg-Lippe, Hameln, Lippe) werden[536]. Er fand dabei von verschiedenen Seiten Unterstützung, auch aus Kreisen der Militärregierung in Hannover, vor allem aber bei der evangelischen Kirche, die eine Loslösung vom katholischen Westfalen anstrebte, weniger allerdings bei seiner eigenen Partei. Mit seinen eigenwilligen Ambitionen zog er sich den Unmut des hannoverschen Parteivorstandes zu. Vergeblich versuchte ihn Walter Menzel in einem Schreiben schon vom November 1946 von seiner Zielsetzung abzubringen, indem er parteipolitisch argumentierte: Bei einem Anschluß Lippe-Detmolds an Niedersachsen würden der SPD in Nordrhein-Westfalen dringend benötigte Wählerstimmen verlorengehen, die Stellung der Christdemokraten dafür aber weiter verstärkt werden. Für die ohnehin starke Position der Sozialdemokraten in Niedersachsen hingegen bedeute dieser Zuwachs keinen wesentlichen Gewinn[537]. Versuche der Regierung in Hannover, ihr Ziel über private Kontakte zu führenden Vertretern der britischen Besatzungsmacht zu erreichen, waren allerdings erfolglos geblieben. Auch eine von Hannover entfachte „Propaganda- und Mobilisierungskampagne" für den Anschluß an Niedersachsen vermochte keine Wende herbeizuführen.

Dadurch, daß General Robertson bei der Bekanntgabe der Entscheidung für den bereits mehrfach erwähnten „Kopf-Plan" als Grundlage für die Neugliederung der britischen Zone neben anderen auch die Frage der Zugehörigkeit Lippes ausgeklammert und von dem Ausgang einer späteren Volksabstimmung abhängig gemacht hatte, gewann der lippische Landespräsident Zeit für sein erfolgreiches Taktieren. Drake nahm auch mit Kopf Verhandlungen auf, doch ging dessen Bereitschaft zu Zugeständnissen nicht so weit wie die Nordrhein-Westfalens, was letztlich den Ausschlag gab. Auch nach der – ausdrücklich unter Vorbehalt getroffenen und vom Ausgang einer künftigen Volksabstimmung über den definitiven Verbleib abhängig gemachten – Entscheidung vom Januar 1947 zur Einbeziehung Lippes nach Nordrhein-Westfalen gab Niedersachsen nicht auf. Von der Landesregierung geförderte Versuche einer unauffälligen und inoffiziellen Einflußnahme in Detmold in Vorausschau auf die in Aussicht gestellte Volksabstimmung vermochten weder die von Drake angestrebte Verlegung des

---

[534] Vgl. auch das Kapitel zu Nordrhein-Westfalen, Abschnitt „Lippe".
[535] Nieders. HStAH, Nds.Z.50 I, Nr. 8/2, Denkschrift Kopfs vom Juni 1946.
[536] Vgl. Vogelsang, Hinrich Wilhelm Kopf, S.79.
[537] Rombeck-Jaschinski, Heinrich Drake, S.230; zum folgenden vgl. ebenda, 221f., 229f., 243ff.

Regierungssitzes von Minden nach Detmold noch den Vollzug der Eingliederung Lippes in das Land Nordrhein-Westfalen zu verhindern. In Lippe selbst hatte sich ein „Ausschuß zur Vorbereitung der Volksabstimmung" konstituiert, der sich für eine möglichst rasche Durchführung einsetzte, um die Schaffung vollendeter Tatsachen durch Drake zu verhindern. In dessen Eingabe vom August 1948 an den Ausschuß der Ministerpräsidenten zur Überprüfung der Ländergrenzen hieß es unter anderem: „4. Das Land Lippe gehört geschichtlich, wirtschaftlich, volkstumsmäßig, kulturell und konfessionell zum Volkstum Niedersachsens. In seinem Staatsverband begehrt es sein endgültiges Schicksal und seine endgültige Heimat und zur Demonstrierung des Willens hierzu der baldigen Anberaumung der ihm feierlich verbrieften Volksabstimmung."[538] Doch der Versuch, die Ministerpräsidenten für seine Ziele zu mobilisieren, scheiterte.

### Niedersachsen und die „Frankfurter Dokumente"
### Verfassungsfrage

Den Beschluß, die in Form der „Frankfurter Dokumente" dargereichte Hand der Westalliierten zu ergreifen, diktierten auch in Niedersachsen praktische Notwendigkeiten. Vor allem für die finanzschwachen norddeutschen Länder würde die zentrale Zusammenfassung der Westzonen die Schaffung einer funktionsfähigen Sozial- und Wirtschaftsordnung und damit die Durchsetzung wichtiger Anliegen wie einen Finanz-, Lasten- oder Flüchtlingsausgleich ermöglichen. Die zur Verfügung stehenden Quellen lassen allerdings nur wenige konkrete Vorstellungen des niedersächsischen Kabinetts zur Verfassungsfrage erkennen. Die Ursachen hierfür dürften zu einem Großteil in der Notlage des Landes, dem pragmatischen Regierungsverständnis des Kabinetts Kopf und der durch die parteipolitische Konstellation im Landtag bedingten „unpolitischen" Arbeitsweise der Regierung zu suchen sein: Die Regierungserklärung, die Kopf im Anschluß an die nach mehrwöchiger Krise geglückte Neubildung des Kabinetts am 9. Juni 1948 vor dem Landtag abgab, war zu verstehen als ein reines „Aufgabenprogramm", das sich „ganz bewußt darauf beschränkt, in erster Linie die Dinge in den Blickpunkt des Volkes, des niedersächsischen Volkes zu richten, die hier von uns aus mit unseren Kompetenzen angreifbar und zu erledigen sind"[539]. Infolgedessen waren auch die „Londoner Empfehlungen" gänzlich unerwähnt geblieben. Bis zur Berichterstattung und Aussprache im Landtag über die Verhandlungen von Koblenz und Rüdesheim sind politische Probleme größerer Tragweite gar nicht behandelt worden.

Da die Sozialdemokraten als die zwar stärkste, aber nicht allein regierungsfähige Partei auf die Bildung von Koalitionen angewiesen und daher zur Rücksichtnahme auf die Partner gezwungen waren, konnte die Regierung nur auf der Basis eines in erster Linie von den beiden großen Parteien CDU und SPD getragenen Kompromisses in der Auseinandersetzung mit den „Frankfurter Dokumenten" agieren. Ein solcher Minimalkonsens bestand, soweit mit Hilfe der herangezogenen Quellen feststellbar,

---

[538] StAS, Wü 2, Nr. 218, Drucksache Nr. 33 des Büros der Ministerpräsidenten des amerikanischen, britischen und französischen Besatzungsgebietes vom 23.8. 1948, S. 2.
[539] Vgl. die Ausführungen von Georg Diederichs (SPD) in der Sitzung des Landtags, 10.6. 1948, Stenograph. Bericht, S. 1954.

unbeschadet unterschiedlicher Standpunkte in Einzelfragen, in der Betonung der gesamtdeutschen Perspektive und dem Festhalten an der Vorläufigkeit jeder auf Westdeutschland beschränkten politischen Zentralgewalt. Bei beiden Parteien dürften hierbei auch wahltaktische Motive eine Rolle gespielt haben; die Rücksichtnahme auf das Wählerpotential der Flüchtlinge und Vertriebenen forcierte eine verstärkt nationale, das heißt gesamtdeutsche Diktion. Wie stark der Provisoriumsgedanke vorherrschend war und blieb, zeigte sich auch daran, daß es erst am 1. Mai 1951 zur Ablösung des „Gesetzes zur vorläufigen Ordnung der niedersächsischen Landesgewalt" vom 11. Februar 1947 durch die „Vorläufige Niedersächsische Verfassung" kam, die sich wiederum – wie aus ihrer Bezeichnung schon hervorgeht – nur als eine „Art Organisationsstatut" bis zu dem Zeitpunkt einer Wiedervereinigung ganz Deutschlands verstand, ausgearbeitet in enger Anlehnung an das Bonner Grundgesetz[540].

Während die sozialdemokratische Presse recht ausführlich die Beschlüsse des Parteivorstandes in Hannover zitierte[541], tat sich die niedersächsische CDU durch ein von ihrem Minister für Ernährung, Landwirtschaft und Forsten und zugleich stellvertretenden Ministerpräsidenten des Landes, Günther Gereke, vertretenes, betont gesamtdeutsches Konzept hervor, das in Form einer Resolution auf der Tagung des Zonenausschusses der CDU der britischen Zone am 19./20. Mai 1948 in Bad Meinberg in das Programm der Partei aufgenommen worden war[542]. Gereke und die niedersächsische CDU lehnten die Bezeichnung des in den Westzonen entstehenden neuen staatlichen Gebildes als einen „westdeutschen" Staat unbedingt ab. Gefordert wurde ein durch den Zusammenschluß der westdeutschen Länder zu schaffender „Deutscher Bund" als „Zweck- und Zwischenlösung" mit Souveränität auf Teilgebieten. Die Konstruktion einer solchen „Exilregierung des Ostens im Westen" sollte den Beitritt der übrigen deutschen Länder möglichst erleichtern. Nach Gerekes Vorstellungen sollten für alle deutschen Länder, denen eine freie demokratische Willensbildung versagt war, insbesondere die unter polnischer Verwaltung stehenden Gebiete, repräsentative Persönlichkeiten aus dem Kreise der Vertriebenen gleichberechtigt an der Ausarbeitung einer deutschen Verfassung beteiligt werden[543]. Sein betontes Bekenntnis zur deutschen Einheit verband er mit der Überzeugung von einer besonderen Aufgabe Niedersachsens, das als „Grenzland [...] die besondere Verpflichtung" habe, „gegenüber allen Widerständen die deutsche Gemeinsamkeit als Mitte und Mittler zu vertreten"[544].

So war die nach ausführlichen Beratungen des Kabinetts festgelegte Verhandlungsposition Niedersachsens von der Entscheidung dominiert, jeden Anschein einer end-

---

[540] Vgl. Korte/Rebe, Verfassung und Verwaltung, S. 79 ff.
[541] SPD-Wochenschrift für Sozialismus und Demokratie, 2. Jg., Nr. 48, vom 29. 11. 1947; 3. Jg., Nr. 20, vom 15. 5. 1948, Nr. 27, vom 3. 7. 1948, Nr. 32, vom 7. 8. 1948.
[542] Vgl. Konrad-Adenauer-Stiftung (Hrsg.), Konrad Adenauer und die CDU der britischen Besatzungszone, S. 512 f.
[543] Niedersächsische Rundschau, 3. Jg., Nr. 15/16, vom April 1948, Nr. 17/18, Nr. 19/20, vom Mai 1948 und Nr. 20/21, vom Juni 1948; die niedersächsische CDU befürwortete außerdem die Durchführung eines Volksentscheids; vgl. Hannoversche Neueste Nachrichten vom 15. 6. 1948 und vom 6. 7. 1948.
[544] Hannoversche Neueste Nachrichten vom 22. 5. 1948; Gerekes Position innerhalb der niedersächsischen CDU war übrigens keineswegs unumstritten; kritisch war auch sein Verhältnis zu Adenauer.

gültigen Lösung für Westdeutschland zu vermeiden[545]. Daher war es auch unmöglich, eine Verfassung zu schaffen „oder sonstige Einrichtungen [...], die den drei Westzonen den Charakter eines Staates verleihen könnten". Im Bereich des Möglichen lagen allein „eine vorläufige Organisation auf demokratischer Grundlage" und eine „vorläufige Exekutive"[546]. Zuvor sollte auf den Erlaß eines Besatzungsstatutes gedrungen werden. Die mit den Dokumenten dargebotene Chance sollte gleichwohl nicht ungenutzt bleiben. Daß eine Änderung der Haltung der Besatzungsmächte, die selbst kaum in der Lage gewesen waren, sich in der deutschen Frage zu einigen, nicht zu erwarten war, schloß die Hoffnung nicht aus, daß es möglich sein würde, den Inhalt der Dokumente im deutschen Sinne abzuwandeln. Die neue Regelung für Westdeutschland durfte aber auf keinen Fall „durch das Verhalten deutscher Stellen [...] vereitelt oder verzögert werden". Deutscherseits sollten daher keine Vorstellungen entwickelt oder Forderungen erhoben werden, die eine erneute Beschlußfassung der alliierten Regierungen erforderlich machen würden.

*Ländergrenzenreform*

Was die Diskussion über die Ländergrenzen im Jahre 1948 angeht, so kann für die Länder der britischen Zone allgemein gelten, daß mit ihrer Neubildung im Jahre 1946 schon wesentliche Entscheidungen vorweggenommen worden sind. Die Gründung des Landes Niedersachsen im November 1946 hatte einen langgehegten Wunsch erfüllt und damit einen Schlußpunkt unter Pläne und Konzeptionen einer bereits im 19. Jahrhundert nachweisbaren „Niedersachsen"-Bewegung[547] gesetzt. Die Entstehung des Landes wird dabei häufig als besonderes Verdienst des ersten Ministerpräsidenten und zu jener Zeit Oberpräsidenten von Hannover, Hinrich Wilhelm Kopf, hervorgehoben; zusammen mit dem schon damals eng mit ihm kooperierenden Landesplaner und Experten für Neugliederungsfragen, Kurt Brüning, hatte er sich die Verwirklichung des Niedersachsengedankens als oberstes Ziel gesetzt[548]. Brüning hatte 1946 durch seine gutachterlichen Äußerungen entscheidend zur Bildung des Landes beigetragen und gilt, neben Kopf, als einer seiner geistigen Väter. 1948 vertrat er das Land in dem von den Ministerpräsidenten eingesetzten Ausschuß zur

---

[545] Vgl. Vogelsang, Hinrich Wilhelm Kopf, S. 123; zur Entscheidung des Kabinetts vom 5.7.1948 vgl. Parl. Rat, Bd. 1, S. 71, Anm. 19; Brosius, Niedersachsen, S. 117. Wie aufgrund einer bei Vogelsang, Hinrich Wilhelm Kopf, S. 57, nur teilweise abgedruckten handschriftlichen Aufzeichnung Kopfs „Richtlinien für die Min.Präs.-Konferenz in Koblenz" zu vermuten ist, hatte sich das Kabinett nicht auf einen bestimmten Verfahrensweg festgelegt.

[546] Stellungnahme Kopfs in der Sitzung des Landtags, 13.7.1948, Stenograph. Bericht, S. 1994. Die Hoffnung, doch auf den Inhalt der Dokumente Einfluß nehmen zu können, könnte durch Erfahrungen mit der britischen Militärregierung in Hannover genährt worden sein: Die von ihr verordnete Bodenreform zum Beispiel war aufgrund deutschen Einwirkens nicht zustande gekommen. Mit dem Hinweis darauf äußerte sich der damalige Vorsitzende der DP, Heinrich Hellwege, im Gespräch vom 8.8.1985 eindeutig bejahend auf die Frage, ob man damals geglaubt habe, in den Verhandlungen Veränderungen im deutschen Sinne erreichen zu können.

[547] Dazu Lent, Weg zum Lande Niedersachsen, S. 17ff.

[548] Dieses Ziel hatte Kopf schon vor 1933 verfolgt; vgl. Eckhardt, Oldenburg und die Gründung des Landes Niedersachsen, S. 30; Lent, Weg zum Lande Niedersachsen, S. 23 f.; Vogelsang, Hinrich Wilhelm Kopf, S. 53 ff.; Korte/Rebe, Verfassung und Verwaltung, S. 73.

Überprüfung der Ländergrenzen. Die stark von Kriterien der Raumordnung geprägte Neugliederungsdiskussion in Niedersachsen trug zu einem Gutteil seine Handschrift. Bei den 1946 vorherrschenden, auch später gültig gebliebenen Argumenten hatten neben raumpolitisch-landesplanerischen jedoch auch wirtschaftliche, geographische, verkehrs- und bevölkerungspolitische, historische und kulturelle Aspekte im Vordergrund gestanden. Als wichtige Kriterien galten Ausgewogenheit und Leistungsfähigkeit, die Einrichtung von Ländern, die von ihrem verwaltungsmäßigen Aufbau her „einfach, übersichtlich und sparsam" zu regieren sein, also eine rationelle Verwaltung ermöglichen würden. Was den künftigen Umfang anbetraf (orientiert am primären Kriterium der Lebensfähigkeit), war eine mittlere Größe der Länder zu bevorzugen, „nicht zu klein, weil sie sonst die Aufgaben eines Landes nicht erfüllen können, auch nicht zu groß, weil ihnen dann die innere Festigkeit abgeht"[549]. Mit der Gründung des Landes Niedersachsen glaubte man diesen Gesichtspunkten weitgehend entsprochen zu haben, so daß nach der Überzeugung Kopfs keineswegs ein willkürlich oder künstlich geschaffenes Gebilde entstanden war, sondern ein „durch die Stammesart seiner Bewohner, durch seine gleichartige Struktur, Tradition und wirtschaftliche Geschlossenheit [...] organisch gewachsenes zusammenhängendes Ganzes"[550]. Nicht verhindert werden konnte dennoch das Fortbestehen interner Spannungen, hervorgerufen durch Überreste eigenstaatlicher Tradition und Kultur ehemals selbständiger Länder wie Oldenburg und Braunschweig.

Im Innern gleichwohl weitestgehend als Einheit begriffen, war das Land Niedersachsen trotzdem an seinen Grenzen von Problemen unterschiedlicher Tragweite tangiert[551]. Allein im Norden besaß es durch das Meer eine durch natürliche Gegebenheiten unverrückbare Grenze, die in ihrem weiteren Verlauf aber durch die unliebsamen Pläne des schleswig-holsteinischen Ministerpräsidenten Hermann Lüdemann in Frage gestellt wurde. Die Westgrenze war bedroht durch die Territorialforderungen der Niederlande. Im Osten war mit der Zoneneinteilung das Amt Neuhaus, ein Überbleibsel des ehemals welfischen Herzogtums Lauenburg, durch die Elbe vom damaligen Landkreis Lüneburg abgetrennt. Die ehemalige braunschweigische Enklave Calvörde und Blankenburg waren an die sowjetisch besetzte Zone gefallen. Der Anspruch auf diese Gebiete, deren staatsrechtliche Überführung niemals offiziell stattgefunden hatte, wurde ausdrücklich aufrechterhalten. Die Westgrenze nahm wegen ihrer akuten Infragestellung durch den niederländischen Nachbarn naturgemäß den obersten Rang unter den niedersächsischen Grenzproblemen ein. Im Osten begründete die Aufrechterhaltung des Anspruchs auf niedersächsisches Gebiet einen gesamtdeutschen Vorbehalt in der Neugliederungsfrage: Erst bei freier Disposition auch über die Ostzone konnte ein endgültiger Modus für die Ländereinteilung gefunden werden. Immerhin zählte die Südgrenze Niedersachsens zu den unproblematischen Regionen. Die niedersächsisch-westfälische Grenze im Südwesten dagegen war ein alter Streitpunkt. Kopf hatte 1946 mit der Realisierung seines Niedersachsenplans wichtige Zielsetzungen erreicht,

---

[549] Nieders. HStAH, Nds.Z.50 I, Nr. 8/2, „Das Land Niedersachsen", Gutachten für den Zonenbeirat. Hannover 1946.
[550] Zitiert nach Korte/Rebe, Verfassung und Verwaltung, S. 74.
[551] Zum folgenden Nieders. HStAH, Nds.100, Acc.144/81, Nr. 525, Ausarbeitung „Die Grenzen des Landes Niedersachsen".

doch war es ihm nicht gelungen, die Teutoburger-Wald-Linie als aus niedersächsischer Sicht natürliche Grenze zu Nordrhein-Westfalen durchzusetzen. Nach den Vorstellungen Kopfs hätten neben Lippe auch der Bezirk Minden-Ravensburg und der Kreis Tecklenburg zu Niedersachsen gehören sollen. Der Bevölkerung der umstrittenen Gebiete sollte dabei die Entscheidung über ihre Landeszugehörigkeit in einer späteren Abstimmung offenstehen. Einen dauerhaften Ausgleich in der Grenzfrage zu finden, blieb eine bis heute ungelöste Aufgabe.

Der Katalog der Veränderungsmöglichkeiten, den der Ausschuß der Ministerpräsidenten zur Überprüfung der Ländergrenzen ausgearbeitet hatte, stellte für Niedersachsen im Rahmen einer Neugliederung eine ganze Reihe denkbarer Lösungsmöglichkeiten zur Diskussion[552]: 1. Beibehaltung des bestehenden Zustandes, 2. Verkleinerung Niedersachsens durch a.) Teile des Regierungsbezirks Osnabrück, b.) Abtretung des niedersächsischen Regierungsbezirks Lüneburg sowie Stades im Wesereinzugsbereich der Elbe (an Schleswig-Holstein), 3. Vergrößerung Niedersachsens durch a.) die Übernahme von Teilen des nordrhein-westfälischen Regierungsbezirks Detmold sowie Tecklenburgs, b.) Einbeziehung Bremens, c.) Einbeziehung Bremens und Hamburgs, schließlich 4. Zusammenschluß Niedersachsens mit a.) Schleswig-Holstein, b.) Schleswig-Holstein, Bremen und Hamburg.

Eine Abtretung niedersächsischen Gebietes stand außer Diskussion. Damit entfielen die Möglichkeiten 2a.) und 2b.) Eine Erweiterung der Nordgrenze Niedersachsens stieß ebenfalls auf Ablehnung. So schieden auch die Alternativen 4a.) (teilweise) und 4b.) aus. Die Lüdemannschen Pläne fanden in Niedersachsen keinen Widerhall. Aus der deutlichen Entschlossenheit der beiden Hansestädte, ihre Selbständigkeit erhalten zu wollen, ergab sich der Fortfall auch der Eventualitäten 3b.), 3c.) und 4b.). In seinen Plänen für ein Land Niedersachsen hatte Kopf 1946 entgegen seiner früheren Einstellung von einer Einbeziehung der Hansestädte Abstand genommen. Mit dieser taktischen Wende war es ihm gelungen, auch die Zustimmung vor allem Bremens[553] und damit der Mehrheit des Ausschusses des Zonenbeirates für seine Konzeption zu gewinnen. Hinter diesem Verzicht stand jedoch das Kalkül, „daß sowohl Hamburg als Bremen ihre wirkliche Lage heute noch nicht erkannt haben. Wenn dies einmal der Fall sein wird, so ist zu erwarten, daß beide Städte sich ihrerseits den zwingenden Notwendigkeiten für eine wirklich organische Gliederung des Raumes selbst nicht verschließen werden, indem Bremen dann von sich aus zu Niedersachsen drängt und Hamburg die 1937 zu Groß-Hamburg gekommenen Bezirke von Harburg und Wilhelmsburg wieder an Niedersachsen zurückgibt"[554]. Vor allem die Tatsache, daß es Bremen damals gelungen war, das steuerkräftige Gebiet der Großstadt Wesermünde an sich zu ziehen, ohne Niedersachsen dafür einen Ausgleich zu bieten, hatte in Niedersachsen starke Verstimmung ausgelöst. Zwar war nichts anderes übriggeblieben, als dies zu akzeptieren, doch lag der Gedanke nahe, „mit Rücksicht auf eine spätere endgültige Regelung [...] Bremen sowohl das Verdauen des neuen Brockens Wesermünde als auch seine Selbständigkeit nicht allzu leicht zu machen", so daß Bremen, „mit der Zeit gefügig ge-

---

[552] Vgl. Parl. Rat, Bd. 1, S. 314.
[553] Bremen hatte ebenfalls dem „Gebietsrat Niedersachsen" angehört.
[554] Niders. HStAH, Nds.Z.50, Acc.32/63, Nr.74, Vermerk von Campes „Kritische Bemerkungen zu den Hauptgutachten betreffend gebietliche Neugliederung" vom 24.9.1946.

macht" und „durch den Zwang der Verhältnisse" sich von selbst für eine Eingliederung in das Land Niedersachsen entscheiden würde[555]. Die Zugehörigkeit des heutigen Bremerhavens zu Bremen blieb fortan ein Dorn im niedersächsischen Auge. Die einzige realistische Option war im Grunde das Weiterbestehen in den gegebenen Grenzen. Damit ist zugleich die Position des niedersächsischen Kabinetts umrissen, das die Auffassung vertrat, in der Länderreformfrage kurzzutreten. Eine Neugliederung war erst nach dem Abschluß eines Friedensvertrages möglich, der die Deutschen in die Lage versetzte, ihre Entscheidungen in eigener Verantwortlichkeit und ohne Beeinflussung von außen zu treffen.

### Besatzungsstatut

Anders als in der Frage der Wiedererlangung der deutschen Einheit, die außerhalb des deutschen Einflußbereiches lag, konzentrierten sich auch in Niedersachsen die Hoffnungen auf den Erlaß eines Besatzungsstatuts, um mit dessen Hilfe eine grundlegende Wandlung des Besatzungsregimes in Westdeutschland und eine rechtliche Grundlage für die Verfassungsberatungen erreichen zu können. Dies jedenfalls war das vordringlichere Anliegen in den bevorstehenden Verhandlungen gegenüber einer unter allen Umständen nur provisorischen staatlich-administrativen Zusammenfassung der Westzonen. In Regierung und Landtag, insbesondere dem ersten gewählten Landtag, der seine eigene Tätigkeit nur als ein Provisorium verstand, waren die Unzufriedenheit mit den begrenzten Handlungsmöglichkeiten und der Wunsch nach stärkerer Eigenverantwortlichkeit seit langem spürbar. In der Regierungserklärung am 17. Juni 1947 hatte Kopf seinen Unmut darüber erkennen lassen, daß bei der gegebenen „tatsächlichen Kräfteverteilung" nur von der Übernahme einer „*Mit*verantwortung"[556] die Rede sein könne. Den unzureichenden Kompetenzen hatte der erste gewählte Landtag durch die Entscheidung Rechnung getragen, anstelle einer Landesverfassung lediglich eine „Notverfassung" in Form des Gesetzes „zur vorläufigen Ordnung der Niedersächsischen Landesgewalt" auszuarbeiten[557]. Noch im Mai 1948 lehnte Alfred Kubel, Minister für Wirtschaft und Verkehr, vor dem Landtag jeden Versuch, deutsche Stellen für Mängel im Transportwesen verantwortlich zu machen, als unberechtigt ab, solange eine eindeutige Kompetenzabgrenzung zwischen den Deutschen und der Besatzungsmacht nicht gegeben sei[558].

Neben administrativen Gesichtspunkten spielten auch finanzpolitische Aspekte bei dem Wunsch nach einem Besatzungsstatut eine herausragende Rolle: Dringend erforderlich war vor allem für die finanzschwachen Länder eine auf vertraglichen Abma-

---

[555] Ebenda, Nr. 89, Vermerk von Campes „Betr. Brief des Oberkommandierenden General Robertson, in der Angelegenheit Bremen-Wesermünde" (o. D.).
[556] Rede Kopfs in der Sitzung des Landtags, 17. 6. 1947, Stenograph. Bericht, S. 125 (Hervorhebung im Text).
[557] Zur Notverfassung vgl. Korte/Rebe, Verfassung und Verwaltung, S. 77 ff.; der Vorläufigkeitscharakter dieser „Notverfassung" ging allerdings wiederum nicht so weit wie derjenige der „Landessatzung" von Schleswig-Holstein.
[558] Rede Kubels in der Sitzung des Landtags, 13. 5. 1948, Stenograph. Bericht, S. 1910. Hier äußerte er übrigens auch offen seine Überzeugung, daß die Präsenz der Besatzungsmächte aus außen- und ggf. auch innenpolitischen Gründen unverzichtbar sei.

chungen beruhende Senkung der mit der Besetzung verbundenen Lasten. Durch den Übergang von der zonalen Haushalts- auf die Einzelhaushaltsführung ab dem 1. April 1948 wurde die Lage für die finanzschwachen Länder besonders brisant, da sich aus dieser Regelung „der paradoxe Zustand" ergab, daß „gerade die beiden Länder [Niedersachsen und Schleswig-Holstein], deren Steuerkraft am geringsten ist, relativ die höchsten Kriegsfolgelasten zu tragen" hatten[559]. Nach dem Wirtschaftsministerium vorliegenden Zahlen war das Land bei einem bizonalen Durchschnitt von 34,2 % des Steueraufkommens mit 42,3 % am stärksten durch Besatzungskosten belastet[560]. Bei der desolaten Haushalts- und Kassenlage Niedersachsens stand für die weitere Zukunft zu befürchten, „daß schon ohne Berücksichtigung der zu erwartenden Lohn- und Preissteigerungen für die Zeit vom 20. Juni 1948 bis 31. März 1949 ein Fehlbetrag von 371,7 Millionen" entstand[561], unabhängig von den Kosten für Demontage, Entmilitarisierung, Fürsorgeaufwendungen und Wiederaufbaumaßnahmen. Eine Abgrenzung der gegenseitigen Ansprüche und Verpflichtungen, insbesondere Festlegungen der Höhe von Sach- und Dienstleistungen an die Besatzungsmacht und die Anpassung der allgemeinen Besatzungskosten an die Steuerkraft des Landes, traten deshalb als weitere inhaltliche Forderungen an ein Besatzungsstatut hinzu. In seiner Eigenschaft als norddeutsches Küstenland mit zahlreichen Häfen gehörte Niedersachsen außerdem zu den Ländern, die mit der Forderung nach der Freiheit des Außenhandels, insbesondere der Seeschiffahrt, ein ebenso gesamtdeutsches Interesse wie spezielles Eigenanliegen vertraten.

*Niedersachsen in den Verhandlungen
von Koblenz und Rüdesheim*

Die Auseinandersetzung Niedersachsens mit den „Frankfurter Dokumenten" vollzog sich vor dem Hintergrund einer schwierigen wirtschaftlichen Lage, die durch zusätzliche Belastungen, die mit der Wahrnehmung seiner Aufgaben als Küstenland verbunden waren, noch verstärkt wurde. Hinzu trat, wie bereits erwähnt, auf dem politischen Sektor eine durch die Parteienlandschaft bedingte instabile Regierungskoalition, die sich zum Zeitpunkt der Herausgabe der „Londoner Empfehlungen" nach einer seit längerem schwelenden Krise und dem Rücktritt der Regierung gerade neu formiert hatte. In dieser Konstellation erfüllte der niedersächsische Ministerpräsident Hinrich Wilhelm Kopf eine zentrale Integrations- und Ausgleichsfunktion, doch war er gerade deswegen gleichzeitig nach außen hin zu vorsichtigem Taktieren gezwungen. In der Gewichtung der Dokumente besaß das Besatzungsstatut für die politische Praxis Priorität als Grundlage einer vorläufigen politischen Lösung für die Westzonen. Die Ländergrenzenfrage war für das Status-quo-orientierte Land von nur sekundärer Bedeutung. Für eine Beschäftigung mit der Verfassungsfrage hat-

---

[559] Nieders. HStAH, Nds.Z.50, Acc.32/65, Nr.39, I, Bericht Strickrodts „über die Haushalts- und Kassenlage Anfang August 1948" vom 4.8. 1948.
[560] Niedersächsischer Landtag Hannover, Ordner Ausschuß für Haushalt und Finanzen, 1.Wahlperiode, Sitzung des Ausschusses für Haushalt und Finanzen am 26.7. 1948.
[561] Nieders. HStAH, Nds.Z.50, Acc.32/65, Nr.39, I, Strickrodt, „Finanzielle Lage des Landes Niedersachsen" vom 6.8. 1948.

ten die landespolitischen Probleme wenig Zeit gelassen. Die wirtschaftliche Situation führte die Landesregierung jedoch zu einer grundsätzlich positiven Einstellung gegenüber dem Zusammenschluß der drei Westzonen; dabei blieb aber der gesamtdeutsche Akzent dominant, der aus der Sicht beider großer Parteien nur ein Provisorium zuließ.

In der Diskussion zu Dokument Nr. I sind von Niedersachsen in den Konferenzen von Koblenz und Rüdesheim keine nennenswerten Impulse ausgegangen. Der niedersächsische Regierungschef, der von seinem politischen Berater Justus Danckwerts nach Koblenz begleitet worden war, wurde von seinen Kollegen allerdings dafür ausersehen, zusammen mit Ehard die Besprechungen mit den alliierten Verbindungsoffizieren am 10. Juli zu führen. Auch in den nächtlichen Beratungen in Koblenz, die entscheidend zu einer Annäherung der Standpunkte unter den Konferenzteilnehmern beigetragen haben, soll er seinen Part gespielt haben[562]. In Rüdesheim sorgte Kopf allerdings für einige Verwirrung, als er sich weigerte, zu den von den Kommissionen vorgelegten neuen Vorschlägen Stellung zu nehmen, und sich außerstande sah, ohne vorherige Billigung seines Landtages dem Rüdesheimer Kurs zuzustimmen, der nach seiner Meinung „rechtlich [...] etwas wesentlich anderes" als die Koblenzer Beschlüsse darstellte[563]. *Dafür*, wie Schwarz[564], die Ursachen für seine Haltung in einem gewissen Zusammenspiel mit Carlo Schmid zu sehen, sprechen nicht zuletzt enge freundschaftliche Beziehungen beider[565]. Weniger die Rücksichtnahme auf den Landtag[566] als seine Vereinbarung mit den Fraktionsführern der niedersächsischen Parteien, in den Verhandlungen keine Forderungen zu erheben, die eine Verzögerung der mit den Dokumenten eingeleiteten Entwicklung hätten zur Folge haben können, mochte *andererseits* Kopfs Verhalten bestimmt haben. Daß er in Rüdesheim schließlich doch nachgab und darin einwilligte, die neugefaßten Beschlüsse vor seinem Landtag und den Militärgouverneuren in Übereinstimmung mit den Kollegen zu vertreten, entsprang der Einsicht, daß „wir gezwungen sind, letztlich das zu tun, was die Militärgouverneure wollen"[567]. Persönlich war er, wie er ausdrücklich betonte, nicht abgeneigt, sich den Standpunkt der übrigen Regierungschefs zu eigen zu machen.

Widersprüchlich gibt sich schließlich auch die niedersächsische Politik in der Ländergrenzenfrage: Kopf hatte noch in Koblenz erklärt, man solle in der Ländergrenzenfrage „außerordentlich kurz treten", angesichts der Ungewißheit darüber, „wie der gesamtdeutsche Raum einmal aussehen" werde[568]. Im Ausschuß zur Überprüfung der Ländergrenzen hingegen zählte Kopf zu der knapp unterlegenen Minderheit, die die

---

[562] Parl. Rat, Bd. 1, S. 101, Anm. 65.
[563] Ebenda, S. 215 f.
[564] So Schwarz, Vom Reich zur Bundesrepublik, S. 614.
[565] Vgl. Schmid, Erinnerungen, S. 290. Diese Beziehung bestätigte auch Heinrich Hellwege im Gespräch am 8. 8. 1985. In der Sitzung des Ausschusses zur Schaffung eines Modellgesetzes für die Errichtung des Parlamentarischen Rates in Wiesbaden am 27. 7. 1948 vertrat Danckwerts, dem Wunsche Kopfs entsprechend, die Position Carlo Schmids; vgl. Parl. Rat, Bd. 1, S. 283, Anm. 4.
[566] So Vogelsang, Koblenz, Berlin und Rüdesheim, S. 176 f.
[567] Parl. Rat, Bd. 1, S. 236.
[568] Ebenda, S. 71.

auf der Rüdesheimer Ministerpräsidentenkonferenz neugefaßten Beschlüsse im Sinne der umfassenden Inangriffnahme einer Territorialreform interpretierte und für die Fortsetzung der Arbeit des Ausschusses stimmte, als der Hamburger Bürgermeister Max Brauer am 31. August 1948 dessen Auflösung beantragte. Kopf forderte dabei insbesondere eine Untersuchung des Problems Rheinland-Pfalz, einer der Angelpunkte der gesamten Diskussion[569]. Sieht man in diesem Zusammenhang die Erklärungen der Londoner Mächte – Frankreich hatte zu verstehen gegeben, daß im Falle einer Auflösung von Rheinland-Pfalz das Land Nordrhein-Westfalen in seiner jetzigen Form nicht weiterbestehen könne; alle drei Besatzungsmächte hatten sich darauf geeinigt, keine weitere Vergrößerung Nordrhein-Westfalens zuzulassen –, so wäre folglich im Falle einer Auflösung von Rheinland-Pfalz eine Lösung im niedersächsischen Sinne möglich geworden dergestalt, daß für diejenigen Teile, die erkennbar nach Nordrhein-Westfalen strebten und die damit eine Vergrößerung dieses Landes bewirkt hätten, sozusagen als Kompensation die gewünschten nordrhein-westfälischen Gebietsteile an Niedersachsen abgetreten worden wären. Möglicherweise sah Kopf hier also eine Chance, die Situation für eine Bereinigung der niedersächsisch-westfälischen Grenze im Sinne seiner seit langem verfolgten Ziele zu nutzen, zumal andererseits feststand, daß Reformpläne wie die des schleswig-holsteinischen Regierungschefs, die das Land Niedersachsen im ganzen oder in einzelnen Teilen in Frage stellten, keine Aussicht auf Erfolg haben würden. Erklärt werden kann Kopfs Bestreben, eine Vertagung der Ländergrenzenreform auf unbestimmte Zeit zu verhindern, allerdings auch mit seinem Wunsch, den auf eine Änderung der Landesgrenzen hinzielenden Kräften in Niedersachsen, von denen der Vorwurf des Zentralismus und der Vernachlässigung einzelner Landesteile durch die Regierung ausging, mittels baldigst durchzuführender Volksabstimmungen in den betroffenen Gebieten den Wind aus den Segeln zu nehmen[570]. Die später tatsächlich durchgeführten Abstimmungen in Oldenburg und Schaumburg-Lippe bestätigten denn auch, daß sich die Anhänger von Selbständigkeitsbestrebungen deutlich in der Minderheit befanden.

## 4. Nordrhein-Westfalen

Die Entstehung Nordrhein-Westfalens war und seine Existenz ist bis heute in entscheidendem Maße durch die Kohle- und Stahlindustrie des Ruhrgebietes bestimmt. Der Beschluß der Briten zur Gründung des Landes mit der Proklamation Nr. 46 vom 23. August 1946 war nicht zuletzt deshalb ein hochpolitischer, weil damit gleichzeitig eine wichtige Vorentscheidung über die umstrittene Zukunft dieser Industrieregion getroffen und damit Plänen einer Internationalisierung oder Abtrennung die endgültige Absage erteilt wurde. Noch in einer weiteren Hinsicht war das Ruhrgebiet für das Land prägend: Historisch gesehen bildete es seit dem 19. Jahrhundert eine industrielle Klammer zwischen dem Rheinland und Westfalen, die trotz tiefgreifender Unterschiede in früheren Sprach-, Lebens- und Siedlungsformen die Herausbildung wirtschaftlicher Gemeinsamkeiten zwischen den beiden Provinzen seit Anfang des Jahrhunderts

---

[569] Ebenda, S. 352 f.; vgl. auch Hannoversche Presse vom 5. 6. 1948.
[570] So Brosius, Niedersachsen, S. 120.

begünstigte, welche wiederum den späteren Zusammenschluß nach 1945 zumindest erleichtert haben. Wenn auch von einer historisch begründeten Zusammengehörigkeit des Rheinlandes und Westfalens nicht gesprochen werden kann, schien die Gründung des Landes dennoch eine „vernünftige Konsequenz" aus seit dem 19. Jahrhundert in Gang gesetzten Prozessen[571]. Wichtiger noch für die spätere Akzeptanz dieses „Bindestrich-Landes" aber waren eben jene (außen)politischen Beweggründe seiner Entstehung, die auf deutscher Seite erst 1948 verstärkt in den Vordergrund traten und, als durch das Frankfurter Dokument Nr. II die Gelegenheit zur Auflösung gegeben war, für seine unveränderte Beibehaltung sprachen. Die Entstehung Nordrhein-Westfalens hatte andererseits die Zerstörung einer anderen, historisch gewachsenen Einheit, der des Rheinlandes, zur Folge gehabt, dessen Nordteil nach der endgültigen Einteilung der Besatzungszonen mit Westfalen zu dem neuen Land zusammengeschlossen wurde.

Zwar war Nordrhein-Westfalen nicht das größte Land der Westzonen, wie der erste gewählte Ministerpräsident, Karl Arnold, oder sein außenpolitischer Berater, Hans Kroll, wiederholt behaupten sollten, wohl aber das bevölkerungsreichste. Als solches hatte es in besonderem Maße mit Ernährungsschwierigkeiten zu kämpfen[572]. Überhaupt – und dies macht seinen besonderen Stellenwert unter den westdeutschen Ländern aus – konzentrierten sich die schwierigsten der in Westdeutschland zu lösenden Probleme auf dieses Land[573]: die Ruhrfrage, wobei die Ruhrindustrie verständlicherweise den Schwerpunkt der Demontagemaßnahmen der Alliierten bildete; Ansprüche der Niederlande und Belgiens lenkten die Aufmerksamkeit der Landesregierung auf die deutsche Westgrenze; intern besaß es mit Lippe-Detmold ein umstrittenes Territorialproblem. Vor diesem Hintergrund hat das Düsseldorfer Kabinett schon am 5. Juli 1948 auf Anregung Innenminister Walter Menzels beschlossen, durch den Ministerpräsidenten am 7. Juli in Koblenz den Vorschlag zu unterbreiten, „daß der Konvent [der Parlamentarische Rat] seine Beratungen möglichst im Lande Nordrhein-Westfalen abhalten möge"[574], und nach Möglichkeit Bonn als Tagungsort anzubieten. Nach Auffassung Arnolds war für die Tätigkeit des Parlamentarischen Rates die Nähe zum Ruhrgebiet und seinen ungelösten Problemen von besonderer Wichtigkeit.

Trotz der zentralen Bedeutung Nordrhein-Westfalens in Wirtschaft und Politik Westdeutschlands hat es das Land vor allem in späteren Jahren nicht verstanden, seine Rolle wirklich zum Ausbau einer Führungsposition zu nutzen. Dies muß freilich

---

[571] Dazu Hölscher, Von den Provinzen zum neuen Land, S. 39 f.; Dann, Gibt es eine Vorgeschichte?, S. 35, 37; Hüttenberger, Nordrhein-Westfalen, S. 8–20.
[572] Dazu ebenda, S. 359 ff.
[573] Vgl. Först, Die Ära Arnold, S. 233 f.; Hüttenberger, Arnold, S. 158 ff.; Rombeck-Jaschinski, Nordrhein-Westfalen im Nachkriegsdeutschland. Nicht zu vergessen ist außerdem, daß Nordrhein-Westfalen auch parteipolitisch einen besonders gewichtigen Faktor darstellte. Dies galt in erster Linie für die CDU, die im Rheinland einen ihrer Schwerpunkte besaß.
[574] Kurzprotokoll der Kabinettssitzung vom 5.7. 1948, in: Kanther, Kabinettsprotokolle, Bd. 2, S. 541. Arnold hat diesen Vorschlag jedoch erst später, nämlich am 3.8. 1948, vorgebracht. Morsey, Verfassungsschöpfung, S. 85, weist auf die politische Brisanz des Zeitpunktes für einen solchen Vorschlag hin: Der Beschluß, den Parlamentarischen Rat nach Bonn einzuladen, fiel nur vier Tage nach der Übergabe der Dokumente, also noch vor der ersten Ministerpräsidentenkonferenz, als noch keineswegs feststand, wie die deutsche Entscheidung ausfallen würde.

auch im Zusammenhang damit gesehen werden, daß Kohle und Stahl, wirtschaftliche Machtfaktoren, seit den fünfziger Jahren an Bedeutung verloren und das Land eher zu einem Problemfall haben werden lassen. Für mangelnde Führungskraft oder Durchsetzungsfähigkeit mitverantwortlich war aber auch das Fehlen eines eigenen Landes- und Traditionsbewußtseins, das erst seit der Regierungszeit Franz Meyers' (1958–1966) konsequent gefördert wurde. Mit Vorbehalten gegenüber der Neukonstruktion Nordrhein-Westfalen hing ferner der immer wieder hinausgezögerte Ausbau Düsseldorfs zum Sitz der Landesregierung zusammen. Ein Zeichen dafür, daß das Land lange Zeit als eine nur provisorische Lösung angesehen wurde, war zudem das Fehlen einer Verfassung, deren Ausarbeitung zwar schon 1947 begonnen, dann aber unterbrochen und erst nach der Entstehung der Bundesrepublik, im Juni 1950, abgeschlossen worden ist[575].

*Persönlichkeit und Politik des Ministerpräsidenten*
*Karl Arnold*

Die ersten Landtagswahlen in Nordrhein-Westfalen vom 20. April 1947 führten zur Bildung einer großen Koalition (ohne die FDP). Die CDU hatte 37,5 %, die Sozialdemokratie 32 %, die KPD 14 %, das Zentrum 9,8 % und die FDP 5,9 % der Stimmen erhalten. Nach schwierigen Verhandlungen über die Regierungsbildung[576] konnte am 17. Juni 1947 Karl Arnold einstimmig zum Ministerpräsidenten gewählt werden. Persönliche und politische Aufrichtigkeit, Kompromißbereitschaft und soziales Engagement sind Stichworte, die skizzenhaft sein Wesen und Wirken beschreiben. Arnold war, aus der christlichen Gewerkschaftsbewegung stammend, ein Exponent des „sozial-progressiven Flügels" der CDU und stand, wie Walter Dirks in Frankfurt und Jakob Kaiser in Berlin, dem Gedanken des „christlichen Sozialismus" nahe[577]. In dieser politischen Ausrichtung besaß er eine beträchtliche Nähe zu den sozialreformerisch-gesellschaftspolitischen Vorstellungen der Sozialdemokraten, mit denen Arnold gegen den Willen Adenauers, seinem Konzept der „Konzentration der politischen Kräfte"[578] folgend, eine Koalition einging, ein bündnispolitischer Kurs, dem er später auch auf Bundesebene den Vorzug gegeben hätte. Arnolds Politik war wesensmäßig eher auf Kooperation und Ausgleich denn auf Konfrontation angelegt. Ähnliche Bereitschaft zur Zusammenarbeit bewies der SPD-Fraktionsvorsitzende Fritz Henßler[579], so daß im Landtag eine breite, auf sozialistischem Gedankengut basierende gemeinsame Grundströmung vorhanden war. Doch nicht nur innenpolitisch erstrebte Karl Arnold das Zusammenwirken der politischen Kräfte. Die nach 1945 lebendige Idee eines vereinigten Europas spielte eine Schlüsselrolle in seinem politischem Denken. Freilich bildete er darin keine Ausnahme.

---

[575] Dazu Köhler, Entstehung der Landesverfassung; Hüwel, Karl Arnold, S. 159–165; Hüttenberger, Nordrhein-Westfalen, S. 437–473; Voigt, Die Landesverfassung.
[576] Dazu Hüwel, Karl Arnold, S. 112–116; Keinemann, Aus der Frühgeschichte, Teil 5, S. 26 ff. Am 7. 2. 1948 schieden die Kommunisten aus der Regierung aus.
[577] Hüwel, Karl Arnold, S. 14 f., 72 ff.
[578] Ebenda, S. 15.
[579] Vgl. Först, Karl Arnold (1901–1958), S. 295; Hüttenberger, Nordrhein-Westfalen, S. 251.

Karl Arnold war gebürtiger Schwabe, doch seit den zwanziger Jahren im Rheinland ansässig. Er stammte aus Herrlishöfen in Württemberg. Dort wurde er am 1. März 1901 als Sohn des Kleinbauern Johann Baptist Arnold geboren. Vierzehnjährig verließ Arnold die Schule, um sich in einem nahegelegenen Lederbetrieb Geld zu verdienen. Im Februar 1916 begann er eine Schuhmacherlehre. Mit fünfzehn Jahren trat Arnold in den Katholischen Gesellenverein ein und wurde Mitglied des Windthorstbundes. Durch die Vermittlung Matthias Erzbergers kam er zur weiteren Ausbildung an die Soziale Hochschule Leohaus in München, die Zentrale des süddeutschen Verbandes der katholischen Arbeitervereine. Doch ist weniger in Erzberger als vielmehr in Adam Stegerwald das eigentliche politische Vorbild Arnolds zu suchen. Mehr noch prägte ihn die katholische Soziallehre während seiner Mitgliedschaft in der christlichen Gewerkschaft und in der Zentrumspartei. 1921 übernahm Arnold, wenn auch nur für kurze Zeit, in Frankfurt/M. beim christlichen Lederarbeiterverband sein erstes Funktionärsamt. Als Bezirksleiter in Düsseldorf seit Oktober 1921 wurde er im Mai 1924 Kartellsekretär der christlichen Berufsverbände für Rheinland und Westfalen und 1926 zum Düsseldorfer DGB-Vorsitzenden gewählt.

Nicht unbeträchtlichen Ehrgeiz entwickelte Arnold auch in der Parteiarbeit. 1929 wurde er Abgeordneter des Zentrums in der Düsseldorfer Stadtverordnetenversammlung und zwei Jahre darauf stellvertretender Fraktionsvorsitzender. Mit der Auflösung der Gewerkschaften im Frühjahr 1933 wurde Arnold zunächst arbeitslos; anfangs bei der katholischen Kirchensteuerkasse beschäftigt, arbeitete er ab 1. August 1934 in einem Installationsgeschäft, zu dessen Mitinhaber er avancierte. Arnold gehörte zu einem Gesprächskreis ehemaliger Zentrumsmitglieder und christlicher Gewerkschaftler, stand mit Kreisen des deutschen Widerstandes in weitläufigerer Verbindung und wurde nach dem Attentat auf Hitler vom 20. Juli 1944 für kurze Zeit inhaftiert. Nach Kriegsende war Arnold Mitglied des Düsseldorfer Vertrauensausschusses, der nach der Ernennung des Oberbürgermeisters (Walter Kolb) zur Stadtvertretung erweitert wurde. Diese wählte am 29. Januar 1946 Karl Arnold zum Nachfolger Kolbs. Unabhängig davon setzte sich Arnold für die Bildung einer neuen Einheitsgewerkschaftsbewegung ein und war an der Gründung der örtlichen CDU mitbeteiligt. Schon zu dieser Zeit galt Arnold als führender Vertreter der Arbeitnehmergruppe.

Bereits in der ersten ernannten Regierung Nordrhein-Westfalens hätte Arnold nach dem Dafürhalten der politischen Abteilung der Düsseldorfer Militärregierung Ministerpräsident werden sollen, nach der mehrheitlichen Entscheidung für Rudolf Amelunxen zumindest stellvertretender Regierungschef und Innenminister, ein Zeichen für die Wertschätzung Arnolds, mindestens ebenso aber taktisches Kalkül, bei Arnold Unterstützung für die britischen Sozialisierungspläne zu finden[580]. Konrad Adenauer aber, der früh dominierende Fraktionsvorsitzende der CDU, hatte es dagegen taktisch ge-

---

[580] Besonders geschätzt wurde Arnold von Generalmajor Alexander Bishop, seit 1947 Gebietsbeauftragter für Nordrhein-Westfalen. Ähnliches galt für das Verhältnis Arnolds zum britischen Deutschlandminister Lord Pakenham; vgl. Reusch, Briten und Deutsche, S. 151 f.; Heitzer, Die CDU in der britischen Zone, S. 730 f. Die Briten standen Adenauer bis Ende 1948 reserviert gegenüber. Sie hätten Arnold auch als CDU-Vorsitzenden der britischen Zone bevorzugt; vgl. ebenda, S. 734.

schickt verstanden, durch die Parteinahme für Amelunxen seinen Rivalen Arnold auszubooten[581]. Die schwierige innerparteiliche Willensbildung nach dem Ausgang der ersten Landtagswahlen ließ die Gegensätze zwischen Karl Arnold, dem von ihm geführten linken Flügel der Partei und Konrad Adenauer, den Arnold selbst nach 1945 als führendes Mitglied der CDU gewonnen hatte, offen zutage treten. Ihr Kern lag in der Sozialisierungsfrage und der Auseinandersetzung um den „christlichen Sozialismus"[582]. Die Rivalität zwischen beiden Männern, die nach einem anfänglich weitgehend ungetrübten Verhältnis ab Mai 1947 eine gedeihliche Zusammenarbeit zusehends unmöglich machte, belastete die Regierungspolitik. Adenauer, der dem neuen Kabinett keine lange Lebensdauer prophezeite, ließ keine Gelegenheit zur Kritik ungenutzt, was nicht nur zwischen dem Regierungs- und dem Parteichef, sondern auch innerhalb der CDU-Fraktion zu mitunter erheblichen Spannungen führte[583]. Arnold, aufgrund seiner Charaktereigenschaften weniger durchsetzungsfähig, geriet im Laufe seiner Regierungszeit immer stärker in den Sog Adenauerscher Politik. Seine gesellschaftspolitischen wie gesamtdeutschen Vorstellungen entsprachen zudem immer weniger den Realitäten. Im gleichen Maße verlor auch der linke Flügel innerhalb der CDU an Bedeutung. Daß Arnold so lange wie möglich an seiner Konzeption festzuhalten versuchte, brachte ihm den Ruf als das „soziale Gewissen" der Union ein.

Unklar muß letztlich bleiben, ob Arnold seine Position als Ministerpräsident eines so gewichtigen Landes als Sprungbrett hat nutzen wollen, um ein noch höheres politisches Ziel anzusteuern[584]. Seine Persönlichkeitsstruktur macht diesen Gedanken wenig wahrscheinlich. Zudem ergibt sich der Eindruck, als habe er wesentliche Elemente seiner Politik weniger selbst entworfen, als der Einwirkung Dritter zu verdanken: Neben seinen engsten Beratern Carl Spiecker (Landesminister und Bevollmächtigter des Landes beim Länderrat des Vereinigten Wirtschaftsgebietes), Oberregierungsrat Maximilian Hildebert Freiherr von Gumppenberg (Referent für zonale und interzonale Angelegenheiten in der Landeskanzlei) und Hermann Katzenberger (Nachfolger von Gumppenbergs als Chef der Landespressestelle) muß vor allem Hans Kroll, der Leiter des im September 1947 bei der Landeskanzlei eingerichteten und dem Ministerpräsidenten persönlich unterstellten „Sonderreferates F", während seiner insgesamt nur kurzen Tätigkeit maßgeblichen Einfluß auf die Entscheidungen und Aktionen des Ministerpräsidenten ausgeübt haben. Vieles ist von Kroll gedanklich vorbereitet worden. Dies gilt insbesondere für die politische Konzeption zur Ruhrfrage[585].

Arnold dürfte sich dessen bewußt gewesen sein, daß die Durchführung der von ihm geplanten gesellschaftspolitischen Reformen Modellcharakter und Signalwirkung für die anderen deutschen Länder gehabt hätte, denn Nordrhein-Westfalen war für ihn „mehr als jedes andere deutsche Land das Land der Arbeit und des Arbeiters". Es re-

---

[581] Steininger (Bearb.), Die Ruhrfrage, S. 203.
[582] Zur Kontroverse Arnold–Adenauer vgl. Hüwel, Karl Arnold, S. 72–79; Heitzer, Die CDU in der britischen Zone, S. 224 ff., insbesondere S. 232 ff.
[583] Vgl. Hüwel, Karl Arnold, S. 118 f.
[584] Kühn, Aufbau und Bewährung, S. 98, bescheinigt Arnold, von „brennendem Ehrgeiz erfüllt" gewesen zu sein und als Ziel das Amt des ersten Bundeskanzlers im Auge gehabt zu haben; ähnlich Kroll, Lebenserinnerungen, S. 176 f.; anders dagegen Hüwel, Karl Arnold, S. 205.
[585] Dazu Rombeck-Jaschinski, Nordrhein-Westfalen, die Ruhr und Europa, S. 7 f., 30–47.

präsentierte, so Arnold, „den Arbeitswillen des ganzen deutschen Volkes". In erster Linie durch die Ruhrindustrie als „Schnittpunkt der europäischen Kraftlinien"[586] fiel Nordrhein-Westfalen eine zentrale Rolle unter den westdeutschen Ländern, aber auch innerhalb der europäischen Völkergemeinschaft zu. Mit der Lösung der Ruhrfrage entschied sich für Arnold gleichzeitig exemplarisch andere Probleme (Demontage, Export, Gleichberechtigung Deutschlands innerhalb der europäischen Völkergemeinschaft). Insofern fielen nach Arnolds Überzeugung die Entscheidungen in und für Deutschland nicht in Frankfurt oder etwa Berlin, sondern an der Ruhr. Arnold reklamierte folglich, wie eingangs bereits angedeutet, ähnlich wie schon sein Amtsvorgänger Amelunxen, einen Führungsanspruch für sein Land[587], den er in den folgenden Monaten seiner Regierungszeit durch verschiedene Aktionen auszubauen versuchte. Dennoch hat er dieses Ziel nicht erreicht. Daß der nordrhein-westfälische Regierungschef zuweilen seine persönlichen Möglichkeiten überschätzte, zeigt etwa seine erfolglose Reise nach Den Haag im April 1949, verbunden mit dem Versuch, die Niederlande von ihren Ansprüchen an der deutschen Westgrenze abzubringen. Sie ist eine eher unrühmliche Episode seiner Amtszeit geblieben.

Auch in der Sozialisierungsdebatte mußte er insofern eine Niederlage hinnehmen, als Adenauer in der Schlußabstimmung des Landtags die Stimmenthaltung seiner Fraktion durchsetzte. Das Gesetz zur Überführung der Grundstoffindustrien in Gemeineigentum scheiterte letztendlich am Einspruch der Besatzungsmacht. Zukunftsweisend aber sollte Arnolds Versuch sein, die gemeinwirtschaftlichen Prinzipien auf die internationale Ebene zu übertragen: Sein Anfang 1949 unterbreiteter Vorschlag, einen gemeinschaftlichen Zweckverband der Schwerindustrien Frankreichs, der Beneluxstaaten und Deutschlands zu gründen, nahm eine Idee vorweg, die mit dem am 18. April 1951 in Paris unterzeichneten Vertrag über die Bildung einer europäischen Gemeinschaft für Kohle und Stahl verwirklicht werden sollte[588]. Ergebnislos mußten schließlich auch die Bemühungen Arnolds bleiben, seine gesamtdeutsch akzentuierte Politik durchzuhalten. Gleichwohl konnte ihm nicht verborgen geblieben sein, daß es gerade zur Lösung der drängenden Probleme seines eigenen Landes unbedingt einer übergeordneten staatlichen und politischen Autorität bedurfte. Arnolds starkes Engagement, besonders in der Verfassungsfrage, während der Konferenzen von Koblenz und Rüdesheim läßt erkennen, daß er durchaus die Einsicht in die Notwendigkeit einer zentralen (west)deutschen Exekutive besaß, sie aber mit dem Bestreben verband, eine gesamtdeutsche Entwicklung nicht zu verbauen.

*Probleme und Interessen der Landespolitik*
*Demontage*

Durch das Ruhrgebiet wurde Nordrhein-Westfalen zum Brennpunkt der alliierten Reparationsforderungen und Demontagemaßnahmen. Diese rückten ab Sommer 1947 in

---

[586] HStAD, NW 22, Nr. 453, Interview mit der Westfalenpost vom 12.8.1947; ebenda, NW 53, Nr. 673, Westdeutsches Tageblatt vom 30.4.1948.
[587] Vgl. Rombeck-Jaschinski, Nordrhein-Westfalen, die Ruhr und Europa, S. 26, 34; Post, Zwischen Sicherheit und Wiederaufbau, S. 74 ff.
[588] Dazu Gillingham, Zur Vorgeschichte der Montan-Union.

den Kreis der Prioritäten der Landespolitik[589]. Kenntnis über die genaue Anzahl der abzubauenden Betriebe brachte erst die Demontageliste vom 16. Oktober 1947. Die darin aufgeführten 294 Werke entsprachen in etwa der Hälfte der für die gesamte britische Zone zu erwartenden Demontagen. Nur 43 davon zählten zur ehemaligen Rüstungsindustrie (Kategorie I), 251 galten als überflüssige Kapazitäten (Kategorie II), bei denen der Schwerpunkt auf Fabriken der eisenverarbeitenden und Maschinenindustrie an der Peripherie des Ruhrgebietes lag. Nach einer Sondersitzung des Landtags am 29. Oktober 1947 verschwand das Thema der Demontagen zunächst für lange Zeit aus der öffentlichen Diskussion. Deutsch-britische Gespräche und Verhandlungen auf verschiedenen Ebenen im Anschluß an die Bekanntgabe der Demontageliste hatten lediglich den Fortschritt erbracht, daß diese von britischer Seite als endgültig anerkannt wurde, führten ansonsten aber zu keinen greifbaren Ergebnissen. Bis in das Jahr 1948 hinein hatte man gehofft, durch Verhandlungen Milderungen erreichen zu können, bis es im Winter 1948/49 mit Demonstrationen zu ersten heftigen öffentlichen Auseinandersetzungen kam, die 1949 ihren Höhepunkt erreichten.

Im April 1948 wandte sich Karl Arnold in Essen auf einer Großkundgebung unter dem Motto „Die Ruhr ruft Europa" gegen einseitige Kontrollmaßnahmen und den Widerspruch zwischen Demontage und amerikanischer Wiederaufbauhilfe. Eine im Juni 1948 vom Ministerpräsidenten nach Düsseldorf einberufene Kohlekonferenz diskutierte neben dringend erforderlichen Maßnahmen zur Steigerung der Kohleförderung eingehend die Demontageproblematik vor dem Hintergrund der anhaltenden Ernährungs- und Versorgungskrise in Nordrhein-Westfalen[590]. Kurz zuvor, am 2. Juni 1948, gab Wirtschaftsminister Nölting auf eigenen Wunsch im Landtag eine Erklärung ab[591]. Die Demontage-Frage im Landtag aufzurollen hatte er selbst angeregt, da hierfür angesichts der bevorstehenden Demontagewelle der geeignete psychologische Augenblick gekommen schien[592]. Nölting, der erkannt hatte, daß es keinen Zweck hatte, die örtliche Militärregierung wegen der ausschließlich von der zentralen Ebene zu verantwortenden britischen Demontagepolitik anzugreifen, bezweckte mit dieser Landtagssitzung, dieses Problem möglichst weltweit zu Gehör zu bringen. Gleichzeitig wollte er damit den Aktivitäten des Frankfurter Wirtschaftsrates Unterstützung verleihen: Der Frankfurter Oberdirektor Hermann Pünder hatte gegen Mitte 1948 im Auftrag des Wirtschaftsrates den angelsächsischen Militärgouverneuren gegenüber die Einsetzung eines Ausschusses zur Überprüfung der Demontageliste angeregt. Eine Einstellung der Demontagen während der Tätigkeit dieses Ausschusses, die der nordrhein-westfälische Landtag in einer Entschließung am 2. Juni 1948 forderte[593], vermochte allerdings auch er nicht durchzusetzen.

---

[589] Zum folgenden Först, Die Politik der Demontage; ders., Kleine Geschichte Nordrhein-Westfalens, S. 54–62; Hoebink, Demontage; Hüttenberger, Nordrhein-Westfalen, S. 338 ff.; Scriverius, Demontagen im Land Nordrhein-Westfalen, Einleitung, S. VII-XXIII.
[590] HStAD, NW 53, Nr. 352, Bericht über das Ergebnis der Ministerpräsidentenkonferenz in Düsseldorf am 5.–6. 6. 1948 (mit den dort gefaßten Entschließungen); Hüwel, Karl Arnold, S. 133 f.
[591] Sitzung des Landtags, 2. 6. 1948, Stenograph. Bericht, S. 517–527; vgl. auch Nölting, Erik Nölting, S. 240 ff.
[592] Landtag Nordrhein-Westfalen, Kurzprotokoll über die 21. Sitzung des Hauptausschusses am 2. 6. 1948.
[593] Sitzung des Landtags, 2. 6. 1948, Stenograph. Bericht, S. 527 f.

Selbst die im weiteren Gang der Verhandlungen nach dem Washingtoner Abkommen vom April 1949 und den Empfehlungen der Humphrey-Kommission zugestandenen Milderungen (die Liste der abzubauenden Betriebe wurde auf 159 reduziert) brachten für das Land keine substantiellen Erleichterungen. Die Demontagerevision bedeutete für das Ruhrgebiet eine Freigabe von nur 10 % seiner Hochofenkapazität. Von den 294 auf der Liste vom Oktober 1947 aufgeführten Betrieben in Nordrhein-Westfalen wurden 140 vollständig, 78 davon teilweise demontiert. Die freigegebenen Betriebe gehörten im wesentlichen zur eisen- und stahlverarbeitenden Industrie. Die Demontage der eisenschaffenden Industrie hingegen wurde planmäßig durchgeführt; im Bereich der Rüstungsindustrie gab es keinen Kompromiß. Gerade die Demontagefrage offenbarte jedenfalls den „unerträgliche[n] Mangel", daß weder die „Reichseinheit" noch eine einheitliche Verwaltung vorhanden war[594]. Weder die Bemühungen auf Landesebene noch solche auf bizonaler Basis hatten wesentliche Änderungen herbeizuführen vermocht. Dieses Problem in zwischenstaatlichen Verhandlungen einer Lösung zugeführt zu haben, sollte ein erster großer Erfolg der neuen Bundesregierung sein.

## Ruhrfrage

Die Frage nach dem künftigen Schicksal des Ruhrgebiets hatte seit Kriegsende im Mittelpunkt der deutschlandpolitischen Überlegungen der Alliierten gestanden. Mit seiner Einbindung in das neue Land Nordrhein-Westfalen waren erste Weichen gestellt worden. Die Gründung dieses Landes war zugleich Ausdruck eines entscheidenden Wandels in der britischen Politik: Steigendes Mißtrauen gegenüber der Sowjetunion und das Bestreben, eine Ausdehnung ihres Einflusses auf die Westzonen zu verhindern, hatten seit dem Frühjahr 1946 die anfangs dominierende Rücksichtnahme auf den französischen Partner in den Hintergrund treten lassen. Dem Sicherheitsbedürfnis, das sich jetzt weniger gegen Deutschland als in erster Linie gegen die Sowjetunion richtete, sollte durch die Gründung eines das Ruhrgebiet umfassenden deutschen Landes und die Sozialisierung seiner Schlüsselindustrien Rechnung getragen werden[595]. Über eine Beschlagnahmung der Unternehmen der Eisen- und Stahlindustrie sind die Sozialisierungsabsichten der amtierenden Labour-Regierung – sehr zur Enttäuschung der deutschen Sozialdemokraten – bekanntlich nicht hinausgelangt. Die Klärung der Eigentumsfrage sollte nach einer Intervention der Amerikaner einer künftigen deutschen Regierung überlassen bleiben. Mit der Aussetzung der Behandlung dieses Themas war auch dem Sozialisierungsgesetz des nordrhein-westfälischen Landtags, das Anfang August 1948 bei Stimmenthaltung der CDU und Ablehnung durch die Liberalen verabschiedet wurde, keine praktische politische Bedeutung mehr beschieden[596].

---

[594] HStAD, NW 22, Nr. 1428, Erklärung Arnolds in der Sondersitzung des Landtags, 29. 10. 1947; vgl. auch Hüwel, Karl Arnold, S. 144.
[595] Zur britischen Ruhrpolitik ausführlich Steininger (Bearb.), Die Ruhrfrage; ders., Ein neues Land an Rhein und Ruhr.
[596] Zur Sozialisierungsfrage in Nordrhein-Westfalen vgl. Hüwel, Karl Arnold, S. 127–137; Hüttenberger, Nordrhein-Westfalen, S. 410 ff.; Lademacher, Nachkriegsdiskussionen um Sozialisierung; Rombeck-Jaschinski, Nordrhein-Westfalen, die Ruhr und Europa, S. 52–56; Steininger, Reform und Realität.

## 4. Nordrhein-Westfalen

Ein Zugeständnis an die Franzosen bildete die unter deren Beteiligung in London erreichte Übereinkunft über die Errichtung einer Internationalen Ruhrbehörde. Gerade in diesem Punkt wurden die „Londoner Empfehlungen" von deutscher Seite als ein Sieg der französischen Politik empfunden. Während der Londoner Verhandlungen war durchgedrungen, daß Frankreich seine Zustimmung zur Bildung der Trizone von weiteren Zugeständnissen seiner Verbündeten in der Ruhrfrage abhängig machen wollte[597]. Die Londoner Beschlüsse zur Ruhrfrage haben wohl auch deshalb so große Enttäuschung in Düsseldorf hervorgerufen, weil man zuvor noch die Hoffnung gehabt hatte, „daß eine Regelung gefunden" würde, „die den deutschen Gesichtspunkten, über die man auf amerikanischer und britischer Seite durchaus im Bilde ist, in angemessenem Umfange Rechnung" trug[598]. Immerhin waren die größten Gefahrenpunkte ausgeschaltet: Eine wirtschaftliche Internationalisierung oder Abtrennung des Ruhrgebiets und seine Unterstellung unter ein Sonderregime waren nicht mehr aktuell.

Der Landesregierung bot sich nun in der Ruhrfrage die Verfolgung einer Doppelstrategie an[599]: Bei einer defensiven Taktik gegenüber der französischen Politik einerseits galt es auf der anderen Seite, die Chancen, die sich aus der Neubelebung des Gedankens der europäischen Zusammenarbeit sowie dem amerikanischen Interesse am europäischen und deutschen Wiederaufbau ergaben, auszunutzen. Oberstes Ziel war, jegliche Zwangsmaßnahme und eine Kontrolle der Ruhr nach Möglichkeit überhaupt zu vermeiden und eine endgültige Entscheidung über ihr Schicksal unter deutscher Beteiligung zu finden. Dabei mußten die negativen Konsequenzen einer aus deutscher Sicht destruktiven alliierten Politik, nicht nur für die Deutschen, sondern auch für die Siegermächte selbst, herausgestellt werden. Dem dienten neben dem Hinweis auf die Ruhrbesetzung von 1923 als einem Beispiel verfehlter Besatzungspolitik die Betonung der wirtschaftlichen Verflechtung des Ruhrgebiets, seiner gesamteuropäischen Bedeutung in der Vergangenheit und die Hervorhebung der Vorteile einer freien Entfaltung als wirtschaftlicher Faktor in Europa ebenso wie die Warnung vor den sozialen und politischen Folgen eines Zwangsregimes für die Ruhrarbeiterschaft. Das Aufgreifen des Europagedankens ermöglichte schließlich, die hierzu im Widerspruch stehende Politik der Franzosen als Versuch darzustellen, unter dem Deckmantel des Sicherheitsbedürfnisses mittels der internationalen Kontrolle eine „politische und wirtschaftliche Hegemonie" zu erlangen[600].

Nordrhein-Westfalen betrachtete die Ruhrfrage als eine Domäne seiner „Außenpolitik" und damit als Verpflichtung, die deutschen Interessen an der Ruhr bis zur Bildung einer Gesamtregierung zu vertreten. Pressekonferenzen sollten dazu dienen, Direktiven für eine verstärkte und koordinierte öffentliche Behandlung der Ruhrfrage auszugeben. Im Rahmen seiner Tätigkeit für das „Sonderreferat F" hat Kroll, eigenen

---

[597] HStAD, NW 22, Nr. 1273, Vertrauliche Aufzeichnung Krolls zum „Stand der Ruhrfrage nach der Londoner Deutschland-Konferenz" vom 19. 3. 1948.
[598] HStAD, NW 53, Nr. 49, Schreiben Krolls an Büchner (Deutsche Kohlebergbau-Leitung) vom 21. 4. 1948.
[599] Zum folgenden vgl. Rombeck-Jaschinski, Nordrhein-Westfalen, die Ruhr und Europa, S. 36–40.
[600] HStAD, NW 53, Nr. 51, Schreiben Krolls an Rekowski, amerikanisches Konsulat in Bremen, vom 4. 3. 1948.

Angaben zufolge, insgesamt 32 Aufzeichnungen und Denkschriften zur Ruhrfrage vorgelegt[601]. Neben der Nutzung von Rundfunk und Presse als öffentliches Forum zur Darlegung des deutschen Standpunktes war die Landesregierung zusätzlich bestrebt, sich der Unterstützung ausländischer, insbesondere britischer und amerikanischer Zeitungen zu versichern[602]. Ende Juli 1948 versuchte Arnold, der zunächst vom Deutschen Büro für Friedensfragen (Anfang 1947), später auch von den Länderchefs, federführend mit der Behandlung der Ruhrfrage betraut wurde, die Ministerpräsidenten für eine gemeinsame Aktion zu gewinnen: In einem Schreiben legte er die „schwere[n] Bedenken" der Landesregierung gegen die Londoner Beschlüsse zur Ruhrfrage dar: Sie richteten sich in erster Linie gegen die Zusammensetzung und die „sehr weit" reichenden Kompetenzen der künftigen Internationalen Ruhrbehörde, „ohne daß Deutschland einen auch nur irgendwie ins Gewicht fallenden Einfluß auf die Entscheidungen dieses Kontrollorgans ausüben könnte". Von den 15 Mitgliedern sollte Deutschland nur drei stellen, und „selbst diese völlig unzulängliche Beteiligung" sollte „erst zu einem noch nicht fixierten Zeitpunkt Platz greifen", bis dahin aber das deutsche Stimmrecht durch die Alliierten ausgeübt werden. Zum anderen sei eine ausschließlich auf das Ruhrgebiet beschränkte wirtschaftliche Kontrolle rechtlich nichts anderes als eine „dauernde Diskriminierung Deutschlands und wirtschaftlich eine unvermeidbar zu verhängnisvollen Einschränkungen der deutschen Bewegungsfreiheit führende Maßnahme". Eine Kontrolle der deutschen Ruhrindustrie sei bestenfalls dann akzeptabel, wenn 1. „eine sofortige und ausreichende deutsche Beteiligung sichergestellt" werde und 2. Maßnahmen eingeleitet würden, „um eine gleichartige Kontrolle auf alle übrigen industriellen Schwerpunkte Europas auszudehnen". Diese könnten gleichzeitig auch als wirtschaftliche Grundlage einer europäischen Union dienen[603]. Zusammen mit einer Tabelle zu den Kapazitäten in Kohle, Eisen und Stahl sowie Strom für die wichtigsten Industriegebiete Europas sandte Arnold sein Schreiben gleichlautend an alle Ministerpräsidenten mit der Bitte um Unterstützung seines Standpunktes. Doch die Aktion verlief im Sande.

Als Antwort auf die Bestimmungen des Ruhrstatuts, das am 28. Dezember 1948 bekanntgegeben wurde, stellte Arnold schließlich in einer Rundfunkansprache zum Jahreswechsel 1948/49 seinen Plan eines wirtschaftlichen Verbundsystems der europäischen Staaten vor. Hier regte er die, als Alternative zur Internationalen Ruhrbehörde gedachte, Errichtung eines „völkerrechtlichen Zweckverbandes auf genossenschaftlicher Grundlage" an, dem Deutschland mit der Ruhrindustrie, Frankreich mit den Erzvorkommen in Lothringen, die Saar und die Schwerindustrien Belgiens und Luxemburgs beitreten sollten[604]. Die von dem nordrhein-westfälischen Ministerpräsidenten vertretenen Ideen waren in Westdeutschland so neu nicht, doch war es Arnolds Verdienst, diese Gedanken erstmals öffentlich in so detaillierter Weise vorgetragen und als „erste[r] politische[r] Amtsträger [...] die europäische Dimension der Ruhrindu-

---

[601] Vgl. Kroll, Lebenserinnerungen, S. 183.
[602] Vgl. ebenda, S. 184; HStAD, NW 22, Nr. 1273, Aufzeichnung Krolls vom 5.3.1948; dazu auch ebenda, „Richtlinien zur Behandlung der Ruhrfrage" vom 3.3.1948.
[603] HStAD, NW 53, Nr. 641, Schreiben Arnolds an die Ministerpräsidenten der Westzonen vom 28.7.1948.
[604] Zum „Arnold-Plan" vgl. Rombeck-Jaschinski, Nordrhein-Westfalen, die Ruhr und Europa, S. 59–63; Post, Karl Arnold, S. 262 f.

strie mit den Prinzipien von staatlicher Supranationalität und gemeinwirtschaftlicher Ordnung" verbunden „und damit die Diskussion auf eine höhere Stufe" gehoben zu haben[605].

### Gebietsforderungen Belgiens und der Niederlande

Wiedergutmachungsansprüche stellte nach dem Krieg auch Belgien. Die territorialen Forderungen, die es im November 1946 und Januar 1947 im Rat der Außenminister erhoben hatte, erstreckten sich in Form nur kleiner Grenzveränderungen auf im ganzen 30, später 70 qkm deutschen Gebietes mit 3850 Einwohnern bei Aachen, der Linie der sogenannten „Vennbahn" (Eupen–St.Vith–Luxemburg) folgend, mit dem Ziel, die dortigen zahlreichen Exklaven der belgischen Bahnlinie, die mehrfach über deutsches Gebiet lief, zu beseitigen. Eine zusätzliche Rolle spielte das Interesse am Wassereinzugsgebiet der Weser, um die Versorgung der Industriegebiete um Eupen und Verviers sicherzustellen. Erweitert wurden die belgischen Forderungen 1948 noch um das Waldgebiet zwischen Elsenborn und Kalterherberg. Ähnlich wie die Niederlande forderte Belgien darüber hinaus Bergwerkskonzessionen im Aachener Raum und die Übereignung von fünf Braunkohlekraftwerken bei Köln sowie zweier Wasserkraftwerke in der Eifel. Wie dies von den Niederlanden bekannt war, waren auch in Belgien die oben benannten Forderungen innenpolitisch umstritten. Außenminister Paul Henri Spaak, im Prinzip ein Gegner jeglicher Annexionen, soll diesen Forderungen nur mit Rücksicht auf seine Kollegen in Luxemburg und den Niederlanden zugestimmt haben. Belgien brachte andererseits den niederländischen Ambitionen wenig Wohlwollen entgegen, da sich belgische und niederländische Interessen im Aachener Raum überschnitten. Die umfangreichsten Forderungen erhoben ohne Zweifel die Niederlande. Von ursprünglich diskutierten, noch weiter ausgreifenden Annexionsvorstellungen begrifflich durch den Terminus „Grenzkorrekturen" abrückend, beanspruchten sie Gebiete wie den Westteil des Gronauer Textilindustriegebiets, Gebietsvorsprünge bei Vreden/Ameloe, Suderwick, Emmerich und Kranenburg bei Kleve bis zur limburgischen Grenze im Süden, darunter insbesondere den Selfkant im Kreis Geilenkirchen, Teile des Wurmkohlenreviers bei Herzogenrath und die westliche Umgebung von Aachen[606].

Den niederländischen Forderungen hatte der Landtag von Nordrhein-Westfalen schon am 13. November 1946 eine Protestresolution entgegengestellt. Nach ersten empörten Reaktionen in der Öffentlichkeit war es jedoch merklich ruhiger um dieses Thema geworden, zumal hier ein endgültiges Wort noch nicht gesprochen schien. Auch hatte die britische Besatzungsmacht dem Ministerpräsidenten Zurückhaltung empfohlen, bis Arnold angesichts angeblich bevorstehender Entscheidungen fast genau ein Jahr später, am 26. November 1947, die Grenzforderungen der beiden Nachbarn erneut vor dem Landtag zur Sprache brachte. In der Zwischenzeit hatte er die Vorgänge durch das „Sonderreferat F" bei der Landeskanzlei beobachten lassen. Insgesamt 25 Aufzeichnungen und Memoranden hat Hans Kroll nach eigenen Angaben zwischen

---

[605] Rombeck-Jaschinski, Nordrhein-Westfalen, die Ruhr und Europa, S. 62; dazu auch Hüwel, Karl Arnold, S. 178.
[606] Vgl. Pabst, Holländisch für vierzehn Jahre, S. 154 f.

1947 und 1948 zu diesem Thema angefertigt. Als besonderen Erfolg hielt er dabei sich selbst zugute, mit Hilfe des amerikanischen Generalkonsuls in Bremen einige seiner Denkschriften auf alliierten Konferenzen bekanntgemacht zu haben[607]. In der widerwillig erscheinenden Zusammenarbeit des „Sonderreferates F" mit der Landesregierung in Hannover und dem „Bentheimer Grenzlandausschuß"[608] offenbarte sich im übrigen das Bestreben Nordrhein-Westfalens, auch bei der Auseinandersetzung um die deutsche Westgrenze einen Führungsanspruch geltend zu machen. Ergänzt wurde die Tätigkeit des „Sonderreferates F" durch die Aktivitäten des Grenzlandausschusses des nordrhein-westfälischen Landtags unter Leitung Leo Schwerings (CDU) sowie durch die Tätigkeit des „Westausschusses" der CDU-Fraktion. Am 4. Juli 1948 beschloß die Landesregierung zusätzlich die Errichtung eines Koordinierungsreferates für die wirtschaftliche Betreuung der zerstörten Grenzkreise beim Ministerpräsidenten[609].

Nachdem Nordrhein-Westfalen in Absprache mit Niedersachsen auf einen Wink von britischer Seite hin die Frage der Territorialforderungen zunächst hatte ruhen lassen, war die Enttäuschung naturgemäß groß, als die Ansprüche der Beneluxstaaten in Form „geringfügige[r], vorläufige[r] Berichtigungen" im Abschlußkommuniqué der Londoner Sechsmächtekonferenz erneut auftauchten. Am 26. März 1949 schließlich veröffentlichte der noch in London zur Vorbereitung der Grenzberichtigungen eingesetzte, in Paris tagende Sachverständigenausschuß in einem Kommuniqué die endgültigen Ergebnisse seiner Beratungen. Arnold versuchte nun[610], durch Signalisierung deutscher Bereitschaft zum Entgegenkommen die Realisierung dieser Beschlüsse zu verhindern. Mitte April 1949 gab Belgien überraschend einen teilweisen Verzicht auf die von ihm beanspruchten Gebiete bekannt. Die Hoffnung, daß die Niederlande diesem Beispiel folgen würden, erfüllte sich allerdings nicht. In einem spektakulären, aber mißglückten Versuch auf eigene Faust unternahm Arnold am 19. April spontan eine Reise nach Den Haag, um vor der Abstimmung auch der Zweiten Kammer, die am 20. April bevorsteht, durch ein Gespräch mit niederländischen Spitzenpolitikern eine Wende herbeizuführen. Arnold erreichte eher das Gegenteil. Die Grenzkorrekturen wurden kurz darauf tatsächlich durchgeführt. Die betroffenen Gebiete kehrten erst 1963 nach Deutschland zurück.

*Lippe*

In den Problemkreis des Frankfurter Dokumentes Nr. II ragte auch das Schicksal des kleinen Landes Lippe hinein, über das als Streitpunkt zwischen Nordrhein-Westfalen und Niedersachsen im Juli 1948 noch keine definitive Entscheidung gefallen war. Ausgerechnet diese kleinste der drei territorialen Einheiten, aus denen Nordrhein-Westfa-

---

[607] Kroll, Lebenserinnerungen, S. 186, 179. Zu den Gutachten, Stellungnahmen und Erklärungen der Landesregierung vgl. den Überblick zu Literatur- und Forschungsstand in der Frage der Gebietsforderungen der Beneluxstaaten von Pabst, in: Först (Hrsg.), Entscheidungen im Westen, S. 252 ff.
[608] Vgl. dazu das Kapitel zu Niedersachsen, S. 196.
[609] Beschlußprotokoll der Kabinettssitzung am 4.7. 1948, in: Kanther, Kabinettsprotokolle, Bd. 2, S. 535 f.
[610] Zum folgenden vgl. Hüwel, Karl Arnold, S. 172–175.

len heute zusammengesetzt ist, kann als einzige auf eine alte, eigenstaatliche Tradition zurückblicken. Daß Lippe (auch – nach seinem Präsidenten Heinrich Drake – „Drakonien" genannt) ein bleibender Bestandteil des neuen Landes wurde, ist ausschließlich der Leistung und dem Engagement eines einzelnen zu verdanken; diese Entscheidung Drakes, der am 15. Juni 1945 zum lippischen Landespräsidenten wiederernannt worden war und der sich mit Erfolg gegen eine Eingliederung seines Landes nach Niedersachsen zur Wehr gesetzt hat, war, so Hüttenberger, ein „Akt vernünftigen Einfügens noch intakter Fragmente der Vergangenheit in die sich neu herausbildenden staatlichen und gesellschaftlichen Verhältnisse Westdeutschlands"[611].

Bereits Ende der zwanziger Jahre hatte Drake den Versuch unternommen, seinen wirtschaftlich und finanziell wenig tragfähigen Freistaat an Preußen anzuschließen, doch war seinen Bemühungen im Zuge der im ganzen gescheiterten Reichsreformbemühungen kein Erfolg beschieden gewesen[612]. Nach dem Zweiten Weltkrieg war Lippe weiterhin als selbständige Einheit bestehengeblieben. In Anlehnung an die administrative Gliederung der nationalsozialistischen Zeit unterstand es, zusammen mit Schaumburg-Lippe, der Militärregierung in Detmold, die zum Bereich der Provinzialregierung in Münster gehörte, war also Westfalen zugeordnet. Der Detmolder Befehlshaber, Oberst C.R. Horley, hatte Respekt vor der eigenstaatlichen Tradition Lippes bewiesen und sich für dessen Autonomie eingesetzt. Schaumburg-Lippe, das zunächst von Drake mitverwaltet worden war, kam, eigenem Wunsch entsprechend, im Mai 1946 zu Hannover. In der Diskussion um die Zukunft des Landes Lippe-Detmold waren mehrere Pläne im Gespräch, darunter der Vorschlag des oldenburgischen Ministerpräsidenten Tantzen, Lippe an der Gründung eines Weser-Ems-Staates zu beteiligen. Der damalige Oberpräsident von Hannover und spätere Ministerpräsident des Landes Niedersachsen, Hinrich Wilhelm Kopf, forderte in einer Denkschrift die Einbeziehung Lippes in das künftige Niedersachsen, während Westfalen im Interesse der Aufrechterhaltung des Raumes Westfalen als ungeschmälerte Einheit seinerseits einen Anspruch geltend machte. Die Zukunft Lippes wurde zu einem Streitpunkt zwischen Niedersachsen und Nordrhein-Westfalen, wobei es dem niedersächsischen Regierungschef immerhin zunächst gelang, einen sofortigen Anschluß Lippes an Nordrhein-Westfalen zu verhindern. Doch konnte er die britische Militärregierung letztendlich nicht für sein Ziel einer Zuordnung Lippes zu Niedersachsen gewinnen[613].

Auf der Basis einer Resolution des lippischen Landtags vom 19. Juli 1946 nahm Drake in den darauffolgenden Monaten Verhandlungen mit beiden Ländern auf. Diese Entschließung enthielt unter anderem die Grundsatzforderung, Lippe die Entscheidung über seine Zugehörigkeit selbst zu überlassen, sowie den Wunsch, es in seiner engen Verbindung mit Minden-Ravensberg, mit dem es nach der Abtrennung Schaumburg-Lippes zusammengelegt worden war, zu belassen. Die Mitteilung der Militärregierung während der Verhandlungen im Sonderausschuß des Zonenbeirates zur Neugliederung der britischen Zone, daß der ursprünglich geplante Anschluß Lippes an Hannover vorerst verschoben worden sei, verschaffte Drake nunmehr ausreichenden zeitlichen Spiel-

---

[611] Hüttenberger, Vereinigung Lippes mit Nordrhein-Westfalen, S. 41.
[612] Zum folgenden Rombeck-Jaschinski, Heinrich Drake und Lippe; Hüttenberger, Nordrhein-Westfalen, S. 310–318; ders., Vereinigung Lippes mit Nordrhein-Westfalen.
[613] Vgl. dazu auch das Kapitel zu Niedersachsen, S. 199 ff.

raum. Er war jetzt in die Lage versetzt, beide Konkurrenten, Kopf und Amelunxen, gegeneinander auszuspielen, und entschlossen, das günstigste Angebot wahrzunehmen. Das Ergebnis der Gespräche mit dem nordrhein-westfälischen Ministerpräsidenten manifestierte sich in den sogenannten „Punktationen" vom 17. Januar 1947, beiderseitigen Vereinbarungen, wonach Lippe die Garantie für die Beibehaltung der Gemeinschaftsschule und seines Landesvermögens erhielt, dessen Verwaltung einem eigenen Zweckverband überlassen bleiben sollte. Außerdem wurde eine Verlegung der ostwestfälischen Bezirksregierung von Minden nach Detmold in Aussicht gestellt. Die britische Militärregierung akzeptierte diese „Punktationen" und signalisierte ihr Einverständnis zum Beginn der Vorbereitungen für einen Anschluß Lippes an Nordrhein-Westfalen. Lippe sollte vorbehaltlich einer Volksabstimmung vorläufig von Nordrhein-Westfalen aus verwaltet werden. Ausdrücklich aber durfte einer endgültigen Regelung nicht durch irgendwelche Maßnahmen vorgegriffen werden. Mit der Verordnung Nr. 77 wurde der Anschluß daraufhin am 21. Januar 1947 vollzogen. Sie hob die Selbständigkeit Lippes auf und sah eine Volksabstimmung innerhalb von fünf Jahren vor.

Die zugesagte Verlegung des Regierungssitzes nach Detmold wußte Drake gegen hartnäckige Widerstände Mindens durchzusetzen. Sie war im Herbst 1948 abgeschlossen. Den Anhängern eines Anschlusses an Niedersachsen gegenüber, die durch das Drängen auf die baldige Durchführung der vorgesehenen Volksabstimmung die Schaffung vollendeter Tatsachen verhindern wollten, spielte der Landespräsident auf Zeit; daß die Besatzungsmacht eine Verschiebung der Volksabstimmung anordnete, die angesichts der vorhandenen, von Hannover unterstützten Widerstände unter Umständen einen unerwünschten Ausgang hätte nehmen können, kam Drake dabei sehr entgegen. Persönlich neigte er, verständlicherweise, sogar dazu, völlig darauf zu verzichten, zumal die Meinungen in seinem Lande geteilt, also keineswegs einhellig auf Nordrhein-Westfalen hin ausgerichtet waren: Die katholische Kirche tendierte zum überwiegend katholischen Nordrhein-Westfalen. Die Arbeiterschaft war ebenfalls eher nach Westen orientiert, da sie sich von der Ruhrindustrie Arbeit und bessere Löhne versprach. Parteipolitisch gesehen gehörte Lippe überdies zum SPD-Bezirk Östliches Westfalen. So votierte auch die gewerkschaftliche Seite für Westfalen, hingegen die gesamte Wirtschaft einschließlich der Landwirtschaft für Niedersachsen. Dasselbe galt bei den Parteien für die CDU, ähnlich für die Liberalen. Am 5. November 1948 endlich wurde ein Gesetz über die Vereinigung Lippes mit Nordrhein-Westfalen und die Schaffung eines Landesverbandes Lippe aufgrund der ausgehandelten „Punktationen" im Landtag von Nordrhein-Westfalen verabschiedet. Amelunxens Nachfolger Arnold mußte General Bishop nochmals versichern, daß die Durchführung der Volksabstimmung, auf die die Militärregierung nach wie vor Wert legte, nicht gefährdet sei[614]. Dennoch dauerte es fast ein Jahr, bis die Lippe-Gesetze von den Briten genehmigt wurden. Die Durchführung der Volksabstimmung ist später durch eine Entscheidung des Bundesverfassungsgerichtes hinfällig geworden[615].

---

[614] Vgl. Niders. HStAH, Nds.100, Acc.144/81, Nr. 526: In zwei Fernschreiben an Kopf vom 16.9. 1948 und 8.10. 1948 versicherte Arnold, daß Nordrhein-Westfalen in der Angelegenheit Lippes nichts weiterhin Präjudizierendes unternehmen werde.
[615] Das Bundesverfassungsgericht stellte 1955 fest, daß die Angliederung Lippes auch ohne Volksabstimmung gültig sei. Von der bis zum 5.2. 1956 offengehaltenen Möglichkeit, eine Volksabstimmung herbeizuführen, hat Lippe keinen Gebrauch gemacht.

## Nordrhein-Westfalen und die „Frankfurter Dokumente"

Die Aufnahme der „Frankfurter Dokumente" in Nordrhein-Westfalen war zwiespältig. Zu sehr stachen auf den ersten Blick die aus deutscher Sicht negativen Elemente hervor. Insbesondere die Regelung der Ruhrfrage, aber auch die Behandlung der deutschen Westgrenze war bis dahin als Prüfstein für die vielbeschworene europäische Zusammenarbeit und Solidarität betrachtet worden, mit der eine einseitige Benachteiligung der Deutschen schlecht zu vereinbaren war und die die Erwartung nicht unangebracht hatte erscheinen lassen, daß berechtigte deutsche Wünsche Berücksichtigung finden würden. Die Londoner Beschlüsse enttäuschten dagegen den aufkeimenden Optimismus und voreilige Hoffnungen auf größere wirtschaftliche und politische Freiheiten. Sie zeigten noch einmal mehr als deutlich die eingeschränkte Rolle der Deutschen, auch in Angelegenheiten, die sie selbst in existentieller Weise betrafen. Trotzdem gab es Versuche, eine eigene Initiative zu entfalten. Zu den deutschen Persönlichkeiten, die in der Verfassungsfrage Anstöße zu geben versuchten, gehörte auch der Ministerpräsident von Nordrhein-Westfalen.

## Verfassungsfrage

Rege wie kaum ein anderer westdeutscher Regierungschef hatte sich Nordrhein-Westfalens Ministerpräsident Karl Arnold in die Verfassungsfrage eingeschaltet. In seinen deutschlandpolitischen Vorstellungen gab es anfangs deutliche Parallelen zum politischen Denken Jakob Kaisers. Arnold glaubte ebenfalls zunächst, Deutschlands Zukunft in unbewaffneter Blockfreiheit und einer geistigen Mittlerrolle in Europa suchen zu sollen. Zwangsläufig aber mußte er spätestens anläßlich der Bizonenreform zu Beginn des Jahres 1948 zugeben, daß eine klare Entscheidung im Ost-West-Konflikt immer unausweichlicher wurde. Etwa zur gleichen Zeit ließ er durchblicken, daß er es für richtig hielt, wenigstens in den Westzonen den Anfang zu einer neuen deutschen Staatlichkeit zu machen. In scheinbarem Widerspruch dazu entfaltete er nur wenig später eine gesamtdeutsche Initiative: Im Februar 1948 – zu Beginn der ersten Beratungsphase der Londoner Sechsmächtekonferenz – lancierte er einen ursprünglich anonymen 10-Punkte-Plan in die Öffentlichkeit. Die Urheberschaft wurde allgemein Pressechef Hermann Katzenberger zugeschrieben, während Arnold selbst sich zu diesem Zeitpunkt in der Schweiz aufhielt, ein Indiz dafür, so Hüwel, daß der Ministerpräsident „zunächst einen ‚Versuchsballon' hatte starten wollen"[616], bevor er weitere öffentliche Schritte unternahm: Unter der Prämisse der freien Betätigung aller Parteien in den vier Zonen sollten sich diejenigen unter ihnen, die mindestens fünf Prozent der Stimmen in einem der Länder erlangt hatten und in mindestens zwei Landtagen repräsentiert waren, gleichberechtigt zu einer gesamtdeutschen Vertretung zusammenfinden. Je vier Vertreter von CDU, CSU, FDP, DVP, KPD, SED, SPD und Zentrum sowie die Ministerpräsidenten der Länder beziehungsweise Bürgermeister der beiden Hansestädte würden einen Ausschuß zur Einberufung einer Nationalversammlung bilden. Diese sollte, frei gewählt unter der Garantie der Okkupationsmächte, in einer besatzungsfrei-

---

[616] Hüwel, Karl Arnold, S. 187.

en Stadt in „Mitteldeutschland" ihre Beratungen zur Ausarbeitung einer Verfassung aufnehmen. Nach der Verkündung der Verfassung war eine provisorische Regierung zu bilden. Die Rechte des Staatschefs sollten dabei bis zur endgültigen Wahl auf den Präsidenten der Verfassunggebenden Versammlung übergehen. Diese provisorische Regierung sollte ihre Tätigkeit ausüben bis zum Abschluß eines Friedensvertrages.

Am 25. März 1948 dann trat Arnold mit seinem „Manifest an die deutsche Einheit" hervor. Er ging damit über zwei kurz zuvor von CDU und Zentrum im Landtag gestartete gesamtdeutsche Initiativen hinaus[617]. In Anlehnung an den oben vorgestellten 10-Punkte-Plan unterbreitete er erneut praktische Vorschläge für eine Zusammenführung aller Zonen. Lediglich das Stichwort Friedensvertrag (Punkt 7 des 10-Punkte-Planes) griff er jetzt nicht wieder auf, wahrscheinlich, so meint Hüwel, um den Eindruck zu vermeiden, als sollten die Besatzungsmächte von deutscher Seite unter Druck gesetzt werden[618]. Arnolds Manifest war zur Vorlage beim Alliierten Kontrollrat gedacht. Der Zeitpunkt der Herausgabe war zudem bewußt kurz vor der erwarteten Rede General Robertsons vor dem nordrhein-westfälischen Landtag gewählt worden. Es sollte zugleich eine Antwort auf die Rede des britischen Premierministers Attlee im Unterhaus vom 1. März 1948 sein, in der dieser unter anderem Deutschland zur Ergreifung eigener Initiative aufgefordert hatte[619]. Arnolds Hoffnung, daß seine Aktion Widerhall bei den Briten finden würde, erfüllte sich nicht. Nach Beobachtungen Krolls deutete jedoch alles auf die zunehmende Entschlossenheit der Besatzungsmächte hin, eine auf die Westzonen beschränkte neue politische Ordnung zu etablieren, aber auch darauf, daß, zumindest von den Angelsachsen, eine eigene deutsche Initiative in dieser Richtung weiterhin begrüßt werden würde. Deutsche Signale in Richtung der Bildung einer provisorischen Regierung für die Westzonen, allerdings als „Regierung für Gesamtdeutschland mit dem vorläufigen Sitz im Westen", standen nun geradezu unausweichlich auf der Tagesordnung[620].

Auch Arnold zog Anfang Mai 1948 aus der immer offenkundiger werdenden Tatsache, daß die Westmächte „den Weg zur Herstellung der Einheit Deutschlands vorerst als blockiert" betrachteten, den Schluß, daß „am Anfang nicht eine Gesamt-, sondern nur eine vorläufige Teillösung möglich sein" werde[621]. Nun plädierte er ebenfalls für

---

[617] Einem Antrag der CDU zufolge sollten aus den Landtagen aller vier Zonen Vertreter in einen beratenden gesamtdeutschen Ausschuß entsandt werden; das Zentrum hatte dagegen das Zustandekommen eines solchen Ausschusses durch Sonderausschüsse bei den einzelnen Landtagen vorgeschlagen; vgl. ebenda, Anm. 5; Först, Nordrhein-Westfalen, S. 145. Die Beratung der beiden Anträge wurde zunächst vertagt, dann zurückgestellt, am 2.8. 1949 schließlich aufgrund der zwischenzeitlichen Entwicklung als erledigt betrachtet; vgl. Landtag Nordrhein-Westfalen, Kurzprotokolle über die Sitzungen des Hauptausschusses am 22.3., 21.5. und 2.8. 1948.
[618] Hüwel, Karl Arnold, S. 188.
[619] HStAD, NW 22, Nr. 369, Rheinische Post vom 27.3. 1948; HStAD, NW 53, Nr. 71, Mitteilungen der Landesregierung Nordrhein-Westfalen Nr. 9 vom 25.3. 1948; ebenda, „Um die deutsche Nationalversammlung", Rundfunkkommentar Katzenbergers im NWDR am 31.3. 1948.
[620] HStAD, NW 53, Nr. 113, Aufzeichnung Krolls vom 8.4. 1948; ebenda, Nr. 71, Aufzeichnung Krolls „Anregungen für London" vom 21.4. 1948; ebenda, vertrauliche Analyse Krolls „Gegenwärtiger Stand der Diskussion über die Bildung einer deutschen Regierung" vom 15.4. 1948.
[621] HStAD, NW 53, Nr. 673, Interview mit Karl Arnold im Weser-Kurier vom 8.5. 1948.

eine gesamtdeutsche Regierung mit vorläufigem Sitz im Westen, deren Anspruch auch in ihrer Zusammensetzung zum Ausdruck kommen und die überdies von Anfang an gleichberechtigtes Mitglied einer westeuropäischen Union sein sollte. Arnolds gesamtdeutsche Initiativen wichen angesichts der zu erwartenden Londoner Entscheidungen also einer realistischeren Konzeption. Es bleibt zu fragen, was sich Arnold vor dem Hintergrund gescheiterter innerdeutscher Einigungsversuche und des endgültigen Auseinanderbrechens der Koalition der Siegermächte von seinen gesamtdeutschen Initiativen erhofft haben mag. Auch Detlev Hüwel bezweifelt, daß Arnold selbst an eine Realisierungschance seines Konzeptes geglaubt hat. Er vermutet vage, daß Arnold möglicherweise gehofft habe, doch noch den großen Durchbruch in der Deutschlandpolitik zu erzielen[622]. Hüttenberger wertet die Aktion Arnolds als einen verzweifelten „Appell an die Großmächte und gleichzeitig als ein[en] Nachweis der inneren Ablehnung der kommenden historischen Entwicklung"[623]. Eine andere Erklärung könnte darin liegen, daß Arnold mit seinem Vorstoß, der ja einige Aufmerksamkeit hervorgerufen hat, eine Möglichkeit zur persönlichen Profilierung gesehen haben mag, verbunden mit der Überzeugung, daß Nordrhein-Westfalen seiner Bedeutung entsprechend hier eine Vorreiterrolle übernehmen sollte. Vor allem aber dürfte das Ganze als ein Rechtfertigungsversuch vor der Geschichte zu interpretieren sein[624].

Mit der Idee der Proklamation eines „Deutschen Exekutivorgans" unternahm Arnold dann noch einmal den Versuch, auf die bevorstehenden Entscheidungen Einfluß zu nehmen. Am 29. Juni, also in Kenntnis der Londoner Beschlüsse, sandte Arnold ein Schreiben an Bishop mit der Bitte um Weiterleitung an General Robertson, in dem er im Hinblick auf die bevorstehende Zusammenkunft mit den Militärgouverneuren diesem einen weiteren Vorschlag unterbreitete, der „nach Lage der politischen Verhältnisse" geeignet sei, „recht schnell zu positiven Ergebnissen zu kommen"[625]. Dieselbe Konzeption unterbreitete er in modifizierter Form nach der Übergabe der „Frankfurter Dokumente" dem Düsseldorfer Kabinett als „Beratungsgrundlage"[626] in der – allerdings vergeblichen – Hoffnung, diese zum Ausgangspunkt einer gemeinsamen Position der westdeutschen Länder gegenüber den Besatzungsmächten machen zu können: Als Übergangslösung bis zur Etablierung einer zentralen deutschen Regierung plädierte Arnold für die Einsetzung eines „Exekutivorgans" für die drei Westzonen per Proklamation durch die Militärgouverneure. Diesem „deutschen Exekutivorgan", bestehend aus den Ministerpräsidenten, einschließlich dem Oberbürgermeister von Berlin, sollte eine „parlamentarische Instanz" beigegeben werden, gewählt von den Hauptausschüssen der westdeutschen Landtage und der Berliner Stadtvertretung. In den Kompetenzbereich dieses „Exekutivorgans" gehörten a.) die Herbeiführung eines „Abkommens" mit den Militärregierungen über die Definition der „Rechte und Pflichten der Besatzungsbehörden einerseits und des Deutschen Exekutivorgans andererseits", b.) die Zuständigkeit für alle Fragen, „die

---

[622] Hüwel, Karl Arnold, S. 190.
[623] Hüttenberger, Arnold, S. 161.
[624] Dazu HStAD, NW 97, Nr. 15, Schreiben Karl Spieckers an Karl Geiler vom 5.4. 1948; darin heißt es zum Thema Wahlen zu einer Nationalversammlung: „Ich bedaure, daß es Leute gibt, die nicht einsehen wollen, daß ungeachtet des Erfolges der Versuch allein historische Notwendigkeit ist und sein Unterlassen uns eines Tages als schwere Schuld angerechnet werden wird."
[625] Vgl. HStAD, NW 53, Nr. 736.
[626] Kanther, Kabinettsprotokolle, Bd. 2, S. 536 ff.

nach der Proklamation Nr. 88" nicht in den Aufgabenbereich des Wirtschaftsrates und der bizonalen Organe fielen, c.) die Rolle einer „Koordinierungsstelle" für die französische Besatzungszone, „um auf wirtschaftlichem Gebiete eine einheitliche Gesetzgebung für alle drei Westzonen zu gewährleisten"; bis auf weiteres sollten dabei die Länderkabinette der französischen Zone „für ihren Bereich die Funktionen des Verwaltungsrates [und] des Wirtschaftsrates" übernehmen, d.) die Übernahme der Vorbereitungen für das Zustandekommen einer Verfassunggebenden Versammlung (Wahlkreiseinteilung, Festlegung eines einheitlichen Wahlrechtes für die Trizone und des Wahltermins sowie des Zeitpunktes für die Einberufung der Verfassunggebenden Versammlung), e.) Ernennung eines Ausschusses „von besonders qualifizierten Personen", mit dem Auftrag, „einen Entwurf für eine künftige deutsche Bundesverfassung auszuarbeiten, welcher der gewählten deutschen Nationalversammlung zur Beratung und Entscheidung zugeleitet" werden sollte, f.) Festlegung der Ländergrenzen innerhalb der drei Zonen und Führung der Verhandlungen mit den Besatzungsmächten, soweit nicht Gebiete betroffen waren, die in die Zuständigkeit der Verwaltung des Vereinigten Wirtschaftsgebietes, der Länderregierungen der französischen Zone oder der Militärgouverneure fielen, g.) Überwachung der Durchführung „der von der Verwaltung des vereinigten Wirtschaftsgebietes und in Angleichung hieran von den Kabinetten der Länder der französischen Zone beschlossenen Gesetze". Dazu sollte das „Exekutivorgan" die „erforderlichen Vollmachten" erhalten, „insbesondere auch zum Schutze der Währungsreform, soweit bestehende Gesetze dazu nicht" ausreichten. Zur Vorbereitung dieser Aufgaben schließlich war ein „geschäftsführender Ausschuß" zu bestellen.

Neu gegenüber der Eingabe an Bishop war in dieser Kabinettsvorlage vor allem der Vorschlag, dem „Exekutivorgan" eine „parlamentarische Instanz" beizuordnen. Der Begriff „Nationalversammlung" wurde fast durchweg durch den Terminus „Verfassunggebende Versammlung" ersetzt. Außerdem waren nunmehr ausdrücklich auch die Länder der französisch besetzten Zone in diese auf Westdeutschland begrenzte Konstruktion einbezogen. Nicht unwahrscheinlich ist, daß Arnold im Anschluß an die Frankfurter Konferenz am 1.Juli, in der die drei Dokumente übergeben worden waren, der Gedanke gekommen ist, seine Eingabe an Bishop in dieser Weise umzuwandeln. Den Entschluß mag er nach der kurzen Aussprache der Ministerpräsidenten untereinander am selben Tage gefaßt haben; denn auffällig ist die inhaltliche Übereinstimmung mit den Ausführungen des bayerischen Ministerpräsidenten Ehard in dieser Sitzung, denen Arnold weitgehend zugestimmt und hinzugefügt hatte, er sei „der Auffassung, daß ein deutscher Vorschlag, der von den Ministerpräsidenten einmütig vorgeschlagen würde, auf die Militärgouverneure einen großen Eindruck machen würde"[627]. Arnold hat tatsächlich seine Ausarbeitung den Länderchefs der Westzonen mit einem Begleitschreiben zugesandt, allerdings nicht den erhofften Erfolg verbuchen können. Bei seinen Kollegen traf er damit auf nur schwache, wenn nicht gar negative Resonanz[628].

Am 5.Juli nahm der Hauptausschuß des Landtags ausführlich zu den „Frankfurter Dokumenten" Stellung[629]. Man ging mehrheitlich von der Annahme aus, daß deutsche

---
[627] Vgl. Parl. Rat, Bd. 1, S. 28.
[628] Vgl. dazu Hüwel, Karl Arnold, S. 192 f.
[629] Landtag Nordrhein-Westfalen, Kurzprotokoll über die 23. Sitzung des Hauptausschusses am 5.7.1948.

Gegenvorschläge sich in dem durch die Dokumente vorgegebenen Rahmen zu bewegen hatten. Das im Protokoll festgehaltene Ergebnis der Beratungen zeigt, daß Arnold eine Modifizierung seiner Vorschläge hinnehmen mußte: Nicht aufgegriffen wurde der Gedanke, dem „Deutschen Exekutivorgan" ein „Beratungsorgan" als „parlamentarische Instanz" beizugeben. Durch diese Konstruktion wäre es mit einer demokratischen Legitimation ausgestattet und als Verhandlungspartner gegenüber den Besatzungsmächten aufgewertet worden[630]. Auch von dem Terminus „Verfassunggebende Versammlung" rückte der Hauptausschuß ab. Eine solche sei derzeit „aus tatsächlichen und rechtlichen Gründen" nicht möglich. An ihre Stelle sollte eine „Kommission" treten, von den Landtagen nach einem einheitlichen Modus zu wählen, analog dem in Dokument Nr. I vorgesehenen Wahlschlüssel. Hatte Arnold in seiner Kabinettsvorlage die Ausarbeitung einer „Bundesverfassung" vorgesehen, war nun lediglich von einem „Verwaltungsstatut" die Rede. Außerdem wurden wesentliche Aufgaben wie die Klärung der Beziehungen zwischen den Deutschen und den Besatzungsmächten, die Ausarbeitung von Vorschlägen zum Wahlrecht für das trizonale Parlament, die Arnold den Ministerpräsidenten zugedacht hatte, jetzt der „Kommission" übertragen.

Zu einer Abstimmung unter den westdeutschen Ländern, wie sie Arnold angestrebt hatte, kam es allein mit Rheinland-Pfalz, mit dem Nordrhein-Westfalen auch in der Ländergrenzenfrage eng zusammenarbeitete, um der französischen Rheinlandpolitik entgegenzuwirken. In der Verfassungsfrage[631] versuchten beide möglicherweise, die mit der Annahme der „Londoner Empfehlungen" erkennbare konziliantere Haltung der französischen Besatzungsmacht gegenüber den Deutschen taktisch zu nutzen: Beiden Ländern waren Informationen über die innenpolitischen Schwierigkeiten Frankreichs zugegangen sowie darüber, daß Frankreich sich in London amerikanischem Druck hatte beugen müssen und deshalb auf deutsche Hilfe setzte. Arnolds „Exekutivorgan" nun hätte, nach der Interpretation Hüttenbergers[632], möglicherweise als vorläufige Regierung eine verzögernde Funktion bei der Weststaatsbildung übernehmen sollen.

*Ländergrenzenreform*

Seit seinem Bestehen war Nordrhein-Westfalen auch für die territoriale Gliederung Westdeutschlands von zentraler Bedeutung. Von den Beratungen des Sonderausschusses des Zonenbeirates über die Neuordnung der britischen Zone im Jahre 1946 war es ausdrücklich ausgenommen worden und hatte so, da es zu diesem Zeitpunkt bereits praktisch als vorgegebene Größe feststand, die Länderordnung der Zone entscheidend geprägt. Deutsche Stellungnahmen hatten allenfalls indirekt dazu beigetragen, die Kon-

---

[630] So Hüttenberger, Arnold, S. 163.
[631] Bei der Erörterung von Arnolds Kabinettsvorlage ergab sich eine „völlige Übereinstimmung des Standpunktes und der Absichten"; Vermerk von Gumppenbergs vom 4.7.1948, in: Kanther, Kabinettsprotokolle, Bd. 2, S. 545; Altmeier forderte allerdings einen deutlichen Hinweis auf die sowjetische Zone, um dem Vorwurf einer deutschen Spaltung vorzubeugen.
[632] Hüttenberger, Arnold, S. 164. Arnold hat seine Stellungnahme mit einem persönlichen Begleitschreiben unverzüglich dem französischen Generalkonsul zukommen lassen; vgl. ebenda, S. 166.

zeption der britischen Kontrollkommission, d. h. in erster Linie General Robertsons, des Hauptverfechters der Nordrhein-Westfalen-Lösung, zu untermauern[633]. Auch in der Diskussion von 1948 setzte Nordrhein-Westfalen, schon durch seine Größe, zusammen mit Bayern den Maßstab für eine Neugliederung; es war darüber hinaus ein „Brennpunkt der innerdeutschen Grenzproblematik"[634]: Eine Neuformierung Nordrhein-Westfalens wäre mit tiefgreifenden Konsequenzen für Rheinland-Pfalz verbunden gewesen, dessen Auflösung ihrerseits wiederum eine komplexe Wirkung auf das gesamte westdeutsche Ländergefüge ausgeübt hätte. Die geteilte ehemalige Rheinprovinz stellte eine enge Beziehung zwischen beiden Ländern in der Territorialfrage her, die sich in der Tat im beiderseitigen Zusammenspiel bemerkbar machte und in einem fast freundschaftlich zu nennenden Verhältnis zwischen Arnold und Altmeier ihren Ausdruck fand[635]. Peter Altmeier ist es deshalb schon frühzeitig, gleich zu Beginn der Ländergrenzendiskussion, ganz im Sinne der von ihm verfolgten politischen Zielsetzungen gelungen, Arnold davon zu überzeugen, daß eine Status-quo-Politik auch für Nordrhein-Westfalen aus außen- und innenpolitischen Gründen unbedingt angeraten war.

In der Landeskanzlei sind gleichwohl die grundsätzlichen Gestaltungsmöglichkeiten für Nordrhein-Westfalen im Rahmen einer Territorialreform gedanklich durchgespielt worden: die Alternativen einer Aufteilung, Vergrößerung oder Beibehaltung des Landes in seiner bisherigen Form. Um „nicht von Mehrheitsbeschlüssen der übrigen Länder oder Diktaten der Militär-Gouverneure überrannt zu werden", riet von Gumppenberg, unter anderem stellvertretendes Mitglied im Ausschuß zur Überprüfung der Ländergrenzen, in einem Exposé vom 30. Juli dazu, „rechtzeitig eine klare Linie herauszuarbeiten"[636]. Im Zentrum jeglicher Planung stand dabei auch hier das Ruhrgebiet. Als oberste Maxime galt, daß dieses 1. als wirtschaftliche Einheit erhalten bleiben mußte und 2. nicht den Gefahren einer Isolierung ausgesetzt werden durfte. Es brauchte vielmehr „einen soziologischen Ausgleich durch Einbettung in andere Gebiete stabileren Charakters", da es „seiner massierten Industrie wegen wirtschaftlich und politisch krisenanfällig und labil" war. Öffentlich diskutiert wurden die Möglichkeiten einer Aufteilung Nordrhein-Westfalens in verschiedenen Varianten: 1. eine Wiederherstellung der beiden ehemaligen Provinzen Rheinland und Westfalen als selbständige Länder, gegebenenfalls die Erweiterung beider je nach Süden beziehungsweise Norden[637], wobei das Ruhrgebiet, notwendigerweise ungeteilt, alternativ a.) dem Rheinland oder b.) Westfalen zufallen würde, oder 2. durch eine Drei-Länder-Lösung, in der das Ruhrgebiet als „Niederrhein-Ruhr" neben die Länder Rheinland und Westfalen treten sollte.

---

[633] Dazu Hölscher, Von den Provinzen zum neuen Land; ders. (Hrsg.), Nordrhein-Westfalen; Hüttenberger, Nordrhein-Westfalen, S. 204 ff.; Steininger (Bearb.), Die Ruhrfrage.
[634] HStAD, NW 53, Nr. 697 b, Vermerk von Gumppenbergs vom 30. 7. 1948.
[635] Vgl. auch Hüwel, Karl Arnold, S. 176; Dorfey, Teilung der Rheinprovinz, S. 15 ff.
[636] HStAD, NW 53, Nr. 697 b, Vermerk von Gumppenbergs vom 30. 7. 1948.
[637] Vgl. dazu den vom Ausschuß zur Überprüfung der Ländergrenzen erstellten Katalog der Veränderungsmöglichkeiten, in: Parl. Rat. Bd. 1, S. 314; eine Aufteilung Nordrhein-Westfalens spielte in dem Vorschlag des Tagesspiegels vom 7. 7. 1948 oder dem Neuordnungsplan des schleswig-holsteinischen Ministerpräsidenten Hermann Lüdemann eine Rolle; vgl. ebenda, S. 304 f.

## 4. Nordrhein-Westfalen

Im Falle eines Zusammenschlusses der Regierungsbezirke Aachen, Köln, Koblenz und Trier allerdings wäre „der linksrheinische Rheinstaat mit stärkster national-politischer Gefährdung geschaffen"[638]. Schon wegen der Gefahr politischer Radikalisierung in einem rein industriell bestimmten und daher sehr einseitig strukturierten Land wurde auch ein Land „Niederrhein-Ruhr" als wenig realistisch eingestuft. Dabei würde „ein Zwergstaat entstehen, in dem die dichtgedrängte Bevölkerung unter einseitiger Wirtschaftsform stark krisenempfindlich und gegenüber sozialen Erschütterungen wesentlich anfälliger" sein würde als seine Nachbarbevölkerung[639]. Ganz ähnlich hatte übrigens die britische Kontrollkommission unter anderem bei ihrer Befürwortung des neuen Landes argumentiert, ein kleineres, ausschließlich von Arbeitern bewohntes Gebiet könne leicht zum Zentrum kommunistischen Einflusses und kommunistischer Propaganda werden; aber nicht nur eine kommunistische, sogar eine SPD-Majorität sollte verhindert werden, obwohl auf unterer Ebene innerhalb der Kontrollkommission durchaus SPD-freundliche Tendenzen vorhanden waren. Kurt Schumacher hatte damals bezeichnenderweise das neue Land Nordrhein-Westfalen abgelehnt, weil es „tödlich" für die SPD sei[640].

Die ablehnende Stellungnahme der Industrie- und Handelskammern gegenüber einer Aufteilung zeigte, daß Nordrhein-Westfalen in seiner bestehenden Form in Kreisen der Wirtschaft auf breite Zustimmung stieß[641]. Auch das Landesplanungsamt hatte Unterlagen bereitgestellt, die die „Zerreißung der wirtschaftlichen Zusammenhänge" im Falle einer Aufteilung belegen sollten[642]. Parteipolitiker wie Konrad Adenauer hatten bei anderer Gelegenheit bereits deutlich zu verstehen gegeben, daß eine Abtrennung Westfalens vom Ruhrgebiet keinesfalls in Frage komme und es nicht in der Absicht der CDU liege, etwaigen französischen Wünschen entgegenzukommen. Sogar Innenminister Menzel, der der Entstehung Nordrhein-Westfalens ursprünglich keinen Beifall gezollt hatte, hob nun – wie auch Robert Lehr – in Presseerklärungen hervor, daß das Land bei der Gründung seine optimale Gestalt gefunden habe[643]. Waren also kaum ernstzunehmende Stimmen zu finden, die einer Aufteilung des Landes das Wort redeten[644], wurden auch die Möglichkeiten einer Vergrößerung des Landes überaus skeptisch beurteilt. Eine solche war, wie oben bereits angedeutet, sowohl nach Süden als auch nach Norden im Gespräch, a.) um die Regierungsbezirke Koblenz und Trier,

---

[638] HStAD, NW 53, Nr. 697b, Vermerk von Gumppenbergs vom 30.7.1948.
[639] Ebenda, Nr. 699, Stellungnahme Robert Lehrs „Zur Frage der Revision der Ländergrenzen" (o. D.).
[640] Vgl. Steininger (Bearb.), Die Ruhrfrage, S. 176; zur Haltung der Parteien zur Landesgründung vgl. Hölscher (Bearb.), Nordrhein-Westfalen, S. 60–76.
[641] Ebenda, S. 79; HStAD, NW 53, Nr. 699, „Die innere Verflechtung der rheinisch-westfälischen Wirtschaft", vertrauliches Gutachten der Vereinigung der Industrie- und Handelskammern, Düsseldorf (o. D.).
[642] Ebenda, Schreiben Pragers an Arnold (mit Unterlagen) vom 28.6.1948.
[643] Vgl. Hüttenberger, Nordrhein-Westfalen, S. 208 f.; Först, Geschichte Nordrhein-Westfalens, Bd. 1, S. 158.
[644] Die Bildung eines separaten Rheinstaates, von allen größeren Parteien bekämpft, war das Ziel der nach der Spaltung der „Rheinischen Volkspartei" in Aachen gebildeten „Rheinischen Union". Dieser unabhängige Rheinstaat sollte wirtschaftlich an die belgisch-niederländisch-luxemburgische Zollunion angeschlossen werden; vgl. HStAD, NW 115, Nr. 132; zum rheinischen Partikularismus auch Schwarz, Vom Reich zur Bundesrepublik, S. 407.

also die derweil zu Rheinland-Pfalz zählenden südlichen Rheinlande, eventuell zusätzlich um den Regierungsbezirk Montabaur, b.) durch eine Vereinigung mit ganz Rheinland-Pfalz, c.) um Teile des niedersächsischen Regierungsbezirks Osnabrück. Ausdrücklicher Befürworter der Lösung a.) war der CDU-Fraktionsvorsitzende im Landtag und Vorsitzende der CDU der britischen Zone, Konrad Adenauer[645]. Anhänger der letzteren Konzeption war etwa der Leiter des Landesplanungsamtes, Stefan Prager. Prager ging dabei allerdings von der Voraussetzung einer Vergrößerung Niedersachsens durch einen Zusammenschluß mit Schleswig-Holstein aus[646].

Im Vordergrund des Interesses hätte primär die Wiedervereinigung des Rheinlandes gestanden, doch waren und blieben solche Forderungen letztlich nicht mehr als „rhetorische Pflichtübungen"[647]. Wegen des Rheinlandes war für Nordrhein-Westfalen, wie bereits skizziert, Rheinland-Pfalz die erste Bezugsgröße. Eine Zusammenführung des Rheinlandes aber hätte eine weitere Vergrößerung Nordrhein-Westfalens bewirkt, der, abgesehen von der ablehnenden Haltung der Besatzungsmächte, auch die übrigen Länder kritisch gegenüberstanden. Schon in seiner bestehenden Form wurde Nordrhein-Westfalen als bevölkerungsmäßig und wirtschaftlich übergewichtig betrachtet. Der Gefahr einer Übergröße eines Landes „Rheinland-Westfalen" („neues Preußen") hätte dadurch vorgebeugt werden können, daß man eine entsprechende Zahl ähnlich großer Länder schuf. Damit wäre gleichzeitig das Prinzip des Föderalismus von dem Verdacht der „Kleinstaaterei" bewahrt worden[648]. Auch nur dann freilich wäre die Vereinigung mit Rheinland-Pfalz eine realistische Option gewesen.

Der Alternative einer größenmäßigen Angleichung an die übrigen Länder durch eine Teilung des Landes aber wurde, wie oben dargelegt, eine Absage erteilt. Kompensatorische Abstriche für eine Erweiterung nach Süden wären auf Kosten Westfalens gegangen; hier kamen in erster Linie Teile des Regierungsbezirks Detmold und Tecklenburg in Frage, die wie zwei Zipfel nach Niedersachsen hineinragten. Die Eingliederung dieser überwiegend protestantischen Gebietsteile nach Niedersachsen hätte bedeutet, die Teutoburgerwald-Linie als Grenze zwischen Niedersachsen und Nordrhein-Westfalen zu akzeptieren, wie es der niedersächsische Regierungschef Hinrich Wilhelm Kopf stets gefordert hatte. Weiterhin hätte in der Südostecke eine Abtretung der Kreise Siegen und Wittgenstein an Hessen zur Debatte gestanden, die auch bei den hessischen Planungen eine Rolle spielten[649]. Die Auflagen der Besatzungsmächte und die ungeklärte Frage, welche Folgen eine Neuformierung des Landes für den Verlauf der Besatzungszonen haben würde, ließen das Ganze zu einem riskanten Unternehmen werden.

---

[645] Den Hintergrund bildeten eindeutig parteipolitische Überlegungen: In einem „Rheinland-Westfalen", so legte Adenauer in einer vertraulichen Denkschrift dar, werde „die CDU immer die stärkste, vielleicht die Mehrheitspartei sein". Dem Einwand, daß ein solches Land ein größenmäßiges Übergewicht unter den Ländern erhalten würde, hielt er entgegen, daß dieses nur knapp die Hälfte der Fläche des Landes Bayern umfassen und die Bevölkerungszahl um lediglich 1 Million bei damals 12 Millionen Einwohnern erhöht würde; vgl. Mensing (Bearb.): Adenauer: Briefe, Bd. 2, S. 201 f.; vgl. auch Heitzer, Die CDU in der britischen Zone, S. 568 f.
[646] HStAD, NW 53, Nr. 699, Schreiben Pragers an Arnold vom 3.7.1948.
[647] Först, Möglichkeiten und Grenzen, S. 285.
[648] Vgl. HStAD, NW 53, Nr. 704, Rheinische Post vom 10.7.1948.
[649] Ebenda, Nr. 655; vgl. dazu das Kapitel zu Hessen, Abschnitt „Land ‚Rhein-Main'? Zur Diskussion über eine Neugestaltung des Landes".

Arnold plädierte folglich in den Konferenzen der Ministerpräsidenten für die Zurückstellung einer Reform[650], da diese nicht nur den Fortbestand von Rheinland-Pfalz in Frage gestellt, sondern gleichzeitig für Nordrhein-Westfalen die Gefahren der Bildung eines Rheinstaates und der Isolierung der Ruhr, die mit der Landesgründung ja gerade gebannt worden waren, unter Umständen erneut hätte akut werden lassen.

*Besatzungsstatut*

Die Ruhrindustrie als dominierender Faktor in der Landespolitik hat auch die Haltung Nordrhein-Westfalens zum Besatzungsstatut bestimmt. Die umfangreichen Demontagen und die in London beschlossene Regelung der Ruhrfrage, die als tiefe, willkürliche und einseitig diskriminierende Eingriffe in das deutsche Wirtschaftsleben empfunden und kritisiert wurden, demonstrierten in eklatanter Weise die Notwendigkeit, deutscher Rechtlosigkeit entgegenzuwirken. So läßt sich für Nordrhein-Westfalen als einem der wenigen Länder die intensive Beschäftigung mit dieser Thematik und – ohne inhaltlich näher darauf eingehen zu wollen – die Ausarbeitung eines eigenen Entwurfs für ein Besatzungsstatut nachweisen. Während in einzelnen Ministerien schon seit längerem Unterlagen zusammengestellt worden waren, war es wiederum Hans Kroll, der Leiter des „Sonderreferats F", der in der ersten Hälfte des Jahres 1948 die Initiative ergriff, „um einschlägiges Material für ein sogenanntes Besatzungsstatut zu sammeln und die bisherigen von den verschiedensten Seiten gemachten Vorschläge und Auffassungen, die sich z.Z. in wichtigen Punkten widersprechen, zu einem Gesamtbild zusammenzufassen, das eine zuverlässige Unterlage bieten soll für den Fall, daß deutsche Stellen von den Alliierten Militärregierungen mit der Angelegenheit befaßt" werden sollten[651]. Schon Ende 1947 hatte Kroll Grundsätze aufgestellt für den Inhalt eines von den Ministerpräsidenten zusammen mit den Parteiführern auszuarbeitenden „Rechts-Statuts": Ein solches sollte „im positiven Sinne eine möglichst weitgehende Autonomie auf dem Gebiet der Politik und insbesondere der Personal-Politik, der Wirtschaft, der Justiz und Verwaltung, der Polizei, des Wohnungswesens, der Zensur usw. enthalten, und zwar über das Maß hinaus, das das Völkerrecht für die Behandlung eines besetzten Gebietes vorsieht. In negativer Hinsicht sollten die Machtbefugnisse der Besatzungsbehörden auf eine Überwachungskontrolle und zwar in erster Linie hinsichtlich der militärischen Nichtaufrüstung beschränkt werden". Nötigenfalls werde man „eine gewisse Kontrolle wirtschaftlicher Art mit dem Ziel der Sicherstellung der deutschen Rohstoffe zum Miteinsatz für den europäischen Aufbau nicht verweigern können". Ein solches „Mindestprogramm" sollte den Militärregierungen vorgelegt werden als „klare Vorbedingung für die deutsche Mitarbeit"[652]. Die Initiative

---

[650] Der Hauptausschuß des Landtags nahm am 5. Juli davon Kenntnis, daß der Ministerpräsident am Bestand des derzeitigen Landes mit allem Nachdruck festhalten werde. Die Frage der Ländergrenzenreform bedürfe einer eingehenden Untersuchung aus gesamtdeutscher Warte und sei deshalb zunächst zurückzustellen; Landtag Nordrhein-Westfalen, Kurzprotokoll über die 23. Sitzung des Hauptausschusses am 5.7.1948; vgl. auch die Stellungnahme Arnolds in der Sitzung des Landtags, 14.7.1948, Stenograph. Bericht, S. 633.
[651] HStAD, NW 53, Nr. 94, Schreiben Krolls an Adenauer vom 7.6.1948.
[652] Ebenda, Nr. 72, vertrauliche Analyse Krolls „Die Lage nach dem Scheitern der Londoner Konferenz" vom 16.12.1947.

dazu sollte wiederum ausdrücklich von Nordrhein-Westfalen als dem „größten und politisch wichtigsten Land des westdeutschen Raumes" ausgehen.

1948 waren an der Ausarbeitung eines amtlichen Entwurfs unter der Federführung Krolls neben unabhängigen Sachverständigen, der Landeskanzlei und dem Innenministerium auch das Justiz-, das Finanz- und das Wirtschaftsministerium beteiligt. Kroll bezweckte damit, dem Ministerpräsidenten „den Entwurf eines wohldurchdachten Besatzungs-Statuts an die Hand zu geben für den Fall, daß eine Initiative Nordrhein-Westfalens in dieser Frage beabsichtigt" war „oder aber von alliierter Seite diese Frage in Besprechungen mit deutschen Stellen zur Diskussion gestellt" wurde[653]. Der Entwurf war Ende Juni 1948 fertiggestellt. Dieses „Statut", dessen Verwendung sich Ministerpräsident Arnold selbst vorbehielt, war, zumindest nach Ansicht Krolls, kein „theoretisches Elaborat", sondern eine „wirklichkeitsnahe Darstellung [...], die auf jahrelangen praktischen Erfahrungen im Verkehr mit der Besatzungsmacht" beruhte[654]. Inwieweit Arnold von dieser Ausarbeitung Gebrauch gemacht hat, ist aus den Quellen nicht ersichtlich. Der Ministerpräsident hat die Anregungen Krolls jedenfalls insoweit aufgegriffen, als er in seiner Kabinettsvorlage vom 3. Juli dem von ihm konzipierten „Deutschen Exekutivorgan" unter anderem die Aufgabe zuschrieb, ein Abkommen mit den Militärregierungen herbeizuführen, in dem die beiderseitigen Rechte und Pflichten festzulegen waren. Die Aushandlung eines Besatzungsstatutes auf vertraglicher Basis war eine Alternative, die in Koblenz allerdings nicht in Betracht gezogen wurde. Dort dominierte Carlo Schmid mit seiner Forderung nach einer einseitigen Auferlegung eines solchen Statuts, womit die fehlende Souveränität eines deshalb notwendigerweise auch nur provisorischen Staatsgebildes in Westdeutschland unterstrichen werden sollte.

### Nordrhein-Westfalen in den Verhandlungen von Koblenz und Rüdesheim

An den Beratungen der Ministerpräsidenten nahmen aus Nordrhein-Westfalen neben Arnold auch Katzenberger, Spiecker und von Gumppenberg teil. Die Rolle des nordrhein-westfälischen Ministerpräsidenten auf der Koblenzer Konferenz ergab sich ausschließlich aus dessen Eigenschaft als Vorsitzender der Kommission zu Dokument Nr. I, während er sich sonst an der gesamten Diskussion nur äußerst spärlich beteiligte. Daß die Wahl zum Ausschußvorsitzenden auf ihn gefallen ist, dürfte darauf hindeuten, daß Arnold unter seinen Kollegen nicht zuletzt durch seine deutschlandpolitischen Initiativen in recht hohem Ansehen stand[655]. Die verschiedenen Vorentwürfe, die Arnold für die Sitzungen der Kommission ausarbeitete, orientierten sich dabei inhaltlich stark an seiner eigenen Kabinettsvorlage vom 3. Juli. Zwar kam es in der Endfassung der Koblenzer Gegenvorschläge zu Dokument Nr. I zu einer Kompromißformel unter

---

[653] Ebenda, Nr. 94, Aufzeichnung Krolls vom 20. 5. 1948.
[654] Ebenda, Schreiben Krolls an Drost vom 28. 6. 1948; ebenda, Begleitschreiben Krolls an Arnold bei der Übersendung des Entwurfs an den Ministerpräsidenten vom 24. 6. 1948.
[655] Hüwel, Karl Arnold, S. 194, vermutet, daß bei der Wahl Arnolds dessen ausgleichende Persönlichkeit eine Rolle spielte, die ihn als Kommissionsvorsitzenden besonders zur Herbeiführung eines Konsenses befähigt habe.

Berücksichtigung der Alternativfassung des Hamburger Bürgermeisters Brauer, doch wird dadurch der Beitrag Arnolds zur Willensbildung der Ministerpräsidenten keineswegs geschmälert.

Das Ergebnis der Konferenz entsprach im ganzen recht weitgehend den Vorstellungen der Landesregierung[656]: Der Charakter eines Provisoriums für die drei Westzonen kam in den Beschlüssen deutlich zum Ausdruck, und in die Antwort der Ministerpräsidenten zu Dokument Nr. I waren verschiedene Formulierungen, die Arnold als Kommissionsvorsitzender gefunden hatte, wörtlich aufgenommen worden. Arnold selbst sah deshalb auch „keine Veranlassung, [...] diese Beschlüsse zu ändern". Ein entscheidender Vorteil lag für ihn in der Einstimmigkeit, mit der sie gefaßt worden waren; die Zustimmung der Landtage verschaffte den Ministerpräsidenten zusätzlich eine starke Position; sie erlaubte eine „Politik des Abwartens"[657].

Bei dieser Auffassung blieb er auch in Rüdesheim, selbst nach der für den weiteren Verlauf der Konferenz ausschlaggebenden Rede Ernst Reuters. Als wichtigsten Differenzpunkt zwischen der mittlerweile durch die Generäle klargestellten Auffassung der Londoner Mächte und den Koblenzer Beschlüssen sah er, wie andere auch, die Referendumsfrage an. Hier äußerte er die „allergrößten Bedenken". Arnold befürchtete, daß die Kommunisten eine Volksabstimmung für ihre propagandistischen Zwecke mißbrauchen und das Referendum „weitgehend auch zu einer Abstimmung gegen die Besatzungsmächte selbst machen" könnten. Da er die Gefahr eines negativen Ausganges der Abstimmung durchaus real gegeben sah, griff Arnold die vom Hamburger Bürgermeister Brauer angeregte Möglichkeit auf, sich, wie Hans Ehard es formulierte, bei den Militärgouverneuren sozusagen ein „politisches Alibi" zu verschaffen, indem man ein Referendum zwar nicht grundsätzlich ablehnte, aber gewichtige Gründe anführte, die eine Abstimmung durch die Landtage näherlegten. Sollten die Militärgouverneure trotzdem auf ihrer Meinung beharren, lag die Entscheidung bei ihnen[658].

In Rüdesheim verfolgte Arnold seine Aufgabe als Ausschußvorsitzender zu Dokument Nr. I weiter. Als solcher hatte er auch die Gespräche mit den alliierten Verbindungsoffizieren zu führen und die deutsche Stellungnahme auf der abschließenden Konferenz mit den Militärgouverneuren am 26. Juli zu vertreten. In der Ländergrenzenfrage hatte sich Arnold in Koblenz völlig zurückgehalten und lediglich anklingen lassen, daß Nordrhein-Westfalen für eine Zurückstellung der Reform plädiere, da sie einer „eingehenden Überprüfung aus gesamtdeutschen Überlegungen heraus" bedürfe[659]. In Rüdesheim zielte sein Engagement darauf ab, den definitiven Bestand seines Landes in den gegebenen Grenzen zu sichern und Plänen einer Trennung von Rheinland und Westfalen entgegenzutreten. Andererseits unterstützte er die Vereinigung der südwestdeutschen Länder, doch nur unter der Prämisse, daß diese Reform regional begrenzt blieb und seitens der Besatzungsmächte verbindlich garantiert wurde, daß es dabei nicht zu Grenzveränderungen in anderen Ländern, einem Austausch von Besatzungsgebieten oder einer Verlagerung der französischen Zone „weiter zum

---

[656] Das Kabinett billigte am 12. Juli „einmütig" die Beschlüsse der Koblenzer Konferenz; vgl. Kanther, Kabinettsprotokolle, Bd. 2, S. 543.
[657] Parl. Rat, Bd. 1, S. 159 f.
[658] Ebenda, S. 195 f.
[659] Ebenda, S. 72.

Rhein herunter" kam⁶⁶⁰. Die Bereinigung der Verhältnisse in Südwestdeutschland war für Nordrhein-Westfalen insofern nicht ganz ungefährlich, als zu befürchten stand, daß Frankreich territoriale Kompensationen fordern könnte, die dann auf Kosten der Regierungsbezirke Köln und Aachen gegangen wären.

In den nach dem Abschluß der beiden Konferenzen anlaufenden Arbeitssitzungen des Ausschusses zur Überprüfung der Ländergrenzen sah sich Nordrhein-Westfalen aufgefordert, deutlich der Lüdemannschen Interpretation der Rüdesheimer Beschlüsse entgegenzutreten: Diese waren aus der Sicht des Landes, auch in ihrer Formulierung, gegenüber den Koblenzer Entscheidungen „nur eine graduelle Steigerung ohne Veränderung des prinzipiellen Standpunktes"⁶⁶¹. Nordrhein-Westfalen hielt deshalb daran fest, „daß mit der Einverständniserklärung, eine Überprüfung vorzunehmen, keineswegs die Verpflichtung übernommen worden" war, „unter allen Umständen auch konkrete Vorschläge zu machen". Es mußte vielmehr damit gerechnet werden, daß die Beratungen unter Umständen zu dem Ergebnis kamen, daß zum gegebenen Zeitpunkt Vorschläge wegen der bekannten innen- und außenpolitischen Risiken nicht gemacht werden konnten. Nähere Informationen aus Gesprächen mit den alliierten Verbindungsoffizieren hatten die enge Verflechtung des Schicksals von Rheinland-Pfalz mit Nordrhein-Westfalen noch stärker hervortreten lassen, da nun einerseits bekannt war, daß die drei Besatzungsmächte einer Vergrößerung von Nordrhein-Westfalen widersprechen würden, wenn nicht gleichzeitig ein weiteres großes Land geschaffen wurde, und andererseits, daß Frankreich eine Auflösung von Rheinland-Pfalz nicht hinnehmen wollte, wenn Nordrhein-Westfalen unverändert blieb. General Koenig hatte erklärt, daß er nur eine gleichzeitige Auflösung beider Länder akzeptieren und in einem solchen Falle von der Wiederherstellung der alten Rheinprovinz als neuem Land unter französischer Besatzung ausgehen würde. Daher entbehrten die (außen)politischen Befürchtungen beider Länder keineswegs einer realen Grundlage. Was Lippe anbetraf, hatten die Verbindungsoffiziere dieses als einen „Sonderfall" bezeichnet⁶⁶². Die Vorgehensweise war hier, wie oben beschrieben, bereits früher geregelt worden: Die Verordnung der britischen Militärregierung vom 21.Januar 1947 sah, auch im Falle der Loslösung von Nordrhein-Westfalen, eine Volksabstimmung innerhalb von fünf Jahren vor. Sie sollte allerdings möglichst jetzt, im Rahmen einer generellen Überprüfung der Ländergrenzen, durchgeführt werden, für den Bestand von Nordrhein-Westfalen selbst jedoch keine Konsequenzen haben.

In der Konferenz der Ministerpräsidenten auf Jagdschloß Niederwald am 31. August ließ Arnold weiterhin keine Zweifel an seiner Entschlossenheit, die Überprüfung der Ländergrenzen zu vertagen. Die Chancen für eine Reform nach dem Abschluß eines Friedensvertrages beurteilte er keineswegs schlechter als zum gegenwärtigen Zeitpunkt. Im Gegenteil, „eine ganze Reihe von wichtigen Problemen, die im Zusammenhang mit den Ländergrenzen stehen", konnte „im deutschen Interesse sehr viel sinnvoller gelöst werden [...], wenn eine ausreichende deutsche Souveränität gegeben" war⁶⁶³. Mit dieser Begründung stimmte er ebenfalls dafür, die Arbeit des Ländergren-

---
⁶⁶⁰ Ebenda, S. 196, 245.
⁶⁶¹ HStAD, NW 53, Nr. 697b, Vermerk von Gumppenbergs vom 28.7.1948.
⁶⁶² Parl. Rat, Bd. 1, S. 331.
⁶⁶³ Ebenda, S. 361.

zenausschusses einzustellen. Nordrhein-Westfalen hat im Juli 1948 nicht den größten Beitrag zur Entstehung der Bundesrepublik geleistet, zweifellos aber den höchsten Nutzen aus den ersten (außen)politischen Erfolgen der neuen westdeutschen Regierung ziehen können. Mit seinen Problemen, die über den landespolitischen Horizont weit hinausreichten, war es ganz besonders auf eine handlungsfähige Zentralgewalt angewiesen. Deshalb auch hat im letzten gesamtdeutsches Wunschdenken hinter realpolitischen Erwägungen zurücktreten müssen.

## Französische Besatzungszone
## 1. Rheinland-Pfalz

Land aus der „Retorte", Land des „Zufalls"? Zweifelsohne ist Rheinland-Pfalz, das im Unterschied zu den meisten anderen westdeutschen Ländern kein „politisches und administratives Kerngebiet als Entstehungsgrundlage" besaß[664], am ehesten als eine „künstliche" Neuschöpfung zu charakterisieren, zusammengesetzt aus vormals völlig unterschiedlich orientierten, daher eher auseinanderdriftenden Landesteilen, und doch gekennzeichnet durch eine gemeinsame und traditionsreiche Geschichte dieser Gebiete in früheren Jahrhunderten. Der Beschluß zur Gründung dieses Landes bezeichnete eine doppelte Wende in der französischen Deutschland- und Besatzungspolitik: einerseits die Abkehr von der Konzeption der Schaffung kleiner, autonomer linksrheinischer Staaten, andererseits, damit verbunden, den Übergang von rein materiell-wirtschaftlicher Ausnutzung der Zone und primärem Sicherheitsdenken zu konstruktiver Aufbauarbeit. Gleichwohl hielten maßgebliche Kräfte in der französischen Militärregierung bis weit in das Jahr 1948 hinein an der Idee der Eigenstaatlichkeit oder zumindest eines Sonderstatus des Rheinlandes fest[665]. Die damit verbundene Zielsetzung, mit Rheinland-Pfalz einen innerlich geschlossenen Kleinstaat als Keimzelle eines späteren großrheinischen Staates zu schaffen, korrelierte in gewissem Maße mit der Zukunftsperspektive des späteren Ministerpräsidenten Altmeier, allerdings ohne daß dieser jemals damit verbundene separatistische Pläne unterstützt hätte[666].

Der 30. August 1946, das Datum der Gründung des Landes, war der Schlußpunkt einer Reihe vorausgegangener territorialer und verwaltungsmäßiger Umorganisationen, die schließlich vor dem Hintergrund der Ländergründungen in den beiden anderen Besatzungszonen[667] zu einem neuen Land, bestehend aus der Pfalz sowie den Regierungsbezirken Trier, Koblenz, Mainz und Montabaur geführt hatten. Gemäß der Verordnung Nr. 17 vom 17. April 1947 fanden am 18. Mai, gleichzeitig mit der Ab-

---

[664] Götz, Entstehung und politische Entwicklung, S. 26; zu den strukturellen Voraussetzungen ausführlich Küppers, Staatsaufbau zwischen Bruch und Tradition, S. 19–33.
[665] Vgl. dazu ebenda, S. 34–81; Hudemann, Entstehung des Landes und seiner Verfassung, S. 60 ff.
[666] Zur Politik Altmeiers vgl. weiter unten, S. 241, 249 f.
[667] Die Entstehung von Nordrhein-Westfalen war nur ein offiziell vorgeschobenes Argument, nicht aber der wahre Grund für die Entscheidung zur Landesgründung. Diese war schon seit dem Frühjahr 1946 systematisch vorbereitet worden; vgl. Hudemann, Entstehung des Landes und seiner Verfassung, S. 71.

stimmung über die Verfassung, die Wahlen zum ersten Landesparlament statt. Auf Vorschlag der Christdemokraten stellte der Chef der bisherigen, am 29. November 1946 von Gouverneur Claude Hettier de Boislambert ernannten vorläufigen Landesregierung, Wilhelm Boden (CDU), ein Übergangskabinett. Bodens Bemühungen um das Zustandekommen einer Allparteienregierung scheiterten jedoch; einer kleinen Koalition aus christlichen und freien Demokraten versagte die eigene Fraktion ihre Zustimmung. Am 9. Juli 1947 trat Boden zurück. In derselben Sitzung wurde Peter Altmeier einstimmig zum neuen Ministerpräsidenten gewählt. Altmeier gelang die Bildung eines Allparteienkabinetts, für dessen Amtszeit die Parteien ein Toleranzabkommen geschlossen hatten, indem sie sich verpflichteten, ihre Kräfte gemeinsam auf das Ziel des Wiederaufbaus zu konzentrieren[668]. Am 7. April 1948 schieden die Kommunisten und im Zusammenhang damit auch die Liberalen aus der Regierung aus. Es verblieb eine Große Koalition aus CDU und SPD, die bis zur Regierungskrise vom Oktober 1949 und letztendlich, nach ihrer Erneuerung im Dezember, darüber hinaus fortbestehen sollte.

In seiner Gebietszusammensetzung, zudem als Grenzland, das stärker als die anderen Länder seiner Zone mit den Folgen des Krieges zu kämpfen hatte, zusätzlich durch die Abtrennung des Saarlandes eines Teiles seines Hinterlandes beraubt, schien Rheinland-Pfalz keine lange Lebensdauer beschieden zu sein. Interne Auseinandersetzungen um den Fortbestand und die Suche des auch als die „Vereinigten Staaten von Rheinland-Pfalz" apostrophierten Landes nach einem eigenen Selbstverständnis prägten für Jahrzehnte seine politische Geschichte. Nicht nur darin, daß Rheinland-Pfalz wie kein anderes Land der Westzonen sich über lange Jahre hinweg selbst in Frage stellte, bildete es eine Ausnahme: Seine Regierung war die einzige in der französisch besetzten Zone, die sich trotz nicht minderer Belastung durch die Besatzungspolitik in Anbetracht der anstehenden Entscheidungen über die politische und wirtschaftliche Zukunft Deutschlands, bei denen es ein gewichtiges Wort mitzureden wünschte, bewußt den Rücktritt versagte und die Behebung der Probleme, solange dies möglich schien, auf dem Wege fortgesetzter loyaler Zusammenarbeit mit der Militärregierung versuchte. Die Politik der Besatzungsmacht, die aufgrund ihrer Zweigleisigkeit bis in das Jahr 1948 hinein für die deutsche Seite undurchschaubar und widersprüchlich blieb, bildete einen entscheidenden Bezugspunkt rheinland-pfälzischer Politik. Der deutliche Zusammenhang zwischen der Entstehungsgeschichte von Rheinland-Pfalz und der französischen Rheinlandpolitik sollte gerade bei den Entscheidungen über die „Frankfurter Dokumente" stets im Hintergrund stehen.

*Persönlichkeit und Politik des*
*Ministerpräsidenten Peter Altmeier*

Als Peter Altmeier am 9. Juli 1947 zum Ministerpräsidenten gewählt wurde, sahen viele darin nur eine Übergangslösung; doch vermochte er sich zu behaupten, ja, am Ende auf eine 22 Jahre währende Amtszeit zurückzublicken. Das damit garantierte Maß an Kon-

---

[668] Dazu vgl. Brommer (Bearb.), Quellen zur Geschichte von Rheinland-Pfalz, S. 469–472, 501–517.

## 1. Rheinland-Pfalz

tinuität und Stabilität gerade in der Anfangszeit eines zunächst ungeliebten Landes leistete einen bedeutenden Beitrag zu dessen allmählicher Selbstidentifikation und Konsolidierung. Insofern verkörperte Altmeier geradezu „die Dauer und Nachhaltigkeit dieses Aufstiegs"[669]. Unterstützt wurde der Ministerpräsident insbesondere von zwei Beratern, Staatssekretär Hubert Hermans und seinem persönlichen Freund Adolf Süsterhenn. Letzterer sollte später, bei den Beratungen des Parlamentarischen Rates, über den Landeshorizont hinaus eine führende Rolle spielen. Beide gehörten schon früh zu den treibenden Kräften für eine klare Westorientierung[670].

Gegenüber Leo Wohleb aus Südbaden und dem Staatspräsidenten von Württemberg-Hohenzollern, Lorenz Bock, auch im Vergleich zu dessen Nachfolger, Gebhard Müller, nahm Altmeier eine gewisse Führungsposition unter den Chefs der Länder der französisch besetzten Zone ein, zumal ihm Rheinland-Pfalz als größtes Land dieser Zone berufen schien, eine geistige Brückenfunktion, insbesondere zwischen Frankreich und Deutschland, zu erfüllen[671]. Sein Engagement für ein neues, nach föderalistischen Prinzipien aufgebautes deutsches Staatswesen war allerdings, im Unterschied zu dem seines südbadischen Kollegen, keineswegs so ausschließlich regionalpolitischen Zielsetzungen unterworfen. Es entsprang – zwar ähnlich wie bei Wohleb – einer allgemeinen, dem christlichen Glauben verbundenen, geistigen Grundhaltung, doch war es von seiner Konzeption her gesamtdeutsch orientiert. So ist Altmeier auch in den Konferenzen von Koblenz und Rüdesheim mit der aktivste Part unter den Teilnehmern der französischen Zone zuzuschreiben, selbst wenn er im Gesamtkreis der Ministerpräsidenten keineswegs eine führende Position eingenommen hat[672]. Altmeier hat die Teilnahme an den beiden Konferenzen, insbesondere der Koblenzer als der ersten ihrer Art in der französischen Zone, später als einen Höhepunkt seiner politischen Tätigkeit betrachtet[673], obgleich er zu diesem Zeitpunkt noch keineswegs den Zenit seines politischen Schaffens erreicht hatte: Erst nach der Gründung der Bundesrepublik konnte er sich dem zuwenden, was er als seine eigentliche Hauptaufgabe verstand, dem weiteren Aufbau und der Organisation des Landes Rheinland-Pfalz.

Johann Peter Altmeier wurde am 12. August 1899 in Saarbrücken geboren als ältestes von acht Kindern. Die Tatsache, daß er aus dem Saarland stammte, mag ihren Teil dazu beigetragen haben, daß er dessen Zukunft während seiner politischen Tätigkeit besondere Aufmerksamkeit gewidmet hat. Allerdings lebte er von Kindheit an in Koblenz. Hier begann er nach dem Abschluß von Volks- und Handelsschule eine kaufmänni-

---

[669] Grass/Heyen (Bearb.), Peter Altmeier: Reden, S. XV.
[670] Im September 1947 hatten Hermans und Süsterhenn auf einer Sitzung der Arbeitsgemeinschaft der CDU/CSU gegen die Auffassung der Mehrheit eine auf die drei Westzonen beschränkte politische Lösung gefordert; vgl. Kaff (Bearb.), Die Unionsparteien 1946–1950, S. 141 f.
[671] Vgl. die Rundfunkansprache Altmeiers zum Jahreswechsel am 31.12. 1947, in: Grass/Heyen (Bearb.), Peter Altmeier: Reden, S. 81. Altmeier gehörte zu den führenden Vertretern der Koblenzer Föderalisten innerhalb der CDU; vgl. dazu Küppers, Staatsaufbau zwischen Bruch und Tradition, S. 87–90, 100–116.
[672] Morsey, Föderalismus im Bundesstaat, S. 10.
[673] Grass/Heyen (Bearb.), Peter Altmeier: Reden, S. XVII. Morsey, Föderalismus im Bundesstaat, S. 15, weist zu Recht darauf hin, daß es nicht Altmeier, sondern der württemberg-badische Ministerpräsident Maier war, der Koblenz als Tagungsort der Länderchefs vorgeschlagen hat (vgl. dazu auch das Kapitel zu Württemberg-Baden, S. 115).

sche Ausbildung. Aus Krieg und französischer Gefangenschaft zurückgekehrt, arbeitete Altmeier als Angestellter, später Prokurist und schließlich Mitinhaber einer Koblenzer Lebensmittel-Großhandelsfirma. Der Eintritt in die Politik begann mit der Mitgliedschaft im Windthorstbund, der Jugendorganisation des Zentrums (1919). 1929 wurde er in den Koblenzer Stadtrat gewählt. In der nationalsozialistischen Zeit war er gezwungen, sich ausschließlich der betrieblichen Tätigkeit zu widmen. Seiner Verhaftung im Zusammenhang mit dem 20. Juli 1944 vermochte er sich dank eines Hinweises aus dem Freundeskreis in letzter Minute zu entziehen.

Die im Berufsleben erworbenen Erfahrungen und Kenntnisse in Wirtschafts- und Verwaltungs-, besonders Ernährungsfragen stellte Altmeier dem politischen Wiederaufbau nach 1945 zur Verfügung. Er war einer der Mitbegründer der Koblenzer CDU und deren Organisator für die vormalige Provinz Rheinland-Hessen-Nassau. Im April 1946 berief ihn Wilhelm Boden, damals Oberpräsident der Provinz, zum Regierungspräsidenten von Montabaur. Er gehörte zudem der von der Besatzungsmacht einberufenen „Gemischten Kommission" und der am 17. November 1946 gewählten Beratenden Landesversammlung an, in der er, wie auch während der Regierungszeit Bodens, die Fraktion der Christdemokraten führte. Die provisorische Gründung der Landesorganisation der CDU im Februar 1947 war seiner energischen Aufbauarbeit wesentlich mitzuverdanken. Am 14. Februar 1947 wurde Altmeier, der zuvor schon Vorsitzender des Koblenzer Stadt- und dann des Bezirksverbandes war, zum Landesvorsitzenden seiner Partei gewählt und blieb es für 19 Jahre. Allerdings hat Altmeier parteipolitische Funktionen immer seiner Hauptaufgabe, der Führung des Landes, untergeordnet[674]. Nach den Jahren seiner Ministerpräsidentschaft von 1947 bis 1969, der „Ära Altmeier", zog er sich allmählich aus der Politik zurück. Er verstarb nach längerer Krankheit am 28. August 1977 in Koblenz.

In Karl Martin Grass' Einleitung zur Edition der Reden des ersten gewählten rheinland-pfälzischen Ministerpräsidenten wird Altmeier als ein „aktiv handelnder, als zupackender, [...] pragmatischer und nüchterner Politiker"[675], wenn auch rhetorisch weniger begabt, beschrieben, hinter dessen einfacher Sprache und äußerer Biederkeit dennoch eine feste Grundsatztreue stand. Altmeiers Umgang mit der Besatzungsmacht war trotz aller Schwierigkeiten und Probleme von der Bereitschaft zur Kooperation gekennzeichnet und hat zu einer im ganzen recht guten Zusammenarbeit mit Gouverneur Hettier de Boislambert geführt[676]. Sein Verhalten gegenüber den Besetzern verstand er zugleich als einen Beitrag zur deutsch-französischen Verständigung, in der er den Kern einer europäischen Neuordnung nach dem Zweiten Weltkrieg sah. In diesen Zusammenhang ist auch Altmeiers Saarpolitik in späteren Jahren einzuordnen, mit der er sich sogar, seiner eigenen Überzeugung folgend, in einen gewissen Gegensatz zur Politik der ersten Bundesregierung und des Kanzlers Konrad Adenauer brachte.

---

[674] Vgl. Haungs, Regierung und Opposition. S. 180.
[675] Grass/Heyen (Bearb.), Peter Altmeier: Reden, S. XVIII.
[676] Die beiderseitige gute Zusammenarbeit wird auch von Boislambert, der Altmeier nach eigenen Worten persönlich als Nachfolger Bodens ausgewählt hat, bestätigt; vgl. Der Gouverneur erinnert sich; zu Altmeiers Umgang mit der Besatzungsmacht vgl. auch Hirschner, Aus dem Chaos zum Land, S. 121–124; Morsey, Föderalismus im Bundesstaat, S. 13.

Einem katholischen und sozialpolitisch engagierten Elternhaus entstammend und aufgewachsen in der rheinischen Zentrumstradition, war Altmeier von deren betont föderalistischer und antipreußischer Haltung geprägt[677], dabei von dem Bewußtsein einer besonderen Sendung des Rheinlandes erfüllt und überzeugt, daß den alten Kulturlandschaften am Rhein aufgrund ihrer historischen Bedeutung eine Schlüsselrolle nach 1945 zufallen sollte. Die Gründung des Landes Rheinland-Pfalz betrachtete er daher als „einen ersten Schritt zur Rückverlegung des Schwergewichts der deutschen Politik in die Wiege des Deutschtums". Dieses Land, und ähnlich auch Nordrhein-Westfalen und Hessen, sollte die Basis des neuen Föderativstaates bilden. Bei ihnen mußten „in der Zukunft das politische Schwergewicht und das kulturelle Führungszentrum des deutschen Staatslebens liegen"[678]. Die französische Zone im besonderen hatte bei diesem Zusammenschluß „eine Reihe von Werten, nicht nur materieller, sondern auch ideeller Art" einzubringen, als da waren die föderalistischen, christlichen, staatsrechtlich konstruktiven und sozialfortschrittlichen Kräfte, wie sie nach Altmeiers Auffassung besonders für das politische Leben in Rheinland-Pfalz charakteristisch waren. Um gerade diese Elemente „schon bei dem Aufbau des Drei-Zonen-Gebildes zur Geltung zu bringen, um diesen Aufbau maßgeblich mitzubestimmen", legte Altmeier „entscheidenden Wert" darauf, daß die Länder der französischen Zone so früh wie möglich an den Entscheidungen über die politische Zukunft (West-)Deutschlands beteiligt wurden[679].

Wenn Altmeier sich auch an die Koalitionsabsprachen hielt und in Koblenz nur für ein westdeutsches Provisorium eintrat, war er selbst gleichwohl aufgrund seiner antikommunistischen Haltung und seiner Vision von der künftig führenden politischen Rolle des deutschen Westens weit eher zu einer freiwilligen Westorientierung geneigt[680]. Die Entwicklung in der internationalen Politik hatte den Bruch zwischen Ost und West und die fortschreitende kommunistische Bedrohung ebenso offenbar werden lassen wie neue Formen zwischenstaatlicher Zusammenarbeit im Westen, erste Zeichen, die den „Anbruch einer neuen Epoche der europäischen", aber auch der deutschen Geschichte anzukündigen schienen[681]. Die mit der Einbeziehung Westdeutschlands in den Marshallplan eingetretene Wende erforderte als Konsequenz „mit geradezu naturgesetzlicher Notwendigkeit die Schaffung eines gemeinsamen Organs, das legitimiert ist, im Namen des deutschen Volkes zu sprechen". Deutschland stand an der Schwelle zur Wiedererlangung der Handlungsfreiheit, auch wenn der Weg dorthin „noch weit und mühevoll" sein würde[682].

---

[677] Vgl. Morsey, Peter Altmeier (1899–1977), S. 201.
[678] Rede Altmeiers zum Beginn der Arbeit der Beratenden Landesversammlung vom 6.12.1946, in: Grass/Heyen (Bearb.), Peter Altmeier: Reden, S. 18.
[679] Rede Altmeiers zum Abschluß der Haushaltsberatungen am 23.1.1948, in: ebenda, S. 100. Altmeier bezog sich hier allerdings noch auf die Bizonenreform vom Januar 1948.
[680] So auch Küppers, Rheinland-Pfalz, S. 180f.
[681] Landtagsrede Altmeiers vom 7.6.1948, in: Grass/Heyen (Bearb.), Peter Altmeier: Reden, S. 107.
[682] Ebenda, S. 108, 110.

*Probleme und Interessen der Landespolitik
Diskussion um den Fortbestand des Landes*

Wie kein anderes Land ist Rheinland-Pfalz nicht nur von außen, das heißt durch die anderen Länder der Westzonen, sondern auch im Innern immer wieder in seinem Bestand in Frage gestellt worden. So trat das Frankfurter Dokument Nr. II als die vermeintliche Chance zu einer Neuformierung oder gar Auflösung alsbald in den Mittelpunkt der innenpolitischen Diskussion. Schon seine überaus ungünstige Ausgangslage ließ berechtigte Zweifel an der Lebensfähigkeit dieses Landes aufkommen: Der Südteil der Rheinprovinz und die bayerische Pfalz waren schon immer Grenzland gewesen. Die unter dem Begriff „Rote Zone" bekannt gewordenen Gebiete am Westwall (Regierungsbezirk Trier) waren seit langem der Aufmerksamkeit des Staates entgangen und, auch verkehrsgeographisch ungünstig gelegen, fernab von den politischen und administrativen aber auch industriellen Zentren, eine wirtschaftlich verarmte und vernachlässigte Region geblieben. Noch dazu hatte die Grenzziehung des Landes neue wirtschaftliche Probleme hervorgerufen: Durch die mit der militärischen Besetzung geschaffenen Demarkationslinien waren die Städte Mainz und Worms ihrer rechtsrheinischen Vororte und Gemeinden beraubt worden. Insbesondere die Stadt Mainz verlor Gebiete, in denen ihr industrielles Schwergewicht und damit ihre Hauptwirtschaftskraft gelegen hatte. Seine endgültige Abgrenzung fand das neue Land zudem erst am 8. Juni 1947, nachdem der größte Teile derjenigen Gemeinden, die seit dem 16. Juli 1946 an das Saarland hatten abgetreten werden müssen, wieder rückgegliedert worden waren.

Auch der Beschluß, zunächst Koblenz und nicht Mainz, das von der Besatzungsmacht als künftige Hauptstadt vorgesehen war, zum Regierungssitz zu erheben, hing, neben anderen Gründen, mit den Zweifeln an einer dauerhaften Existenz des Landes zusammen[683]. Umgekehrt war der Wunsch nach der Herbeiführung einer baldigen definitiven Antwort auf die Hauptstadtfrage für die Befürworter eines Fortbestehens dieses Landes von der Absicht mitbestimmt, durch die damit verbundene Präjudizierung ein Zeichen für eine dauerhaftere Lösung zu setzen und den Widerstand vor allem der Sozialdemokraten entscheidend zu schwächen. Peter Altmeier und Alois Zimmer, der Fraktionsvorsitzende der Christdemokraten, hatten mit der Bildung der Großen Koalition unter anderem auch den Zweck verfolgt, die SPD in die Verantwortung für das Land, dem sie eigentlich ablehnend gegenüberstand, einzubinden. Mehr noch hatte die Abstimmung vom 18. März 1947 über die Verfassung – nur 52,9 % der Bevölkerung stimmten dafür[684] –, ja ihre Ablehnung in einzelnen Regionen, die mangelnde Identifikation mit dem neuen Lande gezeigt. Das Ergebnis offenbarte geradezu einen „rheinländisch-pfälzischen Dualismus"[685], indem das neue Land in der Pfalz mehrheitlich abgelehnt, im Rheinland dagegen überwiegend akzeptiert wurde.

Wie die Kommunisten hatten auch die Sozialdemokraten schon in der Schlußabstimmung der Beratenden Landesversammlung die Verfassung abgelehnt mit der Begrün-

---

[683] Vgl. Küppers, Staatsaufbau zwischen Bruch und Tradition, S. 168–178; Grass, Von Koblenz nach Mainz, S. 435 f.; Brommer, Koblenz oder Mainz?; Mathy, Landeshauptstadt Mainz.
[684] Dazu Fenske, Rheinland-Pfalz und die Neugliederung, S. 110 f.
[685] Küppers, Zwischen Koblenz und Bonn, S. 165; genaue Auflistung der Abstimmungsergebnisse in den einzelnen Kreisen bei Klaas (Bearb.), Die Entstehung der Verfassung für Rheinland-Pfalz, S. 48–51.

dung, eine für sie nicht akzeptable Entwicklung nicht durch die Zustimmung zu einer Verfassung für dieses Land sanktionieren zu wollen[686]. Die Gründung von Rheinland-Pfalz war aber auch bei den Christdemokraten, die in dem neuen Land zunächst ebenfalls keine Dauerlösung zu erkennen vermochten, mit Zurückhaltung aufgenommen worden, doch war bei ihnen insgesamt die Bereitschaft größer, dieses vorerst als Provisorium zu akzeptieren bis zur Bildung eines großen westdeutschen Landes, während die SP vorwiegend aus Befürchtungen hinsichtlich französischer Rheinlandpläne primär eine Rückführung der einzelnen Gebiete in ihre ursprünglichen Zusammenhänge vor Augen hatte[687].

Fast paradox mutet es an, daß die Regierung desjenigen Landes, das sich von Beginn an selbst in Frage gestellt hat, sich einer Status-quo-Politik verschrieb, die das zusammenhalten sollte, was erst nach langen Jahren, wenn nicht Jahrzehnten, auch zusammenbleiben wollte. Altmeier sah die Fortexistenz des Landes zunächst insofern als eine Notwendigkeit an, als „ein Neuaufbau des politischen, wirtschaftlichen und kulturellen Lebens [...] nur auf der Basis einer gesicherten Rechtsordnung möglich" war[688]. So betrachtet war die Schaffung der Landesverfassung ein, wenn auch indirekter, Beitrag zur Überwindung der Not des Volkes. Doch besaß Rheinland-Pfalz auch für ihn anfangs durchaus keinen „Ewigkeitswert". Da das Land „weder historisch geworden, noch organisch gewachsen" war, „sondern seine Entstehung letzten Endes den Beschlüssen über die Zonenaufteilung" verdankte, sollte es lediglich eine Übergangslösung bilden, „eine Etappe auf dem Wege zur staatsrechtlichen Gestaltung des rheinischen Raumes". Im Rahmen dieser, zum geeigneten Zeitpunkt zu verwirklichenden Zielsetzung sollte Altmeier jedoch schon bald immer deutlicher seine Entschlossenheit zu erkennen geben, den dauerhaften Bestand des neuen Landes vorerst gegen alle Anfechtungen von innen und außen zu verteidigen. Er gehörte dabei zu einer Gruppe von Christdemokraten, die, nach anfänglichem Zögern, entschlossen war, das neue, wenn auch künstlich zusammengesetzte Land zu erhalten. Sie sah sich dabei einer starken Gegenströmung, selbst in der eigenen Partei[689], vor allem aber aus den Reihen der Sozialdemokraten und Liberalen gegenüber. Diese mußte in dem Maße an Gewicht gewinnen, in dem es in den Verhandlungen von Koblenz und Rüdesheim nicht gelingen sollte, die Durchführung einer Ländergrenzenreform von der Tagesordnung abzusetzen und insbesondere die Ambitionen der Nachbarländer hinsichtlich der Pfalz zu dämpfen.

*Pfalzfrage*

Die Pfalzfrage bezeichnete für Rheinland-Pfalz ein Problem zweifacher Dimension: Das Verhältnis der Pfalz zur Gesamtheit des neugeschaffenen Landes, das heißt das Problem ihrer Integration, beschäftigte vor allem um die Jahreswende 1946/47 im Zuge der Verfassungsgebung die innenpolitische Diskussion. Seit der Gründung des Landes bildete die Pfalz darüber hinaus den zentralen Bezugspunkt der internen De-

---

[686] Zum Zusammenhang zwischen der Verfassungsfrage und der Einstellung der Parteien zum Land Küppers, Staatsaufbau zwischen Bruch und Tradition, S. 121–142.
[687] Dazu ebenda, S. 84–120; ders., Entstehung und Selbstbehauptung von Rheinland-Pfalz, S. 225.
[688] Rede Altmeiers vor der Beratenden Landesversammlung zum Abschluß ihrer Beratungen am 24. 4. 1947, in: Grass/Heyen (Bearb.), Peter Altmeier: Reden, S. 25.
[689] Die CDU vertrat in dieser Frage keineswegs einen einheitlichen Standpunkt. Die pfälzischen Christdemokraten etwa neigten bekanntlich dazu, die Pfalz mit Baden oder Hessen zu verbinden.

batte über eine Neugliederung oder Aufteilung des Landes. Sie war aber bekanntlich gleichzeitig auch das umstrittenste Gebiet überhaupt im Falle einer allgemeinen Territorialreform. Die Debatte um die Stellung der Pfalz zum Gesamtland war hervorgerufen worden durch den von besatzungsinternen Differenzen[690] ausgelösten Versuch der Franzosen, eine Sonderstellung der Pfalz in der rheinland-pfälzischen Verfassung festzuschreiben. War dieses Vorhaben von Regierung und Parlament abgelehnt worden, blieb als einziges Zugeständnis Artikel 78 der Verfassung. Er bestimmte, daß über die Selbstverwaltungsrechte der einzelnen Landesteile, insbesondere der Pfalz, ein Gesetz befinden solle. Damit wurde der Pfalz in Rücksichtnahme auf ihre historische Tradition das Recht offengehalten zur Bildung eines eigenen Parlamentes, dem Bezirkstag.

Die einmütig ablehnende Haltung der Pfälzer selbst gegenüber jeglichem Separatismus stand in einem merkwürdigen Gegensatz zu der Vielfalt an Konzeptionen, was ihre künftige politische Zugehörigkeit anlangte. Eine Ursache für diese „Buntheit der Auffassungen" ist „sicherlich in der wechselvollen Geschichte dieser Landschaft zu suchen"[691]. Die Option für die Bildung eines Landes „Kurpfalz" teilten sich die „dynastischen Kurpfälzer", die eine Vereinigung der Gebiete des alten Kurfürstentums anstrebten, und die „wirtschaftlich orientierten Kurpfälzer", denen es vorwiegend um eine Zusammenführung des Industriepotentials auf beiden Seiten des Rheines ging. Zu unterscheiden war hier außerdem das Ziel, ein eigenständiges Land zu bilden, oder aber als ein Regierungsbezirk im neu zu bildenden Südweststaat aufzugehen. Eine führende Kraft der kurpfälzischen Bewegung war der Oberregierungspräsident der Pfalz, Franz Bögler (SPD), in Kreisen der Landesregierung wegen seiner Ambitionen mit dem Ehrentitel „Landessprengmeister" bedacht. Der Wunsch Bayerns nach einer Rückkehr der Pfalz durfte am ehesten im katholischen Südteil der Pfalz auf Unterstützung hoffen. Unter den Möglichkeiten einer rechtsrheinischen Verankerung mochte dies jedoch die schwächste Alternative gewesen sein. Auch von Hessen[692] und Baden[693] ging ein reges Interesse an der Pfalz aus, das dort auf jeweils komplementäre Neigungen traf. Doch bestand auch innerhalb der pfälzischen Parteien selbst keineswegs eine jeweils klare Position. CDU, SPD und die Liberalen wie auch pfälzische Wirtschaftskreise hatten zwar einmütig ihren Wunsch nach einer rechtsrheinischen Verankerung der Pfalz bekundet, schlugen dafür aber unterschiedliche Lösungen vor[694]. Insbesondere

---

[690] Dazu Küppers, Entstehung und Selbstbehauptung von Rheinland-Pfalz, S. 230 f. Zu den angeblich damit verbundenen separatistischen Zielsetzungen vgl. Wünschel, Der Separatismus in der Pfalz, S. 57–61; ders., Der Versuch Frankreichs.
[691] Küppers, Entstehung und Selbstbehauptung von Rheinland-Pfalz, S. 228.
[692] Vgl. dazu das Kapitel über Hessen, insbesondere den Abschnitt „Land ,Rhein-Main'? Zur Diskussion über eine Neugestaltung des Landes".
[693] Vgl. dazu das Kapitel über Südbaden, Abschnitt zur Ländergrenzenreform.
[694] Die pfälzische SPD trat für die Wiederherstellung der alten Kurpfalz ein; vgl. Weitzel, Zwei pfälzische Dokumente, S. 461; zur Diskussion um die Pfalz innerhalb der SPD Kusch, Wiederbegründung der SPD, S. 133 f. Der Bezirksverband Pfalz der Demokratischen Partei verabschiedete in einer außerordentlichen Vorstandssitzung am 6.9. 1948 eine Resolution, die sich „erneut und einmütig für den sofortigen Zusammenschluß der Pfalz mit Württemberg/Baden" ausspracht und „die alsbaldige Einleitung der erforderlichen Schritte" forderte; Vgl. LA Speyer, V 52 (NL Bögler), Nr. 438. Zur Haltung der Wirtschaft vgl. ebenda, Telegramm von Vertretern der pfälzischen Industrie an die Konferenz der Ministerpräsidenten in Koblenz vom 8.7. 1948.

die Christdemokraten vermochten auch im Sommer 1948 nicht zu einer geschlossenen Haltung zu finden. Die parteiintern vertretenen Konzeptionen reichten von dem Vorschlag einer Rückkehr der Pfalz zu Bayern über die Wiedererrichtung der Kurpfalz bis zur Schaffung eines „Mittelrheinstaates" (eine Idee, die im besonderen vom Bezirksvorsitzenden der CDU-Pfalz, Jakob Ziegler, vertreten wurde). Die Pfälzer CDU geriet – hier sei an eine ähnliche Entwicklung in Südbaden[695] oder im nordbadischen Landesteil von Württemberg-Baden[696] erinnert – über die Frage nach der Zukunft der Pfalz in eine schwere Krise[697].

Die Pfalzfrage hat einerseits dazu beigetragen, den Konsolidierungsprozeß des Landes zu verzögern. Andererseits aber spielte sie indirekt eine gewichtige Rolle bei der Sicherung des Fortbestandes von Rheinland-Pfalz: Eben weil die Pfalz einen Eckpfeiler der westdeutschen Neugliederungsdiskussion bildete und angesichts der Vielfalt an Lösungskonzepten war die Aufrechterhaltung des Status quo die vorerst beste Lösung, um nicht über endlosen Debatten das alles überragende Ziel einer politischen Zusammenfassung der Westzonen zu gefährden. Hinzu traten außenpolitische Risiken (darunter Gerüchte um französische Pläne, die Pfalz der Saar zuzuschlagen[698]), derentwegen man ein Aufrollen der Ländergrenzenfrage, die angesichts der auseinanderstrebenden Teile von Rheinland-Pfalz leicht zu einer Isolierung der Pfalz hätte führen können, unbedingt vermeiden mußte. Altmeier selbst hatte sich anläßlich eines Meinungsaustausches mit General Koenig in Baden-Baden im Mai 1948 vergewissern können, daß Frankreich hinsichtlich der Pfalz keinerlei separatistische Pläne verfolgte[699]. Kursierenden Gerüchten dieser Art ist er offenbar aber nicht entgegengetreten, möglicherweise, um sie taktisch zu nutzen. In diesem Zusammenhang erscheint es auch verständlich, daß Altmeier einer Vereinigung der drei südwestdeutschen Länder in den Verhandlungen von Koblenz und Rüdesheim keine Steine in den Weg legte: Mit dem Südweststaat wurde ein saturiertes Nachbarland geschaffen, bei welchem rechtsrheinisch orientierte Ambitionen der Pfalz in Zukunft kaum mehr eine Chance haben würden.

---

[695] Vgl. dazu das Kapitel zu Baden, Abschnitt „Länderreform im Südwesten und die Zukunft des Landes Baden".

[696] Vgl. dazu das Kapitel zu Württemberg-Baden, Abschnitt zum Verhältnis Nordwürttemberg/ Nordbaden.

[697] Eine Probeabstimmung im Vorstand am 18.9.1948 ergab 12 Stimmen für einen Anschluß an Baden/Württemberg, 8 für die Beibehaltung des Status quo (Exponent: Hans Haberer, der Leiter der Koblenzer Staatskanzlei), 6 für die Rückkehr nach Bayern (Exponent: der Ludwigshafener Prälat Walzer, später führendes Mitglied des Ausschusses „Bayern und Pfalz") und je eine Stimme für Enthaltung beziehungsweise Vertagung der Angelegenheit; vgl. Küppers, Entstehung und Selbstbehauptung von Rheinland-Pfalz, S.229.

[698] Vgl. den Bericht des CDU-Fraktionsvorsitzenden Zimmer auf der Tagung der Landesvorsitzenden der CDU/CSU am 22.7.1948 in Königstein, in: Kaff (Bearb.), Die Unionsparteien 1946–1950, S.230. Gerüchte um die Existenz von alliierten Aufteilungsplänen für Rheinland-Pfalz veranlaßten Peter Altmeier in der Sitzung des Landtags vom 19.8.1948 zu einem offiziellen Dementi (Stenograph. Bericht, S.935).Gleichwohl existiert eine Aufzeichnung über eine „geheime Besprechung" Altmeiers mit Koenig, die auch Aufteilungspläne für Rheinland-Pfalz benennt; vgl. StAB, 3-R. 1. n.Nr.4, Quadr. 6, Akte II.

[699] Dazu Küppers, Staatsaufbau zwischen Bruch und Tradition, S.200ff.

### Gebietsforderungen Luxemburgs

In den Problemkreis der im Londoner Deutschlandkommuniqué erwähnten Grenzberichtigungen ragten für Rheinland-Pfalz die Forderungen der luxemburgischen Regierung hinein. Bereits am 22. Januar 1945 hatte sie in London eine Note vorgelegt, in der sie sich für spätere Zeiten vorbehielt, territoriale Kompensationen für die im Krieg erlittenen Schäden zu verlangen[700]. In einem auf der New Yorker Außenministerkonferenz am 27. November 1946 überreichten Memorandum wurden die luxemburgischen Vorstellungen präzisiert: Sie beinhalteten die Abtrennung von 508 qkm Land aus den Kreisen Trier-Land, Bitburg, Prüm und Saarburg. Im Londoner Kommuniqué vom 7. Juni 1948 schließlich wurden sie nicht mehr eigens erwähnt, blieben aber gleichwohl fortbestehen. Akut wurde die Thematik erneut Anfang 1949, als die ersten Nachrichten durchsickerten, daß die auf der Londoner Sechsmächtekonferenz zur Beratung dieses Komplexes eingesetzte Kommission zu einem Ergebnis gelangt sei. Ihre Brisanz erhielten die luxemburgischen Gebietsansprüche in Rheinland-Pfalz dadurch, daß es sich bei dem betroffenen Territorium um die bereits erwähnte „Rote Zone" handelte: Die schlechte materiell-wirtschaftliche Lage der Grenzbevölkerung ließ für manchen den aus der Not geborenen Gedanken, mit der Hinwendung zum Nachbarland seine Lebenssituation verbessern zu können, nicht ganz abwegig erscheinen[701]. Gezielte Hilfestellung für die Grenzgebiete, vor allem durch Infrastrukturmaßnahmen, bildete daher in den folgenden Jahren einen Schwerpunkt rheinland-pfälzischer Landespolitik.

Die Überlegungen der Landesregierung hinsichtlich der luxemburgischen Gebietsansprüche nachzuvollziehen, ist wegen der schlechten Quellenlage nicht möglich. Aber ohnehin waren ihre Handlungsmöglichkeiten schon dadurch sehr begrenzt, daß der genaue Inhalt der Forderungen nicht bekannt war, anders als in Nordrhein-Westfalen oder Niedersachsen, die durch den „Bentheimer Grenzlandausschuß"[702] genaue Kenntnis über den Inhalt der Memoranden ihrer westlichen Nachbarn erhalten hatten. Auch über den Stand der interalliierten Verhandlungen war die Landesregierung nur durch Presse- und Rundfunkmeldungen unterrichtet. Gleichwohl versuchte Altmeier, der erstmals am 16. Juni 1948 im Landtag[703] zu dieser Frage Stellung nahm, über eine verbale Abwehr hinaus neue Wege zu gehen: Aus seiner Überzeugung von der besonderen Berufung seines Landes zum Ausgleich mit den Staaten des Westens heraus unterbreitete er am 18. Januar 1949 das Angebot, die Verfügung über die Wasserkräfte im umstrittenen Grenzgebiet, der das luxemburgische Interesse in der Haupt-

---

[700] Brommer (Bearb.), Quellen zur Geschichte von Rheinland-Pfalz, S. 761, Anm. 3.
[701] Vgl. den Bericht des Trierer Regierungspräsidenten Steinlein an Altmeier vom 18.8.1947, in: ebenda, S. 480–487. In seinem Bericht vom 25.5.1948 konnte Steinlein jedoch schon von einer wesentlichen Stabilisierung der politischen Lage berichten; vgl. ebenda, S. 583. In der Befürchtung, daß die Grenzkreise sich in ihrer Not dem Nachbarland zuwenden würden, liegt eine Parallele zu der Situation in Schleswig-Holstein bei den Auseinandersetzungen im deutsch-dänischen Grenzstreit. Vgl. dazu das Kapitel zu Schleswig-Holstein, Abschnitt zur Schleswig-Frage.
[702] Vgl. dazu das Kapitel über Niedersachsen, Abschnitt über die niederländischen Gebietsansprüche an der deutschen Westgrenze.
[703] Regierungserklärung Altmeiers vom 16.6.1948, in: Grass/Heyen (Bearb.), Peter Altmeier: Reden, S. 120.

sache galt, zum Gegenstand von Verhandlungen über eine gemeinsame Nutzung zu machen[704]. Altmeiers Vorschlag sollte mit der Unterzeichnung des Staatsvertrages mit Luxemburg über den Bau des Wasserkraftwerkes Rosport-Ralingen am 25. April 1950 Wirklichkeit werden. Damit konnte Rheinland-Pfalz sich zugleich dessen rühmen, als erstes Land der neugegründeten Bundesrepublik Deutschland einen Wirtschaftsvertrag mit dem Ausland abgeschlossen zu haben.

*Saarfrage*

Das Schicksal des Saarlandes hat die Geschichte von Rheinland-Pfalz wesentlich beeinflußt. Zwischen den Gebieten des späteren Landes Rheinland-Pfalz und dem Saarland hatten vormals enge Beziehungen bestanden[705]. Nach 1945 – noch unter amerikanischer Besatzungsherrschaft – hatte die Saar zusammen mit den Regierungsbezirken Koblenz und Trier sowie der Pfalz und Rheinhessen einer Verwaltungseinheit „Mittelrhein-Saar" angehört. Mit der verwaltungsmäßigen Abtrennung der Saar im Juli 1945 wurde das spätere Rheinland-Pfalz von seinem natürlichen Hinterland abgeschnitten. Am 18. Juli 1946 war das Saarland dann zunächst um 142 Gemeinden an der Westgrenze zu Lasten des damals noch künftigen Rheinland-Pfalz vergrößert worden, von denen am 8. Juni 1947, also nach der Gründung des Landes, 61 Gemeinden der Kreise Saarburg und Trier-Land zurückkehrten, während ihm 13 andere aus den Kreisen Birkenfeld und Kusel erneut zugewiesen wurden.

Nicht nur die mit der Abtretung von Grenzkreisen an das Saarland verbundenen Gebietsverluste, sondern auch Risiken[706] bestärkten die rheinland-pfälzische Regierung in ihrem Rollenverständnis als Treuhänder Deutschlands im Westen, aus dem heraus ihm die selbst auferlegte Verpflichtung erwuchs, die Rückführung der Saar als eine nationalpolitische Aufgabe zur eigenen Sache zu machen. Als solche war sie freilich stark mit landespolitischen Interessen verbunden: Da die Saar, wie dargelegt, ehemals zu einer Verwaltungseinheit „Mittelrhein-Saar" gezählt hatte, war die Politik der Regierung Altmeier von dem Wunsch mitbestimmt, das Saarland eines Tages sozusagen „zurück"gewinnen zu können. Daß Altmeier tatsächlich dieses Ziel verfolgte, hat er in späteren Jahren offen bekannt[707]. Nach seiner Überzeugung war sowohl für Rheinland-Pfalz als auch für das Saarland nur im beiderseitigen Verbund eine dauerhafte Existenz denkbar. Aus der Zusammenführung beider sollte ein starkes Land mit entsprechendem bundespolitischen Gewicht entstehen. Insofern mußte dem Ministerpräsiden-

---

[704] Landtagsrede Altmeiers vom 18.1.1949, in: ebenda, S. 195 f.
[705] Vgl. auch Götz, Entstehung und politische Entwicklung, S. 83 f.
[706] Der Regierungspräsident von Trier wußte in seinem Bericht vom 18.8.1947 an Altmeier zu berichten, daß nach der Rückkehr des überwiegenden Teiles des Kreises dort Bewegungen entstanden seien, die auf einen Wiederanschluß an das Saarland abzielten, offenbar vor dem Hintergrund einer dadurch zu erwartenden materiellen Besserstellung; vgl. Brommer (Bearb.), Quellen zur Geschichte von Rheinland-Pfalz, S. 483 f.
[707] Vgl. dazu die Rede Altmeiers auf dem 3. Landesparteitag der CDU in Bad Ems am 22.4.1950, in: Grass/Heyen (Bearb.), Peter Altmeier: Reden, S. 280. Nach Morsey, Föderalismus im Bundesstaat, S. 25, hat Altmeier dieses Ziel bereits seit 1947 „offen angestrebt". In seinem Ziel, eine Neugliederung zumindest bis zur Lösung der Saarfrage zurückzustellen, befand er sich sogar in Übereinstimmung mit dem SPD-Vorsitzenden Schumacher; vgl. Kusch, Wiederbegründung der SPD, S. 139.

ten auch im Hinblick auf die Saarfrage im Sommer 1948 daran gelegen sein, die Durchführung einer Ländergrenzenreform zu verhindern. Um einer späteren und vernünftigen (im Sinne Altmeiers) Wiedereingliederung der Saar willen, die zu diesem Zeitpunkt noch ausgeschlossen war, mußte die Ländergrenzenfrage weiter offengehalten werden. Als die Saarfrage 1955 dann endlich zur Entscheidung anstand, hatte sie für Rheinland-Pfalz inzwischen erheblich an Bedeutung eingebüßt[708]. Neben weiteren Faktoren (u. a. unter parteipolitischem Aspekt der Gewinn zusätzlicher Stimmen im Bundesrat) war es vor allem die bis dahin weit fortgeschrittene Konsolidierung von Rheinland-Pfalz selbst, die die Eingliederung des Saarlandes in die Bundesrepublik in Form eines eigenständigen Bundeslandes schließlich zu einer durchaus akzeptablen Lösung werden ließ.

### *Rheinland-Pfalz und die „Frankfurter Dokumente"*

In Rheinland-Pfalz sind die „Frankfurter Dokumente" sehr intensiv diskutiert worden, sowohl im Kreise des Ministerrates als auch im Plenum des Landtags. In der Ländergrenzenfrage suchte das Land die Abstimmung mit Nordrhein-Westfalen und eine enge Kooperation mit diesem in den Verhandlungen von Koblenz und Rüdesheim. Auch bezüglich der künftigen Verfassung zeigte die Haltung beider Länder auffallende Parallelen. Der Berater des nordrhein-westfälischen Ministerpräsidenten, Freiherr von Gumppenberg, hat mit Altmeiers Vertrautem, Hubert Hermans, die Kabinettsvorlage Arnolds zu den „Frankfurter Dokumenten" ausführlich durchgesprochen[709].

### *Verfassungsfrage*

Die Position des Landes Rheinland-Pfalz in der Verfassungsfrage war von verschiedenen Eckdaten bestimmt: 1. der unbedingten Notwendigkeit eines wirtschaftlichen und politischen Zusammenschlusses der drei Westzonen, damit eng verbunden 2. dem dringenden Wunsch nach einer Beteiligung der Länder der französischen Zone an den Entscheidungen über die deutsche Zukunft sowie 3. der Forderung nach einer demokratisch legitimierten Interessenvertretung des deutschen Volkes und 4. der Zielsetzung des christdemokratisch orientierten Regierungschefs Peter Altmeier sowie Adolf Süsterhenns, der neuen Staatsordnung ein stark föderalistisches Gepräge zu verleihen. Letzteres bezog sich nicht nur auf den Inhalt, sondern auch auf das Zustandekommen der künftigen Verfassung[710]. Das implizierte, ähnlich wie in Bayern, eine Schlüsselfunktion der Länder, die außer ihren Aufgaben auf dem Felde der Verfassungspolitik auch die „Pflicht" hatten, solange keine gesamtdeutsche Vertretung bestand, über die Wahrung ihrer speziellen Lebensinteressen hinaus die Meinung und den Willen des deutschen Volkes zu vertreten.

---

[708] Zur Entwicklung der Saarfrage ausführlich Küppers, Staatsaufbau zwischen Bruch und Tradition, S. 249–277.
[709] Vgl. dazu das Kapitel zu Nordrhein-Westfalen, Abschnitt zur Verfassungsfrage.
[710] Vgl. die Stellungnahme Altmeiers zu den „Londoner Empfehlungen" vor dem Landtag in seiner Sitzung am 16.6.1948, in: Grass/Heyen (Bearb.), Peter Altmeier: Reden, S. 115 ff.

Altmeier und Süsterhenn bevorzugten eine aus zwei Kammern zusammengesetzte Verfassunggebende Versammlung. Das Gremium, welches die gesamtdeutsche Einheit zu verkörpern hatte („Bundestag"), wäre entweder direkt vom Volk oder indirekt durch die einzelnen deutschen Länderparlamente zu wählen gewesen. Das Vertretungsorgan der Länder („Bundesrat")[711] war mit Vertretern der Landesregierungen zu besetzen. Das Beispiel des Frankfurter Wirtschaftsrates, in dem ausschließlich Parteienvertreter saßen, hatte gezeigt, daß diese allein nach parteipolitischen Gesichtspunkten entschieden. Das „Länderelement" war dort „bisher niemals [...] zur Geltung gekommen". Diese Erfahrung bewies, „daß der Beschluß der Londoner Konferenz, wonach die Abgeordneten für die verfassunggebende Nationalversammlung auf Länderbasis und nach jeweiligem Landesrecht bestimmt bzw. gewählt werden sollen, keinerlei föderalistische Garantie" bot. Sollte aber der Beschluß der Londoner Konferenz bereits endgültig sein, mußte „zum mindesten im Interesse der Sicherung des föderalistischen Charakters der künftigen deutschen Verfassung" angestrebt werden, „der Konferenz der Ministerpräsidenten [...] auch bei der Verfassungsgesetzgebung neben der Nationalversammlung ein konsultatives Mitwirkungsrecht zu sichern", ein, wenn auch schwacher, Ersatz für das beschließende Mitwirkungsrecht eines Bundesrates. Ein Einkammerparlament, ob direkt oder indirekt gewählt, würde, wie die Geschichte zur Genüge bewiesen hatte, zentralistische Tendenzen entfalten. Eine unitarische wie föderalistische Elemente gleichermaßen berücksichtigende Lösung, wie sie den beiden führenden rheinland-pfälzischen CDU-Politikern vorschwebte, war jedoch in den „Frankfurter Dokumenten" nicht vorgesehen. So blieb nur der Weg, an die Rolle der Ministerpräsidenten, die diese seit ihrer Zusammenkunft am 1. Juli 1948 übernommen hatten, anzuknüpfen.

Nachdem der Ministerrat in seiner Sitzung am 2. Juli eine gemeinsame Position gefunden hatte[712], wurde am 6. Juli unter Beteiligung von Vertretern der Fraktionen von CDU und SPD nach mehrstündiger Diskussion die Haltung des Landes zur Verfassungsfrage definiert: Unter dem Eindruck des Dokumentes Nr. III hatte sich das Kabinett für die Schaffung eines „westdeutschen Provisoriums" entschieden, um die „erwünschte und notwendige Zusammenfassung der Trizone herbeizuführen". Die Einberufung einer „Verfassunggebenden Nationalversammlung" beziehungsweise die „Bildung eines westdeutschen Bundesstaates" wurden abgelehnt. Beides wäre nur dann in Frage gekommen, „wenn dieser Staat auch über eine wirkliche Staatshoheit" verfügt hätte. Davon konnte aber „angesichts der von den Alliierten vorgelegten Grundsätze über das Besatzungsstatut keine Rede sein". Das Provisorium sollte auf der nunmehr erstmalig institutionalisierten Konferenz der Ministerpräsidenten der Westzonen als dem einerseits demokratisch gewählten und kontrollierten, andererseits von den Alliierten zu der Beschäftigung mit Verfassungsfragen autorisierten Gremium aufbauen. Selbst wenn, wie im Protokoll der Sitzung vom 6. Juli nun ausdrücklich festgehalten wurde, die Konferenz der Ministerpräsidenten „auf die Dauer" nicht als Vertretungsorgan des deutschen Volkes angesehen werden konnte, sollte sie den

---

[711] Memorandum Süsterhenns an Gouverneur Hettier de Boislambert vom 5.6. 1948, in: Brommer (Bearb.), Quellen zur Geschichte von Rheinland-Pfalz, S. 612f.
[712] Zum folgenden vgl. LA Speyer, V 52 (NL Bögler), Nr. 482, Niederschrift über die Sitzungen des Ministerrats am 2.7. 1948 und 6.7. 1948.

„Ausgangspunkt" für die bevorstehenden Verhandlungen bilden. Ihr war ein Ausschuß zur Seite zu stellen „für diejenigen verwaltungsmäßigen und wirtschaftlichen Fragen, die innerhalb der drei Westzonen bis zur endgültigen Bildung eines deutschen Bundesstaates einer zentralen Bearbeitung" bedurften, darunter „insbesondere auch die Einbeziehung der französischen Zone in die trizonale Wirtschaftseinheit". Dieser Ausschuß konnte „nach einem zu vereinbarenden Modus" aus den Länderparlamenten gebildet werden. Darüber hinaus sollte die Konferenz gemeinsam mit dem Beirat einen Verfassungsentwurf ausarbeiten und eine Wahlordnung für die zukünftige Verfassunggebende Versammlung finden. Das Ganze war indes nur als eine „Zwischenlösung" gedacht, die die nun erstmalig erreichte Einheit der drei Besatzungszonen aufrechterhalten, im übrigen aber so lange in Funktion bleiben sollte, „bis verfassungsmäßig bestellte deutsche Organe die gesamtdeutsche Repräsentation übernehmen" konnten.

*Ländergrenzenreform*

Die Auseinandersetzung mit dem Frankfurter Dokument Nr. II stand in Rheinland-Pfalz ganz im Bannkreis der landesinternen Debatte. Für die reformfreudigen Kräfte bot sich nun die Möglichkeit, eine Auf- oder Neueinteilung des eigenen Landes vorzunehmen. Darüber hinaus erwies sich Rheinland-Pfalz schon sehr bald als der Dreh- und Angelpunkt der gesamten westdeutschen Reformdiskussion. Wie schwierig es sein würde, eine allseits akzeptierte Lösung zu finden, zeigte die breite Palette an Konzeptionen: 1. Beibehaltung des Landes in seiner bestehenden Form, 2. Einbeziehung des gesamten Landes in eines der Nachbarländer, entweder Hessen, Württemberg-Baden oder Nordrhein-Westfalen, 3. Aufteilung des Landes: Für die Pfalz bestand dann die Wahl einer Angliederung an Bayern, Hessen oder Württemberg-Baden; Rheinhessen konnte an die Pfalz oder Hessen abgetreten werden; für Montabaur gab es die Optionen der Eingliederung nach Hessen oder Nordrhein-Westfalen; Koblenz und Trier tendierten recht eindeutig nach Nordrhein-Westfalen[713], 4. Beibehaltung des Landes und seine Vergrößerung um weitere, insbesondere rechtsrheinische Gebiete.

Erheblich kompliziert wurde das Problem Rheinland-Pfalz durch die Haltung der Besatzungsmächte, die implizierte, daß jede Veränderung von Rheinland-Pfalz die Auflösung von Nordrhein-Westfalen zur Folge haben würde. Kein verantwortlicher Politiker aber konnte die Auflösung von Nordrhein-Westfalen befürworten, wenn er nicht damit die Gefahr einer Isolierung des Ruhrgebietes heraufbeschwören wollte; bei einer Auflösung Nordrhein-Westfalens wurden außerdem die Probleme zwischen Niedersachsen und Westfalen angerührt[714], so daß mit dem Aufgreifen des Problems Rheinland-Pfalz „der berühmte Erisapfel [...] ins Rollen" kam[715]. Abgesehen davon stieß eine Auflösung Nordrhein-Westfalens bekanntlich dort selbst auf Ablehnung. Auf der anderen Seite wäre auch jede Vergrößerung von Nordrhein-

---

[713] Vgl. die Aufstellung des Ausschusses zur Überprüfung der Ländergrenzen, in: Parl. Rat, Bd. 1, S. 313f.
[714] Vgl. das Kapitel zu Nordrhein-Westfalen, Abschnitt zur Ländergrenzenreform, und den entsprechenden Abschnitt im Kapitel zu Niedersachsen.
[715] Vgl. Parl. Rat, Bd. 1, S. 116f.

Westfalen auf das Veto aller drei Militärgouverneure gestoßen. Parteipolitisch gesehen würde, wie Hermans im Gespräch mit von Gumppenberg geltend machte[716], bei einer Aufteilung des Landes der SPD Gelegenheit gegeben, Pläne zur Bildung eines Landes Hessen-Pfalz zu verwirklichen und damit einen sozialdemokratischen „Querriegel" zwischen Nord- und Süddeutschland zu schaffen. Unter allen Umständen mußte vermieden werden, daß die links- und rechtsrheinischen Gebiete auseinandergerissen würden, da dadurch der Rhein zu einer Grenze würde. Diese Gefahr durfte weder in Rheinland-Pfalz noch in Nordrhein-Westfalen heraufbeschworen werden.

Für den Fall eines Anschlusses von ganz Rheinland-Pfalz an ein anderes Land waren bei einer Vereinigung mit Württemberg-Baden oder Hessen voraussichtlich keine Einwendungen zu erwarten. Ein solcher Zusammenschluß aber würde angesichts der divergierenden Tendenzen der einzelnen Landesteile das Selbstbestimmungsrecht der betroffenen Gebiete verletzen. Zudem hatten die Militärgouverneure festgelegt, daß kein Landesteil „in der Luft hängen bleiben"[717] dürfe. So war es auch nicht möglich, isoliert den dringenden Wunsch eines bestimmten Landesteiles, etwa der Pfalz, zu berücksichtigen. Der Regierungsbezirk Montabaur, darüber waren sich die beiden großen Parteien durchaus einig, konnte ebenfalls nicht isoliert einem anderen Lande zugeführt, sondern nur im Rahmen des gesamten Landes behandelt werden, weil er die einzige rechtsrheinische Verankerung von Rheinland-Pfalz darstellte[718]. Für die nach Norden tendierenden rheinischen Gebiete einen Vorschlag zu machen, wäre nur sinnvoll bei einer Auflösung von Nordrhein-Westfalen; dies implizierte ebenso erhebliche Risiken, wie sie für die Zukunft der Pfalz bestanden.

In dieser Situation war die Landesregierung gezwungen, der Reformfrage in der praktischen Politik den Vorrang einzuräumen. Peter Altmeier verfolgte dabei, assistiert von Justizminister Süsterhenn und Ministerialrat Hermans, das Ziel, zunächst den Bestand des Landes zu sichern und seine Konsolidierung zu fördern, um es in späterer Zeit, bei ausreichender rechtsrheinischer Verankerung, durch eine nicht unbeträchtliche Erweiterung zu einem lebensfähigen und bestimmenden politischen Faktor in der westdeutschen Politik ausbauen zu können[719]. Wenn er dennoch seit den Tagen der Beratenden Landesversammlung immer wieder in öffentlichen Erklärungen dem Land keinen „Ewigkeitswert" zugemessen hatte, dürfte das nicht zuletzt taktische Gründe gehabt haben: Allzu entschieden für den Fortbestand von Rheinland-Pfalz zu votieren, hätte die Gefahr beinhaltet, andersdenkende CDU-Wähler an diejenigen Par-

---

[716] Vermerk von Gumppenbergs vom 4.7. 1948, in: Kanther (Bearb.), Kabinettsprotokolle, Bd. 2, S. 545.
[717] Frage an die alliierten Verbindungsoffiziere: „Was ist zum Beispiel zu erwarten, wenn für Rheinland-Pfalz nur für die südlichen Landesteile ein Vorschlag gemacht würde?" Antwort: „Das ist unmöglich. Es darf kein Teil in der Luft hängen bleiben"; vgl. Parl. Rat, Bd. 1, S. 318.
[718] Vgl. die Ausführungen Hermans' in der Sitzung des Landtags, 19.8. 1948, Stenograph. Bericht, S. 932.
[719] Der Landesvorstand der CDU forderte am 29.9. 1948 in einer Eingabe an das Büro der Ministerpräsidentenkonferenz, daß der Bevölkerung zur gegebenen Zeit Gelegenheit geboten werde, über ihre Landeszugehörigkeit selbst zu entscheiden. Dabei solle sie auch die Möglichkeit erhalten, „zur Frage der Bildung eines, außer den Gebieten von Rheinland-Pfalz noch weitere nassauische, hessische und ehemals kurpfälzische Gebiete umfassenden Mittelrheinstaates Stellung zu nehmen"; vgl. HStAW, Abt. 502, Nr. 1863.

teien zu verlieren, die für eine Auflösung des Landes eintraten. Eine Aufrechterhaltung des Status quo empfahl sich schon deshalb, weil die Gebiete, an die Altmeier dabei dachte, zum Teil, zumindest für den damaligen Zeitpunkt, der deutschen Selbstbestimmung entzogen waren und damit nicht zur Disposition standen (Saar), oder ihre potentielle Einbeziehung derzeit noch am Veto der Besatzungsmächte scheiterte (ehemalige nördliche Rheinprovinz). Überhaupt wäre im Falle der Durchführung einer Länderreform in Anbetracht des im Innern des Landes verbreiteten Skeptizismus und der vielfältigen von außen herangetragenen Ansprüche eine Lösung, die einen Fortbestand beinhaltet hätte, damals kaum zu erwarten gewesen. Nur eine Politik des Vertagens definitiver Entscheidungen barg folglich in sich die Chance, später zu realisierende Optionen offenzuhalten.

Diesen Kurs nun mußte Altmeier nicht nur gegenüber seinen Kollegen in Koblenz und Rüdesheim, sondern auch gegenüber einer Opposition im eigenen Lande, also praktisch an zwei Fronten, als die seinerzeit praktikabelste Lösung verteidigen und durchsetzen. Er begründete ihn mit drei gewichtigen Faktoren, nämlich mit 1. der Tatsache des Fehlens einer durchführbaren Konzeption für die Neugliederung oder Aufteilung des Landes, 2. der eingeschränkten deutschen Entscheidungsfreiheit infolge der alliierten Auflagen und Vorbehalte und 3. außenpolitischen Erwägungen und den daraus resultierenden „national-politischen Bedenken"[720] bei einer Neugliederung linksrheinischen Gebietes. Die Prämissen für die Durchführung einer Ländergrenzenreform formulierte Altmeier in seiner Regierungserklärung vom 16. Juni 1948. Diese vom Landtag und Ministerrat gebilligte Erklärung bildete fortan die Grundlage für die Haltung des Landes Rheinland-Pfalz in den Beratungen der Ministerpräsidenten. Sie wurde nach dem Abschluß der Verhandlungen nach heftigen Auseinandersetzungen im Landtag am 30. Juli erneut bestätigt. Danach war 1. das oberste Ziel einer Neuabgrenzung der Länder der organisatorische Zusammenschluß und die wirtschaftliche sowie politische Konsolidierung der drei Westzonen, unter Ermöglichung einer späteren Einbeziehung der Ostzone. 2. Bei einer Neugliederung durften in keinem Falle gesamtdeutsche Interessen verletzt werden. 3. Eine Neuabgrenzung der deutschen Länder war „eine ausschließlich deutsche Angelegenheit", für die nur „deutsche Interessen [...] maßgeblich sein" konnten „und nicht die offenbar vielfach divergierenden Interessen der verschiedenen Besatzungsmächte". Altmeier hielt sich daher als Ministerpräsident „nicht für befugt", an der Durchführung einer Reform durch die Besatzungsmächte „auch nur durch die Erstattung eines Gutachtens" mitzuwirken[721]. 4. Bei Neugliederungsverhandlungen hatten die rheinland-pfälzischen Vertreter darauf hinzuwirken, „daß alle Länder an der Westgrenze eine ausreichende rechtsrheinische Verankerung" besäßen[722]. 5. Die Aufgabe einer Gebietsreform, die „keineswegs einfach zu lösen" war und daher „nicht überstürzt werden" durfte, konnte „nur von den zukünftigen demokratisch gewählten gesamtdeutschen Bundesorganen" entschieden werden. Aber solange diese noch nicht bestanden, und „solange diese Organe noch nicht unter

---

[720] Ausführungen von Hermans in der Sitzung der Planungsgruppe des Ausschusses zur Überprüfung der Ländergrenzen am 4.8.1948, in: Parl. Rat, Bd. 1, S. 309f.
[721] Regierungserklärung Altmeiers vom 16.6.1948, in: Grass/Heyen (Bearb.), Peter Altmeier: Reden, S. 124.
[722] Landtagssitzung vom 30.7.1948, Stenograph. Bericht, S. 875.

Berücksichtigung des Willens der unmittelbar beteiligten Bevölkerung die territoriale Neugliederung unbeeinflußt von jedem äußeren Zwang durchgeführt" hatten, solange würde auch das Land Rheinland-Pfalz bestehenbleiben[723].

*Besatzungsstatut*

Obwohl die Frage der territorialen Neuordnung die öffentliche Diskussion in Rheinland-Pfalz weit mehr beherrschte, besaß der Erlaß eines Besatzungsstatutes für die politisch Verantwortlichen einen keineswegs geringeren Stellenwert. Altmeier wußte, was es bedeutete, trotz formal zugestandener verfassungsmäßiger Rechte ein Land unter einer Summe von Vorbehalten und Einschränkungen seitens der Besatzungsmacht regieren zu müssen. Seit seiner Amtsübernahme hatte er um eine Kompetenzabgrenzung zwischen den deutschen und den alliierten Organen und um die Durchsetzung der den deutschen Instanzen in der Ordonnanz Nr. 95 formal zugestandenen Zuständigkeiten gekämpft und dabei immerhin wichtige Teilerfolge errungen[724]. Insofern, als diese Ordonnanz „zur Grundlage der demokratischen Teilrechte" erklärt worden war, sah Altmeier darin sogar bereits das in der Öffentlichkeit geforderte Besatzungsstatut, das die Beziehungen zwischen den Deutschen und der Besatzungsmacht auf eine Rechtsbasis stellen sollte, „wenigstens ansatzweise verwirklicht"[725].

Vor allem die schwierige wirtschaftliche Situation war immer wieder ein Grund gewesen, die Frage der Kompetenzabgrenzung auf die Tagesordnung zu setzen. In der Zeit von April bis Juli 1948 hatte sich der Landtag insgesamt sechsmal mit der Ernährungslage beschäftigt[726]. Die in Gang befindlichen Londoner Besprechungen über die Zukunft Westdeutschlands veranlaßten dann allerdings auch in Rheinland-Pfalz den Landtag zu einem energischeren Auftreten gegenüber der Besatzungsmacht. Der neue Tonfall wurde zum ersten Mal in der Sitzung am 7. April 1948 bei der Diskussion über den Beitritt der französischen Zone zum Marshall-Plan spürbar. Die Krisenstimmung verschärfte sich im nachfolgenden Monat weiter. Eine fünfköpfige Delegation wurde vom Landtag

---

[723] In der Sitzung vom 30. Juli wurde allerdings auch festgelegt – und darin sahen die umliegenden, an einer Neugliederung interessierten Länder ihre Chance –, daß, nach der einmütig bekundeten Auffassung des Landtags, Rheinland-Pfalz keine „befriedigende Endlösung" darstelle, ein etwaiger Zusammenschluß von einzelnen Teilen dieses Landes mit anderen Ländern „außer von kulturellen, sozialen und geschichtlichen Gesichtspunkten vorwiegend von wirtschaftlichen Gesichtspunkten auszugehen" habe. Dabei sei in erster Linie der Wille der betroffenen Bevölkerung maßgebend. Sollte eine die einzelnen Landesteile jeweils zufriedenstellende Lösung nicht erreichbar sein, sei eine „Gesamtlösung in der Form der Verbindung unseres Landes mit einem der Nachbarländer anzustreben", jedoch war dabei „auf die Sicherung der sozialen, wirtschaftlichen und kulturellen Interessen der Bevölkerung unseres Landes gebührend Bedacht zu nehmen"; vgl. ebenda.
[724] Vgl. die Ausführungen Altmeiers auf dem 2. Landesparteitag der CDU am 23./24. 10. 1948 in Trier, in: Grass/Heyen (Bearb.), Peter Altmeier: Reden, S. 163 f.
[725] Abschlußrede Altmeiers zur Debatte über die Verabschiedung des Landeshaushalts 1947/48 am 23. 1. 1948; ebenda, S. 90. Auf der Konferenz der Ministerpräsidenten der französischen Zone am 17. 3. 1948 erklärte Altmeier, ein Besatzungsstatut sei nicht nötig, da die Verordnung Nr. 95 als ein solches angesehen werden könne, eine Äußerung, wegen der er gleich anschließend von dem württemberg-hohenzollerischen Staatspräsidenten Bock zur Rede gestellt wurde; vgl. Brommer, Konferenz der Ministerpräsidenten, S. 361.
[726] Zum folgenden vgl. Rothenberger, Hungerjahre, S. 193 ff.

beauftragt, mit Gouverneur Boislambert die Lage zu erörtern und auf konkrete Maßnahmen zu dringen. Diese Aktion wurde jedoch als Mißerfolg empfunden, da es nicht gelang, konkrete Zusagen zu erreichen. Kurz darauf kam es über die überhöhte Fleischauflage der Besatzungsmacht zum Eklat. Landwirtschaftsminister Stübinger hatte die Durchführung der Verordnung abgelehnt; in dessen Abwesenheit aber war sein Stellvertreter von dem zuständigen Offizier durch einen Befehl zur Ausführung gezwungen worden. Stübinger kündigte daraufhin für den Fall, daß die Fleischrate für Juni nicht gesenkt werde, seinen Rücktritt an. Ein Briefwechsel zwischen Altmeier und Boislambert hatte zum Ergebnis, daß die Besatzungsmacht ihre Ansprüche reduzierte, wenn auch andererseits die Fleischauflage für Berlin erheblich angehoben wurde. Ein grundlegender Wandel, wie ihn Ministerpräsident Schuman und Außenminister Bidault im Frühjahr 1948 gegenüber dem südbadischen Staatspräsidenten Wohleb angekündigt hatten und von dem auch Staatssekretär Schneiter gesprochen hatte, ließ jedoch weiterhin auf sich warten.

Der Landtag war inzwischen in einen Beratungsstreik getreten, weil ihm die Debatte über die Holzeinschläge der Besatzungsmacht untersagt worden war. Nach anfänglicher Zurückhaltung machte sich nun auch Altmeier in der Sitzung des Landtags am 16. Juni die Kritik an der Besatzungsmacht zu eigen und forderte insbesondere die Übertragung der Zuständigkeit für den Außenhandel in deutsche Hände. Er sprach dabei von einem „naturrechtlichen Anspruch" des deutschen Volkes auf die Sicherung seiner materiellen Existenz. In der überaus gereizten Stimmung kam es zu einem Zwischenfall. Während der liberale Abgeordnete Neubronner mit harten Worten die Ernährungspolitik der Besatzungsmacht angriff und von einem „Zustand des Hungerns" sprach, „wie ihn kein Konzentrationslager der Welt" gekannt habe[727], sprang der der Sitzung beiwohnende französische Oberst Magniez auf und verlangte aufgrund dieser Äußerung in höchster Erregung eine Unterbrechung der Sitzung. Landtag und Landesgouverneur waren bemüht, die Wogen zu glätten, doch hatte die Rede des Liberalen die allgemeine Stimmung wirklichkeitsgetreu zum Ausdruck gebracht. Eine Resolution von selben Tage ließ kein Zurückweichen des Landtags erkennen, sondern übte kaum verhüllte Kritik an den bestehenden Verhältnissen und forderte die Beendigung jeglicher Entnahmen von Lebensmitteln für die Besatzungsmacht und deren Angehörige sowie die Realisierung der im Marshallplan vorgesehenen Kalorienzuteilung an die Bevölkerung. Die Entschließung endete mit der unmißverständlichen Andeutung, daß der Landtags andernfalls sich gezwungen sehen werde zu prüfen, ob die Voraussetzungen für die Erfüllung seiner verfassungsmäßigen Tätigkeit noch gegeben seien. So schien die Zeit gekommen zu sein, um auch in Rheinland-Pfalz die letzten Mittel schärfsten Protestes zur Anwendung kommen zu lassen. Mit der Durchführung der Währungsreform in der folgenden Woche, einer neuen, überdurchschnittlich guten Ernte und dem Einsetzen von Lebensmittellieferungen im Rahmen der Marshallplanhilfe traten jedoch schon bald erhebliche Besserungen ein, die eine Verwirklichung dieser Ankündigungen obsolet machen sollten.

Als Voraussetzung für eine fundamentale Änderung der Verhältnisse mit dem Ziel einer dem neuen, wenn auch provisorischen, Staatswesen zustehenden weitgehenden politischen Handlungsfreiheit erfüllte der am 1. Juli in Frankfurt vorgelegte Entwurf

---

[727] Sitzung des Landtags, 16.6. 1948, Stenograph. Bericht, S. 696.

eines Besatzungsstatutes allerdings keineswegs die Erwartungen. Er war für die rheinland-pfälzische Regierung vielmehr Anlaß, die Gründung eines westdeutschen Staates zurückzustellen, denn als „Voraussetzung für jede irgendwie geartete Schaffung eines Bundesstaats" mußte man davon ausgehen können, „daß dieser Staat sich in voller Freiheit bilden und unter Wahrung der gesamtdeutschen Einheit eine eigene Souveränität begründen" werde. Die von den Militärgouverneuren vorgelegten Grundsätze gaben hierfür jedoch keine Gewähr, sondern, so hält das Protokoll das Urteil des Ministerrates fest, „würden hierbei im Gegenteil eine Verewigung der Unfreiheit, wie sie zur Zeit" bestehe, bedeuten[728]. Die vielfältigen, in diesem Dokument festgehaltenen Reservatrechte der Alliierten, vor allem auf wirtschaftlichem Gebiet, brächten „eine ewige Versklavung des gesamten deutschen Wirtschaftslebens mit sich". Allerdings sollte es trotz grundsätzlicher Bedenken nicht bei einer reinen Ablehnung bleiben, sondern vielmehr der Entwurf, wie Altmeier sich in Koblenz ausdrückte, in seinen „Vorschläge[n] einzeln zerpflückt und durch Gegenvorschläge ergänzt werden"[729].

### Rheinland-Pfalz in den Verhandlungen von Koblenz und Rüdesheim

Als Regierungschef des gastgebenden Landes lud Peter Altmeier, der auf der Konferenz vom 1. Juli 1948 getroffenen Absprache gemäß, die Ministerpräsidenten zu ihrer ersten Konferenz auf den Rittersturz bei Koblenz ein[730]. Dort hatte vom 23. bis 25. April 1947 die Beratende Landesversammlung von Rheinland-Pfalz getagt. Die Wahl des Ortes stand dabei unter dem Zeichen einer vordergründigen Interessenallianz zwischen Altmeier und der französischen Besatzungsmacht: Die Militärregierung hat den von ihr beschlagnahmten Rittersturz bereitwillig als Tagungslokal zur Verfügung gestellt, um damit ein Maximum an Einflußnahme der rheinland-pfälzischen Landesregierung beziehungsweise ihrer Experten Adolf Süsterhenn und Hubert Hermans zu ermöglichen.

In seiner Eigenschaft als Gastgeber eröffnete Altmeier auch den ersten Verhandlungstag. Auf Vorschlag Ehards wurde er anschließend einstimmig zum Vorsitzenden der Konferenz bestellt. Daß die Beratungen in der französisch besetzten Zone stattfanden, interpretierte Altmeier seinerseits als ein Zeichen dafür, daß die Länder dieser Zone nun endlich aus ihrer Isolierung heraustraten. In der Autorisierung nicht nur der Ministerpräsidenten der Bizone, sondern auch derjenigen der französischen

---

[728] LA Speyer, V 52 (NL Bögler), Nr. 482, Niederschrift über die Sitzung des Ministerrats am 6.7. 1948. In seiner Sitzung am 2.7. 1948 hatte der Ministerrat die verkündeten Grundsätze eines Besatzungsstatutes sogar einheitlich als „unannehmbar" bezeichnet, „weil sie praktisch den deutschen Instanzen kaum Befugnisse zuwiesen und insbesondere auf außenpolitischem und wirtschaftlichem Gebiet die Fülle der Kompetenzen in den wichtigsten Dingen bei den Militärregierungen" beließen; vgl. ebenda.

[729] Parl. Rat, Bd. 1, S. 82.

[730] Außer ihm nahmen Süsterhenn, Haberer und Hermans sowie die Minister Stübinger und Hoffmann an den Beratungen teil. Unter diesen verdient Hermans als „ein maßgeblicher Architekt der Konferenzplanung" auf dem Rittersturz hervorgehoben zu werden; vgl. Küppers, Hubert Hermans (1909–1989), S. 523.

Zone zur Einberufung einer Verfassunggebenden Versammlung lag für ihn das entscheidende Ereignis schlechthin. Deshalb setzte er sich in der Diskussion über die Frage der Bildung eines Büros der Konferenz sofort dafür ein, „ein ständiges Gremium der drei Zonen zu schaffen"[731]. Er äußerte den ausdrücklichen Wunsch, „daß diese Konferenz der Ministerpräsidenten ihre Aufgabe nicht [...] auf die jetzt durch die Oberbefehlshaber erteilte Ermächtigung" beschränken, sondern als „Zusammenfassung und Sprachrohr der Länder so lange tätig" bleiben möge, „bis eine endgültige Gesamtvertretung geschaffen" sei[732]. Deutlicher noch als Altmeier setzte sich Justizminister Süsterhenn für eine dominierende Rolle der Ministerpräsidenten ein, nicht nur als vorläufiges Exekutivorgan, sondern auch bei der Ausarbeitung einer „Ersatzverfassung". Bei der hier zutage tretenden Parallelität mit dem bayerischen Ansatz[733] konnte es nicht verwundern, daß Altmeier Ministerpräsident Ehard als ein weiteres Mitglied der Kommission zu Dokument Nr.I vorschlug. Die starke Übereinstimmung mit der bayerischen Politik dürfte im übrigen ein Grund für das erstaunlich geringe Engagement Altmeiers in der Verfassungsfrage gewesen sein, die für ihn die eigentlich ausschlaggebende war, in der er aber Hans Ehard weitestgehend das Feld überlassen hat.

Als Vorsitzender der Konferenz versuchte Altmeier von Anfang an, die Beratungen in eine Richtung zu lenken, die der politischen Position seines Landes entgegenkam: Als erste Quintessenz der allgemeinen Aussprache konstatierte er, daß „niemand der Herren einen Weststaat bzw. eine Verfassunggebende Nationalversammlung" wünsche, daß aber Übereinstimmung darin bestehe, „eine wirtschaftliche und verwaltungsmäßige Zusammenfassung der drei Zonen [...] durch die Schaffung eines Provisoriums" herbeizuführen. Er selbst hatte dazu die Bildung eines „Parlamentarischen Rates" vorgeschlagen, der einen „Vorentwurf" ausarbeiten sollte. In der Ländergrenzenfrage ging er sogar so weit, festzustellen, daß die Aufgabe einer Überprüfung der Ländergrenzen entfalle, „indem wir eine definitive Staatsbildung ablehnen" – denn nur unter dieser Voraussetzung sei die Notwendigkeit einer Reform von den Militärbefehlshabern betont worden, eine Interpretation, die freilich schon von seiten der südwestdeutschen Länder nicht unwidersprochen bleiben konnte. Altmeier wandte sich von vornherein gegen die Übernahme der Aufgabe einer Ländergrenzenüberprüfung durch einen von den Ministerpräsidenten einzusetzenden Ausschuß. Dieser könne höchstens „unabhängig davon Vorschläge machen"[734]. In der Ablehnung einer Ländergrenzenreform überhaupt wußte er sich mit Nordrhein-Westfalens Ministerpräsident Arnold einig, mit dem er in der bereits zitierten Vorbesprechung übereingekommen war, hier größte Vorsicht walten zu lassen, vor allem wegen der Pfalzfrage, und lediglich das Problem Baden/Württemberg aufzugreifen. Mit dieser auch im weiteren Verlauf der Verhandlungen fortbestehenden „Interessenallianz" zwischen beiden Ländern konnte Altmeier die Gefahr einer auf das Land Rheinland-Pfalz gerichteten Offensive in der Ländergrenzenfrage gleich zu Beginn der Beratungen erheblich re-

---

[731] Parl. Rat, Bd. 1, S. 64.
[732] Ebenda, S. 80.
[733] Vgl. dazu das Kapitel zu Bayern, Abschnitte „Föderalismus als Staatsideologie" und zur Verfassungsfrage.
[734] Parl. Rat, Bd. 1, S. 87.

duzieren. Hinsichtlich der von den Militärgouverneuren vorgelegten Grundsätze für ein Besatzungsstatut schließlich, dessen prinzipielle Bedeutung für die Länder der französischen Zone Altmeier ausdrücklich hervorhob, fand er in Koblenz herbe Kritik.

Mit dem Ergebnis der Konferenz konnte Altmeier insgesamt zufrieden sein: 1. Die Vorrangigkeit einer Zusammenführung der Westzonen war anerkannt worden. 2. Die Ministerpräsidenten, die in ihrer Gesamtheit die Rolle als vorläufiges Repräsentativorgan der Westzonen akzeptiert hatten, hatten die politisch-administrative Organisation auf einer nur provisorischen Grundlage beschlossen. 3. Eine generelle Inangriffnahme der Ländergrenzenreform blieb ausgespart. Die Problematik um das Land Rheinland-Pfalz hatte Beachtung und Verständnis gefunden, so daß eine Vorlage von Änderungsvorschlägen faktisch allein auf den südwestdeutschen Raum beschränkt bleiben würde. 4. Ausführlich hatten sich die Ministerpräsidenten auch mit dem Besatzungsstatut befaßt und Gegenvorschläge unter maßgeblicher Beteiligung der Vertreter der französischen Zone ausgearbeitet, „Leitsätze", die deren volle Zustimmung gefunden hatten.

In Rüdesheim hat sich Rheinland-Pfalz an der Diskussion über die Verfassungsproblematik überhaupt nicht beteiligt. Anders dagegen schalteten sich Süsterhenn und Altmeier angesichts der drohenden Akzentverschiebung in der Ländergrenzenfrage bei den Ausschußberatungen und im Plenum diesmal sehr aktiv in die Debatte ein. Süsterhenn wollte den Kern der Koblenzer Beschlüsse ausdrücklich aufrechterhalten wissen. Altmeier legte Wert darauf festzustellen, daß die nun neugefaßten Vorschläge und die darin zum Ausdruck kommende Tendenz, die Territorialreform in ihrer Gesamtheit aufgreifen zu wollen, eine wesentliche Abweichung von der Koblenzer Linie bedeuteten, und daß er hingegen an die Erklärung seines Landtages vom 16. Juni gebunden sei, der sich unzweideutig im Sinne der späteren Koblenzer Beschlüsse festgelegt habe. Altmeier wollte deshalb deren weitere Gültigkeit im Protokoll ausdrücklich festgehalten sehen[735]. Ebensowenig wie dieses gelang ihm die Durchsetzung einer Formulierung, die in der Antwort der Ministerpräsidenten an die Militärgouverneure auf das prinzipielle Fortbestehen der Koblenzer Auffassung hingewiesen hätte. Zur Antwort auf die Frage 2 der Militärgouverneure („Wenn ja, sind die Ministerpräsidenten bereit, Vorschläge zu unterbreiten?") enthielt er sich daher in der Schlußabstimmung der Stimme[736].

Altmeier mußte hier zweifellos eine Niederlage hinnehmen, die ihn im eigenen Lande in eine unangenehme Lage brachte. Nun drohte sein Kurs, auch innerhalb der CDU, ins Schwimmen zu geraten. Schon in der Fraktionssitzung am 13. Juli, nach dem Abschluß der Rittersturzkonferenz, hatte es heftige Auseinandersetzungen mit den pfälzischen Fraktionsmitgliedern, insbesondere Landwirtschaftsminister Stübinger, gegeben, und Altmeier hatte sich genötigt gesehen, die Vertrauensfrage zu stellen, um die widerstrebenden Elemente innerhalb der Partei zusammenzuhalten[737]. In dieser Situation erklärten sich die Sozialdemokraten überraschend bereit, durch die Unterstützung der bereits erwähnten Resolution vom 30. Juli 1948 Altmeiers bisherige Politik mitzutragen. Die Zurückstellung einer Länderreform bis zur Gründung der Bun-

---

[735] Ebenda, S. 255.
[736] Ebenda, S. 260.
[737] Vgl. Küppers, Entstehung und Selbstbehauptung von Rheinland-Pfalz, S. 246.

desrepublik, alleinige deutsche Zuständigkeit, keine Isolierung von Pfalz und Ruhr und eine ausreichende rechtsrheinische Verankerung im Falle einer Neuordnung am Mittelrhein waren die Bedingungen, die sie für die Verabschiedung der Resolution gestellt hatten, Punkte, die der Position Altmeiers ohnehin nicht widersprachen. Die Frage der rechtsrheinischen Verankerung, der Kern, in dem sich die SPD wohl Zugeständnisse erhoffte, würde eine Sache der Auslegung sein. Ob die Sozialdemokraten von den Problemen Altmeiers mit seiner Partei wußten, ist, so schreibt Heinrich Küppers[738], nicht bekannt. Diese Resolution jedenfalls stellte erneut einen, wenn auch vordergründigen, Konsens her und ermöglichte es Altmeier, weiterhin auf der von ihm angestrebten Basis zu operieren. Allerdings regte sich schon bald erneut Widerstand von seiten der Sozialdemokraten. Er richtete sich gegen den nunmehr faktisch definitiven Verbleib der Pfalz im Lande Rheinland-Pfalz als einem Resultat aus der skizzierten Politik der Landesregierung. Insbesondere die Pfälzer Sozialdemokraten um Franz Bögler[739] starteten im Landtag am 19. August 1948 einen ersten Angriff auf die Regierung und drängten auf eine aktive Neugliederungspolitik[740].

Mit dem vagen Rüdesheimer Konsens einhergehend war allerdings auch nicht zu verhindern, daß nachfolgend im Ausschuß zur Überprüfung der Ländergrenzen die Diskussion um die Auslegung der Beschlüsse und damit um die Frage eines generellen Aufgreifens der Territorialreform von neuem entbrannte. Besonders die Bekanntgabe der alliierten Vorbehalte aber hat sowohl in Rheinland-Pfalz selbst als auch im Kreise der Ministerpräsidenten zu einer wesentlich veränderten Einschätzung der Gesamtlage geführt. Der Ausschuß zur Überprüfung der Ländergrenzen sah sich in Kenntnis der alliierten Vorbehalte und Einschränkungen ebenfalls nicht in der Lage, zu einem Ergebnis zu kommen, und überließ es der Entscheidung der Ministerpräsidenten, das Problem Rheinland-Pfalz weiter zu behandeln. Altmeier selbst lehnte auf der Konferenz der Ministerpräsidenten am 31. August noch einmal ausdrücklich jede Sofortlösung für Rheinland-Pfalz ab. Der Weg zu einer Neugliederung müsse über eine gesetzliche Verankerung im Grundgesetz gefunden werden[741]. Abschließend stimmte auch er dafür, die Arbeit des Ausschusses als erledigt zu betrachten[742]. Es war das besondere Verdienst Peter Altmeiers und mit ihm einer kleinen Gruppe von Politikern, die Einheit des Landes Rheinland-Pfalz bewahrt zu haben in einer Zeit, als dieses in noch ungefestigtem Zustand von Kräften aus allen Parteien, aber auch von außen, also von den angrenzenden westdeutschen Ländern, Aufteilungs- oder Anschlußplänen unterworfen war. Der Zeitraum der Diskussion über die „Frankfurter Dokumente" dürfte der kritischste für den

---

[738] Ebenda, S. 247.
[739] LA Speyer, V 52 (NL Bögler), Nr. 438, Protokoll einer Besprechung zwischen politischen Persönlichkeiten aus der Rheinpfalz (darunter Franz Bögler und Finanzminister Hoffmann), der rechtsrheinischen Pfalz (Cahn-Garnier, Richard Freudenberg u. a.) und Hessen (Staatsrat Apel als Gast) über den Zusammenschluß Württembergs, Badens und der Pfalz in Mannheim am 16. 8. 1948.
[740] Sitzung des Landtags, 19. 8. 1948, Stenograph. Bericht, S. 916–938; am Tag zuvor hatte Altmeier eine Regierungserklärung zur Ländergrenzen- und zur Demontagefrage abgegeben; vgl. die Sitzung des Landtags am 18. 8. 1948, Stenograph. Bericht, S. 897–901; dazu auch Küppers, Staatsaufbau zwischen Bruch und Tradition, S. 209 f.
[741] Parl. Rat, Bd. 1, S. 369 f.; denselben Vorschlag hatte Altmeier schon auf der Niederwalder Konferenz am 22. 7. 1948 gemacht.
[742] Ebenda, S. 377.

Bestand des Landes gewesen sein. Schon 1949/50 war die innere Konsolidierung so weit fortgeschritten, daß alle nachfolgenden Diskussionen und Neugliederungsprojekte seine Fortexistenz nicht mehr ernsthaft in Frage zu stellen vermochten.

## 2. Baden

Wie Württemberg war auch Baden durch die Demarkationslinie zwischen dem französischen und dem amerikanischen Besatzungsgebiet in zwei Teile zerschnitten worden. Südbaden umfaßte gebietsmäßig etwa zwei Drittel des alten Landes, bevölkerungsmäßig hingegen weniger als die Hälfte der ursprünglichen Gesamteinwohnerzahl[743]. Bereits vor der Landesteilung hatte seit Mai 1945 ein von den Franzosen eingesetzter Rat der Direktoren der „Ministerien des Landes Baden" unter dem Vorsitz des ehemaligen Ministerialrats im badischen Finanzministerium Alfred Bund in Karlsruhe amtiert. Nach dem Umzug der französischen Militärregierung von Karlsruhe nach Freiburg infolge der endgültigen Festlegung der Besatzungsgrenzen Anfang Juli 1945 waren dessen Zuständigkeiten zunächst auch für den nun zur amerikanisch besetzten Zone gehörenden badischen Landesteil erhalten geblieben. Die definitive Teilung Gesamtbadens bedeutete der Beschluß General Clays, Nordbaden und Nordwürttemberg zu einem einheitlichen Wirtschafts- und Verwaltungsgebiet zusammenzuschließen. Damit mußten die von den Franzosen eingesetzten badischen Ministerien ihren Amtssitz ebenfalls nach Freiburg verlegen. Dabei nach und nach erweitert, führten sie nun die Bezeichnung „Badische Landesverwaltung". Mit der Konstituierung der am 17. November 1946 indirekt gewählten Beratenden Landesversammlung erklärte sie ihren Rücktritt und wurde Anfang Dezember 1946 durch eine von der Militärregierung berufene Provisorische Landesregierung, das „Badische Staatssekretariat", ersetzt.

Die ersten Landtagswahlen am 18. Mai 1947 brachten eine Mehrheit von 55,9% für die Christdemokraten (CDU Badens), 22,4% für die Sozialistische Partei (SP), 14,3% für die DP und 7,4% für die Kommunisten. Staatspräsident und zugleich Leiter des Ministeriums für Kultur und Unterricht wurde Leo Wohleb, der schon im Dezember 1946 Alfred Bund in der Führung der Landesverwaltung abgelöst hatte. Am 24. Juni 1947 mit den Stimmen der CDU Badens und der DP gewählt, bildete Wohleb trotz der absoluten Mehrheit der Christdemokraten eine Regierung aus CDU und SP, eine Koalition, die nicht lange Bestand haben sollte: Ständigen Auseinandersetzungen mit der französischen Besatzungsmacht, unter denen Territorialforderungen wie die nach Stadt und Hafen Kehl ein besonderes Problem darstellten[744], folgten bald auch parteipolitische Konflikte. Über das Agrarreform- und das Betriebsrätegesetz zerbrach die mühsam zustandegekommene Koalition. Am 7. Januar 1948 wurde die CDU Badens zur alleinigen Regierungspartei. Parallel zu einer ähnlich verlaufenden Entwicklung in Württemberg-Hohenzollern führte die auch in Südbaden mit Härte und Konsequenz durchgeführte Besatzungspolitik der Franzosen im Monat nach der Übergabe der „Frankfurter Dokumente", am 26. August 1948, schließlich zum Rücktritt der Regierung. Ausschlaggebend für diesen Schritt war, neben dem Protest gegen die trotz ge-

---

[743] Vgl. Laufer, Industrie und Energiewirtschaft, S. 17.
[744] Dazu vgl. weiter unten, S. 269 ff.

genteiliger Zusicherungen weiter durchgeführten Demontagen, die Notwendigkeit, in Anbetracht des fortschreitenden Vertrauensverlustes in der Bevölkerung eine festere Haltung gegenüber der Besatzungsmacht einzunehmen. Unterstützend für ein selbstbewußteres Auftreten der Regierung wirkten dabei die sich ankündigenden politischen Veränderungen.

*Persönlichkeit und Politik*
*des Staatspräsidenten Leo Wohleb*

Rolle und Bedeutung Leo Wohlebs sind bislang von einer wissenschaftlich-sachlichen Betrachtungsweise ausgespart geblieben. Der Hauptakzent der Politik des südbadischen Staatspräsidenten lag auf der Auseinandersetzung um die territoriale Neuordnung in Südwestdeutschland. Hier sah er es, öffentlichen Äußerungen zufolge, als seine persönliche Aufgabe an, für die Wiederherstellung des durch die militärische Besetzung in zwei Teile zerschnittenen Landes Baden einzutreten im Sinne der Restauration einer nach seiner Auffassung natürlichen Ordnung, wie sie seit 1806 in dem Nebeneinander des badischen Großherzogtums und des Königreiches Württemberg bestanden hatte. Der Name Wohlebs ist dabei zu einem Synonym für das retardierende Moment in der Entstehungsgeschichte des Südweststaates geworden. Um Verständnis für seine Politik Bemühte fühlen sich heute verpflichtet, eine den Stellenwert und Inhalt der Wohlebschen Konzeption abwertende oder mißverstehende „südwestdeutsche Geschichtslegende"[745] zurechtzurücken, die die Geschichte der südwestdeutschen Länder allein als Vorgeschichte des Südweststaates begreife und in ihrem Kern den Eindruck eines „im parlamentarischen Raum versteinerte[n] und für differenzierte Argumentation unempfindlich gemachte[n] Willensentschluss[es], die Südwestsstaatslösung durchzusetzen" hervorrufen wolle[746].

Leo Wohleb, am 2. September 1888 in Freiburg geboren, war während seiner gesamten beruflichen Laufbahn im Dienste des badischen Staates tätig. Nach dem Studium der Altphilologie und der Patristik arbeitete er von August 1918 bis April 1920 als Hilfsreferent im badischen Ministerium für Kultus und Unterricht, unterrichtete danach bis 1930 am Bertholdsgymnasium in Freiburg, wurde 1931 bis 1934 erneut ins Unterrichtsministerium nach Karlsruhe berufen, dann auf Betreiben des Reichsstatthalters Wagner entlassen. 1934 bis 1945 folgte eine Zeit als Direktor des Gymnasiums Hohenbaden in Baden-Baden und vorübergehender Tätigkeit als Lehrbeauftragter an der Universität Freiburg. Wohlebs politische Laufbahn setzte erst nach dem Ende des Zweiten Weltkrieges ein. Bisher parteipolitisch ungebunden, aber als Zentrumsanhänger geltend, gehörte er, obgleich ein Neuling in der Politik, zu den Begründern der südbadischen CDU. Als Vorsitzender der zunächst so bezeichneten Badischen Christlich-Sozialen Volkspartei (BCSV, auf dem Landesdelegiertentag in Freiburg vom 18.–20. April 1947 umbenannt in „CDU Badens") wurde er zum Präsidenten der Beratenden Landesversammlung gewählt und, solchermaßen politisch in Erscheinung getreten, von der französischen Besatzungsmacht am 2. Dezember 1946 zum Präsidenten des Badischen Staatssekretariats und zugleich Staatssekretär des Ministeriums für Erziehung und Kultur ernannt. Vom

---

[745] So Weinacht, Leo Wohleb und die südwestdeutsche Geschichtslegende.
[746] Ebenda, S. 152, Anm. 12 a.

24. Juni 1947 bis April 1952 stand Wohleb an der Spitze der südbadischen Regierung. Nach der Bildung des Südweststaates wurde er als erster Botschafter der Bundesrepublik nach Lissabon entsandt. Er starb am 12. März 1955 in Frankfurt/M.

Im südbadischen politischen Leben nach 1945 spielte Leo Wohleb nicht nur auf Landes-, sondern auch auf Parteiebene eine führende Rolle. Die Tatsache, daß er gegen die Stimmen von SPD und DP, vor allem aber ohne ein klares Votum der sich in dieser Frage selbst neutralisierenden, weil in steigendem Maße uneinigen Regierungspartei und damit gleichzeitig ohne die Mehrheit des Parlamentes seine Zielsetzung in der Neuordnungsfrage quasi „außerparlamentarisch" weiterverfolgt hat, verrät eine starke Stellung in Regierung und Partei, die sich allerdings mehr oder weniger aus Sachzwängen ergab. Sie resultierte nicht zuletzt aus einem Mangel an Führungspersonal in der südbadischen CDU, die die Nominierung eines, was Popularität und Integrationsfähigkeit anbetraf, ebenbürtigen Konkurrenten für Wohleb wenig wahrscheinlich machte[747]. Seit der Gründung der südbadischen CDU stellte Wohleb so etwas wie den „kleinsten gemeinsamen Nenner"[748] dar als der Mann, dessen Politik von allen Kräften der Partei toleriert wurde und dessen Person, wie die Entstehungsgeschichte der Partei zeigt[749], die einzige schien, auf die sich die verschiedenen Gruppierungen als Kandidaten für das Amt des Staatspräsidenten zu einigen vermocht hatten. Doch blieb seine Position keineswegs unangefochten. Während seiner Amtszeit als Staatspräsident mehrten sich kritische Stimmen. In einer 1951 anonym herausgegebenen Schrift behauptet Theodor Eschenburg, daß auch in der Fraktion die Sympathien für Wohleb nicht allzu groß gewesen seien und man ihm hier, nicht zuletzt wegen seines Verhaltens gegenüber der Besatzungsmacht, mehrfach den Rücktritt nahegelegt habe[750]. Wohlebs Dominanz im Kabinett, dessen Mitglieder er angeblich unter dem Gesichtspunkt der Loyalität und Ergebenheit gegenüber seiner Person auszusuchen pflegte, habe auf einer geschickten Taktik im Umgang beruht, die ihn befähigt habe, das Kabinett immer wieder auf seine Linie zu bringen. Auch die Partei habe er von Anfang an straff in seiner Hand zusammenzufassen gewußt[751]. In jedem Falle aber übten die seit der Alleinherrschaft der südbadischen Christdemokraten von der SPD versuchte Schwächung der Regierungspartei und die Aussicht auf die im November 1948 anstehenden Kommunalwahlen einen gewissen Zwang zum Zusammenhalt und zur Solidarisierung unter der Führung Wohlebs aus[752]. Als die Regierung im August 1948 zurücktrat, sahen nicht wenige in der Demontagefrage den nur vordergründigen Anlaß für einen damit unternommenen taktischen Winkelzug Wohlebs, zum einen, um sich

---

[747] Konstanzer, Entstehung des Landes Baden-Württemberg, S. 172; vgl. dazu AOFAA, Commissariat pour le Land Bade – Section politique, N°. 2109 A, „Déclarations de M. Dichtel du 20.11. 48" vom 20.11. 1948.

[748] Ebenda, N°. 2.109 A1, Vermerk „Position des partis politiques badois devant la crise gouvernementale" vom Oktober 1948; dazu auch Weinacht, BCSV und CDU, S. 107, Anm. 79; ders., Ursprung, S. 38 f.; Müller, Zur Vorgeschichte, S. 128; Maier, Aus der Gründungszeit, S. 121.

[749] Vgl. dazu Weinacht, BCSV und CDU; Müller, Zur Vorgeschichte.

[750] Baden 1945–1951, S. 18 (ähnlich Weinacht, Ursprung, S. 233). Die Verfasserschaft Eschenburgs ist gesichert, da dieser selbst sich später zu seiner Schrift bekannt hat; vgl. Hudemann, Französische Besatzungszone, S. 248.

[751] (Eschenburg), Baden 1945–1951, S. 14 f., 18 ff.

[752] Weinacht, Ursprung, S. 233.

angesichts seines immer enger werdenden Verhandlungsspielraums in der Neugliederungsfrage durch erneute Verzögerungen aus einer akuten Zwangslage zu helfen[753], zum anderen aber auch, um damit die eigene Partei zu disziplinieren.

Wohlebs aktiver Kampf für die Wiederherstellung Gesamtbadens führte im Laufe der Auseinandersetzungen zu steigender Popularität des Staatspräsidenten im eigenen Lande, brachte ihn jedoch auf der anderen Seite in eine exponierte Stellung, die ihn zur Zielscheibe harter, bis zu persönlicher Verunglimpfung reichender Kritik seiner Gegner und schließlich zur Personifizierung des Widerstandes gegen den Zusammenschluß der südwestdeutschen Länder schlechthin werden ließ. Daß Wohleb zwar eine führende, nicht aber die allein maßgebliche Rolle in der südbadischen Politik spielte, bietet eine Erklärung für seine hinhaltende und wenig konstruktive Politik in den Neugliederungsverhandlungen. Als der eigentliche Konstrukteur der südbadischen Territorialpolitik stand Paul Zürcher, der bereits in der badischen Landesverwaltung „kraft seiner Intelligenz, seiner außerordentlichen Wendigkeit und seines Fleißes der eigentliche Kopf"[754] gewesen sein soll, im Hintergrund. Mit ihm und Landtagspräsident Karl Person pflegte Wohleb politische Fragen zu erörtern[755]. Zürcher war und blieb der „heimliche Regent", während Wohleb lediglich die Funktion eines „Statthalters" erfüllte[756]. Das Verhältnis zwischen beiden, so beschreibt es Eschenburg, sei trotz geistiger Überlegenheit Zürchers von einer notgedrungenen Zusammenarbeit bei gleichzeitiger Rivalität gekennzeichnet gewesen[757].

Daß es Wohleb gelang, in den Verhandlungen über die Neugliederung seine sich im Grunde in einer hoffnungslosen Minderheitsposition befindenden Überzeugungen so lange zu verteidigen, mochte nicht zuletzt „virtuose[n] Propagandafähigkeiten"[758] und besonderen persönlichen Eigenschaften und Begabungen zuzuschreiben gewesen sein. Selbst seine Gegner waren bereit, ihm neben überdurchschnittlicher und vielseitiger geistiger Bildung politisches Geschick und staatsmännisches Format zuzugestehen. Leo Wohleb erfreute sich großer Popularität, war ein ausgezeichneter Redner

---

[753] AOFAA, Commissariat pour le Land Bade – section politique, N°. 2109 A1, Aufzeichnung „Déclaration de M. Waeldin du 3 Septembre 1948" vom 6.9. 1948; ebenda, N°. 2806 b, Vermerk über die Ausführungen des SPD-Fraktionsvorsitzenden Friedrich Maier auf der Tagung der SPD in Rheinfelden am 9./10.10. 1948 vom 2.11. 1948.

[754] (Eschenburg), Baden 1945–1951, S. 25; auch Feuchte, Verfassungsgeschichte, S. 131, weist darauf hin, daß die starre, kompromißlose Haltung Zürchers in der Badenfrage Wohleb in seinem Kurs beeinflußt habe; ähnlich Müller, Entstehung des Bundeslandes Baden-Württemberg, S. 247.

[755] Paul Zürcher, geboren am 29.6. 1893 in Sundhausen, Kreis Donaueschingen, gestorben am 5.11. 1980 in Freiburg, Jurist, hatte am 1.9. 1945 von den Franzosen den Auftrag zum Wiederaufbau der Justiz in Südbaden erhalten. Als Leiter der Justizverwaltung gehörte er der Badischen Landesverwaltung an, war Mitbegründer der BCSV und Mitglied der Beratenden Landesversammlung. Er wurde 1948 zum Präsidenten des badischen Oberlandesgerichts und des Staatsgerichtshofes ernannt und war Vertreter seines Landes bei den Verfassungsberatungen auf Herrenchiemsee. 1953, nach der Aufhebung des Oberlandesgerichtshofes, wurde Zürcher in den Wartestand versetzt. 1958 trat er endgültig in den Ruhestand. Zur Vita Zürchers vgl. Weinacht, BCSV und CDU, S. 105, Anm. 44; Knauber, Paul Zürcher.

[756] (Eschenburg), Baden 1945–1951, S. 12; anders dagegen Weinacht, Ursprung, S. 39.

[757] (Eschenburg), Baden 1945–1951, S. 24f.

[758] StAS, Wü 180, Acc. 24/1966, Nr. 349, „Der Südweststaat", Vortrag Gebhard Müllers vor dem Presseverband in Baden-Baden am 28.10. 1949.

und kluger Taktiker, hierin keinem Gegner nachstehend, und verstand es, durch Charme, Witz und Humor politische Sympathien zu gewinnen[759]. Seine Strategie, bei zur Entscheidung anstehenden politischen Fragen, deren Lösung er selbst nicht in seinem Sinne herbeizuführen vermochte, auf den Zeitfaktor zu setzen, pflegten Freund und Feind mit dem ihm selbst durchaus nicht unangenehmen „numme langsam" zu umschreiben, eine Charakterisierung, die, je nach politischem Standort, als Bedachtsamkeit, Verzögerungstaktik oder Verschleierung persönlicher Unsicherheiten Wohlebs interpretiert wurde. Mit dem Bemühen, Zeit zu gewinnen, verband sich für Wohleb die Hoffnung auf eine Veränderung ungünstiger Konstellationen, sei es durch Einwirkung von außen, etwa in Gestalt von neuen Viererbesprechungen der Siegerstaaten, oder in Form von Zugeständnissen speziell der für Südbaden zuständigen französischen Besatzungsmacht[760]. Auch Gebhard Müller, damals mit dem südbadischen Staatspräsidenten persönlich gut befreundet, hat berichtet, Wohleb im Verhältnis zu Zürcher als den kompromißgeneigteren, weicheren Verhandlungspartner im Gedächtnis zu haben[761].

Unklar bleibt, welche Ziele Wohleb nun tatsächlich in Abhängigkeit von Zürcher in der Neugliederungsfrage verfolgt hat: War das erklärte Ziel die Wiederherstellung des alten Landes Baden, blieben seine Äußerungen, was eine künftige Gesamtzusammenfassung betraf, weit zurückhaltender. Sprach er in der Öffentlichkeit sehr vage davon, daß ein solcher Zusammenschluß „der weiteren Entwicklung vorbehalten" bleiben müsse, erklärte er sich gegenüber Vertretern der französischen Militärregierung zum Gegner eines jeglichen Zusammenschlusses mit Württemberg. Andererseits wiederum pflegte er zwischen einem „Nahziel" – der Vereinigung Nord- und Südbadens – und dem „Fernziel" – der Fusion Badens und Württembergs – zu unterscheiden[762]. Theodor Eschenburg zog bereits 1951 in Zweifel, daß es Wohleb wirklich um die Wiederherstellung Gesamtbadens gegangen ist. Nach seiner Überzeugung war für Wohleb, im Wissen um die mit den Zonengrenzen verbundene Problematik, Nordbaden, dem er im Grunde mißtraut habe, nur ein „taktisches Mittel in seiner Politik", indem er die Wiedervereinigung beider getrennter Landesteile bei einer geringen Realisierungschance nur als „Vorwand" oder „Scheinziel" nach außen vertrat, um in Wahrheit die Bildung eines Südstaates, bestehend aus Südbaden, Südwürttemberg, Vorarlberg und Tirol, anzustreben. Hierbei haben die bekannt gewordenen Vorstöße in Richtung einer Vereinigung mit Südwürttemberg möglicherweise die erste Stufe der Bildung einer solchen „alpinen Union der französisch besetzten Gebiete Deutschlands und Österreichs" dargestellt[763]. Nach Meinung Eschenburgs hat Wohleb sogar den gesamtbadischen Raum nicht für dauerhaft existenzfähig gehalten und deshalb nach Erweiterungsmöglichkeiten gesucht, aber nicht durch den Zusammenschluß der drei südwestdeutschen Länder, sondern geleitet von der Zielvorstellung, daß in jedem Falle „in einem neuen Staatsgebilde

---

[759] Vgl. Maier, Erinnerungen, S. 58, 63.
[760] AOFAA, Commissariat pour le Land Bade – section politique, N°. 2802a, „Note d'information" vom 16.8.1948.
[761] Gespräch mit Gebhard Müller am 17.5.1987.
[762] StAS, Wü 2, Nr.779, Ausführungen Gebhard Müllers vor dem Kabinett von Württemberg-Hohenzollern, Niederschrift über die (außerordentliche) Sitzung des Staatsministeriums am 2.8.1948.
[763] (Eschenburg), Baden 1945–1951, S. 14.

Südbaden die Führung" zustehen müsse, daß dieses den „Hegemonialstaat" bilden werde[764]. In der Vermutung, daß daher die Erhaltung der Selbständigkeit Südbadens das primäre Ziel gewesen sei, traf er sich damals mit der Einschätzung Reinhold Maiers[765]. Nach der Interpretation Paul-Ludwig Weinachts dagegen korrespondierte Wohlebs Kampf um die Wiederherstellung des alten Landes Baden mit dessen vom Subsidiaritätsprinzip abgeleiteten Föderalismusverständnis, eine Überzeugung, die ihn mit Männern wie Adolf Süsterhenn aus Rheinland-Pfalz oder bayerischen Föderalisten wie Hans Ehard verband. Seine staatspolitischen Vorstellungen waren, was das Verhältnis der deutschen Länder zueinander anbetraf, am Vorbild des eidgenössischen Föderalismus orientiert[766], innerstaatlich assoziiert mit dem Gedanken der überschaubaren Demokratie, politischer Stabilität, einer der Selbstverwaltungsidee des Freiherrn vom Stein verpflichteten Vorstellung von kostensparender Bürokratie und Verwaltung kleiner Einheiten, eine Vision, die die Existenzberechtigung auch kleiner Länder in der Gemeinschaft der deutschen Länder reklamierte. In diesem Sinne sah sich Wohleb als „Anwalt demokratischer Rechte der kleinen Länder überhaupt"[767]. Wohlebs Konzept einer an das Heimatgefühl appellierenden und zur Wahrung überkommener historischer Traditionen aufrufenden liberalen „Demokratie in alemannisch-bodenständiger Prägung"[768] bildete, zusammen mit einer volksnahen Regierungsweise, den Kern seiner unbestreitbaren Popularität in Südbaden.

Im letzten nicht klar zu beantworten ist auch die Frage nach dem Einfluß der Besatzungsmacht auf die Politik des Staatspräsidenten. Baden war ein Angelpunkt der deutschlandpolitischen Konzeption der französischen Militärregierung. Leo Wohleb, im Volksmund der „Löwe vom Colombischlößle" genannt, mochte mit seinem Kurs, der als Ärger- und Hindernis der Südweststaatsanhänger phantasiereich mit „badischem Isolationismus", „Restaurationsromantik" oder „Kantönligeist"[769] apostrophiert wurde, bis zu einem gewissen Grade für die französischen Vorstellungen zugänglich gewesen sein, gingen doch seine eigenen in hohem Maße mit diesen überein. Aufgrund dieser Interessenverflechtung lag eine eher kooperative Einstellung des Staatspräsidenten ohnehin näher. Auch frankophile Neigungen dürften für das zeitgenössische Bild eines Erfüllungs- und Verständigungspolitikers mitverantwortlich gewesen sein, angesichts einer Politik der kleinen Schritte, die Teil- und Anfangserfolge unter Vermeidung einer Konfrontation mit der Besatzungsmacht zu erlangen suchte, eine Taktik, die heftiger Kritik, selbst aus den Reihen der eigenen Partei, ausgesetzt war. Eine beiderseitige Zusammenarbeit konnte allerdings nur vordergründiger Natur sein, wobei jede Seite in der anderen nicht mehr als ein Mittel zum Zweck gesehen haben dürfte. Die Übereinstimmung der Vorstellungen des südbadischen Regierungschefs mit denen der französischen Besatzungsmacht in der Frage der Wiederherstellung des alten Landes Baden und des künftigen föderalistischen Staatsaufbaus in Deutschland fand für Wohleb ihre

---

[764] Ebenda, S. 33.
[765] Vgl. Maier, Erinnerungen, S. 89; dazu auch Eschenburg, Entstehung Baden-Württembergs, S. 50. Nach dem Urteil Gebhard Müllers hingegen ging es Wohleb tatsächlich um die Wiederherstellung Altbadens; vgl. Müller, Entstehung des Bundeslandes Baden-Württemberg, S. 255.
[766] Weinacht, Leo Wohleb, S. 156.
[767] StAF, A 2, Nr. 5667, T. 1, Schreiben Wohlebs an Fleischmann vom 16.3.1949.
[768] Weinacht, Leo Wohleb, S. 157.
[769] Eschenburg, Das Problem der Neugliederung, S. 50, 37.

Grenze in einer Infragestellung der deutschen Einheit, auf französischer Seite in einer Behinderung der besatzungspolitischen Zielsetzungen. Jede Seite versuchte, so scheint es, im Bewußtsein partieller Interessenidentität die andere für ihre Ziele einzuspannen, wobei sich freilich die Besatzungsmacht in der stärkeren Position befand, während Wohleb auf die Unterstützung der Franzosen allenfalls hoffen konnte. Es liegt nahe, in Wohleb auch gegenüber den Franzosen nicht zuletzt den klugen Taktiker zu erkennen, als der er auch innerhalb der Regierung und der „badischen Staatspartei" seine Position zu halten wußte, und als dem es ihm gelang, in den Neugliederungsverhandlungen über eine lange Strecke hinweg, mit wechselnder Zustimmung aus den eigenen Reihen, seinen Gegnern gegenüber ein Minderheitskonzept zu verfechten, beziehungsweise die ungeliebte Alternative der Bildung eines Südweststaates zu verhindern. Im Unterschied zu seinen territorialen Vorstellungen, die er bis zur Bildung des Südweststaates unbeirrt verfolgte, konnte er seine staatsrechtlich-föderalistische Konzeption selbst gegenüber der eigenen Partei kaum behaupten. Wohlebs eher staatenbündische Vorstellungen prägten die Anfangsjahre der südbadischen CDU. Dies änderte sich jedoch unter der Führung seines pragmatisch orientierten Nachfolgers im Parteivorsitz, Anton Dichtel. Spätere Äußerungen Wohlebs zeigen allerdings, daß er bereit war, auch den neuen Kurs als den der Partei mitzutragen und zu vertreten.

*Probleme und Interessen der Landespolitik*
*Länderreform im Südwesten und die Zukunft des Landes Baden*

Die durch Dokument Nr. II ausgelöste Neugliederungsdiskussion in Westdeutschland sollte allein im Südwesten zu einem greifbaren Ergebnis führen. In Baden waren Staatspräsident Wohleb und Oberlandesgerichtspräsident Zürcher die Exponenten einer Richtung, die, wenn überhaupt, nur unter bestimmten Bedingungen bereit war, sich an der Bildung eines alle drei südwestdeutschen Länder umfassenden Gesamtstaates zu beteiligen. Bei der Begründung seines Standpunktes pflegte Wohleb sich auf die Präambel der badischen Verfassung zu berufen, an deren Ausarbeitung er selbst beteiligt gewesen war. Ihr zufolge galt Südbaden als „Treuhänder der alten badischen Überlieferung". Auf der Basis dieses Selbstverständnisses entwickelte die Freiburger Regierung einen Alleinvertretungsanspruch für das gesamte ehemalige Land Baden, begründet in einer Art „translatio imperii"[770], wonach die vormalige badische „Zentralgewalt" in Karlsruhe seinerzeit mit der Einrichtung der Besatzungszonen ihren Dienstsitz nach Freiburg verlegt habe. Diese „altbadische Staatsideologie" stand als quasi höherrangige Legitimation gegen die niemals anerkannte, vor allem von Stuttgart vertretene Position, daß Nordbaden durch das realpolitische Faktum der Teilung des ehemaligen Gesamtlandes und vor allem durch die auch vom nordbadischen Volk anerkannte Verfassung Württemberg-Badens untrennbar mit Nordwürttemberg verbunden sei[771]. Als

---

[770] Konstanzer, Entstehung des Landes Baden-Württemberg, S. 132; vgl. auch Sauer, Anfänge der Südweststaatdiskussion, S. 10f.; Weinacht, Neugliederungsbestrebungen, S. 344.
[771] Nach Art. 54 der südbadischen Verfassung vom 22.3.1947 war eine Änderung der Landesgrenzen nur durch ein verfassungsänderndes Gesetz möglich. Dieses wiederum war von einer Zweidrittelmehrheit des Landtags und einer anschließenden Volksabstimmung gemäß Art. 92, Abs. 2 abhängig; vgl. Mußgnug, Baden-Württemberg, S. 381.

Folgerungen ergaben sich hieraus[772], daß 1. die Wiederherstellung der Grenzen des ehemaligen Landes Baden als Bedingung für jede weitere Zusammenfassung der südwestdeutschen Länder einer solchen vorauszugehen hatte, 2. die Entscheidung über einen über die Wiederherstellung Altbadens hinausgehenden Zusammenschluß von der Gesamtheit des badischen Volkes zu treffen war, und zwar zu einem Zeitpunkt, an dem dieses in voller Freiheit und unter überschaubaren Verhältnissen selbst über die Beendigung seiner eigenstaatlichen Existenz befinden konnte, 3. im Falle einer Gesamtvereinigung dem Land Baden bestimmte Garantien und Reservatrechte vorbehalten bleiben mußten, niederzulegen in einem auf der Basis der Gleichberechtigung ausgehandelten Staatsvertrag, schließlich 4. ein entsprechender Passus auch in die Verfassung des künftigen Gesamtlandes aufzunehmen war, denn Baden sollte, wenn es sich schon für die Vereinigung entschloß, nicht in Württemberg aufgehen, sondern mit diesem zusammen einen neuen Staat bilden.

Die Aufrechterhaltung der „Einheit, Unteilbarkeit und Selbständigkeit des badischen Landes"[773], Ausgangsposition der „altbadischen" Richtung, deren Modifikationen im Laufe der Verhandlungen hier nicht nachgezeichnet zu werden brauchen[774], baute auf zwei Prämissen auf, a.) auf der *These vom Fortbestand des badischen Staates*, mit dem eine 150jährige eigenstaatliche Tradition und ein eigenes badischen Staatsbewußtseins verbunden sei, und b.) auf der *These von der Lebensfähigkeit* dieses in den Grenzen des ehemaligen Großherzogtums Baden von 1806 wiederhergestellten Landes. Zur Stützung der These vom Fortbestand des alten Landes Baden konnte sich Wohleb auf den Passus des Frankfurter Dokumentes Nr. II berufen, wonach eine Neugliederung überlieferten Formen Rechnung tragen sollte. Die These implizierte zugleich aber auch die Unrechtmäßigkeit der Situation nach 1945, in der Nordbaden „durch militärischen Machtanspruch von Südbaden getrennt und ohne Befragung seiner Bevölkerung mit Nordwürttemberg zu einem neuen Staate vereinigt worden" sei[775]. Die Beseitigung der durch eine willkürliche Grenzziehung geschaffenen Zustände, die an sich erst die Neugliederungsdebatte ausgelöst hatten, durch eine Wiederherstellung des Status quo ante (ein selbständiges Baden) wäre folglich zugleich eine Art „Wiedergutmachung" seit 1934 erlittenen „nazistischen Unrechts" gewesen[776].

Eine von der Staatskanzlei herausgegebene, in Zusammenarbeit mit sämtlichen südbadischen Ministerien erstellte umfangreiche Denkschrift, die auch zur Übergabe an den von den Ministerpräsidenten eingesetzten Ländergrenzenausschuß vorgesehen war, sollte den Nachweis der Lebensfähigkeit des Landes Baden erbringen. Nach dieser Darstel-

---

[772] Vgl. dazu StAF, A 2, Nr. 883, Manuskript der Rede Fechts auf dem Hohen-Neuffen am 2.8. 1948, S. 4; Stellungnahme Wohlebs in der Sitzung des Landtags, 5.8. 1948, Stenograph. Bericht, S. 5.

[773] StAF, A 4, Abl. 1985/22, Nr. 18 (Az 1025), Schreiben Ministerialdirektor Bunds an die Verfassunggebende Landesversammlung von Württemberg-Baden vom 30.10. 1946.

[774] Hierzu ausführlich Konstanzer, Entstehung des Landes Baden-Württemberg.

[775] StAF, A 2, Nr. 883, Manuskript der Rede Fechts auf dem Hohen-Neuffen vom 2.8. 1948, S. 2; ähnlich ebenda, Nr. 5623, Badische Landesregierung (Hrsg.), „Baden und Württemberg oder Südweststaat"; vgl. auch Eschenburg, Entstehung Baden-Württembergs, S. 50.

[776] StAF, A 2, Nr. 5623, „Baden und Württemberg oder Südweststaat". Wohleb bezog sich hierbei auf das Gesetz über den Neuaufbau des Reiches vom 30.1. 1934, das die Selbständigkeit der Länder aufgehoben hatte; vgl. auch Konstanzer, Entstehung des Landes Baden-Württemberg, S. 132.

## 2. Baden

lung bildete das Land Baden nicht nur in historisch-staatsrechtlichem Sinne, sondern, begünstigt durch seine geopolitische Lage, auch wirtschaftlich eine Einheit. Die Entwicklung des badischen Staates in der Vergangenheit war geradezu „beispielhaft für die formende Kraft einer Staatsidee". Baden war also weit mehr als „das zufällige Produkt willkürlicher dynastischer Hauspolitik"[777]. Der Rhein begünstigte einen regen wirtschaftlichen Austausch mit dem Ausland und eine enge Verbindung mit dem Ruhrgebiet. Anders als Stuttgart besaß Baden allerdings, wiederum aufgrund seiner geopolitischen Struktur, keine „wirtschaftliche Konzentration ausgeprägt zentralistischer Art"[778]. Das wirtschaftliche Gefälle gegenüber Württemberg war auf die Grenzlandsituation nach 1918 und den Verlust traditioneller Absatzgebiete zurückzuführen, eine Entwicklung, aus der auf der anderen Seite der schwäbische Raum Nutzen gezogen hatte und aus der deshalb gewisse „Wiedergutmachungsforderungen" abgeleitet werden konnten[779]. Die im Grundsatz vorhandene Leistungsfähigkeit Badens bezeugten die bedeutende Steuerkraft des Landes in der Vergangenheit, die Reichhaltigkeit und Vielfältigkeit seiner in Nord und Süd sinnvoll einander ergänzenden Industrien, besonders die bedeutende Kapazität im Bereich der Energiewirtschaft. Eine vorbildliche und erfolgreiche Verwaltung habe den Ruf Badens als „Musterländle" geprägt. Bekannt und berühmt sei auch der kulturelle Beitrag des Oberrheingebietes in verschiedenen Epochen, in Kunst, Musik und Theater, wie auch seine Leistung auf dem Gebiet des Bildungs- und Schulwesens sowie der Kirchenorganisation. Die Denkschrift versäumte aber auch nicht, gleichzeitig die durch die gegenwärtige Teilung des Landes bedingten Einbußen und die vor allem wirtschaftliche Notwendigkeit einer Wiedervereinigung zu betonen[780].

Den gleichwohl vorhandenen Mangel an überzeugenden rationalen Argumenten zugunsten der „Traditionslösung" (Weinacht) auszugleichen versuchte Wohleb mit dem wiederholten Appell an das badische Heimatgefühl, dessen Vorhandensein auch als zusätzliches Indiz für den Fortbestand des badischen Staates angeführt wurde: Die „altbadische Richtung" warnte vor einem Ausverkauf der Heimat und argumentierte, man solle doch zuerst einmal das Nächstliegende verwirklichen, eben die Wiederherstellung des alten Landes. Von dieser Basis aus könne dann in Ruhe, unberührt von Sachzwängen und Augenblickseinflüssen, ein weiterer Zusammenschluß ins Auge gefaßt werden. Auf historisch Gewordenes und alt Bewährtes solle man nicht ohne zwingenden Grund verzichten[781]. Wirtschaftliche Argumente, wie sie unter anderen von den Befürwortern der Alternativlösung eines südwestdeutschen Gesamtstaates vorgebracht wurden, hat der badische Staatspräsident niemals als gültig anerkannt[782], vor allem an-

---

[777] StAF, A 2, Nr. 3469, „Baden. Geschichte, Verwaltung, Kultur, Wirtschaft". Denkschrift der Badischen Landesregierung von 1948, S. 61.
[778] Vgl. ebenda, Nr. 5667, T.2, „Hie Baden – Hie Südwest", Manuskript eines Artikels von Wohleb für die Rhein-Zeitung (September 1950).
[779] „Baden als Bundesland". Denkschrift des Heimatbundes Badenerland an den Sachverständigen-Ausschuß für die Neugliederung des Bundesgebietes. Waldkirch i. Br. (o. D.), S. 27.
[780] StAF, A 2, Nr. 3469, „Baden. Geschichte, Verwaltung, Kultur, Wirtschaft". Denkschrift der Badischen Landesregierung, S. 12, 16–22, 28–31.
[781] Zu den Argumenten der Altbadener vgl. auch Feuchte, Verfassungsgeschichte, S. 131 f.
[782] Noch 1954 betrachtete Wohleb die Argumente der Anhänger des Südweststaates „alle, aber auch alle als nicht stichhaltig"; vgl. die Rede Wohlebs „Die badische Krankheit" vom 17.5.1954, in: Weinacht (Hrsg.), Leo Wohleb – der andere politische Kurs, S. 105.

gesichts des zu erwartenden Anschlusses der französischen Zone an die Bizone, nach dessen Verwirklichung freier Austausch möglich werden und die Bedeutung von Wirtschaftsräumen innerhalb der Westzonen stark relativiert würde. Wegen wirtschaftlicher Not, die ohnehin nur vorübergehender Natur war, gab man nicht seine Heimat auf. Die ökonomischen Vorteile eines Gesamtzusammenschlusses waren in südbadischen Augen zweifelhaft, kaum hingegen die Gefahr, daß das wirtschaftlich stärkere und bevölkerungsreichere Württemberg Baden ausbeuten und auf dessen Kosten sein Übergewicht ausbauen würde. Ohnehin war die Idee eines solchen Zusammenschlusses nicht aus Baden gekommen, sondern „von Württemberg importiert". In Wahrheit ging es dabei gar nicht um einen „Südweststaat", sondern um die Bildung eines „Groß-Württembergs". Baden würde dann durch den Stuttgarter Zentralismus an die Wand gedrückt und nur mehr ein Randdasein führen können. Das eigentliche Ziel der Württemberger war aus badischer Sicht die Schaffung eines rivalisierenden Großschwabens als Gegengewicht zu Bayern. Dabei hätten, so hieß es, die Württemberger es nur auf die Mitgift der „badischen Braut" abgesehen, wenn auch nach außen hin ständig die angebliche Armut und Anschlußbedürftigkeit Badens propagiert werde.

Badisches föderalistisches Denken gebot demgegenüber, „nicht von machtvollen Gebilden" auszugehen, sondern „vielmehr gerade von den allerkleinsten". Ein Föderalist war „der natürliche Feind jeglichen Zentralismus und der geborene Gegner des Gedankens des Großraums und der Macht"[783]. Hier ließ sich mit Berechtigung das Beispiel der Stadtstaaten Hamburg und Bremen anführen[784]: Konsequenterweise hätte man deren Eigenleben in gleicher Weise in Frage stellen müssen. Daß dies jedoch bei beiden – sozialdemokratisch regierten – Ländern keineswegs geschah, sprach nach Wohlebs Überzeugung für sich. Es ließ vermuten, daß hinter dem Drängen auf den Südweststaat ein parteipolitisches Manöver stand, im Zeichen der angeblichen Zielsetzung der Sozialdemokraten, ein zentralisiertes SPD-Deutschland zu schaffen[785]. Im Verhältnis zwischen Größe und Leistungsfähigkeit eines Landes ergab sich für Wohleb eher ein umgekehrter Zusammenhang als für seine politischen Kontrahenten: Erst die „Überschaubarkeit eines Landes" war für seinen Wohlstand verantwortlich. Die jahrhunderte-alte Geschichte der Schweizer Kantone oder der Einzelstaaten der USA hatte bewiesen, daß diese „mit dem demokratisch-föderalistischen Prinzip Ernst gemacht haben und fertig geworden sind". Somit zeigte die „unangefochtene Existenz großer und kleiner, auf Kleinstaatenbildung beruhender echter Konföderationen [...] die Berechtigung der Argumente der Südweststaatgegner, daß bündisches Zusammenleben und Zusammenspiel unabhängig von der Größe der einzelnen Bundesglieder möglich" war, eine Argumentation, die mit „Gefühlsbetonung" nicht das geringste zu schaffen hatte[786].

Daß Wohleb, der sich gegen reines Zweckmäßigkeitsdenken wandte, das jede Heimatliebe und landsmannschaftliche Verbundenheit negiere, und der von der Gegenseite einer Art Bauernfängerei und Gefühlsduselei bezichtigt wurde, im Laufe der Neu-

---

[783] StAF, A 2, Nr. 5667, T.2, „Hie Baden – Hie Südwest", Manuskript eines Artikels von Staatspräsident Wohleb für die Rhein-Zeitung (September 1950).
[784] Ebenda, Manuskript „Zum 24. September".
[785] AOFAA, Commissariat pour le Land Bade – section politique, N°. 2061 b, „Note d'information" vom 2. 8. 1948.
[786] StAF, A 2, Nr. 5667, T.2, Aufzeichnung „Ist der Zusammenschluß Badens und Württembergs zu einem Südweststaat im Interesse des badischen Volkes gelegen?".

gliederungsdiskussion durch den bewußten Rückgriff auf Werte wie Heimat und Tradition bedeutende Stimmengewinne zu verbuchen vermochte und sich steigender Popularität erfreute, zeigt, daß gefühlsmäßig-irrationale Momente in nicht unerheblichem Maße im Hintergrund badischer Politik standen. Zahlreiche im Freiburger Staatsarchiv erhalten gebliebene Zuschriften an Wohleb zeigen, daß der offen ausgesprochene Argwohn gegenüber den Württembergern gefühlsmäßigen Aversionen weiter Teile der Bevölkerung Ausdruck verlieh. Auch Anton Dichtel, der Vorsitzende der südbadischen Christdemokraten, hatte die abwartende Haltung der CDU gegenüber einem Zusammenschluß im Landtag damit begründet, „daß wir nicht den Zentralismus Berlins en gros abgelehnt haben und ablehnen müssen, um eines Tages in einem Stuttgarter Zentralismus en detail zu erwachen"[787].

Hinzu trat das *konfessionelle Element*: Geographisch stimmte die Erzdiözese Freiburg mit den Grenzen des alten Landes Baden überein, so daß sich von daher schon Präferenzen andeuteten. Die Überlegungen von kirchlicher Seite und deren Einfluß auf die Politik der badischen Staatsregierung müßten allerdings eingehender untersucht werden. Der katholische Klerus befürwortete überwiegend die Wiederherstellung des alten Landes Baden[788], dies allerdings vermutlich weniger aus innerorganisatorischen, mit der Abgrenzung der Kirchenprovinzen zusammenhängenden Gründen. Vielmehr standen in einem neuen Gesamtstaat gravierende Veränderungen auf kulturellem Gebiet, vor allem in der Schulpolitik und dem Verhältnis Staat–Kirche zu befürchten[789]. Von der südbadischen Bevölkerung zählte die weit überwiegende Mehrheit zu den Katholiken, deren Anteil in einem Südweststaat erheblich zurückgehen würde, was „einen empfindlichen Verlust an konfessionellem und politischem Einfluß" bedeuten würde, ein Verlust, der „gerade soviel Anspruch auf Beachtung wie die wirtschaftlichen Belange" erheben konnte[790]. Eine Gefahr für den im badischen Konkordat von 1932 bestätigten Bestand und Umfang der Erzdiözese Freiburg und der oberrheinischen Kirchenprovinz war kaum gegeben, jedoch wog die Überlegung, daß mit der Verlegung des Regierungssitzes nach Stuttgart die Möglichkeit direkter kirchlicher Einflußnahme dezimiert werden würde[791].

Mit kirchlichen standen parteipolitische Überlegungen in engem Zusammenhang: Daß im Falle der Wiederherstellung des alten Landes Baden die hier – ähnlich wie in Bayern – staatstragende CDU (beziehungsweise CSU) ihre Stellung beibehalten, bei einer Fusion hingegen ihre absolute Mehrheit einbüßen und damit andererseits das sozialistische Element gestärkt würde, lag auf der Hand. Die Folge bei der Schaffung eines

---

[787] Äußerungen Dichtels in der Sitzung des Landtags, 6.7. 1948, Stenograph. Bericht, S. 10; StAF, A 1, Nr. 13, Sitzung des Vertrauensmänner-Ausschusses am 28.6. 1948, Niederschrift, S. 3.
[788] Vgl. Weinacht, BCSV und CDU in Baden, S. 101.
[789] Feuchte, Verfassungsgeschichte, S. 132f.; AOFAA, Commissariat pour le Land Bade – section politique, N°. 2802a, Schreiben des Kapitularvikars der Erzdiözese Freiburg vom 14.8. 1948.
[790] Ebenda, N°. 2808, St. Konradsblatt vom 14.11. 1948. Nach zahlenmäßigen Überlegungen dieser kirchlichen Zeitung würde im Falle einer Gesamtfusion „der katholische Anteil von 64,7 auf 49 Prozent" absinken.
[791] Feuchte: Verfassungsgeschichte, S. 132f., und ebenda, Anm. 84. Französischen Beobachtungen zufolge hat sich Staatspräsident Wohleb verschiedentlich mit Vertretern des Klerus getroffen, offenbar in der Absicht, sich über die Kirche der Zustimmung zu seiner Politik zu versichern; vgl. AOFAA, Commissariat pour le Land Bade – section politique, N°. 2808.

einzigen großen südwestdeutschen Landes war zusätzlich eine Verminderung der CDU-Stimmen in der zweiten Kammer des kommenden deutschen Bundesstaates.

Im besonderen für die mit absoluter Mehrheit regierende südbadische CDU hatte die Neugliederungsfrage weitreichende Bedeutung. Ursprünglich als „Badische Christlich-Soziale Volkspartei" gegründet, hatte sie ihre Existenz in besonderer Weise mit der des Landes Baden verknüpft[792]. An der Herausbildung eines badischen Heimatgefühls maßgeblich selbst beteiligt, hatte die Partei die Wiederherstellung des alten Landes Baden als einen, ihrem Selbstverständnis als Hüterin der badischen Tradition entsprechenden, wenn nicht sogar zu *dem* zentralen Programmpunkt schlechthin erhoben. Eine Konsequenz dieser Politik war die zwangsläufige Frontstellung gegenüber den einen Südweststaat befürwortenden beiden anderen südwestdeutschen CDU-Landesverbänden, die ihren eklatantesten Ausdruck in der Frage der Volksabstimmung über die württemberg-badische Verfassung gefunden hatte: Hier war es zu dem Kuriosum gekommen, daß die nordbadische CDU der Wählerschaft die Annahme der Verfassung empfahl, die südbadische dagegen dieselben Wähler zur Ablehnung ermunterte.

Unter dem Vorsitz Anton Dichtels wandelte sich der Kurs der Partei. Dichtel, der von vornherein einen sehr viel moderateren Ton als Wohleb anschlug und an sich – so Weinacht – der Neugliederungsdebatte weit weniger Interesse entgegenbrachte, war zunächst noch bereit, die Wiedervereinigung Badens als Nahziel zu unterstützen, verwahrte sich aber schon während der Landtagsdiskussion am 6. Juli 1948 dagegen, seine Partei als „südbadischen Konservator" abstempeln zu lassen, und wandte sich gegen die „Konservierung eines nicht lebensfähigen Gebietes"[793]. Unter seiner Führung sollte sich die Partei einer sinnvollen Entwicklung nicht länger in den Weg stellen. Doch betonte auch er in Übereinstimmung mit Wohleb den Wunsch der badischen CDU nach einer „absolut souveränen, eigenen deutschen Gestaltung der deutschen Gebietsteile", nach echter Selbstbestimmung, die weder von außen noch im Innern beeinträchtigt werden dürfe.

Bereits zum Zeitpunkt der Übergabe der „Frankfurter Dokumente" war bekannt, daß die Haltung zur Neugliederungsfrage innerhalb der südbadischen CDU umstritten war. Nach der Konstanzer Gruppe hatte sich auch die badische Junge Union für die Fusion ausgesprochen[794]. Da weder zu diesem noch zu einem späteren Zeitpunkt eine einheitliche Beschlußfassung zu erreichen war, verzichtete die Partei auf einen nach außen geschlossen vertretenen Standpunkt und unterstellte ihre Haltung der individuellen Überzeugung ihrer Abgeordneten. Die Folge war eine innere Orientierungskrise der südbadischen CDU und in deren Konsequenz der Verlust jeglicher Initiative der Parteiführung, später auch der Fraktion, in der Neugliederungsdiskussion. Ihre Position entfernte sich zunehmend von der des Staatspräsidenten, bis sie endlich, im Dezember 1951, wieder zu einer einheitlichen Linie zusammenfand. Die Neugliederungsfrage wurde so zu einer Zerreißprobe in der Geschichte der südbadischen Christdemokraten und brachte sie mit dem Anwachsen der innerparteilichen Opposition an den Rand der Spaltung.

Auch die Vermutung politischer Einflußnahme durch die Franzosen im Sinne einer Wiederherstellung Badens und Württembergs findet sich in den Colmarer Quellenbe-

---

[792] Zum folgenden vgl. Weinacht, Neugliederungsbestrebungen, S. 343–353.
[793] Sitzung des Landtags, 6.7.1948, Stenograph. Bericht, S. 9.
[794] Weinacht, BCSV und CDU, S. 100. Zu den Opponenten Wohlebs in seiner eigenen Partei vgl. ders., Leo Wohleb und die südwestdeutsche Geschichtslegende, S. 149, Anm. 4.

ständen bestätigt. Eine Zusammenfassung beider Länder hätte den Einfluß der Besatzungsmacht reduziert. Die im Laufe der Südweststaatsdiskussion von der französischen Regierung abgegebene Neutralitätserklärung hinderte Kräfte innerhalb der Militärregierung in Deutschland nicht daran, weiterhin unbeirrt die Wiederherstellung der alten Länder zu betreiben. Hierzu gehörte nicht nur die Einflußnahme auf klerikale Kreise, sondern auch der diskrete Versuch, auf einen einheitlichen Kurs der südbadischen CDU hinzuwirken, indem auf den zu erwartenden Positionsverlust der Partei hingewiesen wurde[795]. Allerdings war dabei größte Vorsicht geboten. Die Militärregierung war sich durchaus bewußt, daß es über die Neugliederungsfrage zu einer konfessionellen Spaltung innerhalb der CDU kommen konnte, womit zugleich die latent stets vorhandene Gefahr einer Wiederbegründung des Zentrums heraufbeschworen wurde. Eben diese Risiken hinderten die französische Besatzungsmacht auch daran, ihre Unterstützung für den Staatspräsidenten deutlicher in Erscheinung treten zu lassen. Wohleb selbst hat sich wiederholt darüber beklagt. Ihm war die weitgehende Passivität der Militärregierung unverständlich[796]. Weder tat diese etwas, um der massiven Stuttgarter Propaganda entgegenzutreten, die gerne mit dem Stichwort vom „Franzosenschreck" operierte, noch schien sie bereit, von ihrer harten Linie in der Besatzungspolitik, die dieses Bild nicht eben korrigierte, abzurücken. Die Militärregierung war offenkundig nicht willens, den Preis des mit einer Liberalisierung verbundenen Verlustes an französischer Einflußnahme zu zahlen. Wohleb und Zürcher hatten sie wiederholt vergeblich für die Abgabe einer offiziellen Erklärung zu gewinnen versucht, wonach es nicht zu einer Änderung der Zonengrenzen kommen werde[797]. Ein solches Zugeständnis konnten die Franzosen freilich nicht machen, wollten sie nicht ihre Position in der Südweststaatsfrage gegenüber den USA aufgeben. Die Frage der Zonengrenzen blieb ein über den ganzen Zeitraum der deutsch-alliierten Verhandlungen hinweg bestehender Streitpunkt zwischen Frankreich und den USA. Außer einem Gebietsaustausch hatte Frankreich auch die Möglichkeit eines Kondominiums beider Mächte in Vorschlag gebracht, beides Lösungen, die auf entschiedene Ablehnung insbesondere General Clays stießen. Dabei wäre eine Regelung der Südweststaatsfrage für ihn auch ein Mittel gewesen, um die Zustimmung Frankreichs zur politischen und wirtschaftlichen Neuordnung Westdeutschlands zu erlangen.

*Kehl*

Territoriale Forderungen Frankreichs an das Land Baden richteten sich auf die am rechten Rheinufer gegenüber der Stadt Straßburg gelegene Stadt Kehl und ihren Hafen[798]. Das Interesse Frankreichs ergab sich aus der engen Verflechtung beider nahe beieinandergelegener Hafenstädte. Kehl war im November 1944 angesichts der vorrük-

---

[795] AOFAA, Commissariat pour le Land Bade – section politique, N°. 2025.
[796] Ebenda, N°. 2807, „Renseignements concernant: la fusion Bade-Württemberg" vom 14.10. 1948.
[797] Ebenda, N°. 2061 a, N°. 2802, „Note d'information" vom 16.8. 1948.
[798] Dazu ebenda, N°. 2112, „Der Hafen Kehl". Denkschrift der badischen Landesregierung, überreicht anläßlich des Parisbesuches Wohlebs im April 1948. Zu Kehl vgl. auch Entscheidungen des Bundesverfassungsgerichts, Bd. 2, S. 347 ff.; Bundesministerium des Innern, Abteilung Vertriebene, Flüchtlinge und Kriegsgeschädigte (Hrsg.), Dokumente deutscher Kriegsschäden, Bd. IV/3, S. 525 559; Feuchte, Verfassungsgeschichte, S. 37 ff.

kenden alliierten Truppen durch die deutsche Wehrmacht geräumt und die Bevölkerung in den benachbarten Landkreisen untergebracht worden. Seit dem 15. April 1945 waren Stadt und Hafen Kehl von den Franzosen besetzt, das gesamte Gebiet der Verwaltung des Präfekten des Departements Bas-Rhin in Straßburg unterstellt und mit französischen Familien und Militärangehörigen besiedelt worden.

Frankreich war von Anfang an daran gelegen gewesen, die Problematik um Stadt und Hafen Kehl aus der öffentlichen Diskussion herauszuhalten. Ihre Behandlung ist dem badischen Landtag zeitweilig untersagt worden; Äußerungen der französischen Regierung zu diesem Thema blieben sehr zurückhaltend. Auf der Moskauer Außenministerkonferenz von 1947 hatte Bidault die Forderung nach einer Angliederung des Kehler Hafens an den Straßburger Rheinhafen anklingen lassen, also zugleich den Anschluß an französisches Staatsgebiet. Begründungen hierfür lieferte zum einen die angeblich von Kehl ausgehende Konkurrenzgefahr für Straßburg, zum anderen eine Anordnung des ehemaligen, während des Krieges zuständigen Gauleiters, Kehl auf dem Verwaltungswege nach Straßburg einzugemeinden[799], so daß Kehl folglich auch weiterhin als ein Teil Straßburgs zu gelten habe, und schließlich die Tatsache, daß Kehl nicht mehr von deutscher Bevölkerung bewohnt, seine Übernahme in französisches Staatsgebiet daher ohne Schwierigkeiten möglich sei.

Bei seinem Besuch in Paris im April 1948 legte der südbadische Staatspräsident die Haltung der Landesregierung dar: Als der „leistungsfähigste deutsche Oberrheinhafen", so hieß es in einer hierzu überreichten Denkschrift[800], umfasse Kehls Einzugsgebiet „praktisch das gesamte französische Besatzungsgebiet Badens". Der Hafen diene in erster Linie „dem Umschlag von Massengütern, deren Beförderung per Achse zu kostspielig sein würde". Dies galt vor allem für den Transport von Holz, Kohle und Getreide, die aufgrund der badischen Wirtschaftsstruktur eine zentrale Rolle spielten und damit gleichzeitig die besondere Bedeutung des Wasserweges für die Versorgung des Landes vor Augen führten. Da der Rhein südlich von Karlsruhe für die deutsche Schiffahrt gesperrt war, mußten mit dem Fortfall des südbadischen Hauptumschlagplatzes Im- und Export über den Karlsruher Hafen abgewickelt werden, was erhebliche Rückwirkungen auf die Höhe der Transportkosten der ohnehin von den Rohstoff- und Absatzmärkten weit entfernt gelegenen südbadischen Industrie zur Folge hatte[801]. Nicht nur als Handelsplatz, sondern auch als Wirtschaftszentrum hatte Kehl mit seinen 20 Groß- und 104 Mittel- und Kleinbetrieben eine wichtige Funktion insbesondere für die oberbadische Wirtschaft erfüllt. Die offenkundigen Nachteile des bestehenden Zustandes fanden, neben der Mangellage im Transportwesen und über den Ausfall der dort ansässigen Industrie hinaus, durch die fortlaufenden Demontagen in Südbaden weitere negative Ergänzungen. Eine Normalisierung der badischen Wirtschaftslage, so lautete das Fazit der Denkschrift, war abhängig von der Wiedererlangung der Verfügungsgewalt über den billigen und leistungsfähigen Rheinschiffahrtsweg, das hieß einer „Rückgliederung Kehls, seiner Industrie und seines Hafens an das badische Wirtschaftsgebiet". Ein Verzicht Frank-

---

[799] Vgl. etwa den Artikel in Les Dernières Nouvelles d'Alsace vom 23.11.1945. Abschrift in STAF, A 3, Nr. 3074.

[800] AOFAA, Commissariat pour le Land Bade – section politique, N°. 2112, „Der Hafen Kehl", Denkschrift der Badischen Landesregierung.

[801] Laufer, Industrie und Energiewirtschaft, S. 170f.

reichs auf „politische Annexionen badischen Gebiets" würde die beiderseitigen freundschaftlichen Beziehungen festigen. Unbeschadet dessen war die badische Regierung auch bereit, einer Freigabe des Kehler Hafens für die badische Wirtschaft unter Beibehaltung der Betriebsgemeinschaft mit dem Straßburger Hafen als Fortschritt zuzustimmen. Hatte der französische Staatssekretär Schneiter Wohleb bei dessen Besuch in Paris beruhigende Zusagen gemacht, erweckte die Diskussion des Problems in der Sitzung der französischen Nationalversammlung am 15. Juni 1948 im Zusammenhang mit den „Londoner Empfehlungen" jedoch den Eindruck, daß von dem Verzicht auf eine Annexion Kehls offenbar doch keine Rede war. Die badische Landesregierung richtete daraufhin an den Obersten Delegierten der französischen Militärregierung für das Land Baden eine Note, die die Äußerungen Schneiters dahingehend auslegte, daß, wenn auch kein Verzicht Frankreichs geleistet worden, damit jedoch noch nicht das letzte Wort gesprochen sei[802], eine Interpretation, die von seiten der Militärregierung unwidersprochen blieb. Erst das Washingtoner Abkommen vom 8. April 1949 setzte dem staatsrechtlichen Schwebezustand Kehls ein allmähliches Ende. Nach der Verordnung General Koenigs Nr. 219 vom 6. Juli 1949 sollte nach vorausgegangenen Verhandlungen zwischen französischen und badischen Dienststellen die Stadt schrittweise, unter gleichzeitiger Rückverlegung der französischen Zoll- und Grenzkontrolle, wieder der deutschen Verwaltung übergeben werden, während für den Hafen eine deutsch-französische Gemeinschaftsverwaltung vorgesehen war. Damit war das Schicksal von Stadt und Hafen Kehl im Prinzip zugunsten Deutschlands entschieden. Eine endgültige Regelung brachte das Abkommen zwischen dem Land Baden und dem Direktor des autonomen Hafens Straßburg vom 19. Oktober 1951. Im Jahre 1971 schließlich kam es, nachdem die Bedingungen des Abkommens nach und nach gelockert und eine weitgehende Liberalisierung eingetreten war, im Zeichen der Wiedererlangung weitgehender bundesdeutscher Souveränität und der deutsch-französischen Aussöhnung zu einer Anpassung der damals getroffenen Absprachen an inzwischen wesentlich veränderte Verhältnisse[803].

### Baden und die „Frankfurter Dokumente"

Die Zwangslage einer ständigen Einwirkungen der Besatzungsmacht ausgesetzten Wirtschaft, die Unfähigkeit einer infolge mangelnder Kompetenzen machtlosen Regierung, der Probleme des Landes Herr zu werden, die Situation eines an der Ausübung elementarer Rechte behinderten Landtages und einer in einzelnen Bereichen bis ins Detail kontrollierten und von direkten Eingriffen betroffenen Verwaltung setzten die Akzente in der Stellungnahme des Landes Baden zu den „Frankfurter Dokumenten". Die drängenden Probleme des Landes haben dabei allerdings wenig Zeit gelassen, sich mit übergeordneten politischen Fragen zu befassen. Der Berichterstattung Wohlebs über die deutsch-alliierte Zusammenkunft in Frankfurt vom 1. Juli vor dem Landtag war als erster Tagesordnungspunkt eine abschließende Regierungserklärung über das Ergebnis der Verhandlungen mit der Militärregierung über eine Beilegung der durch die Ernährungsdebatte hervorgerufenen Regierungskrise vorangestellt. Mehr noch

---
[802] StAF, A 3, Nr. 3074, Schreiben von Brentanos (Staatskanzlei) vom 19. 1. 1949.
[803] Vgl. Feuchte, Verfassungsgeschichte, S. 39.

zeigte die Landtagssitzung vom 5. August, daß neben den Fragen der Regierbarkeit und Lebensfähigkeit des Landes vor allem das Problem einer Neugliederung des südwestdeutschen Raumes im Mittelpunkt des eigentlichen Interesses stand[804].

*Verfassungsfrage*

Die Darlegungen Wohlebs vor dem Landtag lassen eine klare Stellungnahme zu den „Frankfurter Dokumenten" vermissen. Die Kabinettsprotokolle zeigen zwar, daß die Dokumente und die mit ihnen verbundenen Verhandlungen auch innerhalb der Landesregierung zur Sprache gekommen sind, sie geben aber keinerlei Auskunft über Positionen, diskutierte Fragestellungen oder Beschlußfassungen. Die Ausführungen des CDU-Vorsitzenden Anton Dichtel im Vertrauensmännerausschuß wie vor dem Landtag lassen erkennen, daß sich unter seiner Führung eine gemäßigt föderalistische Richtung in der Regierungspartei durchgesetzt hatte. Wohlebs extrem föderalistische Einstellung war bekannt. Nach seinem Dafürhalten, so hatte der Staatspräsident Ende Mai 1947 in einem Brief an den bayerischen Ministerpräsidenten Hans Ehard geschrieben[805], sollte die neue Verfassung für die „Gemeinschaft der deutschen Länder" zustande kommen als „eine Folge von Abkommen der beteiligten Bundesglieder [...], nicht aber von einer verfassunggebenden Versammlung den einzelnen Ländern auferlegt werden". Artikel 52 der Landesverfassung formulierte bestimmte Auflagen für den Beitritt Badens zu diesem Bund, eine Regelung, die an einen ähnlichen Vorbehalt in der bayerischen Verfassung erinnert: Die Zustimmung zu einer Bundesverfassung sollte eines verfassungsändernden Gesetzes bedürfen. Da dieses wiederum einem Volksentscheid unterlag, waren damit auch die „demokratischen Grundprinzipien vollauf gewahrt". Wohleb befürwortete die Institution einzig eines „Staatenhauses", nicht aus allgemeinen Wahlen hervorgegangen, sondern zusammengesetzt aus Vertretern der Landesregierungen, um die Gewähr dafür zu bieten, „daß die gemeinschaftlichen Interessen der Länder gemeinschaftlich geregelt werden können, ohne daß die Sonderinteressen des einzelnen Landes notleiden müßten"[806]. Damals spielte neben der Rücksichtnahme auf politische Empfindlichkeiten der Besatzungsmacht auch das Bestreben eine Rolle, den Neuanfang bewußt zu einer Anknüpfung an eigenstaatliche Traditionen zu nutzen.

Noch Anfang Januar 1948 forderte Wohleb, dieser Überzeugung folgend, den Zusammenschluß der deutschen Länder mit gleichen Rechten zu einer deutschen Föderation, die in die spätere europäische Föderation zu integrieren sein würde[807]. Französischen Akten ist zu entnehmen, daß der Staatspräsident auch zum Zeitpunkt der Übergabe der „Frankfurter Dokumente" eine solche Lösung favorisierte. Bei seinen Gesprächen in Paris befürwortete er indirekte Wahlen zur Verfassunggebenden Versammlung[808]. Er hätte aber auch eine Bundesversammlung aus direkt und indirekt gewählten

---

[804] Vgl. Sitzung des Landtags, 5.7. 1948, Stenograph. Bericht, S. 1–6; Sitzung des Landtags, 5.8. 1948, Stenograph. Bericht, S. 2–21.
[805] StAF, A 2, Nr. 5620, T.1, Schreiben Wohlebs an Ehard vom 31.5. 1947.
[806] Ebenda.
[807] AOFAA, Commissariat pour le Land Bade – section politique, N°. 2801, Bericht „La situation politique. Les partis politiques et le problème de la future Allemagne" vom 3.1. 1948.
[808] Ebenda, N°. 2112, „Compte-rendu du voyage à Paris du Président de l'état Badois et du maire de Fribourg" (Vertraulich).

Mitgliedern akzeptiert[809]. Eine andere französische Quelle zitiert Vorstellungen Wohlebs, wonach er einer Lösung den Vorzug gegeben hätte, derzufolge die deutsche Regierung ihre Vollmachten von den Militärgouverneuren der vereinigten westlichen Besatzungszone erhielt, ähnlich wie das badische Staatssekretariat vor den Wahlen vom Mai 1947 seine Vollmachten von der französischen Militärregierung abgeleitet hatte. Ein Verwaltungsstatut sollte die Kompetenzen dieser Regierung festlegen, während das Verhältnis zu den Besatzungsbehörden in einem Besatzungsstatut zu regeln war[810].

Die Alternative Staatenbund oder Bundesstaat wurde in der Sitzung des Vertrauensmännerausschusses vom 26. Juni 1948 zugunsten der Bundesstaatslösung mit starker Stellung der Länder entschieden[811]. In der Landtagssitzung am 6. Juli 1948 plädierte Dichtel, der sich vor die Alternative gestellt sah, entweder „konstruktiv und positiv an den augenblicklichen Fragen" mitzuarbeiten oder „wirtschaftlich und politisch zugrunde" zu gehen, in aller Klarheit für einen westdeutschen Staat[812]. Ein Zusammenschluß der drei Westzonen ließ, mit dem damit verbundenen Fortfall der Zonengrenzen, wirtschaftliche und verwaltungsmäßige Fortschritte erhoffen: Erst eine Erweiterung des deutschen Wirtschaftsraumes durch den Anschluß der französischen Zone an die Bizone brachte die Gewähr für einen Erfolg der Währungsreform, das Ende der Zwangsbewirtschaftung und freien Warenaustausch[813]. Die Vorrangigkeit einer wirtschaftlichen Vereinigung einer- und das unbedingte Bekenntnis zur deutschen Einheit andererseits bedingten vor dem Hintergrund der Priorität der Existenzerhaltung, daß in einer auf Westdeutschland beschränkten Regelung nur ein Provisorium zu sehen sein konnte. Dies war ein Generalnenner, auf dem sich, mit Ausnahme der Kommunisten, auch in Baden alle Parteien des Landtags trafen.

Im Unterschied zu der zitierten klaren Stellungnahme Dichtels vertrat Wohleb während der Ministerpräsidentenkonferenz in Koblenz eine sehr zurückhaltende Position und damit offenbar die Überzeugung der Mehrheit im badischen Landtag. Er sprach davon, daß „eine Verfassung in dem eigentlichen Sinne des Wortes bei der heutigen Situation, bei der wirklichen Lage, so wie es sich darstellt, nicht denkbar" sei[814]. Statt dessen trug er den Vorschlag vor, „eine Ordnung irgendwelcher Art" auszuarbeiten, und zwar „mit möglichster Beschleunigung [...]; eine Ordnung oder eine Satzung". In der Ablehnung eines Definitivums für die drei Westzonen hatte sich Wohleb auf der Vorkonferenz der CDU in Koblenz am 7. Juli 1948 französischen Informationen zufolge mit den Vorstellungen Josef Müllers getroffen[815]. Keineswegs auszuschließen ist wiederum die Rücksichtnahme auf die Militärregierung. Auch mochte aufgrund der Erfahrungen mit der französischen Besatzungsmacht, die unter der fortdauernden

---

[809] Matz, Baden und Württemberg, S. 45 f.
[810] AOFAA, Commissariat pour le Land Bade – section politique, N°. 2061 b, „Objet: Récommendations de LONDRES et contre-propositions de Coblence" vom 21.7. 1948.
[811] StAF, A 1, Nr. 13, Niederschrift über die Vertrauensmänner-Ausschußsitzung am 28.6. 1948, S. 3.
[812] Sitzung des Badischen Landtags, 6.7. 1948, Stenograph. Bericht, S. 8 f., 12. Auch die DP war zur Schaffung eines westdeutschen Staates bedingungslos bereit. Die Sozialdemokraten Südbadens vertraten die vom zentralen Parteivorstand festgelegte Linie.
[813] Äußerungen Dichtels in der Sitzung des Landtags, 6.7. 1948, Stenograph. Bericht, S. 11.
[814] Parl. Rat, Bd. 1, S. 69.
[815] AOFAA, Commissariat pour le Land Bade – section politique, N°. 2061 b, Bericht an General Koenig, Baden-Baden, vom 8.7. 1948.

Geltung der Ordonnanz 95 demokratische Einrichtungen in ihrer Zone geschaffen hatte, ohne damit echte politische Selbstbestimmung des Volkes in ihrer Zone zuzugestehen, die Schaffung einer wirklichen Verfassung verfrüht erscheinen. Bei der Reduktion auf eine „Ordnung" oder „Satzung" konnte man sich mit dem in Dokument Nr. I beschriebenen Verfahren einverstanden erklären. Wohleb forderte darüber hinaus eine größere als die dort genannte Anzahl von Abgeordneten. Hinter dem Votum für indirekte Wahlen stand neben grundsätzlichen föderalistischen Erwägungen wohl nicht zuletzt die Befürchtung des Verlustes der absoluten Mehrheit der CDU im badischen Landtag im Falle einer Volkswahl, die in Anbetracht der von außen wie innerparteilich angefochtenen Stellung Wohlebs und im Zusammenhang mit der durch die Neugliederungsdebatte ausgelösten Partei- und Regierungskrise durchaus begründet war.

*Ländergrenzenreform*

Für die drei südwestdeutschen Länder stellte sich die Problematik der Territorialreform, wie die zeitgenössische Diskussion auch in Südbaden zeigt, ausschließlich aus der Regionalperspektive. In Südbaden wurde eine ganze Reihe von Lösungsmöglichkeiten diskutiert, doch mit höchst unterschiedlichem Realitätsgehalt, Konzeptionen, die teils gerüchteweise die Runde machten, ohne daß sie einem konkreten Urheberkreis zugeordnet werden konnten: 1. Beibehaltung des Status quo einer selbständigen Einheit Südbaden, 2. Wiederherstellung des alten Landes Baden, mit oder ohne eine gleichzeitige oder spätere Einbeziehung der Pfalz, 3. Bildung eines Südstaates durch die Wiederherstellung des alten Landes Baden unter Angliederung Südwürttembergs und der Kreise Hechingen und/oder Sigmaringen, 4. Zusammenschluß des wiedervereinigten Landes Baden mit ganz Württemberg und eventuell der Pfalz, 5. Konzept einer Union Alpine, einer Vereinigung der ehemaligen vorderösterreichischen Gebiete Südbadens und Südwürttembergs mit Bayern und Österreich, und schließlich 6. Bildung eines Schwäbisch-Alemannischen Staates aus dem alemannisch-altbadischen Teil Badens, Württemberg-Badens, Württemberg-Hohenzollerns, dem bayerischen Regierungsbezirk Schwaben sowie Lindau und Vorarlberg (Konzeption Otto Fegers).

Die Lösungen 5 und 6 waren in Südbaden niemals Gegenstand ernsthafter Erörterungen. Solche Pläne in Umlauf zu setzen diente vielmehr, so Weinacht, dem Zweck, in der Südweststaatspropaganda die Befürworter einer Wiederherstellung der alten Länder in die Nähe separatistischer Kreise zu rücken und damit zu diskreditieren[816]. Welchen Stellenwert die einzelnen Konzeptionen in der badischen Politik tatsächlich eingenommen haben, ist im einzelnen kaum zu klären[817]. Überlegungen und Sondierungen in Richtung eines Südstaates mit Rottweil als Hauptstadt haben durchaus eine gewisse Rolle gespielt[818]. Ein solcher Plan, den Wohleb persönlich Lorenz Bock vorge-

---

[816] Vgl. Weinacht, Neugliederungsbestrebungen, S. 338f.
[817] Im Vertrauensmänner-Ausschuß nannte Wohleb als Alternativen: die Vereinigung Nord- und Südbadens, Südbadens und Südwürttembergs oder die Zusammenfassung eines vereinigten Badens mit einem vereinigten Württemberg; vgl. StAF, A 1, Nr. 13, Niederschrift über die Sitzung des Vertrauensmänner-Ausschusses vom 24. 7. 1948.
[818] Vgl. Weinacht, Neugliederungsbestrebungen, S. 339ff. Zur Idee des Südstaates auch Eschenburg, Die Entstehung Baden-Württembergs, S. 48; Maier, Erinnerungen, S. 72. Rein zufällig be-

## 2. Baden

tragen haben soll[819] – möglicherweise als eine Art „Ersatz" für die nicht erreichbare Wiederherstellung Gesamtbadens –, mußte bereits an der ablehnenden Haltung des südwürttembergischen Staatspräsidenten scheitern. Schon im Jahre 1946 war Zürcher zu Sondierungen nach Sigmaringen entsandt worden[820]. Umfragen der französischen Militärregierung zeigten indes, daß sich in allen badischen Parteien durchaus Stimmen fanden, die, besonders im Hinblick auf die Problematik der Zonengrenzen, eine solche Lösung einer Aufrechterhaltung des Status quo vorgezogen hätten[821]. Auch von französischer Seite scheint man solchen Überlegungen eine gewisse Aufmerksamkeit geschenkt zu haben, wenn auch vielleicht nur als „taktisches Verwirrspiel", das Befürchtungen wachrief, Frankreich plane eine Saarlösung für ein vereinigtes Südbaden-Südwürttemberg[822].

Unklar ist auch, welchen Stellenwert die Pfalz in den südbadischen Plänen einnahm. Neben parteipolitischen mochten mehr noch wirtschaftliche Überlegungen oder der Aspekt einer gebietsmäßigen Vergrößerung eines badischen Staates, vor allem, um das württembergische Übergewicht kompensieren zu können, eine Rolle gespielt haben. Das Festhalten Wohlebs an der Pfalz in den Verhandlungen der Ministerpräsidenten in Koblenz und Rüdesheim mag taktischem Kalkül entsprungen sein: Die Pfalzfrage in ihrer Umstrittenheit in die Diskussion zu werfen war auch ein Mittel, den Südweststaat zu Fall zu bringen.

In der Forderung, zunächst Baden und Württemberg als unabhängige Länder wiederherzustellen, wurde Wohleb von seiner Partei unterstützt. In ihrer Landtagsentschließung vom 6. Juli 1948 erkannte die südbadische CDU „in einer baldmöglichsten Wiedervereinigung Nord- und Südbadens den ersten und dringlichsten Schritt" auf dem Weg zur Neugestaltung des südwestdeutschen Raumes. Darüber hinaus sollte aber auch „die Weiterentwicklung zu einem gleichberechtigten Zusammenschluß Gesamtbadens, Gesamtwürttembergs und Hohenzollerns geprüft und der Entscheidung der beteiligten Bevölkerung unterbreitet werden"[823]. Die von Wohleb ständig wiederholte Forderung nach einer Respektierung des Selbstbestimmungsrechtes des badischen Volkes ging dabei von der Überzeugung aus, daß dieses sich für die Selbständigkeit des wiederhergestellten badischen Gesamtstaates entscheiden werde. In dieser Logik trat Wohleb unter dem Anspruch auf, für das gesamte badische Volk zu sprechen, ein Recht, daß ihm vor allem von seiten der Sozialdemokraten energisch bestritten wurde. Für den südbadischen Landesteil sollte sich Wohlebs Annahme tatsächlich bestätigen. Die Nordbadener allerdings waren nicht gewillt, sich aus ihrer Verbindung

---

kannt wurde Anfang 1949, daß Zürcher im Auftrag Wohlebs zu einer vertraulichen Besprechung zwischen Vertretern Süd- und Nordbadens, Hohenzollerns und der Pfalz über die Neugliederungsfrage unter Umgehung der Landesregierung von Württemberg-Hohenzollern für den 8. und 9. 2. 1949 eingeladen hatte (wörtliche Wiedergabe des Schreibens bei Maier, Erinnerungen, S. 102 f.). Zur „Affäre Altwindeck" vgl. Konstanzer, Entstehung des Landes Baden-Württemberg, S. 155–159.

[819] Eschenburg, Verfassung, Staat, Parteien, S. 97.
[820] Vgl. (Eschenburg), Baden 1945–1951, S. 13.
[821] AOFAA, Commissariat pour le Land Bade – section politique, N°. 2801, „Enquête d'opinion".
[822] So Nüske, Die Rolle Württemberg-Hohenzollerns, S. 397.
[823] Sitzung des Landtags, 6. 7. 1948, Stenograph. Bericht, S. 17.

mit Nordwürttemberg zu lösen. Große Enttäuschung und Unverständnis rief insbesondere der Positionswechsel des stellvertretenden württemberg-badischen Ministerpräsidenten Köhler hervor, dessen Übertritt auf die Seite der Befürworter des Südweststaates sich Wohleb nur mit der von Stuttgart ausgehenden antifranzösischen Propaganda erklären konnte[824].

Auch im eigenen Lande gestalteten sich die Bedingungen für eine Durchsetzung der altbadischen Lösung immer ungünstiger. Fürsprecher der Bildung des Südweststaates waren hier die Sozialdemokraten und, unter bestimmten Vorbehalten, die Liberalen. Beide brachten Argumente vor, denen sich auch die Christdemokraten nicht völlig verschließen konnten. Waren in Württemberg-Baden und Württemberg-Hohenzollern die Parteien ohnehin zur Vereinigung der südwestdeutschen Länder entschlossen, begann nun – wie dargestellt – selbst in der südbadischen CDU die Unterstützung für den Wohlebschen Kurs zu bröckeln. In Anbetracht des anteilsmäßigen Übergewichtes seiner Gegner konnte die Vorgehensweise des südbadischen Staatspräsidenten in den Beratungen von Koblenz und Rüdesheim deshalb nur darin bestehen, die Unterstützung seiner Kollegen für eine Vertagung der Ländergrenzenreform, auch im Südwesten, zu gewinnen, bis – gemäß der südbadischen Grundposition – eine souveräne Entscheidung der betroffenen Bevölkerung ohne innere und äußere Zwänge möglich sein würde – ein Prinzip, das für die deutsche Frage überhaupt Geltung besaß. Dies bedeutete faktisch die Beibehaltung des Status quo, die zugleich die Fortsetzung der Selbständigkeit Südbadens beinhaltet hätte. War dieses Ziel nicht zu erreichen, trat an seine Stelle das Bemühen, unerwünschte Entwicklungen mit allen Mitteln der Taktik und Raffinesse, wenn schon nicht zu verhindern, so doch so lange wie möglich hinauszuschieben, bis vielleicht doch noch eine Konstellation eintrat, die der badischen „Traditionslösung" eine Chance gab.

*Besatzungsstatut*

Südbaden war wie kein anderes Land der französischen Zone Einfluß, Kontrolle und Willkür der Besatzungsmacht ausgesetzt, eine Situation, die die Landesregierung vor kaum lösbare Probleme stellte. Die Forderung nach einem Besatzungsstatut hatte die badische Regierung daher bereits 1945 erhoben. Der dringende Wunsch nach einer Trennung von Kontrolle und Verwaltung und Gewährung der in der Verfassung verbrieften rechtmäßigen Zuständigkeiten von Regierung und Landtag war, schriftlich oder in Form mündlicher Vorstellungen, immer wieder[825] zum Ausdruck gebracht worden. Schon die Badische Landesverwaltung war wegen zu großer Schwierigkeiten bei der Amtsführung am 10. Mai 1947 zurückgetreten. Im Unterschied zur Regierung

---

[824] AOFAA, Commissariat pour le Land Bade – section politique, N°. 2802a, „Note d'information" vom 18.8.1948. Vgl. auch StAF, A 2, Nr. 3472, Äußerungen Wohlebs in der Sitzung der Landesregierung am 12.8.1948; Auszug aus der Niederschrift über die Sitzung, S. 1. Zur Wende Köhlers vgl. das Kapitel zu Württemberg-Baden, S. 105 f.

[825] Zusammenstellung solcher Initiativen der Landesregierung in StAF, A 2, Nr. 1208, T.1, Denkschrift „Zwangsleistungen des Landes Baden auf Anordnung der Besatzungsmacht (Stand 31. März 1948)", hrsg. vom Badischen Ministerium der Finanzen, Freiburg, Oktober 1948, Anhang 16; vgl. auch die Ausführungen Wohlebs in der Sitzung des Landtags, 5.7.1948, Stenograph. Bericht, S. 2.

in Württemberg-Hohenzollern hatte sie ihre Funktionen ohne ein Kompetenzen und rechtlichen Status festschreibendes Statut ausüben müssen.

Zu einer ersten Vertagung des Landtags war es gekommen, als die Militärregierung die Behandlung eines in der Sitzung vom 2. Oktober 1947 eingebrachten gemeinsamen Antrages aller Fraktionen zur Ernährungs- und Wirtschaftslage und der damit eng zusammenhängenden Demontagefrage untersagt hatte. Beigelegt wurde damals die Krise dadurch, daß die Militärregierung schließlich am 7. November die Debatte über die Ernährungslage zugestand, während die Demontagefrage erst später, in einer Sitzung unter Ausschluß der Öffentlichkeit, zur Sprache kommen durfte. Einen zweiten Eklat im Landtag verursachte die Reise Staatspräsident Wohlebs nach Frankreich: Gemeinsam mit dem CDU-Fraktionsvorsitzenden und Oberbürgermeister von Freiburg, Wolfgang Hoffmann, und Clemens von Brentano, dem Leiter der Staatskanzlei, war er vom französischen Staatssekretär für deutsche und österreichische Angelegenheiten, Pierre Schneiter, für die Zeit vom 25. bis 30. April 1948 nach Paris eingeladen worden. Bei dieser Gelegenheit konnte Wohleb zwar eine Liste der „Wünsche der Badischen Landesregierung in bezug auf die deutsche Politik und die Verwaltung des Landes Baden" überreichen, doch ohne dabei ein greifbares Resultat zu erzielen. In seiner Resolution vom 12. Mai 1948 sprach der Landtag seine Enttäuschung über die als „völlig unzureichend" betrachteten Ergebnisse der Paris-Reise aus und beschloß seine Vertagung auf unbestimmte Zeit, das hieß, bis weitere Verhandlungen einen Fortschritt erbrachten, der es ihm ermöglichte, seine „schwere Verantwortung vor dem Badischen Volk weiter zu tragen"[826].

In der Beschränkung der Handlungsfreiheit von Regierung und Parlament bot das ganze Jahr 1948 kein anderes Bild, so daß sich die Politik der Landesregierung zum großen Teil als ein „Abwehrkampf gegen die Besatzungsmacht"[827] gestaltete. Lange Zeit hatte sie sich loyal hinter die Maßnahmen der Militärregierung gestellt, war aber gerade deshalb zunehmend in die Schußlinie der öffentlichen Kritik geraten. In der Person des Staatspräsidenten kulminierten die Vorwürfe, sich zu willfährig gegenüber der Besatzungsmacht zu verhalten. Wie auch in Berichten französischer Beobachter registriert wurde, verlor die badische Staatsregierung zunehmend an Ansehen in der Bevölkerung. Vor diesem Hintergrund mußten die „Frankfurter Dokumente" als Chance zu einem grundlegenden Wandel begriffen werden. Der richtige Zeitpunkt für den schon mehrfach erwogenen Rücktritt war für die Regierung deshalb schließlich am 26. August 1948 gekommen, da jetzt die Hoffnung bestand, entscheidende Zugeständnisse bei der Militärregierung erringen zu können.

In einem Rundschreiben an sämtliche Ministerien vom 31. Juli 1948 hatte Wohleb um eine „Darstellung des bisherigen rechtlichen und tatsächlichen Zustandes, des Umfanges der Kontrolle und der Einschaltung der Besatzungsorgane in die einzelnen Verwaltungsakte" gebeten, um ihn „in die Lage [zu] versetzen, später eine eingehende und stichhaltig begründete Vorstellung bei der Militärregierung erheben zu können, zu dem Zweck, eine völlig klare, dem Interesse des Landes entsprechende Trennung von Kontrolle und Verwaltung zu erreichen". Das Ergebnis dieses Auftrages sollte zusätzlich

---

[826] StAF, A 1, Nr. 441, Resolution des Landtags vom 12. 5. 1948; vgl. auch ebenda, Nr. 13, Niederschrift über die Sitzung des Vertrauensmänner-Ausschusses am 12. 5. 1948.
[827] Weihnacht, BCSV und CDU, S. 84.

als Unterlage für die Konferenz der Ministerpräsidenten zur Verfügung stehen[828]. Dem gleichen Zweck diente auch die umfangreiche Bestandsaufnahme „Zwangsleistungen des Landes Baden auf Grund von Anordnungen der Besatzungsmacht (Stand 31. März 1948)" vom Badischen Ministerium der Finanzen[829], ausgearbeitet in Anlehnung an eine bereits erstellte Bilanz aus Württemberg-Hohenzollern, das hier eine Vorreiterrolle übernommen hatte[830].

Auch auf wirtschaftlichem Gebiet war Baden über das in der französischen Zone ohnehin im Vergleich zur Bizone weit höhere Maß an Belastung hinaus in Mitleidenschaft gezogen: Durch die Eigenschaft Baden-Badens als Hauptstadt der französischen Zone und somit Sitz der meisten Besatzungsorgane war das Land überdurchschnittlich mit Besatzungspersonal und dessen Angehörigen belegt[831]. Da die Franzosen ihren Unterhalt durch Entnahmen und Anforderungen aus dem besetzten Lande zu bestreiten pflegten, bedeutete dies außer einer entsprechend höheren finanziellen Belastung zusätzliche Auswirkungen auf die Ernährungs- und Wohnlage der Bevölkerung. Die Herabsetzung der Entnahmen durch die Besatzungsmacht, eine Verringerung der Zahl der in Baden lebenden Besatzungsangehörigen und damit eine spürbare Reduzierung der Besatzungskosten waren in einem finanzschwachen Land von besonderer Wichtigkeit. Beides, die geringe Steuerkraft einerseits und eine, durch zusammen mit sonstigen vom Land Baden zu tragenden Kosten verursachte hohe Staatsverschuldung andererseits, werteten die Befürworter des Südweststaates in der Neugliederungsdiskussion im Sinne der von ihnen propagierten Lösung aus, so daß, so Weinacht, der Anschein erweckt wurde, als ob „ein dem Konkurs zutreibender Kleinbetrieb [...] durch Fusion mit einem besonders leistungsstarken Großbetrieb saniert werden" müsse[832]. Eine durchgreifende Änderung der Besatzungspolitik war deshalb nicht nur im Hinblick auf die wirtschaftliche Lebensfähigkeit des Landes und die Handlungsfähigkeit seiner Staatsorgane entscheidend. Hier gab es auch einen sinnfälligen Zusammenhang mit der Badenfrage: War die Entscheidung für den Südweststaat – auch oder gerade in der Bevölkerung – ganz wesentlich von dem Wunsch getragen, sich der französischen Besatzung zu entziehen, so mußte die Alternativlösung einer Wiederherstellung der alten Länder Baden und Württemberg in dem Maße an Attraktivität gewinnen, in dem ein Wandel der Besatzungspraxis eine Annäherung an die Verhältnisse in der Bizone brachte und das Stichwort vom „Franzosenschreck" seiner Grundlage beraubte.

*Baden in den Verhandlungen von Koblenz und Rüdesheim*

Baden ist in den Verhandlungen von Koblenz und Rüdesheim, in denen es im übrigen, abgesehen von Berlin, als einziges der beteiligten Länder mit nur einer Stimme, der des Staatspräsidenten, vertreten war, bis auf das Engagement in der Neugliederungsproblematik kaum nennenswert in Erscheinung getreten. In der Verfassungsfrage drängte Wohleb, auch im Wissen um die von den Franzosen betriebene Verzögerungstaktik,

---

[828] StAF, A 7, ZR Nr. 117, Schreiben Wohlebs vom 31.7.1948.
[829] StAF, A 2, Nr. 1208, T. 2.
[830] Vgl. dazu das Kapitel zu Württemberg-Hohenzollern, Abschnitt „Besatzungsstatut".
[831] Vgl. Laufer, Industrie und Energiewirtschaft, S. 242; Bosch, Der Neubeginn, S. 132 ff.
[832] Weinacht, Land Baden (Südbaden), S. 226.

auf ein Vorgehen „mit größtmöglicher Beschleunigung", ungeachtet der terminologischen Problematik. Allerdings war damit den deutschen Interessen nicht eher gedient, als bis das Besatzungsstatut vorlag. Auch Wohleb wollte das Junktim zwischen Besatzungsstatut und Verfassung gelöst wissen – und zwar um der Fertigstellung des Besatzungsstatutes willen: Denn konnte über dieses keine Übereinkunft erzielt werden, „so nützt uns ein Eingehen auf das Dokument I nichts"[833]. Aus der Sicht des Landes Baden ging es um eine Verbesserung der materiellen Situation durch den Anschluß der französischen Zone an die Bizone, die Reglementierung der Besatzungsherrschaft und eine Erweiterung der deutschen Kompetenzen. Darum war nicht das Grundgesetz, sondern das Besatzungsstatut die eigentliche Verfassung.

Wohleb stimmte im übrigen weitgehend mit der Auffassung Hans Ehards überein, der den unbedingten Vorrang der Bildung der Trizone betonte und davor warnte, das Problem der Ländergrenzen allzusehr in den Vordergrund zu rücken. Insofern besaß Baden in der Person des bayerischen Regierungschefs, der eine Reform, auch nur im südwestdeutschen Raum, ebenfalls lieber aufgeschoben hätte, einen engagierten Verfechter einer gemeinsamen Linie. Allerdings wußte Bayern eine Parteinahme im eigenen Interesse zu vermeiden[834]. So wurde der südbadische Staatspräsident im Grunde nur durch das heftige Drängen Reinhold Maiers dazu veranlaßt, zur Neugliederungsproblematik Stellung zu nehmen. Er selbst hätte die Frage von sich aus nicht aufgegriffen; Wohleb konnte kein Interesse an einer Reform haben, weder auf globaler noch auf regionaler Ebene. Deshalb mußte ihm daran gelegen sein, die vorgegebene Verbindung zwischen Verfassungsfrage und Ländergrenzenreform aufzulösen, nach welcher eine Neugliederung bis zur Konstituierung des Parlamentarischen Rates beziehungsweise spätestens zum Zeitpunkt der Abstimmung über das Grundgesetz erfolgt sein mußte. Die für das Zusammentreten des Parlamentarischen Rates gesetzte Frist einzuhalten, hielt Wohleb für realisierbar, nicht aber, innerhalb dieser Zeit eine Reform, auch nur im Südwesten, durchzuführen. Nach seiner Auffassung konnte deshalb die staatsrechtliche Frage unabhängig von einer Ländergrenzenreform geregelt werden.

Vermochte er in Koblenz nicht zu erreichen, daß die Neugliederung von der Tagesordnung abgesetzt wurde, mußte es sein Ziel auch in Rüdesheim bleiben, das Junktim zwischen Dokument Nr. I und II zu lösen, um durch die damit möglich werdende Verlangsamung des Entscheidungsprozesses die Gefahr einer entschlossenen Durchführung der Reform, die unter den gegebenen, für die badische Position denkbar ungünstigen Bedingungen nur zur Bildung des ungeliebten Südweststaates führen konnte, zumindest vorläufig auszuschalten. Schon in Koblenz hatte Wohleb deshalb gleich zu Beginn der Einzelaussprache zu Dokument Nr. II seine Überzeugung geäußert, daß die Bereinigung der Verhältnisse zwischen Baden und Württemberg „nicht von heute auf morgen" möglich sein würde, und lehnte es ab, in dieser Frage eine Entscheidung zu treffen[835]. Nachdem die Beratungen zu keinem konkreten Ergebnis gekommen waren,

---

[833] Parl. Rat, Bd. 1, S. 85.
[834] Ausschlaggebend war das Interesse Bayerns an der Pfalz. Das Bestreben, die Pfalzfrage möglichst überhaupt auszuklammern und deshalb auf einen Status quo hinzuwirken, machte Ehard zu einem natürlichen Verbündeten Wohlebs, der in dem bayerischen Ministerpräsidenten deshalb auch am liebsten den „neutralen Vorsitzenden" des Untersuchungsausschusses zur Ländergrenzenfrage gesehen hätte; vgl. ebenda, S. 372.
[835] Ebenda, S. 06 f.

legte die Kommission zu Dokument Nr. II einen Kompromißvorschlag vor, der die Zweckmäßigkeit einer Reform generell, zugleich aber auch die Notwendigkeit einer sorgfältigen Prüfung betonte, und in bezug auf eine Regelung im Südwesten die Ausarbeitung von Vorschlägen dem Parlamentarischen Rat überlassen wollte. Eine solche Entscheidung hätte die Zustimmung Wohlebs finden können, da auf diese Art eine konkrete Lösung ebenfalls auf unabsehbare Zeit verschoben worden wäre, denn es war zu erwarten, daß dieses Gremium nicht minder Probleme bei der Beratung von Lösungsmöglichkeiten haben würde[836]. Der württemberg-badische Ministerpräsident und sein Innenminister setzten sich deshalb für die Annahme eines Passus ein, der es den betroffenen Ländern freistellte, innerhalb ihrer landesverfassungsrechtlich gegebenen Möglichkeiten selbständig eine Regelung zu finden. Dies scheiterte jedoch zunächst am energischen Widerspruch Wohlebs, der immerhin eine „entschärfte" Fassung durchsetzen konnte[837]. Eine Regelung aufgrund der Verfassungen hätte die Wiedervereinigung Nord- und Südbadens unmöglich gemacht und einer Entscheidung für den Südweststaat praktisch keine Alternative gelassen[838]. Wohleb verstand es mit dem Fortschreiten der Beratungen nicht nur, mit einleuchtenden Argumenten eine ganze Reihe seiner Kollegen auf seine Seite zu ziehen, sondern auch durch das Spielen auf Zeit die zunehmende Ermüdung der Konferenzteilnehmer für sich zu nutzen.

Hatte Wohleb in Koblenz eine Sonderbehandlung des südwestdeutschen Raumes mit der Begründung abgelehnt, dies sei keine so dringliche Frage, daß sie innerhalb der nächsten Wochen gelöst werden müsse, argumentierte er in Rüdesheim, es handele sich hier nicht um ein Problem, das „isoliert betrachtet [...], wahrscheinlich auch nicht einmal eine Angelegenheit, die lokalisiert werden" könne[839]. Im Laufe der Diskussion gab er erneut zu bedenken, daß es unmöglich sein werde, die Länderreform bis zu dem vorgesehenen Zeitpunkt abzuschließen, oder aber es werde zu einer Verzögerung bei der Ratifizierung der Verfassung kommen. Unterstützend für Wohlebs Position wirkte die verstärkt in den Vordergrund getretene Problematik der Zonengrenzen, die eine Lage geschaffen hatte, in der von einer wirklich freien Abstimmung im Sinne der altbadischen Lösung keine Rede sein konnte. Diese auch unter den Westalliierten selbst noch ungeklärte Frage erhöhte gleichzeitig die Skepsis derjenigen Länder, die wegen der Gefahr einer Ausdehnung der französischen Zone auf dem linken Rheinufer der Durchführung einer Reform ebenfalls ablehnend gegenüberstanden. Dennoch ging Wohlebs Konzeption, aufs Ganze gesehen, nicht auf, obwohl er in Teilbereichen seiner Politik Schützenhilfe aus Bayern bekommen hatte: Die Arbeiten an der westdeutschen Verfassung sollten im Vordergrund stehen, nicht das Besatzungsstatut; zu einer allgemeinen Ländergrenzenreform kam es zwar nicht, wohl aber zur Neugliederung in Südwestdeutschland – und dies nicht nach seinen Wünschen.

---

[836] Vgl. auch Konstanzer, Entstehung des Landes Baden-Württemberg, S. 101.
[837] Vgl. Parl. Rat, Bd. 1, S. 131 ff.
[838] Vgl. dazu insbesondere das Kapitel zu Württemberg-Baden, S. 107 f.
[839] Parl. Rat, Bd. 1, S. 206 f.

## 3. Württemberg-Hohenzollern

In Württemberg-Hohenzollern mochte man am schmerzlichsten die Zerstörung der alten Länderordnung in Südwestdeutschland nach 1945 empfunden haben. Anfängliche Bemühungen, mittels eines Delegationssystems die Verwaltungseinheit mit Nordwürttemberg aufrechtzuerhalten, scheiterten an der ablehnenden Haltung der Amerikaner und schließlich auch der eigenen Besatzungsmacht, die diese Bestrebungen zwar zunächst unterstützt hatte, dann aber, nach zuerst unentschlossenem politischen Kurs, als Reaktion auf die US-Politik (Zusammenfassung Nordbadens und Nordwürttembergs), in dem ihr unerwünscht zugefallenen Südwürttemberg zur Konsolidierung schritt[840]. So kam es, nachdem den einer Absprache zwischen beiden Besatzungsmächten und deutschen Vertretern gemäß eingesetzten, von Stuttgart aus auch für den französisch besetzten Teil Württembergs zuständigen Landesdelegierten nach und nach der Boden für die Ausübung ihrer Tätigkeit entzogen worden war, am 16. Oktober 1945 unter der Führung Carlo Schmids, den die Franzosen mit dem Aufbau der Landesverwaltung Württemberg-Hohenzollerns betraut hatten, zur Errichtung eines „Staatssekretariats für das französisch besetzte Gebiet Württembergs und Hohenzollerns". Es bestand aus fünf „Landesdirektoren", die ohne formelle Amtseinsetzung ihre Tätigkeit aufnahmen. Durch diese Art der Amtsausübung im „juristischen Niemandsland"[841] sollte trotz der nun faktisch vollzogenen Teilung Württembergs – mit Zustimmung beziehungsweise Unterstützung durch die Franzosen – weiterhin formal an der Einheit des Landes festgehalten werden.

Auch wenn das von Carlo Schmid verfaßte Statut des Landessekretariats den Übergangscharakter des damaligen staatsrechtlichen Zustandes festzuschreiben versuchte, änderte dies nichts daran, daß sich die beiden Landeshälften Württembergs in der Folgezeit unabhängig voneinander und unterschiedlich entwickelten. Am 18. Mai 1947, gleichzeitig mit der Abstimmung über die von der Beratenden Landesversammlung ausgearbeitete Verfassung, wurde der erste und einzige Landtag von Württemberg-Hohenzollern gewählt. Hier errang die CDU 32 von 60 Sitzen. Die Koalitionsverhandlungen führten – trotz der absoluten Mehrheit der Christdemokraten – zur Bildung einer Regierung aus CDU, SPD und DVP. Württemberg-Hohenzollern war und blieb das einzige Land in den Westzonen, in dem von Anfang an keine Kommunisten an der Regierung beteiligt waren. Mit 43 Stimmen bei 17 Enthaltungen wurde der Rechtsanwalt Lorenz Bock am 8. Juli zum Staatspräsidenten gewählt. Damit war aus dem im wesentlichen aus den 17 Landkreisen südlich der Autobahn Karlsruhe–Stuttgart–Ulm bestehenden Teilgebiet ein eigenständiges Land geworden.

Schwierige wirtschaftliche Verhältnisse und eine restriktive Politik der Militärregierung bestimmten das Programm der Regierung Bock. Das langwierige Ringen um Rechte und Kompetenzen von Regierung und Parlament, das zugleich, wie in Baden,

---

[840] Zur französischen Besatzungs- und Territorialpolitik vgl. Nüske, Württemberg-Hohenzollern, Teil 1 (1982), S. 228 ff.; Wolfrum, Französische und deutsche Neugliederungspläne; ders., Französische Besatzungspolitik, S. 169 ff.; zum Streit zwischen Frankreich und den USA um die Einteilung der Besatzungszonen vgl. ebenda, S. 184–228.
[841] Konstanzer, Entstehung des Landes Baden-Württemberg, S. 30.

ein Abwehrkampf gegen die französische Besatzungspraxis war, absorbierte die politischen Kräfte des Landes. Am 6. August 1948 erklärte die Regierung in Übereinstimmung mit den Fraktionen des Landtags ihren Rücktritt. Auslösendes Moment war die Demontageproblematik[842], die zuvor bereits wiederholt Anlaß starker Spannungen zwischen Landtag und Regierung auf der einen und der Besatzungsmacht auf der anderen Seite gewesen war. Der Rücktritt war schon des längeren erwogen worden, doch hatte im Hinblick auf die Beschäftigung mit den „Frankfurter Dokumenten" zunächst die Aufrechterhaltung der Handlungsfähigkeit im Vordergrund gestanden.

Am 4. August starb Staatspräsident Bock. Unter Berufung auf Art. 47 der Verfassung[843] nahm sein Nachfolger, Gebhard Müller, als Chef der nur mehr geschäftsführend weiteramtierenden Regierung gegen den Willen Gouverneur Widmers an den Verhandlungen und Beratungen der Ministerpräsidenten teil. Der neue Staatspräsident vertrat einen harten und kompromißlosen Kurs gegenüber der Militärregierung. Gouverneur Widmer vermochte sich mit seinem wiederholten Drängen auf eine Regierungsbildung nicht durchzusetzen. Eine neue Regierung konstituierte sich erst im Juni 1949, nachdem ihr am 21. April 1949 eine revidierte Demontageliste für Württemberg-Hohenzollern zugegangen war. Neben den Auseinandersetzungen mit der Besatzungsmacht stand in Württemberg-Hohenzollern das Engagement für eine territoriale Neuordnung im Vordergrund. Doch erst nachdem Regierung und Parlament das notwendige Maß an Handlungsfreiheit durchgesetzt hatten, war der Weg frei, um unter der Führung Gebhard Müllers der Bildung des Südweststaates die volle Aufmerksamkeit zu widmen.

*Von Lorenz Bock zu Gebhard Müller: Die politische Führung des Landes Württemberg-Hohenzollern*

Eine bedeutsame Konsequenz aus der Teilung des ehemaligen Gesamtlandes war für Württemberg-Hohenzollern, ähnlich wie für Südbaden, der Verlust eines Großteils seines vornehmlich im Norden des Landes konzentrierten politischen Führungspersonals. Im Unterschied zum Nachbarland aber, in welchem diese Konstellation eine ausgesprochen selbstbewußte Regierungsweise seines Staatspräsidenten ermöglichte, hatte im südlichen Teil Württembergs ein Dreiparteienkabinett die Leitung des Landes übernommen, welchem gleichwohl starke Führungspersönlichkeiten aus CDU und SPD das Gepräge gaben und dessen Funktionsfähigkeit von vornherein auf kollegiales Zusammenwirken angewiesen war.

Im Kräftedreieck Lorenz Bock (CDU), Gebhard Müller (CDU) und Carlo Schmid (SPD) hat sich das politische Wirken des ersteren am unauffälligsten manifestiert. Über Person und Politik von Lorenz Bock ist wenig bekannt. Bock wurde am 12. August 1883 in Nordstetten, Kreis Horb, geboren. In Tübingen und München studierte er Rechtswissenschaften (1902–1907) und arbeitete seit 1910 als Rechtsanwalt in Rottweil. 1919 bis 1933 war er als Abgeordneter, seit 1924 als Fraktionsvorsitzender

---
[842] Dazu Wolfrum, Französische Besatzungspolitik, S. 244 ff.
[843] Nach Art. 47 der Verfassung von Württemberg-Hohenzollern war der Staatspräsident des Landes berechtigt, dieses nach außen zu vertreten; vgl. Konstanzer, Entstehung des Landes Baden-Württemberg, S. 78.

des Zentrums im württembergischen Landtag aktiv. 1928 wurde er Mitglied des Staatsgerichtshofes. Während der Zeit des Nationalsozialismus widmete er sich ausschließlich seinem Beruf als Rechtsanwalt. Im Zusammenhang mit dem Attentat auf Hitler wurde er zeitweilig verhaftet. Bock zählte zu den Mitbegründern der CDU im Kreis Rottweil, wo er nach 1945 Mitglied des Gemeinderates und des Kreistages war. 1946 wurde er Vorsitzender der Rechtsanwaltkammer Tübingen. Nachdem er sich bereits als Mitglied der Beratenden Landesversammlung hervorgetan hatte und im Februar 1947 zum stellvertretenden CDU-Fraktionsvorsitzenden aufgestiegen war, wurde er am 8. Juli 1947 zum Staatspräsidenten des Landes Württemberg-Hohenzollern gewählt[844]. Zusätzlich übernahm er das Amt des Finanzministers.

Die Sozialdemokraten hätten die Wahl Carlo Schmids als die angemessenste Lösung betrachtet, der sich auch Teile der CDU im Wissen um die Leistungen und das Ansehen dieses Mannes nicht verschlossen hätten: Auf Schmids „zielstrebig geführte politische Regie" in der Anfangsphase des Landes war das Selbstverständnis Württemberg-Hohenzollerns als „transitorisches Staatsgebilde" zurückzuführen[845]. Carlo Schmid hatte sich bedeutende Verdienste um die Entstehung des Landes erworben, zuerst als von den Franzosen eingesetzter Landesdirektor für Kultus, Unterricht und Kunst während des französischen „Interims" in Stuttgart, dann als Chef des „Landessekretariats" in Tübingen (eine Bezeichnung, die Schmid selbst erfunden hatte, um auf diese Weise das Provisorische dieser Regelung und die enge Verbindung zu Stuttgart zum Ausdruck zu bringen), sodann als Landesdirektor für Justiz. Besaß er durch den während seiner Amtszeit in der Praxis sich herausbildenden Alleinzugang zur Militärregierung bereits Routine im Umgang mit der Besatzungsmacht, sprachen vor allem auch seine perfekten Französischkenntnisse, sein hohes Ansehen bei und souveräner Umgang mit der Besatzungsmacht[846] dafür, ihn weiterhin an der Spitze des Landes zu belassen. Schmid gehörte nach der Wahl von Lorenz Bock als stellvertretender Ministerpräsident und Justizminister weiterhin dem Kabinett an und war mit der Vertretung Württemberg-Hohenzollerns nach außen, das heißt der Führung politischer Verhandlungen mit den anderen westdeutschen Ländern und den Besatzungsbehörden, beauftragt. So wußte er sich, zusätzlich unterstützt durch seine Funktion als Staatsrat in Stuttgart, die ihn berechtigte, auch weiterhin an den Sitzungen des dortigen Kabinetts teilzunehmen[847], durch seine Reisetätigkeit, insbesondere den Besuch der bizonalen Organe,

---

[844] Zur Regierungsbildung auch Henke, Politische Säuberung, S. 152 ff.
[845] Konstanzer, Entstehung des Landes Baden-Württemberg, S. 84 f.
[846] Zur Rolle Schmids in Württemberg-Hohenzollern vgl. auch Wolfrum, Französische Besatzungspolitik, S. 110 ff., 175 ff., 292 ff.; Eschenburg, Aus den Anfängen des Landes Württemberg-Hohenzollern, S. 269 f.; eine ausschlaggebende Rolle spielte Schmids vielschichtige persönliche Beziehung zu Frankreich, vor allem seine dortige Tätigkeit bei der deutschen Besatzungsverwaltung; vgl. Auerbach, Die politischen Anfänge Carlo Schmids, S. 598 ff., 633–636; nach Wolfrum, Französische Besatzungspolitik, S. 292 ff., sollte über Schmid, dessen föderalistische Grundeinstellung bekannt war, das föderalistische Element in den Reihen der Sozialdemokraten gefördert werden; vgl. auch ders., Französische und deutsche Neugliederungspläne, S. 438 und ebenda, Anm. 29.
[847] Schmid war am 19.9. 1945 von Reinhold Maier zum Staatsrat im Stuttgarter Staatsministerium ernannt worden, um auf diese Weise die Verbindung zwischen den beiden württembergischen Landesteilen aufrechtzuerhalten. Die Rolle Schmids als Verbindungsmann zwischen dem Norden und dem Süden wurde auch späterhin beibehalten; vgl. Konstanzer, Entstehung des Landes Baden-Württemberg, S. 27, 57.

weit über das eigene Land und die französische Zone hinausreichende, auch für seine Regierung nützliche Einblicke und Informationen zu verschaffen. Als der „maßgebliche Theoretiker"[848] und Landesvorsitzende der SPD in Württemberg-Hohenzollern, die er selbst mit aufgebaut hatte, zählte er zum zentralen Parteivorstand in Hannover und war Mitglied mehrerer seiner Ausschüsse. Ab etwa Mitte 1947 trat für Schmid die Landespolitik zunehmend in den Hintergrund[849]. Seine Interessen wurden jetzt von seiner Eigenschaft als führendes Parteimitglied der SPD und durch die staats- und verfassungsrechtlichen Fragen des künftigen Deutschlands bestimmt. Die Protokolle der Sitzungen des Tübinger Kabinetts lassen jedoch erkennen, daß zu diesen Themen das politische Gewicht seines Wortes auch auf Landesebene erhalten geblieben ist.

Der ständig schwelende Konflikt zwischen der Landesregierung und der Besatzungsmacht stellte, ähnlich wie die Debatte um die Neugliederung in Südwestdeutschland, eine Konstante dar, die für Kontinuität in der Landespolitik auch unter dem neuen Staatspräsidenten, Gebhard Müller, sorgte. Allerdings bedeutete die Amtszeit Müllers eine Neuakzentuierung der Politik des Landes in der Neugliederungsdiskussion und, wie bereits angedeutet, eine weit energischere Auseinandersetzung mit der Militärregierung. Diese hatte die Wahl Müllers am 13. August 1948, nach dem überraschenden Tode Bocks, nur ungern gesehen[850]. Unter dessen Regie hatte der Landtag gegenüber einer zurückhaltenden Regierung die Initiative zur Erzwingung einschneidender Kurskorrekturen in der französischen Besatzungspolitik übernommen. Auch der Rücktritt der Regierung im August 1948 war auf starken Druck Müllers zurückzuführen, der mit einem gemeinsamen Mißtrauensvotum aller Fraktionen gedroht hatte. Als Landes- und Fraktionsvorsitzender besaß Müller im Vergleich zu Bock eine wesentlich breitere Basis innerhalb der CDU, und sein Kurs gegenüber der Besatzungsmacht fand die geschlossene Unterstützung nicht nur der eigenen Partei.

Der ehemalige Zentrumspolitiker Gebhard Müller, ebenfalls Jurist, wurde am 17. April 1900 als Lehrerssohn in Füramoos, Kreis Biberach, geboren. Nach der Teilnahme am 1. Weltkrieg studierte er zunächst Geschichte und Theologie, später Rechts- und Wirtschaftswissenschaften in Tübingen und Berlin. Nach seiner Promotion war er von 1929 bis 1933 als Referent für Steuer- und Verwaltungsfragen beim Diözesanverwaltungsrat in Rottenburg am Neckar tätig, anschließend als Amts- und Landgerichtsrat an verschiedenen württembergischen Gerichten, zuletzt in Stuttgart, wo er 1945 von den Franzosen als Oberstaaatsanwalt eingesetzt wurde. Ab Herbst 1945 wurde Müller mit dem Aufbau der Justizverwaltung von Württemberg-Hohenzollern beauftragt, die er dann unter Regierungschef und Landesdirektor Carlo Schmid erst als Ministerialrat, dann Ministerialdirektor nahezu selbständig übernehmen sollte. Auch nach der Konstituierung des Landtags und der Übernahme parteipolitischer Funktionen behielt er seine Position als Stellvertreter des Justizministers bis zu seiner Wahl zum Staatspräsidenten[851].

Die konstruktive Zusammenarbeit einer solchermaßen aus starken Persönlichkeiten unterschiedlicher Parteizugehörigkeit bestehenden Regierung wurde ermöglicht durch

---

[848] Adam, Parteien und Wahlen, S. 136.
[849] Hirscher, Carlo Schmid, S. 101 ff.
[850] Vgl. Maier, Erinnerungen, S. 78; Adam, CDU in Württemberg-Hohenzollern, S. 183.
[851] Wie Lorenz Bock übernahm auch Gebhard Müller mit dem Amt des Staatspräsidenten das des Finanzministers.

einen nicht zuletzt von den landespolitischen Verhältnissen diktierten breiten Grundkonsens, der allein in der Verfassungsfrage – diesmal aber nicht eindeutig parteipolitisch zuzuordnende – Gegensätze hervortreten ließ, eine Konstellation, die aus der Zeit der „Provisorischen Regierung" unter Carlo Schmid ihre Fortsetzung fand[852], sowie durch ein kollegial-freundschaftliches Verhältnis der Regierungsmitglieder untereinander, das sich im Laufe der Entstehungsgeschichte des Landes und durch die wechselnden Formen politischer Zusammenarbeit über die Parteigrenzen hinweg entwickelt hatte[853].

## Probleme und Interessen der Landespolitik
### Territoriale Neuordnung Südwestdeutschlands

Das mit Hohenzollern zu einem Land zusammengefügte Südwürttemberg war von Anfang an auf die Wiedervereinigung mit seinem nördlichen Landesteil ausgerichtet. Die politische Führung hatte das Land stets nur als ein Provisorium und Teil des ehemaligen Gesamtlandes betrachtet. Davon zeugte insbesondere das Selbstverständnis der Regierung als eines „Abwesenheitspflegers", wie es in das Statut vom 30. Oktober 1945 aufgenommen worden war[854]. Der Versuch, das Ziel der Zusammenführung in der – ebenfalls nur als vorläufig angesehenen – Verfassung festzuschreiben, war am Einspruch der Militärregierung gescheitert. Denkschriften brachten wiederholt den Wunsch und die Notwendigkeit einer Wiederherstellung des Gesamtlandes zum Ausdruck: Südwürttemberg, überwiegend kleinstädtisch-agrarisch strukturiert, war als selbständige politische Einheit, so hieß es, zu klein, wirtschaftlich zu wenig leistungs- und daher auf die Dauer nicht lebens- und entwicklungsfähig. Die willkürlich gezogenen Zonengrenzen hatten die „enge Verbundenheit und intensive wirtschaftliche Verflechtung der beiden Landeshälften"[855] Württembergs zerstört. Nordwürttemberg würde auf Grund seines höheren Industrialisierungsgrades notfalls selbständig weiterexistieren können. Nicht so der Süden, dessen Wirtschaft, Handel und Verkehr von jeher auf Stuttgart als Zentrum ausgerichtet gewesen waren.

Erste Weichen in Richtung Südweststaat – eine Lösung, für die in Württemberg-Hohenzollern anfänglich wenig Sympathien vorhanden waren – stellte die Einführung des Artikels 107 in die württemberg-badische Verfassung: Dieser machte die Wiederherstellung des alten Landes von einer verfassungsändernden Zweidrittelmehrheit abhängig, die, wie sich später zeigen sollte, kaum mehr zu erreichen war. Im Gegensatz zu den Verfechtern einer Wiederherstellung der alten Länder in Südbaden waren diejenigen in Württemberg-Hohenzollern zur Anerkennung der mit Artikel 107 und durch das freiwillige Votum auch der Nordbadener[856] geschaffenen Tatsache der faktischen Unauflöslichkeit des Landes Württemberg-Baden als „eine[r] politische[n] Gegebenheit, mit der

---
[852] Vgl. Adam, CDU in Württemberg-Hohenzollern, S. 178; Hirscher, Carlo Schmid, S. 41 f.
[853] Vgl. auch Schmid, Erinnerungen, S. 259; Gebhard Müller bestätigte selbst im Gespräch am 17.5.1987, daß das Verhältnis zwischen SPD und CDU „ausgezeichnet" gewesen sei.
[854] Konstanzer, Entstehung des Landes Baden-Württemberg, S. 85; Eschenburg, Entstehung Baden-Württembergs, S. 45.
[855] StAS, Wü 2, Nr. 1696, Denkschrift „Die Zonengrenze in Württemberg", S. 4.
[856] Hierzu vgl. das Kapitel zu Württemberg-Baden, Abschnitt „Verhältnis Nordwürttemberg/ Nordbaden".

man rechnen muß"[857], und zum Einschwenken auf das Konzept des Südweststaates – wenngleich damit das Ziel der Wiedervereinigung keineswegs aufgegeben wurde –, um so leichter bereit, als das Land, wie bereits erwähnt, ohnehin schon immer auf das Aufgehen in einer größeren territorialen Einheit festgelegt gewesen war[858].

Den Südweststaatsgedanken vertraten in Württemberg-Hohenzollern zunächst vor allem CDU-Kreise in Oberschwaben und Hohenzollern. Schon Anfang 1948 gab es hierzu konkrete Vorstellungen, auch über den staatlichen und verwaltungsmäßigen Aufbau eines solchen Gebildes[859]. Wenn sich das Land dennoch zunächst nicht der von Stuttgart initiierten Südweststaatspolitik anschloß, lag dies in erster Linie an der Politik der französischen Militärregierung, die die Diskussion solcher Fragen damals nicht zuließ. Zudem waren anfangs die Meinungen noch recht geteilt. Zur öffentlichen Erörterung des Problems der Neugliederung kam es in Württemberg-Hohenzollern erst zum Zeitpunkt der Tagung der Londoner Sechsmächtekonferenz. Aber auch später noch gestaltete sich die Südweststaatspolitik überaus schwierig: Indem mit Gebhard Müller ein christdemokratischer Staatspräsident und Landesvorsitzender seiner Partei hier die Führung übernahm, waren einer aktiven Propagandatätigkeit, vor allem in Südbaden, von wo die größten Widerstände gegen eine solche Lösung ausgingen, parteipolitisch enge Grenzen gesetzt. Eine Agitation der südwürttembergischen CDU gegen die eigenen Parteifreunde in Südbaden verbot sich von selbst. Daneben bestand dort die Gefahr, daß die offene Entscheidung von SPD und DVP für den neuen Gesamtstaat Befürworter aus den Reihen der CDU aus parteipolitischen Gründen in das Lager der Südweststaatsgegner trieb.

Vor diesem Hintergrund fiel Württemberg-Hohenzollern bei der Entstehung des Südweststaates eine besondere Aufgabe zu: Wollte Müller der CDU eine führende Position in diesem neuen Gesamtstaat verschaffen, erforderte dies eine Integrationspolitik im Hinblick auf die „in allen Nuancen schillernden Meinungen der CDU von Tauberbischofsheim über Mannheim, Karlsruhe, Offenburg bis Konstanz"[860], eine Position der Mitte, die sich ebenso deutlich für die Stuttgarter Sache engagieren, wie sie auf skeptische bis ablehnende Stimmen, besonders aus Südbaden, Rücksicht nehmen mußte. Nüchterner, fairer politischer Stil und Verhandlungsgeschick kamen Müller dabei in der Rolle des ehrlichen Maklers zugute. Hierbei dürfte sich ferner dessen frühere Tätigkeit als Justitiar beim Bistum Rottenburg ausgezahlt haben: Anders als der Protestant Reinhold Maier konnte er es sich leisten, gegen eine offensichtliche Inanspruchnahme der kirchlichen Autorität zu Diensten der altbadischen Bewegung Protest zu erheben, um dadurch auch bei den protestantischen Bevölkerungsteilen Sympathien zu genießen[861].

---

[857] StAS, Wü 180, Acc.24/1966, Nr. 349, „Der Südweststaat", Vortrag Müllers vor dem Presseverband in Baden-Baden am 28.10. 1949; ähnlich Bock in der Sitzung des Landtags, 29.7. 1948, Stenograph. Bericht, S. 491.
[858] Die Verfassung vom 20.5. 1947 sah in Art. 125 den Zusammenschluß mit einem oder mehreren deutschen Ländern vor, allerdings unter Wahrung der eigenstaatlichen Existenz. Für eine solche Lösung war keine Verfassungsänderung nötig, wohl aber im Falle einer vollständigen Eingliederung in ein anderes, bestehendes oder neu zu bildendes Land; vgl. Mußgnug, Anfänge Baden-Württembergs, S. 381.
[859] Vgl. Konstanzer, Entstehung des Landes Baden-Württemberg, S. 106.
[860] Maier, Erinnerungen, S. 91f.
[861] Auch Carlo Schmid hebt in seinen Erinnerungen, S. 259, Müllers besondere Befähigung zum konfessionellen Ausgleich hervor; dazu vgl. auch Konstanzer, Entstehung des Landes Baden-Württemberg, S. 138.

## 3. Württemberg-Hohenzollern

Württemberg-Hohenzollern sollte im Verlauf der Diskussion eine entscheidende Rolle bei der Entstehung des Südweststaates zufallen. Durch die Interessenlage des Landes und die persönlichen Qualitäten und Zielsetzungen seines Regierungschefs erwuchs ihm in der Neugliederungsfrage die Funktion eines Vermittlers zwischen den Fronten: Im Unterschied zu Südbaden hatte es auf die Ausbildung eines eigenen Traditionsbewußtseins verzichtet. Aber auch die Unmöglichkeit einer Wiedererrichtung der alten Länder als Konsequenz aus der Entschlossenheit Nordwürttembergs, an der Vereinigung mit Nordbaden festzuhalten, gehörte zu den Prämissen der südwürttembergischen Position. Besaß Württemberg-Hohenzollern insofern also eine wesentlich andere Einstellung als sein Nachbarland, stand es Südbaden wiederum durch gleichgelagerte wirtschaftliche und besatzungspolitische Probleme, eine ähnliche Wirtschaftsstruktur und konfessionelle Gliederung sowie eine verwandte föderalistische Grundauffassung, die den „Stuttgarter Zentralismus" ebenfalls ablehnte, in der Aufstellung bestimmter Vorbehalte im Falle einer Gesamtfusion nahe[862]. Wie Südbaden unterstützte es die Forderung, daß es sich nicht etwa um einen Anschluß, sondern nur um einen Zusammenschluß auf dem Wege der vollständigen Neubildung eines Landes unter gleichberechtigter Mitwirkung aller Beteiligten handeln könne. Ein Verkauf Württemberg-Hohenzollerns „mit Haut und Haar" kam nicht in Frage. Die „beiderseitigen Interessen" sollten „genau und gerecht gegeneinander abgewogen" werden[863]. Württemberg-Hohenzollern ging mit Südbaden ebenfalls überein in der Ablehnung einer zentralisierten Organisationsform für den neuen südwestdeutschen Gesamtstaat. Die Befürwortung einer Wahrung berechtigter Lebensinteressen, Traditionen und Eigenarten der beteiligten Länder bedeutete jedoch keineswegs die Unterstützung extrem föderalistischer Vorstellungen, wie sie in Südbaden durchaus vorhanden waren. Trotz einer im Prinzip ähnlichen Grundhaltung konnten föderalistische Argumente, die aus südbadischer Interessenlage für kleinstaatliche Lösungen sprachen, genausogut im gegenteiligen Sinne verwandt werden: Ein „föderalistisches Auswiegen der Teile"[864] sollte eine gesunde, ausgeglichene Struktur des deutschen Gesamtstaates und innerhalb desselben durch die Bildung eines großen südwestdeutschen Landes einen Ausgleich zwischen Bayern und Norddeutschland, zwischen den Gegensätzen von Nord und Süd, schaffen. Hinter derartigen politischen Vorstellungen stand zugleich die Idee, daß der deutsche Südwesten „mit seiner ausgeprägten liberalen und demokratischen Tradition [...] im inneren Gefüge der neuen Republik die ihm zukommende Bedeutung erlangen" müsse[865]. Ein solches Föderalismusverständnis berücksichtigte mit seiner Absage an jegliche Form von Kleinstaaterei auch die besatzungspolitische Perspektive, „sich in einem grö-

---

[862] Dabei ging es vor allem darum, bestimmte Reservatrechte wie etwa die Einrichtung der Bekenntnisschule, welche die CDU in Württemberg-Hohenzollern durchgesetzt hatte, im neuen Gesamtstaat zu sichern; vgl. Eschenburg, Entstehung Baden-Württembergs, S. 49; Feuchte, Verfassungsgeschichte, S. 8.
[863] Bock in der Sitzung des Landtags, 29.7. 1948, Stenograph. Bericht, S. 491.
[864] Rede des Fraktionsvorsitzenden der DVP, Leuze, in der Sitzung des Landtags, 13.7. 1948, Stenograph. Bericht, S. 417.
[865] Müller, Entstehung des Bundeslandes Baden-Württemberg, S. 252. In diesem Zusammenhang sind auch die gemeinsamen Bemühungen Müllers, Schmids, des Stuttgarter Oberbürgermeisters Arnulf Klett und des württemberg-badischen CDU-Abgeordneten Felix Walter zu sehen, Stuttgart zum Sitz der künftigen Bundesregierung zu machen; vgl. ebenda.

ßeren Verbande dem französischen Zugriff besser entziehen" zu können[866]. Für die Bildung des Südweststaates sprach in diesem Zusammenhang die Sorge, „zumindest Südbaden, wenn nicht gar das ganze Randgebiet von Basel bis Trier könnte auf lange Sicht in Abhängigkeit von Frankreich bleiben, wie es das Saarland schon war"[867].

Mit Württemberg-Baden andererseits stimmte Südwürttemberg in seiner betont rationalen Argumentation überein. Nach Tübinger Überlegungen waren von einem Zusammenschluß mit Nordwürttemberg finanzielle Vorteile und eine Stärkung der Wirtschaftskraft zu erwarten[868]. Württemberg-Hohenzollern hatte bisher einen, seinem territorialen Anteil am ursprünglichen Gesamtland entsprechenden Kostenanteil tragen müssen, der allerdings in keinem Verhältnis zu selbstverursachten Kosten und Steueraufkommen stand. Das hieß, Südwürttemberg hatte „im Vergleich zu Gesamt-Württemberg ein Gebiet von annähernd 50% der Fläche und damit auch z.B. knapp 50% der Straßenlast und etwa 40% der Schullast, im übrigen aber nur 1/3 der Bevölkerung, damit auch 1/3 der übrigen Verwaltungskosten, jedoch nur 1/4 der gesamten Steuerkraft Württembergs"[869]. Die strukturbedingt unterschiedliche wirtschaftliche Entwicklung beider Landesteile hatte zu wesentlich höheren Steuereinnahmen des amerikanisch besetzten Nordwürttembergs geführt. Während Stuttgart somit über einen ausgeglichenen Haushalt verfügte, war Südwürttemberg, zusätzlich belastet durch die harte Besatzungspolitik der Franzosen, zur Aufnahme von Krediten und Anleihen gezwungen. Die südliche Industrie war „aufs stärkste" auf die Zusammenarbeit mit der Industrie des Nordens angewiesen, wofür eine wirtschaftliche Ergänzung aus der übrigen französischen Zone nur einen schlechten Ersatz geboten hätte. Ein Zusammengehen mit Nordwürttemberg, in welcher Form auch immer, ließ demzufolge eine erhebliche Stärkung der Wirtschaftskraft erwarten.

Hinzu traten jedoch noch andere Gesichtspunkte. Im Wissen um den Zusammenhang zwischen der wirtschaftlichen Leistungsfähigkeit eines Landes und seinem politischen Gewicht konnte von der gehobenen Wirtschaftskraft eines größeren Landes die Chance erhöhter politischer Einflußnahme auf die westdeutsche Gesamtpolitik abgeleitet werden. Nur wirtschaftlich leistungsfähige und von fremder Hilfe unabhängige Länder würden sich außerdem gegenüber Nordrhein-Westfalen und Bayern behaupten können[870]. Gerade im Hinblick auf diese beiden Länder war die gegenwärtige Disproportionalität bedenklich. Wenn die großen Länder nicht bereit waren, sich zu verkleinern, blieb den kleineren keine andere Wahl als eine entsprechende Anpassung. Geltung und Durchsetzungskraft eines Landes wurden nun einmal entscheidend von seiner Größe bestimmt. Politische Relevanz besaß ferner freilich auch das Personalproblem, die Frage nach Qualität und Fähigkeiten politischer Spitzenkräfte, für die die Auswahlmöglichkeiten in einem kleinen Land naturgemäß weit begrenzter waren. Die Tatsache, daß das politische Gewicht eines Landes schließlich auch von seiner Be-

---

[866] StAS, Wü 2, Nr. 246, Äußerungen Wirtschaftsminister Wildermuths im Zehnerausschuß, Protokoll der Sitzung des Zehnerausschusses vom 10.8.1948 in Karlsruhe, S. 51.
[867] Eschenburg, Entstehung Baden-Württembergs, S. 51.
[868] StAS, Wü 2, Nr. 1696, „Denkschrift über die Notwendigkeit einer Wiedervereinigung der beiden Teile Württembergs" (o. D.).
[869] StAS, Wü 120, Acc.2/1974, Nr. 255, Schreiben des Direktoriums der Finanzen an das Staatssekretariat vom 4.7.1947 „Betr. Denkschrift über die allgemeine Lage".
[870] Eschenburg, Entstehung Baden-Württembergs, S. 51.

völkerungs- und damit Stimmenzahl abhängig war, prägte Gebhard Müllers Einstellung gegenüber der Problematik des zukünftigen Bundesrates[871]. Das Argument Leo Wohlebs, der Stimmenverlust durch die Bildung eines einzigen großen Landes würde die Stellung Südwestdeutschlands schwächen, besaß eine gewisse Berechtigung, doch war keineswegs gewährleistet, daß bei der Weiterexistenz dreier unabhängiger Länder deren Stimmen immer einheitlich abgegeben würden. Im Südweststaat aber repräsentierten vier einheitlich gelenkte Stimmen mit den dahinterstehenden sechs Millionen Einwohnern künftig das viertgrößte Land Westdeutschlands.

*Hohenzollernfrage*

Der ehemalige Regierungsbezirk Sigmaringen, die Hohenzollerischen Lande, die von ihren beiden Fürsten im Vertrag vom 7. Dezember 1849 an Preußen abgetreten und nach ihrer Übernahme der Rheinprovinz angegliedert worden waren[872], war mit der Bildung des Staatssekretariats für den französisch besetzten Teil Württembergs mit diesem zu einem einheitlichen Gebiet zusammengefaßt worden. An die Stelle des einstigen preußischen Regierungspräsidenten setzte die französische Besatzungsmacht einen „Präsidenten von Hohenzollern" in der Person von Clemens Moser[873]. Durch eine Rechtsanordnung der Besatzungsmacht vom 15. März 1946 gingen die Funktionen des Präsidenten von Hohenzollern auf das Staatssekretariat von Württemberg-Hohenzollern über, so daß Moser nur noch in seiner Eigenschaft als Landesdirektor beziehungsweise später als Staatssekretär die Belange der Hohenzollerischen Lande vertreten konnte. Ihm war es zu verdanken, daß der hohenzollerische Landeskommunalverband, dessen Leitung er als Landeshauptmann selbst übernommen hatte, erhalten blieb. Die Franzosen legten im übrigen, was mit ihrer deutschlandpolitischen Konzeption in Zusammenhang stand, keinen Wert auf eine feste Eingliederung Hohenzollerns in den südwürttembergischen Staatsverband, ja nicht einmal auf den Verbleib Württemberg-Hohenzollerns in ihrer Zone. Sie hatten es deshalb vorgezogen, den Status Hohenzollerns vorerst in der Schwebe zu halten. Auch bei den Verfassungsberatungen war das Problem der staatsrechtlichen Stellung Hohenzollerns nicht gelöst worden. Es blieb lediglich dabei, daß den hohenzollerischen Kreisen die Selbstverwaltung in dem Umfang garantiert wurde, wie diese seit dem 1. Januar 1933 bestanden hatte. Das Nähere sollte ein Gesetz regeln, dessen Ausarbeitung jedoch auf sich warten ließ. Ging es bei der Hohenzollernfrage also im Kern um die Beibehaltung der Sonderstellung der ehemaligen Hohenzollerischen Lande, das heißt um die Erhaltung der Aufgaben- und Kompetenzbereiche ihres Kommunalverbandes und der hohenzollerischen Sondereinrichtungen, sind darüber hinausreichende Selbständigkeitsbestrebungen un-

---

[871] StAS, Wü 180, Acc.24/1966, Nr. 349, „Der Südweststaat", Vortrag Müllers vor dem Presseverband in Baden-Baden am 28.10. 1949.
[872] Zum folgenden Nüske, Die Hohenzollernfrage.
[873] Clemens Moser (1885–1956) war 1922–1933 Mitglied des hohenzollerischen Kommunallandtages und 1930–33 Vertreter der Hohenzollerischen Lande im Preußischen Staatsrat; im Mai 1945 wurde er von den Franzosen zunächst zum Landrat in Hechingen ernannt. Moser gehörte zu den Mitbegründern der CDU in Hohenzollern. Er war von Oktober 1945 bis Mai 1947 Landesdirektor, dann Staatssekretär für Arbeit in der Tübinger Landesregierung; vgl. Bradler, Aspekte des südwestdeutschen Regionalismus, S. 12.

mittelbar nach 1945 kaum nachweisbar. Eine gewisse Bedeutung scheint immerhin die Idee einer Republik Hohenzollern in Kreisen der Sigmaringer CDU erlangt zu haben. Größere Relevanz erlangte die Hohenzollernfrage im Zusammenhang mit der Neugliederungsdiskussion. Akut wurde sie allerdings erst Anfang 1949 durch verdeckte Aktivitäten des südbadischen Staatspräsidenten Leo Wohleb, der, die ungeklärte Lage aufgrund des noch ausstehenden Gesetzes zur Hohenzollerischen Selbstverwaltung ausnutzend, in die inneren Angelegenheiten seines Nachbarlandes einzugreifen versuchte[874]: Ein für den 8. Februar 1949 geplantes, dann am 18. Februar 1949 auch tatsächlich durchgeführtes geheimes Treffen südbadischer Politiker mit Vertretern Hohenzollerns unter Umgehung der Landesregierung von Württemberg-Hohenzollern wurde durch Zufall bekannt und sorgte für starke Verstimmung zwischen Tübingen und Freiburg. Der Versuch Wohlebs, Hohenzollern zum Auftreten als selbständige Einheit in den Südweststaatsverhandlungen zu ermutigen – und es damit, so Eschenburg, als eine „Fünfte Kolonne für die Altbadener Idee" zu gewinnen[875] –, korrespondierte mit einem dort zweifellos vorhandenen eigenen Staatsbewußtsein. Eine Denkschrift aus dem Jahre 1946[876] vertrat die Auffassung, daß die Staatsgewalt Hohenzollerns keineswegs auf das Tübinger Staatssekretariat, die spätere Landesregierung, übergegangen sei, sondern daß sie, ebenso wie die württembergische, gegenwärtig ruhe, eine staatsbegründende Übertragung auf Tübingen also nicht stattgefunden habe. So wurde die Forderung nach einem Selbstbestimmungsrecht auch für Hohenzollern im Falle der Bildung des Südweststaates laut. Auch wenn dieser nicht zustande kommen sollte, sei der Bevölkerung nach vorheriger Wiederherstellung des Zustandes vor dem Einzug der Besatzungsmacht die Möglichkeit zu geben, in freier Abstimmung über ihre Landeszugehörigkeit zu entscheiden.

Schon Staatspräsident Bock hatte an Reinhold Maier die Bitte herangetragen, auch den stellvertretenden Landeshauptmann und Bürgermeister von Sigmaringen an den Südweststaatsverhandlungen teilhaben zu lassen[877]. Die Tübinger Regierung war folglich bereit, Hohenzollern ein Mitspracherecht einzuräumen. Eine staatsrechtliche Eigenständigkeit aber stand völlig außer Diskussion. Auch Gebhard Müller ließ keine Zweifel an der Tatsache aufkommen, daß Hohenzollern stets nur eine preußische Provinz mit gewissen Kommunalrechten gewesen war. Für ihn stand fest, daß Hohenzollern unweigerlich ein Teil Württembergs war, zumal es die südwürttembergische Verfassung anerkannt hatte. Innerhalb des Gesamtlandes sollten ihm die kommunalen Sonderrechte garantiert bleiben, doch von mehr als dem Zugeständnis einer beratenden Stimme bei den Verhandlungen konnte nicht die Rede sein. Ein eigenes Mitbestimmungsrecht in Form einer Volksbefragung über die staatliche Zukunft Hohenzollerns war kein Thema[878].

Gerade im Hinblick auf die Diskussion um eine Territorialreform drängte die ungelöste Hohenzollernfrage, die sich in diesem Zusammenhang also verschiedentlich zur

---

[874] Zur „Affäre Altwindeck" vgl. Konstanzer, Entstehung des Landes Baden-Württemberg, S. 155–159.
[875] (Eschenburg), Baden 1945–1951, S. 32.
[876] Dazu Nüske, Die Hohenzollernfrage, S. 176.
[877] Vgl. die Äußerungen Bocks in der Sitzung des Landtags, 13.7.1948, Stenograph. Bericht, S. 410.
[878] StAS, Wü 140, Nr. 1 (Az 1002), Protokoll der Konferenz der drei Regierungschefs der südwestdeutschen Länder in Bebenhausen am 28.9.1948.

Forderung nach eigenem Mitsprache- und Selbstbestimmungsrecht auszuwachsen begann, nach einer Regelung. Eine solche kam schließlich zustande mit dem schon in der Verfassung vorgesehenen „Gesetz über die Selbstverwaltung der Hohenzollerischen Lande" vom 7. September 1950. Damit wurde der Landeskommunalverband rechtlich wiederhergestellt. Dieses beiderseitig zufriedenstellende Ergebnis führte nach der Verwirklichung des Südweststaates sogar zur vollständigen Integration und letztendlich zum Fortfall der hohenzollerischen Sonderrechte im Zuge der Gebietsreform von 1973.

*Lindau*

Mit der Generalverwaltungsverfügung Nr. 10 vom 26. September 1945 war der bayerische Kreis Lindau an das spätere Land Württemberg-Hohenzollern angegliedert worden[879], um auf diese Weise eine Landverbindung zu dem ebenfalls französisch besetzten Vorarlberg und Tirol zu schaffen. Von Württemberg-Hohenzollern aus mitverwaltet, besaß der Kreis jedoch faktisch den Status einer autonomen Einheit. Bis zum 19. Dezember 1950 gehörten dem Bebenhauser Landtag seit den Landtagswahlen vom 18. Mai 1947 zwei (vorher, ab dem 17. November 1946, drei) Vertreter Lindaus mit beratender Stimme (in Angelegenheiten, die den Kreis selbst betrafen, mit vollem Stimmrecht) an. Die verwaltungs-, staats- und verfassungsrechtliche Sonderstellung Lindaus endete erst mit dem bayerischen Überleitungsgesetz von 1956, durch das der Kreis innerhalb eines bis zum 31. März 1956 befristeten Zeitraumes wieder vollständig an das Land Bayern zurückzugeben war.

Eine endgültige Einbeziehung Lindaus in den württemberg-hohenzollerischen Staatsverband ist nie ernsthaft erwogen worden, obgleich es Gründe gab, die dafür sprachen[880]. Die Ausübung von Hoheitsbefugnissen in Lindau war stets als eine Treuhänderfunktion verstanden worden. Von Lindau selbst hingegen gingen durchaus Bestrebungen aus, sich Württemberg-Hohenzollern anzuschließen, Tendenzen, die von französischer Seite vorsichtig gefördert wurden[881]. Doch war die südwürttembergische Landesregierung nicht bereit, wegen Lindaus ein gespanntes Verhältnis zum Nachbarland Bayern in Kauf zu nehmen. Im Gegenteil, Staatspräsident Müller hatte in Anbetracht der Südweststaatsdiskussion ein Interesse daran, den bayerischen Kreis möglichst bald wieder seiner ursprünglichen Heimat zuzuführen.

---

[879] Dazu Bradler, Aspekte des südwestdeutschen Regionalismus, S. 9 ff.
[880] Vgl. StAS, Wü 40, Acc. 38/1981, Nr. 78, Aktennotiz „Betr.: Verhältnis der Verwaltungsbehörde Tübingen-Lindau", vom 22. 8. 1946.
[881] Am 4. 4. 1948 wurde auf Initiative der Besatzungsmacht ein Beratender Ausschuß für die staatlichen Angelegenheiten Lindaus beim Kreispräsidenten gewählt. Seine Aufgabe bestand unter anderem darin, die besondere Stellung des Kreises in der französischen Zone zu betonen und das daraus resultierende Maß an Selbständigkeit zu gewährleisten; vgl. StAS, Wü 2, Nr. 77, „Die Selbständigkeit des Kreises Lindau". Abschrift eines Artikels der Badischen Zeitung vom 6. 4. 1948. Rückblickend berichtet auch Gebhard Müller, von den Franzosen mit dem Vorschlag angegangen worden zu sein, Lindau und Weiler mit Württemberg-Hohenzollern zu vereinen. Er habe jedoch „mit Rücksicht auf Bayern" abgelehnt; vgl. Müller, Entstehung des Bundeslandes Baden-Württemberg, S. 242.

### Württemberg-Hohenzollern und die „Frankfurter Dokumente"

Entgegen den französischen Bemühungen, die Frankfurter Konferenz vom 1. Juli 1948 in ihrer Bedeutung herunterzuspielen, beauftragte das Tübinger Kabinett in seiner Sitzung am 30. Juni 1948 Lorenz Bock und Carlo Schmid mit der für unerläßlich erachteten Teilnahme[882]. Landesgouverneur Widmer hatte am selben Tag versucht, Staatspräsident Bock von einer Teilnahme an der Konferenz abzuhalten, indem er deren tatsächliche Relevanz verschleierte und empfahl, lediglich einen Beobachter zu entsenden. Er hatte außerdem betont, daß keine Notwendigkeit bestehe, die Dokumente anzunehmen[883].

Die „Frankfurter Dokumente" wurden von allen an der Regierung beteiligten Parteien trotz schwerwiegender Bedenken, die sich in erster Linie auf den Inhalt des Dokumentes Nr. III bezogen, als grundsätzlicher Fortschritt begrüßt. Mit der Konferenz der Ministerpräsidenten war nun erstmals ein deutsches Organ vorhanden, das für die Gesamtheit zu sprechen und an der „administrativen und ökonomischen Zusammenfassung der drei Westzonen" mitzuwirken berechtigt war. Für die Länder der französischen Zone bedeutete dies zugleich den „Anfang der Aufhebung der administrativen Isolierung"[884]. In diesem Sinne hatte Staatspräsident Bock gleich im Anschluß an die Übergabe der Dokumente im Kreise der Ministerpräsidenten den Vorschlag eingebracht, die geplante Konferenz der Regierungschefs in der französischen Zone stattfinden zu lassen.

### Verfassungsfrage

Bei den Beratungen des Staatsministeriums am 5. Juli 1948 zeigten sich, soweit es das Protokoll erkennen läßt, interessante politische Konstellationen[885], die erneut die überparteiliche Willensbildung in Württemberg-Hohenzollern belegen: Staatspräsident Bock (CDU) stand der Auffassung Carlo Schmids (SPD) in manchem näher als Gebhard Müller (CDU), der zusammen mit Viktor Renner (SPD) grundsätzliche Bedenken gegen die von Carlo Schmid (SPD) vorgetragenen Gedanken erhob. Die nach ausführlichen Beratungen aufgestellten Richtlinien für Koblenz waren recht allgemein gehalten. Auf Beschluß des Staatsministeriums sollte 1. der Versuch unternom-

---

[882] StAS, Wü 2, Nr. 778, Niederschrift über die Sitzung des Staatsministeriums, 30. 6. 1948; vgl. auch Konstanzer, Entstehung des Landes Baden-Württemberg, S. 97 und ebenda, Anm. 50. Die Konferenz der Ministerpräsidenten am 15. Juli begann aufgrund französischen Einwirkens auf die Vertreter Württemberg-Hohenzollerns, das fast deren Fernbleiben erreicht hätte, mit Verspätung.
[883] Ähnlich notiert ein Aktenvermerk über die Besprechung Bocks mit Widmer am 6.7. 1948, daß Widmer „den dringenden Rat [...], nichts zu überstürzen" gegeben und zur Ausarbeitung deutscher Gegenvorschläge ermuntert habe; vgl. StAS, Wü 2, Nr. 5. Noch deutlicher hatte Widmer Gebhard Müller am 4.3. 1949, anläßlich des alliierten Memorandums zum Grundgesetz, zu verstehen gegeben, die „deutschen Stellen stünden im übrigen keineswegs unter dem Druck der Alliierten, sondern hätten frei zu entscheiden [...]. Er [Widmer] habe dies auch früher [...] zum Ausdruck gebracht, daß es sich bei den Londoner Dokumenten um Empfehlungen handele, die von den Deutschen sowohl befolgt wie auch verworfen werden könnten"; ebenda, Nr. 4, Aktennotiz über die Zusammenkunft Müllers mit Widmer vom 4.3. 1949.
[884] StAS, Wü 2, Nr. 114, Carlo Schmid, „Ein Anfang", Schwäbisches Tagblatt vom 6.7. 1948.
[885] Ebenda, Nr. 779, Niederschrift über die Sitzung des Staatsministeriums am 5.7. 1948.

## 3. Württemberg-Hohenzollern

men werden, auch die Deutschen in der sowjetisch besetzten Zone am Prozeß der Verfassungsgebung zu beteiligen, unter der Voraussetzung einer Zulassung aller Parteien auch dort und einer Kontrolle der Abstimmung durch gemischte alliierte oder neutrale Organe. 2. Sollte eine solche gesamtdeutsche Lösung nicht erreichbar sein, war eine „von deutschen Stellen einheitlich verwaltete und bewirtschaftete überzonale Einheit der drei Westzonen" anzustreben unter Umgehung der Bildung eines westdeutschen Staates. 3. Zu schaffenden Ausschüssen oblag die Aufgabe, unter Heranziehung von Sachverständigen Entwürfe für ein Organisations- und ein Besatzungsstatut auszuarbeiten, wobei „die Richtlinien des Dokumentes Nr. 3 bzw. 1 berücksichtigt, jedoch den deutscherseits als notwendig erkannten Grundsätzen Rechnung" getragen werden sollte.

Auch die Regierung von Württemberg-Hohenzollern war also entschlossen, den Inhalt der Dokumente nach deutschen Gesichtspunkten zu modifizieren, auch wenn deren bindender Charakter als „unmittelbare Ausführung der erst nach langwierigen Verhandlungen getroffenen Regierungsabsprachen in London" durchaus erkannt worden ist[886]. Dabei ist es interessant festzustellen, daß die Beratungen des Staatsministeriums im Grunde die Konstellationen von Koblenz vorwegnahmen: Die Palette der politischen Meinungen reichte von der Extremposition Carlo Schmids bis zur grundsätzlichen Befürwortung eines Weststaates von seiten des Landesvorsitzenden der CDU, Gebhard Müller; durchgesetzt hat sich die mittlere Linie. Die Furcht vor der gleichzeitigen Entstehung eines Oststaates, also gesamtdeutsche Erwägungen und das Zögern, die Verantwortung für die Teilung zu übernehmen, sowie andererseits der Wille, die Situation offenzuhalten durch die Vermeidung unwiderruflicher Entscheidungen, wiesen den Weg über eine vorerst provisorische Verfassung für die drei Westzonen. Aus diesem Grund war das Staatsministerium bereit, die Terminologie Carlo Schmids zu übernehmen, nicht aber dessen Gesamtkonzeption[887]. Selbst bei den eigenen Parteifreunden vermochte er nicht durchzudringen. Zustimmung fand Schmid allerdings bei Staatspräsident Bock in der Ablehnung der Einberufung einer Verfassunggebenden Versammlung und einer Verfassung, in der Überzeugung vom Vorrang des Besatzungsstatutes und der Zurückweisung der in den Dokumenten enthaltenen Verbindung von Verfassung und Besatzungsstatut im Wege einer Volksabstimmung. In der „Schwäbischen Zeitung" vom 18. Juni 1948[888] hatte Bock indirekte Wahlen zu einer konstituierenden Versammlung befürwortet, ähnlich wie auch die Beratende Landesversammlung für Württemberg-Hohenzollern nicht aus allgemeinen Wahlen hervorgegangen sei. Da das Ergebnis eventuell durchgeführter direkter Wahlen „parteipolitisch ohnehin nicht

---

[886] Ebenda, Nr. 113, „Bemerkungen für die Ministerpräsidentenkonferenz in Koblenz am 8./9. Juli 1948", S. 2.
[887] Zur Konzeption Carlo Schmids vgl. Schwarz, Vom Reich zur Bundesrepublik, S. 574–88, besonders S. 584 ff.; auch in der Besprechung der Ministerpräsidenten im Anschluß an die Übergabe der Dokumente am 1. Juli hatte Schmid seine Bedenken gegen eine Verbindung der Volksabstimmung über die Verfassung mit dem Besatzungsstatut geäußert und gleichzeitig zur Diskussion gestellt, ob „nicht ein grundsätzlich anderes Verfahren eingeschlagen werden müßte". Schmid hatte als einziger die Frage aufgeworfen, „ob diese Vorschläge [die Dokumente] überhaupt annehmbar wären"; vgl. Parl. Rat, Bd. 1, S. 29.
[888] „Die Londoner Empfehlungen", Schwäbische Zeitung, Ausgabe Tübingen, Nr. 49, vom 18. 6. 1948.

zweifelhaft sein" könne, müsse man "ernstlich den billigen, ruhigen und einfachen Weg in Erwägung ziehen". Zu der gleichen Überlegung, die Bock schließlich auch in Koblenz vertrat, war nach sorgfältiger Abwägung eine Analyse des Dokumentes Nr. I gekommen[889]: Für direkte Wahlen sprachen die größere Autorität einer auf diese Weise gebildeten Versammlung und eine von daher günstigere psychologische Basis für eine Abstimmung über den Verfassungsentwurf. Dagegen sprach die Möglichkeit eines negativen Ausganges der Volksabstimmung angesichts der „labile[n] Haltung weiter Kreise" und der „stimmungsmäßigen Rückwirkungen der allgemeinen Lage, die gegenwärtigen raschen, tiefgehenden und unberechenbaren Veränderungen unterworfen ist". Indirekte Wahlen schienen aus verschiedenen praktischen Erwägungen (Zeitfaktor, Kosten) und aus politischen Gründen vorteilhaft: es war wünschenswert, „gerade jetzt die politische Beunruhigung durch Wahlkämpfe zu vermeiden"; eine Häufung von Wahlen führte zu „Wahlmüdigkeit und Verärgerung, die sich neben Fernbleiben von der Wahl auch in einer Radikalisierung äußern" konnte.

Auch in Württemberg-Hohenzollern suchte sich die Besatzungsmacht die stark föderalistischen Strömungen[890] zunutze zu machen: General Koenig hatte Ende 1947 die eigenen föderalistischen Zielsetzungen der französischen Militärregierung in Deutschland mit dem Wunsch Württemberg-Hohenzollerns nach einer Wiedervereinigung mit seinem nördlichen Landesteil in Verbindung gebracht und angedeutet, daß „man französischerseits vielleicht manche Dinge wohlwollender ansehen könne, wenn man wirklich sicher gehen könnte, daß dieser Staat auch wirklich ein Staat im vollen Sinn des Wortes bleiben werde". Gleichzeitig hatte er ein Junktim zwischen der territorialen, der staatsrechtlichen und der Demontagefrage hergestellt, indem er von dem selbständigen Fortbestehen eines Staates Württemberg eine Milderung der Demontagen abhängig machte[891]. Noch am Tag vor der Übergabe der „Frankfurter Dokumente" hatte Landesgouverneur Widmer von der Bildung eines westdeutschen Staates abgeraten, um keine Kriegsgefahr heraufzubeschwören. Auch späterhin betonte er als seine persönliche Meinung, man solle ein Provisorium schaffen und die Tür für eine gesamtdeutsche Lösung offenhalten, da die künftige Entwicklung nicht mit Sicherheit vorhersehbar sei[892].

---

[889] StAS, Wü 2, Nr. 113, „Bemerkungen für die Ministerpräsidentenkonferenz in Koblenz am 8./9. Juli 1948", S. 4 ff.
[890] Die CDU Württemberg-Hohenzollerns stand auch dem späteren Grundgesetz sehr distanziert gegenüber: Der Landtag nahm die Verfassung am 21. 5. 1949 mit 34 gegen 18 Stimmen an, wobei die Gegenstimmen von CDU und KPD kamen. Hier zeigen sich gewisse Parallelen zur bayerischen Entwicklung; vgl. auch Adam, Parteien und Wahlen, S. 155, Anm. 70.
[891] StAS, Wü 2, Nr. 4, Niederschrift über die Besprechung bei der Militärregierung am 2.12.1947. Staatspräsident Bock hatte nicht verfehlt, bei der gleichen Gelegenheit darauf hinzuweisen, daß die Demontage den föderalistischen Zielen nicht gerade förderlich sein würde. Ähnlich war auch die Argumentation Müllers gegenüber Gouverneur Widmer; vgl. ebenda, Nr. 1577, Aufzeichnung über den Empfang der Fraktionsvorsitzenden der Landtagsparteien bei Gouverneur Widmer am 13.11.1947.
[892] Gleichzeitig hatte Widmer noch einmal ausdrücklich die Haltung Frankreichs gegenüber der politischen Organisation Westdeutschlands dahingehend definiert, daß es „von Anfang an keine Unklarheit darüber gelassen habe, daß die Entscheidung ausschließlich und in völliger Unabhängigkeit auf deutscher Seite getroffen werden solle". StAS, Wü 2, Nr. 4, Aktenvermerk über die Besprechung bei Gouverneur Widmer am 13.8.1948.

Schon in der Sitzung des Staatsministeriums am 30. Juni 1948 hatte sich infolgedessen gezeigt[893], daß die Bildung eines Weststaates nicht im Vordergrund des Interesses stand, daß aber die durch die „Londoner Empfehlungen" eröffneten Möglichkeiten für den wirtschaftlichen Wiederaufbau „voll ausgeschöpft" werden sollten. Vordringliche Aufgaben waren „die Schaffung eines Organisationsstatuts sowie eines Besatzungsstatuts und ein möglichst enger wirtschaftlicher Anschluß an die Bizone". Aus früheren handschriftlichen Entwürfen Bocks für eine Stellungnahme zu den Londoner Ergebnissen geht hervor, daß aus südwürttembergischer Sicht vor allem die wirtschaftlichen Abmachungen von Interesse waren (Einbeziehung Westdeutschlands in den Marshallplan, Maßnahmen zur Koordinierung der Wirtschaftspolitik in den Zonen). Nach deren Verwirklichung hatte „die Frage der Bildung der Trizone ihr akutes Interesse verloren"[894]. Daß vor allem wirtschaftliche Probleme zur Eile drängten, stellte Bock auch in seinen Beiträgen in Koblenz und Rüdesheim in den Vordergrund.

Skeptische Stimmen kamen jetzt jedoch von Innenminister Renner und Gebhard Müller. Renner machte im Kreise des Staatsministeriums, wie später in Koblenz, seine Bedenken geltend hinsichtlich „der Gefahren [...], welche darin bestünden, daß die bisher im Staatsministerium dargelegte Linie" – er bezog sich hierbei vorrangig auf die von Carlo Schmid vorgetragene Konzeption – „den durch die Londoner Empfehlungen eingeräumten Möglichkeiten" zuwiderliefe. Nach seinem Dafürhalten war es taktisch günstiger, doch zuerst das Organisationsstatut auszuarbeiten, da das Besatzungsstatut den deutschen Befugnissen von vornherein Grenzen setze. Sein Vorschlag, sich deshalb in der Reihenfolge zwischen Organisations- und Besatzungsstatut noch nicht endgültig festzulegen, fand die Zustimmung seiner Kollegen und wurde in das Beschlußprotokoll aufgenommen.

Der Gedanke, noch ein letztes Mal einen gesamtdeutschen Ansatz zu versuchen, stammte von Gebhard Müller, der im übrigen Zweifel anmeldete, „ob sich über den Weg eines Organisationsstatuts überhaupt die für die französische Zone besonders dringende Trizone schaffen lasse"[895]. Müller bekannte sich acht Tage später im Landtag zu den Befürwortern einer echten Verfassung, da sie nach seiner Überzeugung „zweifellos [...] das wirksamste und grundlegendste Instrument" darstellte, „um das staatliche Leben zu ordnen", die „jetzigen turbulenten verfassungsmäßigen Verhältnisse in Deutschland" zu beenden und damit gleichzeitig „den überaus unglücklichen Gebilden in Frankfurt ein Ende" zu bereiten[896]. Lag bei Carlo Schmid der gesamtdeutsche Akzent im Provisoriumskonzept, fand er sich bei Gebhard Müller in einem letzten Versuch auf Vierzonenbasis. Jedoch auf die Ausarbeitung einer Verfassung zu verzichten, um damit die Bildung eines Oststaates abzuwenden, lehnte er ab. Ob ein solcher entstand oder nicht, so argumentierte er, werde auf einer ganz anderen Ebene entschieden. Letztlich handele es sich hier um eine „machtmäßige Auseinandersetzung der Alliierten unter sich, wobei die Schaffung einer Westverfassung höchstens als Anlaß, Propagandamittel, Fassade und Begründung für etwas angeführt werden könnte, was man

---

[893] Ebenda, Nr. 778, Niederschrift über die Sitzung des Staatsministeriums, 30. 6. 1948.
[894] Ebenda, Nr. 4a, handschriftlicher, undatierter Entwurf; ein weiterer Entwurf befindet sich ebenda, Nr. 110.
[895] Ebenda, Nr. 779, Niederschrift über die Sitzung des Staatsministeriums am 5. 7. 1948, S. 3.
[896] Äußerungen Müllers in der Sitzung des Landtags, 13. 7. 1948, Stenograph. Bericht, S. 412.

sowieso anstrebt"[897]. Im Grunde recht unterschiedliche Positionen wurden somit in dem Beschluß des Staatsministeriums vom 5. Juli 1948 unter einem Globalnenner zusammengefaßt, so daß Staatspräsident Bock am Tage nach der Sitzung Landesgouverneur Widmer mitteilen konnte, daß über den in Koblenz zu vertretenden politischen Kurs „im großen Ganzen" Einverständnis erzielt worden sei[898].

### Ländergrenzenreform

Württemberg-Hohenzollern gehörte zu den Ländern, die eine generelle Überprüfung der Ländergrenzen befürworteten. Die Frage, ob eine Reform überhaupt durchgeführt werden sollte, solange sie nicht ausschließlich nach deutschen Gesichtspunkten realisierbar war, konnte angesichts der Lebensunfähigkeit bestimmter Länder – vor allem des eigenen – nur positiv beantwortet werden. Doch sollte der Vorbehalt des unter diesen Bedingungen notwendigerweise Provisorischen einer jeden Maßnahme klar zum Ausdruck kommen. Wie aller Wahrscheinlichkeit nach von Eschenburg stammende Aufzeichnungen[899] zeigen, war man sich der mit einer allgemeinen Reform verbundenen vielschichtigen Problematik durchaus bewußt. Sie ließ im Grunde – abgesehen von den vielen offengebliebenen, zum Teil technischen Einzelfragen, die bereits eine Durchführung innerhalb des vorgegebenen Zeitrahmens in Frage stellten – eher das Scheitern eines solchen Unternehmens erwarten. Die Bejahung einer Reform entsprang deshalb dem Kalkül, daß bei einer zumindest versuchsweisen Inangriffnahme sich immerhin eine Bereinigung der Verhältnisse in Südwestdeutschland ergeben würde. Zugleich gingen konkrete Reformvorstellungen bewußt nicht über den eigenen Wirkungskreis hinaus in der Hoffnung, sich auf diese Weise einer Art Nichteinmischungspolitik von seiten der nicht unmittelbar betroffenen Länder zu versichern.

Staatspräsident Bock nannte vor dem Landtag drei Möglichkeiten einer Neuordnung[900]: 1. Wiederherstellung der alten Länder Baden und Württemberg, 2. Zusammenschluß der wiederhergestellten Länder Baden, Württemberg und Hohenzollern zu einem Gesamtstaat und 3. Zusammenfassung von Württemberg-Hohenzollern und Südbaden mit den bereits vereinigten Teilen Nordbaden und Nordwürttemberg. Daran, daß Württemberg-Hohenzollern auf den wirtschaftlichen und politischen Zusammenschluß mit dem Norden angewiesen war, bestand kein Zweifel. War der primär angestrebte Weg zur Wiederherstellung des alten Gesamtlandes versperrt, so mußte die Verbindung mit dem Norden in einer größeren territorialen Einheit gesucht werden[901].

Nachdem mit dem Frankfurter Dokument Nr. II der entscheidende Anstoß gegeben war, vertrat die Landesregierung, unterstützt durch das einheitliche Votum der Parteien, die sich auf ihren Landesparteitagen im Mai und Juni des Jahres ebenfalls zu dieser

---

[897] Ebenda.
[898] StAS, Wü 2, Nr. 5, Aktenvermerk über die Besprechung bei der Militärregierung am 6. 7. 1948.
[899] Ebenda, Nr. 219, Ausarbeitung Eschenburgs „Die Änderung der Ländergrenzen im Raum Württemberg und Baden. Übersicht"; ähnlich ebenda, Nr. 113, „Überlegungen zu Dokument Nr. 2".
[900] Sitzung des Landtags, 13. 7. 1948, Stenograph. Bericht, S. 410.
[901] Auch die bereits zitierte Sitzung des Staatsministeriums vom 5. 7. 1948 macht deutlich, daß die Entscheidung für den Südweststaat primär von der Zielsetzung einer Wiederzusammenführung der beiden Landesteile, die unter „allen Umständen" ermöglicht werden sollte, determiniert war.

Lösung bekannt hatten[902], das Ziel der Bildung des Südweststaates unter Einbeziehung auch der Pfalz[903]. Andere Möglichkeiten standen nicht mehr zur Diskussion. Staatspräsident Bock selbst hatte bereits 1919 zu den Protagonisten einer Gesamtfusion gehört. Jetzt sprach er von einer „historische[n] Mission" der drei südwestdeutschen Regierungen, diesen Gesamtstaat zu schaffen[904]. Im Unterschied zu ihm hat sich Gebhard Müller nur zögernd mit dieser Idee anfreunden können. Bis Mitte 1948 galt weithin die Überwindung der Trennung beider württembergischer Landesteile als Hauptanliegen. Erst ab diesem Zeitpunkt etwa bezeichnete auch Müller einen „Zusammenschluß auf möglichst breiter Basis" als erstrebenswert[905]. War unter Staatspräsident Bock mit Viktor Renner und Theodor Eschenburg in erster Linie das Tübinger Innenministerium mit der Neugliederungsproblematik befaßt, übernahm Gebhard Müller als Regierungschef seit der Tagung der Ministerpräsidenten auf Jagdschloß Niederwald am 31. August 1948 selbst – und mit ihm das Staatsministerium – die Federführung in der württemberg-hohenzollernschen Südweststaatspolitik. Theodor Eschenburg wurde in seiner Eigenschaft als Vertreter des Innenministeriums der Hauptreferent des Staatspräsidenten in der Fusionsfrage. Die Entscheidung für den Südweststaat war eine verstandesmäßige. Der auf Kompromiß und Ausgleich bedachten Politik Gebhard Müllers als Staatspräsident von Württemberg-Hohenzollern ist es zuzuschreiben, daß der Südweststaat nach jahrelangem Ringen schließlich doch zustande gekommen ist und die Verhältnisse in Südwestdeutschland nicht etwa auf unbestimmte Zeit ein ungelöstes Problem geblieben sind.

*Besatzungsstatut*

Die Forderung nach einem Besatzungsstatut unterschied sich in Württemberg-Hohenzollern inhaltlich nicht von derjenigen anderer Länder, wohl aber in ihrer Dringlichkeit. Ein solches Statut, das eine „grundlegende Änderung der französischen Politik in Deutschland"[906] erbringen sollte, war, ähnlich wie für Südbaden, von existentieller Bedeutung für das Land. Darüber hinaus gab es noch einen weiteren Aspekt: Das Besatzungsstatut sollte die Gleichbehandlung der in verschiedenen Zonen liegenden Teile eines künftigen südwestdeutschen Gesamtlandes gewährleisten und deshalb die Besatzungsverhältnisse einheitlich definieren.

---

[902] Vgl. auch Sauer, Die Anfänge der Südweststaatdiskussion, S. 13; zur Haltung der südwestdeutschen Sozialdemokraten in der Ländergrenzenfrage Wolfrum, Französische Besatzungspolitik, S. 319 ff.
[903] Die Frage der Pfalz wurde späterhin bewußt offengelassen. Der rheinland-pfälzische Ministerpräsident Altmeier hatte Bock schon in einem Schreiben vom 24.6.1948 ausdrücklich auf die Gefahr einer Isolierung der Pfalz hingewiesen und darum gebeten, die Pfalzfrage möglichst aus der Erörterung der Neugliederung herauszuhalten; vgl. StAS, Wü 2, Nr. 110.
[904] Bock in der Sitzung des Landtags, 29.7.1948, Stenograph. Bericht, S. 491.
[905] Vgl. Müller, Entstehung des Bundeslandes Baden-Württemberg, S. 241; Müller in der Sitzung des Landtags, 13.7.1948, Stenograph. Bericht, S. 412.
[906] StAS, Wü 2, Nr. 904, 2. Entwurf einer „Denkschrift" (o. D.), S. 7. Vgl. auch Konstanzer, Entstehung des Landes Baden-Württemberg, S. 60 ff.; Landesgouverneur Widmer hatte Staatspräsident Bock zu verstehen gegeben, General Koenig sei der Meinung, daß das Besatzungsstatut nicht unbedingt mit der Abstimmung über die Verfassung verknüpft zu werden brauche; vgl. StAS, Wü 2, Nr. 5, Aktenvermerk über die Besprechung bei der Militärregierung am 6.7.1948.

Der erste Staatspräsident des Landes, Lorenz Bock, hatte sich unentwegt bemüht, Erleichterungen und Zugeständnisse zu erreichen. Sein Nachfolger Gebhard Müller zog die Konsequenzen aus der aufreibenden, wenig erfolgreichen Art des Umgangs seines Vorgängers mit der Besatzungsmacht. Er war ihr ein weit unbequemerer Partner. Schon Mitte 1947 hatte er anläßlich der bevorstehenden Regierungsbildung in seiner Eigenschaft als CDU-Vorsitzender eine Beteiligung seiner Partei an den Koalitionsverhandlungen von einer klaren Festlegung der Zuständigkeiten der deutschen Regierung und dem Aufgeben des von der Besatzungsmacht praktizierten Systems der indirekten Regierung abhängig gemacht. Damals wie später waren immer wieder Schritte in diese Richtung in Aussicht gestellt worden. Im Aufwind der mit den „Frankfurter Dokumenten" eingeleiteten Entwicklung ließ Müller es nun auf eine Kraftprobe mit der Militärregierung ankommen. Mit seinem harten und kompromißlosen Kurs vermochte er ihr grundlegende Rechte für Landtag und Regierung abzutrotzen und so nach und nach die Voraussetzungen für die Regierbarkeit und eine freiheitlichere Entwicklung seines Landes herbeizuführen: Bereits Ende 1947 war es zu einer Kraftprobe zwischen Regierung und Besatzungsmacht gekommen[907]. Die sich etwa zur gleichen Zeit anbahnende Entwicklung in der Deutschlandfrage, die in absehbarer Zeit auch die französische Regierung in Zugzwang bringen mußte, bestärkte den Landtag darin, schließlich im April 1948 in der Auseinandersetzung mit der Besatzungsmacht die Entscheidung zu suchen. Vermittlungsversuche Gouverneur Widmers und Staatspräsident Bocks bei vorsichtiger Unterstützung auch durch Carlo Schmid vermochten die einmütige Entschlossenheit der Landtagsfraktionen von CDU, SPD und DVP nicht zu beeinträchtigen. Am 29. April 1948 vertagte sich der Landtag nach vorausgegangenen Beratungen laut einstimmigem Beschluß der drei Fraktionen auf unbestimmte Zeit. Als die Militärregierung, sicherlich mitbewogen durch die Bekanntgabe der „Londoner Empfehlungen", ihre Bereitschaft zum Einlenken erkennen ließ, bestand nun auch die Regierung in einer Note auf die Revision der bis dahin maßgeblichen Ordonnanz 95. Nachdem Gouverneur Widmer auf das Drängen des Landtags hin seine in Aussicht gestellten Zugeständnisse (betreffend die Rechte des Landtags, Verbesserung der Ernährungslage, Verringerung der Besatzungspräsenz im Lande, Beschränkung der Militärregierung auf die Kontrolle der deutschen Verwaltung, Verzicht auf die Genehmigung von Beamtenernennungen sowie eine Vereinfachung des Genehmigungsverfahrens bei Verlautbarungen der deutschen Regierung) mit Schreiben vom 10. Juni 1948 auch schriftlich zugesichert hatte, nahm der Landtag einen Tag später seine Tätigkeit wieder auf. Im Ergebnis durfte der Landtag von Württemberg-Hohenzollern als erster der französischen Zone frei über die der Militärregierung vorbehaltenen Zuständigkeiten debattieren. Ungefähr zum Zeitpunkt der Diskussion der „Frankfurter Dokumente" allerdings kam es, wie bereits erwähnt, zu einer neuerlichen Auseinandersetzung, ausgelöst durch die Übergabe der Demontageliste am 30. Juli. Hatte ein offener Konflikt im vorausgegangenen Jahr noch verhindert werden können, kam es darüber am 8. August 1948 zum Rücktritt der Regierung. Müllers feste Haltung gegenüber der Besatzungsmacht basierte auch diesmal auf dem Bewußtsein einer gestärkten Position der deutschen Länderchefs

---

[907] Zum folgenden Konstanzer, Entstehung des Landes Baden-Württemberg, S. 65–73.

und der Überzeugung, daß Frankreich durch die mit den „Frankfurter Dokumenten" eingeleitete Entwicklung über kurz oder lang zu einer grundlegenden Revision seiner Besatzungspolitik gezwungen sein werde.

Der hohen Bedeutung der mit der Besetzung verbundenen Probleme hat die Landesregierung von Württemberg-Hohenzollern durch die Schaffung einer speziellen Institution Rechnung getragen, die ab Anfang 1949 als das „Institut für Besatzungsfragen" unter der Leitung von Gustav von Schmoller über das eigene Land hinaus Bedeutung erlangte[908]. Es ging hervor aus dem Referat für Verfassungs- und Besatzungsfragen, das im Oktober 1947 bei der Staatskanzlei eingerichtet worden war. Der Initiator und Auftraggeber zur Bildung dieses Referates, Carlo Schmid, war seit 1946 öffentlich für den Erlaß eines Besatzungsstatutes eingetreten und hatte diese Forderung mit besonderem Nachdruck auf der Konstanzer Juristentagung Anfang 1947 und der Münchner Ministerpräsidentenkonferenz im Juni des gleichen Jahres vertreten[909]. Als erstes Ergebnis der Tätigkeit des Referates lag im Frühjahr 1948 eine in Kooperation mit sämtlichen Ministerien erstellte ausführliche Denkschrift über die „Zwangsleistungen des Landes Württemberg-Hohenzollern auf Grund von Anordnungen der Besatzungsmacht. Stand: 31. März 1948", vor[910]. Verhandlungen und Kontakte mit anderen Ländern der Zone, die während der Zeit der Ausarbeitung zustande gekommen waren, führten dazu, daß diese sich ebenfalls zur Aufstellung einer solchen Gesamtübersicht in Anlehnung an das südwürttembergische Vorbild entschlossen, so daß damit erstmals ein Gesamtüberblick über die Lage der Länder der französisch besetzten Zone gegeben war.

*Württemberg-Hohenzollern in den Verhandlungen von Koblenz und Rüdesheim*

Das kleine Land Württemberg-Hohenzollern war mit drei Stimmen aktiv an den Verhandlungen von Koblenz und Rüdesheim beteiligt[911]. In Koblenz machte sich bemerkbar, daß mit der Verhandlungslinie, die das Staatsministerium festgelegt hatte, Detailfragen ausgespart geblieben waren. Auch fanden die Meinungsströmungen, die sich bei den Kabinettsberatungen gezeigt hatten, fanden in Koblenz ihre Fortsetzung. In den Fragen des Dokumentes Nr. II argumentierten Bock, Schmid und Renner in die gleiche Richtung. Die Thematik des Besatzungsstatutes bildete überwiegend das Aktionsfeld Carlo Schmids. Der von der Kommission zu Dokument Nr. III vorgelegte Entwurf, die, einem Vorschlag Schmids folgend, später sogenannten „Leitsätze für ein Besatzungsstatut", gingen inhaltlich weitestgehend auf ihn selbst zurück. Das gleiche gilt für die Formulierung der Mantelnote zur Koblenzer Stellungnahme.

---

[908] Vgl. dazu von Schmoller, Das Institut für Besatzungsfragen, hier besonders S. 447 ff.
[909] Carlo Schmid selbst hat verschiedene Entwürfe für ein Besatzungsstatut ausgearbeitet. Ein Entwurf Schmids hat der Londoner Konferenz vorgelegen; vgl. BA, Z 35, Nr. 151, Schreiben Eberhards (Deutsches Büro für Friedensfragen) an Reinhold Maier vom 25. 6. 1948; zu Schmids Einsatz für ein Besatzungsstatut vgl. auch Auerbach, Die politischen Anfänge Carlo Schmids, S. 641 f. Entwürfe für ein Besatzungsstatut befinden sich in StAS, Wü 2, Nr. 10.
[910] Ebenda, Nr. 1593.
[911] Außer Bock, Schmid und Renner waren auch Donndorf von der Staatskanzlei und von Schmoller in Koblenz anwesend.

Eine provisorische Lösung, die die Wirtschafts- und Verwaltungseinheit der drei Westzonen herstellte, zu schaffen durch eine aus indirekten Wahlen hervorgegangene Versammlung, kennzeichnete die württemberg-hohenzollernschen Vorstellungen im allgemeinen. Für die weiteren Verfahrensweisen aber präsentierten Schmid, Bock und Renner jeweils unterschiedliche Konzeptionen: Schmid schlug eine Konstruktion vor, die erkennen lassen sollte, daß die „Schaffung eines Zweckverbandes administrativer Qualität" letztlich „der Tatsache der Besetzung seine Entstehung verdankt". Demnach sollte „eine auf indirekte Weise gebildete Körperschaft einen Ausschuß von 50 bis 60 Personen" bestimmen zur Ausarbeitung eines Organisationsstatutes und eines Wahlgesetzes für eine „Gesetzgebende Versammlung". Das Wahlgesetz wie auch die Arbeit dieser Versammlung sollten auf die Entscheidung der Besatzungsmächte zurückzuführen sein. Nach dem Erlaß des Wahlgesetzes würde die Wahl zur „Gebietsversammlung" stattfinden, die dann die Arbeit am „Verwaltungsstatut" übernahm. Was die Frage der Ratifizierung anbetraf, so sollte das Wahlgesetz gleichzeitig vorsehen, „daß das Resultat dieser Gebietsversammlung nach Beschluß und Genehmigung durch die Besatzungsmächte in Rechtskraft" erwachse. Ein solches Vorgehen führe, so Schmid, zur Entstehung eines einheitlichen Verwaltungs- und Wirtschaftsgebietes, beinhalte ein demokratisches Verfahren zur Herstellung seiner Grundlagen und vermeide die Gefahren der Schaffung eines Weststaates[912].

Nach Meinung Staatspräsident Bocks sollte man den Besatzungsmächten gegenüber auf Verfassung, Wahltermin und Wahlverfahrensbestimmungen verzichten und statt dessen lediglich eine „Zonenvertretung" oder „Zonenversammlung" auf indirekte Weise durch die Landtage wählen, gleichzeitig ausgestattet mit dem Gesetzgebungsrecht. Das Vorbild dazu war für ihn die ähnlich entstandene und funktionierende Beratende Landesversammlung von Württemberg-Hohenzollern. Diese „Zonenversammlung" könne dann „von sich aus in ihrer Wahl die Exekutive bestellen". Das sei ein einfaches und schnelles Verfahren, und auf Schnelligkeit komme es an. Aus wirtschaftlichen und verwaltungsmäßigen Gründen dränge die Zeit. Würde man das, was diese provisorische Einrichtung ausgearbeitet habe, einem Volksentscheid unterwerfen, „dann würde es noch länger als ein Jahr dauern, dann kann unsere Währung kaputt gegangen sein und das Ergebnis des ganzen Planes kaputt gegangen sein, dann können wir in Württemberg-Hohenzollern vor die Hunde gehen, statt endlich in die wirtschaftliche und verwaltungsmäßige weitere deutsche Ebene vorzustoßen"[913].

Innenminister Renner wiederum zeigte sich skeptisch gegenüber solchen Vorschlägen. Er meldete sofort Zweifel an, ob eine so wesentliche Abweichung von Dokument Nr. I Aussicht auf Erfolg haben würde. Renner plädierte für die Einhaltung des vorgesehenen Verfahrens, mit gewissen Modifikationen in Einzelpunkten: 1. Der „Dreizonenausschuß" sollte von den Landtagen nach einheitlichen Grundsätzen gewählt werden. 2. Auch für die Ratifizierung schlug er die Anwendung eines einheitlichen Verfahrens vor. 3. wies er auf die theoretisch gegebene Möglichkeit hin, daß eine Mehrheit von Ländern, die aber nur eine Minderheit der Bevölkerung repräsentierten, die Verfassung verwerfen könne. Daher solle ein Passus vorgesehen werden, wonach eine Ablehnung nur dann möglich war, wenn die betreffenden Länder mindestens die Hälfte

---

[912] Parl. Rat, Bd. 1, S. 90.
[913] Ebenda, S. 92.

der Abstimmenden repräsentierten[914]. Carlo Schmid sprach als Parteipolitiker, Viktor Renner suchte unter Beachtung auch der außenpolitischen Komponente nach einer realistischen Verhandlungsposition. Die Beiträge von Lorenz Bock zeigten die Sorge um das Schicksal seines Landes.

Hatte sich das Kabinett für eine Inangriffnahme der Ländergrenzenreform entschieden, so galt dies unter der Prämisse, daß ein echtes Staatswesen zustande kam, um mit der Neuabgrenzung der Länder die Voraussetzung für die Funktionsfähigkeit einer neuen föderativen Ordnung zu schaffen. Kam es hingegen nur zu einer provisorischen Lösung, war auch eine Territorialreform weniger vordringlich. Das Zustandekommen der Trizone besaß Vorrang vor der Durchführung einer Reform. Ein Streit über die Ländergrenzen konnte das Ganze gefährden. Allerdings sollte für die durch Besatzungszonen willkürlich zerschnittenen Gebiete Badens und Württembergs eine „Teillösung" möglich sein. Im weiteren Verlauf der Beratungen ging es nun darum, die zu einer generellen Zurückstellung der Neugliederung neigenden Kollegen von der Notwendigkeit dieser aus wirtschaftlichen und verwaltungsmäßigen Gründen drängenden lokalen Grenzbereinigung zu überzeugen, aus der Sicht Württemberg-Hohenzollerns eine Angelegenheit, die nichts weiter als eine Korrektur „offenkundige[r] Fehlentscheidungen"[915] bedeutete, deshalb isoliert lösbar war und keinen Einfluß auf die Bildung der Trizone haben würde. Unter den südwestdeutschen Ländern selbst standen Bock und der württemberg-badische Ministerpräsident Maier der ablehnenden Haltung des Staatspräsidenten Wohleb gegenüber, gegen dessen Veto trotz des wiederholten Zusammentritts der Kommission zu Dokument Nr. II nur schwer eine Einigung zu erreichen war. Den beiden vorwärtsdrängenden Ländern gelang es immerhin, in einer auch für Wohleb tolerablen Formulierung eine Klausel durchzusetzen, nach der es den betroffenen Ländern unabhängig von den Aktivitäten des Parlamentarischen Rates, an den die Reformfrage überwiesen werden sollte, überlassen blieb, von sich aus eine Neuregelung zu finden. Damit sollte die Suche nach einer Lösung vorangetrieben und eine Verschleppung des Problems verhindert werden.

Auch in Rüdesheim ging es darum, plausibel zu machen, daß es möglich sein würde, das Problem Württemberg-Baden zu regeln, unabhängig von einer Totalreform und ohne die neuralgischen Punkte oder gesamtdeutsche Interessen zu berühren. Der Landtag hatte inzwischen die Regierung beauftragt, „mit den Regierungen von Württemberg-Baden und Baden unverzüglich in Verhandlungen einzutreten" mit dem Ziel „der möglichst raschen und vollständigen Zusammenfassung der Bevölkerung Südwestdeutschlands in einem Lande."[916]. Die Initiative zu diesem Entschließungsantrag war von der Staatsregierung selbst ausgegangen auf eine Anregung Renners hin[917]. Damit nun konnte Carlo Schmid in der Rüdesheimer Konferenz darauf verweisen, daß

---

[914] Ebenda, S. 93 f.
[915] Renner, ebenda, S. 120. Die Analyse Renners kam zu der Feststellung, daß die Einhaltung des gesetzten Termins für den Zusammentritt der Verfassunggebenden Versammlung nicht möglich sein würde, falls die Koppelung mit der Neugliederung aufrechterhalten bleiben sollte; vgl. StAS, Wü 2, Nr. 113, „Bemerkungen für die Ministerpräsidentenkonferenz in Koblenz am 8./9. Juli 1948".
[916] Vgl. die Sitzung des Landtags, 13.7. 1948, Stenograph. Bericht, S. 410 f.
[917] StAS, Wü 2, Nr. 779, Niederschrift über die (außerordentliche) Sitzung des Staatsministeriums am 12.7. 1948.

die Regierung seines Landes durch den Auftrag des Landtags und die Einigkeit aller Parteien „bis auf den letzten Mann" in der Vereinigungsfrage gebunden sei[918]. Auch Lorenz Bock wies erneut auf die unhaltbare Lage Südwürttembergs hin. Weder die Frage der Pfalz[919] noch die Problematik der Zonengrenzen konnten wirkliche Hinderungsgründe sein, die Vereinigung in Angriff zu nehmen. Bock bat, in diesem Sinne an den Koblenzer Beschlüssen festzuhalten.

Da es genau der ursprünglichen Einstellung der Landesregierung entsprach, wenn die Konferenz jetzt eine Ländergrenzenreform im ganzen grundsätzlich bejahte, konnte der Staatspräsident hierin auch kein Abweichen von der Koblenzer Linie erkennen. Formal der Aufforderung der Besatzungsmächte zu entsprechen, konnte nur eine Stärkung der deutschen Position zur Folge haben. Es sei nicht weiter erheblich, argumentierte er wiederholt und offen, wenn die Ministerpräsidenten bei der Inangriffnahme der Reform in dem einen oder anderen Falle zu keinem Resultat kämen. Die prinzipielle Bereitschaft, Vorschläge auszuarbeiten, bedeute ja nicht, daß diese auch unbedingt zu einem Ergebnis führen müsse. Es sei „also gar nicht notwendig, dieses Problem in seiner Gesamtwirkung für die gesamtdeutschen Verhältnisse zu lösen, sondern wir lösen, was wir lösen können"[920]. Unter Umständen kam eben nur eine Lösung für Südwestdeutschland, das Hauptziel württemberg-hohenzollernscher Politik, heraus. Aber auch sich sonst noch ergebende Lösungen sollten geprüft werden, und die Regierungschefs brauchten sich dann nicht „den Vorwurf machen zu lassen, daß wir gegenüber dem Dokument II eine hinterhältige Politik betrieben hätten"[921]. Jetzt, wo die Ministerpräsidenten bereit waren, einen Schritt weiter in Richtung Weststaat zu tun, erinnerte Bock an den Zusammenhang zwischen Reform und Verfassungsfrage: Für die Ratifizierung der Verfassung war das Feststehen der Grenzen der Länder als Grundlage der neuen föderativen Ordnung Voraussetzung. Damit schloß sich der Kreis südwürttembergischer Argumentation, deren Ziel immer dasselbe geblieben war.

---

[918] Parl. Rat, Bd. 1, S. 199.
[919] Bock betonte, er habe bewußt vermieden, die Pfalz in die Diskussion hineinzuziehen, und wer dies dennoch versuche, von dem müsse wohl angenommen werden, „daß er das Problem Württemberg-Baden, das ganz einfach liegt, auf diese Weise sabotieren will"; vgl. ebenda, S. 207. Bocks Verärgerung über die Haltung Südbadens ist an dieser Stelle deutlich zu spüren.
[920] Ebenda, S. 246, 249, 260 f.
[921] Ebenda, S. 242.

# III. Der Beitrag der Länder zur Entstehung der Bundesrepublik Deutschland im Juli 1948

## 1. Entscheidungsfaktoren

*Die Rolle der Ministerpräsidenten*

Die Entscheidungsbefugnis über die „Frankfurter Dokumente" wies den Ministerpräsidenten im Juli 1948 erstmals in ihrer Gesamtheit die Führungsrolle in der deutschen Politik zu. Sie markierte gleichzeitig aber auch den Höhe- und damit einen Wendepunkt ihres deutschlandpolitischen Einflusses. Die Doppelfunktion der Ministerpräsidenten als Regierungschefs beziehungsweise Repräsentanten ihrer Länder und zugleich parteigebundene Akteure rief dabei jenen Widerstreit zwischen dem realpolitischen Pragmatismus eines in der politischen Verantwortung stehenden Landespolitikers und dem Prinzipienstreit parteipolitischer Grundpositionen hervor[1]. Der Wettstreit zwischen Parteien und Ministerpräsidenten unterlag auf Landesebene allerdings anderen Bedingungen als denen, unter welchen sich auf länderübergreifender Basis die Auseinandersetzung der beiden großen Parteien CDU und SPD, zugespitzt auf die beiden Kontrahenten Konrad Adenauer und Kurt Schumacher, um die Führung in der deutschen Politik vollzog: Gerade in der Zeitspanne, in der die „Frankfurter Dokumente" zur Diskussion standen, kam in den Ländern der allmähliche Übergang von Allparteienregierungen zu Koalitions- oder sogar Einparteienkabinetten zum Abschluß. Zuletzt schieden die Kommunisten in Nordrhein-Westfalen (Februar 1948), Rheinland-Pfalz (April 1948), Hamburg und Württemberg-Baden (Juli 1948) aus der Regierung aus, der sie, bis auf die Ausnahme Württemberg-Hohenzollerns, anfangs in allen Ländern angehört hatten. Obwohl aufgrund des Ergebnisses der ersten freien Landtagswahlen in mehreren Fällen die Alleinregierung einer Partei möglich gewesen wäre (Baden – hier erfolgte der Übergang zur Alleinregierung der CDU dann doch im Februar 1948; Württemberg-Hohenzollern, Bremen, Hamburg), herrschte noch immer die Tendenz vor, die politische Verantwortung breiter zu streuen, so daß, neben den kleineren Parteien, CDU und SPD in fast allen Ländern an der Regierung beteiligt waren. Ausnahmen bildeten interessanterweise die Hansestädte: In beiden waren die Christdemokraten in die Opposition verwiesen. Außerdem wurde – so in Bremen – Regionalparteien ein unproportional hoher Einfluß eingeräumt, ja kam es, bedingt durch die einseitige Interessenorientierung einer Hafenstadt, auf diese Weise zu einem engen Bündnis zwischen einer bürgerlichen und der sozialdemokratischen Partei, was als ein besonders auffallendes Beispiel dafür gewertet werden kann, wie gerade bei der SPD aufgrund der speziellen landespolitischen Bedingungen andere „Gesetze" der Willensbildung herrschten als auf der zentralen Parteiebene. Eine reine SPD-Regierung wiederum gab es allein in Schleswig-Holstein, CDU- beziehungsweise CSU-Regierungen in Baden und Bayern.

---

[1] Vgl. Foelz-Schroeter, Föderalistische Politik, S. 87.

Eine Grundgegebenheit für die Willensbildung der Länder war also überwiegend das Vorherrschen von Koalitionskabinetten. Dies dürfte mit ein Grund dafür gewesen sein, daß die meisten Landesregierungen ohne ein detailliertes Konzept, sondern lediglich mit einer groben Marschroute in die Koblenzer Konferenz gegangen sind. Zielvorstellungen sind auf der Basis eines Kompromisses, bei unklaren Mehrheitsverhältnissen oder krisengefährdeten Kabinetten (Niedersachsen, Hessen) mehr noch auf der Basis des kleinsten gemeinsamen Nenners zustande gekommen. Ein weiteres kommt hinzu: Auch 1948 noch verstanden sich die Landeskabinette primär als Arbeitskabinette (besonders ausdrücklich in Niedersachsen oder Hessen), die sich durch ein unpolitisches, quasi überparteiliches Denken auszeichneten[2]. Die Lösung der tagespolitischen Aufgaben und Probleme erforderte pragmatisches Handeln und führte zwangsläufig zu einem hohen Maß an Kongruenz. Ein solches bestand aber auch über die Parteigrenzen hinweg zusätzlich durch persönliche Verbundenheit der Politiker aus dem gemeinsamen Erleben beziehungsweise Überleben der nationalsozialistischen Zeit[3] oder aus dem gemeinschaftlichen politischen Aufbau ihres Landes (besonders deutlich in Württemberg-Hohenzollern). Regierungspolitik, so bestätigt es auch Theodor Eschenburg, war weitgehend Ordnungspolitik, nicht Zielpolitik, und darin bestand eine generelle Übereinstimmung[4]. Entsprechend ausgeprägt war die Bereitschaft zur Zusammenarbeit und dazu, einen Kompromiß auch in der Haltung gegenüber den „Frankfurter Dokumenten" zu finden. Ein besonders augenfälliges Beispiel bieten die Hansestädte, wo ein geschlossener Konsens aller Parteien und der Regierung in der Vertretung der primären politischen Interessen der Stadtstaaten bestand.

Bei politischen Entscheidungen fiel den Ministerpräsidenten eine, je nach Selbstverständnis unterschiedliche, aber ausschlaggebende Rolle zu: In den ersten Jahren nach 1945 war deutsche Initiative auf das Engagement der Regierungschefs beschränkt und konzentriert gewesen und hatte insofern stark persönlich gefärbte Züge getragen[5]. Diese individuelle Leistung ist von ihren Voraussetzungen her begünstigt worden durch eine Konstellation auf Landesebene, die eine „autokratische" Regierungsweise (Eschenburg) bei einer ganzen Reihe von Ministerpräsidenten zuließ, welche übrigens, auch was den Alleinzugang der Ministerpräsidenten zur Militärregierung anbetraf, ihre Fortsetzung in der politischen Praxis Konrad Adenauers, in der „Kanzlerdemokratie", finden sollte. Die Stellung des Regierungschefs ergab sich also nicht nur aus dem genannten direkten Kontakt zur Militärregierung sowie ihrer – wo sie gegeben war – verfassungsrechtlich festgelegten Richtlinienkompetenz, sondern auch aus der Art und dem Umfang, in dem der Amtsinhaber seine Position und individuelle Spielräume auszufüllen verstand. Namentlich der einzige Liberale unter den Ministerpräsidenten, Reinhold Maier, verzichtete auf die ihm zustehende Richtlinienkompetenz – wobei er freilich trotzdem seinen persönlichen Einfluß erfolgreich geltend zu machen wußte – und verstand seine Aufgabe in Koblenz darin, einen Querschnitt der Parteienmeinungen aus seinem Lande zu vertreten. Umgekehrt besaßen Hamburg und Bremen, trotz der kollegial konzipierten Struktur des Senats, einen eindeutig do-

---

[2] Ebenda, S. 41.
[3] Vgl. auch Merkl, Entstehung der Bundesrepublik Deutschland, S. 54.
[4] Eschenburg, Regierung, Bürokratie und Parteien, S. 60.
[5] Foelz-Schroeter, Föderalistische Politik, S. 39.

minierenden Regierungschef. Die natürliche Autorität und Ausstrahlung eines Max Brauer oder Wilhelm Kaisen ließ beide in eine fast unbestrittene Führungsposition hineinwachsen, die sie mehr als „Sachwalter eines demokratisch organisierten Landes"[6] denn als Parteipolitiker auszufüllen verstanden. Beide verkörperten den Typus einer autokratischen Führungspersönlichkeit mit praktischem Sinn für das politisch Machbare und Notwendige[7].

Gerade bei den sozialdemokratischen Länderchefs bestanden wegen ihrer von Parteidogmatik wenig beeinflußten politischen Haltung Spannungen im Verhältnis zur Parteizentrale in Hannover. In der stark zentralistisch geführten SPD wurden die Schwierigkeiten, Partei- und Landespolitik zu vereinbaren, das heißt die Diskrepanz zwischen der offiziellen politischen Linie der Partei und der Politik in den Ländern, besonders deutlich[8]. Die Beispiele Max Brauers, Wilhelm Kaisens, Christian Stocks (Verfassungsfragen), Hinrich Wilhelm Kopfs (Personalpolitik, Territorialpolitik) und Hermann Lüdemanns (in der Ländergrenzenfrage) zeigen, daß aber auch die Landesparteien Schwierigkeiten mit ihrem „Spitzenkandidaten" hatten. Selbst in Ländern wie Schleswig-Holstein mit einer reinen SPD-Regierung, die zumindest in der Verfassungsfrage den Anspruch der Sozialdemokratie, am konsequentesten für die deutsche Einheit einzutreten, unterstützte, zeigte der Ministerpräsident in der Ländergrenzenfrage höchst eigenwillige Züge. Die Frontenbildung zwischen den Ministerpräsidenten und ihrer Partei war bei den Christdemokraten weniger ausgeprägt[9], was freilich damit zusammenhing, das hier eine zentrale Parteiführung nicht vorhanden war und innerhalb der CDU sich unterschiedliche politische Strömungen in verschiedenen Parteigremien zu artikulieren vermochten (Zonenausschuß der CDU der britischen Zone, „Ellwanger Freundeskreis", Arbeitsgemeinschaft der CDU/CSU[10]). Überdeutlich tritt sie allein in Nordrhein-Westfalen im Verhältnis zwischen Karl Arnold und Konrad Adenauer hervor, war hier allerdings gleichzeitig stark von persönlichen Rivalitäten beider Männer geprägt.

In der Aufbauphase nach dem Kriege, die auch 1948 noch nicht abgeschlossen war, waren die Regierungschefs naturgemäß in stärkerem Maße, als dies später der Fall sein sollte, Sachverwalter der Landesinteressen. Der Vorrang der Landespolitik zeigt sich schon darin, daß mit den Namen vieler Ministerpräsidenten der Aufbau der Länder nach 1945 verknüpft war: Peter Altmeier ist das historische Verdienst zuzuschreiben, den Bestand seines Landes in der Zeit seiner akutesten Gefährdung gesichert zu haben. Leo Wohleb, der als einer der ganz wenigen seine politische Laufbahn erst nach 1945 begann, hat sich geradezu ausschließlich der „Badenfrage" gewidmet. Er beanspruchte dabei, für das gesamte badische Volk zu sprechen; doch auch die badische CDU hatte ihr eigenes Schicksal in besonderer Weise mit der Existenz des Landes Baden verknüpft. Reinhold Maier und Gebhard Müller sind als die Väter des Südweststaates in die Geschichte eingegangen. Die Entstehung des Landes Niedersachsen ist maßgeblich der Initiative von Hinrich Wilhelm Kopf zu verdanken. Mit den Namen

---
[6] Pikart, Auf dem Weg zum Grundgesetz, S. 156.
[7] Ähnlich Eschenburg, Jahre der Besatzung, S. 236.
[8] Dazu auch Lange, Bestimmungsfaktoren der Föderalismusdiskussion, S. 13.
[9] Vgl. Morsey, Entscheidung für den Westen, S. 8.
[10] Dazu Benz, Föderalistische Politik in der CDU/CSU, S. 770 ff.

Max Brauer und Wilhelm Kaisen schließlich verbindet sich der Wiederaufbau der beiden Hansestädte nach 1945. Beide waren zugleich Exponenten hanseatischer „Staatspolitik". Hans Ehard verkörperte geradezu die „bayerische Staatsraison".

Das selbstbewußte Auftreten der Ministerpräsidenten im Kabinett beziehungsweise Senat wie auch ihrer eigenen Partei gegenüber resultierte nicht nur aus dem Charakter energischer Persönlichkeiten (Brauer, Kaisen), sondern teilweise auch aus einem Mangel an personellen Alternativen (Wohleb). Interne Auseinandersetzungen im Zuge des Wiederaufbaus der Parteien und der Ordnung interner Machtstrukturen machten gerade die Person des Ministerpräsidenten unverzichtbar als Integrationsfigur zwischen den Flügeln und für den Zusammenhalt der Partei (Stock, ganz besonders Ehard[11]) oder als – nicht unbedingt unumstrittener – Kompromißkandidat verschiedener Richtungen (Wohleb). Zugleich erfüllten die Ministerpräsidenten damit eine entscheidende Funktion für die Regierbarkeit ihres Landes. Dies galt unter den damals vorherrschenden landesparteipolitischen Verhältnissen gleichermaßen für auf Vermittlung und Ausgleich bedachte Männer wie Hinrich Wilhelm Kopf, Christian Stock oder Reinhold Maier. Ein hohes Maß an „Eigendynamik" vermochte der badische Staatspräsident Wohleb in der Ländergrenzenfrage zu entfalten, gerade in dem Moment, in dem auf parteipolitischer Ebene sich seine eigene, die Regierungspartei des Landes Baden, selbst zur Handlungsunfähigkeit verurteilt hatte. Kompromißfähigkeit und Integrationskaft waren also unter schwierigen landes- und parteipolitischen Verhältnissen die gefragten Eigenschaften eines Regierungschefs. Hinzu trat die unbestreitbare Popularität von Männern wie Reinhold Maier, Max Brauer, Wilhelm Kaisen, Hinrich Wilhelm Kopf oder auch Leo Wohleb, die die Ministerpräsidenten zum entscheidenden Zugpferd ihrer Partei machten, als das sie eine Schlüsselrolle einnahmen, selbst wenn sie in ihrer eigenen Partei über wenig Rückhalt verfügten (Kopf). Eine gewisse Unabhängigkeit[12] wußten sie sich außerdem zu wahren durch ihr Ansehen bei der örtlichen Militärregierung oder auch den anderen Parteien. Die durchweg guten, in einigen Fällen sogar freundschaftlichen Beziehungen des Regierungschefs zum Landesmilitärgouverneur haben sicherlich dazu beigetragen, Konfrontationen zwischen Deutschen und Besatzern zu vermeiden, ja sogar, für die Besatzungspraxis Wege zu finden, die Regelungen im späteren Besatzungsstatut bereits vorwegnahmen.

Die Politik der Ministerpräsidenten konnte aber auch zu einer schmalen Gratwanderung zwischen der deutschen Bevölkerung, der Regierung und den Parteien auf der einen und der Besatzungsmacht auf der anderen Seite werden. Unter den schwierigen Verhältnissen der französischen Zone konnten Bemühungen, zu einem Arrangement mit der Besatzungsmacht zu finden, sich gleichzeitig dem Vorwurf der Willfährigkeit aussetzen und einen Vertrauensverlust in der Bevölkerung zur Folge haben. Dies gilt besonders für die Ministerpräsidenten der französischen Zone, nachweislich für Leo Wohleb. Während die Ministerpräsidenten der beiden anderen Zonen durchweg zu einem kooperativen Verhältnis zur Militärregierung gefunden hatten, war in der französö-

---

[11] „Zur Zeit des Parlamentarischen Rates und auch noch danach [...] war in keinem Land die führende Regierungspartei so instabil wie die CSU in Bayern. Gleichwohl gelang es, diesen Umstand durch die Stabilität der Landesregierung unter der Amtsführung Ehards zu kompensieren"; vgl. Eschenburg, Jahre der Besatzung, S. 240.
[12] So auch Morsey, Entscheidung für den Westen, S. 7.

sischen Zone, wo das Verhältnis der Unterordnung noch weit stärker vorherrschte, erst durch die mit den Dokumenten eingeleitete Entwicklung, die den Landesregierungen der Besatzungsmacht gegenüber den Rücken stärkte, ein selbstbewußteres Auftreten der deutschen Regierungschefs möglich geworden, das bis zur willentlichen Konfrontation reichte (Gebhard Müller). Hans-Peter Schwarz hat darauf hingewiesen, daß „die Bedeutung der Führungspersönlichkeiten jener Jahre [...] sich nicht zuletzt an der Fähigkeit ablesen" ließ, „die eigenen Auffassungen an die Machtverhältnisse anzupassen, ohne einem grundsatzlosen Opportunismus zu verfallen"[13]. Für die meisten Ministerpräsidenten war diese Anpassung keine Schwierigkeit, da sie den von den Westalliierten eingeschlagenen Kurs aus ideologischer Übereinstimmung und/oder pragmatischer Anschauung zu unterstützen bereit waren[14]. Ein wenig mochte aber auch Resignation mitgespielt haben, die Einsicht in die Tatsache, daß es den Deutschen ohnehin nicht möglich sein würde, einen grundsätzlich anderen Kurs als den der Westmächte zu steuern (Kopf). Anders versuchte der nordrhein-westfälische Ministerpräsident Karl Arnold dem immer klarer westdeutsch ausgerichteten Kurs gesamtdeutsche Initiativen entgegenzusetzen. Diese Art bewußter Nichtanpassung war zugleich als eine Form der innerdeutschen politischen Auseinandersetzung, insbesondere als eine Reaktion auf die vom Osten gesteuerte kommunistische Propaganda (Volkskongreßbewegung) zu sehen. Arnolds gesamtdeutsche Versuche zeigen jedoch darüber hinaus exemplarisch, wie sehr sich die Ministerpräsidenten der historischen Bedeutung der damaligen Situation, ihrer Verantwortung und der von ihnen zu treffenden Entscheidungen bewußt waren.

*Landespolitische Probleme und Interessen*

Zieht man Bilanz, so ist festzustellen, daß die westdeutschen Länder zum Zeitpunkt der Übergabe der „Frankfurter Dokumente" über die tagespolitischen Schwierigkeiten hinaus mit einer ganzen Reihe von Problemen belastet waren, die in nicht wenigen Fällen kaum Raum und Zeit gelassen haben, sich mit übergeordneten Fragestellungen zu befassen, die aber andererseits als „Realfaktoren"[15] ihre Perspektive bei der Entscheidung für die Errichtung einer neuen politischen Ordnung bestimmten. Diese Introvertiertheit galt mehr oder weniger für die Länder aller drei Zonen. Zusätzlich innenpolitisch stark absorbiert waren freilich die Länder der französischen Zone in ihrer fortlaufenden Auseinandersetzung mit der Besatzungsmacht. Für die Länder aller drei Zonen galt, daß gerade diejenigen, die aus verschiedenen Gebietsteilen zusammengesetzt waren (Rheinland-Pfalz, Hessen, Niedersachsen), jahrelang mit Problemen des inneren Aufbaus, der Integration einzelner Landesteile, der Angleichung unterschiedlicher Verwaltungstraditionen und der Schaffung einer einheitlichen Landesverwaltung, oft gegen Widerstände regionaler Traditionsträger, beschäftigt waren. In dem gleichen Zusammenhang spielten auch parteipolitische Schwierigkeiten eine Rolle (Hessen).

Daß die klare Dominanz einer Partei wiederum keineswegs eine klare parteipolitische Linie zur Folge haben mußte, zeigt in diesem Zusammenhang das Beispiel Bay-

---

[13] Schwarz, Vom Reich zur Bundesrepublik, S. 293.
[14] Zur freiwilligen Westorientierung auch ders., Die außenpolitischen Grundlagen, S. 43 ff.
[15] Ders., Vom Reich zur Bundesrepublik, Einleitung, S. LXXVII.

erns. Die Auseinandersetzungen innerhalb der CSU und ihre Abgrenzungsprobleme gegenüber der Bayernpartei haben die politischen Energien nicht nur ganz erheblich auf die innenpolitische Szenerie gelenkt, sondern auch für die Regierungspartei einen Profilierungsdruck erzeugt, der die Politik Bayerns in der Auseinandersetzung mit den Dokumenten zu einem wesentlichen Teil gleichzeitig zu einem Reflex auf die eigene landespolitische Situation werden ließ. Die offensive Vertretung föderalistischer Interessen war insofern gleichzeitig ein eminent parteipolitisches Interesse der CSU über das staatspolitische Interesse und Selbstverständnis Bayerns als Anwalt der Länderrechte hinaus. Württemberg-Baden wiederum besaß eine quasi doppelstaatliche Organisation, die den Ausbau einer einheitlichen Landesverwaltung behinderte und den Blick vorrangig auf die Herstellung klarer staatlicher Verhältnisse in Form des angestrebten Südweststaates lenkte. Das Beispiel Württemberg-Badens zeigt auch, wie sehr solche innenpolitischen Verhältnisse die Willensbildung komplizieren konnten, da Reinhold Maier bei seinen Entscheidungen nicht nur die Meinung der Koalitionspartner, sondern aufgrund der Landesstruktur auch die Auffassung des nordbadischen Landesteils (Heinrich Köhler) im besonderen zu berücksichtigen hatte.

Neben Problemen des allgemeinen politischen und verwaltungsmäßigen Wiederaufbaus, von denen die historisch gewachsenen Länder relativ am wenigsten tangiert waren, begründeten wirtschaftliche Schwierigkeiten das Interesse aller westdeutschen Länder an einer Zusammenfassung der Westzonen. Die landespolitische Situation der Länder der französischen Zone unterschied sich dabei insgesamt erheblich von derjenigen der Länder der britischen und der amerikanischen Zone, die seit 1947 zur Bizone zusammengeschlossen waren. Zwar war die französische Zone einerseits von Belastungen wie der Flüchtlingsfrage freigehalten worden, andererseits aber waren die einzelnen Länder durch die Besatzungspraxis der Franzosen einer umfassenden Reglementierung des gesamten öffentlichen Lebens unterworfen und Eingriffen, Beschränkungen und Kontrollen von Wirtschaft, Gesetzgebung, Verwaltung und Rechtssprechung ausgesetzt, die die Landesregierungen vor kaum lösbare Probleme stellten. Die einseitig auf die Interessen und Bedürfnisse der Besatzungsmacht ausgerichtete Wirtschaft behinderte einen beschleunigten Wiederaufbau. Auch für die schlechte Ernährungslage wurde die Besatzungsmacht verantwortlich gemacht, da sie sich vorwiegend aus dem Lande selbst versorgte. Ein ausgeprägter Bürokratismus hatte – über die schwierigen landespolitischen Verhältnisse hinaus – zusätzlich zur Folge, daß die politische Führung kaum Zeit fand für die Beschäftigung mit übergeordneten politischen Fragestellungen[16]. Die Lage der Länder der französischen Zone bedingte einen Standpunkt in der Auseinandersetzung mit den „Frankfurter Dokumenten", der materiell-wirtschaftlichen Gesichtspunkten den Vorrang vor allen anderen Erwägungen einräumte. Koordinierende Maßnahmen zu einer Angleichung der wirtschaftlichen Verhältnisse an die der Bizone und Hilfsleistungen wie die Durchführung des Marshallplanes mußten Hand in Hand gehen mit einer Einschränkung der Befugnisse der Besatzungsmacht, einer Abgrenzung der beiderseitigen Befugnisse und einer Regelung der an die Besatzungsmacht zu erbringenden Leistungen. Durch die Verweigerung elementarer Rechte für Landtag und Regierung fehlte jede Voraussetzung für eine effektive politische Füh-

---

[16] So auch Willis, The French in Germany, S. 231 f.

rung. Um hierfür die Grundlagen zu schaffen, stand der Erlaß eines Besatzungsstatutes im Vordergrund, in der Reihenfolge der Dringlichkeiten sodann eine Veränderung der territorialen Verhältnisse. Durch die Einrichtung der Zone waren Länder geschaffen worden, die sich anfangs alle drei für auf die Dauer nicht lebenstüchtig hielten. Eine Neugliederung sollte die Existenzfähigkeit dieser Länder sicherstellen.

Die wirtschaftliche Zusammenfassung der Westzonen war aber auch eine Grundforderung in den Ländern der Bizone. Bevölkerungsreiche Länder wie Nordrhein-Westfalen hatten mit Ernährungs- und Versorgungsschwierigkeiten zu kämpfen, waren aufgrund ihrer hohen industriellen Konzentration von Demontagemaßnahmen und Reparationsforderungen schwer betroffen, beziehungsweise hatten als ohnehin struktur- und finanzschwache Länder wegen der hohen Zahl an Flüchtlingen und Vertriebenen oder zusammen mit den ihnen als Küstenländern obliegenden Aufgaben hohe finanzielle Lasten zu tragen (Niedersachsen, Schleswig-Holstein). Die Ruhrindustrie machte Nordrhein-Westfalen nicht nur zu einem Schwerpunkt der alliierten Demontagepolitik, sie war auch Anlaß für die vorwiegend außenpolitischen Beweggründe der Schaffung dieses Landes und ließ es als einen politischen Brennpunkt der Neugliederungsproblematik fortbestehen. Besonderes Gewicht besaß der wirtschaftliche Faktor darüber hinaus bei denjenigen Ländern, die stark export- oder außenhandelsorientiert waren (Hansestädte, Württemberg-Baden, Nordrhein-Westfalen). Dazu gehörte das gemeinsame Interesse, den Außenhandel wieder in deutsche Hände zu bekommen und nach deutschen Bedürfnissen auszurichten. Der Wunsch nach einer Ankurbelung der Wirtschaft, nach einheitlicher Überzeugung erreichbar nur in einem einheitlichen westdeutschen Wirtschaftsgebiet, war ein Motor für vorwärtsdrängende Politik. Besonders deutlich wird die wirtschaftlich motivierte Unterstützung einer auch politisch-staatlichen Konsolidierung im Falle Hamburgs und Bremens. Beide waren von ihrer Interessenlage her am eindeutigsten ausgerichtet. Ihre einseitige Orientierung auf Handels- und Schiffahrtsangelegenheiten führte zu klaren politischen Schlußfolgerungen. Gerade die Perspektive der Hansestädte offenbart eine nüchtern-pragmatische, am Eigeninteresse orientierte Sichtweise, die einheitspolitische Bedenken zurücktreten ließ und der Realisierung des in Dokument Nr. I enthaltenen Auftrages unbedingte Priorität einräumte.

Nicht nur die Notwendigkeit eines einheitlichen westdeutschen Wirtschaftsgebietes, sondern nicht minder das Erfordernis einer handlungsfähigen politischen Interessenvertretung für Westdeutschland wurde von den Ländern gerade aus ihrer spezifischen Interessenlage heraus unterstrichen: Nordrhein-Westfalen, Rheinland-Pfalz und Niedersachsen waren mit der Abwehr von Grenzberichtigungswünschen der Niederlande, Belgiens und Luxemburgs konfrontiert (von zusätzlichen Forderungen der Beneluxstaaten auch die beiden Hansestädte). Aber auch Frankreich hatte territoriale Forderungen angemeldet (Baden: Kehl). Nicht nur hier zeigten sich die geringen außenpolitischen Handlungsmöglichkeiten der Landesregierungen, die eine fehlende Bundesgewalt nicht ersetzen konnten: In der Schleswig-Frage hatte die britische Besatzungsmacht die deutsche Interessenvertretung praktisch selbst übernommen. Die jahrelange Vernachlässigung von Grenzgebieten – an der deutsch-dänischen wie an der Westgrenze – präsentierte außerdem eine späte Rechnung dadurch, daß zu befürchten war, daß die Bevölkerung der Grenzgebiete sich aus wirtschaftlich-materiellen Motiven dem Nachbarland zuwenden könnte.

Die Schaffung einer Zentralgewalt lag darüber hinaus im besonderen Interesse solcher Länder, die, bei ohnehin schwacher Wirtschaftsstruktur, durch zusätzliche Belastungen (Flüchtlinge, Küstenschutz u. a.) auf eine gerechtere Verteilung der Lasten und einen Finanzausgleich hofften (Schleswig-Holstein, Niedersachsen). Die Interessenparallelität zwischen Niedersachsen und Schleswig-Holstein führte jedoch nicht zu einer gleichgerichteten Politik beider Länder. Während Hinrich Wilhelm Kopf auf eine Verbesserung der Verhältnisse im Rahmen der westdeutschen Zusammenfassung setzte, versuchte Hermann Lüdemann, die Not seines Landes mittels einer Territorialreform, die für Schleswig-Holstein innerhalb eines großen norddeutschen Landes die Grundlagen für seine Existenzfähigkeit schaffen sollte, zu beheben.

Besonders bitter machten sich das Fehlen einer Zentralgewalt und die deutsche Handlungsunfähigkeit in der Ruhrfrage bemerkbar. Obwohl sehr viel weitergehende Zielsetzungen der französischen Besatzungsmacht nicht zum Zuge kamen, führte der ohne jegliche deutsche Mitwirkung zustande gekommene Beschluß zur Errichtung einer internationalen Ruhrbehörde das Ausmaß der in deutschen Augen diskriminierenden Kontrolle der deutschen Wirtschaft bei gleichzeitiger Einflußlosigkeit vor Augen. Kaum Handlungsoptionen besaßen die Landesregierungen auch bei der Regelung der Demontagefrage. Dieses Problem stand zwar in erster Linie für die Länder der französischen Zone auf der Tagesordnung, doch auch in der Bizone waren das hochindustrialisierte Nordrhein-Westfalen oder, wegen ihrer einseitig ausgerichteten Wirtschaft, die Hansestädte stärker als andere Länder betroffen. Abgesehen von teilweise harten sozialen Folgen verursachten die Demontagen „tiefgreifende sozialpsychologische Wirkungen, indem sie das Gefühl der Ohnmacht gegenüber alliierten Entscheidungen und die Furcht vor der Zukunft, die dem deutschen Volk zugedacht schien, verstärkten"[17]. Obwohl die deutsche Industriekapazität durch die Demontagen nicht im dem Maße beeinträchtigt wurde, wie die häufige Beschäftigung mit dieser Frage in der deutschen Öffentlichkeit vermuten ließ, eignete sich diese Thematik andererseits, ähnlich wie die der Besatzungskosten, besonders, um die Unvereinbarkeit solcher Maßnahmen mit dem europäischen Wiederaufbau, also die Widersprüchlichkeit der westalliierten Politik, anzuprangern. Sie bot „manchem Politiker die Gelegenheit, in Auseinandersetzung mit den Besatzungsmächten an Profil und überregionaler Geltung zu gewinnen und sich nicht zuletzt als guter deutscher, im nationalen Interesse handelnder Politiker zu erweisen"[18]. Verstärkte Kritik an der Höhe der Besatzungskosten war für die Landesregierungen auch ein taktisches Mittel der Gegenkompensation, um trotz ihrer – in der Presse durchaus kritisch betrachteten – grundsätzlich positiven Einstellung gegenüber den „Londoner Empfehlungen", die abzulehnen kaum jemals von in der Regierungsverantwortung stehenden Politikern ernsthaft erwogen worden ist, in den Augen der Bevölkerung mehr Rückgrat gegenüber der Besatzungsmacht zu beweisen und die eigene Glaubwürdigkeit zu erhalten (so beispielsweise in Schleswig-Holstein). Dabei wurde die von den Besatzungsmächten selbst propagierte Bereitschaft zur Rückführung Deutschlands in die europäische Völkergemeinschaft argumentativ aufgegriffen; die Idee eines vereinigten Europas schien die „Zauberformel" zu sein für die Lösung aller Probleme[19]. War es

---

[17] Hudemann, Zur Politik der französischen Besatzungsmacht, S. 35.
[18] Foschepoth, Zur deutschen Reaktion auf Niederlage und Besatzung, S. 161f.
[19] So auch Schwarz, Vom Reich zur Bundesrepublik, S. 445.

die gerade im Juli etwa in Nordrhein-Westfalen neu anlaufende Demontagewelle oder waren es die Besatzungslasten, Gebietsansprüche der Beneluxstaaten an der deutschen Westgrenze, die gefürchtete internationale Kontrolle der Ruhrindustrie: Mit der Aufnahme Westdeutschlands in die Gemeinschaft der europäischen Staaten, mit dem Geist europäischer Zusammenarbeit, so hieß es immer wieder, waren solche einseitigen Maßnahmen nicht zu vereinbaren.

Von ihrer landespolitischen Situation her sind von den Ländern der französischen Zone in den Beratungen über die „Frankfurter Dokumente" die stärksten Impulse zur Bildung der Trizone ausgegangen, weniger allerdings zur Bildung einer Regierung. Eine politische Neuordnung nahm einen nachrangigen Stellenwert ein. Für sie stand der Anschluß an die Bizone im Vordergrund, um zu erträglichen wirtschaftlichen Verhältnissen, zu einer Angleichung des Besatzungsregimes zu kommen und sich dem harten Griff der Besatzungsmacht zu entwinden. Ihnen erschien es sogar außerordentlich fragwürdig, unter den herrschenden Verhältnissen echte staatliche Verhältnisse schaffen zu wollen. Besonders unter Besatzungsherrschaft konnte nur eine vorläufige Lösung in Betracht kommen. Die Länder der französischen Zone hatten hinreichend Erfahrungen sammeln können darin, daß von der Besatzungsmacht formal verfassungsmäßige Freiheiten zugestanden, aber nicht realisiert wurden. Die Landesverfassungen vermochten unter den Besatzungsverhältnissen der Zone kaum praktische Bedeutung zu erlangen.

Von diesem eingeschränkten Stellenwert der Landesverfassungen her lag es nahe, Rückschlüsse auf die Qualität einer neuen westdeutschen Gesamtverfassung zu ziehen. Auch in der Verfassungsfrage ist die Haltung der Länder insofern ein Reflex auf die politischen Erfahrungen auf Landesebene. Die Länder der britischen Zone, welche aufgrund der vorherrschenden politischen Grundbedingungen lediglich vorläufige Verfassungen für ausreichend gehalten hatten, befürworteten eine provisorische Gesamtverfassung. Die Länder der amerikanischen Zone dagegen waren am ehesten bereit gewesen, mit echten Landesverfassungen den Grundstein für eine neue politische Ordnung zu legen; dies hing freilich besonders auch mit föderalistischen Aspekten zusammen: Eine Verfassung unterstrich den eigenstaatlichen Charakter der Länder, der ihnen auch von der Besatzungsmacht zugedacht war. Demgegenüber war der Verzicht der Länder der britischen Zone auf eine endgültige Landesverfassung auch ein Ausdruck einer zentralistischeren Staatsauffassung, der Bereitschaft, sich am Inhalt der zukünftigen Gesamtverfassung zu orientieren. Auch die Zielsetzung, mittels einer Landesverfassung geordnete Verhältnisse, eine gewisse Konsolidierung herbeizuführen, um die Probleme bewältigen zu können (Altmeier), besitzt eine gewisse Analogie zu den Motiven für die Entscheidung zu einer gesamtstaatlichen Verfassung. Die Frage „Verfassung oder Provisorium" hat sich also zuerst auf Landesebene gestellt, um sich dann praktisch auf westdeutscher Ebene zu wiederholen.

Der Auftrag des Dokumentes Nr. II bescherte den Ländern zusätzliche Probleme: Die Aussicht auf eine Neugliederung ließ regionale eigenstaatliche Traditionen wiedererwachen in der Hoffnung, bei dieser Gelegenheit ihren Anspruch auf ein Eigenleben durchsetzen zu können, sei es innerhalb des jeweiligen Gesamtlandes oder gar als neue selbständige Einheit (Hohenzollernfrage in Württemberg-Hohenzollern, Eigenständigkeitsbestrebungen der Schwaben und Franken in Bayern, Autonomietendenzen Oldenburgs und Braunschweigs in Niedersachsen). Auch in historisch gewachsenen Ländern drohten stammesföderalistische Tendenzen eine gewisse Sprengkraft zu entwickeln. Landesintern kam es zu einer Frontstellung partikularistischer Kräfte gegenüber dem tatsächlichen oder vermeintlichen Zentralismus der Landesregierung, verbunden mit dem Vorwurf der Vernachlässigung oder Unterdrückung regionaler Besonderheiten. Ein eklatantes Beispiel war hier in der Tat ausgerechnet Bayern, das durch zentralistische Führung in Innern die Voraussetzungen zu schaffen suchte für seine föderalistische Interessenpolitik nach außen.

Die Länderinteressen spielten auch im Spannungsfeld zwischen gesamtdeutscher Lösung und westdeutscher Teilstaatlichkeit eine ausschlaggebende Rolle. Wie geradezu zwingend ein vom Eigeninteresse bestimmter politischer Pragmatismus den Weg über die westdeutsche Teillösung wies, wird kaum anderswo so deutlich wie im Falle Hamburgs: Obwohl es aufgrund seiner geographischen Lage und wegen seiner Handelsverbindungen zum Osten ein besonderes Interesse an der Wiedererlangung der deutschen Einheit hätte haben müssen, orientierte es sich an dem politisch Machbaren, das hieß: Schaffung einer auf Westdeutschland beschränkten Regierung, die die deutsche Handlungsfreiheit wiedererwerben würde und die deutschen Interessen im Ausland vertreten konnte. Diese Entscheidung dürfte Bremen im Unterschied zu Hamburg noch leichter gefallen sein insofern, als Bremen in seinen Handelsinteressen ohnehin von jeher westlich orientiert gewesen war. Auch Bremen hatte sich in seinem Selbstverständnis als Bindeglied zwischen Nord- und Süddeutschland ursprünglich besonders als Initiator einer Förderung gesamtdeutscher Interessen berufen gefühlt.

Die Verfechter des Föderalismus priesen die Vorteile dieses staatspolitischen Prinzips im quasi gesamtstaatlichen Interesse, doch verbarg sich dahinter der Versuch einer Maximierung des eigenen Einflusses auf die politisch-staatliche Entwicklung in Westdeutschland (Bayern). Die süddeutschen Föderalisten verknüpften mit dem föderalistischen Prinzip zudem das Ziel einer politischen Schwerpunktverlagerung nach dem deutschen Westen und Süden (Bayern, Rheinland-Pfalz). Von einer einheitlichen Stoßrichtung kann dennoch unter den föderalistisch orientierten Ländern im Süden und Südwesten nicht gesprochen werden[20]. Hauptrepräsentant des Föderalismus war und blieb Bayern. Der bayerischen Position am nähesten kam neben Rheinland-Pfalz das Land Baden, dessen Staatspräsident sich am Vorbild des eidgenössischen Föderalismus orientierte und sich als Anwalt der kleinen Länder innerhalb des staatlichen Gesamtgefüges verstand. Doch verfolgte Baden wiederum nicht so weitreichende Interessen wie der Freistaat. Der Regierungschef von Württemberg-Baden dagegen, der in der Tradition der alten bürgerlich-liberalen Bewegung stand, die sich stets als Vorkämpfer der deutschen Einheit verstanden hatte, unterstützte den Föderalismus mehr in seiner Funktion als staatliches Aufbauprinzip. Der Versuch des Aufbaus einer einheitlichen föderalistischen Front ist allenfalls auf parteipolitischer Ebene innerhalb der CDU in den Beratungen des „Ellwanger Freundeskreises" unternommen worden.

Die gesamtdeutsche Perspektive trat in der Diskussion um eine Ländergrenzenreform ebenfalls in den Vordergrund, wenn es galt, eigene Interessen zu verteidigen, sprich, den Status quo aufrechtzuerhalten (Hamburg, Bremen, Baden, Nordrhein-Westfalen, Rheinland-Pfalz, Bayern). Daß die Zurückstellung einer Reform im gesamt-

---

[20] Vgl. Foelz-Schroeter, Föderalistische Politik, S. 122.

deutschen Interesse lag, vermochten Nordrhein-Westfalen und Rheinland-Pfalz außerdem mit außenpolitischen Gefahren zu begründen (Isolierung der Pfalz und der Ruhr), obwohl mit dieser offiziellen Begründung zugleich massive (partei)politische (Eigen-) Interessen einhergingen (beides waren CDU-Länder, die in dieser parteipolitischen Konstellation bei anderer territorialer Zusammensetzung verlorengingen). Mit dem historisch begründeten Anspruch auf die Pfalz verband Bayern ein wirtschaftliches und machtpolitisches Eigeninteresse. Dieses wurde jedoch überlagert von dem vorrangigen Interesse, eine Schwächung des föderalistischen Lagers zu vermeiden. Hieraus resultierte die Bereitschaft zur Rücksichtnahme auf das Nachbarland Rheinland-Pfalz. Die Aufrechterhaltung des Status quo ließ sich in Anbetracht der französischen Territorialpolitik ebenfalls als im gesamtdeutschen Interesse liegend rechtfertigen. Der schleswig-holsteinische Ministerpräsident Lüdemann argumentierte übrigens ebenfalls gesamtdeutsch: Die Beseitigung der Notlage seines Landes liege schon deshalb im gesamtdeutschen Interesse, weil dadurch den nationalpolitischen Gefahren an der deutsch-dänischen Grenze wirksam entgegengetreten werden könne. Durch den Zusammenhang der Schleswig-Frage mit der Flüchtlingsfrage wurde auch eine gerechtere Verteilung der Flüchtlinge auf die übrigen westdeutschen Länder zu einer Aufgabe, die im gesamtdeutschen Interesse lag. Rheinland-Pfalz wiederum hat seinerseits die Rückführung deutscher Gebiete wie des Saarlandes, durch das es seine eigene territoriale Basis zu gegebener Zeit zu verbreitern hoffte, als eine gesamtdeutsche, nationalpolitische Aufgabe interpretiert. Selbst Länder, deren Interessen stark regionalpolitisch ausgerichtet waren, haben das gesamtdeutsche Interesse bemüht: So hat Württemberg-Baden das Ziel der Bildung des Südweststaates als im Sinne des Ganzen liegend begründet mit dem Argument, mit der Schaffung eines weiteren großen Landes einen Beitrag zu einem ausgewogeneren Föderalismus in Westdeutschland zu leisten oder durch dieses neue große Land französische Pläne konterkarieren zu können. Die Betonung der gesamtdeutschen Perspektive korrespondierte insofern auch hier mit einem ausgeprägten Regionalismus.

Die unterschiedlichen Beiträge der Länder zu den Entscheidungen im Juli 1948 resultierten also zu einem Gutteil aus unterschiedlich weitreichenden Interessen: Während einige Länder eine führende Rolle in der deutschen Politik anstrebten und sich deshalb frühzeitig eine unmittelbare Einflußnahme auf die künftige staatliche und politische Entwicklung zu sichern suchten (Nordrhein-Westfalen, Rheinland-Pfalz für die Länder der französischen Zone, besonders aber Bayern), haben sich andere auf rein regionale Interessen konzentriert (besonders die südwestdeutschen Länder). In der Wahrnehmung der Länderinteressen lassen sich dabei verschiedene Interessenkoalitionen beobachten, gewissermaßen eine Art „Arbeitsteilung": Bei der Vertretung der Länderrechte konnte Baden, ähnlich wie Rheinland-Pfalz, ruhig Bayern das Feld überlassen. Gleiches galt für die von Bayern verfochtene Überzeugung, daß die Bildung der Trizone Vorrang vor einer Ländergrenzenreform habe und daß letztere den Zusammenschluß keinesfalls verzögern dürfe. Auch hier engagierte sich Bayern wiederum gleichzeitig im Interesse Badens, das sich in den Beratungen wohlweislich zurückhielt, sowie von Rheinland-Pfalz, an dessen Aufrechterhaltung Bayern selbst sehr gelegen war, und schließlich Nordrhein-Westfalens – wobei die beiden letzteren für die Zurückstellung einer Reform zusätzliche Argumente in die Diskussion einzubringen hatten. Mit seiner Status-quo-Politik argumentierte Bayern aber auch im Interesse der

Hansestädte, obgleich sich andererseits zwischen Hamburg (das wiederum die Interessen Bremens mitvertrat) und Bayern in Koblenz die Gegensätze zwischen der föderalistischen und der zentralistischen Richtung am stärksten artikulierten. Die Gegenposition zu den Status-quo-Ländern hat Hermann Lüdemann eingenommen, am deutlichsten unterstützt von Christian Stock.

Daß gerade Bayern und Hamburg von Anfang an in den Beratungen der Ministerpräsidenten eine führende Rolle einnahmen, ist ihnen, wie dargelegt, aufgrund der landespolitischen Situation erleichtert oder auch nahegelegt worden: Beide besaßen, im Unterschied zu den meisten übrigen Ländern, klare Zielvorstellungen, die in Hamburg durch einen breiten Grundkonsens aller Parteien getragen wurden, deren Durchsetzung in Bayern an innenpolitische Rückwirkungen gekoppelt war. Beide steuerten den klarsten Kurs, zumal sich die Interessen dieser Länder mit den Dokumenten ohne weiteres in Einklang bringen ließen.

*Der Einfluß der Besatzungsmächte*

Die Haltung der westdeutschen Länder gegenüber den „Frankfurter Dokumenten" ist durch die Besatzungsmächte sowohl direkt als auch indirekt wesentlich mitbestimmt worden. Besonders augenfällig dokumentiert sich die Politik der Franzosen, deren (Ein)Wirkungen bis weit über die eigene Zone hinausreichten.

Schon die Präsenz der Besatzungsmächte als solche hat die Willensbildung der Länder geformt und ihre Interessenlage geprägt. In der französischen Zone war die Politik der drei Landesregierungen vor allem als ein Abwehrkampf gegen Maßnahmen der Besatzungsmacht zu charakterisieren und als ein Ringen um ihnen lediglich formal zugestandene Kompetenzen. In Württemberg-Hohenzollern und Baden führten die Auseinandersetzungen mit der Besatzungsmacht zum Rücktritt der Regierung. Im Interesse der Aufrechterhaltung ihrer Handlungsfähigkeit, gerade in Anbetracht der bevorstehenden Entscheidungen im Zusammenhang mit den „Frankfurter Dokumenten", haben beide Kabinette ihren Rücktritt immerhin bis zum Abschluß der wichtigsten Verhandlungen hinausgeschoben. Durch die Londoner Beschlüsse endlich fühlten sich die Landesregierungen in ihrer Position gegenüber der französischen Besatzungsmacht bestärkt, in der berechtigten Annahme, daß diese unter den veränderten Bedingungen zu einer „Neujustierung" ihrer Politik gezwungen sein würde. Die deutschen Vertreter „durften [...] die Überzeugung hegen, daß sie sich bei ihrer Konfrontation mit der Besatzungsmacht auf kein unkalkulierbares Risiko eingelassen hatten"[21]. Mit der Übergabe der „Frankfurter Dokumente" bestand somit erstmals Aussicht auf einen grundlegenden Wandel des Besatzungsregimes.

Anders lagen die Verhältnisse in der amerikanischen und der britischen Zone. Während sich ein partnerschaftliches Verhältnis zwischen Besatzungsmächten und Deutschen allgemein nur langsam durchsetzen konnte[22], dürfte dieses auf der Länderebene durch den persönlichen Umgang zwischen den örtlichen Militärgouverneuren und den Ministerpräsidenten vorbereitet, wenn nicht sogar in Ansätzen bereits verwirk-

---

[21] Henke, Politik der Widersprüche, S. 66; sehr ähnlich auch Willis, The French in Germany, S. 226; zur Situation der Landtage in der französischen Zone ebenda, S. 218 ff.
[22] Vgl. Schwarz, Vom Reich zur Bundesrepublik, S. 141 f.

licht worden sein. Die Leiter der örtlichen Militärregierungen brachten den Sorgen und Nöten der unter ihrer Aufsicht stehenden Länder in der Regel Verständnis entgegen, machten sich in einzelnen Fällen sogar die Förderung spezieller Anliegen zur persönlichen Aufgabe (Bremen). Das Beispiel Bremens zeigt überdies, daß politische und militärstrategische Interessen der Besatzungsmächte – wie in diesem Falle die Beibehaltung Bremens als Einfuhrhafen – anders als im Südwesten deutschen Interessen (Beibehaltung der Eigenstaatlichkeit) durchaus entgegenkommen konnten. Zwar dürfte ein gewisser Respekt vor der historischen Rolle und eigenstaatlichen Tradition des Stadtstaates mitgeholfen haben, daß sich die Vertreter der amerikanischen Besatzungsmacht Ziele bremischer Staatspolitik zu eigen machten, doch standen die eigenen Bedürfnisse im Vordergrund, die in diesem Falle mit deutschen Zielvorstellungen parallel liefen.

In der französischen Zone blieb dagegen die Hoffnung trügerisch, durch den betonten Willen zur Zusammenarbeit (Bock, Wohleb), der sogar als ein Beitrag zur Aussöhnung zwischen Deutschland und Frankreich begriffen wurde (Altmeier), ein substantielles Entgegenkommen der Besatzungsmacht bewirken zu können. Insbesondere in Südbaden, wo die Franzosen im Rahmen ihrer Territorialpolitik besondere Interessen verfolgten, waren diese nicht bereit, durch eine Lockerung des Besatzungsregimes Abstriche in ihrer Souveränität über deutsches Gebiet hinzunehmen. Obwohl die Militärregierung die Wiederherstellung des alten Landes Baden unterstützte und in diesem Sinne auf den Klerus und die badische CDU einzuwirken versuchte, versäumte sie es gleichzeitig, diese Lösung als Alternative zum Südweststaat attraktiver zu machen. In dieser Widersprüchlichkeit dürfte sie ihre eigenen Zielsetzungen konterkariert haben. Das Wissen um die im letzten noch immer nicht aufgegebenen französischen Pläne bestimmte auch die beiden Länder Rheinland-Pfalz und Nordrhein-Westfalen, sich jeglicher Veränderung ihres Gebietes durch eine Ländergrenzenreform zu widersetzen.

Insbesondere die französische Politik hat also in der deutschen Perzeption entscheidend dazu beigetragen, den Auftrag des Dokumentes Nr. II unausgeführt zu lassen. Sie hat auf der anderen Seite – in seltsamem Widerspruch hierzu – das Zustandekommen der einzigen Teilgebietsreform, die Bildung des Südweststaates, ungewollt begünstigt: Für die in der französischen Zone liegenden Teile dieses neuen Gesamtlandes war – neben anderen Motiven – die Entscheidung für den Zusammenschluß von dem Willen mitbestimmt, sich französischer Besatzungsherrschaft zu entziehen (Württemberg-Hohenzollern), auf seiten der in der amerikanischen Zone gelegenen Territorien von der Abneigung, französische „Rheinbundbestrebungen" noch länger indirekt unterstützen zu wollen (Nordbaden: Wende Köhlers!). Die Besatzungsmächte haben freilich die deutsche Entscheidung über das Dokument Nr. II schon prinzipiell stark beeinflußt, indem sie durch ihre Vorbehalte eine freie Disposition der Deutschen verhinderten und durch die Vorgaben des Dokumentes Nr. II Richtlinien erließen, die bei genauerer Betrachtung kaum miteinander vereinbar waren. Die Vermutung, daß die französische Besatzungsmacht mit einer ausgedehnten deutschen Neugliederungsdiskussion die Verwirklichung einer neuen politischen Ordnung in Westdeutschland zu verzögern hoffte, war ein weiteres Argument dafür, eine umfassende Neugliederung vorerst zurückzustellen (Bayern, Württemberg-Baden). Staatspräsident Wohleb wiederum hat die französische Interessenpolitik dazu benutzt, um in ihrem Schatten seine eigenen Pläne für ein eigenständiges Land Baden weiterzuverfolgen.

Die konsequente Unterstützung der Eigenstaatlichkeit war ein Punkt, in dem sich französische Interessen und Länderinteressen begegneten. Ihrem Prinzip eines „dissoziativen Föderalismus" entsprach die Förderung einer weitgehenden Unabhängigkeit der deutschen Länder voneinander und der Praktizierung einer Politik, die auch kleinen territorialen Einheiten Sonderrechte zubilligte (Sonderstatus der Pfalz in Rheinland-Pfalz oder die Stellung Hohenzollerns in Württemberg-Hohenzollern). Wie General Koenig selbst suchten Mitglieder der französischen Militärregierung vor allem Kontakt zu christdemokratischen Politikern, auch über ihre eigene Zone hinaus, um an die föderalistischen Grundströmungen der süddeutschen Länder, bei denen zumindest in den ersten beiden Jahren nach Kriegsende der Gedanke eines deutschen Staatenbundes vorherrschend war, anzuknüpfen. Sie haben dabei taktisch die gegebene Situation zu nutzen versucht, indem sie die Unterstützung des anfangs dominierenden Wunsches Württemberg-Hohenzollerns nach einer Wiederherstellung des früheren Gesamtlandes abhängig machten von dessen Bereitschaft, als unabhängiger Staat weiterzuexistieren. Sie haben sogar ein Junktim hergestellt zwischen der territorialen, der staatsrechtlichen (föderalistischen) und der Demontagefrage, indem sie andeuteten, daß ein selbständiges Fortbestehen der einzelnen Staaten (Württemberg, Baden) positive Auswirkungen auf die französische Demontagepolitik haben könnte (Württemberg-Hohenzollern). Außerhalb ihrer Zone haben die Franzosen naheliegenderweise vor allem Bayern besondere Aufmerksamkeit gewidmet. Als Ansatzpunkt für politische Einflußnahme bot sich hier die Pfalzfrage an, ähnlich wie der noch nicht definitiv geklärte Status von Lindau. Daß aber auch regionale Autonomiebewegungen in Bayern Unterstützung bei französischen Kreisen suchten, wurde von der bayerischen Landesregierung mit Argwohn beobachtet. In Baden wiederum besaß Frankreich durch die Problematik um die Stadt Kehl eine Art Faustpfand.

Die Nähe föderalistischer Vorstellungen in Süd- und Südwestdeutschland zu denen der französischen Besatzungsmacht (vor allem in Baden und Bayern) hat diese Länder allerdings nicht dazu verführt, die französische Verzögerungstaktik zu unterstützen; sie drängten vielmehr zur Beschleunigung der Bildung der Trizone. Die Betonung des föderalistischen Standpunkts war insofern auch als taktisches Mittel gedacht, den Franzosen den Anschluß ihrer Zone an die Bizone zu erleichtern. In Bayern führte die Übereinstimmung mit der französischen Haltung in der Föderalismusfrage dazu, die ohnehin komplementären Neigungen taktisch als ein Zugeständnis gegenüber den Franzosen verkaufen zu wollen, in der Hoffnung, sich dadurch französischer Unterstützung in der Pfalzfrage oder der Rückkehr Lindaus zu Bayern zu versichern. Solche Versuche, die französische Politik taktisch zum eigenen Vorteil zu nutzen, waren allerdings ein zwiespältiges Unterfangen. Dadurch, daß insbesondere in der staatsrechtlichen Frage in Süddeutschland eine große Affinität zu französischen Vorstellungen bestand, mußte sich Frankreich wiederum in seiner Position in den Londoner Verhandlungen bestärkt fühlen.

Vor dem Hintergrund des unterschwelligen Taktierens in den Ländern, das sich besonders gut bei der französischen Besatzungsmacht nachweisen läßt, hat deshalb die „Konvergenz westalliierter und westdeutscher Bestrebungen"[23] in der Behandlung der

---

[23] Ders., Die außenpolitischen Grundlagen, S. 28.

„Frankfurter Dokumente" eine gewisse Zweischneidigkeit angenommen: Die Sorge der Deutschen um die Einheit ihres Landes und das daraus resultierende Zögern in der Entscheidung für eine staatliche Organisation der Westzonen korrespondierten mit der französischen Skepsis gegenüber einem neuen deutschen Staat. Französische Besatzungsoffiziere und nicht zuletzt General Koenig selbst haben unter Anspielung auf die deutsche Teilung und unter Hinweis auf eine mögliche Kriegsgefahr die deutsche Skepsis gegenüber dem westalliierten Angebot zur Gründung eines westdeutschen Staates bestärkt. Sie haben noch einen Tag vor der Frankfurter Konferenz vom 1. Juli dazu geraten, von der Bildung eines westdeutschen Staates abzusehen. Sie haben den Provisoriumsgedanken nachdrücklich unterstützt und die Idee propagiert, die Tür für eine gesamtdeutsche Lösung offenzuhalten, besonders da die künftige Entwicklung nicht mit Sicherheit voraussehbar sei, und damit an die deutsche Unsicherheit angesichts der internationalen Lage und die deutsche Gewissensnot angeknüpft.

Schon der Tatsache, daß die französische Militärregierung den Rittersturz als Tagungsort der Ministerpräsidenten zur Verfügung stellte, lag die Intention zugrunde, den Vertretern des Landes Rheinland-Pfalz, das sich als Vorposten des Föderalismus in der französischen Zone begriff und dessen Aufrechterhaltung als Land ebenfalls im französischen Interesse lag, besonderen Einfluß auf die Beratungen einzuräumen. Auch die Beratung der Dokumente selbst war massiven Beeinflussungsversuchen ausgesetzt, wie die Quellen besonders für Bayern und Württemberg-Hohenzollern belegen. Eindeutig nachweisbar sind Versuche, die Vertreter der französischen Zone von den verschiedenen Konferenzen (so schon von der ersten Frankfurter Konferenz und der Zusammenkunft der Ministerpräsidenten am 15./16. Juli) fernzuhalten. Außerdem wurde verschiedentlich betont, daß keine Notwendigkeit bestehe, die Dokumente anzunehmen, und statt dessen vielmehr zur Ausarbeitung von Gegenvorschlägen ermuntert, da es sich lediglich um Empfehlungen, eine Art Arbeitsgrundlage für weitere Verhandlungen, handele. Den Deutschen, so wurde gesagt, stehe eine freie Entscheidung zu. Im Hinblick auf die Reaktion General Clays auf die Koblenzer Beschlüsse hat die französische Militärregierung in Rheinland-Pfalz dem Ministerpräsidenten nahegelegt, auf den Koblenzer Entscheidungen bestehenzubleiben. Noch kurz vor der Konferenz vom 20. Juli gab die französische Seite zu verstehen, daß man keinen Druck ausüben werde, die Koblenzer Beschlüsse zu revidieren. Die Ministerpräsidenten sollten in völliger Freiheit die Verantwortung übernehmen können. Bestärkt wurden die Deutschen übrigens auch darin, das Besatzungsstatut vor der Ausarbeitung der Verfassung zu verlangen. Ebenfalls unmittelbar vor der zweiten Frankfurter Konferenz hat die französische Militärregierung in privaten Gesprächen mit „ihren" Ministerpräsidenten signalisiert, daß General Koenig unter allen Umständen entschlossen sei, das Besatzungsstatut vor der Ausarbeitung der Verfassung zu erlassen. Dieses werde, so hieß es, derartige Beschränkungen bringen, daß unter diesen Bedingungen nur an die Ausarbeitung eines Verwaltungsstatuts anstelle einer Verfassung zu denken sei.

Damit sind die verschiedenen Überlegungen taktischer Art, die die Ministerpräsidenten bei ihren Koblenzer Beratungen bestimmt haben dürften, ihnen ebenfalls von französischer Seite nahegelegt worden: Den Gedanken, durch die Ausarbeitung von Gegenvorschlägen Zeit zu gewinnen, und, wenn schon Entscheidungen zu treffen waren, dann nur vorläufige zu fällen, hatte General Koenig dem bayerischen Ministerpräsidenten Ehard gegenüber ins Spiel gebracht. Mit dem Hinweis auf die fehlende deutsche Souveränität die Ausarbeitung einer Verfassung umgehen zu wollen, also ein weiteres Argument für die Provisoriumslösung zu gewinnen, lag genau im französischen Interesse. Aus den „Londoner Empfehlungen" sozusagen „das Beste" machen zu wollen, war fatalerweise eine parallele Zielsetzung beider Seiten.

Aber auch die Amerikaner hatten zuerst dem Eindruck, daß die Deutschen durchaus einen Verhandlungsspielraum besäßen, nicht gerade entgegengewirkt. Doch schon unter dem Eindruck der Vorkonferenzen der Parteien legten Mitglieder der Militärregierung den Deutschen in privaten Gesprächen nahe, die Dokumente anzunehmen. Nach der Begegnung vom 14. Juli erhielten deutsche Vertreter zwar die Information, daß die bittere Reaktion auf die Koblenzer Beschlüsse sich innerhalb der amerikanischen Militäradministration auf General Clay beschränkt habe, doch war dies angesichts seiner führenden Rolle keineswegs ohne Bedeutung. Clay als Repräsentant der führenden westlichen Macht hatte sich nach den Koblenzer Beschlüssen am kompromißlosesten gezeigt. Nach dem Abschluß der Koblenzer Konferenz wurden die Berater der amerikanischen Militärregierung beauftragt, die Deutschen „zu bearbeiten". Auch auf Länderebene versuchten Mitglieder der Militärregierung, „ihren" Ministerpräsidenten die von den Vereinigten Staaten in London verfolgte Konzeption und die darin vorgesehene Rolle der Deutschen verständlich und begreiflich zu machen und ebenso die Tatsache, daß es, schon wegen der französischen Haltung, keine realistische Alternative zur Annahme der Dokumente gebe. Schon am Tag nach dem 14. Juli, an dem General Clay seinen Unmut über die Koblenzer Beschlüsse offen zum Ausdruck gebracht hatte, kam es zu weiteren Gesprächen. Unter den beteiligten Vertretern der Parteien ergab sich bei den Besprechungen gleichwohl der Eindruck, daß die Amerikaner vielleicht doch zum Nachgeben bereit sein würden. Das Vorschicken der Verbindungsoffiziere schien darauf hinzudeuten, daß auch ihnen an einer Lösung gelegen war[24].

Was die Haltung der britischen Besatzungsmacht anbetrifft, so konnte Willi Brandt vor der Übergabe der „Frankfurter Dokumente" aus Berlin an den Parteivorstand eine Äußerung seines britischen Gesprächspartners weitergeben, wonach in den Londoner Verhandlungen „die englische Delegation fast in allen Streitfragen den von der SPD vertretenen Standpunkt angenommen hätte und daß die hiesige englische Vertretung auch im letzten Stadium der Verhandlungen sich betont kritisch geäußert hätte. Bevin sei mit dem Kompromiß keineswegs zufrieden"[25]. Daraus schien zu ersehen sein, daß möglicherweise auch die Briten zu einer Kursänderung bereit sein würden. Bei den Briten schien durchaus Neigung vorhanden gewesen zu sein, auf der Basis der Koblenzer Beschlüsse zu einem Kompromiß zu finden. Von den Militärgouverneuren hat General Robertson am moderatesten auf die Koblenzer Beschlüsse reagiert. Er hat deutschen Vertretern gegenüber vor allem Gesprächsbereitschaft signalisiert, um auch von alliierter Seite den Verhandlungsweg offenzuhalten.

---

[24] HStAS, EA 1/3, Nr. 545, Dpd-Information vom 15.7.1948; vgl. auch Benz, Grundgesetz der Alliierten, S. 14.
[25] AdsD, PV Bestand Schumacher, J 79 I, Bericht Brandts an den Parteivorstand, Nr. 57, vom 9.6.1948.

## 2. Motive und Argumente

*Verfassungsfrage*

Der stärkste Druck für die Ministerpräsidenten, in ihren Beratungen zu einem Ergebnis zu kommen, ging von Dokument Nr. I aus. Dabei waren die Schwierigkeiten in der Behandlung der Verfassungsproblematik durch den Text des Dokumentes praktisch schon vorprogrammiert: Indem dieses festlegte, daß die von den Ministerpräsidenten einzuberufende Verfassunggebende Versammlung „eine Regierungsform des föderalistischen Typs" zu schaffen habe, die einerseits „am besten geeignet" sei, „die gegenwärtig zerrissene deutsche Einheit schließlich wieder herzustellen", andererseits „die Rechte der beteiligten Länder" schütze und dabei eine „angemessene Zentralinstanz" schaffe, gab es verbindliche Richtlinien vor, die sowohl an das deutsche Kernproblem der Teilung rührten als auch in ihrer allgemeinen Formulierung weiten Interpretationsspielraum offenzulassen schienen, was den Grad an föderalistischer Ausgestaltung des neuen Staatswesens anbetraf. Die Londoner Mächte, die sich über diese Fragen im Detail nicht hatten einigen können, reichten damit die Entscheidung an die deutschen Ministerpräsidenten weiter. Dies verriet eine Fehleinschätzung der innerdeutschen Situation, die die Konsensbildung unter den Ministerpräsidenten nicht minder problematisch machen sollte[26]: 1. Das Ziel, die „gegenwärtig zerrissene deutsche Einheit schließlich wieder herzustellen", war das politisch schwerwiegendste Problem, dem sich nun die Ministerpräsidenten zu stellen hatten. 2. Der Auftrag, eine Regierungsform zu schaffen, die sowohl die Rechte der Länder sicherte als auch eine „angemessene" Zentralinstanz vorsah, beschwor nicht nur in der Frage der Ausgestaltung der künftigen politischen Ordnung den alten Gegensatz zwischen Unitarismus/Zentralismus und Föderalismus wieder herauf, der die deutsche Geschichte ständig begleitet hatte[27], sondern führte mehr noch dazu, daß beide Richtungen sich mit gleicher Berechtigung auf den Inhalt des Dokumentes berufen konnten.

Darüber, daß die deutsche Einheit zum Zeitpunkt der Übergabe der Dokumente tatsächlich zerrissen war, dürfte sich kaum einer der Ministerpräsidenten Illusionen gemacht haben. Was übrigblieb, war das Zögern, aus dieser Tatsache praktische Schlußfolgerungen zu ziehen. Einige der Ministerpräsidenten vertraten die Auffassung, daß die Frage der deutschen Teilung auf einer ganz anderen Basis entschieden werde – nämlich auf der internationalen, der Ebene der Siegermächte, auf die die Deutschen ohnehin keinen Einfluß hatten (so besonders Gebhard Müller); für sie kam es darauf an, mit der Begründung eines soliden, funktionsfähigen Staatswesens in den Westzonen einen Anfang zu machen, um die wirtschaftliche Konsolidierung voranzutreiben, eine wirksame deutsche Interessenvertretung zu erhalten und auf diese Art schrittweise die deutsche Souveränität zurückzugewinnen (Arnold: gesamtdeutsche Regierung im We-

---

[26] In dieser Hinsicht ist der Feststellung bei Pikart, Auf dem Weg zum Grundgesetz, S. 167, nicht unbedingt zuzustimmen, daß die „mangelnde Präzision und Koordinierung der Föderalismus-Vorstellungen der westlichen Siegermächte [...] der amerikanischen wie der deutschen Seite nicht zum Nachteil ausschlagen" sollte.
[27] Dazu Deuerlein, Die historischen und philosophischen Grundlagen.

sten; Ehard, Stock, Brauer, Maier, Kaisen, Müller). Insgesamt aber fürchteten sie die historische Tragweite dieser Entscheidung, von der, wie Carlo Schmid in Rüdesheim klarzumachen versucht hatte, keineswegs mit Sicherheit angenommen werden konnte, daß sie auch tatsächlich geeignet war, die deutsche Einheit wiederherzustellen. Nach der Konzeption Schmids sollte deshalb – das schien der Ausweg aus diesem Dilemma – nur ein Minimum an Staat geschaffen werden, ein Regime, das sich unter der Verantwortung der Besatzungsmächte selbst verwalten konnte. Die Hypothek der Fremdbestimmung (nicht nur durch die Tatsache der Besetzung als solcher, sondern durch Maßnahmen wie die alliierte Kontrolle der Ruhrindustrie und des deutschen Außenhandels, fehlende Möglichkeiten einer eigenen deutschen Außenpolitik, Kontrolle des Außenhandels, Erlaß eines Besatzungsstatuts) schloß es aus der Sicht Schmids aus, von Staat und Regierung zu sprechen. Der pragmatischen Überzeugung, die von CDU- wie SPD-Ministerpräsidenten gleichermaßen geteilt wurde, daß der wirtschaftliche Wiederaufbau nur in Anlehnung an den Westen und mit dessen Hilfe möglich sein würde, stand also die prinzipielle staats- oder völkerrechtliche Betrachtungsweise Carlo Schmids gegenüber. Die Sorge um die vierte Zone und Berlin führte die Ministerpräsidenten dazu, die Konzeption Schmids zunächst im Prinzip zu unterstützen. Mit Recht bewertet Johannes Volker Wagner das Ergebnis der Koblenzer Konferenz als „einen ersten Versuch der westdeutschen politischen Entscheidungsträger [...], über die Konstruktion eines staatlichen und verfassungsrechtlichen Provisoriums die angebotene Kompetenzerweiterung und die administrativ-wirtschaftliche Zusammenführung der drei Zonen zu erreichen, ohne dabei eine definitive Festlegung auf eine westdeutsche Staatsgründung hinnehmen und die Festschreibung der deutschen Teilung vollziehen zu müssen"[28]. Mit der Ablehnung der Koblenzer Beschlüsse durch die Westmächte aber sollte auch der Versuch scheitern, die Verantwortung den Westalliierten zuzuschieben.

Was nun die inhaltliche Ausgestaltung dieser neuen politischen Ordnung anbetraf, fühlte sich das föderalistische Lager durch die Vorgaben des Dokumentes Nr. I in seiner Auffassung bestärkt, daß die historische Gelegenheit gegeben sei, föderalistischen Prinzipien maßgebliche Geltung zu verschaffen. Zusätzlich dadurch, daß die Militärgouverneure die „Frankfurter Dokumente" an die Adresse der Ministerpräsidenten gerichtet hatten, sahen vor allem die süddeutschen Föderalisten, angeführt von Bayern als Vorkämpfer der Länderrechte, die Stunde gekommen, den Ländern entscheidenden Einfluß sowohl bei der Entstehung als auch beim Aufbau der neuen staatlichen Konstruktion zu verschaffen. Das Frankfurter Dokument Nr. I schien insoweit föderalistischen Vorstellungen zu entsprechen, wonach die neue deutsche Staatlichkeit aus den Ländern entstehen sollte, die eigene, originäre Staatsgewalt besaßen. Für diese Aufgabe besaßen die Länder nach 1945 eine günstige Ausgangsposition. Der Aufbau des politischen Lebens von unten nach oben, das heißt das Wiedererstehen von Ländern vor der Zentralgewalt, hatte die Länder zur Keimzelle neuer deutscher Staatlichkeit gemacht und zugleich das Neuaufleben des Regionalismus begünstigt. Insbesondere in der amerikanisch besetzten Zone hatte sich der politische Aufbau nach föderalistischen Grundsätzen vollzogen. General Clay selbst galt als ein Garant föderalistischer

---

[28] Parl. Rat, Bd. 1, Einleitung, S. XL; auch Wiesemann, Gründung des deutschen Weststaats, S. 125, interpretiert die Koblenzer Beschlüsse als „Ausweichversuch".

Interessen; der Länderrat der amerikanischen Zone besaß Vorbildcharakter für einen späteren gesamtstaatlichen Zusammenschluß. Auch die französische Besatzungsmacht hatte, wenn auch aus anderen Motiven, den Eigenstaatlichkeitsgedanken gefördert. Die zentralistischere Staatsauffassung der Länder der britischen Zone nach der preußisch-deutschen Tradition korrespondierte mit dem nach gleichen Prinzipien vorgenommenen Aufbau der Zone durch die Briten. Hatte 1848 die Frankfurter Nationalversammlung die Gunst der Stunde, das hieß den Zustand der Schwäche der Länder, durch rasche Entscheidungen für die Schöpfung eines Nationalstaates zu nutzen versucht[29], ging es aus der Sicht der Föderalisten 1948, genau hundert Jahre später, umgekehrt darum, an die den Ländern von den Besatzungsmächten nach 1945 zugeschriebene führende Rolle im Interesse eines föderalistischen Neuaufbaus anzuknüpfen.

Historisch rekurrierten Länder wie Bayern und Südbaden in ihrer Argumentation auf die Zeit des Rheinbundes, in der die deutschen Länder ihre eigenstaatliche Existenz gefunden und seither bewahrt hatten. In jener Zeit hatte sich das „Modell" einer deutschen Gesamtstaatlichkeit auf der Basis der Eigenstaatlichkeit der Länder herausgebildet, „einer Föderation der deutschen Territorien auf der Grundlage der partikularen Staatshoheit", die „im Deutschen Bund von 1815 für ein halbes Jahrhundert zur Verfassungsform der deutschen Nation" geworden war[30]. Diesem Staatsverständnis zufolge galt die Weimarer Zeit als eine eher unglückliche Epoche. Dieses System war nicht zuletzt durch die ungenügende Berücksichtigung föderalistischer Prinzipien zum Scheitern verurteilt gewesen und hatte geradezu zwangsläufig in den zentralistischen Machtstaat der nationalsozialistischen Zeit einmünden müssen. Besonders aus süddeutscher Sicht wurden die Niederlage des Reiches und das Ende Preußens deshalb als ein „Vorgang eigener Befreiung" aufgefaßt[31].

Um nun den föderalistischen Prinzipien wieder zum Durchbruch zu verhelfen, waren die Fragen des Zustandekommens des neuen Staatsgebildes, seiner Verfassung und deren inhaltliche Ausgestaltung die entscheidenden Fragen schlechthin, bei deren Lösung die Länder ausschlaggebend beteiligt sein mußten. Dabei galt es, von vornherein jegliche zentralistische Entwicklung auszuschließen, wie sie zu drohen schien, wenn man die Ausarbeitung der Verfassung einer allgemein gewählten Nationalversammlung überließ. Verhindert werden mußte auch jeglicher Versuch, an die Institution des Frankfurter Wirtschaftsrates als einer Übergangsregelung bis zum Zustandekommen der verfassungsmäßigen Organe anzuknüpfen. Wie stark der Argwohn gegenüber einer zentralistischen Entwicklung war, zeigen Überlegungen in Rheinland-Pfalz: Nicht einmal eine indirekte Wahl der Mitglieder zur Verfassunggebenden Versammlung schien ausreichend, um zentralistischen Tendenzen vorzubeugen. Wie vor allem Bayern ebenfalls forderte, mußte auch den Ministerpräsidenten bei der Ausarbeitung der Verfassung ein zumindest konsultatives Mitwirkungsrecht eingeräumt werden. Justizminister Süsterhenn hatte der Militärregierung nahezubringen versucht, daß die Festschreibung einer föderalistischen Ordnung allein nicht genüge, eher noch als Diktat wirke. Entscheidend sei vielmehr, von vornherein die Mitwirkung der Landesregierungen sicherzustellen.

---

[29] Schieder, Vom Deutschen Bund zum Deutschen Reich, S. 89.
[30] Huber, Deutsche Verfassungsgeschichte seit 1789, Bd. I, S. 86.
[31] Pikart, Auf dem Weg zum Grundgesetz, S. 164.

Modelle für das Zustandekommen von Verfassungen lieferte wiederum die Entstehungsgeschichte der Länder. Für die Einsetzung einer vorläufigen Regierung durch die Besatzungsmacht gab es ebenso Vorbilder (französische Zone) wie für eine auf Anordnung der Besatzungsmacht von den Ministerpräsidenten zu berufende Verfassungskommission zur Vorbereitung der Arbeit einer volksgewählten Verfassunggebenden Versammlung (Hessen). Denkbar war aber auch, ein parlamentarisches Gremium mit Regierungsfunktionen auszustatten. Die Bildung einer „Zonenvertretung", allgemein gewählt, gleichzeitig ausgestattet mit dem Gesetzgebungsrecht, welche die Exekutive zu bestellen habe, hatte Staatspräsident Bock vorgeschlagen (Vorbild die Beratende Landesversammlung in Württemberg-Hohenzollern). Eine Rolle spielte auch hier die Erinnerung an die Anfänge der Weimarer Republik: Damals hatten die Siegermächte mit einer provisorischen deutschen Regierung einen Friedensvertrag abgeschlossen. 1945 aber fehlte jede einheitliche deutsche Vertretung. In der Frage, ob den Besatzungsmächten zunächst eine vorläufige Regierung als Verhandlungspartner gegenüberzustellen sei, waren in Koblenz verschiedene Konzeptionen ventiliert worden: Eine Möglichkeit war, den Ministerpräsidenten bis zum Zustandekommen der verfassungsmäßigen Organe treuhänderische Regierungsfunktionen zu übertragen (Ehard, Lüdemann, Altmeier/Süsterhenn). Der Gedanke, den Ministerpräsidenten als Gremium die vorläufige Interessenvertretung des deutschen Volkes zu übertragen, wurde besonders von den Ländern der französischen Zone unterstützt, da diese die neugewonnene Einheit der drei Westzonen nicht wieder verlieren, sondern möglichst sofort institutionalisieren wollten, aber auch von Bayern, Bremen, Württemberg-Baden, Nordrhein-Westfalen, Hessen und Schleswig-Holstein. Die Einsetzung der Konferenz der Ministerpräsidenten als „Exekutivorgan" durch die Militärgouverneure im Sinne einer Übergangslösung, welches zusammen mit einer parlamentarischen Instanz die Verfassung ausarbeiten sollte, hatte der nordrhein-westfälische Ministerpräsident Arnold ursprünglich erwogen.

Die Entscheidung der Ministerpräsidenten, sich als permanentes Organ zu konstituieren, war ein wesentlicher Erfolg für die föderalistische Position. Nicht durchsetzen ließ sich in den Verhandlungen allerdings die hauptsächlich von Bayern verfolgte Intention, die Ministerpräsidenten selbst mit der Ausarbeitung der Verfassung zu betrauen. Nicht weiter aufgegriffen wurde auch der Vorschlag Süsterhenns, die Verfassung gemeinsam von den Ministerpräsidenten und einem parlamentarischen Beirat ausarbeiten zu lassen. Der Wille, ausdrücklich kein Regierungsorgan, sondern nur etwas Provisorisches zu schaffen, ließ die Ministerpräsidenten jedoch nach anderen Lösungen suchen. Hier nun hatte der Föderalismus – neben seiner empfehlenswerten außenpolitischen Dimension (Zeichen der bewußten Abkehr vom zentralistischen Machtstaat) – beachtliche Vorzüge anzubieten: Der Weg über die Länder schien am besten geeignet, den Charakter des Provisoriums zu unterstreichen. Indirekte Wahlen zu einem in seinen Funktionen eng begrenzten parlamentarischen Gremium, dem Parlamentarischen Rat, erleichterten es überdies, den Beitritt des Ostens offenzuhalten. Hinzu traten noch weitere Erwägungen, die für indirekte Wahlen sprachen: 1. indirekte Wahlen waren ein einfaches und schnelles Verfahren, das dennoch nicht gänzlich (wie Bayern argumentierte) der demokratischen Untermauerung entbehrte, 2. sie umschifften die Gefahr einer kommunistischen Einflußnahme oder nationalistischer Entgleisungen, 3. sie beugten der Möglichkeit eines negativen Ausgangs direkter Wahlen angesichts der labilen Haltung in der Bevölkerung vor; die Gefahr einer stimmungsmäßigen Rückwirkung der allgemeinen Lage hätte allgemeinen Wahlen dagegen einen gewissen Charakter der Unberechenbarkeit verliehen. Schon deshalb sollte man eine politische Beunruhigung durch Wahlkämpfe vermeiden; 4. den Dokumenten zufolge war ohnehin mit einer Reihe von Volksabstimmungen zu rechnen. 5. Eine Häufung von Wahlen führte zu Wahlmüdigkeit, die sich neben Fernbleiben in Radikalisierung äußern könnte.

Neben solchen politischen Erwägungen gab es noch rein praktische Gründe, indirekte Wahlen einer allgemeinen Volkswahl vorzuziehen; nämlich zum einen den Zeitfaktor, das heißt die vor allem von der französischen Zone betonte Notwendigkeit, möglichst rasch zu einer einheitlichen, regierungsähnlichen Vertretung für die Westzonen zu kommen, zum anderen die Tatsache, daß die in den Dokumenten vorgegebene Zeitspanne für die Abhaltung allgemeiner Wahlen zu kurz war. Hinzu kam die Kostenersparnis in Anbetracht der angespannten Finanzlage der Parteien und schließlich das Argument, daß das Volk selbst durch die täglichen Sorgen der Existenzerhaltung in einem Maße in Anspruch genommen sei, die ihm wenig Zeit und auch wenig Interesse an direkter politischer Mitwirkung lasse (Heuß).

Das Mittel, föderalistischen Tendenzen entgegenzuwirken, war für die zentralistische Richtung das Beharren auf dem Prinzip der Volkssouveränität. Aus diesem ließ sich das Recht der Alleinzuständigkeit der Verfassunggebenden Versammlung, nicht nur für die Ausarbeitung der Verfassung, sondern auch für die Durchführung der Ländergrenzenreform, ableiten. Indirekte Wahlen besaßen aus dieser Sicht, darauf wies der Hamburger Bürgermeister Brauer, der in Koblenz an allgemeinen Wahlen festzuhalten versucht hatte, hin, das entscheidende Manko einer mangelnden Autorität und fehlenden demokratischen Untermauerung.

Als Synthese im Widerstreit zwischen der „föderal-gouvernementalistischen" und der „unitarisch-parlamentaristischen" Anschauung[32] bot sich der Aufbau eines ausdrücklich als Provisorium deklarierten westdeutschen Staatswesens an: Das Zustandekommen der Verfassunggebenden Versammlung durch indirekte Wahlen wie auch deren Ratifizierung durch die Länder wurden zu Attributen, die die Vorläufigkeit dieser Lösung augenfällig dokumentieren sollten. Föderalistische Interessen gingen somit einen Bund ein mit einem gesamtdeutschen Interesse – das Offenhalten der deutschen Frage durch eine provisorische Lösung für die Westzonen –, in dem die unterschiedlichen Ansatzpunkte zu neuer Staatlichkeit übereingebracht werden konnten. Dieses Konzept, durch das die Eigeninteressen der Föderalisten in eine dem deutschen Gesamtinteresse dienliche Form gekleidet werden konnten, war auch für die Länder, die demokratische Volkswahlen für unbedingt erforderlich hielten, akzeptabel, weil schließlich das künftige Parlament aus allgemeinen Wahlen hervorgehen würde und somit eine, sozusagen nachträgliche, Legitimation durch das Volk gegeben war.

Die Terminologie für die Bezeichnung der Institutionen dieses westdeutschen Provisoriums ist im übrigen so ungebräuchlich, wie Reinhold Maier in seinen Erinnerungen schreibt[33], nicht gewesen: Das Vorbild für den „Parlamentarischen Rat" dürfte bei der Einrichtung des, ebenfalls indirekt gewählten, Parlamentarischen Rates beim Länder-

---

[32] Benz, Föderalistische Politik, S. 776.
[33] Maier, Erinnerungen, S. 62.

rat des Vereinigten Wirtschaftsgebietes zu suchen gewesen sein[34]. So fremd war auch der Begriff „Grundgesetz" nicht: Clemens von Brentano benutzte ihn in einem Referat auf der Tagung des „Ellwanger Freundeskreises" am 22./23. November 1947[35]; dem Landtag von Nordrhein-Westfalen lag am 23. Januar 1947 der Entwurf für ein „Landesgrundgesetz" vor; die vorläufige Verfassung Schleswig-Holsteins wurde als ein die politische Wirklichkeit umschreibendes „Staats-Grundgesetz" begriffen; als Vorlage für die niedersächsische Landesverfassung brachte die DP am 9. Dezember 1947 den Entwurf eines „Niedersächsischen Staatsgrundgesetzes" ein; der Begriff fiel ebenfalls bei den Beratungen des Verfassungsausschusses der Gemischten Kommission in Rheinland-Pfalz[36]; schließlich wurde die französische Verordnung Nr. 95 vom 9. Juni 1947 von der Besatzungsmacht selbst als „vorläufiges Grundgesetz" für die Zone bezeichnet[37]; für Hessen erließ die von der Besatzungsmacht eingesetzte vorläufige Regierung ein „Staatsgrundgesetz"; Hermann Brill hatte als provisorische Lösung für die Westzone die Ausarbeitung eines „Vorläufigen deutschen Staatsgrundgesetzes" vorgeschlagen.

Das Provisoriumskonzept half also, föderalistische Interessen zu wahren beziehungsweise durchzusetzen, jedoch auch noch zusätzlich, dem eigenen Interesse abträgliche Entwicklungen auszuschalten: Neben dem Argwohn gegenüber einer zentralistischen Entwicklung war es in Bayern und Baden das Eigeninteresse einer Aufrechterhaltung des politischen Status quo auf Landesebene mittels indirekter Wahlen, wodurch die Gefahr eines Verlustes der Mehrheit der Regierungspartei umschifft werden konnte. Parteipolitisch gesehen haben indirekte Wahlen also die CDU begünstigt. Ausschlaggebend war für die Sozialdemokraten insofern, daß die künftigen Bundesorgane aus allgemeinen Wahlen hervorgingen, zumal sie damit die Hoffnung verbanden, die erste bundesdeutsche Regierung stellen zu können.

Nicht nur aus einheitspolitischen Gründen (Maier), sondern auch aus taktischen Gesichtspunkten war umgekehrt mancher „Zentralist" zu Zugeständnissen an den Föderalismus bereit: Bei den norddeutschen Ländern dürfte damit die Intention verbunden gewesen sein, dieses Zugeständnisses die Unterstützung der süddeutschen für eigene Zielsetzungen zu gewinnen. Doch auch die Föderalisten ihrerseits taktierten, um Stimmen für das eigene Lager zu sammeln: Das Kalkül Bayerns, durch das Eintreten für die eigenständige Existenz der Hansestädte das föderalistische Element innerhalb der SPD zu stärken, hat sich zumindest im Falle Bremens als durchaus realistisch erwiesen. Je föderalistischer dieses System ausgestaltet sein würde – und hier zeigt sich der unmittelbare Zusammenhang zwischen der Föderalismus- und der Ländergrenzenfrage –, desto berechtigter erschien die Forderung nach der Aufrechterhaltung der Eigenstaatlichkeit der Hansestädte und der damit verbundene Wunsch, eigene Zuständigkeiten zu behalten beziehungsweise weitere übernehmen zu können. Aus bremischer Sicht sprach, gerade im eigenen Interesse, eine ganze Menge für ein föderalistisches System. Allerdings hat die Rede Reuters in Rüdesheim auch bei Wilhelm Kaisen ein Umdenken bewirkt insofern, als er sich daraufhin (ähnlich wie Reinhold Maier) ausdrücklich

---

[34] Vgl. Morsey, Entscheidung für den Westen, S. 15, Anm. 78.
[35] Benz, Föderalistische Politik, S. 793.
[36] Vgl. Mohr, Entstehung der Verfassung für Rheinland-Pfalz, S. 64.
[37] Vgl. Parl. Rat, Bd. 1, S. 82, Anm. 36.

für einen starkes Staatsgebilde aussprach, dem im Grunde ein Föderalismus süddeutscher Prägung im Wege stand.

Auch die Entscheidung, im Rahmen der Provisoriumslösung auf eine Volksabstimmung zu verzichten, wirkte faktisch als weiteres Zugeständnis an die Föderalisten, denn nun fiel den Ländern auch die Aufgabe der Ratifizierung des Grundgesetzes zu. Dieses Verfahren, in der Regel sogar verbunden mit Neuwahlen zum Parlament, besaß ebenfalls Vorbilder in der Entstehung der Landesverfassungen. Nicht wenige der Ministerpräsidenten wären deshalb auch bereit gewesen, den Weg einer Volksabstimmung in den einzelnen Ländern zu gehen, und sei es in Verbindung mit den Wahlen zum Parlament, namentlich zumindest Brauer, Ehard, Maier, Kaisen, Stock und Altmeier (beziehungsweise Süsterhenn)[38]. Vor dem Hintergrund des Widerstreites zwischen dem föderalistischen und dem zentralistischen Prinzip besaß wiederum der von der französische Zone dringend erhoffte und von den Ländern der Bizone vorbehaltlos unterstützte Wunsch, mit dem Vereinigten Wirtschaftsgebiet zusammengeschlossen zu werden, seine eigene Bedeutung: Der Anschluß der französischen Zone bedeutete eine deutliche Verstärkung der föderalistischen Komponente. Besonders Rheinland-Pfalz nahm hier eine Führungsposition ein und war daran interessiert, möglichst frühzeitig an den trizonalen Verhandlungen und dem westdeutschen Neuaufbau beteiligt zu sein.

*Ländergrenzenreform*

Der Anstoß zu einer Neuordnung der Ländergrenzen kam 1948 wiederum, wie zuvor schon in der deutschen Geschichte, von außen. Beginnend mit dem Reichsdeputations-Hauptschluß von 1803 ist die territoriale Gestalt Deutschlands insgesamt fünfmal korrigiert worden. Auch nach dem Zweiten Weltkrieg waren es auswärtige Mächte, die die deutsche Landkarte entscheidend veränderten. Gemeinsam war allen diesen Umgestaltungen, daß sie die Folge oder das Ergebnis kriegerischer Auseinandersetzungen waren. Hatte die Beseitigung der territorialen Zersplitterung in Deutschland bis 1918 eine Konstellation geschaffen, in der nach dem Ende der Fürstenherrschaft erstmals eine zweckorientierte Neugliederung des Reiches möglich geworden war, beseitigten die Besatzungsmächte nach 1945 noch das letzte Hindernis, das einer sinnvollen Ländereinteilung bis dahin im Wege stand: Preußen. Die Existenz des übermächtigen preußischen Staates, der für eine extrem ungleichgewichtige Länderordnung hauptverantwortlich und schon 1848 ein „nicht überwindbares Hindernis für die Verwirklichung des Bundesstaates" gewesen war[39], hatte auch in der Neugliederungsdebatte der Weimarer Zeit die entscheidende Rolle gespielt[40]. Seine Auflösung war damals zwar diskutiert worden, aber letztlich an innerdeutschen Widerständen gescheitert.

Anstelle des hegemonialen Preußen verfügten die Briten 1946 die Bildung neuer Länder in ihrer Zone. Besonders die Entstehung Niedersachsens bedeutete dabei in Nordwestdeutschland eine Überwindung der „bisherige[n] Gemengelage größerer

---

[38] Auch der „Ellwanger Freundeskreis" hatte in seinen Vorschlägen eine Volksabstimmung vorgesehen, verbunden mit der gleichzeitigen Wahl zur Volksvertretung; vgl. Benz, Föderalistische Politik, S. 805.
[39] Deuerlein, Die historischen und philosophischen Grundlagen, S. 84.
[40] Vgl. Hennings, Der unerfüllte Verfassungsauftrag, S. 34 f., 126.

und kleinerer Territorien aus dynastischer Zeit zugunsten einer bestandsfähigen Lösung"[41]. Das Ende Preußens wurde nach 1945 vor allem von den süddeutschen Ländern lebhaft begrüßt. Für Bayern (und, wie dargelegt, Rheinland-Pfalz) verband sich damit die Hoffnung auf eine Verlagerung des politischen Schwergewichts des neuen deutschen Staates und zugleich auf eine führende politische Rolle des Südens. Ähnlich hoffte auch der süddeutsche Liberalismus, sein Gewicht besser zur Geltung bringen zu können. Bayern brachte der Entstehung eines weiteren großen Landes im Südwesten allerdings wenig Sympathien entgegen. Zusammen mit Nordrhein-Westfalen war es das größte Land Westdeutschlands, und beide wollten sich diesen Vorsprung nur ungern nehmen lassen.

Die Reformpläne von 1948 griffen meist auf historische Vorarbeiten zurück. Der Tätigkeit des von den Ministerpräsidenten eingesetzten Ausschusses zur Überprüfung der Ländergrenzen lagen neben den wenigen zeitgenössischen Skizzen insbesondere Entwürfe und Konzepte aus der Weimarer Zeit zugrunde, darunter der Entwurf von Preuß aus dem Jahre 1918 und die Vorschläge von Scheu und Weitzel von 1928[42]. Auch die einzelnen Länder bemühten sich zur Untermauerung ihrer Neugliederungsvorstellungen um eine geschichtliche Fundamentierung ihres Standpunktes. Die Reformdebatte von 1948 weist dabei eine historische Kontinuität auf, in der die nationalsozialistische Zeit als Epoche einer undemokratisch von oben verordneten Gleichschaltung der deutschen Länder übergangen wurde, freilich auch deshalb, weil sich in dieser Zeit die Frage einer globalen Neugliederung überhaupt nicht gestellt hat. Gleichwohl waren damals einzelne territoriale Veränderungen durchgeführt worden (Groß-Hamburg-Gesetz), die rückgängig zu machen die sich dadurch benachteiligt fühlenden Länder 1948 eine Chance sahen (Schleswig-Holstein, Niedersachsen). Die Willkürlichkeit der in jener Zeit geschaffenen Verhältnisse war denjenigen Ländern, die an den Status quo ante anzuknüpfen versuchten, Anlaß zu der Argumentation, daß es sich dabei im Grunde lediglich um die Wiedergutmachung erlittenen Unrechtes handele (Wiederherstellung des alten Landes Baden).

Dafür, daß es 1948 zu der Durchführung einer Ländergrenzenreform nicht gekommen ist, waren mehrere Faktoren ausschlaggebend. 1. Eine Ursache ist in der vorausgegangenen Ländereinteilung durch die Besatzungsmächte im Zuge des politischen Wiederaufbaus ihrer Zonen zu suchen: Die Länder der amerikanischen Zone waren entweder traditionsreiche Gebilde, die weitgehend in ihrem alten Bestand wiederhergestellt wurden (Bayern, Bremen), oder Neuschöpfungen, die deutsche Anregungen und Vorstellungen berücksichtigten beziehungsweise historisch in gewisser Weise vorgeformt worden waren (Großhessische Bewegung) und insofern bereits deutsche Wünsche realisiert hatten. Die Briten hatten die Vorlage von Neugliederungsvorschlägen einem von ihnen initiierten Sonderausschuß des Zonenbeirates überlassen und diejenige Lösung in die Tat umgesetzt, die dort die Mehrheit gefunden hatte. Mit der Reform von 1946 sah auch in der britischen Zone eine Reihe von Ländern ihre Wünsche erfüllt (Hamburg, Niedersachsen und eigentlich auch, sieht man von den Ambitionen seines Ministerpräsidenten ab, Schleswig-Holstein) und somit langgehegte Pläne verwirklicht. Nord-

---

[41] Vgl. Korte/Rebe, Verfassung und Verwaltung, S. 76; ähnlich Eschenburg, Jahre der Besatzung, S. 102.
[42] Vgl. Parl. Rat, Bd. 1, S. 301–306.

rhein-Westfalen war als Sonderfall behandelt worden. Seine Entstehungsgründe waren vor allem außenpolitischer Art, dominiert von der Ruhrfrage und dem aufkeimenden Ost-West-Gegensatz. Doch auch hier wurden – zumindest indirekt – deutsche Stimmen gehört. Eine Wunde blieb die Teilung des Rheinlandes, dessen südlicher Teil in den Besatzungsbereich der Franzosen fiel.

Waren also mit der Neu- oder Wiederbegründung der Länder 1945/46 wesentliche Inhalte einer Reform bereits vorweggenommen worden, eröffneten die Besatzungsmächte mit dem Dokument Nr. II nunmehr die Möglichkeit, eine über die einzelnen Besatzungszonen hinausgreifende, ganz Westdeutschland umfassende Neugliederung durchzuführen. Daß die zonenweise erfolgte Länderbildung im letzten keine ausreichende Grundlage für die angestrebte neue staatliche Ordnung war, zeigten die Verhältnisse in der französischen Zone. Der Vorwurf einer willkürlichen Grenzziehung, den beispielsweise der schleswig-holsteinische Ministerpräsident den Besatzungsmächten gegenüber erhoben hatte, besaß noch am ehesten für diese Zone seine Berechtigung. Konkrete Lösungsansätze kamen denn auch von zweien der von der Grenzziehung der französischen Zone betroffenen Länder: Die getrennten Teile Württembergs und Badens hatten zunächst ihre Wiedervereinigung angestrebt. Wirtschaftliche Überlegungen jedoch führten dazu, daß die beiden Nordhälften der ehemaligen Länder sich im Lande Württemberg-Baden zu einer untrennbaren Einheit zusammenfanden, so daß das Ziel der Herstellung des Status quo ante nicht mehr realisierbar war. An dessen Stelle trat die Entschlossenheit, zumindest im südwestdeutschen Raum eine Reform in Richtung eines alle Teile der ehemaligen beiden Länder umfassenden Südweststaates trotz der eingeschränkten deutschen Entscheidungsfreiheit in Angriff zu nehmen und durchzusetzen. Südbaden versuchte dabei, die durch die Demarkationslinien geschaffene Situation zur Anknüpfung an frühere Eigenstaatlichkeit zu nutzen. Als Traditionsträger des alten Landes Baden – im Unterschied zur Südhälfte Württembergs, das bewußt kein eigenes Selbstverständnis entwickelt hatte – setzte es auf das Konzept einer *Restauration*. Württemberg-Hohenzollern hingegen suchte die *Reform* im Sinne einer neuen, wenn auch auf ältere Überlegungen zurückzuführenden Lösung.

Die Ursache dafür, daß die Neuordnung im deutschen Südwesten als einziges Projekt realisiert werden konnte, darin sehen zu wollen, daß in dieser Region als der einzigen eine Neugliederung „brennend aktuell" gewesen sei und dadurch Unruhe unter der Bevölkerung verursacht habe, und daß deshalb alles habe getan werden müssen zur Bereinigung dieser Situation, „um die Bevölkerung ohne jede Einschränkung für die Gründung des Weststaates zu gewinnen"[43], ist überaus fragwürdig. Der Grund dürfte vielmehr zum einen darin zu suchen sein, daß diese Teilreform als einzige allgemein (bis auf Südbaden) konsensfähig war, das heißt, daß durch diesen Zusammenschluß die übrigen Länder ihre Interessen nicht elementar verletzt sahen. Die angestrebte Lösung wurde im Gegenteil von einigen Ländern aus taktischen Gründen sogar nachhaltig unterstützt: Hessens Ministerpräsident Stock spekulierte darauf, daß damit eine geographisch umfassendere Auslegung des südwestdeutschen Raumes einhergehen würde, die den Süden und den Westen, also neben den primär betroffenen drei südwestdeutschen Ländern auch Hessen selbst und vor allem Rheinland-Pfalz, in den

---

[43] So Henningo, Der unerfüllte Verfassungsauftrag, S. 65.

Kreis der als regelungsbedürftig anerkannten Gebiete einbeziehen würde. Das Interesse Hessens an nordbadischen Gebieten wäre nur dann akut geworden, wenn das Land Rheinland-Pfalz zur Disposition gestanden hätte. Rheinland-Pfalz seinerseits hoffte auf die Entstehung eines saturierten großen Landes, das keinen Anspruch auf die Pfalz mehr erheben würde. Für die norddeutschen Länder hatte eine Zusammenfassung der Länder im Südwesten keine wesentlichen Auswirkungen. Der schleswig-holsteinische Ministerpräsident besaß ein Interesse an dieser Zusammenfassung insofern, als die beiden vorwärtsdrängenden südwestdeutschen Länder mit sachlichen Begründungen für ihre Zielsetzung warben, durch die sich Lüdemann in seiner eigenen Argumentation für die Durchführung einer Gesamtreform bestätigt sehen konnte. Bayern hätte es vorgezogen, das Problem Südwest gar nicht zu behandeln wegen der Gefahr, die Pfalz, auf die es mehr als jedes andere interessierte Land einen Anspruch zu erheben sich berechtigt fühlte, an dieses neue Gesamtland und damit endgültig zu verlieren. Unter der Voraussetzung, daß Rheinland-Pfalz unangetastet blieb, schuf eine vorgezogene Lösung für die südwestdeutschen Länder jedoch praktisch vollendete Tatsachen, wobei für die Pfalz zunächst immerhin der Status quo erhalten blieb, wenn auch nun mit einem weiteren großen Land ein Gegengewicht zu Bayern heranwuchs.

2. Ein weiterer Grund dafür, daß es darüber hinaus nicht zur Durchführung einer Reform gekommen ist, lag an den divergierenden Interessen der Länder. Diese machten eine Neugliederung deshalb so problematisch, weil keines der Länder bereit gewesen wäre, auf eigenes Territorium zu verzichten, zumindest nicht ohne dabei anderweitig kompensatorisch Gewinne zu erzielen. In der Regel wurden Reformziele auf Kosten des oder der Nachbarn verfolgt. Keine konkreten Gebietsansprüche meldeten allein die Stadtstaaten an. Sie mußten aber insbesondere durch die Pläne des schleswig-holsteinischen Ministerpräsidenten um den Fortbestand ihrer Eigenstaatlichkeit fürchten. Hermann Lüdemann wiederum war der einzige Regierungschef, der einerseits ein Gesamtkonzept für eine Neugliederung besaß und konsequent zu realisieren versuchte; andererseits bildete er auch insofern eine Ausnahme unter den Länderchefs, indem er sich für das Aufgeben der Selbständigkeit seines Landes zugunsten einer größeren territorialen Einheit einsetzte. Die größere Verbindung strebten, wie dargelegt, auch Württemberg-Hohenzollern und Württemberg-Baden an, allerdings nur im Rahmen einer Teillösung, die auch unabhängig von einer Gesamtreform zu verwirklichen sein sollte. Württemberg-Baden war darüber hinaus von Plänen zur Bildung eines Landes „Schwaben" tangiert sowie von hessischen Gebietsansprüchen auf Nordbaden. Die Wiedergewinnung Nordbadens strebte Südbaden an im Rahmen einer Wiederherstellung des alten Landes Baden.

Am stärksten umstritten war Rheinland-Pfalz, das dadurch, daß seine Existenzfähigkeit von maßgeblichen politischen Kräften des Landes selbst in Zweifel gezogen wurde, den Neugliederungswünschen seiner Nachbarländer noch indirekt Auftrieb gab. Die Landtagsresolution vom 30. Juli 1948 wurde vor allem in Hessen als Signal für eine aktive Neugliederungspolitik aufgefaßt. Ansprüche auf die Pfalz meldeten Bayern, Hessen und Baden an; von den Regierungsbezirken Koblenz und Trier hoffte ebenfalls Hessen verschiedene Kreise gewinnen zu können. Der Südteil der ehemaligen Rheinprovinz tendierte insgesamt zu Nordrhein-Westfalen, Montabaur nach Hessen, wohin auch in Rheinhessen starke Strömungen drängten. Hessen selbst strebte primär eine Arrondierung seines Gebietes durch die „Rückgewinnung" hessischer Gebiete an – womit es einen auch in seiner Verfassung festgehaltenen Anspruch erhob auf territoriale Zusammenhänge, die in dieser Form zuvor allerdings gar nicht bestanden hatten. Darüber hinaus verfolgte es ein Maximalziel, das, neben anderen Territorien, die Einbeziehung sogar des gesamten Landes Rheinland-Pfalz beinhaltete. Solche Pläne waren für den Bestand des Landes Rheinland-Pfalz besonders gefährlich, da selbst die Besatzungsmächte gegen diese Lösung keine Einwände erhoben hätten.

Neben parteipolitischen Befürchtungen (Entstehung eines sozialdemokratisch dominierten Landes Hessen-Pfalz) waren es vorerst nicht realisierbare territoriale Erweiterungswünsche – im Sinne einer „Wiedervereinigung" der im Zuge der Landesgründung vorübergehend von der Besatzungsmacht geschaffenen territorialen Zusammenhänge (Mittelrhein-Saar) –, die den rheinland-pfälzischen Ministerpräsidenten eine Status-quo-Politik verfolgen ließen. Diese Politik auch innenpolitisch zu rechtfertigen und durchzusetzen ermöglichten die außenpolitischen Gefahren, die mit einer Auflösung seines Landes verbunden gewesen wären. Der zumindest vorläufige Fortbestand des Landes erschien damit als auch im gesamtdeutschen Interesse liegend durchaus plausibel. Der Anspruch, solchen gesamtdeutschen Interessen zu dienen, konnte freilich ebensogut von Hessen durch die mit seinen territorialen Zielsetzungen verbundene Verklammerung links- und rechtsrheinischer Gebiete erhoben werden (Durchkreuzung gefürchteter französischer Terrritorialpläne auf dem linken Rheinufer). Eine Auflösung von Rheinland-Pfalz hätte die Frage der Wiedervereinigung des Rheinlandes anklingen lassen. In einem solchen Falle wäre das Fortbestehen des ohnehin großen Landes Nordrhein-Westfalen von den übrigen Ländern kaum widerspruchslos hingenommen worden. Eine Auflösung oder Teilung von Nordrhein-Westfalen wurde von diesem selbst wegen des Ruhrgebietes und möglicher außenpolitischer Folgewirkungen abgelehnt. Außerdem wäre in einem solchen Falle das alte Problem der niedersächsisch-westfälischen Grenze wieder akut geworden. Interesse an nordrhein-westfälischem Territorium hätte auch Hessen angemeldet, das mit den Kreisen Siegen und Wittgenstein liebäugelte. Lippe und Minden-Ravensberg galt seit langem die besondere Aufmerksamkeit Niedersachsens. In Niedersachsen selbst waren sich auf den Regierungsbezirk Osnabrück beziehende Wünsche Nordrhein-Westfalens bekannt. Ferner war das Land durch begehrliche Blicke Hessens auf Hannoversch-Münden oder Northeim, oder im ganzen von den Plänen Lüdemanns für ein großes norddeutsches Land betroffen. Bayern schließlich, das sich auf die Rückgewinnung der Pfalz und Lindaus konzentrierte, war in seinem Bestand lediglich von hessischen Ambitionen in seiner Nordwestecke tangiert, wobei die Rückkehr Lindaus weder von seiten der französischen Besatzungsmacht noch von Württemberg-Hohenzollern, dem es vorübergehend angehörte, ernsthaft in Frage gestellt wurde. Die offenkundige Unvereinbarkeit der Länderinteressen führte schließlich dazu, analog zu Artikel 18 der Weimarer Verfassung durch den Artikel 29 des Grundgesetzes die Neugliederung des künftigen Bundesgebietes als Auftrag in der Verfassung festzuschreiben. So wurde zumindest die Möglichkeit offengehalten, dieses Problem zu einem späteren Zeitpunkt wieder aufgreifen zu können.

3. Daß es 1948 zur Durchführung einer Ländergrenzenreform in Westdeutschland nicht gekommen ist, ist schließlich nicht nur auf den innerdeutschen Interessengegensatz zurückzuführen, der im Vergleich zur Diskussion um die Verfassungsfrage eine noch weit komplexere Dimension besaß. Verantwortlich hierfür waren – hier wieder-

holt sich die für das Dokument Nr. I maßgebliche Konstellation –, außerdem die Vorgaben des Dokumentes Nr. II, sowohl formaler wie inhaltlicher Art, sowie die von den Besatzungsmächten gestellten Bedingungen: Zum einen spielte die von den Besatzungsmächten zusätzlich gesetzte Frist für die Vorlage von Neugliederungsvorschlägen eine wesentliche Rolle. Konnten die status-quo-orientierten Länder die formal vorbehaltlose Zustimmung zur Durchführung einer Reform in Rüdesheim mittragen in der Gewißheit, daß man aufgrund der komplizierten Materie innerhalb des vorgegebenen Zeitraumes so schnell nicht zu Ergebnissen kommen werde, versuchten diejenigen Länder, die eine Reform tatsächlich ermöglichen wollten, eine Verlängerung des Termins für die Vorlage von Neugliederungskonzepten zu erreichen. Die damit verbundene Möglichkeit, die Länderreform unabhängig von der staatsrechtlichen Frage zu behandeln, also die vorgegebene Verbindung zwischen den Dokumenten I und II zu lösen, bot andererseits die Chance, den Entscheidungsprozeß dort, wo eine definitive Lösung – zum eigenen Nachteil – bereits in Sicht war, zu verzögern (Baden).

Weit wichtiger aber waren die inhaltlichen Vorgaben des Dokumentes Nr. II. Danach sollte eine Neugliederung den „überlieferten Formen" ebenso Rechnung tragen wie dem Ziel, „möglichst die Schaffung von Ländern [zu] vermeiden, die im Vergleich mit den anderen Ländern zu groß oder zu klein sind". Indem in Dokument Nr. II somit „rationale" Kriterien und „traditionale" Gesichtspunkte nebeneinander traten, waren der Neugliederungsdebatte kaum miteinander zu vereinbarende Kriterien vorgegeben, die auch späterhin eine Neugliederung praktisch hinfällig machen sollten, zumal sie als „Richtbegriffe" in den Art. 29 des Grundgesetzes übernommen wurden. Die Vorgaben der Londoner Mächte erfüllten in dieser Konstellation eine Alibifunktion insofern, als sich jetzt jedes Land auf das seiner landespolitischen Situation und seinen Interessen entsprechende Kriterium berufen konnte. Je nach Interessenlage galt es, die Berechtigung für die Beibehaltung kleiner Länder beziehungsweise die Nebeneinanderexistenz sowohl großer als auch kleiner Länder nachzuweisen oder Gesichtspunkte anzuführen, die für eine möglichst einheitliche Aufteilung Westdeutschlands in mittlere bis große Länder sprachen. Andererseits beinhaltete insbesondere die Vorgabe, „überlieferten Formen" Rechnung zu tragen, „indirekt eine Art Existenzgarantie für die neugliederungsunwilligen"[44] und die historisch gewachsenen Länder.

Systematisiert läßt sich anhand der jeweiligen Neugliederungskriterien ein „traditionales Föderalismusverständnis" von einem „rationalen Föderalismusverständnis" unterscheiden[45], wobei der bereits festgestellte Zusammenhang zwischen dem jeweiligen Föderalismusverständnis und Sinn und Zweck einer Ländergrenzenreform besonders deutlich wird: Das „traditionelle Föderalismusverständnis" beruft sich „auf historisch gewachsene Länderstrukturen und regionale Differenziertheit [...]. Die Gewährleistung individueller Vielfalt ist Bedingung und Legitimation des Zusammenschlusses und -wirkens im Bundesstaat"[46], ein Gliederungsprinzip, das unter Berufung auf das Subsidiaritätsprinzip eine bürgernahe Regierungsform in überschaubaren kleinen Räumen anstrebt. Im Sinne dieser Interpretation wurden 1948 als Kriterien einer Territorialreform geltend gemacht: a.) die Berücksichtigung landsmannschaftlicher Verbunden-

---

[44] Ebenda, S. 143.
[45] Ebenda, S. 16.
[46] Ebenda.

heit (historisch gewachsenes Zusammengehörigkeitsgefühl; Stammesverbundenheit, nicht übereinstimmend mit den bestehenden Landesgrenzen, sondern rückführbar etwa auf frühere territoriale Zusammenhänge[47]) forderte insbesondere das Land Baden (ausdrücklich als Kriterium abgelehnt von Hamburg). Rationalen Gesichtspunkten gegenüber unterlegen, widersetzte man sich dort einem reinen Zweckmäßigkeitsdenken. Den Mangel an rationalen Argumenten versuchte der badische Staatspräsident durch die bewußte Förderung eines badischen Heimatgefühls auszugleichen. Wohleb berief sich dabei auf die Stammesindividualität als Grundlage eines neuen föderativen Staates, die auch in landsmannschaftlichen Aversionen der Badener gegenüber den Stuttgarter Schwaben einen gewissen Ausdruck fand. Stammesmäßige Gesichtspunkte wiederum nicht so sehr in den Vordergrund zu rücken empfahl sich für Bayern wegen seiner internen stammesföderalistischen Separationstendenzen, oder für Niedersachsen (Selbständigkeitsbestrebungen Oldenburgs und Braunschweigs). b.) Historische Zusammenhänge wurden dort bemüht, wo es um die Wiederherstellung des Status quo ante ging (Baden, Bayern) oder die Zusammenführung verschiedener Territorien angestrebt wurde (Zusammenfassung aller ehemals hessischen Gebietsteile im Lande Hessen). Ausführliche Darlegungen von in der Vergangenheit erbrachten Leistungen sollten die eigene Lebensfähigkeit auch unter den Bedingungen nach 1945 belegen (Baden), alte und deshalb vertraute Verbindungen unterstreichen, ein historisches Anspruchsrecht begründen oder ein aus gemeinsamer Vergangenheit resultierendes Zusammengehörigkeitsgefühl beschwören (Bayern: Wiederanschluß der Pfalz). Die Geschichte wurde dabei in den Dienst des eigenen Interesses gestellt, historische Zusammenhänge und Kontinuitäten wurden oftmals selektiv gesehen, so in Bayern: Die Restauration der Länderordnung aus der Zeit vor 1945 hätte die Wiederherstellung der beiden alten Länder Baden und Württemberg bedeutet, damit die Entstehung eines weiteren großen Landes verhindert und auf diese Weise gleichzeitig die Pfalzfrage unberührt gelassen, andererseits aber auch ermöglicht, Rheinland-Pfalz wegen des bayerischen Interesses an der Pfalz als das einzige nicht historisch gewachsene Land zu charakterisieren; in Württemberg-Baden ging es darum, die Geschichte Badens und Württembergs als eine historisch gewachsene enge Verbindung zu interpretieren. Grundsätzlich konnte man argumentieren, was sich in der Vergangenheit bewährt habe, solle man nicht ohne zwingenden Grund aufgeben (Hansestädte, Baden). c.) Kulturelle Zusammenhänge (darunter zu subsumieren ein Zusammengehörigkeitsgefühl, Gemeinsamkeiten der Mundart und des religiösen Bekenntnisses, die Orientierung an Kulturlandschaften, insgesamt eine „raumorientierte Tradition"[48]) wurden besonders von Ländern wie Baden bemüht. d.) Die Berücksichtigung des „Willens der Bevölkerung" wurde in den Fällen besonders gefordert, in denen der Ausgang einer Volksabstimmung sich unzweifelhaft im Sinne der eigenen Zielvorstellung ausgewirkt würde hätte (Hamburg, Bremen) oder beanspruchtes Gebiet gleichzeitig Bestandteil territorialer Lösungskonzepte anderer Länder war (Bayern: Pfalzfrage; Baden: nordbadischer Landesteil) und in denen die Hoffnung bestand, mittels verdeckter und inoffizieller (Bayern, Niedersachsen: Lippe) oder offener Propaganda und Einflußnahme (Baden) die betroffene Bevölkerung quasi als Schiedsrichter zwischen verschiedenen Be-

---

[47] Ebenda, S. 169.
[48] Ebenda, S. 172.

werbern gewinnen zu können. Wie stark der sogenannte Wille des Volkes dabei instrumentalisiert wurde, zeigt nicht nur der Anspruch des südbadischen Staatspräsidenten, im Namen des ganzen badischen Volkes zu sprechen, sondern vor allem die Handhabung von Volksabstimmungen. Die Entstehung des Südweststaates ist ein Paradebeispiel dafür, wie durch die Art der Fragestellung und die Einteilung der Stimmbezirke Ergebnisse präjudiziert werden können. Auch in Bayern ist für einen Volksentscheid (in der Pfalzfrage) nur eine Fragestellung erwogen worden (Anschluß an Hessen), von der mit ziemlicher Gewißheit angenommen werden konnte, daß sie im probayerischen Sinne entschieden werden würde. Den Volkswillen geltend zu machen war nicht zuletzt auch eine taktische Maßnahme gegenüber den Alliierten, vor allem der amerikanischen Besatzungsmacht, die dem demokratischen Selbstbestimmungsrecht einen hohen Wert einräumte: Der Volkswille, so konnte man den alliierten Vorbehalten gegen bestimmte Lösungen entgegenhalten, konnte schlecht ignoriert werden und war schließlich wichtiger als Formallösungen, die keine innere Zustimmung durch das Volk finden würden.

Das „rationale Föderalismusverständnis" betont demgegenüber das Interesse an der Funktionsfähigkeit des politischen Systems, insbesondere im Sinne von Machtkontrolle und -balance durch eine vertikale und horizontale Gewaltenteilung, die die Existenz von Ländern voraussetzt, die ihre Aufgaben eigenständig zu erfüllen in der Lage sein müssen. Dazu gehören: a.) *Leistungsfähigkeit und wirtschaftliche Zweckmäßigkeit* der Länder. Diese waren „im Sinne betriebswirtschaftlicher Rentabilität und volkswirtschaftlicher Produktivität nur aufgrund eines ausreichenden Wirtschaftspotentials" gegeben[49] (Schleswig-Holstein, Niedersachsen). Eben das Fehlen dieser Voraussetzungen für Schleswig-Holstein machte Lüdemann deshalb zum Ausgangspunkt seines Neugliederungsplanes. Starke wirtschaftliche Leistungsfähigkeit würde ein Land besitzen, das das industrielle Ballungszentrum des Rhein-Main-Gebietes umfaßte (Neugliederungspläne Hessens). Eine Neugliederung nach diesen Gesichtspunkten orientierte sich also auch an *industriellen Kerngebieten* und Wirtschaftslandschaften. b.) Voraussetzung für eine ausgewogene Gliederung war ferner die Orientierung an einem bestimmten *Größenverhältnis*, in bezug auf Fläche und Bevölkerungszahl (Schleswig-Holstein). Staaten mittlerer Größe mit 5–8 Millionen Einwohnern befürworteten Hessen, Niedersachsen, Schleswig-Holstein. Große Länder ermöglichten eine effektivere, rationelle Verwaltung (Argument von Schleswig-Holstein, Württemberg-Baden). Bei der mehr funktionalen Betrachtungsweise einer Länderreform hatte die Nebeneinanderexistenz großer und kleiner Länder wenig Sinn (Argumentation von Hessen, Württemberg-Hohenzollern, Schleswig-Holstein); die Abschaffung kleiner und kleinster Einheiten sollte außerdem das Festhalten an vermeintlichen Eigeninteressen, die einer notwendigen Verwaltungsvereinfachung im Wege standen, verhindern. Im Verhältnis zwischen Größe und Leistungsfähigkeit gab es für die kleinen Länder einen anderen Zusammenhang als für die großen: Gerade die Überschaubarkeit eines Landes war ein maßgebender Faktor für seinen Wohlstand. Für kleine Länder sprach deshalb auch die Möglichkeit einer volksnahen, sparsamen Verwaltung (Argument von z. B. von Baden und den Stadtstaaten). Die auf den ersten Blick vorteilhaft

---

[49] Ebenda, S. 164.

erscheinende größere Zusammenfassung mußte dagegen aus deren Sicht in eine Aufblähung des Verwaltungsapparates münden, zur Entfremdung zwischen Regierung und Verwaltung auf der einen und der Bevölkerung auf der anderen Seite und in der Konsequenz zu lebensferner, bürokratischer Zentralisierung führen. Gerade die Stadtstaaten bewiesen, daß zwischen der Größe und der finanziellen Leistungsfähigkeit eines Landes kein unmittelbares Abhängigkeitsverhältnis bestehen mußte. Kleinere Länder sahen sich überdies als die natürlichen Feinde des Zentralismus und als solche als die geborenen Gegner des Großraumes und der Macht (Baden). Sie gaben im Unterschied zu großen sogar eine gewisse Bestandsgarantie für die gesamtstaatliche Einheit, da sie, anders als größere Länder, auf den Zusammenhalt angewiesen waren. In umgekehrter Logik bedeutete dies: Je größer die Länder, desto stärker ihre Autarkiebestrebungen, desto ausgeprägter ihr Partikularismus (Argument Hamburgs). Die kleinen Länder wandten sich bewußt gegen rein zweckmäßige Gliederungskriterien, gegen Schematismus und „Gleichmacherei" (Baden, Hamburg, Bremen). Baden und Schleswig-Holstein vertraten praktisch jeweils die Extremposition. d.) Ausgewogenheit als Kriterium unterstützten Württemberg-Hohenzollern, Schleswig-Holstein und Niedersachsen; eine ausgewogene föderalistische Struktur sollte einen Ausgleich zwischen Bayern und Norddeutschland schaffen, zwischen den Gegensätzen von Nord und Süd. Kleine Länder wiederum (Baden, die Hansestädte) zeigten zum Nachweis ihrer Existenzberechtigung auf ausländische Vorbilder: Obwohl in seinen Entstehungsbedingungen nur bedingt mit dem deutschen Föderalismus vergleichbar, wurde das eidgenössische System der Schweiz angeführt, mit Kantonen, die die Größe eines Landes wie Südbaden nicht überschritten. Auch im amerikanischen Föderalismus, so wurde argumentiert, existierten große und kleine Staaten nebeneinander, ohne die Funktionsfähigkeit des Staates zu beeinträchtigen, wie beide Systeme ausreichend bewiesen hätten[50]. Baden erinnerte zudem an die überwiegend anerkannte Fortexistenz der Stadtstaaten Hamburg und Bremen, die im Interesse eines ausgewogenen Systems konsequenterweise ebenfalls hätten in Frage gestellt werden müssen. Die Notwendigkeit der Lebensfähigkeit durch Ausgewogenheit und Krisenfestigkeit stand in ähnlicher Weise für Hessen, Schleswig-Holstein oder Niedersachsen im Vordergrund. Da Hessen selbst aus unterschiedlichen Landschaften zusammengesetzt war, sollte aus seiner Sicht gleichzeitig aber auch kulturelle, soziale und religiös-kirchliche Vielgestaltigkeit erhalten bleiben. d.) Kriterien der Raumordnung und Landesplanung schließlich standen speziell in Niedersachsen im Vordergrund; abgelehnt wurden sie wiederum von Schleswig-Holstein, weil diese durch die Tatsache, daß Schleswig-Holstein im Grunde eine territorial geschlossene Einheit bildete, die eigene Konzeption konterkariert hätten.

Das Veto der Besatzungsmächte gegen bestimmte Lösungen war ein weiteres Element, das den innerdeutschen Willensbildungsprozeß noch zusätzlich komplizierte. Dadurch, daß die Besatzungsmächte ihrerseits mit einer Neugliederung konkrete Vorstellungen verbanden, denen besonders im Falle Frankreichs bestimmte deutschland-

---

[50] Zur Vorbildfunktion der amerikanischen und der schweizerischen Demokratie vgl. Merkl, Entstehung der Bundesrepublik Deutschland, S. 36. Das Vorbild dieser beiden Länder spielte schon seit der Frankfurter Nationalversammlung von 1848 eine wichtige Rolle; vgl. Deuerlein, Die historischen und philosophischen Grundlagen, S. 82f.

und besatzungspolitische Zielsetzungen zugrunde lagen, waren die Ministerpräsidenten in ihren Entscheidungen nicht frei. Schon dieser Umstand konnte den status-quo-orientierten Ländern als Argument dafür gelten, eine Reform so lange zurückzustellen, wie sie nicht nach rein deutschen Gesichtspunkten und damit in freier Selbstbestimmung durchführbar war. Daß unter diesen Bedingungen eine Ländergrenzenreform sich allzu leicht in den Dienst der Ziele einzelner Besatzungsmächte zu stellen drohte, mahnte ebenso zur Zurückhaltung wie der Verdacht, daß das Dokument Nr. II überhaupt nur entstanden war, um über der Uneinigkeit der Deutschen die westdeutsche politische Konsolidierung zu verzögern[51]. Schließlich war auch durch die Festlegung des Dokumentes Nr. II, wonach die Militärgouverneure über die Vorlage von Änderungsvorschlägen zu entscheiden hatten, einer alliierten Einflußnahme Tür und Tor geöffnet.

Erschwerend kam die Problematik der Zonengrenzen hinzu: Hatte General Clay noch am 14. Juni davon gesprochen, daß eine Neugliederung keine Auswirkung auf die Zonengrenzen haben werde, hob General Robertson am 20. Juli die Relevanz der Zonengrenzen gerade besonders hervor. Eine eindeutige Antwort auf diese Frage war von alliierter Seite nicht zu erhalten. Dieser Punkt trat folglich in Rüdesheim als weiterer Aspekt bei den Beratungen hinzu und riet wiederum, besonders aus Sorge gegenüber der französischen Territorialpolitik, zu besonderer Vorsicht, zumal völlig ungeklärt war, ob es im Falle der Neubildung eines Landes aus Teilen verschiedener Besatzungszonen nicht zu einem Austausch von Gebieten zwischen den Besatzungsmächten kommen würde. Wäre 1948 im Unterschied zu der Reform in der britischen Zone von 1946 eine über die Grenzen der Besatzungszonen hinausgreifende Neugliederung möglich gewesen, stellte paradoxerweise gerade die Zonengrenzenproblematik eines der entscheidenden Hindernisse für die Durchführung dar.

Übereinstimmung bestand unter den Ministerpräsidenten darin, daß die Bildung der Trizone unter keinen Umständen durch die Ländergrenzenfrage verhindert oder verzögert werden durfte. Insofern ist der unmittelbare Zusammenhang zwischen der Ländergrenzen- und der Verfassungsfrage auch in dieser Hinsicht unbestreitbar. Dies bedeutete keineswegs, daß die Neugliederungsproblematik gegenüber der politischen Zusammenfassung der Westzonen generell nur von sekundärer Bedeutung gewesen wäre: Diejenigen Länder, die ein Interesse an der Neugliederung besaßen (Schleswig-Holstein, Württemberg-Baden, Württemberg-Hohenzollern, Hessen), argumentierten, daß eine Neugliederung die elementare Voraussetzung für eine funktionsfähige föderalistische Ordnung darstelle. Diese Zielsetzung hatte auch von alliierter, besonders französischer Seite, dem Auftrag des Dokumentes Nr. II zugrunde gelegen. In diesem Sinne konnten selbst so eigenwillige und umstrittene Neuordnungspläne wie die Lüdemanns als im gesamtdeutschen Interesse liegend und nicht etwa egoistischem Machtstreben entspringend interpretiert werden. Länderegoismus war aus dieser Perspektive eher den kleinen und den wohlhabenden Ländern vorzuhalten, die sich einer Lösung im Gesamtinteresse widersetzten und also gesamtdeutsches Verantwortungsgefühl vermissen ließen. Diejenigen Länder wiederum, die eine Status-quo-Politik verfolgten, wiesen auf die Gefahr einer Verzögerung der westdeutschen Konsolidierung hin und stellten

---

[51] So Maier in Koblenz; vgl. Parl. Rat, Bd. 1, S. 78f.

ihrerseits zur Begründung ihrer ablehnenden Haltung den gesamtdeutschen Aspekt in der Weise in den Vordergrund, daß sie die Existenz gesamtdeutscher Organe und von Verhältnissen, unter denen eine freie deutsche Willensbildung ohne Beeinflussung von außen möglich war, zur Voraussetzung für eine umfassende Reform machten (Hamburg, Rheinland-Pfalz, Niedersachsen, Nordrhein-Westfalen, Bremen, Baden). Einen gesamtdeutschen Vorbehalt meldeten insbesondere die Länder an, die von Gebietsabtretungen an die sowjetische Besatzungszone nach 1945 betroffen waren (Niedersachsen).

„Gesamtdeutsche Interessen" legitimierten also sowohl die Politik der Reformwilligen als auch die der Status-quo-Länder. Hinzu kamen ausgeprägte Regionalinteressen, die ebenfalls, wie dargelegt, als solche gesamtdeutsche Interessen verpackt wurden. Daß 1948 „regional-partikularistische Interessen" im Vordergrund standen, hat Hennings auch als typisch für die Arbeit des Parlamentarischen Rates herausgearbeitet. Zutreffend ist für die Behandlung der Neugliederungsfrage im Juli/August 1948 ebenfalls, daß diese regionalen Egoismen parteipolitische Auseinandersetzungen zur Folge hatten, sogar über die Landesgrenzen hinweg[52]. Insofern hat der Landespartikularismus seine Entsprechung in der nicht minder partikularistischen Haltung der Parteien gefunden, die, wie schon zur Weimarer Zeit, bestrebt waren, entweder errungene Machtpositionen zu halten beziehungsweise zu festigen, oder eine Veränderung des Kräfteverhältnisses zugunsten des politischen Gegners zu verhindern[53].

Die Interessengebundenheit der Ministerpräsidenten ist bei der Auseinandersetzung um die „Frankfurter Dokumente" in der Frage der Ländergrenzenreform am deutlichsten hervorgetreten. Zumal in vielen Fällen die Namen der Regierungschefs mit dem Schicksal ihrer Länder aufs engste verbunden waren, konnte das nur bestätigen, daß sie als Gremium für die Durchführung einer Reform tatsächlich denkbar ungeeignet waren. Doch wie die Arbeit des Parlamentarischen Rates später zeigte, haben parteipolitische Interessen nicht minder das Zustandekommen konkreter Lösungen erschwert.

*Besatzungsstatut*

Der von deutscher Seite ausgehende Ruf nach einem Besatzungsstatut war seit der Münchner Ministerpräsidentenkonferenz vom Juni 1947 nicht mehr verstummt. Am intensivsten hat sich seit jener Zeit Carlo Schmid mit dieser Thematik auseinandergesetzt. Er war und blieb ihr „prominentester Interpret und eloquentester Propagandist"[54]. Seinem Einfluß mag im wesentlichen zu verdanken gewesen sein, daß die Forderung nach einem vorzeitigen Erlaß des Besatzungsstatuts geradezu einheitlich von allen Ministerpräsidenten unterstützt wurde. Das Besatzungsstatut besaß für die westdeutschen Länder allerdings eine durchaus unterschiedliche Bedeutung. Insofern wird auch erklärlich, weshalb das Konzept Carlo Schmids sich zwar in seiner Grundten-

---

[52] Hennings, Der unerfüllte Verfassungsauftrag, S. 136.
[53] Ebenda, S. 132.
[54] Parl. Rat, Bd. 4, Einleitung, S. VIII; Schmid ist offenbar auch von den Briten bei der Ausarbeitung ihres Entwurfs für ein Besatzungsstatut für die Londoner Sechsmächtekonferenz konsultiert worden; AdsD, PV Bestand Schumacher, J 79 I, Bericht W. Brandts an den SPD-Parteivorstand in Hannover Nr. 10 vom 20. 1. 1910.

denz in Koblenz durchzusetzen vermochte, nicht aber in seiner Radikalität: Der Erlaß eines Besatzungsstatuts lag in erster Linie im Interesse der Länder der französisch besetzten Zone[55]. Für sie besaß es mehr den Charakter einer Ersatzverfassung, war es von geradezu existentieller Bedeutung. Angesichts der gegebenen Verhältnisse dürfte diesen Ländern die Schaffung einer Verfassung verfrüht erschienen sein. Sie hatten die Erfahrung gemacht, daß die Franzosen Verfassungen ausarbeiten ließen, die dann vornehmlich nur auf dem Papier bestanden, während Politik und Wirtschaft der Länder weiterhin willkürlichen Eingriffen und Beschränkungen ausgesetzt blieben. Aus der Sicht der Länder der französischen Zone mußte es also darum gehen, durch den Erlaß eines Besatzungsstatutes zunächst einmal eine Angleichung an die Verhältnisse in der Bizone zu erreichen und damit die Voraussetzungen für die Ausarbeitung einer Verfassung zu schaffen, das hieß, die Rechte der Besatzungsmacht zu begrenzen und zu definieren, die verfassungsmäßigen Kompetenzen der deutschen Regierungen durchzusetzen und eine klare Rechtslage für die Bevölkerung sowie im Verhältnis zwischen deutschen und alliierten Behörden herzustellen, um auf diese Weise politische Handlungsfähigkeit und wirtschaftliche Lebensfähigkeit zu sichern. Nicht zufällig kam gerade aus dieser Zone die Initiative zu einer Bestandsaufnahme über die Zwangsleistungen der Länder an ihre Besatzungsmacht (Institut für Besatzungsfragen in Württemberg-Hohenzollern). Gleichwohl gab es interessanterweise auch in dieser Zone maßgebliche Stimmen, die den Erlaß eines Besatzungsstatutes für nicht unbedingt erforderlich hielten, sofern sich die Besatzungsmacht bereit zeigte, die den Deutschen formal zugestandenen Befugnisse auch tatsächlich zu gewähren: Lorenz Bock hatte bei Gelegenheit angedeutet, daß er die Ordonnanz 95 bereits als ein solches Statut anzuerkennen bereit gewesen wäre. Eine ähnliche Haltung nahm der rheinland-pfälzische Ministerpräsident Altmeier ein.

Am ehesten vergleichbar noch mit den Verhältnissen in der französischen Zone war, von der wirtschaftlichen Belastung her, die Lage in den norddeutschen Ländern. Niedersachsen und Schleswig-Holstein hatten allerdings zusätzliche finanzielle Lasten zu tragen, die nicht unbedingt mit der Besatzung in ursächlichem Zusammenhang standen, sondern sich aus der allgemeinen Nachkriegssituation ergaben (insbesondere die Flüchtlingsfrage) und im Rahmen eines innerdeutschen Lastenausgleichs zu regeln waren. Auch die Hansestädte sahen im Besatzungsstatut ein Kernstück der Dokumente, doch verfolgten sie neben der Intention, eine Regelung der Demontagen und Besatzungskosten zu erreichen, vor allem eine in ihrem besonderen Interesse liegende Befreiung der Wirtschaft und des Handels von unnötigen Hemmnissen. Beide waren allerdings bereit, Einschränkungen der deutschen Souveränität hinzunehmen, die Schritt für Schritt abzubauen sein würden, beziehungsweise einen Verzicht auf Souveränitätsrechte in der neuen westdeutschen Verfassung auszusprechen in dem Maße, in dem die anderen westeuropäischen Länder zu gleichem bereit sein würden. Insgesamt jedoch hatten die Länder der Bizone andere, bessere Erfahrungen als die der französischen Zone gemacht, die es erlaubten, dem Besatzungsstatut einen nachrangigeren Stellenwert einzuräumen: Teils hatten die örtlichen Gouverneure sich von sich aus immer mehr auf die Ausübung reiner Kontrollfunktionen zurückgezogen, teils hatten Länder

---

[55] Ähnlich Pikart, Auf dem Weg zum Grundgesetz, S. 161.

## 2. Motive und Argumente

(Hamburg, Bremen) mit ihrer Militärregierung ein Verfahren gefunden, das der deutschen Gesetzgebung recht weitgehend freie Hand ließ – noch bevor hierzu Bestimmungen im Besatzungsstatut festgelegt werden sollten –, oder separate Vereinbarungen getroffen, was die Weisungsbefugnisse der Besatzungsorgane gegenüber deutschen Behörden anbetraf (Hessen). Im Unterschied zu den Ländern der französischen Zone waren denjenigen der Bizone mit dem Inkrafttreten der Landesverfassungen Rechte und Freiheiten gegenüber der Besatzungsmacht zugewachsen und später weiter neue Zuständigkeiten überlassen worden. Besonders für die Länder der amerikanischen Zone brachte ein Besatzungsstatut keine einschneidenden Verbesserungen.

Von daher wird auch die allgemein große Enttäuschung über die vorgelegten Grundsätze verständlich. Der alliierte Entwurf entsprach inhaltlich keinesfalls den Vorstellungen und Hoffnungen, die auf deutscher Seite damit verbunden worden waren. Indem allgemein kritisiert wurde, daß die Besatzungsmächte sich selbst zu viele Reservatrechte weiterhin vorbehielten, glaubten eben die Länder der amerikanischen und auch der britischen Zone feststellen zu müssen, daß dieses Statut inhaltlich keinerlei Fortschritt gegenüber dem bestehenden Zustand erbringe. Eher noch schien ihnen sogar das ungeschriebene Besatzungsrecht eine großzügere Lösung zu sein als Festlegungen, aus denen man sich später viel schwerer würde befreien können. Eine rechtliche Definition der Beziehungen zwischen Besatzern und Deutschen konnte, so gesehen, auch ein reichlich unflexibles Instrument sein, sich eher im Sinne einer Konservierung der Lage auswirken und erschien deshalb taktisch wenig klug (Württemberg-Baden, ähnlich Württemberg-Hohenzollern). Trotz der allgemeinen Unzufriedenheit mit dem alliierten Entwurf gab es daher auch Stimmen, die darauf aufmerksam machten, daß gerade die von vielen Ländern kritisierte Dehnbarkeit der Begriffe und die wenig präzisen Definitionen dem Besatzungsstatut eine gewisse Elastizität in der Interpretation verleihen konnten (Kaisen). Deshalb war es vor allem wichtig, die Möglichkeit einer Revision vorzusehen. Auch die Entscheidung der Ministerpräsidenten, die Demontageproblematik aus ihrem Entwurf für das Besatzungsstatut herauszulassen, dürfte von der Erwartung bestimmt gewesen sein, diese Frage auf anderem Wege flexibler regeln zu können. Das Besatzungsstatut als die eigentliche Verfassung zu betrachten, wie Carlo Schmid es tat, daneben für die Westzonen nur einen „administrativen Zweckverband" zu begründen und beides ausschließlich auf den Willen der Besatzungsmächte zurückzuführen, war zu sehr auf die Verhältnisse in der französischen Zone zugeschnitten. Die Liberalen in Württemberg-Baden haben die politische Fragwürdigkeit dieses Standpunktes erkannt. Reinhold Maier hat sich in Koblenz als einziger der Ministerpräsidenten bewußt und offen *nicht* auf die Forderung nach einem vorzeitigen Erlaß des Besatzungsstatutes festlegen wollen. Die Regierung dieses Landes hatte Schmid bis dahin mehr aus Solidarität denn aus innerer Überzeugung unterstützt.

Indem die Koblenzer Beschlüsse der Ministerpräsidenten die Forderung nach dem Erlaß eines Besatzungsstatutes vor der Ausarbeitung der Verfassung unterstützten, gewannen sie natürlich ein weiteres Argument für die Provisoriumslösung, denn, so lautete bekanntlich die Argumentation, unter Besatzungsherrschaft war die Schaffung einer echten Verfassung aus eigenem, freiem Willen nicht möglich. Insofern wurde Dokument Nr. III vielfach als der Dreh- und Angelpunkt der Dokumente angesehen. Die Länder der Bizone besaßen an dem Statut als solchem, wie dargelegt, ein eher sekundäres Interesse. Aus ihrer Sicht war die Forderung nach einem Besatzungsstatut vor allem als Hilfe und Erleichterung für die Länder der französischen Zone gedacht und als ein Mittel, diese enger an die Doppelzone zu binden. Eine eigene Dimension erhielt der Erlaß eines Besatzungsstatutes im Zusammenhang mit der Südweststaatsfrage: Damit sollte eine Angleichung der Besatzungsverhältnisse bei den in verschiedenen Zonen liegenden Teilen des künftigen Gesamtlandes bewirkt werden. Da die Ländergrenzen bis zum Zusammentreten der Verfassunggebenden Versammlung festzustehen hatten, mußte auch das Besatzungsstatut, um eben diesen Zustand zu erreichen, so früh wie möglich erlassen werden. Eine solche Angleichung der Besatzungsverhältnisse an die der Bizone lag dabei freilich gleichzeitig auch im Interesse der von Baden angestrebten Alternativlösung, da der Trend zum Südweststaat nicht unwesentlich von dem Bestreben mitbestimmt war, sich französischer Besatzungsherrschaft zu entziehen.

Interessanterweise, obwohl die deutsche Forderung nach einem vorzeitigen Erlaß des Besatzungsstatutes nicht erfüllt wurde, nahm die Arbeit des Parlamentarischen Rates den Charakter echter Verfassungsberatungen an: Gerade dadurch, daß das weitere Procedere nach der Einigung in Frankfurt einen anderen Verlauf nahm als ursprünglich geplant (General Clay hatte seine Zusagen, die Deutschen über den Stand der Arbeiten am Besatzungsstatut auf dem laufenden zu halten, nicht einhalten können), waren die Beratungen in ihrer Disposition freier und näherten sich eben jener „Politik des Als-Ob", die der Liberale Theodor Heuß schon zu Beginn der Beratungen über die „Frankfurter Dokumente" propagiert hatte.

## 3. Gesamtbewertung

Eine Gesamtbeurteilung der Vorgänge und Entscheidungen im Juli 1948 muß zunächst von der Betrachtung von Ausgangssituation und Perspektive der Besatzungsmächte auf der einen und derjenigen der deutschen Akteure auf der anderen Seite ausgehen. Sowohl was den außenpolitischen Bezugsrahmen als auch die Binnenstruktur des Kreises der Entscheidungsträger auf beiden Seiten anbelangt, zeigen sich auffallende Parallelen, aber ebenso gravierende Unterschiede, die von ausschlaggebender Bedeutung für den Verlauf der Entscheidungsfindung waren. Der *außenpolitische Bezugsrahmen* war durch die Entstehung des Ost-West-Konfliktes vorgegeben. Für die Londoner Mächte war hier die Position eindeutig. Sie wurde bestimmt durch die politische Konzeption der westlichen Führungsmacht USA, deren Perspektive vorrangig durch die machtpolitische Auseinandersetzung mit der Sowjetunion geprägt war. Darin eingebettet war eine klare Zukunftsperspektive für Westdeutschland: Aus amerikanischer Sicht sollten die Entscheidungen der Londoner Sechsmächtekonferenz zur Bildung eines westdeutschen Staates führen, begründet durch eigenen deutschen Willen, dem im Rahmen der Containment-Politik eine entscheidende Rolle zugedacht war. Die Londoner Beschlüsse wurden dann zwar als „Empfehlungen" deklariert, den Deutschen jedoch in Wirklichkeit feste, wenn auch wenig klare Vorgaben gemacht. Lediglich die Möglichkeit zu gewissen Modifikationen wurde eingeräumt, eine Veränderung ihres grundsätzlichen Charakters aber war ausgeschlossen. Dies wiederum führte zu Mißverständnissen auf deutscher Seite. Die Binnenstruktur der Londoner Konferenzteilnehmer zeichnete sich aus durch einen französisch-angelsächsischen, im besonderen französisch-amerikanischen Gegensatz in der Behandlung der deutschen Frage. Im Hinblick auf Frankreich wurde das Londoner Programm als ein unteilbares Ganzes formuliert, um ein Ausscheren in Teilbereichen zu verhindern und die vollständige Durchführung der Beschlüsse zu gewährleisten. Die politischen Gegensätze auf der Londoner Konferenz hatten aber darüber hinaus zur Folge, daß die beteiligten Mächte sich nur über mehr oder weniger allgemeine Richtlinien, sowohl für die Ausarbeitung einer Verfassung als auch in bezug auf die Durchführung einer Ländergrenzenreform, festzulegen vermochten, Maßgaben, die, wie sich zeigen sollte, den deutschen Willensbildungsprozeß außerordentlich erschwerten und – in der Ländergrenzenfrage – erheblich dazu beitrugen, das Zustandekommen einer konkreten Lösung zu verhindern.

Die deutsche Position gegenüber den „Frankfurter Dokumenten" war von einer noch vielschichtigeren Problematik bestimmt: Die außenpolitische Perspektive war für die Deutschen weit weniger eindeutig, als sie aus alliierter Sicht erschien. Größten Einfluß auf die Lagebeurteilung besaß die Berlinfrage. Neben der Haltung der Berliner Vertreter war es deshalb die Berlinblockade, die die Entscheidung für ein westdeutsches Staatsgebilde „drastisch veränderten politisch-psychologischen Bedingungen" aussetzte[56]. Berlin war als der Ort der direkten Konfrontation der Siegermächte im Juli 1948 der Brennpunkt des Ost-West-Konfliktes. Hinter der damals in der Bevölkerung verbreiteten Kriegsfurcht stand die Angst, daß es über die Berlinfrage zu einer globalen Auseinandersetzung zwischen den Vereinigten Staaten und der Sowjetunion kommen könnte. Auch wenn Deutschland nur Objekt in der internationalen Politik war, bestand deshalb die Verpflichtung, nach einem eigenen Weg zu suchen, der den Interessen des deutschen Volkes und einer Entspannung der politischen Lage in Europa diente (Maier). Selbst bei einer klaren Parteinahme für den Westen gab es Überlegungen, mittels einer Neutralisierung Westdeutschlands dieses wenigstens aus den machtpolitischen Auseinandersetzungen der Weltmächte herauszuhalten (Kaisen).

Im Zusammenhang mit den „Frankfurter Dokumenten" konnte aus deutscher Sicht nur spekuliert werden, inwieweit und in welcher Art die Berlinfrage Einfluß auf die Haltung der Westalliierten ausüben würde. Unsicherheit bestand dabei über die Bereitschaft der Westmächte, Berlin zu halten. Nicht ganz von der Hand zu weisen war die Möglichkeit, daß die Westalliierten wegen der Situation in Berlin geneigt sein könnten, Zugeständnisse in der staatsrechtlichen Frage zu machen. Daneben gab es Gerüchte, daß die Westmächte wegen der Berlinverhandlungen sich bereit erklären könnten, die weitere Behandlung der Londoner Beschlüsse auszusetzen[57]. Die Furcht, daß die Westalliierten für die Freigabe Berlins von ihren Weststaatsplänen zurücktreten würden, warnte ebenfalls davor, sich frühzeitig festzulegen. Auch die noch vage bestehende Möglichkeit einer generellen Einigung der Siegermächte über das deutsche Problem konnte die Vorbereitungen für eine staatliche Konsolidierung Westdeutschlands hinfällig machen. Gerade die französische Nationalversammlung hatte die „Londoner Empfehlungen" unter dem ausdrücklichen Vorbehalt angenommen, daß weiterhin Anstrengungen unternommen würden, zu einer Vier-Mächte-Vereinbarung zu gelangen.

---

[56] Krieger, General Lucius D. Clay, S. 373.
[57] HStAD, NW 53, Nr. 656, Aachener Nachrichten vom 2. 8. 1948. Britische Akten belegen, daß es tatsächlich von britischer Seite (Robertson) einen Vorstoß gegeben hat, die Gespräche mit der Sowjetunion wieder aufzunehmen. Befürchtungen dieser Art waren also durchaus nicht unbegründet. Zum „Robertson-Plan" vgl. Steininger, Verzicht auf die Einheit, S. 88 ff.

Insbesondere die Aussicht auf Viererbesprechungen wegen Berlins hat dazu beigetragen, in Koblenz eine Lösung zu suchen, die nach keiner Richtung den Weg verbaute. Die Situation in Berlin benutzte der amerikanische General Clay seinerseits, um nach dem Koblenzer Ergebnis Druck auf die westdeutschen Regierungschefs auszuüben. Hatte er am 14. Juni noch davon gesprochen, daß Berlin unter allen Umständen gehalten werde, ließ er nach den Koblenzer Beschlüssen genau das Gegenteil anklingen. Außerdem soll er den Ministerpräsidenten – mit einiger Logik – entgegengehalten haben, daß ihre zögernde Haltung sich eher kontraproduktiv auf die Stellung der Alliierten in Berlin auswirke. Aussicht auf Erfolg konnte nur eine geschlossene und feste Haltung des Westens haben.

Die Unsicherheit über die weitere Entwicklung legte es also nahe, eine definitive Entscheidung zumindest zunächst hinauszuschieben. Sie konnte umgekehrt aber auch gerade ein unbedingtes Interesse an einer möglichst raschen staatlichen Konsolidierung und einer Einbindung des freien Teiles Deutschlands in das westliche Lager begründen. Nur dann konnten die Deutschen, wie ihnen von amerikanischer Seite nahegelegt wurde, „zu einem aktiv mitgestaltenden Faktor werden und verhindern", daß sie „bei weiterer Unsicherheit der internationalen Lage ‚herumgeschubst' würden"[58]. Nachdem der Berliner Oberbürgermeister selbst die Westdeutschen zu dieser Lösung ermutigt hatte, wuchs denn auch die Bereitschaft der Ministerpräsidenten, sich dieser Alternative zuzuwenden, zu der sich nicht wenige schon weit früher bekannt hatten: Unter diesen teilte Ministerpräsident Hans Ehard die im rheinischen Katholizismus wurzelnde Überzeugung Peter Altmeiers, daß Westdeutschland auf der Seite des Westens stehend die Funktion eines Bollwerks zu erfüllen habe, das einen Damm gegen die kommunistische Flut bilden müsse. Nach diesem Verständnis war das klare Bekenntnis zum Westen, und zu Europa im besonderen, keine rein geographische Orientierung, sondern Europa stand als Synonym für „alle durch den Bolschewismus bedrohten Werte des Christentums, der Tradition, der personalen Freiheit"[59]. Diese Überzeugung schloß eine klare Option für den westdeutschen Staat ein. Doch waren damit erhebliche Vorleistungen verbunden, zumal in einem solchen Falle die Frage nach dem militärischen Schutz für diesen westdeutschen Staat noch keinesfalls geklärt war. Deshalb war auch ein Abzug der Besatzungsstreitkräfte aus den Zonen durchaus unerwünscht. Daß auch auf westdeutscher Seite sicherheitspolitische Erwägungen eine Rolle spielten, zeigen etwa Ausarbeitungen in der bayerischen Staatskanzlei.

Noch im Juli 1948, als die Deutschen definitiv zur Entscheidung über die Staatsgründung aufgefordert wurden, mußte diese also aus ihrer Sicht noch immer nicht eine endgültige Option zwischen Ost und West beinhalten. Die Ministerpräsidenten mochten auch deshalb die innenpolitischen Aspekte ihrer Beschlüssen bewußt in den Vordergrund gestellt haben. Das Koblenzer Provisoriumskonzept war insoweit eine Antwort auf die internationale Lage. Es beinhaltete den Versuch, trotz der schon aus wirtschaftlichen Gründen unumgänglichen einseitigen Anlehnung an den Westen eine aktive Parteinahme in den Ost-West-Auseinandersetzungen zu vermeiden. Eine Wiederanknüpfung des Fadens in der die deutsche Perspektive dominierenden Frage der deutschen

---

[58] AdsD, PV Bestand Schumacher, J 79 I, Bericht W. Brandts an den SPD-Parteivorstand in Hannover Nr. 85 vom 17. 8. 1948.

[59] Schwarz, Vom Reich zur Bundesrepublik, S. 419.

## 3. Gesamtbewertung

Einheit würde nur möglich sein, wenn man jede scharfe Frontstellung gegenüber der östlichen Führungsmacht Sowjetunion vermied, die den Schlüssel für eine Lösung in der Hand hielt.

Eine zentrale Rolle spielte aber auch das deutsch-französische Verhältnis: Die Lösung der deutschen Frage, die nur innerhalb einer europäischen Neuordnung zu finden sein würde, mußte auch die deutsch-französischen Beziehungen neu ordnen. Die französische Militärregierung hatte ihrerseits versucht, eine deutsch-französische Allianz als Alternative zu einem USA-dominierten Westblock anzubieten. In der Situation des Juli 1948 deutete sich somit eine Konstellation an, die eine unterschiedliche Perspektive zwischen Amerikanern und Deutschen in der internationalen Politik begründete: Für die Deutschen wurde und blieb die Tatsache der nationalen Teilung ein konstitutives Merkmal ihrer Außenpolitik. Von daher sollte das Verhältnis zur Sowjetunion einen besonderen Stellenwert besitzen und die Frankreich- beziehungsweise Europapolitik zu einem zweiten starken Pfeiler werden neben dem Bekenntnis zur atlantischen Gemeinschaft und dem Bündnis mit dem Vereinigten Staaten.

Die *Binnenstruktur* der deutschen Entscheidungsträger schließlich war geprägt durch Interessengegensätze unter den Ländern, außerdem durch den Gegensatz zwischen Föderalisten und Zentralisten sowie zwischen Landes- und Parteipolitik, dabei überwölbt von einer schwierigen psychologischen Situation („Hypothek der Fremdbestimmung und der Teilung"[60], permanenter Zwang zur Rechtfertigung deutschlandpolitischer Entscheidungen, der kommunistischen Einheitspropaganda aus dem Osten, aber auch der westdeutschen Öffentlichkeit gegenüber). Eine entscheidende Ursache für den Verlauf der Beratungen über die „Frankfurter Dokumente" ist jedenfalls darin zu suchen, daß die Sichtweise der Besatzungsmächte derjenigen der Deutschen diametral entgegengesetzt war: War bei ersteren die internationale Perspektive vorherrschend unter Fehleinschätzung der innerdeutschen Situation, stand auf deutscher Seite wiederum die innenpolitische Perspektive im Vordergrund bei Fehleinschätzung politischer Optionen vor dem Hintergrund der internationalen Lage und der Intentionen der Besatzungsmächte[61].

Als Folge dieser Diskrepanz haben die Ministerpräsidenten mit ihren Koblenzer Entscheidungen die politische Konzeption der westlichen Führungsmacht, die sich in den Londoner Verhandlungen durchgesetzt hatte – für Clay offenkundig unerwartet –, aus den Angeln gehoben und ihre ursprüngliche Zielsetzung zunichte gemacht: 1. Die Koblenzer Beschlüsse haben sich weit mehr der französischen als der angelsächsischen Position angenähert. 2. Der vor allem von den Sozialdemokraten, das heißt in erster Linie von Carlo Schmid in die Koblenzer Beschlüsse eingebrachte Akzent, daß alle Verantwortung klar erkennbar bei den Alliierten liegen müsse, brachte die amerikanische Konzeption zu Fall, derzufolge ein aus eigener deutscher Verantwortung, aus der Souveränität des deutschen Volkes erwachsener, westdeutscher Staat eine wichtige Rol-

---

[60] Ders., Die außenpolitischen Grundlagen, S. 44.
[61] Ähnlich Gimbel, Amerikanische Besatzungspolitik, S. 274; vgl. dazu auch Troeger, Interregnum, S. 91: das Ergebnis der Konferenz vom 26. Juli sei ein „Rückzug der Deutschen" gewesen, „der in dieser breiten Front nicht notwendig geworden wäre, wenn man sich früher intensiver um die außenpolitische Lage gekümmert und rechtzeitig nach der Meinung der Besatzungsmächte gefragt hätte".

le im Rahmen des Ost-West-Konfliktes spielen sollte. In der Ländergrenzenfrage wiederum wurden die französischen Zielsetzungen durchkreuzt: Besonders Frankreich hatte ein Interesse an einer Neugliederung der deutschen Länder besessen, die möglichst zu einem Zeitpunkt stattfinden sollte, zu dem sie sich noch unter der Kontrolle der Besatzungsmächte vollzog. Nicht nur die kaum zu vereinbarenden Interessengegensätze der Länder untereinander, sondern auch der Argwohn gegenüber französischen Territorialplänen hatten die Ministerpräsidenten bestimmt, eine Reform zurückzustellen.

Wie wenig die Londoner Mächte ihrerseits die spezifischen innerdeutschen Verhältnisse einkalkuliert oder beachtet haben, bewies nicht nur die Problematik um die Ländergrenzenreform. Gerade hier aber zeigt sich außerdem, wie stark sie in diesem Punkt offenbar geneigt waren, eigene Verhältnisse auf die deutsche Situation zu übertragen: Die territoriale Einteilung der Vereinigten Staaten oder auch Frankreichs hatte sich unter völlig anderen Bedingungen vollzogen. Der deutsche Föderalismus aber setzte nach 1945 erneut retardierende wie vorwärtsdrängende Tendenzen frei, wobei beide Richtungen jeweils Argumente geltend machten, die – zumal, wenn sie sich, wie auch in der Verfassungsfrage, auf den Inhalt der Dokumente beriefen – zwar Gültigkeit beanspruchen konnten, aber nicht auf einen Nenner zu bringen waren. Der Widerstreit zentralistischer und föderalistischer Kräfte machte einen so schnellen Abschluß der Beratungen, wie in Dokument Nr. II vorgesehen, nicht möglich. Vor dem Hintergrund dieses Gegensatzes erhielt das Koblenzer Provisoriumskonzept neben dem einheitspolitischen Vorbehalt aus dem innerdeutschen Willensbildungsprozeß heraus eine zusätzliche Dimension: Die Entscheidung zur Errichtung eines nur vorläufigen staatsähnlichen Gebildes schuf in der westdeutschen Innenpolitik den notwendigen Konsens, indem sie über diesen gesamtdeutschen Vorbehalt die föderalistische und die zentralistische Anschauung zu integrieren vermochte. Indem auch die Föderalisten dieses Konzept unterstützten, gelang es ihnen, auf unverdächtige Weise eine maßgebliche Mitwirkung der Länder beim Zustandekommen des neuen Staatswesens zu sichern, was in dieser Form vielleicht nicht möglich gewesen wäre, hätte man sich von vornherein zu einem echten westdeutschen Staat bekannt und ihn dann konsequenterweise auf dem „zentralistischen" Weg über eine Nationalversammlung oder Verfassunggebende Versammlung ins Leben gerufen.

Die letztendliche Alternativlosigkeit zur Weststaatskonzeption ist häufig betont worden[62]. In der damaligen Situation gab es, aus der rein innerdeutschen Perspektive, theoretisch zwei Möglichkeiten: 1. Ein weiteres Durchwursteln wie bisher. Dies hätte vielleicht weniger für die Bizone, vor allem aber für die Länder der französischen Zone einen fortschreitenden Niedergang zur Folge gehabt. 2. Die klare Entscheidung zur Gründung eines westdeutschen Staates. Dies aber hätte nach außen hin bedeutet, a.) einem „Diktat" der Siegermächte scheinbar widerspruchslos Folge zu leisten, b.) ohne Zögern den letzten Schritt zur deutschen Teilung zu tun und die Verantwortung dafür vor dem eigenen Volk und der Geschichte übernehmen zu müssen, c.) sich dem Trommelfeuer sowjetischer Propaganda auszusetzen, die angesichts der angeblichen Willfährigkeit westdeutscher Entscheidungsträger gegenüber

---

[62] Gruner, Londoner Sechsmächtekonferenz, S. 159; Pikart, Auf dem Weg zum Grundgesetz, S. 171; Morsey, Entscheidung für den Westen, S. 11.

den Besatzungsmächten auch in den Westzonen möglicherweise Erfolge gehabt und einen neuen Nationalismus geschürt hätte, d.) eine Entscheidung zu treffen ohne Rücksicht auf die Situation Berlins und eine noch schwer einzuschätzende internationale Entwicklung. Die Lösung schien darin zu liegen, eine „mittlere Linie"[63] zwischen beiden Alternativen zu finden, die die deutsche Frage offenhielt und dennoch einen Schritt nach vorn wagte.

Unter den Ländern wie unter den Parteien wurde also schließlich der „Konsensus über die Herbeiführung einer neuen politischen Ordnung in den Westzonen [...] auf der Basis eines Formelkompromisses gefunden: man distanzierte sich terminologisch von einer Lösung, über die substanziell ein Einverständnis bestand – die Gründung eines (provisorischen) *Staates* auf dem Gebiet der Westzonen"[64]. Diese Lösung vermochte die Gefahren der zweiten Alternative zu umschiffen und gleichzeitig einen innerdeutschen Interessenausgleich auf dem Generalnenner des Provisoriums herbeizuführen. Wenn dieses Provisoriumskonzept in idealer Weise geeignet schien, den Gegensatz Föderalismus–Zentralismus zu überbrücken, war es doch nicht mehr als ein oberflächlicher Konsens, eine – um Johannes Volker Wagner zuzustimmen – „Fassade der Einigkeit"[65], die sich schon an der unterschiedlichen Interpretation des Begriffes „Provisorium" bemerkbar machte: Während Carlo Schmid, auf den dieses Konzept und damit die Koblenzer Beschlüsse maßgeblich zurückzuführen waren, von einem organisatorischen Provisorium ausging, hatten diejenigen Regierungschefs, die auf diese Linie eingeschwenkt waren trotz ihrer Überzeugung, daß so etwas wie ein staatliches Konstrukt unvermeidbar sein würde (Ehard, Kaisen, Brauer, Maier), darunter mehr ein zeitliches oder inhaltliches Provisorium verstanden.

Insofern war Koblenz sozusagen eine unentbehrliche Zwischenetappe, um zunächst einen innerdeutschen Grundkonsens zu formulieren und diesen geschlossen nach außen zu vertreten. Hinweise auf Zweifel daran, daß die Koblenzer Beschlüsse vor den Militärgouverneuren Bestand haben würden, gibt es genügend. Äußerungen verschiedener Ministerpräsidenten in Koblenz deuteten an, daß sich die Regierungschefs ihrer Sache keineswegs sicher, sondern durchaus auf Rückschläge gefaßt waren. Koblenz könnte insofern auch als eine Zwischenstation verstanden werden, in der die Ministerpräsidenten „gepokert" haben, um ihren und den Spielraum der Militärgouverneure auszuloten[66]. Nach John Gimbel waren die Ministerpräsidenten „zweifellos durch die diversen Vorinformationen, die alle drei Militärregierungen unterderhand gegeben hatten, dazu verleitet worden zu glauben, daß eine Verzögerung weitere Informationen und/oder Zugeständnisse erbringen werde"[67]. So betrachtet war das Koblenzer Ergebnis sicherlich auch das Resultat einer falschen Einschätzung des eigenen Verhandlungsspielraumes. Das vermeintliche Maß an politischer Bewegungsfreiheit war den Deutschen von alliierter Seite auf vielfältige Weise (Bezeichnung „Londoner Empfehlungen", Wortwahl in den Dokumenten, die den Eindruck eines Ultimatums vermeiden

---

[63] „Wir suchten alle den einzig möglichen Weg der mittleren Linie"; Maier, Erinnerungen, S. 61.
[64] Sörgel, Konsensus und Interessen, S. 17.
[65] Wagner, Deutschland nach dem Krieg, S. 50, 52.
[66] Vgl. auch Morsey, Entscheidung für den Westen, S. 11.
[67] Gimbel, Amerikanische Besatzungspolitik, S. 276.

sollte, nicht zuletzt durch aktive Beeinflussung) suggeriert worden[68]. Der Sinn der Koblenzer Beschlüsse lag deshalb auch in dem Bestreben, von den Westalliierten als Verhandlungspartner anerkannt zu werden[69], indem sie der alliierten Konzeption eine deutsche Konzeption entgegenstellten, unabhängig von der Frage ihrer Durchsetzbarkeit. Öffentliche Stellungnahmen der Ministerpräsidenten belegen, wie sehr ihnen daran gelegen war, die Beratungen als ein in Gang befindliches Gespräch zwischen beiden Seiten darzustellen, in dem „die Standpunkte gegeneinander abgeklärt" worden seien und wobei sich eine „Annäherung" ergeben habe. Auch nach der Klarstellung durch die Generäle am 20. Juli haben sie dem Eindruck entgegenzuwirken versucht, daß es sich nur um eine bedingungslose Annahme der Londoner Beschlüsse handeln könnte, beziehungsweise daß die Ministerpräsidenten ihren Koblenzer Standpunkt auf alliierten Einspruch hin hätten aufgeben müssen[70]. Tatsächlich aber verfolgten die Westalliierten eine Politik, die, wie Hans-Peter Schwarz schreibt, darauf hinauslief, „das westdeutsche Potential zwar auszunützen, ohne aber dafür aufs erste den Deutschen viel politischen Spielraum zu gewähren oder sie gar als Partner anzuerkennen. Sie wurden kurzfristig vor schon getroffene Entscheidungen gestellt, hatten die Möglichkeit, durch vorsichtig geäußerte Wünsche geringfügige Modifikationen zu erreichen, sahen sich aber weiterhin in der Position der Unterworfenen, die von wortkargen Generälen an knapper Leine geführt wurden"[71]. Gerade das Erkennen der im Grunde unwürdigen Rolle, die den Deutschen in der alliierten Politik zugedacht war, hat sogar vereinzelt dazu geführt, sich noch nachträglich mit den Koblenzer Entscheidungen zu solidarisieren.

Kaum etwas spricht für die Annahme, daß Koblenz eine echte Alternative zu den „Frankfurter Dokumenten" darstellen sollte[72]. Durch die Tatsache, daß die Koblenzer Beschlüsse einstimmig gefaßt worden waren und daher als Repräsentation eines ein-

---

[68] Troeger, Interregnum, S. 89, zitiert Äußerungen Max Brauers gegenüber Clay: „Wenn Sie jetzt sagen, wir hätten die (anglo-amerikanische) Politik für Deutschland durchkreuzt und die französische Abwehrstellung gestärkt, dann dürften Sie nicht mit uns verhandeln oder müßten uns darüber vorher verständigen. Wenn man die deutschen Minister-Präsidenten zu Gegenvorschlägen auffordert, dann muß man bereit sein, über solche Gegenvorschläge zu verhandeln. Sonst hätte man befehlen sollen oder sagen müssen, inwieweit die Empfehlungen der Londoner Beschlüsse ultimativ sind."
[69] Vgl. HStAS, EA 1/3, Nr. 545, Dpd-Information vom 15.7.1948: Im Gespräch mit Wahrhaftig und Bolten von der amerikanischen Militärregierung hatten Erich Ollenhauer und Carlo Schmid ausdrücklich darauf hingewiesen, daß die Koblenzer Beschlüsse jede Verhandlungsmöglichkeit offenließen und die Deutschen Wert darauf legten, als Gesprächspartner akzeptiert zu werden. Außerdem könne man den Deutschen in Anbetracht der ungeklärten Lage – mögliche Viererbesprechungen über Berlin – nicht zumuten, uneingeschränkt für die Politik der Westmächte Partei zu ergreifen. Auch über die Haltung der Franzosen bestehe weitgehend Unklarheit.
[70] Vgl. HStAD, NW 53, Nr. 661, Vermerk von Gumppenbergs vom 31.7.1948: Hierin zählt er ausdrücklich die „sehr wesentlichen alliierten Konzessionen" auf, denen ein Abweichen von Koblenz nur in „einigen Punkten von nicht allzu wesentlicher Bedeutung" gegenüberstehe. Nach außen am deutlichsten sei hervorgetreten, daß dem Begriff „Grundgesetz" die Bezeichnung „Vorläufige Verfassung" beigegeben worden sei. Dies stelle jedoch keine materielle Änderung dar.
[71] Schwarz, Vom Reich zur Bundesrepublik, S. 556.
[72] Dazu Giesselmann, Koblenzer Beschlüsse.

heitlichen deutschen Volkswillens geltend gemacht werden konnten, glaubten sich die Ministerpräsidenten den Militärgouverneuren gegenüber in einer günstigen Verhandlungsposition, aus der heraus sie versuchen wollten, Zugeständnisse zu erringen. Die Herausgabe eines Kommuniqués nach dem Abschluß der Koblenzer Konferenz verfolgte den Zweck, frühzeitig an die Öffentlichkeit zu gehen, um eine Ablehnung durch die Generäle zusätzlich zu erschweren[73]. Auch in den Landesparlamenten ist die einstimmige Beschlußfassung der Ministerpräsidenten als großer Erfolg und die erreichte Verständigung mit den Militärgouverneuren als Resultat zweiseitiger Verhandlungen gewürdigt worden.

Gerade die Einigung der Ministerpräsidenten untereinander in Koblenz ist zunächst als eine bislang nicht erreichte Leistung zu werten und auch von diesen selbst so gesehen worden[74]. Um das Verdienst der Ministerpräsidenten ermessen zu können, muß auch der große Zeitdruck, die kurze Zeitspanne, die für die zu treffenden Entscheidungen zur Verfügung stand, berücksichtigt werden. Unter Beachtung aller dieser Faktoren dürfte die Interpretation des Weges von den Koblenzer Beschlüssen zu den Ergebnissen der Rüdesheimer Konferenz als eine „kaum verhüllte Kapitulation" gegenüber den Militärgouverneuren der Leistung der Ministerpräsidenten nicht ganz gerecht werden. Auch kann man dann zwischen der Koblenzer und der Rüdesheimer Konferenz keinen „entscheidenden Bruch"[75] erkennen. Zuzustimmen ist eher der Interpretation Thilo Vogelsangs, daß den Ministerpräsidenten „die Bedeutung der Schwenkung („the trend at Rüdesheim") durchaus bewußt" gewesen sei, doch ihnen „andererseits Koblenz nach knapp zwei Wochen nur mehr als eine Etappe im fortgeführten Gespräch mit den Generälen" gegolten habe. Auch die Weigerung, anzuerkennen, daß Rüdesheim etwas qualitativ wesentlich anderes darstelle, als in Koblenz beschlossen worden sei (z. B. Ehard), deute darauf hin, daß „die innere Einstimmung auf den Kernstaatsgedanken und die aktive deutsche Mitwirkung [...] daher in diesen Julitagen – und zwar auf beiden Konferenzen – schon tiefer und fortgeschrittener gewesen" sein müsse, „jedenfalls tiefer, als daß in Rüdesheim noch der Versuch unternommen worden wäre, die eindringliche Konfrontation mit der gesamtdeutschen Situation, wie sie Carlo Schmid gegeben hatte, überhaupt zu diskutieren". Der eigentliche Zwang, auch hierin ist Vogelsang beizupflichten, habe darin gelegen, „angesichts substanzgefährdender wirtschaftlicher und organisatorischer Unzulänglichkeiten mit Hilfe des Angebots der Alliierten das bisherige Interregnum zu beenden und in Zusammenarbeit mit ihnen zu einem Optimum staatlicher Formen zu gelangen"[76]. Insofern ist Carlo Schmid als der einzige wirkliche Verlierer anzusehen, der in Rüdesheim tatsächlich, im Sinne von Hans-Peter Schwarz, „kapitulieren" mußte. Der im Grunde

---

[73] Düwell, Rittersturz-Konferenz, S. 427f.
[74] Vgl. HStAD, NW 53, Nr. 659, Schreiben Arnolds an Altmeier vom 16.7.1948: Hier gab Arnold seiner Genugtuung Ausdruck über das „Ergebnis der Konferenz, so allgemein befriedigend und schnell auch von Optimisten kaum erwartet", und lobte den „Geist der Verantwortung und des wechselseitigen Vertrauens, der über den Koblenzer Beratungen gewaltet" habe.
[75] Schwarz, Vom Reich zur Bundesrepublik, S. 608. Gimbel, Amerikanische Besatzungspolitik, S. 287, kritisiert an der These von Schwarz, daß er „die Koblenzer Beschlüsse nicht als den Kompromiß, der er war" erkannt und „gewisse Vorzeichen für einen Durchbruch" nicht beachtet habe, „die vor der Konferenz in Rüdesheim schon sichtbar wurden".
[76] Vogelsang, Koblenz, Berlin und Rüdesheim, S. 178f.

unflexiblen staats- und völkerrechtlichen Betrachtungsweise Carlo Schmids, der den Koblenzer Beschlüssen seinen Stempel aufzudrücken vermochte, stand der pragmatische, von praktischen Erfordernissen geprägte Kurs der Regierungschefs gegenüber, der das Einschwenken auf die Linie der Militärgouverneure entscheidend erleichterte.

Zwischen den Konferenzen von London und Koblenz kann man vor diesem Hintergrund gewisse Parallelen erkennen: Wie das Londoner Ergebnis als ein Kompromiß und unteilbares Ganzes den Deutschen übermittelt wurde, so war auch das Koblenzer Ergebnis ein Kompromiß unter den Ländern und zwischen Ländern und Parteien, den es möglichst geschlossen aufrechtzuerhalten galt, einesteils verhandlungstaktisch gegenüber den Besatzungsmächten, andererseits, aus der Sicht der Länder, um errungene Positionen im eigenen Interesse zu halten und um den mühsamen Abstimmungsprozeß nicht erneut beginnen lassen zu müssen.

Daß die Ministerpräsidenten nach der Konferenz vom 20. Juli entschieden, weiterhin von den Ergebnissen der Koblenzer Konferenz auszugehen, resultiert also nicht nur daraus, vor der Öffentlichkeit das Gesicht waren zu wollen[77]. Die Sorge um einen Prestigeverlust angesichts der teils massiven Kritik der Presse hat gleichwohl eine nicht unwesentliche Rolle gespielt[78]. Während sich die Presse im allgemeinen bis zum Sommer 1948 ziemlich zurückgehalten hatte, mehrten sich im Zusammenhang mit der Berlinblockade die Stimmen, die zu einer Staatsgründung im Westen drängten. Ähnlich wie Erik Reger, der Herausgeber des Berliner „Tagesspiegel", hat sich auch Ernst Friedländer von der „Zeit" frühzeitig für den „Kernstaatsgedanken" eingesetzt[79]. Kritik sahen sich die Ministerpräsidenten vor allem durch ersteren ausgesetzt, der die zögernde Haltung der Ministerpräsidenten heftig kritisierte und den Regierungschefs, ähnlich wie der „Rheinische Merkur" oder die „Zeit", Verantwortungsscheu und Konzeptionslosigkeit vorhielt. Reger ging sogar so weit, den Ministerpräsidenten „Sabotage" vorzuwerfen[80]. Angriffen des Kommentators von Radio München, Walter Kube, gegenüber hat sich der bayerische Landtag zur öffentlichen Stellungnahme gezwungen gesehen. Das Koblenzer Provisoriumskonzept mußte einerseits der westdeutschen Öffentlichkeit gegenüber verteidigt werden, andererseits diente es „gleichzeitig der Abwehr ostzonaler Propagandavorwürfe"[81].

Entscheidend für die Rüdesheimer Kurskorrektur war die Haltung der Berliner Vertreter auf dieser Konferenz. In Koblenz hatte Louise Schröder sich an die politische Linie der Stadtverordnetenversammlung gehalten, die in ihrer Sitzung am 17. Juni auf die Gefahren einer westdeutschen Teillösung für Berlin verwiesen und den Magistrat beauftragt hatte, sich für die Durchführung freier Wahlen zu einer Verfassunggebenden Nationalversammlung in ganz Deutschland einzusetzen[82]. Schon an der Reaktion der Konferenzteilnehmer in Rüdesheim ließ sich ablesen, welchen Umschwung die Rede

---

[77] So auch Wagner, Deutschland nach dem Krieg, S. 52; Vogelsang, Koblenz, Berlin und Rüdesheim, S. 175.
[78] Vgl. Morsey, Entscheidung für den Westen, S. 18.
[79] Dazu Schwarz, Vom Reich zur Bundesrepublik, S. 402–405.
[80] „Der Prüfstein", Der Tagesspiegel vom 4.7. 1948; „Rittersturz-Politiker", Der Tagesspiegel vom 11.7. 1948; „Die andere Seite", Der Tagesspiegel vom 18.7. 1948; „Westdeutschlands Aufgabe", Der Tagesspiegel vom 27. 7.1948; „Deutsche Tabu-Politik", Die Zeit vom 29.7. 1948.
[81] Morsey, Entscheidung für den Westen. S. 19.
[82] Hirschfeld/Reichhardt (Hrsg.), Ernst Reuter, Bd. 3, Einleitung, S. 51.

Ernst Reuters bei den Ministerpräsidenten bewirkte. Reinhold Maier hat es damals offen ausgesprochen, daß die Rücksichtnahme auf Berlin diejenigen Ministerpräsidenten, die im Grunde bereit gewesen wären, über das Provisoriumskonzept hinauszugehen, zur Zurückhaltung bewogen habe. Reuters Plädoyer für einen dynamischen Kernstaat im Westen hat einen Teil des psychischen Drucks von den Ministerpräsidenten genommen. Seine Stellungnahme ist um so mehr als die bedeutende und mutige Leistung eines einzelnen zu werten, als er eben nicht, wie er in Rüdesheim behauptete, die Haltung aller Berliner Parteien wiedergab. Diese Aussage hatte seiner Stellungnahme in Rüdesheim noch besonderes Gewicht verleihen sollen. Reuter gab bestenfalls die Auffassung der Berliner Sozialdemokraten wieder, die sich seit dem Auftritt Louise Schröders in Koblenz gewandelt hatte, während die CDU diese Haltung nicht teilte[83]. Nach seiner Rückkehr nach Berlin sah sich Reuter allerdings nicht nur in der Sitzung des Magistrats vom 28. Juli den Attacken der Kommunisten, sondern auf der SPD-Vorstandssitzung vom selben Tage auch Angriffen von Parteifreunden und dem Vorwurf, seine Kompetenzen überschritten zu haben, ausgesetzt, was ihn veranlaßte, seine Haltung in Rüdesheim in einer Rede auf dem Landesparteitag der Berliner SPD Ende Juli 1948 zu verteidigen[84].

Das Konzept der Sowjetunion, durch die mit „technischen Schwierigkeiten" begründete Blockade die Westmächte aus der Stadt verdrängen und zur Aufgabe ihrer Pläne für einen westdeutschen Staat zwingen zu wollen, sollte sich somit im nachhinein als schwere taktische Fehlkalkulation erweisen. Gerade von Berlin ging die Aufforderung zu entschlossenem Handeln aus, um in einem starken, politisch organisierten Westdeutschland Rückhalt in seinem Freiheitskampf zu finden. Die Äußerungen Reuters in Rüdesheim waren dabei das Ergebnis zunehmenden Drucks auf Berlin, so daß also auch dort ein Stellungswechsel eintrat, der die Diskrepanz zwischen der Rede Louise Schröders in Koblenz und Reuters Plädoyer in Rüdesheim erklärlich machte. Umfragen der amerikanischen Militärregierung ergaben, daß auch die Berliner Bevölkerung mehrheitlich einer staatlichen Zusammenfassung im Westen zustimmte, doch waren die Gegenstimmen in West-Berlin fast doppelt so hoch wie in den übrigen Befragungsgebieten (amerikanische Zone und Bremen). Bezeichnenderweise betrachteten diejenigen West-Berliner, die eine provisorische Westregierung befürworteten, diese als einen Schritt zur Wiedererlangung der deutschen Einheit, während in der amerikanischen Zone der Aspekt, wieder zu einer eigenen deutschen Regierung für den Westen zu kommen, dominierte. Analog maßen die in Berlin Befragten einer Unterscheidung zwischen der Bezeichnung „Regierung" oder nur „Verwaltung" im Unterschied zu denen aus der amerikanischen Zone eine weit größere Bedeutung zu[85]. Die geographische Lage Berlins, das innerhalb der sowjetischen Besatzungszone lag, hatte eine andere Perspektive als die der Westzonen zur Folge[86].

---

[83] Vgl. Vogelsang, Koblenz, Berlin und Rüdesheim, S. 172 f.; Schwarz, Vom Reich zur Bundesrepublik, S. 611. Bei der Berliner CDU stieß Reuters Eintreten für einen westdeutschen Kernstaat und seine Behauptung, im Namen aller Parteien zu sprechen, auf energischen Widerspruch. ACDP, V-006, Nr. 145, Protokoll über die Fraktionssitzung am 27.7.1948.
[84] Hirschfeld/Reichhardt (Hrsg.), Ernst Reuter, Bd. 3, S. 53, S. 798, Anm. 311, S. 799, Anm. 312.
[85] Merritt, Public Opinion, S. 255 (report No. 136), S. 262 (report No. 143).
[86] Ähnlich auch Schwarz, Die außenpolitischen Grundlagen, S. 55.

In Rüdesheim also wurden diejenigen Ministerpräsidenen, die sich in Koblenz noch zurückgehalten hatten, durch die Rede Ernst Reuters in ihrer Entscheidung bestärkt, in Westdeutschland ein echtes Staatswesen zu schaffen. Wenn sich jetzt „diejenige Gruppe der Länderchefs" durchsetzte, „die entschlossen war, das alliierte Angebot anzunehmen"[87], sollte die Bereitschaft zum Einschwenken jedoch den Militärgouverneuren erst in letzter Sekunde zu erkennen gegeben werden. So oder so erwarteten die Ministerpräsidenten jedoch, mit den Militärgouverneuren rasch zu einer Einigung zu kommen. Die Sorgen um Berlin und die deutsche Teilung waren durch die Stellungnahme Reuters zwar gemildert worden, die Ministerpräsidenten damit jedoch nicht aus ihrer Verantwortung vor dem deutschen Volk und vor der Geschichte entlassen. Das Problem der deutschen Einheit war ohne Zweifel die „schwierigste Hürde [...], die für die verantwortlichen deutschen Politiker auf dem Weg zum Grundgesetz und dem Weg zur Konstituierung der Bundesrepublik Deutschland zu nehmen war"[88]. Im innerdeutschen Abstimmungsprozeß stand die Alternative „Weststaat oder Provisorium" in dieser Form aber eigentlich gar nicht zur Debatte: Selbst die Länder, die von Anfang an ein echtes Staatsgebilde befürwortet hatten, besaßen ein Interesse an der Aufrechterhaltung des Provisoriumskonzeptes, da es, wie dargelegt, eine entscheidende Funktion im Rahmen eines innerdeutschen Interessenausgleichs besaß. Unklar war lediglich, ob es sich um ein organisatorisches, räumliches oder inhaltliches Provisorium handeln sollte. Daß sich letztlich das Verständnis von einem zeitlichen Provisorium durchgesetzt zu haben scheint, zeigt sich schon daran, daß Carlo Schmid, dessen Vorbehalte gegenüber den „Frankfurter Dokumenten" am größten gewesen sein dürften, zu den eifrigsten Mitarbeitern im Parlamentarischen Rat gehören sollte, der ein „Grundgesetz" erarbeitete, dem Züge eines „inhaltlichen" Provisoriums kaum mehr anhafteten.

Ab Rüdesheim wandelte sich die „deutsche Frage" definitiv von dem Willen der Aufrechterhaltung der deutschen Einheit zum Fernziel der Wiedererlangung der deutschen Einheit. Was blieb, auch schon für die westdeutschen Ministerpräsidenten während ihrer Beratungen in Koblenz und Rüdesheim, war die „Magnettheorie", die Hoffnung auf die Wirkung der politischen und wirtschaftlichen Anziehungskraft des Westens, der die vierte Besatzungszone Deutschlands auf die Dauer nicht würde widerstehen können. Gut vierzig Jahre später hat die Geschichte den Grundsatzentscheidungen und Hoffnungen der Ministerpräsidenten im Juli 1948 recht gegeben.

---

[87] Morsey, Entscheidung für den Westen, S. 19.
[88] Pikart, Auf dem Weg zum Grundgesetz, S. 172.

# Abkürzungen

| | |
|---|---|
| ACDP | Archiv für Christlich-Demokratische Politik, St. Augustin |
| AdsD | Archiv der sozialen Demokratie, Bonn-Bad Godesberg |
| AOFAA | Archives de l'Occupation Française en Allemagne et en Autriche, Colmar |
| APZG | Aus Politik und Zeitgeschichte |
| BA | Bundesarchiv Koblenz |
| BayHStA | Bayerisches Hauptstaatsarchiv, München |
| DA | Deutschland-Archiv |
| GiW | Geschichte im Westen |
| GWU | Geschichte in Wissenschaft und Unterricht |
| HStAD | Hauptstaatsarchiv Düsseldorf |
| HStAH | Hauptstaatsarchiv Hannover |
| HStAS | Hauptstaatsarchiv Stuttgart |
| HStAW | Hauptstaatsarchiv Wiesbaden |
| LA | Landesarchiv |
| LArchS | Landesarchiv Schleswig |
| LHA Ko | Landeshauptarchiv Koblenz |
| NDB | Neue Deutsche Biographie |
| NL | Nachlaß |
| NPL | Neue Politische Literatur |
| PV | Parteivorstand |
| PVS | Politische Vierteljahresschrift |
| StAB | Staatsarchiv Bremen |
| StAD | Staatsarchiv Darmstadt |
| StAF | Staatsarchiv Freiburg |
| StA Hbg | Staatsarchiv Hamburg |
| StAS | Staatsarchiv Sigmaringen |
| StK | Staatskanzlei |
| VfZ | Vierteljahrshefte für Zeitgeschichte |

# Quellen

## Ungedruckte Quellen

Bundesarchiv Koblenz
Büro der Ministerpräsidenten des amerikanischen,
britischen und französischen Besatzungsgebietes (Z 12)
Deutsches Büro für Friedensfragen (Z 35)
Nachlaß Hermann Louis Brill (NL 86)

Archiv für Christlich-Demokratische Politik, St. Augustin
Fraktion des Abgeordnetenhauses Berlin (V-006)
NL Bruno Dörpinghaus (I-009)
NL Georg Strickrodt (I-085)
NL Ulrich Steiner (I-247)

Archiv der sozialen Demokratie, Bonn-Bad Godesberg
Parteivorstand der SPD, Bestand Kurt Schumacher
Bestand SPD-Fraktion Niedersachsen
Bestand Landesverband Schleswig-Holstein
Nachlaß Wilhelm Kaisen
Nachlaß Hermann Louis Brill

Institut für Zeitgeschichte, München
Nachlaß Wilhelm Hoegner (ED 120)

Archives de l'Occupation Française en Allemagne et en Autriche, Colmar/Frankreich
Bestand Commissariat pour le Land Bade – Section Politique

Staatsarchiv Freiburg
Bestand Badischer Landtag (A 1)
Bestand Badische Staatskanzlei (A 2)
Bestand Badisches Ministerium des Innern (A 3;
Einsichtnahme nur teilweise möglich)
Bestand Badisches Justizministerium (A 4)
Bestand Badisches Ministerium der Wirtschaft und Arbeit (A 7)

Bayerisches Hauptstaatsarchiv, München
Abt.II
Bestand Akten der Bayerischen Staatskanzlei
Bestand Der Bayerische Bevollmächtigte beim Länderrat in Stuttgart
Bestand der Akten der amerikanischen Militärregierung für Bayern (OMGBy)
Abt.V
Presseausschnittarchiv
Nachlaß Anton Pfeiffer

Bayerische Staatsbibliothek, München
Nachlaß Karl Schwend (Ana 308)

Staatsarchiv Bremen
Bestand 3 (Senatsregistratur), Erste Schicht (1875–1958)
Bestand 3/4 (Handakten Kaisen)
Bestand 7,144 (Nachlaß Adolf Ehlers)
Bestand 16,1/2 (Office of Military Government for Bremen)

Staatsarchiv Hamburg
Bestand Senatskanzlei II
Bestand Staatliche Pressestelle V

Hessisches Hauptstaatsarchiv Wiesbaden
  Bestand Staatskanzlei (Abt.502)
  Bestand Der Hessische Minister der Finanzen (Abt.506); Abt.506, Zug. 1/1960
  Bestand Der Hessische Minister für Wirtschaft und Verkehr (Abt.507)
  OMGUS Hesse. Akten der amerikanischen Militärregierung für
  Hessen. Michrofiches (Abt.649)
Hessisches Staatsarchiv Darmstadt
  Nachlaß Christian Stock (Abt.027)
Niedersächsisches Hauptstaatsarchiv Hannover
  Bestand Ministerpräsident – Staatskanzlei (Nds.50)
  Bestand Akten des Ministeriums des Innern (Nds.100)
  Bestand Ministerium für Wirtschaft und Verkehr (Nds.500)
Niedersächsischer Landtag Hannover
  Ordner Ausschuß für Haushalt und Finanzen, 1. Wahlperiode: Niederschriften über die Sitzungen des Ausschusses für Haushalt und Finanzen
  Ordner Grenzlandausschuß, 1. Wahlperiode: Niederschriften über die Sitzungen des Grenzlandausschusses des niedersächsischen Landtages
Hauptstaatsarchiv Düsseldorf
  Abt.3 (Ministerialarchiv)
  Ministerpräsident – Staatskanzlei
  NW 30
  NW 53
  NW 22 (Landespresse- und Informationsamt)
  NW 115 (Landespresse- und Informationsamt)
  Ministerium für Bundesangelegenheiten
  NW 97
Landtag Nordrhein-Westfalen
  Landtag Nordrhein-Westfalen, 1. Wahlperiode: Protokolle
  des Hauptausschusses, Bd. II. 18.–59. Sitzung vom 9.3. 1948 bis 16.6. 1950
Landeshauptarchiv Koblenz
  Sammlung Gustav Wolff (700, 145)
Landesarchiv Speyer
  Nachlaß Franz Bögler (V 52)
Landesarchiv Schleswig
  Abt. 601 (Parlamentsmaterialien)
  Abt.605 (Staats-, Landes-, Präsidialkanzlei)
  Abt.399.69 (Nachlaß Richard Schenck)
Hauptstaatsarchiv Stuttgart
  Bestand EA 1 (Staatsministerium)
  Bestand EA 1/2 (Vertretung Württemberg-Badens beim Länderrat)
  Bestand EA 1/3 (Vertretung Württemberg-Badens bei der Verwaltung des Vereinigten Wirtschaftsgebietes in Frankfurt am Main)
  Bestand EA 1/11 (Deutsches Büro für Friedensfragen 1946–1949)
  Bestand EA 1/16 ( Abteilung Vereinigtes Wirtschaftsgebiet
  bzw. trizonale Angelegenheiten 1946–1951)
  Bestand EA 1/20 ( Ablieferung 1964, 1965, 1969)
  Bestand Q 1/8 (Nachlaß Reinhold Maier)
  Bestand Nationalarchiv Washington RG 260 OMGUS (Akten der
  amerikanischen Militärregierung für Württemberg-Baden)
Staatsarchiv Sigmaringen
  Bestand Staatskanzlei Württemberg-Hohenzollern (Wü 2)
  Bestand Innenministerium Württemberg-Hohenzollern (Wü 40)

Bestand Finanzministerium Württemberg-Hohenzollern (Wü 120)
Bestand Wirtschaftsministerium Württemberg-Hohenzollern (Wü 140)
Bestand Arbeitsministerium Württemberg-Hohenzollern (Wü 180)

# Gedruckte Quellen

Konrad-Adenauer-Stiftung (Hrsg.): Konrad Adenauer und die CDU der britischen Besatzungszone 1946–1949. Dokumente zur Gründungsgeschichte der CDU Deutschlands. Bearb. von Helmuth Pütz. Bonn 1975.

Akten zur Vorgeschichte der Bundesrepublik Deutschland 1945–1949, Bd. 1–5. Hrsg. vom Bundesarchiv und Institut für Zeitgeschichte, bearb. von Hans-Dieter Kreikamp, Günter Plum, Bernd Steger, Walter Vogel, Christoph Weisz, Wolfram Werner. München 1976–1983.

Albrecht, Willy (Hrsg.): Kurt Schumacher. Reden – Schriften – Korrespondenzen 1945–1952. Berlin 1985.

„Baden als Bundesland". Denkschrift des Heimatbundes Badenerland an den Sachverständigen-Ausschuß für die Neugliederung des Bundesgebiets. Waldkirch i. Br. (o. J.).

Badische Neueste Nachrichten. 3. Jg., 1948.

Badische Zeitung. 3. Jg., 1948.

Benz, Wolfgang (Hrsg.): „Bewegt von der Hoffnung aller Deutschen". Zur Geschichte des Grundgesetzes. Entwürfe und Diskussionen 1941–1949. München 1979.

Brommer, Peter (Bearb.): Quellen zur Geschichte von Rheinland-Pfalz während der französischen Besatzung März 1945 bis August 1949. Boppard 1984.

Department of State (Hrsg.): Germany 1947–1949. The Story in Documents. Washington 1950.

Entscheidungen des Bundesverfassungsgerichts. Hrsg. von den Mitgliedern des Bundesverfassungsgerichts, Bd. 2. Tübingen 1953.

Foreign Relations of the United States. 1948. Bd. II: Germany and Austria. Washington 1973.

Der Gouverneur erinnert sich: Ein Interview mit Claude Hettier de Boislambert. In: Jahrbuch für westdeutsche Landesgeschichte 11 (1985), S. 323–332.

Grass, Karl Martin/Franz-Josef Heyen : Peter Altmeier: Reden 1946–1951. Boppard 1979.

Hannoversche Neueste Nachrichten, April – August 1948.

Hannoversche Presse, April – August 1948.

Hildebrandt, Armin (Bearb.): Nachlaß Christian Stock. Darmstadt 1982.

Ders. (Bearb.): Von Weimar bis Wiesbaden. Reden und Schriften von Christian Stock (1884–1967). Darmstadt 1984.

Hölscher, Wolfgang (Bearb.): Nordrhein-Westfalen. Deutsche Quellen zur Entstehung des Landes 1945/46. Düsseldorf 1988.

Hofmann, Wilhelm (Bearb.): Reinhold Maier. Die Reden. Eine Auswahl. Stuttgart 1982.

Kaff, Brigitte (Bearb.): Die Unionsparteien 1946–1950. Protokolle der Arbeitsgemeinschaft der CDU/CSU Deutschlands und der Konferenzen der Landesvorsitzenden. Düsseldorf 1991.

Kaisen, Wilhelm: Bereitschaft und Zuversicht. Reden von Bürgermeister Wilhelm Kaisen. Bremen 1947.

Kanther, Michael (Bearb.): Die Kabinettsprotokolle der Landesregierung von Nordrhein-Westfalen 1946 bis 1950 (Ernennungsperiode und erste Wahlperiode). Siegburg 1992.

Koschnick, Hans (Hrsg.): Zuversicht und Beständigkeit. Wilhelm Kaisen. Eine Dokumentation. Bremen 1977.

Kultusminister des Landes Schleswig-Holstein/Landeszentrale für politische Bildung (Hrsg.): Bundesland Schleswig-Holstein. Grundgesetz und Landessatzung. Kiel 1985.

Loose, Hans-Dieter (Bearb.): Rückkehr aus der Emigration. Briefe Herbert Weichmanns aus Hamburg im Juni 1948. In: Zeitschrift des Vereins für Hamburgische Geschichte 67 (1981), S. 177–205.

Mensing, Hans Peter (Bearb.): Konrad Adenauer. Briefe. Bd. 2: 1947–1949. Berlin 1984.

Meyer-Braun, Renate: „Rebell" Wilhelm Kaisen. Sein Verhältnis zum SPD-Vorstand im Spiegel eines Briefwechsels zwischen Alfred Faust und Fritz Heine aus den Jahren 1950 bis 1956. In: Bremisches Jahrbuch 67 (1989), S. 109–139.

Mühlhausen, Walter (Hrsg.): Ludwig Bergsträsser: Befreiung, Besatzung, Neubeginn. Tagebuch des Darmstädter Regierungspräsidenten 1945–1948. München 1987.

Niedersächsische Rundschau. Wochenschrift der Christlich-Demokratischen Union. 2. Jg. (1947), 3. Jg. (1948).

Die Not des Landes Niedersachsen. Mit einem Vorwort von Georg Strickrodt. In: Neues Archiv für Niedersachsen, Bd. 3 (1949), S. 305–325.

Der Parlamentarische Rat 1948–1949. Akten und Protokolle. Bd. 1: Vorgeschichte. Bearb. von Johannes Volker Wagner, Bd. 4: Ausschuß für das Besatzungsstatut. Bearb. von Wolfram Werner. Boppard 1975 und 1989.

Pollock, James/James H. Meisel/Henry L. Bretton: Germany under Occupation. Illustrative Materials and Documents. Ann Arbor 1949.

Quellen zur Geschichte Schleswig-Holsteins. Teil III: Von 1920 bis zur staatlichen Neuordnung nach dem zweiten Weltkrieg. Hrsg. v. Institut f. Regionale Forschung und Information im Deutschen Grenzverein e. V. und dem Landesinstitut Schleswig-Holstein für Praxis und Theorie der Schule. Kiel 1982.

Ernst Reuter. Schriften, Reden. Hrsg. von Hans E. Hirschfeld und Hans J. Reichhardt, Bd. 3, bearb. von Hans J. Reichhardt. Berlin 1974.

Schwäbische Zeitung, Ausgabe Tübingen. 4. Jg. 1948.

Scriverius, Dieter: Demontagen im Land Nordrhein-Westfalen 1946 bis 1951. Spezialinventar zu den im nordrhein-westfälischen Hauptstaatsarchiv in Düsseldorf vorhandenen Demontage-Akten. Siegburg 1981.

Smith, Jean Edward (Hrsg.): The Papers of General Lucius D. Clay: Germany 1945–1949. 2 Bde. Bloomington 1974.

SPD-Wochenschrift für Sozialismus und Demokratie, 2. Jg. (1947), 3. Jg. (1948).

Stammen, Theo (Hrsg.): Einigkeit und Recht und Freiheit. Westdeutsche Innenpolitik 1945–1955. München 1965.

Steininger, Rolf (Bearb.): Die Ruhrfrage 1945/46 und die Entstehung des Landes Nordrhein-Westfalen. Britische, französische und amerikanische Akten. Düsseldorf 1988.

Stenographische Berichte über die Sitzungen der Landtage:
Baden: Badischer Landtag. 1. Session 1947–48. Stenographische Berichte. Freiburg i. Br. o. J. (1948).

Bayern: Verhandlungen des Bayerischen Landtags. II. Tagung 1947/48. Stenographische Berichte. Bd. II, Teil 2. München o. J. (1947/48).

Bremen: Verhandlungen der Bremischen Bürgerschaft vom Jahre 1947 und 1948. Bremen o. J. (1947/48).

Hamburg: Stenographische Berichte über die Sitzungen der Bürgerschaft zu Hamburg im Jahre 1947 und 1948. Hamburg 1947/48.

Hessen: Drucksachen des Hessischen Landtags. Abt.III: Stenographische Berichte über die Plenarsitzungen. 1.Wahlperiode 1946–1950. Bd.2. Wiesbaden o.J. (1948).

Niedersachsen: Niedersächsischer Landtag Hannover. Stenographische Berichte, 1. Wahlperiode, Bd.II. Hannover o.J. (1948).

Nordrhein-Westfalen: Landtag für Nordrhein-Westfalen. 1. Wahlperiode. Stenographische Berichte über die Sitzungen des Landtages Nordrhein-Westfalen. Düsseldorf o.J. (1948).

Rheinland-Pfalz: Landtag Rheinland-Pfalz, I.Wahlperiode, Drucksachen. Abt.II: Stenographische Protokolle. Koblenz 1948.

Schleswig-Holstein: Schleswig-Holsteinischer Landtag. Wortprotokolle der Sitzungen des ersten gewählten Schleswig-Holsteinischen Landtages. Bd. 2 und 3. Kiel o.J. (1948).

Württemberg-Baden: Verhandlungen des Württemberg-Badischen Landtags. Wahlperiode 1946–1950, Protokoll-Bd. III und IV. Stuttgart 1947/48.

Württemberg-Hohenzollern: Verhandlungen des Landtags für Württemberg-Hohenzollern. Protokoll Bd.2. Tuttlingen 1948.

Troeger, Heinrich: Interregnum. Tagebuch des Generalsekretärs des Länderrats der Bizone (1947–1949). Hrsg. von Wolfgang Benz und Constantin Goschler. München 1985.

Ursachen und Folgen. Vom Deutschen Zusammenbruch 1918 und 1945 bis zur staatlichen Neuordnung Deutschlands in der Gegenwart. Eine Urkunden- und Dokumentensammlung. Hrsg. und bearb. von Herbert Michaelis und Ernst Schraepler unter Mitwirkung von Günter Scheel. Berlin o.J. Bd.25: Der Zerfall der alliierten Koalition.

Das neue Vaterland. Halbmonatsschrift der Demokratischen Volkspartei. 3.Jg., Stuttgart 1948.

Verhandlungen zwischen dem Senate und der Bürgerschaft (Bremen) vom Jahre 1946–1947 und 1948. Bremen 1947/48.

Verhandlungen zwischen Senat und Bürgerschaft (Hamburg), Jg.1947 und 1948. Hamburg 1947/48.

Weitzel, Kurt: Zwei pfälzische Dokumente zur Entstehung von Rheinland-Pfalz 1946. In: Blätter für deutsche Landesgeschichte 121 (1985), S.449–464.

# Literatur

## Allgemeines

Adenauer, Konrad: Erinnerungen, Bd. 1: 1945–1953. Stuttgart 1965.
Benz, Wolfgang: Föderalistische Politik in der CDU/CSU. Die Verfassungsdiskussion im „Ellwanger Kreis" 1947/48. In: VfZ 25 (1977), S. 776–820.
Ders.: Grundgesetz der Alliierten? Die Entscheidung für die Staatsgründung im Sommer 1948. In: Die politische Meinung 24 (1979) H. 184, S. 6–17.
Casdorff, Claus Hinrich (Hrsg.): Demokraten. Profile unserer Republik. Königstein/Ts. 1983.
Clay, Lucius D.: Entscheidung in Deutschland. Frankfurt/M. 1950.
Deuerlein, Ernst: Die historischen und philosophischen Grundlagen des föderativen Prinzips. Bonn 1972.
Eschenburg, Theodor: Der bürokratische Rückhalt. In: Löwenthal/Schwarz (Hrsg.): Die zweite Republik, S. 64–94.
Ders.: Regierung, Bürokratie und Parteien 1945–1949. Ihre Bedeutung für die politische Entwicklung der Bundesrepublik. In: VfZ 24 (1976), S. 58–74.
Ders.: Jahre der Besatzung 1945–1949. Stuttgart 1983.
Foelz-Schroeter, Marie Elise: Föderalistische Politik und nationale Repräsentation 1945–1947. Westdeutsche Länderregierungen, zonale Bürokratien und politische Parteien im Widerstreit. Stuttgart 1974.
Först, Walter (Hrsg.): Die Länder und der Bund. Beiträge zur Entstehung der Bundesrepublik Deutschand. Essen 1989.
Foschepoth, Josef (Hrsg.): Kalter Krieg und Deutsche Frage. Deutschland im Widerstreit der Mächte 1945–1952. Göttingen 1985.
Ders./Rolf Steininger (Hrsg.): Britische Deutschland- und Besatzungspolitik 1945–1949. Paderborn 1985.
Ders.: Zur deutschen Reaktion auf Niederlage und Besatzung. In: Herbst (Hrsg.): Westdeutschland 1945–1955, S. 151–165.
Fritsch-Bournazel, Renata: Mourir pour Berlin? Die Wandlungen der französischen Ost- und Deutschlandpolitik während der Blockade 1948/49. In: VfZ 35 (1987), S. 171–192.
Giesselmann, Werner: Die Koblenzer Beschlüsse vom 10. Juli 1948 – eine Alternative zur Weststaatsgründung. In: GWU 38 (1987), S. 334–351.
Gimbel, John: Die Konferenzen der deutschen Ministerpräsidenten 1945–1949. In: APZG B 31/71, S. 3–28.
Ders.: Amerikanische Besatzungspolitik in Deutschland 1945–1949. Frankfurt/M. 1971.
Gruner, Wolf D.: Die Londoner Sechsmächtekonferenz von 1948 und die Entstehung der Bundesrepublik Deutschland. In: Großbritannien und Deutschland. Europäische Aspekte der politisch-kulturellen Beziehungen beider Länder in Geschichte und Gegenwart. Hrsg. von Ortwin Kuhn. München 1974, S. 139–165.
Heitzer, Horstwalter: Die CDU in der britischen Zone 1945–1949. Gründung, Organisation, Programmatik und Politik. Düsseldorf 1988.
Henke, Klaus-Dietmar: Politik der Widersprüche. Zur Charakterisierung der französischen Militärregierung in Deutschland nach dem zweiten Weltkrieg. In: Scharf/Schröder (Hrsg.): Die Deutschlandpolitik Frankreichs und die französische Zone, S. 49–89.
Hennings, Almuth: Der unerfüllte Verfassungsauftrag. Die Neugliederung des Bundesgebiets im Spannungsfeld politischer Interessengegensätze. Heidelberg 1983.
Herbst, Ludolf (Hrsg.): Westdeutschland 1945–1955. Unterwerfung, Kontrolle, Integration. München 1986.
Huber, Ernst Rudolf: Deutsche Verfassungsgeschichte seit 1789, Bd. I: Reform und Restauration 1789 bis 1830. Stuttgart 1957.
Hudemann, Rainer: Französische Besatzungszone 1945–1952. In: Scharf/Schröder (Hrsg.): Die Deutschlandpolitik Frankreichs und die französische Zone, S. 205–248.

Ders.: Wirkungen französischer Besatzungspolitik: Forschungsprobleme und Ansätze zu einer Bilanz. In: Herbst (Hrsg.): Westdeutschland 1945–1955, S. 167–181.
Kaack, Heino: Geschichte und Struktur des deutschen Parteiensystems. Opladen 1971.
Krieger, Wolfgang: General Lucius D. Clay und die amerikanische Deutschlandpolitik 1945–1949. Stuttgart 1987.
Kube, Alfred/Thomas Schnabel: Südwestdeutschland und die Entstehung des Grundgesetzes. Hrsg. von der Landeszentrale für politische Bildung Baden-Württemberg und dem Haus der Geschichte Baden-Württemberg. Villingen-Schwenningen 1989.
Landeszentrale für politische Bildung Nordrhein-Westfalen (Hrsg.): Der schwierige Weg zur Demokratie. Die Bundesrepublik vor 40 Jahren. Düsseldorf 1990.
Lange, Erhard H. M.: Bestimmungsfaktoren der Föderalismusdiskussion vor Gründung der Bundesrepublik. Zur geistig-politischen Vorformung des Grundgesetzes. In: APZG B 2–3 (1974), S. 9–29.
Ders.: Die Länder und die Entstehung des Grundgesetzes. Teil 1: Die verfassungspolitische Lage vor Beginn der Beratungen des Parlamentarischen Rates. In: GiW 4 (1989), S. 145–159. Teil 2: Der Einfluß der Ministerpräsidenten auf den Parlamentarischen Rat. In: GiW 5 (1990), S. 55–68.
Leusser, Claus: Ministerpräsidentenkonferenzen seit 1945. In: Festschrift zum 70. Geburtstag von Hans Ehard. Hrsg. von Hanns Seidel. München 1957, S. 60–84.
Löwenthal, Richard/Hans-Peter Schwarz (Hrsg.): Die zweite Republik. 25 Jahre Bundesrepublik Deutschland – eine Bilanz. Stuttgart 1974.
Merkl, Peter H.: Die Entstehung der Bundesrepublik Deutschland. Stuttgart 1965.
Merritt, Anna J. und Richard L.: Public Opinion in Occupied Germany. The OMGUS-Surveys, 1945–1949. Urbana 1970.
Mohr, Arno: Politische Identität um jeden Preis? Zur Funktion der Landesgeschichtsschreibung in den Bundesländern. In: NPL 35 (1990) H. 2, S. 222–274.
Ders.: Landesgeschichte als Politikum. Zur Funktion der Landesgeschichtsschreibung in den Bundesländern. In: GiW 7 (1992) H. 1, S. 17–22.
Morsey, Rudolf: Entscheidung für den Westen. Die Rolle der Ministerpräsidenten in den drei Westzonen im Vorfeld der Bundesrepublik Deutschland 1947–1949. In: Westfälische Forschungen 26 (1974), S. 1–24.
Ders.: Verfassungsschöpfung unter Besatzungsherrschaft – Das Werk des Parlamentarischen Rates. In: Stationen auf dem Weg zum Grundgesetz, S. 83–100.
Mühlhausen, Walter/Cornelia Regin (Hrsg.): Treuhänder des deutschen Volkes. Die Ministerpräsidenten der westlichen Besatzungszonen nach den ersten freien Landtagswahlen. Politische Porträts. Melsungen 1991.
Pikart, Eberhard: Auf dem Weg zum Grundgesetz. In: Löwenthal/Schwarz (Hrsg.): Die zweite Republik, S. 149–176.
Post, Oswald: Zwischen Sicherheit und Wiederaufbau. Die Ruhrfrage in der alliierten Diskussion 1945–1949. Gießen 1986.
Rothstein, Siegmar: Die Londoner Sechsmächtekonferenz 1948 und ihre Bedeutung für die Gründung der Bundesrepublik Deutschland. Diss. Freiburg 1968.
Ders.: Die Voraussetzungen der Gründung der Bundesrepublik Deutschland 1948/49. Eichholz 1969.
Ders.: Gab es eine Alternative? Zur Vorgeschichte der Gründung der Bundesrepublik Deutschland. In: APZG B 20/69, S. 3–62.
Scharf, Claus/Hans-Jürgen Schröder (Hrsg.): Die Deutschlandpolitik Frankreichs und die französische Zone 1945–1949. Wiesbaden 1983.
Schieder, Theodor: Vom Deutschen Bund zum Deutschen Reich. Stuttgart $^9$1970.
Schwarz, Hans-Peter: Die außenpolitischen Grundlagen des westdeutschen Staates. In: Löwenthal/Schwarz (Hrsg): Die zweite Republik, S. 28–63.
Ders.: Vom Reich zur Bundesrepublik. Deutschland im Widerstreit der außenpolitischen Konzeptionen in den Jahren der Besatzungsherrschaft 1945–1949. Stuttgart $^2$1980.
Sörgel, Werner: Konsensus und Interessen. Eine Studie zur Entstehung des Grundgesetzes für die Bundesrepublik Deutschland. Stuttgart 1969.
Stationen auf dem Weg zum Grundgesetz. Hrsg. vom Bundesrat. Bonn 1988.

Steininger, Rolf: Der Verzicht auf die Einheit: Die Westdeutschen und die Demokratiegründung unter besonderer Berücksichtigung der britischen Deutschlandpolitik. In: Landeszentrale für politische Bildung Nordrhein-Westfalen (Hrsg.): Der schwierige Weg zur Demokratie, S. 75–100.
Storbeck, Anna Christine : Die Regierungen des Bundes und der Länder seit 1945. München 1970.
Strauss, Walter: Die gesamtdeutsche Aufgabe der Ministerpräsidenten während des Interregnums 1945 bis 1949. In: Festschrift zum 70. Geburtstag von Hans Ehard. Hrsg. von Hanns Seidel. München 1957, S. 85–96.
Vogelsang, Thilo: Koblenz, Berlin und Rüdesheim. Die Option für den westdeutschen Staat im Juli 1948. In: Festschrift für Hermann Heimpel zum 70. Geburtstag am 19. September 1971, Bd. I. Hrsg. von den Mitarbeitern des Max-Planck-Instituts für Geschichte. Göttingen 1971, S. 161–179.
Ders.: Das geteilte Deutschland. München [10]1980.
Wagner, Johannes Volker: Deutschland nach dem Krieg. Kapitulation, Neubeginn, Teilung. Eine illustrierte Dokumentation. Bochum 1975.
Westdeutschlands Weg zur Bundesrepublik 1945–1949. Beiträge von Mitarbeitern des Instituts für Zeitgeschichte. München 1976.
Wiesemann, Falk: Die Gründung des deutschen Weststaats und die Entstehung des Grundgesetzes. In: Westdeutschlands Weg zur Bundesrepublik, S. 118–134.
Willis, Roy: The French in Germany 1945–1949. Stanford 1962.
Wolfrum, Edgar: Das französische Besatzungsarchiv in Colmar. Quelle neuer Einsichten in die deutsche Nachkriegsgeschichte 1945–1955. In: GWU 40 (1989), S. 84–90.
Ders.: Französische und deutsche Neugliederungspläne für Südwestdeutschland 1945/46. In: Zeitschrift für die Geschichte des Oberrheins 137 (1989), S. 428–452.
Ders.: Französische Besatzungspolitik in Deutschland nach 1945. Neuere Forschungen über die „vergessene Zone". In: NPL 35 (1990) H. 1, S. 50–62.
Ders.: Französische Besatzungspolitik und deutsche Sozialdemokratie. Politische Neuansätze in der „vergessenen Zone" bis zur Bildung des Südweststaats 1945–1952. Düsseldorf 1991.
Wucher, Albert (Hrsg.): Wie kam es zur Bundesrepublik? Gespräche mit Männern der ersten Stunde. Freiburg i. Br. 1968.
Wylick, Christine van: Das Besatzungsstatut. Entstehung, Revision, Wandel und Ablösung des Besatzungsstatutes. Diss. Köln 1956.

# Baden

Bausinger, Hermann/Theodor Eschenburg u. a.: Baden-Württemberg. Eine politische Landeskunde. Stuttgart [2]1981.
Becker, Josef/Lothar Gall u. a.: Badische Geschichte. Vom Großherzogtum bis zur Gegenwart. Stuttgart 1979, S. 208–231.
Blickle, Peter/Günther Bradler u. a.: Von der Ständeversammlung zum demokratischen Parlament. Die Geschichte der Volksvertretungen in Baden-Württemberg. Stuttgart 1982.
Bosch, Manfred: Der Neubeginn. Aus deutscher Nachkriegszeit. Südbaden 1945–1950. Konstanz 1988.
Eschenburg, Theodor: Das Problem der Neugliederung der Deutschen Bundesrepublik, dargestellt am Beispiel des Südweststaates. Frankfurt/M. 1950.
Ders.: Baden 1945–1951, was nicht in der Zeitung steht. Darmstadt 1951 (anonym erschienen).
Ders.: Verfassung, Staat, Parteien. In: Theodor Pfitzer (Hrsg.): Baden-Württemberg. Staat. Wirtschaft. Kultur. Stuttgart 1963, S. 93–111.
Ders.: Die Entstehung Baden-Württembergs. In: Bausinger/Eschenburg u. a.: Baden-Württemberg, S. 41–63.
Feuchte, Paul: Verfassungsgeschichte von Baden-Württemberg. Stuttgart 1983.
Gilliar, Otto: Die Entstehung der badischen Verfassung vom 19. Mai 1947. In: Das Markgräfler-Land (1982) H.2, S. 3–43.
Hepp, Gerd: Der badische Landesteil in Baden-Württemberg. In: Becker/Gall u. a.: Badische Geschichte, S. 58–282.

Knauber, Karl-Heinz: Paul Zürcher. In: Ottnad, Bernd (Hrsg.): Badische Biographien. Neue Folge, Bd. II. Stuttgart 1987, S. 322–325.
Konstanzer, Eberhard: Die Entstehung des Landes Baden-Württemberg. Stuttgart 1969.
Kube, Alfred/Thomas Schnabel: Südwestdeutschland und die Entstehung des Grundgesetzes. Villingen-Schwenningen 1989.
Kuhn, Frieder: Der Landtag von (Süd-)Baden. In: Blickle/Bradler u. a.: Von der Ständeversammlung zum demokratischen Parlament, S. 285–295.
Laufer, Rudolf: Industrie und Energiewirtschaft im Land Baden 1945–1952. Südbaden unter französischer Besatzung. Freiburg 1979.
Maier, Hans: Aus der Gründungszeit der CDU Südbaden. In: Weinacht (Hrsg.): Gelb-rot-gelbe Regierungsjahre, S. 116–126.
Maier, Hans/Weinacht, Paul-Ludwig (Hrsg.): Humanist und Politiker. Leo Wohleb, der letzte Staatspräsident des Landes Baden. Heidelberg 1969.
Maier, Reinhold: Erinnerungen 1948–1953. Tübingen 1966.
Matz, Klaus-Jürgen: Baden und Württemberg. In: Först (Hrsg.): Die Länder und der Bund, S. 33–60.
Maunz, Theodor: Leo Wohleb und die badische Verfassung von 1947. In: Maier/Weinacht (Hrsg.): Humanist und Politiker, S. 75–82.
Müller, Gebhard: Die Entstehung des Bundeslandes Baden-Württemberg. In: Zeitschrift für Württembergische Landesgeschichte 36 (1977), S. 236–261.
Müller, Max: Zur Vorgeschichte der Gründung der badischen CDU in Freiburg/Br. In: Weinacht (Hrsg.): Leo Wohleb – der andere politische Kurs, S. 118–129.
Mußgnug, Reinhard: Die Anfänge Baden-Württembergs in verfassungsrechtlicher und verfassungsgeschichtlicher Sicht. In: Zeitschrift für Württembergische Landesgeschichte 43 (1984), S. 373–405.
Nüske, Gerd Friedrich: Die Rolle Württemberg-Hohenzollerns bei der Bildung des Südweststaates. In: Gögler/Richter (Hrsg.): Das Land Württemberg-Hohenzollern 1945–1952, S. 367–403.
Ders.: Der staatliche Wiederaufbau Südwestdeutschlands. Neue Aspekte der westalliierten Deutschlandpolitik 1945–1952. In: Beiträge zur Landeskunde Nr. 1 (Februar 1983), S. 1–9.
Sauer, Paul: Die Anfänge der Südweststaatdiskussion nach 1945. In: Schwäbische Heimat 28 (1977), S. 8–14.
Ders.: Die Entstehung des Bundeslandes Baden-Württemberg. Eine Dokumentation. Ulm 1977.
Ders.: Die Anfänge des Landes Baden-Württemberg. Politische, wirtschaftliche und kulturelle Aspekte. In: Zeitschrift für Württembergische Landesgeschichte 43 (1984), S. 355–371.
Schmid, Carlo: Erinnerungen. Bern 1979.
Schnabel, Thomas: Stellungnahmen der Landesregierungen und Landtage im Südwesten zur Verfassungsfrage (1948–1949). In: Kube/Schnabel: Südwestdeutschland und die Entstehung des Grundgesetzes, S. 44–74.
Weinacht, Paul-Ludwig (Hrsg.): Leo Wohleb – der andere politische Kurs. Dokumente und Kommentare. Freiburg 1975.
Ders.: Leo Wohleb und die südwestdeutsche Geschichtslegende. Zur Person eines badischen Politikers 20 Jahre nach seinem Tod. In: Ders. (Hrsg.): Leo Wohleb – der andere politische Kurs, S. 147–172.
Ders. (Hrsg.): Die CDU in Baden-Württemberg und ihre Geschichte. Stuttgart 1978.
Ders.: BCSV und CDU in Baden. In: Ders. (Hrsg.): Die CDU in Baden-Württemberg, S. 83–112.
Ders.: Land Baden (Südbaden). In: Becker/Gall u. a.: Badische Geschichte, S. 208–231.
Ders.: Neugliederungsbestrebungen im deutschen Südwesten und die politischen Parteien (1945–1951). In: Oberrheinische Studien V (1980), S. 329–354.
Ders.: Ursprung und Entfaltung christlicher Demokratie in Südbaden. Eine Chronik 1945–1981. Sigmaringen 1982.
Ders. (Hrsg.): Gelb-rot-gelbe Regierungsjahre. Badische Politik nach 1945. Sigmaringendorf 1988.
Ders.: Leo Wohleb. In: Mühlhausen/Regin (Hrsg.): Treuhänder des deutschen Volkes, S. 35–51.
Wieck, Hans Georg: Christliche und Freie Demokraten in Hessen, Rheinland-Pfalz, Baden und Württemberg 1945/46. Düsseldorf 1958.

# Bayern

Albrecht, Dieter: Hans Ehard (1887–1980). In: Aretz/Morsey/Rauscher (Hrsg.): Zeitgeschichte in Lebensbildern, Bd. 5. Mainz 1982, S. 266–280.
Baer, Fritz: Die Ministerpräsidenten Bayerns 1945–1962. Dokumentation und Analyse. München 1971.
Behr, Wolfgang: Sozialdemokratie und Konservativismus. Ein empirischer und theoretischer Beitrag zur regionalen Parteianalyse am Beispiel der Geschichte und Nachkriegsentwicklung Bayerns. Diss. Hannover 1969.
Benz, Wolfgang: Föderalistische Politik in der CDU/CSU. Die Verfassungsdiskussion im „Ellwanger Kreis" 1947/48. In: VfZ 25 (1977), S. 776–820.
Berberich, Walter: Die historische Entwicklung der CSU in Bayern bis zum Eintritt in die Bundespolitik. Diss. Würzburg 1965.
Bosl, Karl (Hrsg.): Bosls Bayerische Biographie. 8000 Persönlichkeiten aus 15 Jahrhunderten. Regensburg 1983.
Deuerlein, Ernst/Wolf-Dieter Gruner: Die politische Entwicklung Bayerns von 1945 bis 1972. In: Max Spindler (Hrsg.): Bayerische Geschichte im 19. und 20. Jahrhundert. 1800–1970, 1. Teilband: Staat und Politik. München 1978, S. 538–644.
Düding, Dieter: Ehard, Menzel und die Staatsform. Der Kompromiß über den Föderalismus. In: GiW 4 (1989), S. 135–144.
Gelberg, Karl-Ulrich: Hans Ehard. Die föderalistische Politik des bayerischen Ministerpräsidenten 1946–1954. Düsseldorf 1992.
Henke, Klaus-Dietmar/Hans Woller (Hrsg.): Lehrjahre der CSU. Eine Nachkriegspartei im Spiegel vertraulicher Berichte an die Militärregierung. Stuttgart 1984.
Kock, Peter Jakob: Bayerns Weg in die Bundesrepublik. Stuttgart 1983.
Mehringer, Hartmut: Waldemar von Knoeringen. Eine politische Biographie. Der Weg vom revolutionären Sozialismus zur sozialen Demokratie. München 1989.
Mintzel, Alf: Die CSU in Bayern: Phasen ihrer organisationspolitischen Entwicklung. In: PVS 13 (1972), S. 205–243.
Ders.: Die CSU in Bayern. In: Dittberner/Ebbighausen (Hrsg.): Parteiensystem in der Legitimationskrise. Studien und Materialien zur Soziologie der Parteien in der Bundesrepublik Deutschland. Opladen 1973, S. 349–426.
Ders.: Die CSU. Anatomie einer konservativen Partei 1945–1972. Opladen 1975.
Ders.: Geschichte der CSU. Ein Überblick. Opladen 1977.
Möckl, Karl: Die Struktur der CSU in Bayern in den ersten Jahren ihrer Gründung. In: Zeitschrift für bayerische Landesgeschichte 36 (1973), S. 719–753.
Morenz, Ludwig: Hans Ehard. In: Mühlhausen/Regin (Hrsg.): Treuhänder des deutschen Volkes, S. 95–114.
Morsey, Rudolf: Zwischen Bayern und der Bundesrepublik. Die politische Rolle des bayerischen Ministerpräsidenten Hans Ehard 1946–1949. In: Juristenzeitung 36 (1981), Nr. 11/12, S. 361–370.
Ders.: Hans Ehard (1887–1980). In: GiW 2 (1987), S. 71–89.
Ders.: Föderalismus im Bundesstaat. Die Rolle des bayerischen Ministerpräsidenten Hans Ehard in der Vor- und Frühgeschichte der Bundesrepublik Deutschland. In: Historisches Jahrbuch 108 (1988), S. 430–447.
Müchler, Günter: Zum frühen Verhältnis von CDU und CSU. In: Politische Studien 23 (1972), S. 595–613.
Ders.: CDU-CSU. Das schwierige Bündnis. München 1976.
Müller, Josef: Bis zur letzten Konsequenz. Ein Leben für Frieden und Freiheit. München 1975.
Niethammer, Lutz: Entnazifizierung in Bayern. Säuberung und Rehabilitierung unter amerikanischer Besatzung. Frankfurt/M. 1972.
Reuter, Christine: „Graue Eminenz der bayerischen Politik". Eine politische Biographie Anton Pfeiffers. München 1987.
Schreyer, Klaus: Bayern, ein Industriestaat. Die importierte Industrialisierung. Das wirtschaftliche Wachstum nach 1945 als Ordnungs- und Strukturproblem. München 1969.

Stelzle, Walter: Föderalismus und Eigenstaatlichkeit. Aspekte der bayerischen Innen- und Außenpolitik 1945–1947. Ein Beitrag zur Staatsideologie. Diss. München 1980.
Thränhardt, Dietrich: Wahlen und politische Strukturen in Bayern 1948–1953. Historisch-soziologische Untersuchungen zum Entstehen und zur Neuerrichtung eines Parteiensystems. Düsseldorf 1973.
Unger, Ilse: Die Bayernpartei. Geschichte und Struktur 1945–1957. Diss. Stuttgart 1979.
Wolf, Konstanze: CSU und Bayernpartei. Ein besonderes Konkurrenzverhältnis. 1948–1960. Köln 1982.
Zimmer, Annette: Demokratiegründung und Verfassungsgebung in Bayern. Die Entstehung der Verfassung des Freistaates Bayern von 1946. Frankfurt/M. 1987.
Zorn, Rudolf: Bayerns Geschichte im 20. Jahrhundert. Von der Monarchie zum Bundesland. München 1986.

## Bremen

Bagemihl, Lothar: Wilhelm Kaisen. In: Casdorff (Hrsg.): Demokraten, S. 163–170.
Bavendamm, Dirk: Hamburg und Bremen. In: Först (Hrsg.): Die Länder und der Bund, S. 61–74.
Brandt, Peter: Antifaschismus und Arbeiterbewegung. Aufbau – Ausprägung – Politik in Bremen 1945/46. Hamburg 1976.
Gillen, John F.: State and local government in West-Germany 1945–1953. With special reference to Bremen and the US-Zone. Heidelberg 1953.
Jansen, Hans G./Renate Meyer-Braun: Bremen in der Nachkriegszeit: 1945–1949. Politik – Wirtschaft – Gesellschaft. Bremen 1990.
Kaisen, Wilhelm: Meine Arbeit, mein Leben. München 1967.
Meyer-Braun, Renate: Die Bremer SPD 1949–1959. Eine lokal- und parteigeschichtliche Studie. Frankfurt/M. 1982.
Dies.: Wilhelm Kaisen. In: Mühlhausen/Regin (Hrsg.): Treuhänder des deutschen Volkes, S. 163–180.
Neumann, Klaus: Bremen: Hansestadt oder Unterweserstaat? Politische Bestrebungen am Beginn der Weimarer Republik. In: Bremisches Jahrbuch 69 (1990), S. 159–189.
Müller, Hartmut (Hrsg.): Begegnungen mit Wilhelm Kaisen. Bremen 1980.
Ders.: Bremen und Oldenburg. Freundnachbarliche Konfliktfelder in der Neuzeit (1648–1949). In: Oldenburger Jahrbuch 82 (1982), S. 1–32.
Overesch, Manfred: Der historisch-politische Stellenwert der Bremer Interzonenkonferenz vom Oktober 1946. In: Bremisches Jahrbuch 59 (1981), S. 57–84.
Röpcke, Andreas: Dienstberichte der Besatzungsmacht. Die zentralen Berichtsserien der amerikanischen Militärregierung in Bremen (1945–1949) als historische Quelle. In: Bremisches Jahrbuch 57 (1979), S. 289–316.
Ders.: Entstehung, Status und Verwaltung der amerikanischen Enklave Bremen. In: Bremisches Jahrbuch 66 (1988), S. 423–452.
Roth, Reinhold: Parteien und Wahlen in Bremen 1945–1975. In: Ders./Peter Seibt (Hrsg.): Etablierte Parteien im Wahlkampf. Studien zur Bremer Bürgerschaftswahl 1975. Meisenheim a. Gl. 1979, S. 9–64, hier insbesondere S. 15–27.
Stefanowsky, P.: Bremische Bürgerschaft 1946–1971. Bremen 1971.
Uhde, Reinhard: Die 1. Wahlperiode der Bremischen Bürgerschaft 1946–1947. Bremen 1976.

## Hamburg

Baare-Schmidt, H. G.: Das Groß-Hamburg-Gesetz und seine Folgen für Schleswig-Holstein und Hamburg. In: Lauenburgische Heimat N. F. (April 1978) H. 91, S. 52–56.
Balshaw, Hilary Ann: The British Occupation in Germany, 1945–1949, with Special Reference to Hamburg. Diss. Oxford 1972.

Bavendamm, Dirk: Hamburg und Bremen. In: Först (Hrsg.): Die Länder und der Bund, S. 61–74.
Blank, Bettina: Hamburgs Stellung in der Auseinandersetzung um die „Frankfurter Dokumente" im Juli 1948. Ein Beitrag zur Entstehung der Bundesrepublik Deutschland. In: Zeitschrift des Vereins für Hamburgische Geschichte 72 (1986), S. 139–170.
Bolland, Jürgen: Die Hamburgische Bürgerschaft in alter und neuer Zeit. Hamburg 1959.
Grobecker, Kurt/Hans-Dieter Loose/Erik Verg (Hrsg.): . . . mehr als ein Haufen Steine. Hamburg 1945–1949. Hamburg 1981.
Hagel, Jürgen: Auswirkungen der Teilung Deutschlands auf die deutschen Seehäfen. Eine statistisch-verkehrsgeographische Untersuchung. Marburg 1957.
Ipsen, Hans Peter: Hamburgs Verfassung und Verwaltung. Von Weimar bis Bonn. Hamburg 1956.
Jochmann, Werner/Hans-Dieter Loose (Hrsg.): Hamburg. Geschichte der Stadt und ihrer Bewohner, Bd. II: Vom Kaiserreich bis zur Gegenwart. Hamburg 1986.
Johe, Werner: Territorialer Expansionsdrang oder wirtschaftliche Notwendigkeit? Die Groß-Hamburg-Frage. In: Zeitschrift des Vereins für Hamburgische Geschichte 64 (1978), S. 149–180.
Jürgensen, Kurt: Brauer contra Lüdemann. Zur Auseinandersetzung um die norddeutsche Länderordnung im Jahre 1948. In: Zeitschrift des Vereins für Hamburgische Geschichte 68 (1982), S. 157–192.
Kramer, Alan: Demontagepolitik in Hamburg. In: Foschepoth/Steininger (Hrsg.): Britische Deutschland- und Besatzungspolitik, S. 265–280.
Lüth, Erich: Viele Steine lagen am Weg. Ein Querkopf berichtet. Hamburg 1966.
Ders.: Die Hamburger Bürgerschaft 1946–1971. Hamburg 1971.
Ders.: Max Brauer. Glasbläser, Bürgermeister, Staatsmann. Hamburg 1972.
Ders.: Ein Hamburger schwimmt gegen den Strom. Hamburg 1981.
Ders.: Kleine Begegnungen mit großen Zeitgenossen. Hamburg 1983.
Ders.: Max Brauer: Glasbläser, Bürgermeister, Staatsmann. In: Casdorff (Hrsg.): Demokraten, S. 67–78.
Sywottek, Arnold: Hamburg seit 1945. In: Jochmann/Loose (Hrsg.): Hamburg. Geschichte der Stadt und ihrer Bewohner, Bd. II, S. 383–466.
Ders.: Max Brauer. In: Mühlhausen/Regin (Hrsg.): Treuhänder des deutschen Volkes, S. 181–205.
Weichmann, Herbert/Kurt Sieveking u. a.: Miterlebtes. Berichte aus fünf Jahrzehnten hamburgischer Geschichte. Hamburg 1979.

# Hessen

Berding, Helmut: Gründung und Anfänge des Landes Hessen. In: Heinemeyer (Hrsg.): Das Werden Hessens, S. 767–797.
Ders.: Vorgeschichte und Entstehung des Landes Hessen. In: Hessisches Jahrbuch für Landesgeschichte 37 (1987), S. 1–12.
Demandt, Karl E.: Geschichte des Landes Hessen. Kassel ²1980.
Griepenburg, Rüdiger: Hermann Louis Brill: Herrenchiemseer Tagebuch 1948. In: VfZ 34 (1986), S. 585–622.
Heinemeyer, Walter (Hrsg.): Das Werden Hessens. Marburg 1986.
Hildebrandt, Armin (Bearb.): Von Weimar bis Wiesbaden. Reden und Schriften von Christian Stock (1884–1967). Darmstadt 1984.
Hörter, Peter: Die Entstehung des Landes Hessen nach 1945. Unter besonderer Berücksichtigung der Mitwirkung der Besatzungsmächte. Diss. Würzburg 1968.
Kahlenberg, Friedrich P.: Großhessenpläne und Separatismus. Das Problem der Zukunftsorientierung des Rhein-Main-Gebietes nach dem Ersten Weltkrieg (1918–1923). In: Festschrift Ludwig Petry, Teil 2. Wiesbaden 1969, S. 355–395.
Kissel, Otto Rudolf: Neue Territorial- und Rechtsgeschichte des Landes Hessen. Wiesbaden 1961.
Kluke, Paul: Das Land Hessen. Geschichtliche Voraussetzungen der politischen Betätigung in einem Bundeslande. In: Stein (Hrsg.): 30 Jahre Hessische Verfassung, S. 1–28.
Kogon, Eugen: Hermann Brill zum Gedächtnis. In: PVS 6 (1965) H. 1, S. 114–116.

Ders.: Wiederaufbau und Neuanfang nach 1945. In: Schultz, Uwe (Hrsg.): Die Geschichte Hessens. Stuttgart 1983, S. 249–258.
Kropat, Wolf-Arno: Hessen zwischen Kapitulation und Währungsreform (1945–1948). In: Nassauische Annalen 90 (1979), S. 156–167.
Ders.: Hessen in der Stunde Null 1945/1947. Politik, Wirtschaft und Bildungswesen in Dokumenten. Wiesbaden 1979.
Lerner, Franz: Hessens Wirtschaft. In: Stein (Hrsg.): 30 Jahre Hessische Verfassung, S. 150–169.
Mägdefrau, Werner/Volker Wahl: Zur Person und Ideologie des rechten sozialdemokratischen Führers Dr. Hermann L. Brill. In: Jahrbuch für Regionalgeschichte 5 (1975), S. 191–215.
Mühlhausen, Walter: Parteien im Wiederaufbau – Strukturen und Tendenzen in Hessen 1945/46. In: Archiv für hessische Geschichte und Altertumskunde. N.F. 41 (1983), S. 281–334.
Ders.: Die Entscheidung der amerikanischen Besatzungsmacht zur Gründung des Landes Hessen 1945. Darstellung und Dokumentation zum 40. Jahrestag der Landesgründung. In: Nassauische Annalen 96 (1985), S. 197–232.
Ders.: Hessen 1945–1950. Zur politischen Geschichte eines Landes in der Besatzungszeit. Frankfurt/M. 1985.
Ders.: „... die Länder zu Pfeilern machen ...". Hessens Weg in die Bundesrepublik Deutschland 1945–1949. Wiesbaden 1989.
Ders.: Hessen. In: Först (Hrsg.): Die Länder und der Bund, S. 75–107.
Ders.: Christian Stock. In: Ders./Regin (Hrsg.): Treuhänder des deutschen Volkes, S. 207–227.
Overesch, Manfred: Hermann Brill und die Neuanfänge deutscher Politik in Thüringen 1945. In: VfZ 27 (1979), S. 524–569.
Ders.: Gesamtdeutsche Initiativen. Hessisch-thüringische Beziehungen 1945/46. In: Nassauische Annalen Bd. 91 (1980), S. 247–258.
Ders.: Der historisch-politische Stellenwert der Bremer Interzonenkonferenz vom Oktober 1946. In: Bremisches Jahrbuch 59 (1981), S. 57–84.
Ders.: Einheit oder Teilung? Westdeutsche Entscheidungsträger vor der gesamtdeutschen Frage 1945–1947. In: Foschepoth (Hrsg.): Kalter Krieg und Deutsche Frage, S. 269–290.
Rüschenschmidt, Heinrich: Gründung und Anfänge der CDU in Hessen. Darmstadt 1981.
Ders.: Gründung und erste Jahre – Mitgestaltung und Rückschlag. Die CDU Hessen unter Werner Hilpert. In: Wolf (Hrsg.): CDU Hessen 1945–1985, S. 13–35.
Schissler, Jakob (Hrsg.): Politische Kultur und politisches System in Hessen. Frankfurt/M. 1981.
Stein, Erwin (Hrsg.): 30 Jahre Hessische Verfassung 1946–1976. Wiesbaden 1976.
Ders.: Christian Stock 1884–1967. Gestalt und Leistung. In: Archiv für hessische Geschichte und Altertumskunde. N.F. Bd. 42 (1984), S. 281–291.
Struck, Wolf-Heino: Zur ideenpolitischen Vorbereitung des Bundeslandes Hessen seit dem 19. Jahrhundert. In: Hessisches Jahrbuch für Landesgeschichte 20 (1970), S. 282–324.
Wieck, Hans-Georg: Christliche und Freie Demokraten in Hessen, Rheinland-Pfalz und Württemberg 1945–1946. Düsseldorf 1958.
Wolf, Werner (Hrsg.): CDU Hessen, 1945–1985. Politische Mitgestaltung und Kampf um die Mehrheit. Köln 1986.
Zinn, Georg August/Erwin Stein (Hrsg.): Die Verfassung des Landes Hessen. Kommentar. Bd. 1. Bad Homburg v. d. H. 1954.

# Niedersachsen

Brosius, Dieter: Landes-Zeitgeschichte in Niedersachsen. In: GiW 4 (1989), S. 123–127.
Ders.: Niedersachsen. In: Först (Hrsg.): Die Länder und der Bund, S. 109–134.
Eckhardt, Albrecht: Oldenburg und die Gründung des Landes Niedersachsen. In: Niedersächsisches Jahrbuch für Landesgeschichte 55 (1983), S. 15–70.
Ders.: Oldenburg und Niedersachsen. In: Ders. (Hrsg.): Geschichte des Landes Oldenburg, S. 491–512.
Ders. (Hrsg.): Geschichte des Landes Oldenburg. Ein Handbuch. Oldenburg 1987.
Franke, Konrad A.: Die SPD in Niedersachsen. Demokratie der ersten Stunde. Hannover 1972.

Ders.: Die niedersächsische SPD-Führung im Wandel der Partei nach 1945. Hildesheim 1980.
Fratzscher, Arnold: CDU in Niedersachsen. Demokratie der ersten Stunde. Hannover 1971.
Korte, Heinrich: Verfassung und Verwaltung des Landes Niedersachsen. Göttingen 1962.
Ders./Bernd Rebe: Verfassung und Verwaltung des Landes Niedersachsen. Göttingen ²1986.
Lent, Dieter: Der Weg zum Lande Niedersachsen. In: Haase, Carl (Hrsg.): Niedersachsen. Territorien – Verwaltungseinheiten – Geschichtliche Landschaften. Göttingen 1971, S. 9–25.
Marten, Heinz Georg: Die FPD in Niedersachsen. Demokratie der ersten Stunde. Hannover 1971.
Naßmacher, Karl-Heinz: Der Wiederbeginn des politischen Lebens in Niedersachsen. Wählertradition, Parteieliten und parlamentarische Aktivität niedersächsischer Regionalparteien nach 1945. In: Niedersächsisches Jahrbuch für Landesgeschichte 55 (1983), S. 71–98.
Niedersächsische Landeszentrale für politische Bildung (Hrsg.): Land Niedersachsen. Tradition und Gegenwart. Hannover 1976.
Patze, Hans (Hrsg.): Geschichte Niedersachsens, Bd. 1 und 3.2. Hildesheim 1977 und 1983.
Riedel, Matthias: Die wirtschaftliche Entwicklung in Niedersachsen 1945–1950. In: Niedersächsisches Jahrbuch für Landesgeschichte 55 (1983), S. 115–138.
Ripke, Günter: Hinrich Wilhelm Kopf – Versuch eines Portraits. In: Casdorff (Hrsg.): Demokraten, S. 184–195.
Röpcke, Andreas: Who's Who in Lower Saxony. Ein politisch-biographischer Leitfaden der britischen Besatzungsmacht 1948/49. In: Niedersächsisches Jahrbuch für Landesgeschichte 55 (1983), S. 243–310.
Rombeck-Jaschinski, Ursula: Heinrich Drake und Lippe. Düsseldorf 1984.
Schneider, Ullrich: Niedersachsen unter britischer Besatzung 1945. Besatzungsmacht, deutsche Verwaltung und die Probleme der unmittelbaren Nachkriegszeit. In: Niedersächsisches Jahrbuch für Landesgeschichte 54 (1982), S. 251–319.
Ders.: Niedersachsen 1945/46. Kontinuität und Wandel unter britischer Besatzung. Hannover 1984.
Ders.: Hinrich Wilhelm Kopf. In: Mühlhausen/Regin (Hrsg.): Treuhänder des deutschen Volkes, S. 229–254.
Steger, Bernd: Anmerkungen zu Entwicklung und Stand der Nachkriegsforschung. In: Niedersächsisches Jahrbuch für Landesgeschichte 55 (1983), S. 1–14.
Treue, Wilhelm: Die Demontagepolitik der Westmächte nach dem Zweiten Weltkrieg unter besonderer Berücksichtigung ihrer Wirkung auf die Wirtschaft in Niedersachsen. Göttingen 1967.
Ders.: Die Geschichte unseres Landes seit 1945. In: Niedersächsische Landeszentrale für politische Bildung (Hrsg.): Land Niedersachsen. Tradition und Gegenwart, S. 91–145.
Vogelsang, Thilo: Hinrich Wilhelm Kopf und Niedersachsen. Hannover 1963.

# Nordrhein-Westfalen

Boldt, Hans (Hrsg.): Nordrhein-Westfalen und der Bund. Köln 1989.
Brunn, Gerhard (Hrsg.): Neuland. Nordrhein-Westfalen und seine Anfänge nach 1945/46. Essen 1986.
Dahm, Helmut: Unternehmen Marriage. In: Först (Hrsg.): Ruhrgebiet und neues Land. Köln 1968, S. 205–259.
Dann, Otto: Gibt es eine Vorgeschichte von Nordrhein-Westfalen? In: Brunn (Hrsg.): Neuland., S. 29–37.
Denzer, Karl Josef (Hrsg.): Nordrhein-Westfalen und die Entstehung des Grundgesetzes. (Düsseldorf) 1989.
Dorfey, Beate: Die Teilung der Rheinprovinz. Zur Diskussion um eine Zonengrenze. In: GiW 4 (1989), S. 7–19.
Först, Walter (Hrsg.): Ruhrgebiet und neues Land. Köln 1968.
Ders.: Die Ära Arnold. In: Ders. (Hrsg.): Politik und Landschaft, S. 217–257.
Ders. (Hrsg.): Politik und Landschaft. Köln 1969.
Ders.: Geschichte Nordrhein-Westfalens, Bd. 1: 1945–1949. Köln 1970.

Ders.: Karl Arnold (1901–1958). In: Poll, Bernhard (Hrsg.): Rheinische Lebensbilder, Bd. 7. Köln 1977, S. 295–316.
Ders. (Hrsg.): Aus dreißig Jahren. Rheinisch-Westfälische Politiker-Porträts. Köln 1979.
Ders. (Hrsg.): Entscheidungen im Westen. Köln 1979.
Ders.: Karl Arnold. In: Ders. (Hrsg.): Aus dreißig Jahren, S. 122–137.
Ders.: Die Politik der Demontage. In: Ders. (Hrsg.): Entscheidungen im Westen, S. 111–143.
Ders. (Hrsg.): Land und Bund. Köln 1980.
Ders.: Möglichkeiten und Grenzen deutscher Politik in Nordrhein-Westfalen im Zeitalter der Besatzungsherrschaft. In: Rheinische Vierteljahrsblätter 45 (1981), S. 265–286.
Ders. (Hrsg.): Zwischen Ruhrkontrolle und Mitbestimmung. Köln 1982.
Ders.: Die Entstehung des Landes Nordrhein-Westfalen. In: Landeszentrale für politische Bildung Nordrhein-Westfalen (Hrsg.): Nordrhein-Westfalen, S. 35–55.
Ders.: Düsseldorf und das neue Land. Die Gestaltung einer Landeshauptstadt. In: Brunn (Hrsg.): Neuland., S. 85–94.
Ders.: Kleine Geschichte Nordrhein-Westfalens. Düsseldorf 1986.
Ders.: Nordrhein-Westfalen. In: Ders. (Hrsg.): Die Länder und der Bund, S. 135–164.
Gillingham, John: Zur Vorgeschichte der Montan-Union. Westeuropas Kohle und Stahl in Depression und Krieg. In: VfZ 34 (1986), S. 381–405.
Hoebink, Hein: Demontage in Nordrhein-Westfalen 1947–1950. In: Westfälische Forschungen 30 (1980), S. 47–59.
Hölscher, Wolfgang: Von den Provinzen zum neuen Land: Bestrebungen nordrheinischer und westfälischer Verwaltungsspitzen im Kontext der britischen Deutschland- und Besatzungspolitik. In: Brunn (Hrsg.): Neuland., S. 39–65.
Hüttenberger, Peter: Arnold, Nordrhein-Westfalen und die Gründung der Bundesrepublik Deutschland. In: Rheinische Vierteljahrsblätter 33 (1969), S. 155–171.
Ders: Nordrhein-Westfalen und die Entstehung seiner parlamentarischen Demokratie. Siegburg 1973.
Ders. (Hrsg.): Vierzig Jahre. Historische Entwicklung und Perspektiven des Landes Nordrhein-Westfalen. Düsseldorf 1986.
Ders.: Die Vereinigung Lippes mit Nordrhein-Westfalen. Voraussetzungen und Motive. In: GiW 2 (1987), S. 37–42.
Hüwel, Detlev: Karl Arnold. Eine politische Biographie. Wuppertal 1980.
Ders./Jürgen Rosorius (Hrsg.): Der Politiker Karl Arnold. Ministerpräsident und Sozialreformer. Düsseldorf 1982.
Kanther, Michael Alfred: Nordrhein-Westfalen und die Weststaatsbildung. Zur Deutschlandpolitik der Regierung Arnold im Sommer und Herbst 1948. In: GiW 3 (1988), S. 218–236.
Keinemann, Friedrich: Aus der Frühgeschichte des Landes Nordrhein-Westfalen, Teil 5: Von Amelunxen zu Arnold. Politische Bewegungen und Koalitionsbildungen in Nordrhein-Westfalen 1946–1956. Hamm 1980.
Ders.: Aus der Frühgeschichte des Landes Nordrhein-Westfalen. N. F. Teil 1: Der Weg zum Land Nordrhein-Westfalen. Ein Beitrag zum 40jährigen Jubiläum der Landesgründung. Hamm 1986.
Köhler, Wolfram: Die Entstehung der Landesverfassung. In: Der Minister für Wissenschaft und Forschung/Landeszentrale für politische Bildung (Hrsg.): 30 Jahre Verfassung Nordrhein-Westfalen, S. 9–29.
Ders.: Landesbewußtsein als Sehnsucht. In: Hüttenberger (Hrsg.): Vierzig Jahre, S. 171–185.
Kroll, Hans: Lebenserinnerungen eines Botschafters. Köln 1967.
Kühn, Heinz: Aufbau und Bewährung. Die Jahre 1945–1978. Hamburg 1981.
Lademacher, Horst: Nachkriegsdiskussion um Sozialisierung. In: Först (Hrsg.): Land und Bund, S. 39–67.
Landeszentrale für politische Bildung Nordrhein-Westfalen (Hrsg.): Nordrhein-Westfalen. Eine politische Landeskunde. Köln 1984.
Martens, Klaus: Militärregierung und Parteien: Der ernannte Landtag 1946/47. In: GiW 1 (1986), S. 30–46.
Der Minister für Wissenschaft und Forschung und Landeszentrale für politische Bildung (Hrsg.): 30 Jahre Verfassung Nordrhein-Westfalen. Düsseldorf o. J.
Nölting, Claudia: Erik Nölting. Wirtschaftsminister und Theoretiker der SPD (1892–1953). Essen 1989.

Pabst, Klaus: Holländisch für vierzehn Jahre. In: Först (Hrsg.): Entscheidungen im Westen, S. 147–176.
Post, Oswald: Karl Arnold. In: Mühlhausen/Regin (Hrsg.): Treuhänder des deutschen Volkes, S. 255–272.
Reusch, Ulrich: Briten und Deutsche in der Besatzungszeit. In: GiW 2 (1987), S. 145–158.
Ders.: 40 Jahre Nordrhein-Westfalen (1946–1986). In: Westfälische Forschungen 38 (1988), S. 342–357.
Rohe, Karl: Politische Traditionen im Rheinland, in Westfalen und Lippe. Zur politischen Kultur Nordrhein-Westfalens. In: Landeszentrale für politische Bildung Nordrhein-Westfalen (Hrsg.): Nordrhein-Westfalen, S. 14–34.
Rombeck-Jaschinski, Ursula: Heinrich Drake und Lippe. Düsseldorf 1984.
Dies.: Nordrhein-Westfalen im Nachkriegsdeutschland. In: GiW 4 (1989), S. 21–35.
Dies.: Nordrhein-Westfalen, die Ruhr und Europa. Föderalismus und Europapolitik 1945–1955. Essen 1990.
Steininger, Rolf (Bearb.): Die Ruhrfrage 1945/46 und die Entstehung des Landes Nordrhein-Westfalen. Britische, französische und amerikanische Akten. Düsseldorf 1988.
Ders.: Reform und Realität. Vom Scheitern britischer Sozialisierungspolitik an Rhein und Ruhr. In: GiW 3 (1988), S. 35–45.
Ders.: Neues Land an Rhein und Ruhr. Die Ruhrfrage 1945/46 und die Entstehung Nordrhein-Westfalens. Köln 1990.
Voigt, Rüdiger: Die Landesverfassung. In: Landeszentrale für politische Bildung (Hrsg.): Nordrhein-Westfalen, S. 56–84.

# Rheinland-Pfalz

Aretz, Jürgen/Rudolf Morsey/Anton Rauscher (Hrsg.): Zeitgeschichte in Lebensbildern, Bd. 6. Aus dem deutschen Katholizismus des 19. und 20. Jahrhunderts. Mainz 1984.
Bachem, Hans/Karl-Heinz Baum u. a.: Rheinland-Pfalz. Heute und morgen. Mainz 1970.
Baumgart, Wilfried: Adolf Süsterhenn. In: Aretz/Morsey/Rauscher (Hrsg.): Zeitgeschichte in Lebensbildern, Bd. 6, S. 189–199.
Brommer, Peter: Koblenz oder Mainz? Die Verhandlungen über die Verlegung des Sitzes der Landesregierung. In: Landeskundliche Vierteljahrsblätter 28 (1982), S. 65–73.
Ders.: Die Konferenz der Ministerpräsidenten der französischen Zone vom 17. März 1948 in Baden-Baden. Versuch einer Rekonstruktion. In: Jahrbuch für westdeutsche Landesgeschichte 9 (1983), S. 357–378.
Ders.: Die Entstehung von Rheinland-Pfalz. Forschungsstand und Quellenlage. In: Rheinische Vierteljahrsblätter 48 (1984), S. 294–315.
Ders.: Peter Altmeier. In: Mühlhausen/Regin (Hrsg.): Treuhänder des deutschen Volkes, S. 273–293.
Düwell, Kurt: Die Rittersturz-Konferenz vom Juli 1948. In: Heyen (Hrsg.): Rheinland-Pfalz entsteht, S. 411–432.
Ewig, Eugen: Die geschichtlichen Grundlagen des Landes Rheinland-Pfalz. In: Bachem/Baum u. a.: Rheinland-Pfalz, S. 9–23.
Fenske, Hans: Rheinland-Pfalz und die Neugliederung der Bundesrepublik. In: Haungs (Hrsg.): 40 Jahre Rheinland-Pfalz, S. 103–130.
Götz, Wolfgang: Entstehung und politische Entwicklung. In: Bachem/Baum u. a.: Rheinland-Pfalz, S. 25–104.
Grass, Karl Martin: Von Koblenz nach Mainz. Die Hauptstadtfrage. In: Heyen (Hrsg.): Rheinland-Pfalz entsteht, S. 433–449.
Ders.: Politiker-Porträts. In: Haungs (Hrsg.): 40 Jahre Rheinland-Pfalz, S. 255–288.
Haungs, Peter (Hrsg.): 40 Jahre Rheinland-Pfalz. Eine politische Landeskunde. Mainz 1986.
Ders.: Regierung und Opposition. In: Ders. (Hrsg.): 40 Jahre Rheinland-Pfalz, S. 173–220.
Heyen, Franz-Josef: Vor 30 Jahren. Die Rittersturzkonferenz am 8./12. Juli 1948. In: Landeskundliche Vierteljahrsblätter 24 (1978), S. 130–135.

Ders.: Peter Altmeier (1899–1977). In: Janssen, Wilhelm (Hrsg.): Rheinische Lebensbilder, Bd. 9. Köln 1982, S. 283–290.
Ders. (Hrsg.): Rheinland-Pfalz entsteht – Beiträge zu den Anfängen des Landes Rheinland-Pfalz in Koblenz 1945–1949. Boppard 1984.
Ders.: Rheinland-Pfalz – Das Land und seine Regionen. In: Der Minister für Bundesangelegenheiten (Hrsg.): 40 Jahre Rheinland-Pfalz, S. 37–51.
Hirschner, Fritz: Aus dem Chaos zum Land mit Zukunft. Dr. h. c. Peter Altmeier und das Werden von Rheinland-Pfalz. Darmstadt ²1975.
Hudemann, Rainer: Zur Politik der französischen Besatzungsmacht. In: Heyen (Hrsg.): Rheinland-Pfalz entsteht, S. 31–58.
Ders.: Entstehung des Landes und seiner Verfassung. In: Haungs (Hrsg.): 40 Jahre Rheinland-Pfalz, S. 65–92.
Klaas, Helmut (Hrsg.): Die Entstehung der Verfassung für Rheinland-Pfalz. Boppard 1978.
Küppers, Heinrich: Die Entstehung und Selbstbehauptung von Rheinland-Pfalz als Bundesland. In: Jahrbuch für westdeutsche Landesgeschichte 12 (1986), S. 213–260.
Ders.: Rheinland-Pfalz. In: Först (Hrsg.): Die Länder und der Bund, S. 165–188.
Ders.: Zwischen Koblenz und Bonn. Rheinland-Pfalz und die Gründung der Bundesrepublik. In: GiW 4 (1989), S. 160–180.
Ders.: Staatsaufbau zwischen Bruch und Tradition. Geschichte des Landes Rheinland-Pfalz 1946–1955. Mainz 1990.
Ders.: Hubert Hermans (1909–1989), Bevollmächtigter des Landes Rheinland-Pfalz in Bonn. In: Jahrbuch für westdeutsche Landesgeschichte 16 (1990), S. 521–535.
Ders.: Landes-Zeitgeschichte in Rheinland-Pfalz. In: GiW 6 (1991) H. 1, S. 122–127.
Kusch, Katrin: Die Wiederbegründung der SPD in Rheinland-Pfalz nach dem Zweiten Weltkrieg (1945–1951). Mainz 1989.
Landesarchivverwaltung Rheinland-Pfalz: Rittersturz-Konferenz. Konferenz der Ministerpräsidenten elf westdeutscher Länder im Hotel Rittersturz bei Koblenz vom 8. bis 10. Juli 1948. Katalog zur Ausstellung aus Anlaß des 40. Jahrestages 1988. Koblenz 1988.
Mathy, Helmut: Die Rittersturz-Konferenz. Ein Meilenstein auf dem Weg zum Grundgesetz. In: Lebendiges Rheinland-Pfalz 15 (1978), S. 49–55.
Ders.: Landeshauptstadt Mainz. In: Haungs (Hrsg.): 40 Jahre Rheinland-Pfalz, S. 93–102.
Ders.: Das Porträt: Adolf Süsterhenn (1905–1974). In: GiW 3 (1988), S. 203–217.
Der Minister für Bundesangelegenheiten (Hrsg.): 40 Jahre Rheinland-Pfalz. Beiträge zur Geschichte des Landes. Bonn ²1988.
Mohr, Arno: Die Entstehung der Verfassung für Rheinland-Pfalz. Frankfurt/M. 1987.
Morsey, Rudolf: Peter Altmeier (1899–1977). In: Aretz/Morsey/Rauscher (Hrsg.): Zeitgeschichte in Lebensbildern, Bd. 6, S. 200–213.
Ders.: Föderalismus im Bundesstaat. Die Rolle des Ministerpräsidenten und des Landes Rheinland-Pfalz bei der Gründung und in den Anfangsjahren der Bundesrepublik Deutschland. In: Der Minister für Bundesangelegenheiten (Hrsg.): 40 Jahre Rheinland-Pfalz, S. 9–35.
Rheinland-Pfalz. Ursprung, Gestalt und Werden eines Landes. Hrsg. im Auftrag des Instituts für staatsbürgerliche Bildung in Rheinland-Pfalz. Mainz 1967.
Rothenberger, Karl-Heinz: Die Hungerjahre nach dem Zweiten Weltkrieg. Ernährungs- und Landwirtschaft in Rheinland-Pfalz 1945–1950. Boppard 1980.
Springorum, Ulrich: Entstehung und Aufbau der Verwaltung in Rheinland-Pfalz nach dem Zweiten Weltkrieg (1945–1947). Berlin 1982.
Weitzel, Kurt: Von der CSVP zur CDU. Die Gründung der CDU in Rheinhessen 1945–1947. Diss. Mainz 1980.
Wünschel, Hans-Jürgen: Der Separatismus in der Pfalz nach dem Zweiten Weltkrieg (1945–1947). Diss. Heidelberg 1974.
Ders.: Der Versuch Frankreichs, eine Sonderstellung der Pfalz in der rheinland-pfälzischen Verfassung zu verankern. In: Pfälzer Heimat 29 (1978), S. 142 f.

## Schleswig-Holstein

Brandt, Otto/Wilhelm Klüver: Geschichte Schleswig-Holsteins. Ein Grundriss. Kiel ⁸1981.
Degn, Christian: Südschleswig als Problemregion. In: Zeitschrift der Gesellschaft für Schleswig-Holsteinische Geschichte 104 (1979), S. 287–297.
Grieser, Helmut: Schleswig-Holstein und die Reichseinheit (1945–1949). In: Zeitschrift der Gesellschaft für Schleswig-Holsteinische Geschichte 106 (1981), S. 201–288.
Hoffmann, Erich: Grundzüge des grenzpolitischen Denkens Dr. Richard Schencks. In: Zeitschrift der Gesellschaft für Schleswig-Holsteinische Geschichte 107 (1982), S. 155–289.
Jensen, Jürgen/Karl Rickers (Hrsg.): Andreas Gayk und seine Zeit. Erinnerungen an den Kieler Oberbürgermeister. Neumünster 1974.
Jürgensen, Kurt: Schleswig-Holstein – das „Modell-Land" der britischen Besatzungspolitik. In: Schulin, Ernst (Hrsg.): Gedenkschrift Martin Göhring. Studien zur europäischen Geschichte. Wiesbaden 1968, S. 396–412.
Ders.: Die Gründung des Landes Schleswig-Holstein nach dem Zweiten Weltkrieg 1945–1947. Neumünster 1969.
Ders.: 25 Jahre Landessatzung für Schleswig-Holstein. In: Zeitschrift der Gesellschaft für Schleswig-Holsteinische Geschichte 100 (1975), S. 13–24.
Ders.: Die Gründung des Landes Schleswig-Holstein im heutigen Geschichtsbewußtsein. Überlegungen unter Einbezug einer Erinnerung des ehemaligen Mitglieds der britischen Militärregierung Reginald J. Currey an die Zeit vor dreißig Jahren. In: Zeitschrift der Gesellschaft für Schleswig-Holsteinische Geschichte 101 (1976), S. 309–318.
Ders.: Das Werden des neuen Schleswig-Holstein und seine Bedeutung für Nordschleswig. In: Grenzfriedenshefte 1979, S. 191–200.
Ders.: Zur Gründungsgeschichte des Landes Schleswig-Holstein: Von der preußischen Provinzialordnung zur eigenen Landesordnung. In: Bodensieck, Heinrich (Hrsg.): Preußen, Deutschland und der Westen. Auseinandersetzungen und Beziehungen seit 1789. Göttingen 1980, S. 248–272.
Ders.: Entscheidung für das Bundesland Schleswig-Holstein. Zur Entstehung der Länderordnung in der britisch besetzten Zone Deutschlands. In: Boockmann, Hartmut/Kurt Jürgensen/Gerhard Stoltenberg (Hrsg.): Geschichte und Gegenwart. Neumünster 1980, S. 625–672.
Ders.: Brauer contra Lüdemann. Zur Auseinandersetzung um die norddeutsche Länderordnung im Jahre 1948. In: Zeitschrift des Vereins für Hamburgische Geschichte 68 (1982), S. 157–192.
Ders.: Die britische Südschleswig-Politik nach dem Zweiten Weltkrieg. In: Zeitschrift der Gesellschaft für Schleswig-Holsteinische Geschichte 111 (1986), S. 185–205.
Ders.: Schleswig-Holstein. In: Först (Hrsg.): Die Länder und der Bund, S. 189–219.
Klüver, Wilhelm: Schleswig-Holsteinische Geschichte seit 1866. Grundzüge und Hauptdaten. Kiel 1972.
Lubowitz, Frank: Hermann Lüdemann. In: Mühlhausen/Regin (Hrsg.): Treuhänder des deutschen Volkes, S. 295–310.
Nonnenbroich, Karl-Friedrich: Die dänische Minderheit in Schleswig-Holstein nach 1945 unter besonderer Berücksichtigung des Südschleswigschen Wählerverbandes. Diss. Kiel 1972.
Rickers, Karl: Hermann Lüdemann. In: Klose, Olaf (Hrsg.): Schleswig-Holsteinisches Biographisches Lexikon, Bd. I. Neumünster 1970, S. 192–194.
Scharff, Alexander: Schleswig-Holsteinische Geschichte. Ein Überblick. Neuausgabe von Manfred Jessen-Klingenberg. Freiburg ⁴1984.
Steinhäuser, Martin: Die Entwicklung der Grenzfrage seit 1945. In: Grenzakademie Sankelmark (Hrsg.): Zur Grenzfrage Schleswig. Vier historisch-politische Vorträge von Oswald Hauser, Walther Hubatsch, Alexander Scharff, Martin Steinhäuser. Kiel 1954, S. 36–51.
Vorpahl, Dietrich: Die Segeberger Flüchtlingskonferenz 1947. In: Zeitschrift der Gesellschaft für Schleswig-Holsteinische Geschichte 107 (1982), S. 291–326.

# Württemberg-Baden

Bausinger, Hermann/Theodor Eschenburg: Baden-Württemberg. Eine politische Landeskunde. Stuttgart ²1981.
Becker, Josef (Hrsg.): Heinrich Köhler: Lebenserinnerungen des Politikers und Staatsmannes. Stuttgart 1974.
Becker, Josef/Lothar Gall u. a.: Badische Geschichte. Vom Großherzogtum bis zur Gegenwart. Stuttgart 1979.
Berg, Gunter: Reinhold Maier. In: Bernecker, Walther L./Volker Dotterweich (Hrsg.): Persönlichkeit und Politik in der Bundesrepublik Deutschland, Bd. 2. Göttingen 1982, S. 60–70.
Blickle, Peter/Günther Bradler u. a.: Von der Ständeversammlung zum demokratischen Parlament. Die Geschichte der Volksvertretungen in Baden-Württemberg. Stuttgart 1982.
Dähn, Horst: SPD im Widerstand und Wiederaufbau 1933–1952. In: Schadt/Schmierer (Hrsg.): Die SPD in Baden-Württemberg und ihre Geschichte, S. 192–232.
Eschenburg, Theodor: Die Entstehung Baden-Württembergs. In: Bausinger/Eschenburg: Baden-Württemberg, S. 41–63.
Feuchte, Paul: Verfassungsgeschichte von Baden-Württemberg. Stuttgart 1983.
Genscher, Hans-Dietrich u. a.: Reinhold Maier. Festschrift zum 90. Geburtstag. Stuttgart 1979.
Haselier, Günther: (Nord-)Württemberg-Baden 1945–1952. In: Sante, Georg Wilhelm u. a. (Hrsg.): Geschichte der deutschen Länder (Territorien-Ploetz), Bd. 2: Die deutschen Länder vom Wiener Kongreß bis zur Gegenwart. Würzburg 1971, S. 713–721.
Ders.: Die Bildung des Landes Württemberg-Baden 1945/46. In: Neue Forschungen zu Grundproblemen der badischen Geschichte im 19. und 20. Jahrhundert. Karlsruhe 1973, S. 243–284.
Haußmann, Wolfgang: Der Beitrag der Liberalen bei der Schaffung des Landes Baden-Württemberg. In: Morlok (Hrsg.): Baden-Württemberg. Stammland der Liberalen, S. 18–26.
Hein, Dieter: Zwischen liberaler Milieupartei und nationaler Sammlungsbewegung: Gründung, Entwicklung und Struktur der Freien Demokratischen Partei 1945–1949. Düsseldorf 1985.
Hepp, Gerd: Die CDU im Landesbezirk Nordbaden. In: Weinacht (Hrsg.): Die CDU in Baden-Württemberg und ihre Geschichte, S. 113–135.
Heß, Jürgen: „Machtlos inmitten des Mächtespiels der anderen...". Theodor Heuß und die deutsche Frage 1945–1949. In: VfZ 33 (1985), S. 88–135.
Hofmann, Wilhelm: Die Zeit der Regierungsbeteiligung. In: Rothmund/Wiehn (Hrsg.): Die FDP/DVP in Baden-Württemberg und ihre Geschichte, S. 255–280.
Ders.: Reinhold Maier. In: Casdorff (Hrsg.): Demokraten, S. 196–207.
Klatt, Hartmut: Baden-Württemberg und der Bund. Stuttgart 1989.
Konstanzer, Eberhard: Die Entstehung des Landes Baden-Württemberg 1945–1952. Stuttgart 1969.
Kube, Alfred/Thomas Schnabel: Südwestdeutschland und die Entstehung des Grundgesetzes. Villingen-Schwenningen 1989.
Maier, Reinhold: Ende und Wende. Das schwäbische Schicksal 1944–1946. Briefe und Tagebuchaufzeichnungen. Stuttgart 1948.
Ders.: Ein Grundstein wird gelegt. Die Jahre 1945–1947. Tübingen 1964.
Ders.: Erinnerungen 1948–1953. Tübingen 1966.
Matz, Klaus-Jürgen: Reinhold Maier. In: NDB 15 (1987), S. 697–699.
Ders.: Reinhold Maier (1889–1971). Eine politische Biographie. Düsseldorf 1989.
Ders.: Landes-Zeitgeschichte in Baden-Württemberg. In: GiW 5 (1990), S. 123–127.
Morlok, Jürgen (Hrsg.): Baden-Württemberg. Stammland der Liberalen. Stuttgart 1983.
Padtberg, Beate C. (Hrsg.): Wir suchen Deutschland. Reinhold Maier als Bundespolitiker. Gerlingen 1989.
Rothmund, Paul/Erhard R. Wiehn (Hrsg.): Die FDP/DVP in Baden-Württemberg und ihre Geschichte. Liberalismus als politische Gestaltungskraft im deutschen Südwesten. Stuttgart 1979.
Sauer, Paul (Bearb.): Die Entstehung des Bundeslandes Baden-Württemberg. Eine Dokumentation. Ulm 1977.
Ders.: Demokratischer Neubeginn in Not und Elend. Das Land Württemberg-Baden 1945–1952. Vaas 1978.

Ders.: Nordbaden. In: Becker/Gall u. a.: Badische Geschichte, S. 232–257.
Ders.: In stürmischer Zeit. Lebensbild des Menschen und Politikers Reinhold Maier (1889–1971). Stuttgart 1989.
Ders.: Reinhold Maier. In: Mühlhausen/Regin (Hrsg.): Treuhänder des deutschen Volkes, S. 53–77.
Schadt, Jörg/Wolfgang Schmierer (Hrsg.): Die SPD in Baden-Württemberg und ihre Geschichte. Von den Anfängen der Arbeiterbewegung bis heute. Stuttgart 1979.
Schmitt, Karl: Die CDU im Landesbezirk Nordwürttemberg. In: Weinacht (Hrsg.): Die CDU in Baden-Württemberg und ihre Geschichte, S. 137–162.
Schnabel, Thomas: Württemberg zwischen Weimar und Bonn 1928 bis 1945/46. Stuttgart 1986.
Ders.: Stellungnahmen der Landesregierungen und Landtage im Südwesten zur Verfassungsfrage (1948–1949). In: Kube/Schnabel: Südwestdeutschland und die Entstehung des Grundgesetzes, S. 44–74.
Weinacht, Paul-Ludwig (Hrsg.): Die CDU in Baden-Württemberg und ihre Geschichte. Stuttgart 1978.
Wieck, Hans Georg: Christliche und Freie Demokraten in Hessen, Rheinland-Pfalz, Baden und Württemberg 1945/46. Düsseldorf 1958.

## Württemberg-Hohenzollern

Adam, Uwe Dietrich: Die CDU in Württemberg-Hohenzollern. In: Weinacht (Hrsg.), Die CDU in Baden-Württemberg und ihre Geschichte, S. 163–191.
Ders.: Parteien und Wahlen. In: Gögler/Richter (Hrsg.): Das Land Württemberg-Hohenzollern, S. 171–187.
Auerbach, Hellmuth: Die politischen Anfänge Carlo Schmids. Kooperation und Konfrontation mit der französischen Besatzungsmacht 1945–1948. In: VfZ 36 (1988), S. 595–648.
Bradler, Günther: Aspekte des südwestdeutschen Regionalismus. Der bayerische Kreis Lindau und die Hohenzollerischen Lande in der Südweststaatdiskussion. In: Beiträge zur Landeskunde Nr. 6 (1981), S. 8–14.
Ders.: Lorenz Bock und Gebhard Müller. In: Mühlhausen/Regin (Hrsg.): Treuhänder des deutschen Volkes, S. 79–93.
Eschenburg, Theodor: Das Problem der Neugliederung der Deutschen Bundesrepublik, dargestellt am Beispiel des Südweststaates. Frankfurt/M. 1950.
(Ders.): Baden 1945–1951, was nicht in der Zeitung steht. Darmstadt 1951 (anonym erschienen).
Ders.: Aus den Anfängen des Landes Württemberg-Hohenzollern. In: VfZ 10 (1962), S. 264–279.
Ders.: Verfassung, Staat, Parteien. In: Pfitzer, Theodor (Hrsg.), Baden-Württemberg. Staat. Wirtschaft. Kultur. Stuttgart 1963, S. 93–111.
Ders.: Die Entstehung Baden-Württembergs. In: Bausinger/Eschenburg: Baden-Württemberg, S. 41–63.
Feuchte, Paul: Verfassungsgeschichte von Baden-Württemberg. Stuttgart 1983.
Gögler, Max/Gregor Richter (Hrsg.): Das Land Württemberg-Hohenzollern 1945–1952. Darstellungen und Erinnerungen. Sigmaringen 1982.
Hagen, August: Lorenz Bock (1883–1948). In: Ders.: Gestalten aus dem schwäbischen Katholizismus. 4. Teil. Stuttgart 1963, S. 86–110.
Hellersberg, Paul: Pressepolitik in bewegter Zeit. In: Gögler/Richter (Hrsg.): Das Land Württemberg-Hohenzollern, S. 351–365.
Henke, Klaus-Dietmar: Politische Säuberung unter französischer Besatzung. Die Entnazifizierung in Württemberg-Hohenzollern. Stuttgart 1981.
Hirscher, Gerhard: Carlo Schmid und die Gründung der Bundesrepublik. Eine politische Biographie. Bochum 1986.
Konstanzer, Eberhard: Die Entstehung des Landes Baden-Württemberg 1945–1952. Stuttgart 1969.
Müller, Gebhard: Württemberg-Hohenzollern 1945 bis 1952. In: Gögler/Richter (Hrsg.): Das Land Württemberg-Hohenzollern, S. 13–29.
Ders.: Die Entstehung des Bundeslandes Baden-Württemberg. In: Zeitschrift für Württembergische Landesgeschichte 36 (1977), S. 236–261.

Mußgnug, Reinhard: Die Anfänge Baden-Württembergs in verfassungsrechtlicher und verfassungsgeschichtlicher Sicht. In: Zeitschrift für Württembergische Landesgeschichte 43 (1984), S. 373–405.

Nüske, Gerd Friedrich: Neubeginn von oben: Staatssekretariat und Landesregierungen. In: Gögler/Richter (Hrsg.): Das Land Württemberg-Hohenzollern, S. 81–110.

Ders.: Die Hohenzollernfrage. In: Ebenda, S. 171–187.

Ders.: Die Rolle Württemberg-Hohenzollerns bei der Bildung des Südweststaates. In: Ebenda, S. 367–403.

Ders.: Württemberg-Hohenzollern als Land der französischen Besatzungszone in Deutschland 1945–1952. Bemerkungen zur Politik der Besatzungsmächte in Südwestdeutschland. In: Zeitschrift für Hohenzollerische Geschichte 18 (1982), S. 179–278 (Teil 1), 19 (1983), S. 104–194 (Teil 2).

Sauer, Paul (Bearb.): Die Entstehung des Bundeslandes Baden-Württemberg. Eine Dokumentation. Ulm 1977.

Ders.: Die Anfänge der Südweststaatdiskussion nach 1945. In: Schwäbische Heimat 28 (1977), S. 8–14.

Schmid, Carlo: Erinnerungen. Bern 1979.

von Schmoller, Gustav: Württemberg-Hohenzollern unter der Last der französischen Besetzung. In: Gögler/Richter (Hrsg.): Das Land Württemberg-Hohenzollern, S. 217–232.

Ders.: Das Institut für Besatzungsfragen in Tübingen. In: Ebenda, S. 447–470.

Schnabel, Thomas: Stellungnahmen der Landesregierungen und Landtage zur Verfassungsfrage (1948–1949). In: Kube/Schnabel: Südwestdeutschland und die Entstehung des Grundgesetzes, S. 44–74.

Weinacht, Paul-Ludwig: Gebhard Müller (1900–1990). In: GiW 6 (1991) H. 2, S. 209–223.

# Personenregister

Acker, Heinrich 51
Adenauer, Konrad 24, 34, 37f., 40, 84, 202, 211–214, 229f., 238, 303ff.
Altmeier, Johann Peter 17, 24, 36, 38f., 41, 46, 55, 227f., 236–241, 243–247, 249–256, 296, 305, 311, 315, 322, 325, 329, 336, 340, 345
Amelunxen, Rudolf 212ff., 222
Anschütz, Gerhard 80
Apel, Wilhelm 92, 96, 256
Arnold, Johann Baptist 212
Arnold, Karl 17, 24, 36, 40, 116, 120, 187, 210–216, 218ff., 222–228, 231–234, 246, 254, 305, 307, 319, 322, 345
Asbury, William 148, 158
Attlee, Clement 224

Bartsch, Fritz 96
Bauer, Gustav Adolf 149
Baumgartner, Josef 122
Bergner, Heinrich W. 96
Bergsträsser, Ludwig 80, 83, 92
Berry, Henry Vaughan 173, 185
Bevin, Ernest 318
Beyerle, Josef 115
Bidault, Georg 28, 252, 270
Bishop, Alexander 212, 222, 225f.
Bock, Lorenz 17, 24, 36, 46, 52, 99, 115, 237, 251, 274, 282–285, 290–302, 315, 322, 336
Boden, Wilhelm 236, 238
Bögler, Franz 242, 256f.
Boislambert, Claude Hettier de 236, 238, 247, 252
Bolten (US-Militärregierung) 344
Brandt, Willy 36, 318, 335, 340
Brauer, Max Julius 17, 21, 24, 37, 40, 50f., 55, 57, 61f., 67, 78, 98, 145f., 163ff., 169, 171ff., 175, 178–180, 183–190, 209, 233, 305f., 320, 323, 325, 343f.
Brentano, Clemens von 271, 277, 324
Brentano, Heinrich von 85f., 92, 96
Brill, Hermann Louis 82f., 87, 90–94, 96, 324
Brüning, Kurt 203
Büchner (Direktor, Deutsche Kohlenbergbauleitung) 217
Bund, Alfred 257, 264
Byrnes, James 131

Cahn-Garnier, Fritz 256
Campe, Kurt von 195f., 205f.
Clay, Lucius D. 29, 31, 34f., 45, 47, 49, 53, 58ff., 64, 66f., 73, 77f., 80, 82, 91, 93, 97, 131, 175, 257, 269, 317f., 320, 334, 338, 340f., 344,
Crabill, Harold H. (US-Militärregierung) 67

Damm, Walter 154
Danckwerts, Justus 208
David, Eduard 192
Dawson William W. 101
Dichtel, Anton 263, 267, 268, 272f.
Diederichs, Georg 201
Diekmann, Bruno 154
Dietrich, Bernhard 127
Dirks, Walter 84, 211
Donndorf, Wolfgang 299
Drake, Heinrich 200f., 221f.
Draper, William H. 35
Drexelius, Wilhelm 186
Drost, Erich 232
Dunn, Thomas F. 64, 73

Eberhard, Fritz 112, 299
Ebert, Friedrich 149
Eichler, Willi 36
Ehard, Georg August 117
Ehard, Hans 17, 24, 36, 40, 50f., 55, 77f., 111, 117–121, 123–126, 128–134, 136f., 140–146, 153, 179, 187, 189, 208, 226, 233, 253f., 262, 272, 279f., 306, 317, 320, 322, 325, 340, 343, 345
Ehlers, Adolf 62
Eisenhower, Dwight D. 79
Erzberger, Matthias 212
Eschenburg, Theodor 22, 101, 105, 259ff., 296f., 304

Färber, Otto 127
Faulhaber, Michael von 117
Fecht, Hermann 263f.
Feger, Otto 127, 274
Fleischmann 262
Franken, Joseph Paul 161, 169
Freudenberg, Richard 256
Fricke, Hans Joachim 195
Friedensburg, Ferdinand 51
Friedländer, Ernst 346
Friedrich, Carl J. 71

Gayk, Andreas 155, 158
Geiler, Karl 80ff., 89f., 225
Gereke, Günther 202
Glum, Friedrich 142

Gülich, Wilhelm 169
Gumppenberg, Maximilian Hildebert Freiherr von 213, 227f., 232, 234, 246, 248, 344

Haas, Wilhelm 76f.
Haberer, Hanns 243, 253
Hansen, Bernhard 186
Harder, Hans 175
Harmssen, Gustav-Wilhelm 68
Haußleiter, August 121
Haußmann, Wolfgang 100
Heimerich, Hermann 112
Heine, Fritz 36
Held, Heinrich 119
Hellwege, Heinrich 203, 208
Henßler, Fritz 211
Hermans, Hubert 237f., 246, 249f., 253
Heukelum, Gerhard van 62
Heurich, Fridolin 105
Heuß, Theodor 102ff., 106f., 111, 114, 323, 338
Hilpert, Werner 84f., 94
Hitler, Adolf 149, 282
Hoegner, Wilhelm 117f., 140
Hoffmann, Hans 253, 256
Hoffmann, Wolfgang 277
Holl, Karl 106f.
Horley, C.R. 221
Hüfner, Willi 88
Hundhammer, Alois 121

Jeffs, Charles R. 64

Käber, Wilhelm 154
Kaisen, Carl Wilhelm 17, 20, 24, 49, 59, 60–67, 70–73, 75, 77ff., 164, 186, 189, 305f., 320, 324f., 337, 339, 343
Kaiser, Jakob 9, 211, 223
Katz, Rudolf 154, 165
Katzenberger, Hermann 41, 213, 223f., 232
Kaufmann, Karl 170
Kautsky, Karl 62
Keller, Louis Comte 132f.
Kern 185
Ketels, Max Detlef 174
Klabunde, Erich 175
Klaiber, Manfred 115
Klett, Arnulf 99, 287
Kniesch, Joachim 96
Knothe, Willi 81, 85, 93
Koch, Harald 85
Köhler, Heinrich 85, 104ff., 111, 276, 308, 315
Koenig, Pierre 35f., 46, 48, 55f., 130, 132, 234, 243, 271, 273, 294, 297, 317
Kolb, Walter 212

Kopf, Hinrich Wilhelm 17, 24, 37, 53, 59, 73, 92, 152, 154, 165f., 190–194, 197, 200f., 203–209, 221f., 230, 305ff., 310
Kraft, Emil 198
Krogmann, Carl Vincent 170
Kroll, Hans 210, 213, 217, 219, 224, 231f.
Kube, Walter 346
Kubel, Alfred 195, 197, 206
Kuklinski, Wilhelm 154

La Follette, Charles M. 101
Leber, Julius 149
Lehr, Robert 229
Lemmer, Ernst 9
Leuschner, Wilhelm 149
Leuze, Eduard 287
Lingham, John 193
Litchfield, Edward 97
Löwenstein, Karl 103
Lüdemann, Hermann Karl Hans 17, 24, 37, 40, 50, 54, 56f., 88, 97, 116, 147–157, 159–171, 182ff., 192, 205, 229, 305, 310, 313f., 322, 327ff., 332, 334
Lüth, Erich 21, 24, 172f., 182f., 185
Luxemburg, Rosa 62

Macready (Britische Militärregierung) 198
Magniez (Französische Militärregierung) 252
Magnus 95
Maier, Friedrich 259
Maier, Reinhold 17, 22, 24, 36, 41, 52, 99, 100–116, 237, 262, 279, 283, 286, 290, 299, 301, 304ff., 308, 320, 323ff., 334, 337, 339, 343, 347
von Maltzan, Vollrath 76
Mangoldt, Hermann von 159
Marshall, George C. 28, 112
Mayer, Ernst 101ff., 109
McNarney, Joseph T. 60
Mierendorff, Carlo 149
Mittendorf, Oswald 77
Mehring, Franz 62
Melchers, Wilhelm 65f., 73f.
Menzel, Walter 200, 210, 229
Meyer, Franz 211
Moeller, Paul E. (US-Militärregierung) 121, 141
Moser, Clemens 289
Müller, Gebhard 22, 24, 237, 261f., 282f., 284–289, 290–295, 297f., 305, 307, 319f.
Müller, Josef 37, 118, 121, 129, 137f., 142, 273
Müthling, Hans 154, 165
Murphy, Robert 146

Neubronner, Carl 252
Neumann, Siegmund 36
Newman, James R. 82, 96
Nölting, Erik 215

## Personenregister

Nolting-Hauff, Wilhelm 68
Nydahl, (Landesdirektor) 154

Ollenhauer, Erich 37, 40, 344

Pakenham, Francis 212
Person, Karl 260
Petersen, Rudolf 170
Pfeiffer, Anton 17, 54, 119, 121, 129f., 132f., 139, 142, 147
Pieck, Wilhelm 62
Pohle, Kurt 154
Prager, Stefan 230f.
Preuß, Hugo 326
Prittwitz und Gaffron, Friedrich Wilhelm von 121
Pünder, Hermann 178, 215

Reger, Erik 73, 78, 346
Rekowski 217
Renner, Viktor 292, 295, 297, 299, 300f.
Reuter, Ernst 15, 51f., 78, 98, 115, 233, 324, 347f.
Robertson, Sir Brian 35, 47ff., 60, 66, 77, 152, 167, 189, 198, 200, 206, 224f., 228, 281, 318, 334, 339

Schäffer, Fritz 117, 119, 121f.
Schenck, Richard 154f., 157, 165
Scheu, Erwin 326
Schiller, Karl 176
Schmid, Carlo 22, 37f., 41, 46, 52f., 99, 111, 113–116, 208, 232, 283ff., 287, 291ff., 295, 298–301, 320, 335ff., 341, 343f., 345f., 348
Schmidt, Paul 96
Von Schmoller, Gustav 68, 299
Schnackenburg 172
Schneiter, Pierre 271, 276f.
Schönfelder, Adolph 176
Schröder, Louise 15, 36f., 51, 115, 346f.
Schumacher, Kurt 9, 17, 24, 62ff., 71, 84f., 91, 118, 155, 185, 193, 197, 229, 303
Schuman, Robert 252
Schuster, Ernst 106f.
Schwarzmann, Hans 129, 141
Schwend, Karl 17, 119, 142
Schwering, Leo 220
Seelos, Gebhard 142
Sewall, Sumner 101
Seydoux, François 54

Sieveking, Kurt 173, 175f., 183, 186f.
Sodeikat 195
Spaak, Paul-Henri 219
Spiecker, Carl 213, 225, 232
Spitta, Theodor 65, 69, 71, 74
Stegerwald, Adam 212
Stein, Erwin 82
Stein, Freiherr vom 262
Steltzer, Theodor 148, 154f.
Stock, Christian 17, 24, 37, 49f., 81–84, 88, 90–98, 166, 186, 305f., 314, 320, 325, 327
Strauß, Walter 91
Stübinger, Oskar 252, 253, 255
Suchan, Franz 165, 169
Süsterhenn, Adolf 40, 54, 237f., 246f., 249, 254, 255, 262, 321f., 325
Suhr, Otto 94

Tantzen, Theodor 197, 221
Troeger, Heinrich 77

Ulrich, Fritz 107, 112, 115

Vagts, Erich 60
Verhey 198

Wagner, Albert 85
Wagner, Robert 258
Wahrhaftig, Samuel L. 344
Walter, Felix 287
Walzer (Prälat) 243
Warner 182f.
Weichmann, Herbert 24, 171f.
Weitzel, A. 328
Welker (US- Militärregierung) 67
Whiteley (Britische Militärregierung) 59
Widmer, Guillaume 282, 291f., 294f., 297f.
Wildermuth, Eberhard 114, 287
Wohleb, Leo 17f., 24, 36, 41, 46, 55, 101, 106, 108, 115, 237, 252, 258–280, 289ff., 301, 305f., 315, 331f.
Wohlmuth, Georg (Prälat) 119
Wolf 108

Ziegler, Jakob 243
Zimmer, Alois 240, 243
Zinn, Georg August 85, 99
Zinnkann, Heinrich 81, 87
Zürcher, Paul 260f., 263, 269, 275
Zwisler, Anton 131

# Studien zur Zeitgeschichte

**Band 34**
**Kai-Uwe Merz**
**Kalter Krieg als antikommunistischer Widerstand**
Die Kampfgruppe gegen Unmenschlichkeit 1948 – 1959
*1987. 264 Seiten*

**Band 35**
**Margit Szöllösi-Janze**
**Die Pfeilkreuzlerbewegung in Ungarn**
Historischer Kontext, Entwicklung und Herrschaft
*1989. 499 Seiten*

**Band 36**
**Clemens Vollnhals**
**Evangelische Kirche und Entnazifizierung 1945 – 1949**
Die Last der nationalsozialistischen Vergangenheit
*1989. 308 Seiten*

**Band 37**
**Elisabeth Kraus**
**Ministerien für das ganze Deutschland?**
Der Alliierte Kontrollrat und die Frage gesamtdeutscher Zentralverwaltungen
*1990. 375 Seiten*

**Band 38**
**Reinhold Brender**
**Kollaboration in Frankreich im Zweiten Weltkrieg**
Marcel Déat und das Rassemblement national populaire
*1992. 338 Seiten*

**Band 39**
**Jürgen Zarusky**
**Die deutschen Sozialdemokraten und das sowjetische Modell**
Ideologische Auseinandersetzung und außenpolitische Konzeptionen 1917 – 1933
*1992. 328 Seiten*

**Band 40**
**Roger Engelmann**
**Provinzfaschismus in Italien**
Politische Gewalt und Herrschaftsbildung in der Marmorregion Carrara 1921 – 1924
*1992. 304 Seiten*

**Band 41**
**Christoph Boyer**
**Zwischen Zwangswirtschaft und Gewerbefreiheit**
Handwerk in Bayern 1945 – 1949
*1992. 300 Seiten*

**Band 42**
**Detlef Garbe**
**Zwischen Widerstand und Martyrium**
Die Zeugen Jehovas im „Dritten Reich"
*1993. 2. Auflage 1994. 577 Seiten*

**Band 43**
**Stefan Zauner**
**Erziehung und Kulturmission**
Frankreichs Bildungspolitik in Deutschland 1945 – 1949
*1994. 351 Seiten*

www.ingramcontent.com/pod-product-compliance
Lightning Source LLC
Chambersburg PA
CBHW070806300426
44111CB00014B/2440